Claudia Janssen

Anders ist die Schönheit der Körper

Paulus und die Auferstehung in 1 Kor 15

Gütersloher Verlagshaus

Bibliografische Information Der Deutschen Bibliothek

Die Deutsche Bibliothek verzeichnet diese Publikation
in der Deutschen Nationalbibliografie;
detaillierte bibliografische Daten
sind im Internet über http://dnb.ddb.de abrufbar.

ISBN 3-579-05210-1
© Gütersloher Verlagshaus GmbH, Gütersloh 2005

Das Werk einschließlich aller seiner Teile ist urheberrechtlich geschützt. Jede Verwertung außerhalb der engen Grenzen des Urheberrechtsgesetzes ist ohne Zustimmung des Verlages unzulässig und strafbar. Das gilt insbesondere für Vervielfältigungen, Übersetzungen, Mikroverfilmungen und die Einspeicherung und Verarbeitung in elektronischen Systemen.

Umschlag: Init GmbH, Bielefeld
Satz: SatzWeise, Föhren
Druck und Bindung: Těšínská Tiskárna AG, Český Těšín
Printed in Czech Republic

www.gtvh.de

Inhalt

Dank 11

Einleitung 13

Kapitel 1:
σῶμα. Körpergeschichte als Thema der Theologie 17

1. Körpergeschichte 18
   1.1 Körper im Plural 20
   1.2 Körper und Sprache. Zum Verhältnis von *sex* und *gender* . . 21
   1.3 σῶμα: Leib oder Körper? 26
   1.4 Perspektiven: Körper im Corpus Paulinum 28

2. Der Körper in der paulinischen Theologie als Thema neutestamentlicher Forschung 30
   2.1 Die Diskussion über die Auferstehung der Toten 30
   2.2 Das σῶμα und die Gemeinschaft 33
   2.3 Grenzen der anthropologischen Auslegung 38
   2.4 Die »Neue Perspektive« 44

3. Aspekte paulinischer Körpertheologie in der aktuellen Diskussion 49
   3.1 Die Perspektive der Ausgeschlossenen 49
   3.2 Die Grenze der Gleichheit: das Geschlecht 50
   3.3 Ethische Dimensionen 56
   3.4 σῶμα als Tempel Gottes – Freiraum für Frauen 57
   3.5 Resümee. Perspektiven für die Weiterarbeit 58

4. Aspekte paulinischer Körpertheologie 60
   4.1 Der Körper und die Körperteile 61
   4.2 Das Fleisch (ἡ σάρξ) 64

4.3	Der Körper – der Leib (τὸ σῶμα)	71
	4.3.1 Der menschliche Körper	71
	4.3.2 Das σῶμα Χριστοῦ	74
	4.3.3 Der Körper Jesu	75
	4.3.4 Der Körper des Paulus	76
	4.3.5 Der Körper Gottes	81
4.4	Resümee	82

Kapitel 2:
Aufstehen ins Leben Gottes (1 Kor 15) 83

1.	Einleitung	83
	1.1 Zur Fragestellung der nachfolgenden Untersuchung	84
2.	Der Konflikt in Korinth über die Auferstehung der Toten in 1 Kor 15	87
	2.1 Die Diskussion in Korinth	87
	2.1.1 Die Verkündigung der Auferstehung der Toten (VV. 1-19)	87
	2.1.2 Bis Gott ist alles in allem (VV. 20-28)	89
	2.1.3 Einige haben keine Gotteserkenntnis (VV. 29-34)	92
	2.2 Aber jemand mag fragen … (V. 35)	93
	2.2.1 Textanalyse	93
	2.2.2 Wer stellt die Fragen?	95
	2.3 Die Position des Paulus	99
	2.3.1 Geschwisterstreit	99
	2.3.2 Die Kommunikationssituation	102
	2.4 Wie unverständig!	104
3.	Sterben und Lebendigwerden (VV. 36-38)	107
3.1	Das Saatmotiv	107
	3.1.1 Textanalyse	107
	3.1.2 Das, was du säst (σπείρεις)	110
3.2	Tod und Leben in 1 Kor 15 und im Corpus Paulinum	117
	3.2.1 Ohne Tod kein Leben?	117
	3.2.2 Die Rede von Tod und Sterben in 1 Kor 15	119
	3.2.3 Lebendigwerden	121
	3.2.4 Lebens- und Todessphären	122
	3.2.5 Die Körper der Menschen	126
	3.2.6 Resümee	127

3.3	Sterben und Lebendigwerden in 1 Kor 15,36-38 und Röm 6 .	130
	3.3.1 Taufe in den Tod (Röm 6,1 ff.)	130
	3.3.2 1 Kor 15,36-38	135
3.4	Gott gibt Leben (2 Makk 7,20 ff.)	138
3.5	Resümee und Weiterführung	143

4. Lob der Schöpfung (VV. 39-41) 147

4.1	Die Vielfalt der Körper (VV. 39-41)	147
	4.1.1 Textanalyse	147
	4.1.2 Zum Verhältnis von 1 Kor 15,39-41 und Gen 1	152
	4.1.3 Zum Verhältnis von 1 Kor 15,39-41 und Ps 8	154
	4.1.4 Resümee	159
4.2	Schöpfung bei Paulus	159
	4.2.1 Psalm 104	161
	Exkurs: Schöpfung in exilisch-nachexilischen und apokalyptischen Texten	164
	4.2.2 Resümee	169
4.3	Die Schönheit der Schöpfung und der Geschöpfe	170
	4.3.1 Gott gibt!	170
	4.3.2 Vielfalt und Differenz der Geschöpfe (V. 39)	172
	4.3.3 VV. 40-41: σῶμα, σάρξ und δόξα	177
4.4	Resümee	181

5. So ist es auch mit der Auferstehung der Toten (VV. 42-44) 184

5.1	Die Sphäre des Todes und die Sphäre des Lebens (VV. 42-43)	184
	5.1.1 Die Präposition ἐν	187
	5.1.2 Es wird gesät und es wird auferweckt	189
	5.1.3 Gesät ἐν φθορᾷ – aufgeweckt ἐν ἀφθαρσίᾳ	191
	5.1.4 Gesät ἐν ἀτιμίᾳ – aufgeweckt ἐν δόξῃ	195
	5.1.5 Gesät ἐν ἀσθενείᾳ – aufgeweckt ἐν δυνάμει	196
	5.1.6 Resümee	199
5.2	Lebensmöglichkeiten (V. 44)	201
	5.2.1 Die Auferweckung der Körper	203
	5.2.2 Verwandelte Körper	205
	5.2.3 Leben als σῶμα πνευματικόν	206

6. Über die Menschenschöpfung (VV. 45-49) 210
6.1 Textanalyse 210
6.1.1 Der erste Adam und der letzte Adam (VV. 45-46) 210
6.1.2 Die aus Erde Gemachten und die Himmlischen (VV. 47-48) 215
6.1.3 Das Bild des Himmlischen (V. 49) 217
6.2 Die doppelte Abstammung der Glaubenden 224

7. Die Basileia Gottes (V. 50) 228

8. Der Gott der Lebenden und der Toten (VV. 51-57) 234
8.1 Die Veränderung (VV. 51-53) 234
8.1.1 Textanalyse 235
8.1.2 Das Geheimnis (V. 51) 235
8.1.3 Die Gemeinschaft der Lebenden und der Toten (V. 52) . 245
8.1.4 Die Veränderung der gegenwärtigen Existenz (V. 53) .. 250
8.2 Der Sieg über den Tod (VV. 54-57) 253
8.2.1 Textanalyse 254
8.2.2 »Tod, wo ist dein Sieg?« 255
8.2.3 »Tod, wo ist dein Stachel?« 257
8.2.4 »Die Macht der Sünde ist die Tora« 259

9. Gemeindepraxis (V. 58) 263
9.1 Textanalyse 263
9.2 Der Zuspruch 264

10. Resümee: Die Gewissheit der Auferstehung 266
10.1 1 Kor 15,35-58 – eine Auferstehungshomilie 267
10.1.1 VV. 1-34: Es gibt die Auferstehung der Toten 268
10.1.2 V. 35: Die Ausgangsfrage 268
10.1.3 VV. 36-38: Bekenntnis: Gott schafft Leben 269
10.1.4 VV. 39-41: Aufforderung zum Gotteslob 270
10.1.5 VV. 41-44: Zuspruch: Die Auferstehung der erniedrigten Körper 270
10.1.6 VV. 45-49: Textauslegung: Über die Menschenschöpfung 271
10.1.7 V. 50: Über die Basileia 272
10.1.8 VV. 51-57: Verkündigung, Lied und Gotteslob: Sieg über die Todesmacht 272
10.1.9 V. 58: Abschließender Zuspruch, Sendung 273

10.2 Die Körper der Auferstehenden 273
    10.2.1 Tod und Leben 273
    10.2.2 Die gegenwärtige körperliche Existenz und die
           Auferstehung 275
    10.2.3 Zur Frage des Geschlechts der Körper 276

Kapitel 3:
Die Sprache des Geheimnisses 279

1. Eschatologie und Körper 283
   1.1 Naherwartung und Parusieverzögerung?
       Eine Problemanzeige 283
   1.2 Zukunft und Gottesbeziehung 288
   1.3 Apokalyptische Eschatologie 293
   1.4 Inkarnierte Zeit 296
   1.5 Resümee und Ausblick: Körper-Zeit 298
       1.5.1 Nähe als räumliche Vorstellung 298
       1.5.2 Nähe als relationale Vorstellung 300
       1.5.3 Zukunft 301
       1.5.4 Körper-Zeit 304

2. Eschatologische Spiritualität 307
   2.1 Neues Sehen 307
       2.1.1 Die Veränderung der Körper 307
       2.1.2 Gemeinschaft von Lebenden und Toten 310
   2.2 Neue Sprache 313
       2.2.1 Die Sprache der Auferstehung 313
       2.2.2 Paulus als kollektive Stimme 315
       2.2.3 Sprachlich hoffen 316
   2.3 Neue Praxis 319
   2.4 Eschatologie ist Theologie 320

Literatur 325

Namenregister 357

Dank

Viele Menschen haben dazu beigetragen, dass dieses Buch geschrieben werden konnte. Bei ihnen möchte ich mich an dieser Stelle bedanken.

Mein erster Dank geht an Prof. Dr. Luise Schottroff, die ich mich über viele Jahre hindurch ermutigt und unterstützt hat, meine eigenen Gedanken zu entwickeln. Ihr danke ich für die wissenschaftliche und freundschaftliche Begleitung auf dem langen Weg der Abfassung. Mit dabei waren auch die anderen beiden »Paulinen« Dr. Marlene Crüsemann und Beate Wehn. Auf vielen Treffen habe ich von ihren Ideen, kritischen Anmerkungen und ihrer solidarischen Begleitung profitiert. Ohne die Unterstützung durch meine Freundin Christiane Pfefferl hätte ich dieses Buch nicht schreiben können. Ihr danke ich für die Geduld und ihre Hilfe.

Im WiSe 2004 wurde diese Arbeit am Fachbereich Evangelische Theologie der Philipps-Universität Marburg als Habilitation angenommen. Mein Dank gilt den Mitgliedern des Fachbereichs, die mir gute Arbeitsmöglichkeiten geboten und mich in vielfältiger Weise unterstützt haben. Besonders bedanken möchte ich mich bei Prof. Dr. Angela Standhartinger und Prof. Dr. Friedrich Avemarie, die mich in vieler Hinsicht gefördert und die Gutachten verfasst haben. Für die Veröffentlichung habe ich das Manuskript überarbeitet und gekürzt.

In verschiedenen Marburger Arbeitskreisen konnte ich meine Texte mit anderen Kolleginnen und Kollegen diskutieren, Freundinnen habe das Manuskript gelesen, Korrekturarbeiten übernommen und den Prozess der Arbeit durch viele konstruktive Hinweise, Anmerkungen und ihre sorgfältigen Blicke gefördert. Ich danke: Dr. Gerlinde Baumann, Dr. Sieghild von Blumenthal, Meike Bräuer, Thomas Braun, Ivon Fischer, Dr. Judith Hartenstein, Dr. Elisabeth Hartlieb, Sabine Hiller, Dr. Thomas Holtmann, Michaela Geiger, Timo Glaser, Julia Koll, Dr. Karin Lehmeier und Ruth Poser.

Für ihre Unterstützung durch ihr kritisches Gegenlesen und bei der Fertigstellung des Manuskriptes danke ich besonders Prof. Dr. Helga Kuhlmann, Dr. Benita Joswig, Ute Ochtendung und Annemarie Oesterle.

Auf dem Heidelberger Arbeitskreis für sozialgeschichtliche Bibelauslegung hatte ich immer wieder die Möglichkeit, Texte vorzustellen und in einem interessierten, fachkundigen Kreis zu diskutieren. Den bisher nicht genannten Mitgliedern des Arbeitskreises gilt mein Dank: Prof. Dr. Frank Crüsemann, Prof. Dr. Ulrich Duchrow, Hanna Habermann, Schwester Marga Häslein, Prof. Dr. Kristian Hungar, Prof. Dr. Rainer Kessler, Dr. Marion Keuchen, Eva Loos, Prof. Dr. Martin Leutzsch, Dr. Uta Schmidt, Prof. Dr. Renate Wind.

Gefördert wurde die Habilitation durch die Deutsche Forschungsgemeinschaft, die mir ein Post-doc-Stipendium zur Verfügung gestellt hat. Im Rahmen des DFG-Graduiertenkollegs »Öffentlichkeiten und Geschlechterverhältnisse. Dimensionen von Erfahrung« habe ich in den interdisziplinären Diskussionen viel gelernt. Stellvertretend für die Professorinnen und Kollegiatinnen geht mein besonderer Dank an die Sprecherinnen Prof. Dr. Heide Wunder und Prof. Dr. Ute Gerhard. Weiter gefördert wurde mein Habilitationsprojekt durch ein dreijähriges Stipendium des Hessischen Ministeriums für Wissenschaft und Kunst.

Mein Dank geht auch an Herrn Diedrich Steen vom Gütersloher Verlagshaus für die gute Zusammenarbeit.

Marburg, im Oktober 2004   Claudia Janssen

Einleitung

Die vorliegende Untersuchung widmet sich den Auferstehungsaussagen des Paulus in 1 Kor 15. Sie basiert auf Ergebnissen der aktuellen interdisziplinär geführten Debatte über Körper, ordnet sich in die neutestamentliche Forschung zum Begriff σῶμα bei Paulus ein und diskutiert darauf aufbauend die Bedeutung der Körpertheologie[1] für die Beschreibung paulinischer Eschatologie.

Paulus wendet sich an die korinthische Gemeinde und geht auf Fragen und Probleme ein, die sich dort im Zusammenhang der Verkündigung der Auferstehung der Toten entwickelt haben. Wer konkret die Adressaten und Adressatinnen seiner Ausführungen in 1 Kor 15 sind, wird in der Auslegungsgeschichte kontrovers diskutiert. Deutlich ist es jedoch, dass es sich dabei um Mitglieder der Gemeinde handelt, deren Aussagen und Anfragen Paulus als bekannt voraussetzt. Aus seinen Ausführungen geht hervor, dass er sich in einer aktuellen Auseinandersetzung positioniert und auf die Argumente in Korinth ansässiger Menschen eingeht. Ich verstehe deshalb die Aussagen zur Auferstehung der Toten in 1 Kor 15 als Beitrag in einer lebendigen Diskussion, in der Paulus seinen Standpunkt erklären, ermahnen, trösten, Hoffnung und Gewissheit verkünden will. Der Bezugspunkt seiner Aussagen ist der Alltag in der Gemeinde, das Miteinander verschiedener Menschen, die aus unterschiedlichen sozialen, ökonomischen und religiösen Zusammenhängen stammen.

Im Gespräch mit historisch-kritischen Auslegungen und textanalytischen Arbeiten zu 1 Kor 15 werde ich in der nachfolgenden Exegese das Kapitel als textliche Einheit behandeln. In meinen Untersuchungen kann ich an vielfältige historische Arbeiten zum religionsgeschichtlichen Hintergrund in Korinth[2] und auf Untersuchungen zur Textstruktur und zum Aufbau der paulinischen Argumentation anknüpfen.[3] Ich bediene mich in meinen eigenen Ausführungen vor allem historischer und textanalytischer Methoden zur Erfassung des Textes.

1. Zum Begriff ›Körpertheologie‹ und dessen Bedeutung vgl. vor allem Kapitel 1,4: Aspekte paulinischer Körpertheologie. Paulus spricht in vielen unterschiedlichen Zusammenhängen vom Körper: Er bezieht sich auf Körper und verschiedene Körperteile im konkreten Sinne, aber auch in metaphorischer Rede. Ich spreche im Folgenden von der *Körper-Sprache*, dann aber auch von der *Körpertheologie* des Paulus, weil deutlich wird, dass im paulinischen Sprachgebrauch die Ebenen der konkreten Bedeutung, des metaphorischen Gebrauchs und der theologischen Deutung in einer sich wechselseitig interpretierenden Beziehung stehen.
2. Zum Hintergrund der Situation in Korinth vgl. Luise Schottroff 1970; Jerome Murphy-O'Connor 1983; Gerhard Sellin 1986.1996; Richard A. Horsley 1978.1999; Dale B. Martin 1995; Andreas Lindemann 1997.2000 u. a.
3. Vgl. u. a. Karlheinz Müller 1985; Winfried Verburg 1996; Wolfgang Schrage 2001.

Methode und Hermeneutik knüpfen an die sozialgeschichtliche Bibelinterpretation an.[4] Die sozialgeschichtliche Methode kann wie andere historische oder textanalytische Methoden mit unterschiedlichen hermeneutischen Perspektiven verbunden sein. Ich verbinde sie mit einer Hermeneutik, die auf den Ergebnissen verschiedener Theoriezusammenhänge basiert, auf die ich in den einzelnen Arbeitsschritten explizit Bezug nehme: Auf befreiungstheologische und feministische Exegese und Arbeiten, die im Zusammenhang des christlich-jüdischen Gesprächs entstanden sind.[5] Meine Untersuchung verstehe ich als Beitrag zur Weiterentwicklung einer ›Neuen Perspektive‹[6] in der aktuellen Paulusforschung. Leitend für alle Arbeitsschritte ist die Frage nach den konkreten Körpern der Menschen, von denen in 1 Kor 15 die Rede ist. Motiviert ist diese Untersuchung vor allem durch die (fiktiven) Fragen in 1 Kor 15,35: »Wie werden die Toten auferweckt? Mit einem wie beschaffenen Körper kommen sie?«, auf die Paulus im Weiteren ausführlich Bezug nimmt. Der besondere Fokus sozialgeschichtlicher Exegese richtet sich auf die Lebensbedingungen der Menschen, denen Paulus diese Fragen zuschreibt, und den gesellschaftlichen Kontext, in dem seine Antwort steht. Der Text des Paulus soll nicht als zeit- und kontextlose Darlegung zur Auferstehung der Toten verstanden werden, sondern als Beitrag zu einer Diskussion, die in einer ganz konkreten Lebenssituation stattfindet: Die Analyse des gesellschaftlichen Lebenszusammenhangs ist aus meiner Sicht für das Verständnis der Aussagen unerlässliche Bedingung.

Paulus macht in seinen Ausführungen deutlich, dass der Glaube an die Auferstehung der Toten zentral die Frage nach Gott, die Geschichte Gottes mit den Menschen und den Glauben an den Messias Jesus, sein Kommen, seinen Tod und seine Auferstehung berührt. Die vorliegende Arbeit fragt danach, welche Bedeutung der Glaube an die leibliche Auferstehung für das konkrete Leben der Menschen hat, an die sich Paulus richtet. In welche Lebensrealität spricht er? Welche (körperlichen) Erfahrungen verarbeitet er, welche Praxis will er stärken? Der Fokus richtet sich dabei insbesondere auf die Verbindung eschato-

---

4. Zu den Grundlagen sozialgeschichtlicher Bibelauslegung vgl. Luise und Willy Schottroff 1993; Luise Schottroff 1994, 13-101; Willy Schottroff 1999 und die jeweils genannte weiterführende Literatur.
5. Befreiungstheologische Arbeiten, auf die ich mich beziehe, sind u. a. Ivone Gebara 1993.2000. 2002; Pablo Richard 1996; Elsa Tamez 1998a.1998b. Feministische Ansätze stelle ich im Zusammenhang der aktuellen Debatte über den Körper ausführlich dar (vgl. Kap. 1,1), und beziehe mich in der Exegese zu 1 Kor 15 auf diese. Zur ›Neuen Perspektive‹, die sich im Zusammenhang des christlich-jüdischen Gesprächs verortet, vgl. besonders Kap. 1,2.4.
6. Der Begriff geht auf James D. G. Dunns Aufsatz »The New Perspective on Paul« (1983) zurück, vgl. James D. G. Dunn 1996. Ich spreche im Folgenden von der »Neuen Perspektive«, um deutlich zu machen, dass ich mich über die vor allem im englischsprachigen Raum entwickelte »New Perspective on Paul« hinaus auch auf die neue deutschsprachige Diskussion über Paulus, wie sie von Peter von der Osten-Sacken, Luise Schottroff u. a. entwickelt wurde, beziehe.

logischer Aussagen mit den Lebensbedingungen der Menschen und fragt danach, welche Perspektiven Paulus mit der Rede von der Auferstehung der Toten verbindet – für die Gegenwart und die Zukunft.

Kapitel 1
σῶμα. Körpergeschichte als Thema der Theologie

Eine Untersuchung des Terminus σῶμα und dessen sozialgeschichtlicher und theologischer Dimensionen wirft die grundlegende Frage auf, wie aus historischer Perspektive über Körper gesprochen werden kann. Hilfreich für einen Zugang zu dieser Fragestellung ist ein Blick in die Geschichtswissenschaft. Auch hier stellt sich das Problem, wie anhand schriftlicher Zeugnisse früherer Epochen Aussagen über Körpervorstellungen und Körpererfahrungen der jeweiligen Zeit gemacht werden können, welche Möglichkeiten und Grenzen sich zeigen. Im Folgenden werde ich die für meine Forschung relevanten Aspekte von ›Körpergeschichte‹ herausgreifen und unter Aufnahme zentraler Fragestellungen der aktuellen interdisziplinär geführten Debatte über Körper kurz darstellen.[1] Anschließend werde ich diese daraufhin auswerten, welche Impulse sich für die exegetische Arbeit zum Corpus Paulinum ergeben.

Im zweiten Abschnitt dieses Kapitels folgt eine Darstellung der Diskussion über σῶμα in der neutestamentlichen Forschung und anschließend ein Überblick über aktuelle Untersuchungen zum Corpus Paulinum, die sich mit der Frage nach dem Körper befassen.

---

1. Zu den aktuellen Veröffentlichungen zum Thema »Körper« vgl. auch den umfassenden Forschungsbericht von Maren Lorenz 2000. Die theologische Diskussion über Körper bezieht sie allerdings nur am Rande mit ein und benennt diese nicht explizit in der Auflistung der von ihr untersuchten Forschungen. Aber trotz dieser Einschränkung ist ihre Darstellung und deren Auswertung sehr hilfreich für die Grundlegung meines Ansatzes. Deshalb werde ich mich im Folgenden vielfach auf sie beziehen. Zur Diskussion über Körper in der christlichen Theologie vgl. u. a. Catharina J. M. Halkes 1990; Elisabeth Moltmann-Wendel 1991; Sallie McFague 1993; einen guten Überblick über die theologische *gender*-Debatte bietet Leonore Siegele-Wenschkewitz 1993, vgl. auch die dort genannte Literatur; zur Anthropologie des Ersten Testaments vgl. Hans-Walter Wolff 1977; Silvia Schroer/Thomas Staubli 1998; Hedwig-Jahnow-Forschungsprojekt 2003; zur Frage nach dem σῶμα in der neutestamentlichen Forschung vgl. die Darstellung in diesem Kapitel. Zur jüdisch-theologischen Körper-Debatte vgl. u. a. Judith Plaskow 1992; Daniel Boyarin 1993.1997.

1. Körpergeschichte

Die Mediävistin Caroline Bynum stellt im Blick auf die Flut der aktuellen Veröffentlichungen zum Thema Körper provozierend die Frage:»Warum das ganze Theater mit dem Körper?«[1] Erläuternd führt sie dazu aus:
»In gewissem Sinne ist es natürlich falsch, ›den Körper‹ zum Thema zu machen. ›Der Körper‹ ist entweder überhaupt kein eigenes Thema, oder umfaßt so gut wie alle Themen.«[2]
Das Resümee ihrer Analyse der gegenwärtigen interdisziplinär geführten Diskussion lautet, dass es unter den verschiedenen Disziplinen keinen gemeinsamen Nenner gebe. Sie konstatiert hier eine »Kakophonie von Diskursen«[3]. Ausgehend von ihrer Einschätzung, dass der Körper sich auch in feministischer Theorie gegenwärtig »in Sprache aufzulösen« scheine,[4] der »essende, arbeitende, sterbende, angstvolle Körper« hingegen nicht mehr vorkomme, widmet sich Caroline Bynum der Thematik aus historischer Perspektive. In Bezug auf Aussagen über Vorstellungen vom Körper in historischen Texten plädiert sie dann für ein nuanciertes Verständnis der Vergangenheit.[5] Zum einen gehe es darum, die Diskurse früherer Zeiten in ihrem Kontext und in ihrer Vielstimmigkeit wahrzunehmen, zum anderen sei es aber unumgänglich, auch moderne Denkansätze zu nutzen, um sich mit der Vergangenheit auseinander zu setzen.[6] Die enge Verbindung von eigenem Standort und historischer Forschung betont auch Barbara Duden, die die Bedeutung von Körpergeschichte darin sieht, »vergangene und gegenwärtige ›verkörperte‹ Gewißheiten zu untersuchen.«[7]

1. So lautet die Überschrift eines Aufsatzes, in dem sie grundsätzliche Fragestellungen der Körpergeschichte anhand eigener Forschungen zu mittelalterlichen Körpervorstellungen reflektiert, vgl. Caroline Bynum 1996, 1.
2. Caroline Bynum 1996, 1.
3. Diese habe es auch schon im europäischen Mittelalter gegeben, wie ihre Analyse der zeitgenössischen Debatte zeige, vgl. Caroline Bynum 1996, 6.
4. Damit bezieht sie sich explizit vor allem auf die Arbeiten von Judith Butler 1991.1995; vgl. Caroline Bynum 1996, 1.4.
5. Vgl. Caroline Bynum 1996, 28:»Die Vergangenheit wird selten mit Gewinn untersucht, wenn man voraussetzt, ihre besonderen Fragen oder Kontexte seien dieselben wie die unsrigen.«
6. Vgl. Caroline Bynum 1996, 29.
7. Barbara Duden 1993, 17. Vgl. auch 1991, 24. Hier beschreibt sie ihr Vorgehen als Entschlüsselung von Körpererfahrungen von Frauen aus verschiedenen Jahrhunderten: »Dabei habe ich es immer wieder mit Frust erleben müssen, daß ihre Körpererfahrung nicht zu der eigenen paßt. Die Konstellation von Erlebnissen, die das Fleisch von Frauen in anderen Epochen bestimmt hat, ist der Konstellation meiner eigenen *Autozeption* so fremd, daß ich im Laufe meiner Exegese oft mehr Einsichten

Zur zentralen Aufgabe historischer Forschung werde es deshalb, die historischen Bedingungen und Implikationen kultureller Festlegungen und Spezifizierungen zu untersuchen. Dabei träten dann auch deren politische Dimensionen deutlich hervor – so Philipp Sarasin:

»Wenn ›der menschliche Körper‹ nicht mehr der unhinterfragte Ausgangspunkt unserer politischen und kulturellen Diskurse und Praktiken ist, sondern selbst Ort und Objekt dieses Handelns, dann wird Körpergeschichte zur politischen Geschichte.«[8]

In ihrer Einführung in die Körpergeschichte fasst Maren Lorenz diese verschiedenen Aspekte in einer Definition zusammen. Sie versteht Körpergeschichte als »*Historisierung* des [Körpers] und dies bedeutet *der* pluralen Körper in der Geschichte der Menschheit«,[9] und führt dann weiter aus:

»Der physische Körper wird nicht als monolithische anthropologische Konstante verstanden, die nur durch die Brille [...] der modernen Biowissenschaften erkannt werden kann. Körper – und dies bestätigt seine in vielen Sprachen multiple Bedeutung und Benennung – kann nur im Spektrum seiner sich wandelnden und teilweise gleichzeitig miteinander konkurrierenden Definitionen beschrieben und interpretiert werden. Körperlichkeit ist nur über Sprache – gedachte oder geschriebene – erfahrbar[10] und vermittelbar. Die physische Materialität, die doch selbst ständigem Wandeln unterworfen ist, wird dabei nicht verleugnet.«[11]

Die in dieser Definition genannten zentralen Aspekte von Körpergeschichte: Körper im Plural, Körper und Sprache, hier insbesondere die Überlegungen zum Verhältnis von *sex* und *gender*, und die Frage nach unterschiedlichen Definitionen von Körperlichkeit, die sich dann in der Begrifflichkeit widerspiegeln (Leib oder Körper?), möchte ich im Folgenden aufgreifen und weiterführend danach fragen, inwiefern sie für die exegetische Arbeit zum Corpus Paulinum fruchtbar gemacht werden können.

über mich und meine Zeit habe sammeln können als über die Frauen, die in meinen Quellen aufgetaucht sind.«
8. Philipp Sarasin 1999, 439.
9. Maren Lorenz 2000, 10.
10. Die Aussage, dass Körperlichkeit *nur* über Sprache erfahrbar ist, halte ich für nicht zutreffend. Ich meine auch, dass die weiteren Ausführungen von Maren Lorenz selbst im Widerspruch zu dieser Annahme stehen, wenn sie ausführt, dass die physische Materialität relevant ist und weiter davon spricht, dass es allgemein menschliche Gemeinsamkeiten wie die Notwendigkeit zu atmen, Nahrung aufzunehmen etc. gebe und Schmerz- wie Geruchsempfinden nicht definitorisch festzulegen seien (vgl. Maren Lorenz 2000, 11).
11. Maren Lorenz 2000, 10-11.

1.1 Körper im Plural

Maren Lorenz legt ihrer Definition von Körpergeschichte die Einsicht zugrunde, dass Körper nicht als autonome Individuen existieren, sondern in vielfältige Prozesse involviert sind, an die sich im Rahmen der Geschichtswissenschaft angenähert werden kann. Körper sind eingebunden in soziale Entwicklungen, sie sind geprägt durch spezifische kulturelle Kontexte und dem jeweiligen gesellschaftlichen Wandel unterworfen. Zu konstatieren sei, dass eine Veränderung der Rahmenbedingungen für Individuen verschiedene konkurrierende Definitionen des Menschseins und der Körper mit sich bringt. ›Der Körper‹ sei deshalb keine anthropologische Konstante und nicht als rein medizinisch-biologische Größe zu erfassen:

»Die physische Materialität, die doch selbst stets dem Wandel unterworfen ist, wird dabei nicht verleugnet. Vorausgesetzt wird nur, daß es nicht möglich sein wird, allgemein und dauerhaft gültige Definitionen über die Physis abzugeben, die über Gemeinsamkeiten wie die Notwendigkeit von Atemluft, Wasser und eine Form der Nahrung zum Erhalt der ›leiblichen Hülle‹ hinausgehen. [...] Kaum verbalisierbare individuelle Erfahrungen wie Schmerz- oder Geruchsempfinden sind ebenso wenig definitorisch zu isolieren wie die zweifelsfreie Zuordnung jedes einzelnen Menschen zum Modell der Zweigeschlechtlichkeit.«[12]

Neben den generellen Schwierigkeiten körperhistorischer Forschung ist für die Arbeit am Corpus Paulinum zu berücksichtigen, dass es in der Antike grundlegend andere Vorstellungen des Menschseins und der Bedeutung des Individuums gibt als im mittelalterlichen Denken oder in der Moderne.[13] So zeigt bereits ein erster oberflächlicher Blick auf die biblischen Texte, dass sie nicht an der Beschreibung körperlicher Funktionen interessiert sind. Im Hebräischen gibt es zudem weder ein Wort für ›Körper‹ noch für ›Person‹,[14] für das Neue Testament ist deutlich herauszustellen, dass der griechische Begriff σῶμα nicht ausschließlich den individuellen Körper bezeichnet, sondern zugleich kollektive

---

12. Maren Lorenz 2000, 11.
13. Zudem muss hier zwischen differierenden antiken Körperkonzepten unterschieden werden. Zu beachten ist, dass auch das von Caroline Bynum 1996, 31, als Grundfrage philosophischer Betrachtungen des Körpers von der Spätantike bis ins Hochmittelalter konstatierte Problem: »Wie kann ›ich‹ über die irdische Zeit hinaus und bis in alle Ewigkeit ›ich‹ bleiben?« nicht unreflektiert für die neutestamentlichen Schriften und deren vom semitischen Denken der Hebräischen Bibel geprägtes Verständnis des Menschen vorauszusetzen ist.
14. Auch נֶפֶשׁ und בָּשָׂר sind nicht äquivalent. Körper rücken unter der Perspektive auf ihre sozialen Beziehungen und ihre Gottesbeziehung in den Blick, ein dualistisches Verständnis der Körperlichkeit im Verhältnis zu Geist bzw. Seele ist dem biblischen Denken fremd. Zur biblischen Anthropologie vgl. auch Hans Walter Wolff 1977; Silvia Schroer/Thomas Staubli 1998. Im Rahmen semitischen stereometrischen Denkens können einzelne Körperteile für den gesamten Körper stehen.

Vorstellungen benennt. Es ist an jeder Stelle gesondert notwendig, zu fragen, welche Dimensionen die jeweilige Körperbezeichnung umfasst und für welche Vorstellungen sie transparent wird, sowie den jeweiligen kulturellen Hintergrund der Problemstellung sorgfältig zu analysieren und auf das diesem zugrundeliegende Körperverständnis hin zu befragen. Sozialgeschichtliche Untersuchungen sind dazu ebenso notwendig wie die sprachliche Analyse der jeweiligen Körperbezeichnung. Wenn ein kollektives Verständnis von Körper vorausgesetzt wird, muss stets danach gefragt werden, welche Körper konkret gemeint sind: sind es männliche oder weibliche Körper, junge oder alte? In welchen gesellschaftlichen, politischen und ökonomischen Bezügen stehen sie? Der Exegese stellt sich dabei immer auch das Problem der Fremdheit, das sich daraus ergibt, dass Fragen nach biologischem Geschlecht, sozialer Rolle, dem Verhältnis von Individuum und Kollektiv, Alter oder Hautfarbe in der Antike anders bewertet werden als in unserem Kulturkreis. Hier gilt es besonders aufmerksam zu sein, nicht eigene Körpererfahrungen auf die antiken Texte zu übertragen.

1.2 Körper und Sprache. Zum Verhältnis von *sex* und *gender*

Für die Arbeit mit historischen Quellen stellt sich das damit verbundene Problem, das jeweilige zeitgenössische Verständnis von Körperlichkeit und dessen medizinisch-biologische wie gesellschaftliche Vorstellungen erfassen zu müssen. Die in der aktuellen Körperdebatte vielfach diskutierte Voraussetzung, dass Körperlichkeit nur über Sprache vermittelbar ist, weist auf die Notwendigkeit, das Verhältnis von konkreten Körpern und Körpererfahrungen auf der einen Seite und deren Versprachlichung in den überlieferten Texten auf der anderen grundsätzlich zu reflektieren. Ein zentraler Aspekt ist in diesem Zusammenhang die Beschreibung der Geschlechterdifferenz und die daraus resultierende Zuweisung von Geschlechterrollen, denn Körper werden stets geschlechtlich wahrgenommen, als weibliche oder männliche Körper. Grundlegend für die aktuelle Diskussion über das Verhältnis von *sex* und *gender*, d. h. biologischem und gesellschaftlichem Geschlecht, ist die Frage, ob es in Bezug auf den Körper überhaupt biologische Konstanten und natürliche Gegebenheiten gibt, die außerhalb kultureller und gesellschaftlicher Festlegungen existieren, oder ob es sich in diesem Zusammenhang ausschließlich um kulturelle Konstruktionen handelt. Besonders einflussreich auch für den deutschsprachigen Bereich sind die Arbeiten der amerikanischen Professorin für Rhetorik Judith Butler. Sie geht davon aus, dass der menschliche Körper ohne ein vorgängig gesetztes System von Zeichen nicht zu denken sei. Ohne Sprache gäbe es kein Subjekt:

»Im Gegenteil ist die Sprache produktiv, konstitutiv, man könnte sogar sagen: *performativ*, weil dieser Bezeichnungsakt den Körper produziert, selbst wenn man ihn angeblich als aller und jeder Bezeichnung vorgängig findet.«[15]

Diese Dekonstruktion gängiger Vorstellungen des Körpers und seiner Materialität versteht sie allerdings nicht als deren Verneinung, sondern als Reflexion und Infragestellung ihrer Voraussetzungen. Judith Butler geht davon aus, dass Vorstellungen vom Körper nicht als neutral oder gegeben angesehen werden können, sondern gesellschaftlich geprägt und vielfach zu Herrschaftszwecken instrumentalisiert werden.[16] Diese Zusammenhänge will sie sichtbar machen und damit als veränderbar darstellen. Dabei wendet sie sich der Frage zu, in welchem Verhältnis biologisches Geschlecht *(sex)* und das durch gesellschaftliche Normierungen und Regulierungen zugeschriebene Geschlecht *(gender)* zueinander stehen. Sie geht davon aus, dass die Geschlechtsidentität und die Zuschreibung von Geschlechterrollen erst durch den gesellschaftlichen Diskurs produziert werden und zur Stabilisierung von Machtverhältnissen dienen.[17] Ausgangspunkt für ihre Darstellung ist die Grundannahme, dass die Zuschreibung der Zweigeschlechtlichkeit vor allem zur Normierung heterosexuellen Begehrens diene.[18] In ihrem Ansatz stellt sie die Selbstverständlichkeit, Männlichkeit und Weiblichkeit anhand eines biologischen Unterschieds bestimmen zu können, grundlegend in Frage. Auch die eindeutige Festlegung des biologischen Geschlechts *(sex)* sei Ergebnis gesellschaftlicher Zuschreibungen und nicht als vordiskursiv oder natürlich anzusehen.[19]

Bei aller Zustimmung zur Kritik Judith Butlers an der Instrumentalisierung der Geschlechterdifferenz und ihrer grundlegenden Infragestellung als ›natürlich‹ angesehener Zuschreibungen wurde sie dann auch vielfach kritisiert. Im Zentrum dieser Debatte steht der Vorwurf, dass ihr dekonstruktivistischer Ansatz zu weit gehe und der wirkliche Körper und dessen Erfahrungen nicht mehr von Interesse seien.[20] Wie bereits oben erwähnt, spricht in diesem Zusammenhang Caroline Bynum davon, dass Körper sich »in Sprache auflöse«,[21] Barbara

---

15. Judith Butler 1993, 52.
16. Vgl. Judith Butler 1993, 52.
17. Vgl. dazu Judith Butler 1991, 23-24.
18. Eine umfassende kulturgeschichtliche Untersuchung zur Frage der Geschlechterunterschiede und Theorien zur Zweigeschlechtlichkeit von der Antike bis in die Gegenwart bietet Thomas Laqueur 1990.
19. Eine gute und verständliche Einführung in die sex-gender-Debatte bieten Regina Becker-Schmidt/Gudrun-Axeli Knapp 2000, 63-102. Zum Ansatz Judith Butlers und dessen Auswirkungen auf die sex-gender-Debatte vgl. ebd., 81-93.
20. Eine scharfe Kritikerin des dekonstruktivistischen Ansatzes J. Butlers ist die Philosophin Elisabeth Grosz. Sie plädiert dafür, die körperlichen Prozesse verstärkt zur Grundlage der Diskussion zu machen. Ihre Untersuchung »Volatile bodies« (1994) hat den programmatischen Untertitel: »Toward a corporal feminism«.
21. Vgl. Caroline Bynum 1999, 1.

Duden konstatiert im Ansatz J. Butlers eine »Entkörperung«[22], Gesa Lindemann eine »Verdrängung des Leibes«[23]. Judith Butler reagiert im Vorwort der deutschen Ausgabe von »Körper von Gewicht. Die diskursiven Grenzen des Geschlechts« (amerikan. Original 1993; dt. 1995) auf diese vor allem im deutschsprachigen Raum vorgebrachten Anfragen. Sie habe nicht das Ziel, eine Politik der Entkörperung zu betreiben, sondern möchte vielmehr deutlich machen, dass das Infragestellen der biologischen Basis der Besonderheit von Frauen

»durchaus ein Weg zu einer Rückkehr zum Körper sein kann, dem Körper als einem gelebten Ort der Möglichkeit, dem Körper als einem Ort für eine Reihe sich kulturell erweiternder Möglichkeiten.«[24]

Allerdings sei jeder Bezug auf die biologischen und materiellen Bereiche des Lebens immer als ein Rekurs anzusehen, der in die Sprache verwickelt sei, in der er vor sich gehe.

Für die Körpergeschichte stellt sich nun das Problem, dass die in ihren Quellen dargelegten Körpererfahrungen immer sprachlich vermittelte sind, die im Rahmen eines bestimmten Diskurses formuliert wurden.[25] Will sie aber nicht darauf verzichten, empirische Aussagen über Körper der historischen Subjekte zu machen, die über die Grenzen des jeweiligen zeitgenössischen Diskurses hinausgehen, bedarf sie eines Konzepts, das die Kontextualität der Aussagen reflektiert – eine Kontextualität, die zum einen ihre Relativität und Diskursivität[26], zum anderen aber die Basis für ihre Verankerung in der konkreten physischen Realität begründet. Beide Momente sind miteinander verknüpft und stehen in wechselseitiger Verschränkung. Für die Exegese der paulinischen Aussagen über Körper stellt sich zunächst die Aufgabe, die Fremdheit des anti-

---

22. Vgl. Barbara Duden 1993. Zur Kritik an der Entkörperung in gegenwärtigen medizinischen und sozialwissenschaftlichen Theorien vgl. auch Barbara Duden 1998.
23. Vgl. Gesa Lindemann 1993.
24. Judith Butler 1995, 11 (im Original kursiv).
25. Philipp Sarasin 1999, 448, formuliert die Problemlage, die sich für die Körpergeschichte aus der Erkenntnis ergibt, dass die Frage nach ›Wirklichkeit‹ und ›Erfahrbarkeit‹ letztlich unmöglich wird: »Denn im Text der Historiker/innen erscheinen all diese Körper, von denen hier die Rede ist, als konstruierte. Man kann die Darstellungen untersuchen, die Anatomen von der Geschlechterdifferenz geben [...] ohne zu fragen, was und wie der Körper ›ist‹. In dieser Betrachtungsweise ist er nur von jenen Signifikanten und Bildern her zu verstehen und zu ›erfahren‹, die ihn von außen beschreiben und in deren Code das Subjekt über ihn spricht. Ist also der Konstruktivismus die letzte Antwort der Körpergeschichte und lässt sich über die Körper historischer Subjekte nicht mehr sagen als das, was die zeitgenössischen Diskurse schon gesagt haben?«
26. Ich schließe mich in meiner Verwendung des Begriffes ›Diskurs‹ an die in den meisten Beiträgen in der Körperdebatte zugrundeliegende Definition an, die sich am Diskurskonzept von Michel Foucault orientiert: Dieses richtet seinen Blick auf die Bedingungen, die zur Produktion von Normen und moralischen Urteilen führen und damit die Selbstwahrnehmung und das Verhalten des Individuums bestimmen.

ken Kontextes im Vergleich zum gegenwärtigen zu benennen und diese nicht durch das Eintragen eigener Körpererfahrungen zu verwischen. Daneben untersucht sie, ob bzw. wie, trotz dieser konstatierten Fremdheit, eine Anknüpfung an die mittels Körper-Sprache ausgedrückten Erfahrungen von Befreiung (z. B. in der Rede von der Auferstehung der Körper) überhaupt möglich ist. Gibt es eine Kontinuität körperlicher Erfahrungen, die uns heute einen Zugang zu den Aussagen der paulinischen Texte eröffnet?

Philipp Sarasin benennt als Ansatzpunkt für eine Körpergeschichte, die sich dieser Problemlage bewusst ist, die Beobachtung, dass Menschen sich ihren Körpern gegenüber nie gänzlich so verhalten, wie es der Konstruktivismus nahe lege; für sie sei der Körper »zu komplex und undurchsichtig, als dass dessen Symbolisierung und Regulation vollständig sein könnte.«[27] Sein Blick richtet sich deshalb auf die Risse, die entstünden, wo Sprache auf »das Fleisch« treffe und dieses »nicht ›in Text‹ aufzulösen« vermöge:

»Wieviel auch immer vom Körper sichtbar sein mag oder nicht – bei jeder seiner Repräsentationen durch das Subjekt selbst bleibt jedenfalls ein Rest, etwas, was Lacan das Reale nennt: eine Differenz, ein Riss, eine Inkompatibilität, der Einbruch einer Fremdheit – letztlich der Tod.«[28]

Neben dem Tod sind auch Schmerz, Lust und Ekstase des verkörperten Subjekts als solche Differenzen bzw. Risse zu konstatieren, die die Grenzen der diskursiven Erfassung aufzeigen.[29] Solche tiefgreifenden Körpererfahrungen, die Sprache nicht vollständig zu erfassen vermag und die über deren Vermittlungsmöglichkeiten hinausgehen, fordern diejenigen, die sie machen und vermitteln wollen, zu einer Suche nach Sprachmöglichkeiten heraus, die ihre Dimensionen zumindest erahnbar werden lassen. Dieses Erleben von Grenzen, Brüchigkeiten und kaum fassbarer Fülle und Intensität schlägt sich in den Texten nieder, in einem manchmal unbeholfen wirkenden Ringen um Worte, aber auch in größter sprachlicher Verdichtung: in Poesie oder kreativen Neuschöpfungen von Wörtern und Metaphern. Für die Exegese (historischer) Texte gilt es, solchen sprachlichen Signalen gegenüber sensibel zu werden und sie als Ausdruck authentischer körperlicher Erfahrungen zu verstehen.

Caroline Bynum nimmt einen weiteren Ansatzpunkt für die Annäherung an

---

27. Philipp Sarasin 1999, 448.
28. Philipp Sarasin 1999, 449.
29. Vgl. Philipp Sarasin 1999, 450: »Schmerz und Lust sind Erfahrungen, deren Sprache sich nicht vollständig in unsere übersetzen lässt. [...] Menschen machen Erfahrungen, die nicht bereits diskursiv (vor-) geformt sind, sondern in den Leerstellen der Repräsentationssysteme einbrechen, Symbolisierungen erzwingen und so die Repräsentationen verändern. Das Reale lässt sich tatsächlich nicht ›in Diskurs auflösen‹ – aber wo und wie es erscheint, ist weder natürlich noch selbstverständlich oder gar ›unmittelbar‹ einsichtig; dieser Einbruch ereignet sich an den Übergängen vom Körper zum Text und in den Leerstellen des Symbolischen. Hier ist das Physische in unseren Diskursen präsent – als Loch, um das die Sprache kreist.«

den stofflichen Körper darin wahr, neben Betrachtungen in philosophischen und medizinischen Debatten verstärkt Darstellungen sozialer und religiöser Praxis einzubeziehen. Auch sie sieht die Chance einer weiteren (historischen) Beschäftigung mit dem Thema Körper vor allem in den Fragen nach dem Begehren, dem Überleben und dem Tod.[30] Regina Ammicht Quinn beschäftigt sich aus systematisch-theologischer Perspektive mit der Frage nach dem Körper und der Möglichkeit des Ausdrucks von Geschlechtlichkeit im Rahmen der gegebenen sprachlichen Möglichkeiten. Sie beschreibt das Phänomen als »Zweigesichtigkeit«, die gleichzeitig das kulturell Produzierte und die reale Existenzweise zeige:

»Der Weg des Körper-Denkens, des Denkens in Körper-Bildern, bleibt gefährdet. Er verläuft zwischen den – halb als Klippen, halb als Sümpfe gedachten – Naturalisierungen auf der einen und Entkörperungen auf der anderen Seite des Geschlechter-Diskurses. [...] Beide Strukturen, die Geschlechter-Natur und die Geschlechter-Kultur sind untrennbar miteinander verbunden, und das verlorene Paradies läßt sich nicht unter Ausschluß der jeweilig anderen finden.«[31]

Als Schlussfolgerung aus dieser Debatte stellt sich mir für mein weiteres Vorgehen die Aufgabe, zum einen die diskursive Verortung der Körpervorstellungen und Körpererfahrungen, die Paulus in seinen Briefen niedergelegt hat, aufzuzeigen und zum anderen, nach den Grenzen der jeweiligen zeitgenössischen antiken Diskurse über Körper und Geschlecht zu suchen, die konkreten Verkörperungen des Lebens aufzuspüren. Die in der Diskussion genannten Ansatzpunkte an Notwendigkeiten des Überlebens und der Thematisierung des Todes, aber auch an Glückserfahrungen und Ekstase, scheinen mir auch für die paulinischen Schriften weiterführend zu sein. In der in folgenden Exegese zu 1 Kor 15 werden vor allem die Fragen nach Tod und (Über-)Leben im Mittelpunkt stehen, verbunden mit dem Vorverständnis, dass die biblische Tradition, in der Paulus steht, ein besonderes Interesse daran hat, den essenden, arbeitenden, sterbenden und angstvollen Körper[32] in den Mittelpunkt ihrer theologischen Ausführungen zu stellen.[33]

---

30. Vgl. Caroline Bynum 1996, 32.
31. Regina Ammicht Quinn 1999, 66.
32. Vgl. dazu oben die Ausführungen zu Caroline Bynum 1996, 1.
33. Dieses Vorverständnis basiert auf den Ergebnissen sozialgeschichtlicher und befreiungstheologischer Untersuchungen, vgl. u. a. Luise Schottroff 1994; Luzia Sutter Rehmann 1995; Pablo Richard 1996; Elsa Tamez 1998a.b.

1.3 σῶμα: Leib oder Körper?

Das Problem der Übersetzung des griechischen Wortes σῶμα weist auf eine grundlegende terminologische Schwierigkeit, vor der jede körpergeschichtliche Forschung steht. Sie ergibt sich daraus, dass das Deutsche zwei Ausdrücke zur Verfügung stellt: Leib und Körper.[34] Mit der Entscheidung für einen dieser Ausdrücke verbindet sich jeweils ein eigenes Konzept.[35] Regina Ammicht Quinn schließt ihren Überblick über die aktuelle theologische Leib-Körper-Diskussion mit der Beobachtung, dass der Körper, der den materiellen Aspekt menschlichen Daseins bezeichne, vielfach mit einem »grundsätzlichen moralischen Makel« versehen werde, »der ihn in seiner Bedrohlichkeit zu einer wahren Gegenkraft des eigentlichen Menschseins werden läßt.«[36] Selbst in den biblisch argumentierenden Entwürfen erginge es dem Körper nicht besser:

»Zwar werden – nach biblischen Vorbild – Leib und Seele analog gesetzt, und die leibhaftige Existenz wird mit großer Hochachtung als die dem Menschen gegebene und gemäße gewürdigt. Der Leib wird dabei ebenso von der Möglichkeit eines rein objektivierenden Umgangs wie vom Makel grundsätzlicher Sündhaftigkeit befreit. Um den Leib aber in solcher Weise hoch schätzen und jede Art von ›Leibfeindlichkeit‹ abwehren zu können, wird dem Dualismus eine kleine, unbeachtete Hintertür geöffnet: ›Leib‹ darf nicht und nie mit ›Körper‹ verwechselt werden.«[37]

---

34. Etymologisch ist ›Leib‹ mit dem Begriff ›Leben‹ verbunden, die beide zu derselben germanischen Wurzel *leib- gehören, vgl. Alexander Kluge 1999, 511. ›Körper‹ ist aus dem Lateinischen entlehnt und geht auf den Begriff corpus zurück, vgl. ebd., 478.
35. Vgl. auch Maren Lorenz 2000, 32: »Das häufigste Problem der historischen Forschung, die doch existentiell auf sprachliche Präzision angewiesen ist, ist ihre nur selten klar definierte Terminologie. Für den Begriff des Körpers mit seinen schier unendlichen Assoziationsketten ist das besonders folgenreich.« Sie bietet einen Überblick über die sprachgeschichtlichen Traditionen, in denen die Begriffe Körper und Leib stehen und verweist auf die philosophischen Diskussionen, die sich mit dem Problem der Terminologie befasst haben (vgl. ebd., 32-35). Aktuell konstatiert sie eine Renaissance der Verwendung des Begriffes Leib, der als »erlebter Leib« dem »manipulierbaren Körper« gegenüber gestellt werde. Zum Problem der Entkörperung durch abstrakte Bezeichnungen vgl. Barbara Duden 1998. Sie plädiert dafür, die konkreten fleischlichen Dimensionen körperlicher Existenz deutlich zu benennen. Zum Verhältnis von Körper und Leib aus zeichentheoretischer Perspektive vgl. Gesa Lindemann 1996. Die Alttestamentlerin Christl Maier 2003, 174, definiert das Verhältnis von Leib und Körper anhand ihrer Exegese von Ps 139: »Meine These ist, dass in diesem Gebet exemplarisch die Beziehung konstituierende Funktion des Körpers zum Ausdruck kommt – und zwar im Blick auf den menschlichen wie den göttlichen Körper. Die Beziehungsfähigkeit und -bedürftigkeit des Körpers bezeichne ich mit dem Begriff Leibhaftigkeit. Ein Leib ist ein menschlicher Körper, der nicht an und für sich betrachtet wird, sondern in seinen Beziehungen zur Umwelt und zu anderen Lebewesen.«
36. Regina Ammicht Quinn 1999, 34.
37. Regina Ammicht Quinn 1999, 34.

Körper wird demnach im theologischen Sprachgebrauch auf die konkreten materiellen Dimensionen menschlichen Lebens bezogen, die bei der Verwendung des Begriffes ›Leib‹ nicht notwendigerweise mitgedacht werden. Die damit einhergehende Verengung des Bedeutungsspektrums wird in diesem Zusammenhang selten wahrgenommen. Regina Ammicht Quinn plädiert dafür, in der Verwendung der Begrifflichkeit darauf zu achten, dass die materielle Existenz von Menschen in der theologischen Betrachtung nicht abgespalten wird, sondern der Körper auch auf der sprachlichen Ebene das Gewicht erhält, das ihm als Ort des menschlichen Fleisches, als Ort der Inkarnation zukomme. Für die gegenwärtige christlich-theologische Tradition beschreibt sie die Notwendigkeit einer »Rehabilitation des Körpers«, dessen diffamierende Geschichte noch lebendig sei.[38] Sie lehnt es aber nicht gänzlich ab, auch den Begriff ›Leib‹ zu verwenden:

»Auf dem Grund jeder theologischen Reflexion geht es darum, das sprachliche Erbe in seiner deutschen Differenziertheit so zu nutzen, daß in beiden Begriffen, dem Körper und dem des Leibes, die ganze Bandbreite und Vielfalt des Bedeutungsfeldes präsent ist.«[39]

Das Problem der Körperfeindlichkeit christlicher Tradition, deren dualistische Gegenüberstellung körperlicher und geistig-seelischer Existenz und der damit verbundenen Abwertung von Weiblichkeit wurde in den vergangenen Jahren vielfach thematisiert.[40] Auf der Basis der *sex-gender*-Debatte wird nach Ausdrucksformen gesucht, die dieses Problem zu überwinden helfen. Die niederländische systematische Theologin Anne-Marie Korte plädiert für eine Weiterentwicklung des Begriffes ›Leiblichkeit‹ als einer hermeneutischen Kategorie, die sowohl Essentialismuskritik als auch Dualismuskritik einbeziehe und nach Ausdrucksformen für den (weiblichen) Körper abseits scheinbarer ›Selbstverständlichkeiten‹ suche. Die bloße Betonung, dass wir Menschen leiblich seien, beseitige nicht das Kernproblem der christlichen Tradition, der Leibfeindlichkeit und Leibverneinung, vielmehr sollten die ambivalenten Erfahrungen von Menschen mit ihrem Leib thematisiert werden:[41]

»Mit Leiblichkeit als hermeneutischer Kategorie arbeiten, bedeutet, daß die Tatsache, daß Menschen die Erfahrung machen, nicht (ganz) identisch zu sein mit ihrem Leib, auch benannt und gewürdigt werde muß. Denn dies schafft gedanklichen Raum, um alte und neue Ambivalenzen erkennen zu können.«[42]

---

38. Vgl. Regina Ammicht Quinn 1999, 36.
39. Regina Ammicht Quinn 1999, 36.
40. Vgl. die Darstellung des aktuellen Körper-Diskurses unter Einbezug der theologischen Diskussion bei Regina Ammicht Quinn 1999, 21-137. Einen guten Überblick über die Forschung im Rahmen feministisch-theologischer Exegese bieten Michaela Geiger/Stefanie Schäfer-Bossert 2003, 18-21.
41. Vgl. Anne-Marie Korte 1995, 307-308.
42. Anne-Marie Korte 1995, 309.

Für mich stellt sich nun die Frage, wie ich σῶμα übersetze. Das neutestamentliche Griechisch bietet mit dem Wort σῶμα eine Vielfalt von Verstehensmöglichkeiten, die sowohl kollektive als auch individuelle Dimensionen, konkrete wie übertragene Deutungen eröffnen. Bei der Wahl der Übersetzung ›Körper‹ folge ich den Überlegungen von Regina Ammicht Quinn zu einer »Rehabilitation des Körpers« in der Theologie. Aus der Beobachtung, dass die theologische Tradition vielfach ›Leib‹ dem konkreteren Ausdruck ›Körper‹ vorgezogen und damit einem Dualismus zwischen spiritueller ›leiblicher‹ Existenz und der materiell körperlichen Vorschub geleistet hat, ziehe ich ferner die Konsequenz, in der folgenden Untersuchung der neutestamentlichen Forschung zu σῶμα immer danach zu fragen, ob in den jeweiligen Ausführungen tatsächlich auch die körperlich-materiellen zusammen mit den spirituellen Dimensionen leiblicher Existenz berücksichtigt werden. Ich stimme Anne-Marie Korte darin zu, dass die Thematisierung von Leiblichkeit stets auch die ambivalenten Erfahrungen der Menschen mit ihren Körpern berücksichtigen muss.

1.4 Perspektiven: Körper im Corpus Paulinum

Dieser kurze Überblick hat die vielfältigen Dimensionen von Körpergeschichte sichtbar gemacht und gezeigt, dass die Beschäftigung mit dem Körper eine Vielzahl von Themen berührt. Die Rede über Körper ist in unterschiedliche gesellschaftliche und kulturelle Prozesse und Ordnungen eingebunden, Körpererfahrungen werden sprachlich in zum Teil kontroversen zeitgenössischen Diskursen vermittelt. Auch die in den Briefen des Paulus dargestellten Körper und Körperbilder sind nicht unreflektiert als authentischer Ausdruck konkreter Körpererfahrung zu verstehen. Es ist davon auszugehen, dass Paulus eigene Körpererfahrungen in die Beschreibungen einfließen lässt, immer aber auch von vorgegebenen sprachlichen Mustern und kulturell geprägten Vorstellungen beeinflusst ist.[43] Der Exegese der paulinischen Briefe stehen eine Reihe von Hilfsmitteln zur Verfügung, die jeweiligen zeitgenössischen (Körper-)Diskurse zumindest zum Teil zu erfassen, dazu gehören zum einen Sprachanalysen, zum anderen aber auch sozial-, religions- und philosophiegeschichtliche Untersuchungen. Sie steht vor der Aufgabe, im Spannungsverhältnis zwischen der Fremdheit eines Textes und dem Bedürfnis einer Identifikation mit seinen Inhalten zu erfassen, wie er theologisch auch in die Gegenwart hineinzusprechen vermag. Im Folgenden möchte ich mich in meinen Untersuchungen der Kör-

---

43. Die Autorinnen des Hedwig-Jahnow-Forschungsprojektes sprechen in ihren anthropologischen Untersuchungen zu ersttestamentlichen Texten von ›Körperkonzepten‹, um die Verbindung kulturell vermittelter Körpervorstellungen, Körpererfahrungen und deren sprachlichen Niederschlag zu benennen. Vgl. dazu Michaela Geiger/Stefanie Schäfer-Bossert 2003, 23.

per-Sprache des Paulus auf die Suche nach mythologischen Bildern und poetischer Sprache begeben, die eine Ahnung davon vermitteln, dass sie versuchen, (Körper-)Erfahrungen einen Ausdruck zu geben, die über die konventionellen, diskursiv geprägten Möglichkeiten von Sprache hinausgehen. Von ihnen erhoffe ich mir Hinweise auf Erfahrungen der (heilvollen) Veränderung von Körpern, in diesem Sinne auf ›Risse‹ in der Welt der Sündenmacht, der *Hamartia*, d. h. auf körperliche Grenzerfahrungen, die Auskunft über die konkreten historischen Subjekte geben, von denen Paulus in seinen Briefen berichtet. In diesem Zusammenhang werde ich das Verhältnis von Körper, Tod und (Über-)Leben in den Mittelpunkt meiner Exegese von 1 Kor 15 stellen.

Die Besonderheit der paulinischen Schriften im Rahmen der Texte des Neuen Testaments ist, dass sie echte Briefe sind.[44] Die Informationen über den/die Absender(innen) und Adressat(inn)en, die u. a. in Präskript und den Grußlisten gegeben werden, sind in den meisten Fällen als historische Angaben zu verstehen. Ebenso können Aussagen sowohl über Abfassungszeiten und -orte gemacht werden als auch über die Situation in den Gemeinden und Städten, an die die Briefe gerichtet sind. Diese Tatsache ermöglicht es, sich dem sozialgeschichtlichen und religiös-kulturellen Hintergrund anzunähern, auf dem die Aussagen zu deuten sind.[45] In seinen Briefen bezieht sich Paulus vielfach auf konkrete Probleme in den Gemeinden. Insbesondere aus den Briefen an die korinthische Gemeinde ist abzulesen, dass diese in einem lebendigen Kommunikationszusammenhang mit Paulus steht. Auch die Aussagen in 1 Kor 15 stehen im Rahmen dieses Gespräches mit Menschen aus Korinth, auf deren Fragen, Konflikte und Ängste in Bezug auf den Körper, auf Leben, Sterben und Auferstehung er eingeht. Seine Antwort basiert auf zeitgenössischen anthropologischen Vorstellungen, kulturell geprägten Einstellungen zur Körperlichkeit und überlieferten biblischen Traditionen, aber auch auf eigenen körperlichen Erfahrungen mit Schmerz, Erfahrungen von Lebens- und Glaubenskraft. Für die Exegese möchte ich das Spannungsverhältnis zwischen diskursiver Vermittlung von Körpererfahrungen und deren Verankerung in der konkreten Lebensrealität – soweit sie sich aus den Quellen erschließt – sichtbar und fruchtbar machen. Ich gehe davon aus, dass die Perspektive auf die konkreten Körper, das ambivalente Verhältnis, das Menschen zu ihnen haben, auf der einen Seite und die Aufnahme dieser Erfahrungen in theologischen Aussagen auf der anderen wichtige Impulse für die Deutung des paulinischen Auferstehungsverständnisses im Rahmen seiner eschatologischen Vorstellungen bieten kann. Leitend für die nachfolgende Analyse der Forschung zur paulinischen Anthropologie wird deshalb die Frage sein, inwiefern sie die konkreten materiellen Dimensionen körperlicher Existenz in ihre Ausführungen mit einbeziehen.

---

44. Zu Einordnung der paulinischen Briefe im Rahmen antiker Briefliteratur vgl. Hans-Josef Klauck 1998, 228-251; zur korinthischen Korrespondenz vgl. 231-235.
45. Zur Situation in Korinth vgl. u. a. die materialreiche Quellensammlung von Jerome Murphy-O'Connor 1983.

2. Der Körper in der paulinischen Theologie als Thema neutestamentlicher Forschung

Der folgende Forschungsüberblick über die Frage nach der Bedeutung von σῶμα und anderen Körperbezeichnungen in der Theologie des Paulus verfolgt die Entwicklung der Diskussion in der neutestamentlichen Wissenschaft seit den zwanziger Jahren des letzten Jahrhunderts,[1] die insbesondere durch die Arbeiten von Rudolf Bultmann maßgeblich beeinflusst wurde. Daneben sollen aber auch Ansätze dargestellt werden, die eigenständige und kontroverse Beiträge zu dieser Debatte geliefert haben. Das Unterkapitel »Grenzen der anthropologischen Deutung« widmet sich vor allem der Kritik an der individualistischen Engführung des σῶμα-Begriffes bei Rudolf Bultmann, das Unterkapitel »die ›Neue Perspektive‹« beschreibt darauf aufbauende Neuansätze in der Paulusforschung, die auch für die Frage nach dem paulinischen Körperverständnis wichtige Impulse liefern. Ein solcher Überblick kann sich nur exemplarisch einzelnen Entwürfen ausführlicher widmen, die für eine breitere Diskussion stehen. Hinweise in den Fußnoten verweisen jeweils auf weitere Literatur.

2.1 Die Diskussion über die Auferstehung der Toten

Als Anfangspunkt der aktuellen Forschung über σῶμα ist die Diskussion zwischen Karl Barth und Rudolf Bultmann zu bestimmen, die sich am Thema ›Auferstehung‹ entzündete. 1924 veröffentlichte Karl Barth das Manuskript zu einer Vorlesung über den ersten Korintherbrief mit dem Titel: »Die Auferstehung der Toten«.[2] Rudolf Bultmann reagierte 1926 mit einem Aufsatz, in dem er sein Verständnis von Auferstehung den Ausführungen Karl Barths gegenüberstellte.[3] Auferstehung betreffe das gegenwärtige Leben, das ist in beiden Ansätzen Grundlage der Überlegungen, sie sei als ein geschichtliches Ereignis zu verstehen, als Teil der Geschichte Gottes mit den Menschen. Der grundsätzliche Unterschied beider Ansätze liegt jedoch in der Frage ihrer Erfahrbarkeit. Der vehement vorgetragenen Auffassung Barths: »Die Auferstandenen sind nicht wir!«[4] steht Bultmanns Verständnis der bereits verwirklichten Auferste-

---

1. Zur vorangehenden Forschung vgl. Albert Schweitzer 1911; Rudolf Bultmann 1926.
2. Vgl. Karl Barth (1924) 1954.
3. Vgl. Rudolf Bultmann (1926) 1993, 38-64.
4. Karl Barth (1924) 1954, 62.

hung in Christus: »wir *sind* Auferstandene, sind ἀπαρχή, sind καινὴ κτίσις«[5] gegenüber. Diese Vorstellungen prägen auch die jeweilige Deutung des Begriffes σῶμα:
Karl Barth betont den absoluten Gegensatz von ›Diesseits‹ und ›Jenseits‹. Überwunden werde ein möglicher Dualismus jedoch durch die Auferstehung des Leibes, die Kontinuität schaffe.[6] ›Seelischer‹ Leib seien wir diesseits der Auferstehung, ›geistlicher‹ Leib jenseits der Auferstehung.[7] Zwischen beiden liege der Tod, der den »Wechsel des Prädikats« im zeitlichen Nacheinander abgrenze und die Neuschöpfung des alten Leibes ermögliche.[8] Der gegenwärtige irdische Leib sei durch Verweslichkeit, Schwachheit und Vergänglichkeit (mit Bezug auf 1 Kor 15,53f.) bestimmt, die erst überwunden werden müssen, damit Raum für die kommende Herrlichkeit geschaffen werden könne.[9] Zum Lebendigwerden brauche es ein Sterben. Der Tod des Leibes, der durch Sterblichkeit bestimmt sei, sei deshalb als Wendepunkt zu verstehen.

Anders als Karl Barth versteht *Rudolf Bultmann* die Auferstehung als erfahrbare Wirklichkeit.[10] Aber dies Auferstehungsleben sei für Paulus nie ein Gegebenes, es sei zwischen Zeit und Ewigkeit:

»Gleichwohl ist das ›Leben‹ in gewissem Sinne für ihn Gegenwart, sofern jene Zukunft durch die Offenbarung zur Wirklichkeit der Gegenwart geworden ist, oder: sofern der Mensch selbst Zukunft ist. Es besteht also eine eigentümliche Identität zwischen dem gegenwärtigen und dem zukünftigen Menschen, und zwar nennt Paulus als den Träger dieser Identität das σῶμα. Dann ist also das Sein des Menschen als solchen durch das σῶμα und durch den θάνατος charakterisiert, das Sein des Christen durch das σῶμα und die Zukunft der ζωή.«[11]

---

5. Rudolf Bultmann (1926) 1993, 64.
6. Vgl. Karl Barth (1924) 1954, 67: »Auferstehung des Leibes aber, desselben Leibes, den wir offenkundig sterben und vergehen sehen, Behauptung also nicht einer Dualität von Diesseits und Jenseits, sondern einer Identität beider, aber nun noch nicht gegeben, nicht direkt festzustellen, nur zu hoffen, nur zu glauben [...].«
7. Vgl. Karl Barth (1924) 1954, 114.
8. Vgl. Karl Barth (1924) 1954, 112: »Wir bejahen aber mit dieser Identifizierung gerade nicht nur den Tod, als die Mitte zwischen beiden, sondern wir bejahen das unbegreifliche schöpferische Leben [...], das Eine, das mitten im Tod sich wandelt in der Erscheinung, um im Wandel nun erst recht sich als das Eine zu bewähren.«
9. Vgl. Karl Barth (1924) 1954, 114.117. So argumentiert er auch schon 1922 in seinem Römerbriefkommentar: »[...] der Mensch zwischen Geburt und Tod, verhaftet in dem Kampf ums Dasein, essend, trinkend, und vor allem schlafend, freiend und sich freien lassend, der geschichtliche, der zeitliche, der fleischliche Mensch, er ist als solcher nicht gerecht vor Gott. Fleisch heißt radikale Unzulänglichkeit des Geschöpfs gegenüber dem Schöpfer, Fleisch heißt Unreinheit, Fortschritt im Kreis herum, Nur-Menschlichkeit. Fleisch heißt unqualifizierte und nach menschlichem Ermessen unqualifizierte Weltlichkeit.« (ders. 1984, 63)
10. Vgl. Rudolf Bultmann (1926) 1993, 46.
11. Rudolf Bultmann (1926) 1993, 58; vgl. auch ebd., 247-249.

In seiner Theologie des Neuen Testaments (1948) führt er diesen Gedanken weiter aus und beschreibt leibliche Auferstehung als die Verwandlung des der σάρξ verfallenen σῶμα in ein pneumatisches, d. h. vom πνεῦμα regiertes.[12] Die gegenwärtigen Dimensionen von Auferstehung lägen in der Identität des gegenwärtigen und des zukünftigen Menschen, deren Träger das σῶμα sei. Der Mensch *habe* nicht nur ein σῶμα, sondern *sei* σῶμα.[13] Das σῶμα bezeichne zwar zunächst den körperlichen Leib, meine aber in seiner eigentlichen Bedeutung die Person des Menschen.

Die Deutung von σῶμα als ›Person‹ bringt allerdings Probleme mit sich.[14] In der Folgezeit wurde vor allem Rudolf Bultmanns existiale Interpretation, die Auferstehung als ein individuelles Geschehen beschreibt, das ausschließlich den einzelnen Menschen in seinem Verhältnis zu seinem eigentlichen Selbst und zu Gott betrifft, kritisiert.[15] Die konkreten körperlichen Aspekte, die gegenwärtiges Leben charakterisieren, träten in dieser Deutung zu sehr in den Hintergrund. Der Mensch in seiner körperlichen Existenz sei in seinem Entwurf charakterisiert durch theologische Bedeutungslosigkeit.[16] Das von ihm beschriebene Subjekt der Auferstehung sei allein das (intellektuelle) Ich, das mehr oder weniger zeitlos und unabhängig von seiner Umwelt existiere und im Grunde nur als ›körperloser Leib‹ bezeichnet werden könne, als »blutleere Abstraktion«[17]. Menschliche Existenz vermöge es nur auf einer abstrakt-theologischen Ebene zu erfassen, eine kontextuelle Verortung habe dieses σῶμα nicht.[18] Aber trotz dieser Kritik wurde sein anthropologischer Ansatz weithin

---

12. Vgl. Rudolf Bultmann (1948) 1984, 202; vgl. auch ders. (1926) 1993, 200: Das σῶμα πνευματικόν meine keinen aus einem ätherischen Stoff gebildeten Körper, sondern »die Bestimmtheit des Ich durch die Macht Gottes, die den Zwiespalt im Menschen zwischen Ich und Ich versöhnt und also gerade ein Verhältnis des Menschen zu sich selbst voraussetzt.«
13. Vgl. Rudolf Bultmann (1948) 1984, 196: »Er heißt σῶμα, sofern er sich selbst zum Objekt seines Tuns machen kann oder sich selbst als Subjekt eines Geschehens, eines Erleidens erfährt. Er kann also σῶμα genannt werden, sofern er ein Verhältnis zu sich selbst hat.«
14. Zur Diskussion und der Kritik an der Deutung von σῶμα als »Person« vgl. die Darstellung bei Renate Kirchhoff 1994, 131-137.
15. Zur Kritik am Auferstehungsverständnis Rudolf Bultmanns vgl. u. a. Robert H. Gundry 1987, 163 ff.; vgl. auch 194.
16. Vgl. dazu Susanne Heine 1976, 14: »Ist aber die geschichtliche Existenz des Menschen an sein Leibsein gebunden und dieser Leib Objekt fremder, gottfeindlicher Mächte, dann ist es im wesentlichen die Leibhaftigkeit menschlicher Existenz, die ihn zum Sünder macht.« Die Aufgabe der Glaubenden könne es nach diesem Verständnis nur sein, sich von dieser (niederen, weil versuchlichen) Seite des Ichs zu distanzieren und sich auf das eigentliche Ich, das sich vom πνεῦμα regieren lässt, zu konzentrieren: »Die Entscheidung für Gott bedeutet dann Leib- und Weltflucht.« (ebd., 14)
17. Vgl. Susanne Heine 1976, 12; Robert Jewett 1971, 210-211.
18. Vgl. dazu den von Ernst Bloch 1980, 71, ironisch angemerkten Leitsatz: »Der Herr

akzeptiert. Sein Verständnis der Anthropologie als Schlüssel für die paulinische Theologie zog weite Kreise. Insbesondere die Frage, wie das σῶμα bei Paulus zu interpretieren sei, wurde zu einem der zentralen Themen der neutestamentlichen Forschung.

2.2 Das σῶμα und die Gemeinschaft

Neben den Ansätzen, die Rudolf Bultmann in seiner individuellen anthropologischen Deutung paulinischer Theologie folgten, entstanden aber auch Studien, die einen anderen Weg einschlugen. Drei der wichtigsten Ansätze sollen im Folgenden exemplarisch dargestellt werden.

In seiner Dissertation »Leib und Leib Christi: Eine Untersuchung zur paulinischen Begrifflichkeit« (1933) folgt *Ernst Käsemann* noch weitestgehend den Ausführungen R. Bultmanns, auch wenn er den Akzent bereits hier verstärkt auf die Geschichtlichkeit paulinischer Anthropologie legt.[19] Er macht deutlich, dass diese nicht aus der hellenistischen Philosophie oder allein aus gnostischen Vorstellungen des Menschen heraus gedeutet werden dürfe, sondern aus der alttestamentlich-jüdischen Tradition stamme, die von Paulus modifiziert wurde. Dabei habe dieser jeglichen Dualismus, der im hellenistischen Denken angelegt sei, überwunden und aus seiner biblischen Tradition heraus, die Leiblichkeit des Menschen hoch bewertet. E. Käsemann analysiert in seiner Arbeit die paulinische Anthropologie anhand der Schlüsselbegriffe σάρξ, σῶμα und πνεῦμα, die er theologisch auswertet. Die körperlichen Aspekte menschlicher Existenz fasst er jedoch vor allem unter den Begriff σάρξ.[20] Die alttestamentlich-jüdische Vorstellung vom ›Fleisch‹ bestimme auch die paulinische, auch wenn Paulus verschiedene Differenzierungen vornehme. Für ihn habe σάρξ neben der konkret körperlichen aber noch eine kosmische Dimension, die den einzelnen Menschen übergeordnet sei. Nach Ernst Käsemann ist für Paulus die

---

ist mein Hirte, ich persönlich bin fein heraus.« Es soll hier allerdings nicht der Eindruck erweckt werden, dass die Paulusdeutung R. Bultmanns keine ethischen Aspekte berücksichtige. An anderer Stelle thematisiert er diese ausführlich und misst ihnen auch einen großen Wert als ›Imperativ‹ zu, der aus dem ›Indikativ‹ der Rechtfertigung erwachse (vgl. z. B. 1964a, 10). Im Zusammenhang der Auferstehungswirklichkeit tritt der Aspekt des Handelns jedoch in den Hintergrund.
19. Weitere wichtige Entwürfe dieser Zeit stammen u. a. von Ernst Fuchs, »Christus und der Geist bei Paulus. Eine biblisch-theologische Untersuchung« (1932) und Walter Gutbrod, »Die paulinische Anthropologie« (1934).
20. Vgl. Ernst Käsemann 1933, 101: »Durchweg ist ›Fleisch‹ sonst auf den Menschen und seine Sphäre bezogen. Es ist zunächst die Erscheinungsweise des menschlichen Lebens schlechthin [...] Fleisch tritt geradezu für das Individualleben der Person ein.«

σάρξ »so etwas wie ein gnostischer Aeon«[21]. Das Leben κατὰ σάρκα sei für Paulus Grund aller Sünde. Die Versuchung zur Sünde liege darin, dass Menschsein durch die Existenz ἐν σαρκί bestimmt sei.[22]
Nur die an Christus Glaubenden kennen nach Paulus eine Existenz ἐν σαρκί, die sich von der κατὰ σάρκα unterscheide. Diese werde durch die Verwendung des Begriffes σῶμα charakterisiert. Beide meinten den ganzen Menschen, aber ›Leib‹ verstehe den Menschen von einer anderen Orientierung aus als ›Fleisch‹.[23] Durch den Begriff σῶμα mache Paulus das »für Gott Bestimmtsein« der Menschen deutlich. Wenn er theologisch vom σῶμα spricht, bezieht sich Ernst Käsemannn deshalb ausschließlich auf diese Bedeutungsebene. Die irdisch-körperlichen Dimensionen kommen nur dann in den Blick, wenn es um die Sünde des Menschen geht, um die Verstrickungen der σάρξ. Gingen sie zu sehr in der vorfindlichen Welt auf und verdeckten damit ihre Geschöpflichkeit, so realisiere sich ihre σάρξ zum »Sündenleibe«[24], zum σῶμα τῆς ἁμαρτίας und verbinde ihr σῶμα (wie das Fleisch) mit dem Tod. Auch wenn er wie die σάρξ sterblich sei, der Zeitlichkeit und damit der Versuchung unterworfen ist, habe er eine Lebensmöglichkeit durch das πνεῦμα: die Möglichkeit der Auferstehung.

In späteren Untersuchungen führt Ernst Käsemann seine anthropologischen Studien weiter, versucht darin aber, die individualistische Tendenz der Deutung von σῶμα zu überwinden. In seinem 1947/48 erstmals veröffentlichten Artikel »Anliegen und Eigenart der paulinischen Abendmahlslehre«[25] macht er in Abgrenzung zu den Ausführungen Rudolf Bultmanns die Dimensionen einer Deutung von σῶμα, die aus dem alttestamentlich-jüdischen Kontext heraus erwächst, deutlich. Hier lehnt er eine Übersetzung mit ›Person‹ bzw. ›ich‹ als nicht zutreffend ab. Paulus charakterisiere mit σῶμα vielmehr »die Leiblichkeit der in die Schöpfung eingegliederten und durch die kosmischen Mächte bedrohten Existenz.«[26] Er beschreibe die leibliche Auferstehung als Ziel allen göttlichen Handelns und betone damit die besondere Wichtigkeit der Leiblichkeit, die auf keinen Fall mit dem modernen Person- oder Persönlichkeitsbegriff verwechselt werden dürfe. Paulus' Verständnis von σῶμα ziele nicht auf das Individuum, sondern begründe im Gegenteil die Möglichkeit der Kommunika-

21. Ernst Käsemann 1933, 105.
22. Vgl. Ernst Käsemann 1933, 116: »Indem man im Fleische als in der Welt ist, liegt die Versuchung des fleischlich-weltlichen Wandels greifbar da.« Vgl. auch ebd., 112.
23. Vgl. Ernst Käsemann 1933, 121: »Wie man im Fleische der Versuchung der Welt preisgegeben ist, so ist man als Leib vor die Entscheidung für oder wider Gott gestellt.«
24. Vgl. Ernst Käsemann 1933, 123: »Zwischen σῶμα τῆς ἁμαρτίας und σῶμα πνευματικόν steht der Leib des Christen. Auch dieser ist wie der ›Sündenleib‹ mit dem Tod verbunden.«
25. Ernst Käsemann 1986a.
26. Ernst Käsemann 1986a, 27. Zur Kritik E. Käsemanns an R. Bultmann vgl. auch Erhardt Güttgemanns 1966, 206-210.

tion.²⁷ Dieses spätere Verständnis, das die anthropologischen Begriffe geschichtlich und auf die Gemeinschaft ausgerichtet versteht, bietet einen wichtigen Impuls für die Frage nach den konkreten körperlichen Dimensionen von σῶμα in der Lebenswirklichkeit der Menschen in neutestamentlicher Zeit – auch wenn E. Käsemann selbst diesen nicht weiter nachgeht. Insbesondere seine Deutung von σῶμα als Ermöglichung von Kommunikation in der Gebundenheit durch die Welt kann für ein Leibverständnis geöffnet werden, das konkrete Körperlichkeit nicht abwertet.²⁸

Unabhängig von der durch Rudolf Bultmann angestoßenen anthropologischen Diskussion entwickelte *Albert Schweitzer* eine eigene Deutung paulinischer Theologie und deren Verständnis von ›Leib‹: »Die Mystik des Apostels Paulus« (1930), die im Wesentlichen die Gedanken ausführt, die er bereits 1911 in seiner »Geschichte der Paulinischen Forschung« dargelegt hatte. Albert Schweitzer versteht paulinische Theologie konsequent auf dem Hintergrund jüdischer Eschatologie und grenzt sich dabei zum Teil recht vehement, an manchen Stellen auch polemisch gegen Deutungen ab, die diese auf dem Hintergrund hellenistischer Vorstellungen interpretieren.²⁹ Seine Kritik richtet sich insbesondere gegen eine zu individualistisch gedeutete Rechtfertigungslehre.³⁰ Auch bei ihm finden sich die Ausführungen über die Leiblichkeit im Rahmen der Diskussion über Auferstehung. Nach Albert Schweitzer ist das paulinische Verständnis von Auferstehung innerhalb eines größeren Gesamtentwurfs zu verstehen, der Gegenwart und Zukunft, Menschen, Christus und Gott innerhalb eines kosmologischen Geschehens einordnet. Auferstehung bei Paulus sei die sich aus der Gemeinschaft mit dem gestorbenen und auferstandenen Christus ergebene Erneuerung des Daseins, die nicht symbolisch zu verstehen sei, sondern als naturhafte Wirklichkeit.³¹ Die Glaubenden stünden mit

---

27. Vgl. Ernst Käsemann 1986a, 30: »Als Leib steht man in der Ausrichtung auf andere, in der Gebundenheit durch die Welt, im Anspruch des Schöpfers, in der Erwartung der Auferstehung, in der Möglichkeit konkreten Gehorsams und der Selbsthingabe.«
28. Hier stimme ich mit Susanne Heine 1976, 23, überein, die zu folgendem Resümee kommt: »Das Entscheidende und für uns Weiterführende am Konzept Käsemanns ist der Hinweis auf den sozialen Bezug des soma-Begriffes, wenn wir auch feststellen müssen, daß dieses Moment in seinen Ausführungen dann doch wieder zu wenig bedacht wurde.«
29. Albert Schweitzer wendet sich vor allem gegen die Ergebnisse von Richard Reitzenstein, der Paulus als »größten aller Gnostiker« bezeichnete (vgl. 1927, 62), und gegen die von Theologen der sog. religionsgeschichtlichen Schule vertretene Deutung, Paulus vertrete eine hellenistisch geprägte Existenzauffassung, die aus einer hellenistischen Mysterienfrömmigkeit und gnostischer Erlösungsreligion erwachsen sei (vgl. dazu Rudolf Bultmann 1929). Einen guten Forschungsüberblick bieten auch Fritz Neugebauer 1961; Hans-Christoph Meier 1998, 3-18.
30. Vgl. Albert Schweitzer (1930) 1981, 214-221. Eine Zusammenfassung der Ausführungen Schweitzers bietet Alexander Sand, 1967, 63-67.
31. Vgl. Albert Schweitzer (1930) 1981, 14-15.

Christus in einer Gemeinschaft, die dieses Übergreifen der Kräfte möglich mache:[32]

»Das Wesentliche ihrer vorherbestimmten Zusammengehörigkeit ist also dies, daß sie miteinander an einer Leiblichkeit teilhaben, die in besonderer Weise der Wirkung von Auferstehungskräften ausgesetzt und für sie empfänglich ist.«[33]

Das Ausgießen des Geistes sei Anzeichen des Hervorbrechens der messianischen Herrlichkeit in der natürlichen Welt und der bereits im Gange befindlichen Auferstehung. Er sei Erscheinungsform von Auferstehungskräften und gebe den Gläubigen Gewissheit, derselben Auferstehung teilhaftig zu werden wie Christus.[34] Die Glaubenden legten alles ab, was sie in ihrer natürlichen Existenz voneinander unterscheide: »Sie sind nicht mehr Juden und Griechen, Männer und Weiber, Sklaven oder Freie, sondern bilden miteinander eine neue Menschheit in Christo.«[35] Aus diesem mystischen Verständnis des Seins in Christo erwachse bei Paulus auch die Ethik, diese sei Frucht des Geistes und natürliche Funktion des Erlöstseins.[36]

Albert Schweitzer verbindet in seiner Deutung paulinischer Theologie Auferstehung und Ethik als Einheit miteinander. Mit seinem kollektiven Verständnis des Heilsgeschehens wendet er sich gegen einen subjektivistisch-individualistischen Leib- und Erlösungsbegriff und streicht die Bedeutung eschatologischer Aussagen für die konkrete Gegenwart der Glaubenden heraus. Sein Entwurf wurde in der Folgezeit jedoch kaum rezipiert.[37] Die Eschatologie rückte mit der Entscheidung Rudolf Bultmanns und der Exegese in seiner Nachfolge, die Anthropologie als Ausgangspunkt paulinischer Theologie zu betrachten, weitestgehend in den Hintergrund.[38] Vor allem wurde sein Verständnis paulini-

---

32. Vgl. Albert Schweitzer (1930) 1981, 102.
33. Albert Schweitzer (1930) 1981, 110-111.
34. Vgl. Albert Schweitzer (1930) 1981, 166.
35. Albert Schweitzer (1930) 1981, 257.
36. Vgl. Albert Schweitzer (1930) 1981, 286-287; vgl. auch 295. Mit poetischen Worten, die er auch an seine eigene Gegenwart richtet, führt er diesen Gedanken weiter aus: »Wie ein Stern aus dem Zwange des Glanzes, der in ihm ist, über einer dunklen Welt leuchtet, auch wenn keine Aussicht ist, daß er einen Morgen kündet, der über ihr aufgehen wird, also sollen die Erlösten das Licht des Reiches Gottes in der Welt erstrahlen lassen. [...] Immer haben wir des unerbittlichen Gesetzes eingedenk zu bleiben, daß wir nur so viel Reich Gottes in die Welt bringen können, als wir in uns tragen.« (ebd., 378)
37. Allerdings wurde die Frage nach der Bedeutung der Eschatologie in der paulinischen Theologie ansatzweise diskutiert. Vgl. dazu Fritz Neugebauer 1961, 26ff.; Martin Dibelius 1960, 471; Rudolf Bultmann 1929, 27; 1960.
38. Ed P. Sanders 1985, 409, bezeichnet es als überraschend, dass Albert Schweitzers wichtige Forschungspositionen so wenig Zustimmung gefunden haben: »Schweitzer ist in weiten Kreisen der deutschen protestantischen Forschung, die den einflußreichsten Teil der Paulusforschung darstellt, keine Beachtung geschenkt worden.«

scher Theologie als Mystik kritisiert.[39] Albert Schweitzers Abwehr gegen die Annahme hellenistischer Einflüsse auf die paulinische Theologie ist in ihrer Ausschließlichkeit nicht mehr aufrecht zu erhalten, seine Einordnung zentraler Gedanken in die zeitgenössische jüdische Apokalyptik besitzt jedoch weiterhin Schlüssigkeit.[40]

Ein weiterer in der deutschsprachigen Diskussion wenig rezipierter Entwurf stammt von *John A. T. Robinson* »The Body. A Study in Pauline Theology« (1957).[41] Er betont vor allem die geschichtlichen Dimensionen von σῶμα und σάρξ und deutet sie Ernst Käsemann folgend aus ihrem ersttestamentlichen Hintergrund heraus. Ebenso wie dieser lehnt er deshalb Rudolf Bultmanns Verständnis von σῶμα als Person als zu individualistisch, als »essentially un-Hebraic and indeed post-Cartesian«[42] ab. Für Paulus seien die Menschen nicht als Individuen, sondern als Teil der Schöpfungsordnung auf Gott bezogen. Für John A. T. Robinson gründet das Körper/ Leib-Konzept[43] des Paulus auf einem Verständnis von solidarischen Beziehungen, in die die verschiedenen Körper/ Leiber eingebunden sind.[44] Die paulinische Beschreibung des Auferstehungsleibs/körpers Christi, des σῶμα Χριστοῦ, verweise auf ein konkret physisches Verständnis von σῶμα.[45] Insbesondere 1 Kor 6,13-20 zeige, dass die Einheit der einzelnen Menschen mit dem auferstandenen Christus in der Gemeinde physisch gedacht werde:

»In the same way as no clear distinction can be drawn between the flesh-body of Jesus and the body of His resurrection, so there is no real line between the body of

Vgl. auch die Forschungsüberblicke bei Hans-Christoph Meier 1998, 15-18 und Stefan Meißner 1996, bes. 157 ff.
39. Vgl. die Kritik von Gerhard Delling 1960, 120; Fritz Neugebauer 1957/58, 132; Günther Bornkamm 1983, 164; Hans Conzelmann 1987, 204. Zur neueren Forschung vgl. Hans-Christoph Meier 1998. Neuere Ansätze versuchen, die ›juridische‹ mit der ›mystischen‹ Linie bei Paulus miteinander zu verbinden, vgl. Eduard Schweizer 1970b; Samuel Vollenweider 1996; Gerhard Sellin 1996.
40. Im Rahmen der Forschung, die sich im Zusammenhang des christlich-jüdischen Gesprächs verortet, wird A. Schweitzer gegenwärtig wieder rezipiert, vgl. dazu Christian Strecker 1996, 3.
41. Dieser wurde im deutschsprachigen Bereich nur am Rande zur Kenntnis genommen, hatte aber in der englischsprachigen Diskussion großen Einfluss und wurde auch ins Französische und Italienische übersetzt, vgl. Robert H. Gundry 1987, 5.
42. Vgl. John A. T. Robinson 1957, 12-13 Anm. 1.
43. Da im Englischen das Wort *body* sowohl Körper als auch Leib umfasst, verwende ich die Schreibweise Körper/Leib, wenn ich *body* übersetze.
44. Vgl. John A. T. Robinson 1957, 8-9: »For the body is not simply evil: it is made by and for God. Solidarity is the divinely ordained structure in which personal life is to be lived.«
45. Vgl. John A. T. Robinson 1957, 51: »It is almost impossible to exaggerate the materialism and crudity of Paul's doctrine of the Church as literally now the resurrection *body* of Christ.«

His resurrection and the flesh-bodies of those who are risen with him; for they are members of it.«[46]

Die in den Leib/Körper getauften Menschen seien neue Schöpfung (mit Verweis auf 2 Kor 5,17), sie seien erneuert, auferstanden und verändert.[47] Σῶμα zu sein, weise auf Solidarität, nicht auf Individuation.[48] Die Hoffnung auf Auferstehung sei grundsätzlich sozial und historisch zu verstehen.[49] Erlösung/Befreiung *(redemption)* – habe in der eschatologischen Gemeinde des Geistes (vgl. Röm 8,11) begonnen, nicht allein für die Menschheit, sondern für die gesamte Schöpfung (vgl. Röm 8,21).[50]

2.3 Grenzen der anthropologischen Auslegung

Bereits die Diskussion zwischen Karl Barth und Rudolf Bultmann zeigte, dass die körperliche Existenz vielfach in den Hintergrund tritt, wenn im Zusammenhang von Sünde, Rechtfertigung und Auferstehung von ›Leiblichkeit‹ gesprochen wird. Die sich an Rudolf Bultmann anschließende deutschsprachige neutestamentliche Forschung vermochte dieses Problem auch in der Folgezeit nicht zu überwinden.[51] Die Ganzheitlichkeit paulinischer Theologie wurde in den jeweiligen Ausführungen zwar stets betont, letztlich aber nicht konkretisiert. Der individualistische Ansatz Bultmanns, der σῶμα als Person definierte, wurde zwar in Ansätzen kritisiert, im Grunde aber nicht überwunden. *Karl-Adolf Bauer* resümiert:

»So beschäftigt sich denn die neuere Interpretationsgeschichte durchgängig – explizit oder implizit – mit der von Bultmann selbst provozierten und von Schlatters

---

46. John A. T. Robinson 1957, 53; vgl. auch 73 ff.
47. Vgl. John A. T. Robinson 1957, 78: »It is a mistake to approach Paul's writings with the modern idea that the resurrection of the bódy has to do with the moment of death, and that the guarantee of our survival as distinct individual selves.« Vgl. auch ebd., 79: »The key ›moments‹ for this are baptism and the Parousia [...] The resurrection of the body starts at baptism, when a Christian becomes ›one Spirit‹ (i. e., one spiritual body) with the Lord [...].«
48. Vgl. John A. T. Robinson 1957, 78.
49. Vgl. John A. T. Robinson 1957, 82: »It is a resurrection, not from the body, but out of the body. The new creation is not a fresh start, but the old made new – not a νέα but a καινὴ κτίσις (2 Cor. 5.17).«
50. Vgl. John A. T. Robinson 1957, 83.
51. Vgl. auch den Forschungsüberblick bei Hans Hübner 1996. Einen guten Überblick über die englischsprachige Diskussion bieten sowohl Robert Jewett 1971 als auch Robert H. Gundry 1987.

Auslegung wachgehaltenen Frage nach dem Verhältnis von Person-Sein und Leib-Sein des Menschen.«[52]

Im Laufe der Forschungsgeschichte nehmen nun die kritischen Stimmen zu. Als wichtige Beiträge in der Auseinandersetzung mit paulinischer Anthropologie sind die Arbeiten von *Egon Brandenburger:* »Adam und Christus. Exegetisch-religionsgeschichtliche Untersuchung zu Römer 5,12-21 (1 Kor 15)« von 1963 und »Fleisch und Geist. Paulus und die dualistische Weisheit« von 1968 zu nennen, daneben auch die Studie von *Alexander Sand:* »Der Begriff ›Fleisch‹ in den paulinischen Hauptbriefen« von 1967.[53] Vor allem *Eduard Schweizer* versucht in seinen Entwürfen zu σῶμα die verschiedenen Aspekte von Leiblichkeit darzustellen und eine anthropologische Engführung zu vermeiden.[54] Er betont stärker als R. Bultmann das Eingebundensein der paulinischen Anthropologie und die Verwurzelung der Vorstellung von σῶμα im Alten Testament: Alles Leben sei als leibliches gedacht, auch das künftige (1 Kor 15,35-44).[55] Das σῶμα sei der Ort, an dem der Mensch sich bewähre, das werde vor allem in den Passagen deutlich, in denen Paulus vom Gericht spreche (2 Kor 5,1-10).[56] Er verwende σῶμα dann, wenn es ihm um den ganzen Menschen gehe.[57] Auch im Bereich des Leibes Christi werde der/die Einzelne nicht als Individuum ge-

---

52. Karl-Adolf Bauer 1971, 65. Siehe auch seinen Forschungsüberblick: seit Schlatter (ebd., 13-30), Bultmann (ebd., 31-42), aktuelle Diskussion bis 1971 (ebd., 43-64). In der R. Bultmann folgenden Forschungstradition stehen u. a. *Ernst Fuchs* 1932; *Hans Conzelmann* (1967) 1987; *Günther Bornkamm* (1969) 1983.
53. Vgl. auch *Erhardt Güttgemanns*, »Der leidende Apostel und sein Herr. Studien zur paulinischen Christologie« (1966); *Hans Conzelmann*, »Grundriß einer Theologie des Neuen Testaments« (1967), 4. Aufl. 1987. Zur Anthropologie vgl. § 21: »Die anthropologischen (neutralen) Begriffe in der paulinischen Theologie«, 192-203 und § 23: »Der Mensch in der Welt (σάρξ und ἁμαρτία)«; *Günther Bornkamm*, »Paulus« (1969), 5. Aufl. 1983: »Mensch und Welt«, S. 139-144. Vgl. auch den Entwurf von *Udo Schnelle:* »Neutestamentliche Anthropologie: Jesus – Paulus – Johannes« (1991).
54. Vor allem der Artikel σῶμα im ThWNT (1964) bietet umfangreiches Material; eine gute Zusammenfassung mit weiterführenden Gedanken bietet der Artikel »Die Leiblichkeit des Menschen« 1970a. Kritik an einem ausschließlich anthropologischen Denken äußert auch Erhardt Güttgemanns 1966, 199-206.
55. Vgl. Eduard Schweizer 1964, 1057.
56. Vgl. Eduard Schweizer 1964, 1060.
57. Vgl. Eduard Schweizer 1964, 1063: »Die häufige Wiedergabe des paulinischen σῶμα mit *Person, Persönlichkeit* oder gar *Individualität* hat darin ihr Recht, daß das Wort immer den ganzen Menschen, nicht einen Teil meint. Dennoch trifft sie das paulinische Verständnis noch nicht, weil damit die Abgeschlossenheit des Menschen in sich betont ist. Tatsächlich meint σῶμα den Menschen in seinem Gegenüber zu Gott oder der Sünde oder zu seinen Mitmenschen. σῶμα ist der Ort, an dem der Glaube lebt, an dem sich der Mensch in die Herrschaft Gottes gibt. [...] Nie interessiert sich Paulus für das Aussehen, Fähigkeiten, Charakter, immer nur für das Tun des Leibes und das Geschehen mit ihm.«

sehen, sondern stets die Gemeinde angesprochen. Die apokalyptische Verwurzelung paulinischer Anschauungen des »mit Christus-Seins« verhindere eine rein anthropologische Auflösung der damit verbundenen Vorstellungen.[58] Das Geschehen der Gerechtigkeit Gottes sei nicht individuell zu verstehen, sondern als ein Herrschaftswechsel, der in der Gemeinde Wirklichkeit werde. Die immer wieder betonte Einheit im Leibe weise auf das konkrete Zusammenleben der Gemeindemitglieder und ihr Verhalten zueinander. Vorbild für diese Vorstellung sei weniger der hellenistische Organismusgedanke als das alttestamentliche Bild des Gottesvolkes.[59]

Noch grundsätzlicher kritisiert *Susanne Heine* eine rein anthropologische Deutung paulinischer Theologie. In der theologischen Wissenschaft sei bisher zwar von der methodischen Voraussetzung der Ganzheit menschlicher Existenz ausgegangen worden, in der einzelexegetischen Erörterung hätte man aber Mühe gehabt, diesem methodischen Grundsatz treu zu bleiben, so resümiert sie ihren Forschungsüberblick:

»Allen von uns oben analysierten Entwürfen zum soma-Begriff ist gemeinsam, daß sie den sozialen Bezug mehr oder weniger außer acht lassen, der mit der leiblichen Existenz des Menschen als einer geschichtlich bestimmten gegeben ist. [...] Wir dagegen definieren soma als den Menschen, der in einem unlösbaren geschichtlichen Wechselbezug zu seiner Mitwelt steht.«[60]

Sie hält an der Vorstellung der Ganzheit fest, setzt aber andere Akzente und betont den Beziehungsaspekt menschlicher Existenz. Der Mensch stehe als Handelnder in Beziehung zu seiner sozialen Mitwelt und nehme an deren Gestaltung teil.[61] Der Mensch sei durch die Leibhaftigkeit seiner Existenz begrenzt, einmal durch den natürlichen Alterungsprozess, durch Krankheit und Tod, dann aber auch durch seine soziale Mitwelt und ihre Ansprüche, schließlich durch das Bewusstsein als Bedingung der Möglichkeit von Erfahrung.[62] Susanne Heines eigene Definition von σῶμα versucht, diese Aspekte zu integrieren.[63] Konstitutiv sei hier der Gedanke der Gemeinschaft.[64] Wenn die Rede von σάρξ und πνεῦμα sei, gehe es nicht um anthropologische Phänomene, sie bezeich-

---

58. Vgl. Eduard Schweizer 1970b, 195.
59. Vgl. Eduard Schweizer 1964, 1071-1072.
60. Susanne Heine 1976, 53, vgl. auch 51.79 u. ö.
61. Vgl. Susanne Heine 1976, 57; vgl. auch 59: »Wie es keinen Leib ›an sich‹ gibt, sondern nur den Leib eines bestimmten Individuums, so gibt es Geschichte immer nur als bestimmte Geschichte.«
62. Vgl. Susanne Heine 1976, 75.
63. Vgl. Susanne Heine 1976, 137: »Soma bedeutet dann Raum der Geschichte zum Leben, die den Tod überwunden hat, und der der einzelne durch seine leibhaftige Existenz verbunden ist.«
64. Vgl. Susanne Heine 1976, 139: »Soma bedeutet die Wirklichkeit der durch den Glauben geschaffenen und durch ihn verbundenen Gemeinschaft. [...] Für Paulus ist der Leib Ort der Verwirklichung des Jesus-Christus-Glaubens. Weil und insofern der

neten vielmehr Handlungsweisen und insofern eine Standortbestimmung des Menschen, »ob der Mensch im Glauben und dessen konkreter Wirklichkeit oder nicht darin lebt.«[65] Sie warnt davor, diese Begriffe rein anthropologisch zu interpretieren, denn das führe unweigerlich zu einer »im Gesamt des paulinischen Denkens nicht vertretbaren Spannung des Menschen: der Mensch, insofern er fleischlich *beschaffen* ist, der Mensch insofern er geistliche *Qualifikation* besitzt. Will man das vermeiden, so muß man sarx und pneuma mit Verhaltensaussagen verbinden.«[66] Paulus trenne anthropologische Aussagen über den Menschen im wertneutralen Sinne methodisch nicht vom Urteil seines Glaubens, sie könnten vom Handeln nicht getrennt werden.[67]

Für eine differenzierte Deutung des Wortes σῶμα bei Paulus plädiert auch *Robert Jewett* in seiner 1971 erschienenen Studie: »Paul's Anthropological Terms. A Study of their Use in Conflict Settings«. Er bietet darin einen sehr materialreichen Überblick über die vorangegangene Forschung zu den Begriffen: σάρξ, πνεῦμα τοῦ ἀνθρώπου, σῶμα, καρδία, ψυχή, νοῦς, ἔσω/ἔξω ἄνθρωπος, sowie über deren Vorkommen in den paulinischen Briefen. Er zeigt, dass die Termini nicht einheitlich verwendet werden und verweist auf ihre vielfach situationsgebundene Anwendung. In seinen Auslegungen bezieht er sich zentral auf die argumentative Situation, die er vielfach als Konfliktsituation (so etwa gegen »gnostische Gegner«) deutet. Die traditionell dogmatische Auslegung habe kein adäquates Verständnis des paulinischen Konzepts ermöglicht, denn deren Kategorien seien diesem nicht angemessen.[68] R. Jewett sieht in paulinischer Anthropologie dualistische Aspekte, deren Quelle er im apokalyptisch geprägten hellenistischen Judentum verortet.[69] Auch der Begriff σῶμα werde nicht einheitlich verwendet, vielfach sei der konkrete physische Körper gemeint, dann trete der Begriff aber auch in technischer Verwendung auf: als Basis der Beziehung und Einheit zwischen Menschen, ekklesiologisch als Bezeichnung der Kirche als Leib Christi.[70] Als charakteristisch sieht er es an, dass die technischen Verwendungen die anderen nicht-technischen nicht ausschlössen.[71] Σῶμα sei die ganze Person, die in körperliche Beziehungen entweder zu ande-

---

Mensch mit seinem Leib Gott verherrlicht (1 Kor 6,20), transzendiert er das Natürliche in seiner Endlichkeit (V 14).«
65. Susanne Heine 1976, 94-95.
66. Susanne Heine 1976, 100.
67. Vgl. Susanne Heine 1976, 125: »Daher lassen sich natürliche Möglichkeiten und Fähigkeiten des Menschen abstrahiert von Glaubensaussagen nicht finden und es kann nur indirekt erhoben werden, welche anthropologischen Bedingungen menschlicher Existenz dem gläubigen Urteil mehr oder weniger deutlich zugrunde liegen.«
68. Vgl. Robert Jewett 1971, 248. Zum Entwurf R. Jewetts vgl. auch Renate Kirchhoff 1994, 135-137; Daniel Boyarin 1997, 65-69.
69. Vgl. Robert Jewett 1971, 94.
70. Vgl. Robert Jewett 1971, 456-458.
71. Vgl. Robert Jewett 1971, 211.

ren Personen oder zu Gott trete und als Basis für diese körperlichen Beziehungen der auserwählte Sitz des göttlichen Geistes sei.[72]

Etwa zeitgleich mit dem Entwurf Susanne Heines erschien die Studie von *Robert H. Gundry:* »SOMA in Biblical Theology« (1975). Auch R. H. Gundry kritisiert die Ausführungen zu Ganzheit in der vorhergegangenen Forschung, beurteilt das Problem aber anders als S. Heine.[73] Seine exegetischen Untersuchungen zeigen, dass weder in der Hebräischen Bibel (bzw. der LXX) noch im Neuen Testament von einem ganzheitlichen *(holistic)* Körperverständnis ausgegangen werde. Σῶμα stehe nicht für die ganze Person, sondern lediglich für den physischen Aspekt.[74] Wenn Paulus den Begriff σῶμα verwende, dann habe dieser theologische Bedeutung, die aus dem Kontext erwachse, nicht aber durch ein theologisches Gewicht, das ihm per se zukomme.[75] Der Begriff weise auf den physischen Körper und werde vielfach synonym mit ›Fleisch‹ im neutralen Sinne verwendet. Diese Betonung der Körperlichkeit bedeute jedoch nicht, dass seine Handlungen moralisch indifferent seien, der Körper gehöre zu Gott und diene als Wohnstätte für den Heiligen Geist:

»The *sôma* may *represent* the whole person simply because the *sôma* lives in union with the soul/spirit. But *sôma* does not mean ›whole person‹, because its use is designed to call attention to the physical object which is the body of the person rather than to the whole personality. Where used of whole people, *sôma* directs to their bodies, not to the wholeness of their being.«[76]

Die Betonung der Körperlichkeit weise auf die Verantwortlichkeit der Menschen für die konkret gegebene materielle Welt.[77] Auferstehung in diesem körperlichen Sinne finde jedoch erst nach dem physischen Tod der Menschen statt, er lehnt ein Auferstehungsverständnis ab, das diese präsentisch sieht.[78] Die exegetischen Betrachtungen von R. H. Gundry sind in Bezug auf die Frage nach den verschiedenen Aspekten des Begriffes σῶμα weiterführend. Aber trotz seiner Betonung der Bedeutung des physischen Körpers wird auch er an keiner Stelle konkret. Er fragt nicht danach, was diese Betonung der körperlichen Aspekte für das gegenwärtige Leben von Menschen bedeutet. Zudem führt sein

---

72. Vgl. Robert Jewett 1971, 260-263.
73. Vgl. Robert H. Gundry 1987, 5. Zum Entwurf R. Gundrys vgl. auch Renate Kirchhoff 1994, 136-137.
74. Vgl. Robert H. Gundry 1987, 50: »The *sôma* is in fact the body – no more, but no less either – and from Pauline vantage point that is good and vital to the human condition.«
75. Vgl. Robert H. Gundry 1987, 155.
76. Robert H. Gundry 1987, 80.
77. Vgl. Robert H. Gundry 1987, 203.
78. Er wendet sich in diesem Zusammenhang explizit gegen den Entwurf John A. T. Robinsons. Vgl. Robert H. Gundry 1987, 233: »Present anticipation of the resurrection has to do only with the inner man, or spirit; the present body remains bound to mortality.«

Verständnis von ›physischer‹ Auferstehung nach dem Tod dazu, dem ›Leib Christi‹ gegenwärtig jegliche Materialität abzusprechen. Seine Polemik gegenüber J. A. T. Robinson, dessen Entwurf er für ›sozialistisch‹ *(somatic socialism)* überzogen hält,[79] zeigt wie sehr er sich dagegen wendet, eine konkrete solidarische Praxis anzunehmen. So bleibt seine Betonung der Körperlichkeit in der Konsequenz ähnlich ›körperlos‹ wie die individualistische Anschauungsweise der existentialen Auslegung.

Resümee

Der Blick in die Forschung zeigt, dass die anthropologische Auslegung, die mit Rudolf Bultmanns Deutung von σῶμα als Person ihren Anfang nahm, an ihre Grenzen gestoßen ist. Der Begriff σῶμα umfasst weitere Dimensionen als die individuellen, auf die Person und ihr Verhältnis zu sich selbst und zu Gott bezogenen. Der Bezug auf die Geschichte, das soziale Umfeld und deren vielfältige Beziehungen rücken in den Blick. Vor allem *Susanne Heine* betont die Notwendigkeit einer weiteren Betrachtung von σῶμα im Zusammenhang von Mitwelt, Gesellschaft und Handlungsweisen. Aber trotz der vielfach angeführten Kritik an existentialer bzw. dogmatischer Auslegung bleiben die Entwürfe doch innerhalb des eng gesteckten Rahmens, den diese Forschungsrichtung vorgegeben hatte. Das lässt die Lektüre unbefriedigt enden: Historische und politisch-theologische Konkretionen werden nicht benannt, die theologische Bedeutung des Begriffs σῶμα bleibt im Zusammenhang der paulinischen Begrifflichkeit verhaftet, ohne konkret nach deren geschichtlich-sozialer Verortung zu fragen. Die Auseinandersetzung mit ersttestamentlich-jüdischen Traditionen, in die die Geschichte des Begriffs eingeordnet wird, bleibt in den meisten Fällen ein rein literarischer Herkunftsnachweis mit statistischer Auflistung der Belegstellen. Vielfach wird die theologische Bedeutungslosigkeit des physischen Körpers in dem Entwurf Rudolf Bultmanns und dessen Interpretation von σῶμα als Person kritisiert, eine Antwort auf die Frage, welche theologische Bedeutung der materielle Körper konkret habe, bleibt jedoch in den meisten Fällen trotz einer expliziten Betonung, *dass* er sie habe, aus. Ausnahmen in der Forschungsgeschichte wie die Entwürfe von *Albert Schweitzer* und *John A. T. Robinson* werden kaum rezipiert. Das Ergebnis ist, dass die Rede über den Körper unbestimmt und beliebig – körperlos – bleibt. Besonders sichtbar wird dies an der Rede über Auferstehung. Auch wenn betont wird, dass sie die gegenwärtige Existenz betreffe, wird nicht deutlich, was darunter zu verstehen ist und welche Konsequenzen dieses Verständnis für die gegenwärtigen Körper und ihre Lebenspraxis hat – diese Beobachtung gilt unabhängig davon, ob sie in den Entwürfen gegenwärtig oder ausschließlich nach dem physischen Tod kommend verstanden wird.

79. Vgl. Robert H. Gundry 1987, 217 ff.

Die Einschätzung Regina Ammicht Quinns, dass die Hochschätzung des Leibes in christlich-theologischer Tradition davon abhängig ist, dass diesem keinerlei körperliche Dimensionen zugeschrieben werden,[80] trifft auch für viele Entwürfe zur paulinischen Anthropologie zu. Sie gilt auch – so sind ihre Beobachtungen für die exegetische Diskussion zu ergänzen – wenn explizit vom physischen Körper und dessen Bedeutung die Rede ist. Denn die Exegese kann nicht davon absehen, dass bei Paulus der Begriff σῶμα durchgängig auch konkrete, auf die aktuelle Lebenssituation bezogene Dimensionen umfasst. Die Entkörperung findet hier darüber statt, dass Konkretionen und die Erarbeitung des sozialgeschichtlichen Hintergrunds – als theologisch belanglos oder als ›sozialistisch‹ diffamiert – nicht vorgenommen werden. Der Dualismus zwischen ›Leib‹ bzw. ›Körper‹ und den materiellen Bedingungen des körperlichen Lebens findet dann Eingang durch die Abspaltung des ›Fleisches‹ von der leiblichen Existenz, die der Begriff σῶμα beschreibe. Auf das ›Fleisch‹ werden die ›weltlichen‹ Begierden, d.h. die abgewerteten Anteile menschlicher Existenz projiziert, indem σάρξ und Sünde (meist individuell-moralisch verstanden) miteinander identifiziert werden.

2.4 Die »Neue Perspektive«

Ansetzend an der Beobachtung Albert Schweitzers u.a., dass paulinische Theologie nur im Zusammenhang jüdischer Theologie, insbesondere der Eschatologie, zu verstehen sei,[81] entwickelte sich in der Folgezeit – zunächst im englischsprachigen Raum – eine »Neue Perspektive«[82] in der Paulusforschung, die

---

80. Vgl. Regina Ammicht Quinn 1998, 34: »Zwar werden – nach biblischem Vorbild – Leib und Seele analog gesetzt, und die leibhaftige Existenz wird mit großer Hochachtung als die dem Menschen gegebene und gemäße gewürdigt. Der Leib wird dabei ebenso von der Möglichkeit eines rein objektivierenden Umgangs wie vom Makel grundsätzlicher Sündhaftigkeit befreit. Um den Leib aber in solcher Weise hoch schätzen und jede Art von ›Leibfeindlichkeit‹ abwehren zu können, wird dem Dualismus eine kleine, unbeachtete Hintertür geöffnet: ›Leib‹ darf nicht und nie mit ›Körper‹ verwechselt werden.«
81. Vgl. hier vor allem auch die Studie von W. D. Davies: »Paul and Rabbinic Judaism« (1948) 1980.
82. Der Begriff geht auf James D. G. Dunns Aufsatz »The New Perspective on Paul« (1983) zurück, vgl. James D. G. Dunn 1996. Christian Strecker 1996, 3, zählten zu den weiteren Vorläufern der neueren Paulusexegese außerdem: William Wrede, Johannes Munck, Hans-Joachim Schoeps, William D. Davies. Ich spreche im Folgenden von der »Neuen Perspektive«, um deutlich zu machen, dass ich mich über die vor allem im englischsprachigen Raum entwickelte »New Perspective on Paul« hinaus auch auf die neue deutschsprachige Diskussion über Paulus, wie sie von Peter von der Osten-Sacken, Luise Schottroff u.a. entwickelt wurde, beziehe.

nicht die Anthropologie, sondern die Geschichte als ihren Ausgangspunkt definierte. Richtungsweisend sind hier vor allem die Arbeiten von *Krister Stendahl:* »Der Apostel Paulus und das ›introspektive‹ Gewissen des Westens« (engl. 1963, dt. 1996) und »Der Jude Paulus und wir Heiden« (engl. 1976, dt. 1978).[83] Er versteht die Lehre der Rechtfertigung allein durch Glauben bei Paulus im Zusammenhang der Klärung des Verhältnisses von Juden und Heiden. In der westlichen Theologie seit Augustin, dann zentral bei Luther und in dessen Rezeption bis hinein in die gegenwärtige Exegese werde im Gegensatz dazu davon ausgegangen, dass die Rechtfertigungslehre auf die Probleme des »introspektiven Gewissens« antworte, vor allem auf dessen Frage, unter welchen Bedingungen individuelle Rettung möglich sei.[84] Vor allem der individualistische Ansatz Rudolf Bultmanns hätte die moderne Exegese auf diesen Fehlweg geführt.[85] Er setze in seiner existentialen Interpretation voraus, dass der Mensch durch die Zeiten essentiell derselbe geblieben sei und dass es ein Kontinuum im Selbstverständnis bis in die Gegenwart hinein gebe.[86] Dies sei jedoch in Frage zu stellen. Paulus selbst sei nicht jener »Typ des introspektiven Gewissens« gewesen, den die Formel »simul iustus et peccator« vorauszusetzen zu scheine. Krister Stendahl versteht demgegenüber die Rede über Rechtfertigung im Rahmen ersttestamentlich-jüdischer Aussagen über die Gerechtigkeit Gottes, die immer auch ein prophetisches Korrektiv gegen die eigene Selbstsicherheit gewesen sei, vor allem aber die Verheißung auf Befreiung und die Aufrichtung des Rechts für diejenigen, die unter Ungerechtigkeit gelitten haben.[87] Hier gehe es nicht um Fragen des Gewissens oder eine individuelle Ethik, Rechtfertigung müsse eingeordnet werden in den Gesamtplan Gottes für die Schöpfung.[88]

Das vorherrschende Auslegungsmodell der Paulusforschung wurde in der Folgezeit in verschiedener Hinsicht in Frage gestellt und Paulus weiter »entlutherisiert«[89]. Dieser Paradigmenwechsel, der vor allem durch die englischsprachige Exegese begründet wurde, hebt sich in zwei grundlegenden Aspekten

---

83. Vgl. auch Krister Stendahl 1995.
84. Vgl. Krister Stendahl 1978, 15.
85. Vgl. Krister Stendahl 1978, 38: »Er [Rudolf Bultmann] ist überzeugt, daß der wesentliche Schwerpunkt, das Zentrum, von dem alle Interpretation herkommt, die Anthropologie ist, die Lehre vom Menschen. Dies mag in der Tat richtig sein; aber wenn es so ist, dann verwüstet und zerstört es jedenfalls die Perspektive paulinischen Denkens.«
86. Vgl. Krister Stendahl (1963) 1996, 25.
87. Vgl. Krister Stendahl 1978, 50.
88. Vgl. Krister Stendahl 1978, 57-58: »Paulus' Gedanken über die Rechtfertigung behandeln das Thema von Trennungen und Identitäten in einer pluralistischen, zerrissenen Welt, sie behandeln nicht so sehr die inneren Spannungen individueller Seelen oder Gewissen. Sein suchendes Auge wendet sich der Einheit und der gottgewollten Vielfalt der Menschen zu, ja, der ganzen Schöpfung.«
89. Dieser Begriff geht auf Hans-Joachim Schoeps 1954, 206 f. zurück; vgl. auch Christian Strecker 1996, 3 Anm. 4.

von der bis dahin herrschenden Paulusinterpretation ab: Die paulinische Rechtfertigungslehre wird nicht länger individualistisch auf das Heil der/des Einzelnen bezogen, sondern auf dem Hintergrund der Frage betrachtet, wie im Zusammenhang der Verheißung an Israel Menschen aus den Völkern in die Heilsgeschichte Gottes einbezogen werden können. In diesem Zusammenhang spielt die Deutung des Gesetzes/der Tora als ethische Lebensanweisung eine zentrale Rolle. Zum zweiten werden die antijüdischen Implikationen traditioneller Paulusexegese kritisiert. Die Rechtfertigungslehre wird nicht länger als gegen ein angeblich ›werkgerechtes‹ Judentum gerichtet verstanden. Mittels religionsgeschichtlich ausgerichteter Untersuchungen wird versucht, zu einer angemessen Darstellung der jüdischen Religion zu gelangen, in deren Kontext auch die paulinische Theologie gesehen wird. Als wegweisend ist vor hier allem die Studie von *Ed P. Sanders* zu nennen: »Paul and Palestinian Judaism. A Comparison of Patterns of Religion«, 1977 (dt.: Paulus und das palästinische Judentum. Ein Vergleich zweier Religionsstrukturen, 1985). Ed P. Sanders' These vom Bundesnomismus des palästinischen Judentums wurde in der Folgezeit in der Forschung weitgehend positiv rezipiert.[90] Das Ergebnis seiner Studie, die paulinische Theologie bedeute einen fundamentalen Bruch mit dem zeitgenössischen Judentum, wurde hingegen nicht durchgängig geteilt.[91] Zur »new perspective« in der Paulusforschung zählen weiterhin die Arbeiten von *James G. Dunn; Heikki Räisänen; Nicolas T. Wright; Lloyd Gaston*.[92] In den verschiedenen Entwürfen wird das Verhältnis des Paulus zum Judentum, die Einbeziehung der Menschen aus den Völkern und die Rolle der Tora in diesem Zusammenhang unterschiedlich beurteilt.

Im deutschsprachigen Bereich wurde die »Neue Perspektive« der Paulusforschung vor allem durch Peter von der Osten-Sacken und Luise Schottroff weiterentwickelt. *Peter von der Osten-Sacken* hat eine Reihe von Untersuchungen zu Paulus in einer Aufsatzsammlung: »Evangelium und Tora« (1987) und in einem weiteren Band: »Die Heiligkeit der Tora. Studien zum Gesetz bei Paulus« (1989) zusammengestellt.[93] Insbesondere *Luise Schottroff* hat in ihren Arbeiten die Verbindung der »Neuen Perspektive« mit der Frage nach den Lebensbedingungen der Menschen, d. h. nach ihren ›Körpern‹, und ihren Visionen verbunden. Von ihr liegen eine Reihe von Entwürfen zu paulinischer Theologie vor, zu nennen sind hier vor allem: »Die befreite Eva. Schuld und Macht der Mächtigen

---

90. Vgl. dazu Christian Strecker 1996, 7; Daniel Boyarin 1997, 43-47.
91. Vgl. den Forschungsüberblick von Christian Strecker 1996. Er berücksichtigt in seinem Artikel allerdings nur die englischsprachige Exegese, die sich im jüdisch-christlichen Dialog verortet. Das ist bedauerlich, denn eine »neue Perspektive« wird auch im deutschsprachigen Raum u. a. durch Peter von der Osten-Sacken und Luise Schottroff seit vielen Jahren mit entwickelt. Internationale feministisch-theologische und befreiungstheologische Ansätze werden hier ebenfalls nicht genannt.
92. Vgl. James G. Dunn 1988.1996; Heikki Räisänen 1987; Lloyd Gaston 1987; Nicolas T. Wright 1991.
93. Vgl. auch Peter von der Osten-Sacken 1975.

und Ohnmächtigen nach dem Neuen Testament« in dem zusammen mit Christine Schaumberger veröffentlichten Buch »Schuld und Macht. Studien zu einer feministischen Befreiungstheologie« (1988), Aufsätze, die in dem Band: »Befreiungserfahrungen. Studien zur Sozialgeschichte des Neuen Testaments« (1990) zusammengestellt worden sind,[94] und ihr Kommentar zum ersten Brief an die Gemeinde in Korinth: »Wie Befreiung entsteht« im Kompendium Feministische Bibelauslegung (1998). In ihren sozialgeschichtlichen Studien beschreibt Luise Schottroff die Gemeinden als Orte, an denen die eschatologische Hoffnung auf das Kommen des Reiches Gottes konkrete Auswirkungen auf das Miteinander von Menschen verschiedener Herkunft, unterschiedlichen Status und Geschlechts hatte.[95] Das durch Gott in der Auferstehung Jesu Christi bewirkte Ende der »Sündenherrschaft« d. h. der alltäglichen Erfahrung der Versklavung durch »gottferne Mächte« wie die des Römischen Reiches, sei konkret als Befreiung gelebt worden.[96] Diese Befreiungserfahrung habe auch das σῶμα, den Körper der Menschen umfasst. Paulus habe keine überzeitliche Anthropologie verfasst, sondern von konkreten Menschen und ihren Erfahrungen gesprochen:

»Wenn Paulus diesen umfassenden Aspekt der Glaubensexistenz als Widerstand ausdrücken will, sagt er *sôma*: bringt eure Leiber Gott dar (Röm 12,1), oder auch ›stellt euch selbst Gott zur Verfügung als die, die aus den Toten kamen und lebendig sind.‹ (Röm 6,13).«[97]

Der Widerstand und das Martyrium seien die eine Seite der Einbeziehung der Körper in das anbrechende Reich Gottes, die Auferstehungsexistenz gewesen, die auf der anderen Seite auch eine Bejahung der Körperlichkeit bedeutet, die auch die sexuellen Begabungen umfasst habe.[98] Die Hoffnung auf Auferstehung sei als verändernde Kraft erlebt und gelebt worden.[99]

---

94. Weiterhin wichtig zu nennen sind die Aufsätze: »›Gesetzesfreies Heidenchristentum‹ – und die Frauen? Feministische Analyse und Alternativen« (1996) und »Die Lieder und das Geschrei der Glaubenden. Rechtfertigung bei Paulus« (2000).
95. Vgl. Luise Schottroff 1990i, 256.
96. Vgl. Luise Schottroff 1990a, 70.
97. Luise Schottroff 1990f., 210.
98. Vgl. Luise Schottroff 1995, 190: »Der Leib wurde nicht als Gefängnis (wie in dualistischen Konzeptionen), sondern als Ort der Heiligung verstanden. Diese Heiligung wurde nicht individualistisch verstanden, sondern als Heiligung der Leiber *in Beziehungen* gelebt.« Vgl. auch dies. 1998, 579.
99. Vgl. Luise Schottroff 1988, 109: »Der Auferstehungsglaube war die sichtbare Begrenzung der Allmacht einer Weltherrschaft. Jede(r) Glaubende vollzog die Entmachtung der Herren der Welt in ihrem Alltag und in ihrem Körper.«

Resümee

Die »Neue Perspektive« in der Paulusforschung hat es möglich gemacht, paulinische Theologie und vor allem dessen Soteriologie unter neuen Gesichtspunkten zu betrachten: Zentrale Inhalte jüdischer Theologie wie Tora, Bund und Gottesvolk rücken in den Blick. Die Ergebnisse der Untersuchungen sind kontrovers, die Einordnung paulinischer Theologie in das zeitgenössische Judentum wird gegensätzlich beurteilt. Diejenigen Ansätze, die die Theologie des Paulus in Kontinuität zur jüdischen Theologie betrachten, haben deren geschichtliche und auf die Gemeinschaft und Gesellschaft bezogene Dimensionen in die Interpretation paulinischer Theologie integriert.[100] Hier sind insbesondere die Arbeiten von Peter von der Osten-Sacken und Luise Schottroff zu nennen. Auf deren Ergebnisse werde ich mich im Folgenden maßgeblich beziehen.

Auch wenn die meisten Untersuchungen sich nicht explizit auf die Frage nach der paulinischen Anthropologie beziehen, bieten sie dennoch wichtige Hilfestellungen, um die individualistische Engführung, die die Debatte über σῶμα im Zusammenhang des anthropologischen Ansatzes seit Rudolf Bultmann erfahren hat, zu überwinden. Die Bedeutung der Ergebnisse der »Neuen Perspektive« für die Frage nach den Körpern, d.h. die Lebenswirklichkeit von Menschen in neutestamentlicher Zeit wurde jedoch bisher kaum thematisiert. Eine Ausnahme sind die Arbeiten von Luise Schottroff. Für die Frage nach der Körpertheologie des Paulus können jedoch wichtige Ergebnisse der »Neuen Perspektive« aufgenommen werden. Im Folgenden möchte ich die hier als Grundlagen paulinischer Theologie herausgestellten Themen: Tora, Schöpfung und Geschichte auch als Ausgangspunkt für die Deutung der leiblichen Auferstehung heranziehen und in der nachfolgenden Exegese von 1 Kor 15 die Frage nach σῶμα im Rahmen paulinischen Theologie neu stellen.

---

100. In diesem Zusammenhang ist auch auf die Verankerung paulinischer Theologie in zeitgenössischer Apokalyptik zu verweisen, vgl. dazu die Arbeiten von Ernst Käsemann 1986e; 1973; Luise Schottroff 1990a. Einen Forschungsüberblick bietet Martinus C. de Boer 1988; vgl. auch Kurt Erlemann 1995. 1996; Luzia Sutter Rehmann 1995, 69-159; Jean-Bosco Bulembat 1997, 9-22; 265 ff.; zur aktuellen Diskussion vgl. auch Gebern Oegema 1999.

3. Aspekte paulinischer Körpertheologie in der aktuellen Diskussion

Die folgende Darstellung der gegenwärtigen Diskussion bietet einen Ausschnitt aus der Fülle aktueller Veröffentlichungen zu paulinischer Theologie, die die Frage nach dem Körper bzw. den Körpern behandeln. Diese knüpfen an die bereits dargestellten Untersuchungen zur paulinischen Theologie an, setzen aber neue Akzente. Vor allem wird deutlich, dass es sich meist um Untersuchungen einzelner Aspekte paulinischer Anthropologie handelt. Gesamtdarstellungen werden zurzeit nicht vorgenommen. Bei der Sichtung der aktuellen Forschung wird deutlich, dass die Frage nach dem σῶμα die Entwürfe zu paulinischer Theologie unter verschiedenen Aspekten durchzieht, die kontrovers diskutiert werden. Die wichtigsten möchte ich im Folgenden kurz darstellen und anschließend deren Impulse für eine Interpretation von σῶμα in den paulinischen Schriften insbesondere für die nachfolgende Exegese von 1 Kor 15 formulieren.

3.1 Die Perspektive der Ausgeschlossenen

Einen Entwurf, in dem Rechtfertigung auf die konkrete (körperliche) Lebenssituation im römischen Reich und in Lateinamerika heute bezogen wird, bietet *Elsa Tamez:* »Gegen die Verurteilung zum Tod. Paulus oder die Rechtfertigung durch den Glauben aus der Perspektive der Unterdrückten und Ausgeschlossenen« (span. 1991; dt. 1998).[1] Ihr Ausgangspunkt ist die Wirklichkeit von Armut, Unterdrückung, Repression und Diskriminierung, eine Situation, in die die Rechtfertigung als eine gute Nachricht für die Armen spreche.[2] Die Ausführungen des Paulus versteht sie nicht als theologische Reflexionen eines einzelnen, auch Paulus sei eingebunden in ein größeres Beziehungsgeflecht, dessen Erfahrungen er teile. Sie bezeichnet ihn deshalb als »Autor im Plural«[3]. Dieser Hintergrund werfe ein Licht auf die Schriften des Paulus, das die Auslegung bestimmen müsse.[4] Die Gerechtigkeit Gottes habe konkrete Konsequenzen für

---

1. Vgl. auch Elsa Tamez 1998a.
2. Vgl. Elsa Tamez 1998b, 3.
3. Vgl. Elsa Tamez 1998b, 52-53.
4. Vgl. Elsa Tamez 1998b, 84: Können sie gelesen werden, »ohne die Stimme eines unschuldigen Gefangenen zu hören? Ohne den Schmerz und die Wut von Tausenden

das Leben der Menschen und erweise sich unter den Bedingungen von Geschichte und Körperlichkeit:[5]

»Rechtfertigung hat es mit der Bejahung von Leben zu tun – und Leben mit Körper. Kein Leben ohne Körper – und umgekehrt. Wer das Leben bejaht, bejaht auch den Körper. Wer behauptet, der Körper existiere dank Gnade, der bekommt Geschmack für das Leben und Lust darauf, das Leben zu ertasten und zu genießen. Und der glaubt auch an die Auferstehung des Leibes – des Leibes der Gemeinschaft, die Leben für alle verkündet, darüber wacht, daß alle es haben, und es dann auch gemeinsam feiert; des Leibes aber auch jedes einzelnen, der es jetzt in all seinen Dimensionen verkostet.«[6]

Die Auferstehung Jesu Christi dürfe nicht als isoliertes Ereignis verstanden werden. Indem Gott den Körper des Gekreuzigten auferweckt habe, habe er die tödlichen Strukturen verurteilt, die die patriarchale Gesellschaft zum Funktionieren bringen.[7] Der Glaube an die Auferstehung der Körper bedeute hier eine Solidarisierung mit den Opfern von Gewalt.[8]

3.2 Die Grenze der Gleichheit: das Geschlecht

Frauenfeindliche Passagen innerhalb der paulinischen Briefe (vor allem 1 Kor 14,33-35; 1 Kor 11,2-16) standen von Beginn an im Interesse feministisch-theologischer Untersuchungen. Die gegenwärtige Diskussion ist vor allem von der Frage bestimmt, inwiefern Paulus diese Äußerungen selbst zuzuschreiben seien, welchen Stellenwert sie innerhalb seiner weiteren theologischen und lebenspraktischen Äußerungen einnehmen und inwieweit sie die tatsächliche Situation von Frauen in den Gemeinden widerspiegeln. Im Mittelpunkt der Diskussion steht die Frage nach der Bewertung von Gal 3,28 im Zusammenhang paulinischer Äußerungen zur Geschlechterdifferenz. Wird hier eine Gleichheit von Mann und Frau benannt, die sich im Alltag der Gemeinde realisiert, oder wird lediglich eine »eschatologische« d.h. futurische Gleichheit ›in Christus‹ propagiert? Sind hier Ansätze zu entdecken, die Geschlechterdifferenzen, die andernorts eine klare ›natürliche‹ Hierarchie begründen (z.B. Röm 1,28; 1 Kor

---

von Sklaven zu spüren, die aufgrund menschlicher Gesetze ans Kreuz geschlagen worden sind, wobei diese Art von Gesetzen aber nur die Wahrheit durch Ungerechtigkeit niederhält? Ohne die Tausenden zu berücksichtigen, die dem Fortschritt der Zivilisation geopfert werden? Ohne die Schreie eines Volkes zu vernehmen, das durch die römische Invasion erdrückt worden ist?«

5. Vgl. Elsa Tamez 1998b, 191f.
6. Elsa Tamez 1998b, 204.
7. Vgl. Elsa Tamez 1998a, 568.
8. Vgl. Elsa Tamez 1998a, 568.

11,2-16), zu überwinden? Oder stößt hier das antihierarchische Programm des Paulus an seine patriarchal geprägten Grenzen? Die Widersprüchlichkeiten innerhalb der paulinischen Argumentation sind hier insbesondere im Blick auf die Definition von σῶμα zu bewerten.

Die Frage nach der Bedeutung von σῶμα im ersten Brief an die Gemeinde in Korinth steht im Mittelpunkt der Studie von *Dale B. Martin* »The Corinthian Body« (1995). Er vertritt die These, dass die theologischen Differenzen, die der Brief reflektiert, aus Konflikten zwischen den verschiedenen Gruppen resultierten, die in verschiedenen ideologischen Körperkonstruktionen wurzelten.[9] Die Konflikte berührten die Themen des Essens von Fleisch, das anderen Göttern geopfert wurde, Prostitution, sexuelles Begehren, Ehe, Zungenrede, die Auferstehung des Körpers/Leibes (engl.: body) und das Verschleiern von prophezeienden Frauen. Sie basierten auf unterschiedlichen Vorstellungen des individuellen und des sozialen Körpers/Leibes, des Leibes Christi. Dale B. Martin sieht die unterschiedlichen Positionen in enger Korrelation mit dem sozio-ökonomischen Status und der Bildung derjenigen, die sie vertreten. Die sog. Starken entstammten einer höheren Statusgruppe als diejenigen, deren Positionen Paulus vertrete.[10] Differenziert zeigt er auf, wie unterschiedlich der Körper gesehen wurde, durchgängig sei er jedoch als Mikrokosmos, als kleine Version des Universums verstanden worden, dessen Grenze zwischen innen und außen fließend gewesen sei.[11] Den Menschen als Individuum, wie er heute gesehen werde, habe es in der Antike nicht gegeben, er werde als Teil seiner Umwelt verstanden.[12] Die Geschlechterhierarchie und das gesellschaftliche Gefälle werde als Spiegel kosmischer Hierarchie verstanden.[13] Paulus spreche vor allem die ›Starken‹ an und versuche sie zu überzeugen, ihre Anschauungen und ihr Verhalten zu ändern, indem er die Position der ›Schwächeren‹ stärke und gesellschaftlich herrschende Anschauungen verkehre.[14] Insbesondere in der Frage nach der Auferstehung des Körpers/Leibes habe es unterschiedliche Anschauungen gegeben. Dale B. Martin interpretiert die Position des Paulus im Rahmen jüdisch-apokalyptischer Vorstellungen, die anders als die römisch-hellenistischen keine Abwertung des Körpers beinhalteten, Paulus definiere jedoch σῶμα in der Weise

---

9. Vgl. Dale B. Martin 1995, XV: »Whereas Paul and (probably) the majority of the Corinthian Christians saw the body as a dangerously permeable entity threatened by polluting agents, a minority in the Corinthian Church [...] stressed the hierarchical arrangement of the body and the proper balance of its constituents [...].«
10. Vgl. Dale B. Martin 1995, XV. 37.69.86.
11. Vgl. Dale B. Martin 1995, 16f.21.
12. Vgl. Dale B. Martin 1995, 25: »The self was a precarious, temporary state of affairs, constituted by forces surrounding and pervading the body [...], and the body is perceived as a location in a continuum of cosmic movement. The body – or the ›self‹ – is an unstable point of transition, not a discrete, permanent, solid entity.«
13. Vgl. Dale B. Martin 1995, 32ff.
14. Vgl. Dale B. Martin 1995, 94.103.

um, dass der auferstandene Körper/Leib Fleisch, Blut und Seele abstreife.[15] Paulus verbinde seine Argumentation mit dem Verweis auf die Auferstehung Christi, ohne die der christliche Körper/Leib keine Bedeutung hätte. Seine Identität habe er nur durch die Partizipation an einer größeren Einheit, dem Leib Christi.[16] Paulus sei in allen seinen Äußerungen bemüht, die Gemeinde zu schützen und grenzüberschreitendes Handeln zu vermeiden. Innerhalb des Leibes Christi gelten andere Hierarchien als die in der ›Welt‹, das mache er an vielen Einzelfragen deutlich und versuche, die ›Starken‹ zu einer Änderung ihres Verhaltens zu bewegen. Allein in Bezug auf das Geschlechterverhältnis sei eine Ausnahme festzustellen:

»But when it comes to the male-female hierarchy, Paul abruptly renounces any status-questioning stance, accepting and even ideologically reinforcing a hierarchy of the body in which female is subordinated to male. [...] Until the resurrection, women's bodies will be different from men's, more porous, penetrable, weak, and defenseless.«[17]

Auf die Grenzen der Gleichheit der Körper verweist auch *Bernadette J. Brooten* in ihrer Untersuchung weiblicher Homoerotik in der Antike: »Love Between Women. Early Christian Responses to Female Homoeroticism« (1996) und einem kürzeren Aufsatz, in dem wichtige Thesen ihres Buches bereits vorgestellt werden: »Darum lieferte Gott sie entehrenden Leidenschaften aus. Die weibliche Homoerotik bei Paulus« (1987). Ausgehend von Röm 1,26f. zeigt sie, wie weibliche Homoerotik von antiken Autoren bewertet wurde. Ihre Ergebnisse sind nicht nur in Bezug auf Homosexualität von Bedeutung, sondern ermöglichen einen Einblick in die Konstruktion von Geschlecht und die Bewertung von Sexualität insgesamt. Hinter den Äußerungen des Paulus über ›natürlichen‹ bzw. ›widernatürlichen‹ Verkehr stehe die Vorstellung, dass Frauen die Grenzen der ihnen zukommenden Geschlechterrolle übertreten und versuchen, wie die Männer zu sein, d. h. die Grenzen der ihnen von Natur aus zugeteilten passiven, untergeordneten Rolle zu überspringen.[18] Auch für Paulus sei weibliche Homo-

---

15. Vgl. Dale B. Martin 1995, 128: »When Paul says that the resurrected body will be a pneumatic body rather than simply a physic body or a flesh-and-blood body, he is saying that the immortal and incorruptible part of a human body will be resurrected – or, to put it more accurately, that the body will be raised, constituted (due to divine transformation) only by its immortal and incorruptible aspects, without its corruptible and corrupting aspects such as sarx.«
16. Vgl. Dale B. Martin 1995, 132.
17. Dale B. Martin 1995, 248f.; vgl. auch 199.227f.
18. Vgl. Bernadette J. Brooten 1987, 115: »Die Worte ›vertauschten den natürlichen Verkehr mit dem widernatürlichen‹ sind meines Erachtens so zu verstehen, daß Frauen die passive, untergeordnete Geschlechtsrolle mit einer aktiven, selbstbestimmten vertauschten. Wenn meine These zutrifft, ist auch klar, daß bei Paulus die Verurteilung sexueller Liebesbeziehungen zwischen Frauen grundlegende Bedeutung hat für sein Verständnis weiblicher Sexualität überhaupt.«

erotik eine unzulässige Grenzüberschreitung gewesen, eine Verwischung der Kategorien männlich und weiblich.[19] Als natürlich galten nach antikem Verständnis sexuelle Beziehungen, in denen es einen aktiven männlichen Partner und eine passive weibliche Partnerin oder einen passiven männlichen Partner gab.[20] Auch in 1 Kor 11,14 berufe Paulus sich auf die Natur, um die Geschlechterhierarchie zu legitimieren.[21] Paulus befürworte dieses hierarchische Verhältnis und verankere es mit theologischen und christologischen Argumenten.

Der Frage, wie Texte zu interpretieren sind, die explizit frauenabwertende Argumente verwenden, geht *Marlene Crüsemann* in zwei kürzeren Artikeln ein: »Unrettbar frauenfeindlich. Der Kampf um das Wort von Frauen in 1 Kor 14 (33b) 34-35 im Spiegel antijudaistischer Elemente der Auslegung« und »Die Zeit ist ›zusammengedrängt‹« zu 1 Kor 7,29-31 (1999). Insbesondere die Rezeption von 1 Kor 14,33-35 »das Weib schweige in der Gemeinde« habe eine lange frauenfeindliche und antijudaistische Geschichte. Hier werde ein umfassendes öffentliches Redeverbot für Frauen ausgesprochen, das entweder als authentisch paulinisch gerechtfertigt oder als (jüdisch beeinflusste) Interpolation gedeutet werde.[22] Eine Untersuchung antiker Texte, die ein Redeverbot für Frauen aussprechen, schließe jedoch eine jüdische Herkunft nahezu aus.[23] Sie schlägt vor, als Kriterium für die Bewertung von Texten und deren Wirklichkeit in den Gemeinden Gal 3,28 als »sozialgeschichtliche und hermeneutische Trinität«[24] zu lesen und zu nutzen.

Auf die Bedeutung des Geschlechterkonflikts für die Aussagen des Paulus im Brief an die Gemeinden in Galatien weist *Brigitte Kahl* im Kompendium Feministische Bibelauslegung (1998) in ihrem Beitrag »Der Brief an die Gemeinde in Galatien. Vom Unbehagen der Geschlechter und anderen Problemen des An-

---

19. Vgl. Bernadette J. Brooten 1996, 216.
20. Vgl. Bernadette J. Brooten 1996, 252; vgl. auch 264. Für die Beurteilung legitimer sexueller Beziehungen sei das Geschlecht nicht die einzige Kategorie gewesen, Alter, Nationalität, ökonomischer Hintergrund und rechtlicher und sozialer Status (versklavt oder frei) waren außerdem bestimmend. Frauen galten allerdings durchgängig als von Natur aus passiv und sollten es deshalb auch in ihrer sexuellen Rolle sein. In einer homoerotischen Beziehung müsse – so die Meinung antiker Autoren – jedoch eine Frau die aktive Rolle übernehmen und überschreite damit ihre natürliche Geschlechtsgrenze.
21. Vgl. Bernadette J. Brooten 1987, 132.
22. Vgl. Marlene Crüsemann 1996, 204.
23. Vgl. Marlene Crüsemann 1996, 211 f.: »Die besondere Bündelung der Motive von 1 Kor 14,34 f., Unterordnung der Frau unter den Mann, Verbannung ins Haus, Verbot des Redens in der Öffentlichkeit, Benutzen der männlichen Stimme als Medium, hat keine bekannten jüdischen Parallelen, wohl aber mehrere bei griechisch-römischen Autoren [...]«
24. Vgl. Marlene Crüsemann 1996, 214: »Wenn Feministinnen die Befreiungstexte der Bibel lesen, kann die Formel Gal 3,28 daran erinnern, zu fragen, was diese Worte für Jüdinnen und für versklavte Frauen und Männer wohl bedeuten mögen, ob die eigene Lesart auf ihre Kosten geht.«

dersseins« hin. Auch sie versteht Gal 3,28 als zentralen Text zur Frage des Geschlechterverhältnisses in den paulinischen Briefen. Paulus gehe es in seiner Argumentation um die Realisierung eines messianisch-transformierten inklusiven Judentums, dessen Mahlfeiern für ihn Zeichen einer neuen, messianischen Versöhnungs- und Solidarpraxis seien.[25] In diesen Zusammenhang spreche auch die Taufformel Gal 3,28.[26] Geschlechterkonflikte haben jedoch das Zusammenleben durchzogen. Diese würden insbesondere an der Diskussion über die Beschneidung sichtbar.[27] Letztlich gehe es hier um die Frage, wie Identität und Differenz unter den Bedingungen der neuen Schöpfung heißen könnten. B. Kahl versteht Paulus allerdings so, dass er versuche, gängige Geschlechterrollen zu verändern und insbesondere die galatischen Männer zu einer Veränderung ihrer Haltung zu bewegen und auf patriarchale Rechte zu verzichten.[28]

Eine in dieser Frage gegensätzliche Lesart bietet der in Berkeley lehrende Professor für Talmud *Daniel Boyarin* in seinem Buch »A Radical Jew. Paul and Politics of Identity« (1994)[29]. Er versteht seine Untersuchung des paulinischen Schrifttums als integralen Bestandteil der Erforschung des Judentums in römischer Zeit. Das rabbinische Judentum wie das paulinische hätten vor der Aufgabe gestanden, die eigene Identität innerhalb eines kulturellen, sozialen und moralischen Spannungsfeldes zu formulieren, zwischen: »›Gender Trouble‹ and the ›Jewish Question‹«[30]. Paulus habe sich selbst als Jude innerhalb des

---

25. Vgl. Brigitte Kahl 1998, 606.
26. Vgl. Brigitte Kahl 1998, 607: »Christus wird zur ›Keimzelle‹ einer pluralen Gemeinschaft der Abrahamskinder, die die Grenzen der alten nationalen, religiösen, sozialen und Geschlechteridentitäten übergreift; die Verschiedenheit der (biologischen) Väter scheidet nicht mehr in zugehörig oder fremd, oben und unten, da nur noch die Herkunft von Gott-Vater und dem (nicht-biologischen) Vater Abraham zählt. [...] Die ›Phallozentrik‹ des Galaterbriefes ist rigoros anti-phallokratisch artikuliert.«
27. Vgl. Brigitte Kahl 1998, 609.
28. Vgl. Brigitte Kahl 1998, 610: Paulus mute den galatischen Männern hier einiges zu: »[D]ie skandalöse Praxis und Selbstdefinition in den Kategorien eines inferioren Handlungs- und Identitätsmodells – ›typisch weiblich‹ (vgl. 4,19) und ›typisch Sklavenmoral‹. Männliche Freiheit/Dominanz wird auf dem Boden eines messianischen Judentums als Sklavendienst an den anderen praktiziert, sogar an Frauen [...] unter Verzicht auf alle ›phallokratisch‹ begründeten Vater-(vor)-Rechte.« Kritisch gegenüber dieser Lesart ist die amerikanische feministische Diskussion, vgl. dazu vor allem Elisabeth Schüssler Fiorenza, »Gleichheit und Differenz. Gal 3,28 im Brennpunkt feministischer Hermeneutik« (1999). Zu einer Paulus gegenüber kritischen Auslegung vgl. auch Antoinette C. Wire 1994.1994; Elizabeth A. Castelli 1999; Margaret Y. MacDonald 1999 u. a.
29. Ich beziehe mich in der folgenden Zitation auf die Paperback-Ausgabe 1997. Er bezeichnet sein Vorgehen als: »a talmudist and postmodern Jewish cultural critic reading Paul.« (ebd., 1)
30. Daniel Boyarin 1997, 8.

Judentums verstanden.³¹ Seine Theologie sei als Versuch zu verstehen, das Judentum so universalistisch zu definieren, dass es für alle Menschen möglich sei, jüdisch zu werden.³² Indem er jedoch, um dieses Ziel zu erreichen, Pharisäismus, Hellenismus und den Glauben an Christus miteinander verbunden habe, habe er Grundlagen der jüdischen Religion so verändert, dass etwas Neues entstanden sei.³³ Das habe eine radikale Veränderung des Wertesystems bedeutet, die, obwohl sie nicht antisemitisch bzw. antijudaistisch gemeint gewesen sei, doch den Effekt gehabt habe, jüdischer Existenz innerhalb der neu entstehenden christlichen Gemeinden die Grundlage zu entziehen.³⁴ Damit habe er letztlich seine jüdische Identität aufgegeben.

In Bezug auf die Sicht des Körpers habe eine entscheidende Veränderung stattgefunden, indem Paulus hellenistisch-platonische und hebräische Elemente in seiner Theologie vermischt habe.³⁵ Diese essentiell dualistische Anthropologie stehe in Kontrast zur rabbinischen Eschatologie, in der Seele und Körper als zusammengehörig verstanden werden.³⁶ Paulus werte trotz seiner Höherbewertung der spirituellen Existenz den irdischen Körper jedoch nicht ab.³⁷ Aufgrund seiner eschatologischen Deutung der Gegenwart erkläre er Beschneidung, Sexualität und Fortpflanzung – zentrale Elemente jüdischer Existenz – als nicht länger notwendig.³⁸ In Gal 3,28 beschreibe er seine Vision, die er allerdings an der gesellschaftlichen Realität messen und relativieren müsse.³⁹ Damit sei jedoch die Frage des Geschlechterverhältnisses weiter virulent. In der Folge hätten Frauen im frühen Christentum lediglich als Jungfrauen alle Möglichkeiten offengestanden.⁴⁰

Resümee

Einheitlich wird in den dargestellten Entwürfen die Frage nach der Geschlechterdifferenz als zentral für die Bewertung anthropologischer und gesellschaftlicher Dimensionen paulinischer Theologie erachtet. Strittig ist jedoch, wie die paulinischen Aussagen in dieser Frage zu deuten sind.

31. Vgl. Daniel Boyarin 1997, 1-2.
32. Vgl. Daniel Boyarin 1997, 10.
33. Vgl. Daniel Boyarin 1997, 32.
34. Vgl. Daniel Boyarin 1997, 152.
35. Daniel Boyarin 1997, 7: »Paul did not, however, reject the body – as did, for instance, the gnostics – but rather promoted a system whereby the body had its place, albeit subordinated to the spirit.« Vgl. auch ebd., 59.77.
36. Vgl. Daniel Boyarin 1997, 61; vgl. auch ebd., 85.126.
37. Vgl. Daniel Boyarin 1997, 172.
38. Vgl. Daniel Boyarin 1997, 178 f.
39. Daniel Boyarin 1997, 193.
40. Vgl. Daniel Boyarin 1997, 196 f.

3.3 Ethische Dimensionen

Die konkreten Anweisungen des Paulus zum Umgang mit den ›Körpern‹ werden in verschiedenen Entwürfen aus ethischer Perspektive untersucht. In ihrer Dissertation »Die Sünde gegen den eigenen Leib. Studien zu πόρνη und πορνεία in 1 Kor 16,12-20 und dem sozio-kulturellen Kontext der paulinischen Adressaten« (1994) untersucht *Renate Kirchhoff* den Begriff σῶμα im Blick auf ein für die Gemeinde in Korinth relevantes ethisches Handlungsfeld: den Umgang mit Männern, die zu Prostituierten gehen. Sie beschreibt Prostitution im 1. Jh n. Chr. im Kontext des römischen Reiches als ein Element innerhalb verschiedener ökonomischer Beziehungen, den Körper als Produktionsmittel einzusetzen.[41] In diesem Zusammenhang richte sich das Verbot an christliche Männer, sexuelle Beziehungen außerhalb der Ehe zu haben, gegen eine gängige Praxis. Die Adressaten der paulinischen Ermahnung verkehrten selbstverständlich mit Prostituierten.[42] Unter Einbeziehung textlinguistischer Methoden bietet Renate Kirchhoff eine detaillierte Beschreibung der paulinischen Argumentation: Die Männer, an die er sich wendet, werden aufgefordert, ihr Handeln zu verändern und den Verpflichtungen, die sie mit der Taufe eingegangen sind, nachzukommen. Außereheliche Sexualkontakte verstießen gegen die Schöpfungsordnung und die Beziehung zu Christus, auf die Paulus sich in diesem Zusammenhang beruft. σῶμα umfasse in 1 Kor 6, 12-20 nicht nur die morphologische Größe ›Körper‹, sondern auch die Beziehungen, in denen ein σῶμα genannter Mensch lebt, und stehe in funktionaler Beziehung zu den so bezeichneten Christen.[43] Deshalb bezeichnet sie σῶμα in diesem Zusammenhang als »Verpflichtungsnamen« für Christen und Christinnen, die mit der Taufe neue Fähigkeiten, Privilegien und Pflichten erhalten haben. Die Bezeichnung σῶμα beziehe sich auf den Körper als materielle Größe, überschreite diese jedoch und verweise auf die Beziehungen, in denen das σῶμα steht. Damit habe der mit der Taufe erworbene »Verpflichtungsname« σῶμα ethische Konsequenzen.

Die Leibmetaphorik und dessen ekklesiologische Dimensionen stehen im Mittelpunkt der Studie von *Matthias Walter:* »Gemeinde als Leib Christi« (2001). Für die Frage nach den menschlichen Körpern bietet seine Untersuchung insofern wichtige Impulse, als er deutlich macht, dass die Metaphorik des Leibes eine zentrale Rolle für die Beschreibung christlicher Identität spielt. Insbesondere in der Leibmetaphorik im Brief an die Gemeinde in Korinth (1 Kor 6,15; 10,16-17; 11,3-5.29; 12,12-27) werde die enge Beziehung von kol-

---

41. Vgl. Renate Kirchhoff 1994, 16-68.
42. Vgl. Renate Kirchhoff 1994, 100.
43. Vgl. Renate Kirchhoff 1994, 138; vgl. auch ebd., 140: »Σῶμα ist hier der christliche Mann, der zum Herrn in einem Verpflichtungsverhältnis steht.«

lektiver Identität und individuellem Verhalten deutlich.[44] Als Mittel der Paränese soll sie vor allem Solidarität der Gemeindeglieder untereinander bewirken.[45]

3.4 σῶμα als Tempel Gottes – Freiraum für Frauen

Die Vorstellung, das σῶμα sei Tempel Gottes bzw. des heiligen Geistes (1 Kor 3,16; 6,19; vgl. auch AThe 5),[46] hätten Frauen als Aufwertung ihres Körpers verstanden und daraus eine Autonomie in Bezug auf Verkündigung und die Wahl ihrer Lebensform abgeleitet, bestimmt die aktuelle feministische Debatte über diese Textstellen. Insbesondere der Zusammenhang von Ehefreiheit und deren ökonomische Grundlagen stellt die Rede vom σῶμα in einen konkreten sozialgeschichtlich und theologisch relevanten Kontext.

In ihrem Artikel »›Und ihr werdet ohne Sorge sein‹. Gedanken zum Phänomen der Ehefreiheit im frühen Christentum« (1994) geht *Luzia Sutter Rehmann* der Frage nach, ob die von Paulus bevorzugte Ehelosigkeit (vgl. 1 Kor 7,7) Körper- und Sexualitätsfeindlichkeit impliziere, d. h. die Abwertung der materiellen Aspekte des σῶμα im praktischen Lebensvollzug zum Ausdruck bringe. Die traditionellen Begriffe Askese, Enkratitentum, Syneisaktentum stilisierten die Ehefreiheit zum Problem, das den Verzicht auf Sexualität im Rahmen eines dualistischen Leibverständnisses bedeute. Luzia Sutter Rehmann macht hingegen deutlich, dass für Frauen der Verzicht auf die Ehe Freiheiten mit sich gebracht habe, die sie als verheiratete Frauen nicht gehabt hätten.[47] Paulus halte es aber trotz seiner Bevorzugung der Ehefreiheit für möglich, verheiratet zu sein und dennoch ein christliches Leben zu führen.[48] Er ziehe Ehelosigkeit jedoch aus eschatologischen Gründen vor.[49] Dem Ehemann zu gefallen, werde damit kontrastiert, heilig an Leib und Geist zu sein.[50] Die unver-

---

44. Zur Leibmetaphorik in 1 Kor vgl. Matthias Walter 2001, 105-147.
45. Vgl. Matthias Walter 2001, 147.
46. Dass die paulinische Tempelmetaphorik in diesem Zusammenhang keine Abwertung des praktizierten Tempelkultes impliziere, zeigt Christfried Böttrich 1999.
47. Vgl. Luzia Sutter Rehmann 1994, 89: »So bedeutet Ehefreiheit zuerst einmal elementare Bewegungsfreiheit.« Zum Eheverständnis neutestamentlicher Texte vgl. auch dies. 2002a.
48. Vgl. Luzia Sutter Rehmann 1994, 89f.
49. Vgl. Luzia Sutter Rehmann 1994, 90.
50. Vgl. Luzia Sutter Rehmann 1994, 91: »Wir können in dieser Rede keine *sexualitäts-feindliche* Haltung ausmachen. Nicht die Sexualität wird als Ablenkung von der eschatologischen Aufgabe betrachtet, sondern das Augenmerk [richtet sich, C. J.] auf die Dinge dieser Welt und den Ehemann, was hier gleichbedeutend ist mit der Ehe als patriarchaler Lebensordnung. Denn diese ist am Fortbestehen dieser Welt und ihrer Gesetze beteiligt und nicht an deren *Überwindung*. Das Heiligsein des

heiratete Existenzweise der Frauen bedinge aber ein ökonomisches und emotionales Netz, das diese Frauen getragen haben muss. Ohne ein solches wären sie außerhalb der patriarchalen Familienstrukturen gesellschaftlich marginalisiert und von der Verelendung bedroht gewesen. Frauen eröffneten sich hier neue Lebenszusammenhänge außerhalb der patriarchalen Ehe. Deshalb müsse hier die Frage nach der Abwertung der Körperlichkeit anders als in der traditionellen Debatte über Ehelosigkeit und Askese gestellt werden.[51]

Auch *Luise Schottroff* sieht in der Ehefreiheit die Eröffnung von Handlungsspielräumen für Frauen. In ihrem Kommentar zum ersten Brief an die Gemeinde in Korinth im Kompendium Feministische Bibelauslegung (1998) führt sie dies anhand der Analyse der verschiedenen Lebensformen, die in 1 Kor 7 sichtbar werden, aus.[52] Die Kategorien für legale und illegale Sexualität entnehme Paulus der Tora bzw. jüdischer Halacha. Diesen Schriften gegenüber neu sei jedoch seine kritische Sicht auf die patriarchale Ehe und die Bevorzugung der Ehefreiheit.[53] Diese Lebensweise des Auszugs aus der ›Welt‹ und der patriarchalen Ehe scheine besonders Frauen angezogen zu haben.[54] Die ökonomische Grundlage für die Ehefreiheit sei trotz aller Konflikte in der Gemeinschaftsverantwortung der christlichen Gemeinde für ihre Glieder zu sehen.

3.5 Resümee. Perspektiven für die Weiterarbeit

Die aktuelle Diskussion über Dimensionen paulinischer Theologie, die den Körper, Fragen der Geschlechterdifferenz und weitere Aspekte paulinischer Anthropologie betreffen, wird differenziert und kontrovers geführt. Die Frage nach der Bedeutung von σῶμα spielt eine relevante Rolle innerhalb der Untersuchung unterschiedlicher Themen wie Rechtfertigung, Ethik, Lebensformen etc. Die Diskussion zeigt, dass die unterschiedlichen Methoden und Herangehensweisen an die Frage nach den Körpern und der Bedeutung der Geschlechterdifferenz unterschiedliche Bewertungen zur Folge haben. Bei aller Unterschiedlichkeit zeigt sich jedoch die Gemeinsamkeit, dass die Frage nach

weiblichen Körpers und des weiblichen Geistes ist aber etwas, was zur befreiten Schöpfung, zur umgewandelten Welt(ordnung) gehört. Dieses Heiligsein wird kontrastiert zur patriarchalen Ehe und speziell für Frauen betont.«

51. Vgl. Luzia Sutter Rehmann 1994, 93.
52. Vgl. Luise Schottroff 1998, 581.
53. Vgl. Luise Schottroff 1998, 579: »Die *egkrateia:* umfaßt die Befreiung des ganzen Lebens, nicht nur den Verzicht auf genitale Sexualität. Sie bedeutet, die Welt *(kosmos)* zu verlassen, d. h. sich abzukehren von gesellschaftlichen Strukturen, die Gottes Willen nicht entsprechen (5,10; 6,10f.; 7,29-35). Auch in einer bestehenden Ehe kann *egkrateia*, Ehefreiheit, als Abschied von Strukturen der Welt gelebt werden.«
54. Vgl. Luise Schottroff 1998, 582 f.

dem Körper nicht als Thema individueller Anthropologie verstanden wird, sondern im Kontext vielfältiger Probleme steht, die die Gemeinde und das Leben der Menschen in ihren vielfältigen sozialen und politischen Bezügen umfassen.

4. Aspekte paulinischer Körpertheologie

Paulus spricht in vielen unterschiedlichen Zusammenhängen vom Körper: Er bezieht sich auf Körper und verschiedene Körperteile im konkreten Sinne, aber auch in metaphorischer Rede. Er verwendet eine variationsreiche körperbezogene Sprache, die er, wie die Forschung zur paulinischen Anthropologie gezeigt hat, vor allem aus der vom semitischen Denken geprägten jüdischen Tradition übernimmt und für seine theologische Argumentation modifiziert.[1] Ich spreche im Folgenden von der *Körper-Sprache*,[2] dann aber auch von der *Körpertheologie* des Paulus,[3] weil deutlich wird, dass im paulinischen Sprachgebrauch die Ebenen der konkreten Bedeutung, des metaphorischen Gebrauchs und der theologischen Deutung in einer sich wechselseitig interpretierenden Beziehung stehen. Wie zu zeigen ist, schwingt vor allem der σῶμα-Begriff vielfach zwischen konkreter und metaphorischer Bedeutung und gewinnt sein facettenreiches vieldimensionales Bedeutungsspektrum auf dem Hintergrund der Relation der Glaubenden zu Gott und zu Christus.[4] Ich bevorzuge den die

---

1. Dies zeigen bereits Ernst Käsemann 1933; Rudolf Bultmann (1948) 1984 und vor allem Eduard Schweizer in verschiedenen Artikeln im ThWNT (1964a, 1024-1091; 1973, 635-657; vgl. auch ders. 1970, 165-182).
2. Ich bevorzuge hier die Getrenntschreibung, um Verwechslungen mit dem Begriff »Körpersprache« (Gesten, Gebärden etc.) auszuschließen. Silvia Schroer/Thomas Staubli 1998 haben den Begriff der »*Körpersymbolik*« für ihre Einführung in die theologische Anthropologie der Bibel gewählt. Die Autorinnen des Sammelbandes »Körperkonzepte im Ersten Testament. Aspekte einer Feministischen Anthropologie« sprechen von »*Körperkonzepten*«; vgl. Michaela Geiger/Stefanie Schäfer-Bossert 2003, 21-22: »Der Begriff ›Körperkonzepte‹ schließt für uns Körperbilder, Vorstellungen und Phantasien über Körper, Konstruktionen und Entwürfe von Körpern wie auch Blicke auf Körper und beschriebene Körpererfahrung ein.«
3. Zum Begriff »*Körpertheologie*« für die paulinischen Aussagen über den Körper vgl. auch Lisa Isherwood/Elizabeth Stuart 1998, 11: »The importance of the body is taken up by Paul and it is no exaggeration to say that it is central to his theology. The body holds together all his key themes […].« Im Folgenden sprechen sie dann von der *body theology* des Paulus (vgl. ebd., 11.61f.) und heben deren nicht-dualistischen Charakter hervor.
4. Als Beispiel ist hier 1 Kor 10,16f. zu nennen. σῶμα bezieht sich hier zum einen auf das σῶμα Χριστοῦ, die Gemeinschaft der Glaubenden, zugleich aber auch auf den Leib (und das Blut), d.h. das Leben Christi, das im Mahl vergegenwärtigt wird. Vgl. zur Stelle Matthias Walter 2001, 113: »Dem einen Brot, an dem alle *Anteil haben* wird in Analogie der eine Leib an die Seite gestellt, den ›wir, die vielen‹ *bilden*. Damit ist die Verbindung des Einzelnen mit Christus eng, um nicht zu sagen: unlösbar mit der Gemeinschaft derer verbunden, die wie der Einzelne ebenfalls in Verbindung stehen.« Er spricht in diesem Zusammenhang von einem facettenreichen Hinter-

Bezeichnungen Körper-Sprache und Körpertheologie gegenüber Körper- bzw. Leibmetaphorik, weil Paulus in seinen Briefen nur zum Teil Metaphern verwendet. Die von ihm verwendeten literarischen Stilformen sind vielfältig und miteinander kombiniert. Metaphern spielen jedoch eine wichtige Rolle in der Vermittlung von theologischen Inhalten in die Alltagswirklichkeit seiner Adressaten und Adressatinnen. Ich gehe zum einen davon aus, dass auch aus bildlicher bzw. metaphorischer Rede auf das Verständnis konkreter Körper geschlossen werden kann und zum anderen, dass der Ansatz an den konkreten Körpern und ihren Organen wichtige Impulse für die Interpretation theologischer Aussagen liefert.[5] Bildliche Rede und Aussagen über reale Körper stehen in den paulinischen Briefen vielfach in einem sich wechselseitig interpretierenden Zusammenhang theologischer Aussagen: Die Körper werden transparent für die Offenbarung Gottes – das kann Paulus bildlich, d. h. mittels literarischer Stilfiguren wie Metapher, Vergleich, Personifikation etc., aber auch in Bezug auf konkrete Körper ausdrücken, ohne die Ebenen immer scharf voneinander zu trennen.

4.1 Der Körper und die Körperteile

Paulus bezieht sich sowohl auf den Körper (σῶμα) als Organismus als auch auf einzelne Körperteile (μέλη). Hilfreich für deren Verständnis ist ein Blick auf Grundzüge der ersttestamentlichen Rede vom Menschen, die Hans Walter Wolff in der Einleitung in seine Studie »Anthropologie des Alten Testaments« (1973)[6] aufzeigt. Er weist auf den grundsätzlich *dialogischen Charakter* der Texte hin, die nach dem Menschen fragen.[7] Eine weitere grundlegende Beobachtung sei, dass die hebräischen Benennungen für die Organe, die Glieder und die Erscheinung im ganzen nicht selten untereinander austauschbar seien und fast wie Pronomina für den ganzen Menschen stünden.[8] Hans Walter Wolff bezeichnet die Voraussetzung, die hinter dieser Verwendung von Körperbezeichnungen steht, als *stereometrisches* Denken:

> grund, auf dem der σῶμα-Begriff semantisch zwischen realer und metaphorischer Bedeutung oszilliere.
> 5. Hier folge ich den methodischen Überlegungen Jürgen Keglers, 1992, 41. Er plädiert dafür, verstärkt vom Körperorgan her zu denken, von seinen Funktionen und damit verbundenen Gefühlen und Erfahrungen, die dann in theologische Aussagen eingebunden werden.
> 6. Ich zitiere im Folgenden aus der Ausgabe 1977.
> 7. Vgl. Hans Walter Wolff 1977, 12.
> 8. Zur Vorstellung des ›ganzen Menschen‹ vgl. auch den Exkurs von Bernd Janowski 2003, 44.

»Dieses stereometrische Denken steckt den Lebensraum des Menschen durch Nennung charakteristischer Organe ab und umschreibt so den Menschen als ganzen [...]. Verschiedene Körperteile umstellen mit ihrer wesentlichen Funktion den Menschen, der gemeint ist.«[9]

Eng verbunden mit dem stereometrischen Denken sei das *synthetische*, das mit der Nennung eines Körperteils dessen Funktion meine:

»Das Glied und sein wirksames Handeln werden zusammengeschaut.«[10]

Die Aufgabe der Exegese sei, stereometrisches und synthetisches Denken herauszuarbeiten, die semantische Weiträumigkeit der einzelnen Begriffe zu erfassen und in unsere analytisch-differenzierende Sprache zu übertragen. Eine stereotype Wiedergabe eines hebräischen Terminus mit immer dem gleichen Wort verstelle dabei häufig das Verständnis. Zudem führe die Übersetzung mit ›Herz‹, ›Seele‹, ›Fleisch‹, ›Geist‹ etc. zu folgenschweren Missverständnissen, wenn moderne dichotomische oder trichotomische anthropologische Grundanschauungen unreflektiert in das vom semitischen Denken geprägten Menschenbild eingetragen würden.[11]

Auch Silvia Schroer und Thomas Staubli thematisieren die Schwierigkeit einer angemessenen Darstellung biblischer Vorstellungen vom Körper. In der Einleitung ihrer Studie »Die Körpersymbolik der Bibel« (1998) vergleichen sie semitische Denkvoraussetzungen über den Körper mit dem griechischen Verständnis und dessen Idealen:

»Das semitische Denken ist, was sich in Sprache und Bildkunst gleichermaßen zeigt, niemals an Formen, Aussehen und Perspektiven orientiert, sondern immer an der Dynamis, an der Wirkung, die etwas hat. [...] Da die Dynamis, die Wirkung zählt und nicht die Form, entsteht im semitischen Denken ein völlig anderer Zusammenhang von Konkretum und Abstraktum als im Griechischen. Jedes konkrete Ding, z. B. die Hand, weist nämlich dann über sich hinaus. Andererseits ist es gar nicht möglich, ein Abstraktum wie Macht, Stärke ohne das Konkretum zu denken oder zu benennen. Diese enge Verquickung macht es sprachlich fast unmöglich, von der Wirklichkeit allzu stark abstrahierende Symbol- und Begriffswelten zu konstruieren.«[12]

Auch die Körper-Sprache des Paulus ist vielfältig und differenziert. Wie die Hebräische Bibel ist Paulus nicht an den einzelnen Körperteilen und deren Sub-

---

9. Hans Walter Wolff 1977, 18. Vgl. auch die Definition von Stereometrie von Bernd Janowski 2003, 35: »Durch die Überlagerung der Bilder und Motive (Stereometrie) wird nicht nur die Konkretion der Einzelaussage gesteigert, sondern auch ihre Aufsprengung oder Multiperspektivität bewirkt. Die Texte werden in ihrer Bedeutung aufeinander hin durchsichtig und erschließen so gegenseitig ihren Sinn (›semantische Weiträumigkeit‹). Diese Vieldimensionalität des Sinns gleicht einem ›Raum‹, in dem sich das Verstehen hin und her bewegen kann.«
10. Hans Walter Wolff 1977, 18.
11. Vgl. Hans Walter Wolff 1977, 17-18.
12. Silvia Schroer/Thomas Staubli 1998, 27.

stanz oder physischer Funktion interessiert, sondern an der Dynamik des Handelns. Eine Hand oder ein Fuß kommen deshalb in den Blick, weil sie tätig sind und konkrete Aufgaben verrichten. Aus dieser Perspektive heraus können sie auch je für die Person, die diese Tätigkeit ausübt, als ganze stehen. Dabei unternimmt er selten geschlechtsspezifische Unterscheidungen, Ausnahmen bilden die Aussagen zur Beschneidung, die sich an Männer richten,[13] und die Aussagen über den ›Kopf‹ in 1 Kor 11,2-16. Männer und Frauen werden als Körper bzw. als Körperglieder gesehen und angesprochen. Dort, wo er sich selbst als Gebärende und Nährende beschreibt (Gal 4,19; [Phlm 10: ἐγγέννησα]; 1 Kor 3,2), wird deutlich, dass er auch weibliche Körperteile und Körperfunktionen metaphorisch auf sich und sein eigenes Handeln beziehen kann.[14] Diese in Bezug auf das Geschlecht offene Körper-Sprache ermöglicht es Frauen wie Männern, sich zu identifizieren und die Aussagen auf sich und ihre eigenen Körpererfahrungen zu beziehen.[15]

Paulus bezieht sich aus seiner Tradition heraus selbstverständlich auf den Körper und auf einzelne Körperteile, um an ihnen theologische Zusammenhänge deutlich zu machen: Glauben, erkennen, die Gebote der Tora erfüllen, beten, zu Gott und den Mitmenschen in Beziehung treten, lieben und für andere sorgen – wird körperlich situiert. Der Ort der Gottesbeziehung ist in diesem Sinne der menschliche Körper –die Geistkraft fließt in die Herzen der Menschen und bewegt sie, mit ihren Gliedern arbeiten sie für Gerechtigkeit. Die Verwendung von Körper-Sprache ermöglicht es Paulus, in besonderer Weise diese Beziehung von Gott und Menschen und die Beziehungen von Menschen untereinander sprachlich zum Ausdruck zu bringen. Die theologischen Aussagen sprechen auf einer sehr konkreten Ebene die Menschen an, an die er sich wendet. Zudem haben sie eine Offenheit, die es ermöglicht, eigene Erfahrungen und Vorstellungen in das Gesagte einzutragen.[16]

13. Meines Erachtens wird dies in der Exegese häufig zu wenig beachtet. Eine Ausnahme bildet die Auslegung von Brigitte Kahl 1998 zum Brief an die Gemeinden in Galatien (s. o.).
14. Christl Maier 2002, 332, zeigt, dass auch im Ersten Testament die körperbezogenen Begriffe nicht geschlechtsspezifisch verwendet werden, allerdings auch hier mit Ausnahmen, wie z. B. *basar*, wenn es um die Genitalien des Mannes geht (Gen 17,11; Lev 12,3). *rähäm* (Gebärmutter) sei hingegen ein nur Frauen einschließender Körperbegriff, dessen wurzelverwandte Emotion (Zuneigung, Barmherzigkeit) dann aber nicht auf Frauen beschränkt bleibe und auch Gottes Liebe beschreibe (Jes 49,15 u. ö.). Zur Frage der geschlechtsspezifischen Zuordnung dieser Begriffe vgl. auch Dorothea Erbele 1999.
15. Diese Beobachtung macht Susanne Gillmayr-Bucher 2001, 2, auch in Bezug auf die Körper-Sprache der Psalmen: »On the basis of the explicitly mentioned parts of the body it is, however, not possible to distinguish between female or male. [...] For the readers that implies that at least within the language of the body the psalms are open for male and female reconstructions and identifications.«
16. Diese Besonderheit der Körpersprache, die Lesenden kommunikativ einzubeziehen, beschreibt auch Susanne Gillmayr-Bucher 2001, 18, in Bezug auf die Psalmen: »All

Im Folgenden werde ich exemplarisch zwei in der Körpertheologie des Paulus zentrale Körperbezeichnungen untersuchen: σάρξ und σῶμα.

4.2 Das Fleisch (ἡ σάρξ)

In der LXX ist σάρξ die Übersetzung des hebräischen Wortes בָּשָׂר.[17] Dieses meint ›Fleisch‹ im konkreten stofflichen Sinne in Bezug auf Mensch und Tier.[18] Es kann daneben aber auch den ganzen Menschen, den Körper[19] oder einen Leichnam[20] bezeichnen. Die ganze Menschheit und alles Lebendige werden mit בָּשָׂר umschrieben.[21] Krankheit und Schmerz haben ihren Ort im »Fleisch«.[22] Blutsverwandtschaft[23] sowie Geschlechtsorgane von Mann und Frau werden so bezeichnet.[24] Frau und Mann in einer Lebensgemeinschaft werden »ein Fleisch« genannt.[25] Mit בָּשָׂר werden Menschen in ihrer Geschöpflichkeit bezeichnet, in den Begrenzungen und vergänglichen Dimensionen des Lebens, die Krankheit, Gebrechlichkeit und Sterblichkeit bedeuten.[26] Vielfach wird die Menschheit zu Gott ins Verhältnis gesetzt, indem sie als בָּשָׂר bezeichnet wird, allein Vertrauen auf Gott bedeutet Leben, Abwendung von Gott ›Dürre‹ und Tod.[27] ›Fleisch‹ zu sein meint im Ersten Testament aber nicht nur Ver-

---

aspects of human life, its fear, desire and joy, as well as its most intimate thoughts and emotions are portrayed with the help of body language and body images. With this kind of description the readers can hardly maintain a distanced point of view, rather they are forced to add their own body-experiences while perceiving the text. In this way the readers are enabled to overcome the distance and to re-enact the text.« Auch Michaela Geiger/Stefanie Schäfer-Bossert 2003, 23, verweisen auf den offenen Charakter der biblischen Körpersprache, die die Lesenden bzw. Hörenden mit in den Verstehensprozess der Texte einbezieht.

17. Die LXX übersetzt בָּשָׂר meist mit σάρξ (145 ×), daneben auch mit κρέας (79 ×), σῶμα (23 ×), χρώς (14 ×), Angaben bei Friedrich Baumgärtel, Art. σάρξ, in: ThWNT Bd. VII, 1964, 107.
18. Vgl. Gen 17,11ff.; Lev 13,2ff.; Ijob 41,15; Jes 44,16; Ez 44,7.9.
19. Vgl. Gen 2,23; Lev 13,13; Ps 38,4.
20. Vgl. 1 Sam 17,44; 2 Kön 9,36.
21. Vgl. Gen 6,17; 9,15; Jes 40,5.6; Jer 25,31.
22. Vgl. Ijob 33,19-21.
23. Vgl. Gen 2,23; 29,14; diese Verwandtschaft umfasst auch Menschen und Tiere vgl. Gen 6,17; 9,15; Ps 136,25, wo sie im selben Zusammenhang als ›Fleisch‹ bezeichnet werden.
24. Vgl. Ex 28,42; Lev 15,19; Ez 16,26; 23,20.
25. Vgl. Gen 2,24.
26. Vgl. Gen 2,21-25; 6,3; Ijob 10,11. Hans Walter Wolff 1977, 33-38, überschreibt seine Ausführung zu בָּשָׂר deshalb mit: »Der hinfällige Mensch«.
27. Vgl. auch Jer 17,5-8. Wer sich nur auf das »Fleisch« verlässt, muss vergehen wie eine

gänglichkeit und Schwäche, sondern ist zugleich »Symbol gottgewollter Menschlichkeit und Ausdruck des Lebens.«[28]
Auch Paulus spricht in vielen Fällen von der σάρξ, wenn er sich auf das geschöpfliche, körperliche Menschsein bezieht. Der Ausdruck ›Stachel im Fleisch‹ (2 Kor 12,7) weist vermutlich wie die Anspielung auf seine Schwäche (ἀσθένεια) in Gal 4,13 f. auf eine lebenslange körperliche Behinderung hin, die Paulus Schmerzen bereitete. ›Fleisch‹ im Sinne der Gestalt von Lebewesen (im Zusammenhang parallel zu σῶμα) verwendet er in 1 Kor 15,39, wo es um die Schöpfung verschiedener Lebewesen und Gestirne geht. ›Fleisch und Blut‹ (σάρξ καὶ αἷμα) können als partes pro toto Menschen bzw. Menschengruppen als Ganze bezeichnen (vgl. Gal 1,16; vgl. auch Mt 16,17; 1 Kor 15,50). Mit σάρξ werden auch Verwandtschaftsbeziehungen, Volkszugehörigkeit bzw. Abstammung ausgedrückt (κατὰ σάρκα – Röm 1,3; 4,1; 9,3.5.8; vgl. auch Röm 11,14; Phlm 16). Im Zusammenhang der Beschneidung ist σάρξ eine Umschreibung für den Penis (vgl. Röm 2,28; Gal 6,13). Eine ›natürliche‹ d. h. körperliche Zeugung ist eine κατὰ σάρκα (vgl. Gal 4,23). Geschlechtsverkehr zu haben, bedeutet ›ein Fleisch‹ zu werden (vgl. 1 Kor 6,16).[29] Ein Leben ἐν (τῇ) σαρκί beschreibt zunächst neutral das irdische Leben in seiner Ganzheit, ohne es abzuwerten.[30] Die Kontexte, in denen Paulus diese Wendung benutzt, zeigen, dass die so beschriebene Existenz auch körperliche Nöte, Arbeit und den Kampf um das Überleben angesichts von Gewalt und Todesbedrohung bedeutet (vgl. 2 Kor 10,3; Phil 1,22.24; vgl. auch 1 Kor 7,28; Gal 2,20). In 2 Kor 4,7-18 wird die Erschöpfung und zeitweilige Mutlosigkeit spürbar, die das Leben des Paulus und der Menschen um ihn herum bestimmen. In V. 8 f. beschreibt er die Verfolgung, das ständige Gehetztsein, Verzweiflung, denen sie ausgesetzt sind (VV. 10-12):

Pflanze (vgl. Jes 40,6 ff.), weil dies eine Beschränkung des Menschseins auf die Sterblichkeit bedeutet (vgl. Gen 6,3). Damit verbindet sich jedoch kein anthropologischer Dualismus, der die fleischliche Existenz einer geistigen gegenüber abwertet. Vgl. dazu Edmond Jakob 1973, 620: »Solange das Fleisch ein vom Geist belebter Organismus ist, bleibt es mit der Sehnsucht nach Gott und dem Lobe Gottes verbunden (Ps 145,2). Es ist darum wichtig, daß der Mensch den Weg des בָּשָׂר so ausrichtet, daß er nicht zu seiner Zerstörung führt (Gen 6,12).«

28. Silvia Schroer/Thomas Staubli, 1998, 241. John A. T. Robinson 1957, 15, macht auf den besonderen Aspekt der Identität, die mit dem Wort בָּשָׂר ausgedrückt wird, aufmerksam. Diese werde im hebräischen Denken nicht im Sinne von Abgrenzung und Isolation anderen gegenüber verstanden, sondern relational beschrieben – als Beziehung zu Gott, anderen Menschen und der Schöpfung als Ganzen.

29. Vgl. auch Gen 2,24; vgl. auch Mk 10,6-9; Eph 5,30-32. Klara Butting 2001, 103-114, versteht 1 Kor 6,16 als Aufnahme der Verheißung aus Gen 2,24, dass Herrschaft im Geschlechterverhältnis überwunden werden könne. Paulus schreibe damit jedoch nicht die heterosexuelle Ehe als einzigen Ort der Versöhnung fest.

30. Vgl. Eduard Schweizer, Art. σάρξ, in: ThWNT Bd. VII, 1964, 125.

»Wohin wir auch kommen, immer tragen wir den Tod Jesu am Körper (ἐν τῷ σώματι), damit auch das Leben Jesu an unserem Körper (ἐν τῷ σώματι ἡμῶν) sichtbar wird. Denn immer werden wir, obgleich wir leben, um Jesu willen dem Tod ausgeliefert, damit auch das Leben Jesu an unserem dem Tod ausgelieferten Körper (ἐν τῇ θνητῇ σαρκὶ ἡμῶν) sichtbar wird. So erweist an uns der Tod seine Wirksamkeit, an euch aber das Leben.«[31]

Dass Paulus hier von Erfahrungen spricht, die über ihn als Individuum hinausgehen, wird bereits darin deutlich, dass er in der ersten Person Plural spricht.[32] Die eigenen Leidenserfahrungen, Todesängste und das Sterben ihnen verbundener Menschen bestimmen die Existenz der Menschen in den Gemeinden, die sie zu dem Leiden und dem Tod Jesu in Verbindung setzen. Ermutigung erwächst ihnen aus der Auferstehung (V. 14), dem Leben, das sie bereits jetzt an ihren Körpern spüren, das an ihrem »Fleisch« sichtbar wird. Während meist davon ausgegangen wird, dass Paulus sich in den auf den Körper bezogenen Aussagen mit σάρξ auf das ganzheitliche Verständnis des hebräischen Wortes בָּשָׂר bezieht, ist das Verständnis der Passagen, in denen Paulus über die σάρξ spricht und dabei über die konkrete körperliche Ebene hinausgeht, umstritten. Ich möchte im Folgenden verschiedene Deutungsansätze vorstellen, die die Interpretation von σάρξ geprägt haben und im Anschluss mein eigenes Verständnis darstellen:

Die Interpretation von σάρξ in der neutestamentlichen Forschung

Besonders einflussreich war die Interpretation *Rudolf Bultmanns*, die er in der »Theologie des Neuen Testaments« (1948) darlegt.[33] Er verweist zunächst auf das ersttestamentlichen Äquivalent zu σάρξ: auf das hebräische Wort בָּשָׂר, welches die materielle Leiblichkeit, das Menschsein als solches bezeichne.[34] Auch die Wendung ἐν σαρκὶ bezeichne bei Paulus zunächst die Tatsache leiblichen Lebens, nicht den Stoff, aus dem die Körper geschaffen seien, sondern die Sphäre, in der sich das Leben bewegt.[35] Diese kennzeichne jedoch bereits die Sphäre

---

31. Der Kontext macht es plausibel, hier σάρξ mit »Körper« zu übersetzen. Zur Stelle vgl. auch Ulrich Heckel 1993a, 246-261
32. Vgl. dazu auch Ulrich Heckel 1993a, 258f.
33. Ernst Käsemann hat in seiner Dissertation »Leib und Leib Christi« 1933 ähnliche Anschauungen über die σάρξ dargelegt, die Rezeption der Thesen fand aber in erster Linie über Rudolf Bultmanns Theologie statt. Deshalb werde ich im Folgenden vor allem diese zitieren. Ich zitiere aus der 9. Auflage 1984.
34. Vgl. auch Ernst Käsemann 1933, 1-16.100-103.
35. Vgl. Rudolf Bultmann (1948) 1984, 237: »Bedeutet also σάρξ zunächst die Sphäre des Menschlichen als des Irdisch-Natürlichen, des Schwachen und Vergänglichen, so zeigt doch die Verwendung der Formel ἐν σαρκί Rm 7,5; 8,8f., daß das Leben im ›Fleisch‹ ein uneigentliches Leben ist, wie denn überall die Formel einen ausgesprochenen oder unausgesprochenen Gegensatz ausdrückt zu einem Leben im πνεῦμα

der Sünde, wenn sie dem jenseitig-ewigen Gott feindlich gegenübertrete. Auch die Formel κατὰ σάρκα beziehe sich zunächst neutral auf die natürliche jüdische Abstammung Christi, des Paulus und des israelitischen Volkes (Röm 1,3; 4,1; 9,3.5; 1 Kor 10,18; Gal 4,29). Werde sie jedoch zur Bestimmung von Verben, d. h. Verhaltensweisen verwendet, so qualifiziere sie diese als sündig.[36] So überschreibt R. Bultmann dann auch seine Ausführungen zum übertragenen Gebrauch von σάρξ mit »Fleisch und Sünde«. Insbesondere das jüdische Streben nach der Erfüllung des Gesetzes wertet er als »sarkisches«[37] Verhalten, das von Paulus kritisiert werde. Im Weiteren beschreibt er die σάρξ als Macht, der Menschen verfallen seien und von der Paulus wie von einem dämonischen Herrscher rede: »wer κατὰ σάρκα lebt, der macht die σάρξ zu seinem Gott«.[38] In der Personifikation der Mächte σάρξ und ἁμαρτία komme zum Ausdruck, dass der Mensch sein Subjektsein an sie verloren habe. Mit Bezug auf Röm 7,14-24 bietet R. Bultmann dann eine abschließende Definition des Verhältnisses von σάρξ und Sünde:

»Es liegen also ἐγώ und ἐγώ im Streit, d. h. zwiespältig sein, nicht bei sich selbst sein, ist das Wesen des menschlichen Seins unter der Sünde.«[39]

Die Art und Weise, in der hier ›Fleisch‹ und Sünde als Einheit verstanden werden, wurde in der Forschung vielfach kritisch gesehen: in Bezug auf die Definition von σάρξ, aber auch in Bezug auf das dahinter liegende Verständnis von Sünde. *Daniel Boyarin* kritisiert die exegetische Tradition, die σάρξ vor allem unter moralische Kategorien fasst und als sündig abwertet:

»This may be good Lutheran theology; I submit it is not Paul.«[40]

Dieses lutherische Sündenverständnis konstatiert er sowohl hinter der Beschreibung von σάρξ bei Ernst Käsemann als auch bei Rudolf Bultmann, es entspräche jedoch weder dem paulinischen Verständnis noch dem jeweils eigenen exegetischen Befund.[41] Der Begriff ›Fleisch‹ und eine Existenzweise κατὰ σάρκα

(Rm 8,9), in Christus (Phm 16), in der πίστις (Gl 2,20) und dergl.« Vgl. auch Ernst Käsemann 1933, 14-15.
36. Vgl. Rudolf Bultmann (1948) 1984, 238.
37. Vgl. Rudolf Bultmann (1948) 1984, 240; vgl. auch Udo Schnelle 1991, 72: »Der sarkische Mensch ist gekennzeichnet durch Selbstbezogenheit und Selbstgenügsamkeit, er baut auf seine eigenen Fähigkeiten, macht seine Erkenntnisse zum Maßstab des Vernünftigen und Wirklichen.«
38. Rudolf Bultmann (1948) 1984, 244. Vgl. auch Udo Schnelle 1991, 67: »Σῶμα ist der Mensch selbst, die σάρξ hingegen eine fremde ihn beanspruchende Macht.«
39. Rudolf Bultmann (1948) 1984, 245.
40. Daniel Boyarin 1997, 83-84. Zur Kritik an einer lutherischen Deutung des Paulus vgl. vor allem die Arbeiten von Krister Stendahl 1978.1996.
41. Zu Bultmann bemerkt er in diesem Zusammenhang: »Bultmann's perception of Paul is correct and important, *until he begins his theologizing.*« (1997, 84).

seien moralisch neutral zu verstehen, auch wenn sie dem Leben κατὰ πνεῦμα stets untergeordnet seien:

»›The flesh‹ – σάρξ – carries not the slightest shred of sinful, human arrogance, or any of the other burdens that translators lay upon it.«[42]

Auch *Susanne Heine* fragt kritisch danach, was die »Macht Sarx« denn tatsächlich bezeichne, und macht darauf aufmerksam, dass die geschichtliche Situation in der Beschreibung dessen, was mit σάρξ bezeichnet wird, bei Rudolf Bultmann und Ernst Käsemann zu wenig berücksichtigt wird.[43] *Luise Schottroff* teilt diese Einschätzung und versucht, sowohl die paulinischen Aussagen zu Sünde als auch die zur Rolle der σάρξ aus ihrem sozialgeschichtlichen Hintergrund heraus zu deuten. Sünde sei keine Grundbestimmtheit menschlicher Existenz, die unabhängig von historischen Bedingungen betrachtet werden könne.[44] Paulus vertrete keine transgeschichtliche, überzeitliche Anthropologie, sondern spreche von der weltweiten Sünde als gesellschaftlicher Struktur, die einen sozialen Ort habe. Sie kritisiert vor allem die antijüdischen Implikationen eines Verständnisses, das Gesetzeserfüllung als »sarkisches« Verhalten deutet.[45] Es gäbe nur konkrete Ausdrucksformen der Sünde als Gottferne. Der sozialgeschichtliche Hintergrund der paulinischen Sündenlehre sei der Alltag des jüdischen Volkes im Römischen Reich, das von seiner Lebensquelle – der Tora – entfremdet werde.[46] Nicht das Autonomiestreben und Begehren des Fleisches sei im Blick, wenn Paulus von einer Beendigung der Sündenherrschaft spreche,

---

42. Daniel Boyarin 1997, 82; hier mit Bezug auf Phil 3,1-7; vgl. auch ebd., 72. Daniel Boyarin selbst konstatiert im Gegensatz zu Rudolf Bultmann und Ernst Käsemann, die von einer nicht-dualistischen Anthropologie bei Paulus ausgehen, ein grundsätzlich dualistisches Menschenbild. Paulus gehe von einem Gegensatz von Fleisch/Körper und Geist aus, doch führe dieser Dualismus nicht zu einer Abwertung des Leiblichen und Körperlichen – weder von σάρξ noch von σῶμα: »There is flesh and spirit. The spirit is higher and more important, but the flesh is not to be disregarded either.« (ebd., 64)
43. Vgl. Susanne Heine 1976, 33.
44. Vgl. Luise Schottroff 1988, 17-29.
45. Vgl. Luise Schottroff 1988, 73-87; vgl. auch dies. 1996a.
46. Vgl. Luise Schottroff 1988, 35 (vgl. auch 1990a): »Sünde als Ohnmacht, Sich-nicht-wehren-können gegen die Instrumentalisierung der eigenen Existenz zum Werkzeug des Todes, ist eine Vorstellung, die sich auf reale Erfahrungen der Menschen im Römischen Reich beziehen läßt. Daß diese Erfahrung von JüdInnen und ChristInnen wie Paulus als Unfähigkeit, nach dem Willen Gottes zu leben, erlebt wird, ist ebenfalls deutlich. Diese Sündentheorie ist nicht als direkte politische Kritik am Herrschaftssystem der Römer gemeint, dient aber als theologische Analyse der realen Menschenwelt und ihrer Zwänge. Sie ist Bestandteil eines Befreiungskampfes, der nicht im Sinne politischer oder militärischer Kämpfe zu verstehen ist, sondern im Sinne der Befreiung durch Neugestaltung der Lebenspraxis in sich ausbreitenden Gemeinschaften (ἐκκλησίαι/Gemeinden).«

die Kategorien der Herrschaft seien tatsächlich geschichtlich, politisch zu verstehen.[47]

In meiner eigenen Deutung knüpfe ich an diese sozialgeschichtliche Interpretation an und verstehe das Leben unter der Pax Romana als Ausgangspunkt für die Äußerungen des Paulus zu ἁμαρτία und σάρξ. Der besondere Aspekt der σάρξ in der Körpertheologie des Paulus ist der der Verwundbarkeit der Menschen. An ihren Körpern, an ihrem »Fleisch«, in ihrem Handeln, selbst in ihrem Denken (vgl. Röm 6,12-23) manifestiert sich die Macht der *Hamartia*, der politischen Herrscher und deren Einfluss. Nach Paulus gibt es keinen Bereich, der frei von ihnen sei, selbst diejenigen, die nach anderen Maßstäben leben, sich an der Tora, dem Willen Gottes, orientieren wollen (Röm 7,12.14), seien in ihrem Herrschaftsbereich gefangen (vgl. Röm 7,14-25):

»Wir wissen dass die Tora von der Geistkraft bestimmt ist (πνευματικός ἐστιν), ich aber bin ohnmächtig (σάρκινος), weil ich unter die Sündenmacht (ὑπὸ τὴν ἁμαρτίαν) verkauft bin.« (Röm 7,14)

Die Konsequenz ist das Gefühl der Ohnmacht, das das »Fleisch«, d. h. die geschundenen Menschen, nicht zur Ruhe kommen lässt (οὐδεμίαν ἔσχηκεν ἄνεσιν ἡ σάρξ ἡμῶν): »Überall bedrängten uns Schwierigkeiten, von außen gefährliche Auseinandersetzungen, im Innern Angst.« (2 Kor 7,5) Paulus weiß, dass es manchen Menschen leichter erscheint, dem äußeren Druck nachzugeben und sich am »Fleisch«, deren »Begierde« (ἐπιθυμία σαρκός) nachzugeben und selbst zu MittäterInnen zu werden (vgl. Gal 5,16; vgl. auch Röm 6,12; 13,14). Mit σάρξ beschreibt er den Ort der sozialen Gewalterfahrung. Hier sind die Menschen dem Zugriff der Gewalt und Korruption besonders ausgesetzt. Deshalb warnt er eindringlich davor, die Freiheit eines Lebens, das sich ihrer Macht nicht beugen muss, aufzugeben und ruft dazu auf, sich statt dessen an der Liebe (ἀγάπη) und der Geistkraft (πνεῦμα) zu orientieren, die er der σάρξ gegenüberstellt (vgl. Gal 5,13ff.).[48] Das, was Paulus hier beschreibt, ist nicht zu verstehen, wenn σάρξ ausschließlich körperlich-substanziell gedeutet wird oder als wesensbestimmende Ausrichtung eines Individuums, das mit seinem Gewissen ringt,[49] sondern nur, wenn auf die Handlungen (τὰ ἔργα) geschaut wird, die der Orientierung an der σάρξ zugeschrieben werden. Die »Werke« eines Lebens, das sich an der σάρξ ausrichtet, zählt Paulus anschließend auf (vgl. Gal 5,19-21): Sie beschreiben ein Leben, das sich gegen den Willen Gottes, die Tora, richtet. Den einzigen Ausweg, den Paulus aus einem solchen von Gott fernen, entfremdeten Leben sieht, ist der, das »Fleisch zu kreuzigen«, d. h. dem gewalttätigen Leben die Macht Gottes, die für ihn in der Auferstehung sichtbar geworden ist, gegenüberzustellen (vgl. Gal 5,24; 2,19f.) und in sich selbst und den Mitgeschwistern Gottes neue Schöpfung erkennen

---

47. Vgl. Luise Schottroff 1990a, 72.
48. Vgl. auch Röm 8,4.5; Gal 3,3; 6,12.
49. Hier beziehe ich mich auf die Ergebnisse von Krister Stendahl, s. o.

(vgl. Gal 6,15).⁵⁰ Die Glaubenden lebten zwar weiterhin im Machtbereich der politischen Herrscher (vgl. 2 Kor 10,3: ἐν σαρκί), die mit Waffengewalt ihre Macht durchsetzen können, wissen aber, dass sie diesen etwas Mächtigeres gegenüberstellen können – die Unterstützung und den Schutz Gottes (vgl. 2 Kor 10,4). Deshalb handeln sie auch nicht länger an den herrschenden Wertmaßstäben orientiert (2 Kor 10,2: κατὰ σάρκα).⁵¹ An diesen Stellen wird deutlich, dass Paulus in seinen Aussagen die σάρξ in den Zusammenhang seiner Analyse der gegenwärtigen Gesellschaft und ihrer Strukturen stellt: Mit ihr beschreibt er eine Existenzweise, die fern von Gott ist, d. h. sich nicht an der Tora und deren Weisungen orientiert. Indem er den Terminus σάρξ verwendet, stellt er neben den strukturellen Dimensionen auch immer deren konkret körperliche, auf das Leben einzelner Menschen bezogene Dimensionen heraus. Allein das Kommen, der Tod und die Auferweckung des Messias und die Taufe bedeuten Rettung für die an ihn Glaubenden, denen durch die Gabe der Geistkraft ermöglicht werde, die Gebote der Tora zu tun (vgl. Röm 7,25; 8,3f.11). Paulus ermutigt und ermahnt, unermüdlich verkündet er seine Botschaft: Die σάρξ trage letzten Endes nicht, sie führe in die Zerstörung, begründe Gewalt und weitere zu verurteilende Taten (vgl. Gal 5,19-21). Allein die Orientierung an der Geistkraft und damit ein an der Tora orientiertes Tun, das dieser entspricht (vgl. Röm 8,2-4), bedeute ewig lebendiges Leben (vgl. Röm 6,19-23; Gal 6,8; vgl. auch 1 Kor 5,5; Phil 3,3f.).

Mit der Wahl des Wortes σάρξ, mit dem Paulus auf der einen Seite die Relationalität als Geschöpf zu Gott und zum anderen Gottferne und deren gesellschaftliche und soziale Konsequenzen ausdrückt, steht er im Kontext biblischer Tradition.⁵² Mittels dieser Begrifflichkeit ist es ihm möglich, die individuelle Verflochtenheit der Menschen und ihres Handelns in die Strukturen der Gesellschaft zum Ausdruck zu bringen. Die σάρξ steht hier nicht nur für eine Sphäre, die gottfern ist, sie ist zugleich auch der konkrete körperliche Ort, an dem die Konsequenzen dieser gottfernen Gesellschaft und ihrer Machtstrukturen spürbar sind: In das ›Fleisch‹, den Körper, sind die Verletzungen eingeschrieben, die Spuren der Gewalt und der ungerechten Herrschaft (vgl. 2 Kor 4,7-18). Mit σάρξ hat Paulus einen Terminus (weiter-)entwickelt, der Menschen zum einen als gottgewollte Geschöpfe beschreibt (vgl. 1 Kor 15,39), zum anderen als Opfer von Gewalt, aber auch als Mittäter und Mittäterinnen, wenn sie sich am Erhalt der Strukturen, die sie selbst zerstören, aktiv beteiligen (vgl. Röm 7,14-24; Gal 5,13-21). An der σάρξ, die die verletzlichen Aspekte des Menschseins beschreibt, wird der unentrinnbare Kreislauf von Gewalt, Tod und neuer Gewalt

---

50. Vgl. auch 2 Kor 5,17; von einer Umwertung gesellschaftlicher Kategorien und neuen Lebensmöglichkeiten in Christus sprechen auch Röm 7,5f.; 8,8-11; 1 Kor 1,26-28.
51. Vgl. auch Röm 8,12f.; Gal 2,20.
52. Vgl. z.B. Ps 65,3f.; Jes 17,5-8; 40,6ff.; vgl. auch Ez 16,26; 23,20. Vgl. dazu Hans Walter Wolff 1977, 37-38, der das enge Verhältnis kreatürlicher und ethischer Aussagen darstellt, die der Begriff ›Fleisch‹ bereits im Ersten Testament umfasst.

existentiell körperlich erfahrbar. Die körperbezogene Sprache des Paulus vermag dies in eindringlicher Weise auszudrücken. Zugleich wird deutlich, dass auch die Rettung aus diesem Kreislauf von Gewalt an den Körpern ansetzt (vgl. 2 Kor 4,11).[53]

Die deutsche Sprache stellt kein geeignetes Wort zur Verfügung, das das breite Bedeutungsspektrum wiederzugeben vermag, das das Wort σάρξ bei Paulus aufweist. Bei ihm umfasst es in wechselseitiger Verschränkung individuell-körperliche, relationale, allgemein menschliche, gesellschaftliche, politische und kosmologische Dimensionen, die im Rahmen seiner körpertheologischen Aussagen in immer neuen Facetten aufscheinen und variiert werden können, während in unserem Sprachgebrauch ›Fleisch‹ im übertragenen Sinn vor allem individuell-moralisch verstanden wird. In der Übersetzung muss deshalb stets danach gefragt werden, welche Dimension in dem jeweiligen Kontext betont werden soll, das deutsche Wort ›Fleisch‹ ist dabei wegen seiner Missverständlichkeit sparsam zu verwenden. Ist σάρξ auf Menschen bezogen, werde ich deshalb ›Geschöpf‹ oder ›Körper‹ übersetzen. Schwieriger wird es dort, wo die σάρξ zur Beschreibung von Unrechtszusammenhängen herangezogen wird, hier muss sie umschrieben werden – allerdings mit dem Verlust der Vieldimensionalität, die das griechische Wort beinhaltet.

4.3 Der Körper – der Leib (τὸ σῶμα)

Mit σῶμα bezieht sich Paulus auf verschiedene Dinge: auf den menschlichen Körper, den ›Leib Christi‹ und einmal auf Himmelskörper (1 Kor 15,40). Im Folgenden werde ich zunächst σῶμα als Bezeichnung für den menschlichen Körper untersuchen, danach die paulinischen Vorstellungen des σῶμα Χριστοῦ.

4.3.1 Der menschliche Körper

Paulus verwendet σῶμα für die Beschreibung seines eigenen Körpers, den er züchtigt (1 Kor 9,27), den er dem Scheiterhaufen übergeben könnte (1 Kor 13,3), mit dem er in der Gemeinde anwesend ist (vgl. 1 Kor 5,3) und den er als schwach (ἀσθενής) bezeichnet (2 Kor 10,10). Er selbst sagt von sich, dass er Male Jesu am Körper trage (vgl. Gal 6,17: στίγματα τοῦ Ἰησοῦ ἐν σώματί

---

53. Auch hier bewegt sich Paulus im Rahmen überlieferter biblischer Vorstellungen. Michael Welker 1992, 168, zeigt in Bezug auf Ez 11; 36; 37, dass das Wirken des Geistes Gottes in dieser biblischen Tradition als ein leibliches beschrieben wird, das konkret an der »Fleischlichkeit« der Menschen ansetzt.

μου). Diese Aussage steht einerseits im Zusammenhang von Verfolgungen (vgl. Gal 6,12-14; vgl. auch 2 Kor 4,10), die an Narben denken lassen. Zugleich können diese aber auch metaphorisch verstanden werden, da er sie als ›Zeichen Jesu‹ der Beschneidung des ›Fleisches‹ gegenüber stellt (vgl. Gal 6,13). σῶμα kann den Körper in seiner gesamten Existenz als σῶμα τῆς ταπεινώσεως, als erniedrigt bezeichnen, dessen Verwandlung in ein σῶμα τῆς δόξης die leidenden Menschen ersehnen (Phil 3,21; vgl. auch Röm 8,23). Die Klage der geschundenen, in ihrer Not aufgeriebenen, belasteten Frauen und Männer (vgl. 2 Kor 4,7 ff.) wird auch in dem Stöhnen über das gegenwärtige Leben hörbar, das Paulus als »fern vom κύριος« erlebt und im Bild des Auszugs aus dem Körper bzw. Einzugs zum κύριος zum Ausdruck bringt (2 Kor 5,6-8). Seine Aussage, dass er es vorziehe, aus dem Körper auszuziehen, ruft unterschiedliche Bilder hervor. Will er damit seine Sehnsucht nach einer Veränderung gegenwärtiges Lebensumstände zum Ausdruck bringen oder beschreibt er hier die Vorstellung, nach seinem Tode den Körper zu verlassen?[54] Welche Vorstellung er selbst damit verbindet, bleibt letztlich unklar.

Die konkreten körperlichen Dimensionen des Begriffes σῶμα werden insbesondere dort deutlich, wo Paulus ihn im Zusammenhang des Geschlechtsverkehrs bzw. der Zeugung verwendet (1 Kor 6,18.19; 7,4; vgl. auch Röm 4,19). Das individuelle körperliche Dasein als σῶμα ist jedoch nicht von der Teilhabe am σῶμα Χριστοῦ zu trennen. Die Glaubenden, von denen Paulus sagt, dass sie durch Taufe Glieder des Leibes Christi geworden sind (vgl. 1 Kor 12,13), können seiner Auffassung nach durch bestimmte körperliche Tätigkeiten auch dem σῶμα Χριστοῦ Schaden zufügen, z. B. durch Geschlechtsverkehr mit einer Prostituierten und durch unsolidarisches Verhalten anderer Menschen gegenüber (1 Kor 6,18 f.; 1 Kor 11,27.29; vgl. auch Röm 1,24). An seinem Handeln in der konkreten körperlichen Existenz wird der Mensch gemessen (1 Kor 11,29; 2 Kor 5,10; vgl. auch Röm 8,13). Paulus sieht die menschliche Existenz nicht isoliert oder allein auf das Individuum bzw. den individuellen Körper bezogen. Er verortet die Körper im Spannungsfeld verschiedener Mächte, deren Strukturen jeden einzelnen Menschen betreffen und in den Dienst nehmen können (vgl. Röm 6,13; 7,25). Auf der einen Seite sieht er die Mächte des Todes und der Sünde, die er z. T. personifiziert und in mythologischer Sprache beschreibt (vgl. Röm 7; 1 Kor 15,54-56). Auf der anderen Seite stehen für ihn Leben und Gott bzw. die Geistkraft und der Messias (vgl. Röm 8,10.11). In seiner Körpertheologie verbindet er in diesem Zusammenhang die theologische Analyse gesellschaftlicher und politischer Strukturen mit dem konkreten Leben der einzelnen Menschen, die existentiell von den Mächten, die sie beherrschen, abhängig sind.[55] So kann er in Röm 6,6 vom σῶμα τῆς ἁμαρτίας sprechen,

---

54. Zur Diskussion über die Bedeutung der metaphorischen Rede in 2 Kor 5,1-10 vgl. die Darstellung der unterschiedlichen Positionen bei Christian Wolff 1989, 101-105.
55. Vgl. dazu Ernst Käsemann 1973, 140-141 (mit Bezug auf Röm 5,12): »Anthropologie ist hier Projektion der Kosmologie. Individuelle Existenz wird nicht thematisch

dem Körper, der der Sündenmacht unterworfen ist, oder in Röm 7,24 vom σῶμα τοῦ θανάτου, das von der Macht des Todes beherrscht wird. Der Begriff σῶμα erfährt durch den angefügten Genitiv eine neue Dimension: σῶμα wird nunmehr über die ἁμαρτία bzw. den θάνατος charakterisiert, die es in seinem gesamten Dasein bestimmen. Die Todes- bzw. Sündenstrukturen werden damit als Kräfte verstanden, die den Körper in allen Dimensionen erfassen und instrumentalisieren (vgl. auch Röm 6,12; 1 Kor 6,18). Der Ausdruck ›Körper des Todes‹ wird für die konkreten Erfahrungen der Menschen unter der Pax Romana und deren vielfältige Leiderfahrungen transparent.

Den anderen Machtbereich, die Seite des Lebens, auf der die Körper von der Geistkraft Gottes bestimmt sind (vgl. 1 Kor 15,44: σῶμα πνευματικόν), beschreibt Paulus ebenfalls metaphorisch und körperbezogen. So nennt er die Körper »Tempel des heiligen Geistes« (1 Kor 6,19; vgl. auch 1 Kor 3,16f.) und ruft dazu auf, Gott die Körper als »lebendige Opfer« darzubringen (Röm 12,1). Aus dem Kontext wird jeweils deutlich, dass sich die kult- bzw. tempelmetaphorischen Aussagen auf eine konkrete körperliche Lebenspraxis beziehen,[56] auf den »Gottesdienst im Alltag der Welt«[57]. So spricht Paulus ehefrei lebenden Frauen zu, dass sie in dieser Lebensform »heilig an Körper und Geist« seien, weil sie sich ohne Verpflichtungen einem Ehemann oder Kindern gegenüber besser für die Gemeinde und die Sache Gottes einsetzen können (1 Kor 7,34). In ihrer körperlichen Existenz sollen die Menschen Gott verherrlichen (1 Kor 6,20; vgl. auch Phil 1,20). Die enge Beziehung zwischen den menschlichen Körpern und der Präsenz Gottes in der Welt wird hier besonders deutlich. Durch die Gabe der Geistkraft seien die menschlichen Körper geheiligt und hätten bereits Anteil an der Wirklichkeit der neuen Schöpfung (vgl. auch 2 Kor 5,17; Gal 6,15). Das Vertrauen darauf basiert für Paulus auf dem Glauben an Gott als den Schöpfer aller Lebewesen und der Gestirne, denen er bei der Schöpfung je ihre eigene Gestalt und ihr eigenes σῶμα gegeben habe (1 Kor 15,38.39-41).

An keiner der untersuchten Stellen versucht Paulus, das σῶμα als körperliche Substanz zu beschreiben, die als Materie Geist oder Seele gegenüberstünde. σῶμα erfasst den ganzen Menschen in seiner Beziehungshaftigkeit, die sich konkret körperlich realisiert. Einzig 1 Thess 5,23 bietet eine Unterteilung des menschlichen Körpers in πνεῦμα, ψυχή und σῶμα, die eine trichotomische

---

reflektiert. [...] Weil endlich die Welt kein neutraler Raum, sondern das Feld miteinander ringender Mächte ist, wird der Mensch als Einzelner wie in seiner Gemeinschaft zum Objekt dieses Konkurrenzkampfes und zum Exponenten der ihn beherrschenden Macht.«

56. Christfried Böttrich 1999 zeigt, dass die Vorstellung des Tempels als ekklesiologische Metapher (1 Kor 3,16-17; 2 Kor 6,16) den Einfluss- und Machtbereich Gottes beschreibe, die Gottesgegenwart zum Ausdruck bringe. Er zeigt, dass Paulus mit dieser Vorstellung positiv an den Kult im Jerusalemer Tempel anknüpft und sich dabei nicht von diesem abgrenzen will.

57. Vgl. Ernst Käsemann 1973, 308 ff.

Anthropologie aufweist und im Widerspruch zu den bisher untersuchten Körpervorstellungen des Paulus steht.

4.3.2 Das σῶμα Χριστοῦ

Anders als der konkrete Körper Jesu, der als solcher nur am Rande in den Blick kommt, ist für Paulus der ›Körper Christi‹, das σῶμα Χριστοῦ, hingegen zentral: In den an ihn Glaubenden gewinnt der Auferstandene Gestalt in der Welt. Die Glaubenden werden durch die Taufe Teil des Körpers Christi (vgl. 1 Kor 12,12 f. 27), in metaphorischer Rede kann Paulus davon sprechen, dass sie Christus anziehen (vgl. Gal 3,27 f.). Teil des messianischen Körpers zu werden, bedeutet Teil einer Gemeinschaft zu werden, in der gesellschaftliche Hierarchien aufgehoben sind.[58] Dies unterscheidet diese Gemeinschaft grundlegend von zeitgenössischen Gemeinschaftsmodellen, die mittels Leib- und Organismusmetaphern vorgestellt werden. »In Christus« werden die Menschen Teilhaber/innen der »neuen Schöpfung« (vgl. 2 Kor 5,17; Gal 6,15; vgl. auch Röm 6,4) und hoffen auf die vollständige Verwandlung ihrer erniedrigten Körper (vgl. Phil 3,20 f.; Röm 8,29). Teil des Körpers Christi zu sein, bedeutet für die einzelnen ›Glieder‹ auf der einen Seite die Teilhabe an der Heiligkeit des Leibes, die sich auch auf ihre Körper und das, was sie mit ihren Körpern tun, erstreckt, gleichzeitig begründet sie aber auch Verantwortung für die Integrität des ›Körpers‹ (vgl. 1 Kor 6,12-20). Wie die Glaubenden »in Christus« leben, lebt Christus in den Gläubigen (vgl. 2 Kor 13,5). Sakramentale Vergegenwärtigung und Teilhabe am Leib und am Blut des Messias Jesus wird im Abendmahl gefeiert (vgl. 1 Kor 10,16; 11,24 f.). Auch in diesem Zusammenhang wird deutlich, dass der gemeinschaftsstiftende Aspekt des ›Einverleibens‹ konkrete Konsequenzen für den Alltag in den Gemeinden hat und auf eine solidarische Praxis zielt.[59] Zugleich wird die Gemeinschaft des Leibes Christi zur religiös-politischen Gegenöffentlichkeit im Kontext des römischen Reiches, die als »leibhaftige gesellschaftliche Gegenutopie«[60] entwickelt wird.

Die Vorstellung des Körpers Christi (σῶμα Χριστοῦ) weist auf ein Bezie-

---

58. Dass das σῶμα Χριστοῦ keine bloße Metapher ist, sondern die solidarische Gemeinschaft der Glaubenden umfasst, hat insbesondere John A. T. Robinson 1957 herausgearbeitet.
59. Zu 1 Kor 10,16 f. führt Matthias Walter 2001, 113, aus: »Dem einen Brot, an dem *alle Anteil* haben, wird in Analogie der eine Leib an die Seite gestellt, den ›wir, die vielen‹ *bilden*. Damit ist die Verbindung des Einzelnen mit Christus eng, um nicht zu sagen: unlösbar mit der Gemeinschaft derer verbunden, die wie der Einzelne ebenfalls in Verbindung mit Christus stehen. Der σῶμα-Begriff oszilliert in 10,16 f. also semantisch zwischen realer und metaphorischer Bedeutung.«
60. Dieter Georgi 1987, 177. Matthias Walter 2001, 148-164, zeigt, dass insbesondere die Leib-Metaphorik in Röm 12,4-6 den körperschaftlichen Aspekt und damit die kollektive Identität der Gemeinde als σῶμα betont.

hungsgeschehen, das sich stets aktualisiert, aber auch gefährdet werden kann. Durch die Taufe werden die Glaubenden Teil dieses Körpers (1 Kor 12,13).[61] Die enge existentielle Verbindung der Menschen mit dem Leben, Sterben und der Auferweckung Christi, die sie an ihren eigenen Körpern mit vollziehen (am σῶμα und an der σάρξ: 2 Kor 4,10 f.; vgl. auch Röm 6,10 f.), ermöglicht ihnen ein Leben aus der Kraft der Auferstehung. Deshalb ist das Verhalten der einzelnen Glieder zueinander und ihrem eigenen Körper (σῶμα) gegenüber von grundlegender Bedeutung (vgl. 1 Kor 6,13.15; 11,27.29). Denn in ihm findet das neue Leben »in Christus« statt (vgl. Röm 6,3-5), die Realisierung des »Herrschaftswechsels«,[62] der es den einzelnen Menschen ermöglicht, solidarische und auf Gegenseitigkeit angelegte Beziehungen zueinander zu leben (vgl. Gal 3,28) und gemäß der Tora Gerechtigkeit zu tun (Röm 8,4; Röm 6,13).[63]

4.3.3 Der Körper Jesu

An dem konkreten irdischen Körper des Menschen Jesus vor dessen Tod und Auferstehung zeigt Paulus wenig Interesse. Insgesamt finden sich nur wenige Hinweise auf dessen irdisches körperliches Leben. Im Präscript des Briefes an die Gemeinde in Rom stellt sich Paulus als Apostel vor, der das Evangelium Gottes verkünde: »das Evangelium über seinen Sohn, der als Nachkomme (σπέρμα) Davids geboren ist – κατὰ σάρκα: seiner irdischen Herkunft nach ...« (Röm 1,3; vgl. auch Röm 8,3; Phil 2,7 f. – anders: Gal 1,1). Geboren wurde er von einer Frau (vgl. Gal 4,4). Jesus ist für Paulus die irdische Gestalt des Christus, der Gott gleich gewesen, aber dennoch zu den Menschen gekommen sei und ihr menschliches Schicksal geteilt habe: Erniedrigung und den Foltertod am Kreuz (vgl. Phil 2,7-10).

Für Paulus ist der Jesus, über den er spricht, der Gekreuzigte (vgl. 1 Kor 2,2; 2 Kor 13,4; Gal 3,1; Phil 2,8), der starb und begraben wurde (vgl. Röm 6,4;

---

61. Zur Vorstellung des Leibes Christi im Zusammenhang paulinischer Ekklesiologie vgl. Thomas Söding 1997; Matthias Walter 2001.
62. Zur Vorstellung des Herrschaftswechsels durch die Taufe und die Existenz ἐν Χριστῷ vgl. Ernst Käsemann 1973, 130-161.
63. Vgl. dazu auch Matthias Walter 2001, 140: »Was genau besagt die Formulierung ὑμεῖς δέ ἐστε σῶμα Χριστοῦ? Die einfachste Antwort ist: Die korinthische Gemeinde ist ein Leib, der Christus gehört, so wie schon der Einzelne ein μέλος Χριστοῦ ist. [...] Nicht nur der Einzelne weiß sich in seiner Existenz von Christus abhängig, sondern auch die Gemeinde als ganze. Das Leben des Einzelnen als ein Leben ἐν Χριστῷ findet seine Fortsetzung im Gemeindeleben, das wiederum nicht weniger von Christus abhängt und geprägt sein soll als das individuelle. [1 Kor 12,] V. 13 hatte deutlich gemacht, daß das Heilsgeschehen nicht nur ein individuelles ist, sondern kollektive Dimensionen hat. Das Heilsgeschehen ist aber christologisch begründet, und zwar nicht nur in seiner Ermöglichung, sondern auch in seiner existentiellen Fortführung.«

8,34; 14,9; 1 Kor 8,11; 15,3 f. u. ö.). Er ist es, den Gott auferweckt hat (vgl. Röm 6,9; 7,4; 8,34; 10,9; 1 Kor 15,5.12.21; 2 Kor 4,14 u. ö.). Diese Aussagen über Jesus stehen aber nicht isoliert, sondern werden von Paulus als Beziehungsgeschehen gedeutet: als Sterben ›für uns‹ und Auferstehen, als Prozess, der diejenigen, die an ihn glauben, mit einbezieht (vgl. 2 Kor 5,15; vgl. auch Phil 3,9-11. Das menschliche Schicksal Jesu bedeutete, unter der römischen Herrschaft zu leiden und von ihr ermordet zu werden. (Röm 8,34; 1 Kor 2,2.8; 15,3; Gal 3,13; 6,4; Phil 2,7 f.). Mit diesem Leiden identifiziert Paulus sich, zusammen mit den anderen Menschen in seiner Nachfolge. Er deutet Jesu Leiden als solidarisches Teilen ihrer Situation mit dem Ziel, Leiden aufzuheben (vgl. Röm 8,3; 15,3).

4.3.4 Der Körper des Paulus

Über das körperliche Leben des Paulus finden sich im Gegensatz zu dem Jesu zahlreiche Hinweise: über seine Abstammung, über sein Auftreten und im Zusammenhang von Leiden und Verfolgung. Er stellt sich vielfach selbst als Vorbild dar und beginnt theologische Reflexionen anhand eigener Körpererfahrungen.

Paulus stammt aus dem Volk Israel, dem Stamm Benjamin (vgl. Röm 9,3; 11,1; 2 Kor 11,22 Gal 1,13; 2,15). Als Sohn jüdischer Eltern ist er gemäß den Anordnungen der Tora am achten Tag beschnitten worden, »als ein Hebräer von Hebräern«, der als Pharisäer nach der Tora lebte (vgl. Phil 3,5 f.). So beschreibt er seinen religiösen und kulturellen Hintergrund, der die Basis für seine Lebenspraxis bildet. Die Begegnung mit dem Messias erlebt er als einen Bruch in seinem Leben (vgl. Phil 3,7-9).[64] Paulus spricht vielfach von seiner Schwäche (ἀσθένεια) im Auftreten (vgl. 1 Kor 2,3.4: 2 Kor 10,10; 11,21; Gal 4,13 f.). In der Korrespondenz an die Gemeinde in Korinth nimmt er explizit Stellung zu Vorhaltungen, die ihm in Bezug auf sein Verhalten gemacht wurden: So zeige er sich anscheinend nur mutig aus der Ferne und versuche durch seine Briefe einzuschüchtern, was ihm nicht gelinge, wenn er persönlich vor Ort sei (vgl. 2 Kor 10,1.9):

»So wird gesagt: Seine Briefe sind gewichtig und kraftvoll, aber die körperliche Erscheinung (παρουσία τοῦ σώματος) ist schwach und seine Worte kläglich.« (2 Kor 10,10)

---

64. Traditionell wurde daraus gefolgert, er selbst habe damit auch seine jüdische Lebenspraxis hinter sich gelassen. Diese Einschätzung muss jedoch kritisch betrachtet werden. Die Kriterien, anhand derer er eine Lebenspraxis in Heiligkeit beschreibt (vgl. 1 Kor 5-8), sind weiterhin die der Tora. Vgl. dazu Luise Schottroff 1998, 578-584, und die Arbeiten von Peter von der Osten-Sacken 1987.1989.

Paulus wehrt sich allerdings dagegen, dass er nichts zu sagen habe, auch wenn er die Darstellung seiner Person nicht ganz zurückweist (vgl. 2 Kor 11,6). Niemand solle ihn für einen Narren halten (vgl. 2 Kor 11,16). Vermutlich spielt in diesem Zusammenhang seine wohl chronische Krankheit, die ihm zeitweilig heftige Schmerzen verursacht, eine Rolle (vgl. 2 Kor 12,7 – der ›Stachel‹ im Fleisch).[65] Auch im Brief an die Gemeinden in Galatien bezieht er sich darauf, dass er beim ersten Besuch schwach (ἀσθένεια τῆς σαρκός) gewesen sei, sie aber nicht mit Verachtung oder Abscheu darauf reagiert hätten (vgl. Gal 4,13 f.).

Auf seinen körperlichen Zustand nimmt Paulus auch im Zusammenhang der Notlage Bezug, in die er und seine BegleiterInnen in der Provinz Asia geraten waren. Dort seien sie über ihre Kräfte hinaus erschöpft gewesen, so dass sie am Leben selbst verzweifelten (vgl. 2 Kor 1,8 f.; vgl. auch 2 Kor 5,2 ff.). Die Angst und Erschöpfung durch Verfolgung, der sie ausgesetzt sind, wird auch in anderen Passagen deutlich (vgl. 2 Kor 4,8-11.16 f.; 7,5).[66] In dieser Situation des Leidens und der körperlichen Bedrohung identifizieren sich die Menschen mit dem körperlichen Leiden und Sterben Jesu (vgl. 2 Kor 1,5-9; 4,10 f.; Phil 1,13; 3,10 f.; Gal 6,17):

»Denn wie uns die Leiden Christi im Übermaß zuteil geworden sind, so wurde uns durch Christus auch die Tröstung im Übermaß zuteil.«

Die Verbindung zwischen den Körpern der Menschen und Christus beschreibt er vielfach als wechselseitig: Trotz seiner fast hoffnungslosen Lage kann Paulus selbstbewusst sagen, dass der Messias durch seinen Körper mächtig gemacht werde (μεγαλυνθήσεται Χριστὸς ἐν τῷ σώματί μου), im Leben wie im Sterben (1 Phil 1,20 f.). An anderer Stelle wird deutlich, dass Paulus sehr körperbezogen über die enge Beziehung zu den Menschen in den Gemeinden sprechen kann. Im Zusammenhang der Verkündigung des Evangeliums in Korinth stellt er sich der Gemeinde in metaphorischer Rede als stillende Frau dar. Zu Beginn seiner Tätigkeit habe er mit ihnen noch nicht als mit Geistkraft Erfüllten (ὡς

---

65. Zum Krankheitsbild, das hinter den Äußerungen sichtbar wird, vgl. Ulrich Heckel 1993b. Er vermutet, dass Paulus an einer Art anfallartigem chronischen Kopfschmerz leidet, möglicherweise an einer Trigeminusneuralgie (vgl. ebd., 90).
66. In Bezug auf seine Arbeit als Apostel berichtet Paulus mehrfach über körperliche Qualen: »... wir hungern und haben Durst, haben nichts anzuziehen, werden mit Fäusten geschlagen und sind obdachlos.« (1 Kor 4,11). Er selbst zählt seine Leiden im Zusammenhang eines Konfliktes in Korinth auf (vgl. 2 Kor 11, 23-33): Er sei mehrfach gefangen gewesen (vgl. auch Röm 16,7; Phil 1,13), habe Schläge mit Stöcken erlitten, sei fünfmal mit 39 Hieben gegeißelt und einmal gesteinigt worden, habe dreimal Schiffbruch erlitten und sei vielen gefahrvollen Situationen ausgesetzt gewesen. Mühe, Arbeit, durchwachte Nächte, Hunger, Durst, Verfolgung und Sorgen seien sein Alltag (vgl. auch 2 Kor 10,12; Phil 4,12-14). Zu den sogenannten »Peristasenkatalogen« vgl. Martin Ebner 1991; zu 2 Kor 10-13 vgl. auch Ulrich Heckel 1993b.

πνευματικοῖς) reden können, denn sie seien noch »kindlich/unmündig in Christus« gewesen (1 Kor 3,2):

»Milch gab ich euch zu trinken statt fester Speise, denn ihr konntet sie noch nicht vertragen ...«[67]

In Gal 4,19 spricht er von den Menschen in den Gemeinden in Galatien als seinen Kindern, für die er nun von neuem »in Geburtswehen liegt« (ὠδίνω), bis Christus in ihnen Gestalt angenommen habe. Die Geburtswehen stehen metaphorisch für die Schmerzen, die Paulus erleidet, wenn er an die Gemeinde denkt. Auffällig ist jedoch, dass er hier erneut einen aus weiblicher Körpererfahrung abgeleiteten Ausdruck gewählt hat. Paulus stellt sich als Mutter seiner Kinder vor, die er zur Welt gebracht hat (vgl. auch Phlm 10: γεννάω kann hier die Bedeutung ›zeugen‹ aber auch ›gebären‹ haben). Nun befänden sie sich erneut in einem Geburtsprozess, der ihm Schmerzen bereite. Implizit zu diesem Bild gehört die Vorstellung einer Gebärmutter, in der sich die Ungeborenen befinden, bis er sie in Wehen in die Welt presst und sie Gestalt annehmen. Im Zentrum seiner Vorstellung als Mutter der Gemeinde stehen (weibliche) Körpererfahrungen des Schmerzempfindens bei der Geburt und des Nährens. Mit Hilfe seiner Körpersprache zeigt sich Paulus den Menschen eng verbunden, im Bild der Gebärenden und später durch das Stillen (1 Kor 3,2; vgl. auch 1 Thess 2,7).[68] An anderer Stelle spricht Paulus von sich selbst dann auch als Vater und von den Menschen in der Gemeinde, denen er das Evangelium verkündet, als seinen »geliebten Kindern« (vgl. 1 Kor 4,14.21; Phil 2,21 f.; Phlm 10; vgl. auch 1 Thess 2,11). In 2 Kor 11,1 beschreibt er sich als betrogenen Brautvater, der die Gemeinde (= Braut) mit Christus verlobt habe. Paulus stellt sich aber nicht nur

67. Hier ließe sich einwenden, dass Paulus als Vater die kleinen Kinder auch mit Schafs- bzw. Kuhmilch füttern könne (vgl. 1 Kor 9,7). Die Verwendung des Bildmotivs »Milch für unmündige Kinder« ist aber mit dem mütterlichen Stillen verbunden, wie die Parallelen deutlich machen (vgl. Hebr 5,12-14; 1 Petr 2,2). In 1 Petr 2,2, werden die Kleinkinder ἀρτεγέννητα βρέφη genannt – neugeborene Säuglinge. Hier ist wahrscheinlich Gott als Quelle der Milch vorgestellt (vgl. V. 3). Auch sozialgeschichtlich ist die Vorstellung des Stillens plausibler als ein fütternder Vater. Selbst wenn die Mutter die Kinder nicht selbst stillt, werden zu diesem Zweck Ammen eingestellt. Vgl. Soranus, Gynäkologie; II, 19, 20; vgl. Bessie E. Richardson 1969, 45-17; Susanne Pfisterer-Haas 1989, 46. Ein ägyptischer Ammenvertrag aus griechischer Zeit ist bei Joachim Hengstl 1978, 190-193, abgedruckt. Die Vorstellung einer stillenden Frau (Zion), die die BewohnerInnen Jerusalems ernährt, ist auch aus Jes 66,10 f. vertraut (vgl. auch Jes 28,9; Ps 22,10; Hiob 3,12; Hld 8,1). Aber auch die Vorstellung, dass ein Mann Brüste hat, aus denen er Milch gibt, ist als Bild nicht ungewöhnlich. So heißt es in Jes 60,16: »Der Völker Milch sollst du saugen, du saugst aus der Könige (masc.!) *Brust*.« Der hebräische Text schreibt שַׁד bzw. שֹׁד, ein Begriff, der die weibliche Brust bezeichnet (anders die LXX, die an dieser Stelle der Begriff πλοῦτος – Reichtum bietet).

68. Vgl. auch Num 11,10-15. Hier stellt sich Mose als Mutter des Volkes dar, der das Volk ausgetragen und gestillt habe.

in der Elternrolle vor, sondern selbst auch als Kind, das Gott schon im Mutterleib für seine Aufgabe erwählt habe (vgl. Gal 1,15; vgl. Jes 49,1), als »Fehlgeburt« (ἔκτρωμα, 1 Kor 15,8). Bevor er zum Mann wurde, sei er Kind gewesen, das auf kindliche Art dachte und sprach (vgl. 1 Kor 13,11).
Paulus stellt sich mehrfach als Vorbild dar. So vergleicht er sich selbst mit einem Sportler, der im Wettkampf steht und das Höchste von sich abverlangt, zielgerichtet, um den »unvergänglichen Siegeskranz« zu erringen (1 Kor 9,26 f.):

»Deshalb fordere ich meinem Körper das Letzte ab (ὑποπιάζω μου τὸ σῶμα) und knechte ihn, damit ich nicht anderen predige, ohne mich selbst bewährt zu haben.«

Das, was er den anderen verkündet, geschehe nicht zu seinem eigenen Nutzen, sondern um allen den Weg ihrer Rettung aufzuzeigen (vgl. 2 Kor 11,1 f.; vgl. auch 1 Kor 4,16; Gal 4,12; Phil 3,17). Dieser Einsatz für das Evangelium fordere das ganze Leben, Heiligkeit an Körper und Lebenskraft, was den Verheirateten schwerer falle als den ehefrei Lebenden (vgl. 1 Kor 7,32-35). Deshalb stellt er seinen Äußerungen zu den verschiedenen Lebensformen und aktuellen Konflikten seine Lösung voran (1 Kor 7,7, vgl. auch 1 Kor 9,25): »Ich wünschte, alle Menschen wären wie ich!« – ehefrei, vermutlich mit Verzicht auf jegliche körperliche Sexualität. Denn viele Konflikte entstehen nach seiner Auffassung aus dem »Brennen« (V. 9) des sexuellen Begehrens, das nur in der (heterosexuellen patriarchalen) Ehe mit allen ihren Folgen, wie Kindern und Einbindung in materielle Verpflichtungen, ausgelebt werden könne. Zwar ruft er die Verheirateten auf, in ihrer Beziehung diese »Strukturen des Kosmos« zu überwinden, d. h. vor allem die Männer, auf ihre patriarchalen Besitzrechte zu verzichten (vgl. 1 Kor 7,29-31),[69] dennoch weiß er um die entstehenden Probleme und bevorzugt deshalb die Ehefreiheit (ἐγκράτεια).[70]

Was macht den Vorbildcharakter des Lebens des Paulus aus? Fordert er die Menschen dazu auf, sich selbst und den eigenen Körper zu quälen und zu knechten, körperliche Sexualität abzulehnen und in jeglicher Hinsicht Verzicht zu üben? Eine Antwort lässt sich nur im Blick darauf finden, was Paulus bezweckt, wenn er in dieser Weise vom Körper und dessen Inanspruchnahme spricht. Paulus bezieht sich auf seinen Körper im Zusammenhang eines Ziels, das er wie ein Sportler anstrebt und deshalb alles dafür tut, um es zu erreichen (vgl. 1 Kor 9,26 f.). Dieses Ziel kann er nicht ohne seinen Körper, ohne den ganzen Einsatz seiner Kraft erreichen. Deshalb hofft er, trotz seiner Sehnsucht »bei Christus« zu sein, für die Arbeit in den Gemeinden am Leben zu bleiben (vgl. Phil 1,22-25; vgl. auch 2 Kor 5,1-10). Paulus zeichnet sich in den Bezügen auf seinen Körper nicht als autonomes Individuum, sondern vielfach im Kontext der Gemeinden als Teil einer Gemeinschaft, der er als ehefrei lebender

---

69. Zur Auslegung der Stelle vgl. Marlene Crüsemann 1999b.
70. Zur Übersetzung des Begriffes ἐγκράτεια mit »Ehefreiheit« vgl. Luzia Sutter Rehmann 1994.

Mann, der auf seine patriarchalen Vorrechte gegenüber einer Ehefrau verzichtet (vgl. auch 1 Kor 9,5), besser dienen kann. Dass diese Gemeinschaft liebevolle Züge tragen kann und von Gegenseitigkeit und Fürsorge getragen wird, wird vor allem aus dem herzlichen Ton deutlich, mit dem er sich an die Gemeinde in Philippi wendet. Seine Adressaten und Adressatinnen ruft er auf, sich mit dem heiligen Kuss zu grüßen (vgl. Röm 16,16; 1 Kor 16,20; 2 Kor 13,12), einer Geste, die nicht gänzlich körperlos gewesen sein wird.

In einer ganzen Reihe von Textstellen, in denen Paulus auf Körper Bezug nimmt, ist nicht eindeutig zu klären, ob er dabei auch seinen eigenen Körper meint. In vielen Passagen spricht er im Plural. Bezieht sich Paulus hier mit seinem konkreten Körper in das ›wir‹ ein? Ich gehe davon aus, dass die Erfahrungen, die hinter den Körperbildern im Corpus Paulinum stehen, die Erfahrungen vieler Menschen repräsentieren, die auf dem sozialen und politischen Hintergrund der Pax Romana gemacht werden.[71] Diese werden theologisch mit Hilfe der Tora und des Evangeliums reflektiert. Paulus steht nicht isoliert, sondern bezieht seine Erfahrungen stets auf die der Gruppe von Menschen, mit der er unterwegs ist, und verbindet sie mit denen der Menschen in den Gemeinden, an die die Briefe adressiert sind: »Denn ihr habt den gleichen Kampf zu bestehen, den ihr an mir gesehen habt und nun von mir hört.« (Phil 1,30, vgl. auch 2 Kor 1,6). Seinen eigenen Körper nimmt er dabei oft in den Blick, stellt ihn paradigmatisch ins Zentrum theologischer Aussagen. Dieses Vorgehen erinnert an Zeichenhandlungen ersttestamentlicher ProphetInnen, die vielfach am eigenen Körper vorgenommen werden.[72] Wie diese stellt Paulus die Wahrhaftigkeit seiner Botschaft mit Hilfe seines eigenen Körpers dar, seiner Erfahrungen von Leiden wie von Erfüllung.[73] Ein Leben in der Nachfolge Christi, wie

---

71. Hier folge ich den Überlegungen von Elsa Tamez 1998b, 52-53: »Als ›transindividuelles Individuum‹ ist Paulus ein kollektives Subjekt mit einem kollektiven Bewußtsein und Gewissen.« Diese sozialen Bezüge seien seine durch seine Herkunft geprägt, seine Toraausbildung, die Berufstätigkeit als wandernder Handwerker, seine Gefängnisaufenthalte und die alltäglichen Begegnungen mit BettlerInnen, Arbeitslosen und SklavInnen. Dieser Hintergrund werfe ein Licht auf die Schriften des Paulus, das die Auslegung bestimmen müsse.

72. In der Berufung des Ezechiel (Ez 3) wird all das, was er dem Volk verkünden soll, zunächst an seinem eigenen Körper zeichenhaft sichtbar: So ist die Aufforderung, vor dem Volk zu reden, mit der Weisung verbunden, eine Schriftrolle zu essen (Ez 3,1-3). Weil jeder in Israel eine ›harte Stirn‹ und ein ›trotziges Herz‹ habe, werde er eine ebenso ›harte Stirn‹ und ein ebenso ›trotziges Herz‹ erhalten (Ez 3,7-9). Das Verstummen Ezechiels, dem die »Zunge am Gaumen kleben« werde (Ez 3,26), wird zum Zeichen für die Abwendung des Volkes, das nicht bereit ist, auf Gott zu hören. Diese Reihe ließe sich fortführen. Klara Butting 2001a, 187, beschreibt als Kriterium wahrer Prophetie in den ProphetInnerzählungen deren parteigreifende Interpretation: »die Sympathie mit den Opfern, die Klage über die Geschichte, die Hoffnung auf die Widerstandskraft von Frauen, die Orientierung an den Männern, die über die Geschichte weinen und umkehren.«

73. Ulrich Heckel 1993b, 259, macht dies am Beispiel 2 Kor 4,7-12 deutlich: »Paulus

Paulus es paradigmatisch anhand seines eigenen Körpers beschreibt, ist ein körperliches Leben.

4.3.5 Der Körper Gottes

Sogar Gott hat für Paulus einen Körper, allerdings stammen fast alle Belege aus Zitaten oder Anspielungen aus dem Ersten Testament. Insgesamt spricht er vom ›Körper‹ bzw. einzelnen ›Körperteilen‹ Gottes nur an wenigen Stellen.[74] So erwähnt er in Röm 10,21 (vgl. Jes 65,2 LXX) die Hände Gottes:[75] »Den ganzen Tag habe ich meine Hände ausgestreckt ...« In 1 Kor 14,21 (vgl. Jes 28,11) spricht er von »Zungen« und »Lippen« Gottes, die zur Bezeichnung aus ihnen hervorgehender Äußerungen dienen und hier die Bedeutung ›Sprache‹ haben:[76] »In anderen Zungen und mit anderen Lippen will ich zu diesem Volk sprechen ...« Das »Angesicht« Gottes zu schauen, ist die Hoffnung des Paulus, die er in 1 Kor 13,12 zum Ausdruck bringt:[77] »Jetzt sehen wir durch einen Spiegel ein rätselhaftes Bild, dann aber von Angesicht zu Angesicht.« In Röm 16,20 verheißt Paulus, dass Gott den Satan zerreißen bzw. zerschmettern und unter die Füße der Glaubenden legen werde. In diesem bildlichen Ausdruck wird zwar explizit kein ›Körperteil‹ Gottes benannt, jedoch eine Tätigkeit, die zumindest Gliedmaßen, vermutlich die Hände oder eine Waffe voraussetzt (vgl. auch 1 Kor 15,25-27). Deutlich wird, dass Paulus vor allem an Stellen, an denen er sich auf ersttestamentliche Texte bezieht, anthropomorph von Gott redet. Gott ist der Kyrios, der Vater (Röm 6,4; 8,15; 1 Kor 8,6; 15,24; 2 Kor 1,3; Gal 4,6; vgl. auch Röm 9,26), der liebt (vgl. Röm 1,7; 5,5; 8,35; 9,25 u.ö.), aber auch zornig sein kann (vgl. Röm 1,18; 3,5: 9,22; 12,19).[78] Ansonsten spricht er auch vom unsichtbaren Wesen Gottes, das in den Werken der Schöpfung zu erkennen sei (Röm 1,20).

---

nimmt seine Verkündigungsaufgabe gerade darin wahr, daß er die theologische Verarbeitung des Leidens den Korinthern am Beispiel seiner eigenen Erfahrungen nahezubringen sucht.«
74. Zur Frage des »Gotteskörpers« im Ersten Testament vgl. Gerlinde Baumann 2003, 243-244.
75. Gerlinde Baumann 2003, 228-232, zeigt, dass »Hand« das am häufigsten erwähnte Körperteil Gottes im Ersten Testament darstellt.
76. Im Ersten Testament kommen Zunge und Lippe nur je einmal in explizit körperlicher Bedeutung für JHWH vor (vgl. Jes 30,27), in Jes 28,11 in der Bedeutung »Sprache«; vgl. dazu auch Gerlinde Baumann 2003, 227.
77. Möglicherweise stehen hier Audienzvorstellungen aus dem höfischen Zeremonial im Hintergrund, vgl. dazu die Studie von Friedhelm Hartenstein 2000.
78. Im Ersten Testament steht die Nase für das Körperteil Gottes, das in Verbindung mit seinem Zorn gebracht wird, vgl. 2 Sam 22,9.16; Ps 18,9; Jes 30,27.

4.4 Resümee

Der Überblick hat gezeigt, dass Paulus die körperliche Existenz von Menschen nie isoliert, sondern immer in Relation zu Gott, Mitmenschen und Schöpfung betrachtet. Er beschreibt Menschsein in Abhängigkeit und Begrenzung, eine dualistische Trennung von Körper und Geist bzw. Seele gibt es in seiner Vorstellung nicht. Leben findet im ›fleischlichen‹ Körper statt. In ersttestamentlich-jüdischer Tradition stehend, ist für Paulus Maßstab für ein Leben, das dem ›Körper‹ als Geschöpf angemessen ist, die Tora (vgl. Röm 3,31; 7,12; 8,4).[79] Paulus zeigt kein Interesse an den einzelnen Körperteilen in ihrer physischen Beschaffenheit. Der Blick richtet sich je auf den besonderen Aspekt, den sie ›verkörpern‹, und auf die Funktion, die sie ausüben.

Die paulinische Körpertheologie darf nicht losgelöst vom gesellschaftlichen, politischen und sozialen Kontext gesehen werden. Gewalt- und Todeserfahrungen auf der einen Seite und ›Lebens‹-Erfahrungen von Gemeinschaft und Solidarität im Widerstand prägen seine Sprache. Viele dieser Aussagen sind in den Kontext jüdischer Martyriumstheologie und Apokalyptik einzuordnen. Ausgangspunkt seiner Rede vom Körper sind eigene Erfahrungen, die der Menschen in seiner Umgebung, in den Gemeinden und derer, mit denen er auf Reisen ist. Es sind die geschundenen, gequälten, gepeitschten, vergewaltigten, versklavten, frierenden, hungernden, ängstlichen Körper (vgl. 2 Kor 4,7-18; 11,20-33), die Paulus kennt, zu denen er auch selbst gehört. Mit Hilfe des Terminus σῶμα stellt Paulus die enge Beziehung der menschlichen Körper zu Jesus Christus dar, der als Mensch dieselben Leiderfahrungen wie sie gemacht hat und nun als der Auferstandene die Gemeinschaft der Glaubenden konstituiert, das σῶμα Χριστοῦ. Dieser Körper ist für Paulus mehr als eine Metapher, er beschreibt die Gegenwart des Auferstandenen, die für die Glaubenden zur neuen Identität wird, eine Gegenwart, die durch die Körper der Menschen konkret wird. Der Bedeutung dieser Vorstellung für die Frage nach der Auferstehung der Toten in 1 Kor 15 soll in der folgenden Exegese weiter nachgegangen werden.

---

79. Die Feststellung, dass er auch hellenistischen Einflüssen ausgesetzt ist und biblische Vorstellungen modifiziert, darf nicht gegen ein hebräisches, d.h. »jüdisches« Verständnis ausgespielt werden. Im ersten Jahrhundert existierten verschiedene jüdische Theologien mit unterschiedlichen Ausprägungen, die Elemente hellenistischer Kultur aufnahmen, auch wenn sie sich abgrenzten und die eigene Identität behaupten konnten. Die Studie »Carnal Israel. Reading Sex in Talmudic Culture« (1993) von Daniel Boyarin zeigt die zentrale Bedeutung anthropologischer Vorstellungen für die Beschreibung der eigenen (kulturellen) Identität in der rabbinischen Theologie.

Kapitel 2
Aufstehen ins Leben Gottes (1 Kor 15)

1. Einleitung

Anhand der nachfolgende Exegese von 1 Kor 15,1-58 sollen die Überlegungen, die im ersten Teil dieser Arbeit zur Körpertheologie des Paulus dargelegt wurden, an einem zentralen eschatologischen Text konkretisiert werden. Die Frage nach dem Verhältnis der Leiblichkeit der Auferstehung zu den konkreten Körpern der Menschen, denen er den Glauben an die Auferstehung vermitteln will, ist in zweierlei Hinsicht entscheidend:

1. Für die Bewertung gegenwärtiger menschlicher Körperlichkeit: Gilt die bei Paulus konstatierte Wertschätzung menschlichen d.h. körperlichen Lebens auch angesichts der verheißenen Auferstehungswirklichkeit? Oder findet im Vergleich mit dieser eine Abwertung der gegenwärtigen Körperlichkeit statt? Entscheidend für die Beantwortung dieser Frage wird die Interpretation der Verse 42-44 sein: In welchem Verhältnis stehen φθορά, ἀτιμία und ἀσθένεια zu ἀφθαρσία, δόξα und δύναμις, das σῶμα ψυχικόν zum σῶμα πνευματικόν?

2. Für die Beschreibung der körperlichen Auferstehung: Hier ist die andere Seite dieses Vergleichs von Wichtigkeit. An deren Darstellung ist die Frage zu richten, aus welcher Erfahrung die Sprachbilder erwachsen, mit denen Paulus die verheißene Wirklichkeit beschreibt. Wurzeln diese in der Negativerfahrung menschlicher Niedrigkeit, Armseligkeit und Vergänglichkeit, denen er eine Existenz in Unvergänglichkeit, Herrlichkeit und Stärke gegenüberstellt?[1] Oder gibt es in seinen Ausführungen Hinweise auf Anknüpfungspunkte im menschlichen Leben? Entscheidend für die Beantwortung dieser Frage wird die Klärung des Verhältnisses von Schöpfung und Neuschöpfung sein, das im Bild des Samens (VV. 36-38.42-44) und der Bezugnahmen auf die verschiedenen irdischen und himmlischen Körper bzw. Geschöpfe (VV. 21-22.40-41.45-49.51-54) die gesamte Argumentation durchzieht.

---

1. Die Übersetzung der oben genannten Wörter orientiert sich in dieser Auflistung an gängigen Bibelübersetzungen und denen von mir zur Stelle herangezogenen Kommentaren. In meiner eigenen Auslegung werde ich alternative Übersetzungsvorschläge erarbeiten.

1.1 Zur Fragestellung der nachfolgenden Untersuchung

Im Mittelpunkt der folgenden Untersuchung stehen die Aussagen des Paulus zur Auferstehung der Körper in 1 Kor 15,35-57. Dieser Abschnitt ist Teil der paulinischen Auseinandersetzung mit der in Korinth geführten Diskussion über die Auferstehung der Toten (1 Kor 15,1-58). Anhand von ihm konstruierter Fragen: »Wie werden die Toten auferweckt? Mit einem wie beschaffenen Körper kommen sie?« (V. 35) führt Paulus seine eigenen Vorstellungen leiblicher Auferstehung aus. In der Forschungsgeschichte wurden diese meist ausschließlich futurisch verstanden, die Aussagen über die Verwandlung (V. 51 f.) als Beschreibung eines Geschehens nach dem physischen Tod gedeutet. Ich möchte im Folgenden zeigen, dass auch für die Auferstehungsaussagen in 1 Kor 15 ein vieldimensionales Verständnis von Zeit, von Vergangenheit, Gegenwart und Zukunft vorauszusetzen ist. Ich halte die Darstellungen, die davon ausgehen, dass Paulus in diesem Kapitel über die Auferstehung der Toten nachdenkt und dabei die futurischen Dimensionen dieses Geschehens in den Blick nimmt, weitgehend für berechtigt. Dennoch meine ich, dass diese Darstellungen das komplexe Argumentationsgebäude, das Paulus hier mit Hilfe verschiedener sprachlicher Bilder kunstvoll aufbaut, nicht in allen Facetten erfassen können.

Die paulinischen Ausführungen über Körper sollen als Schlüssel zu den im Folgenden dargelegten eschatologischen Vorstellungen genutzt werden. Die bisherigen Untersuchungen dieser Arbeit haben gezeigt, dass Paulus verschiedene Ebenen miteinander verbindet, wenn er von Körpern spricht. Basis für seine Körper-Sprache sind dabei die konkreten Erfahrungen von Menschen, die er in theologische Zusammenhänge einbindet und für seine Argumentation nutzbar macht. Er bezieht sich dabei auf die Körper unter dem besonderen Aspekt ihrer Dynamik, ihrer Lebenspraxis und der sozialen Bedingungen, denen sie ausgesetzt sind. Körper werden in seiner Sprache transparent für die Geschichte Gottes mit den Menschen. Paulinische Körpertheologie betrachtet die menschlichen Körper unter der Perspektive Gottes: in Relation zum Göttlichen, zu Mitmenschen und zur Schöpfung.

Für die Exegese möchte ich das Spannungsverhältnis zwischen diskursiver Vermittlung von Körpererfahrungen und deren Verankerung in der konkreten Lebensrealität – soweit sie sich aus den Quellen erschließt – sichtbar und fruchtbar machen. Ich gehe davon aus, dass die Perspektive auf die konkreten Körper, das ambivalente Verhältnis, das Menschen zu ihnen haben, auf der einen Seite und der Aufnahme dieser Erfahrungen in theologischen Aussagen auf der anderen wichtige Impulse für die Deutung des paulinischen Auferstehungsverständnisses im Rahmen seiner eschatologischen Vorstellungen bieten kann. Die besondere Herausforderung besteht für mich darin, dass 1 Kor 15,35 ff. bisher nicht unter dieser Perspektive betrachtet wurde, auch wenn vielfach von der »Leiblichkeit der Auferstehung« die Rede ist. Im Folgenden möchte ich mich auf die Suche nach sprachlichen Verdichtungen begeben: nach mythologischen Bildern und poetischer Sprache, die eine Ahnung davon vermitteln, dass sie versuchen, (Körper-)Erfahrungen einen Ausdruck zu geben, die über die konventionellen, diskursiv geprägten Möglichkeiten von Sprache hinausgehen. Von ihnen erhoffe ich mir auch Hinweise über die konkreten historischen Subjekte, deren Erfahrungen Paulus in seinen Ausführungen verarbeitet. In diesem Zusammenhang werde ich das Verhältnis von Körper, Tod und (Über-)Leben in den Mittelpunkt meiner Exegese von 1 Kor 15 stellen.

Für dieses Vorgehen wird es nötig sein, Vorraussetzungen, auf denen eine ausschließlich futurische Lesart der Auferstehungsaussagen in 1 Kor 15 beruht, sichtbar zu machen, diese am Text zu überprüfen und einer kritischen Reflexion zu unterziehen.

Dies betrifft folgende Komplexe:

a) Die Einschätzung des Konflikts in Korinth und der Gesprächssituation, in die Paulus seine Aussagen einbettet: Kämpft er hier gegen ›Gegner‹ oder versucht er Glaubensgeschwister in der korinthischen Gemeinde zu überzeugen? Für die Beantwortung dieser Frage wird es auch nötig sein, den kulturellen Hintergrund zu betrachten, auf dem die Aussagen zu deuten sind.

b) Das hinter den Aussagen vom Sterben und Lebendigwerden des Samenkorns stehende Verständnis von Leben und Tod. Insbesondere die Ausführungen in Röm 6 zum Sterben und Begrabenwerden mit Christus in der Taufe sollen zum Vergleich herangezogen werden.

c) Die Aussagen zur Auferstehung der Toten in 1 Kor 15,42-44: Voraussetzung für die meisten Auslegungen von 1 Kor 15,44 ist die Auffassung, dass zwischen der Existenz als σῶμα ψυχικόν und der als σῶμα πνευματικόν die Grenze des physiologischen Todes liegt. Der Vers wird im Zusammenhang der Auferstehung der Toten in V. 42 gedeutet. In der Beschreibung des Verhältnisses des irdischen Körpers und des Auferstehungsleibes in V. 44 gibt es dann traditionell zwei Auslegungsstränge: Entweder wird hier von einem Dualismus ausgegangen, der den irdischen Leib als vergänglich, verachtenswert und schwach verstehe und auf dessen Verwandlung in einem postmortalen himmlisch-pneumatischen Dasein in eine jenseitige Auferstehungsleiblichkeit warte. Oder es wird die Geschöpflichkeit des Leibes betont, die den Menschen in seinem Gegenüber zu Gott meine und auch das künftige Leben als leibliches begründe. Ausführungen über die Bedeutung der gegenwärtigen menschlichen Körperlichkeit für die Rede von der leiblichen Auferstehung finden sich in den meisten Auslegungen nicht. Deshalb soll diesem Aspekt in der nachfolgenden Exegese besondere Aufmerksamkeit zukommen. Zentral für eine Neulektüre dieses Abschnittes wird eine ausführliche Untersuchung der Vorstellungen bieten, die mit »gesät in ... – aufgeweckt in ...« verbunden sind.

d) Die Verhältnisbestimmung des irdischen und des himmlischen Menschen und der Bedeutung für diejenigen, die zu ihnen gehören (VV. 45-49): Welche Gründe gibt es dafür, in V. 49 die Lesart φορέσομεν (Futur) der handschriftlich besser bezeugten Lesart φορεσώμεν (Aorist Konjunktiv) vorzuziehen? Hier soll der Frage nachgegangen werden, welche Konsequenzen diese von der Mehrzahl der Exegeten getroffene Entscheidung für die Interpretation des gesamten ansonsten präsentisch formulierten Abschnitts hat.

e) Die Frage nach dem Zeitgefüge der apokalyptischen Schilderungen und des Siegesliedes über den Tod (V. 50.51-57): In der aktuellen Diskussion zu 1 Kor 15 wird das Verständnis von Zeit vielfach nur am Rande thematisiert. In der folgenden Exegese soll grundsätzlich nach dem Zusammenhang von Vergangenheit – Gegenwart – Zukunft im Zusammenhang der Rede von der Auferstehung der Toten gefragt werden und darauf aufbauend nach den Konsequenzen für die Bewertung der konkreten Körper in ihrem jeweiligen gesellschaftlichen Kontext.

Aus dieser Fragestellung ergibt sich folgendes methodisches Vorgehen:

Ich werde das Kapitel 1 Kor 15 versweise untersuchen; der Schwerpunkt wird dabei auf den Versen 35-58 liegen. Leitend für das Vorgehen innerhalb der Untersuchung ist die sozialgeschichtliche Perspektive, die vor allem nach den konkreten (körperlichen) Erfahrungen fragt, die hinter den theologischen Aussagen stehen. Dazu wird es nötig sein, nach der besonderen Abfassungssituation zu fragen, nach den Informationen, die der Text über die Lebensbedingungen der Menschen bietet, die ihn verfasst haben und an die er sich richtet. Ich bediene mich in meinen eigenen Ausführungen vor allem historischer und textanalytischer Methoden zur Erfassung des Textes. Ich verstehe Sozialgeschichte als methodischen und hermeneutischen Zugang zu den biblischen Texten, der sich verschiedener Zugänge der Texterfassung bedient, die zur Klärung der jeweiligen Fragestellung hilfreich sind. Jeweils an Ort und Stelle wird das methodische Vorgehen näher erläutert.

Grundsätzlich gliedert sich die Untersuchung der einzelnen Abschnitte in drei Schritte:
1. Textanalyse
2. Untersuchung der für die Fragestellung der Arbeit relevanten Befunde unter besonderer Berücksichtigung weiterer Aussagen innerhalb des Corpus Paulinum, die sich mit ähnlichen Problemen befassen, ihres ersttestamentlichen Hintergrundes und der zeitgenössischen jüdisch-theologischen Diskussion.
3. Auswertung in Bezug auf die Körperlichkeit. Ergeben sich aus der Perspektive auf die Körper neue Impulse für die Interpretation?

2. Der Konflikt in Korinth über die Auferstehung der Toten in 1 Kor 15

Das Thema »Auferstehung der Toten«, das Paulus in zwei Argumentationsgängen behandelt, durchzieht das gesamte Kapitel 1 Kor 15. Aus sachlichen Gesichtspunkten ergibt sich folgende Gliederung,[1] die auch den folgenden exegetischen Ausführungen zugrunde liegt: 1. Argumentationsgang: *Es gibt die Auferstehung der Toten* (1 Kor 15,1-34) – 2. Argumentationsgang: *Auferstehung bedeutet Neuschöpfung* (1 Kor 15,35-57) – 3. Schluss (V. 58). Im Folgenden soll der erste Argumentationsgang (VV. 1-34) des Kapitels 1 Kor 15 überblicksartig dargestellt werden. Aussagen, die für die Auslegung des zweiten Argumentationsgangs (VV. 35-57) relevant sind, werden besonders herausgestellt.

2.1 Die Diskussion in Korinth

2.1.1 Die Verkündigung der Auferstehung der Toten (VV. 1-19)

Dem Abschnitt 1 Kor 15,35-49 geht bereits eine ausführliche Beschäftigung mit dem Thema Auferstehung der Toten (ἀνάστασις νεκρῶν) voraus (vgl. V. 12f.15f.20f. 29.32.42), das in Korinth Anlass für eine kontroverse Diskussion war. Diesen spricht Paulus explizit in V. 12 an, wo er auf die Aussagen zur Auferstehung einer Gruppierung innerhalb der Gemeinde (ἐν ὑμῖν τινες) Bezug nimmt:

»Wenn aber verkündigt wird, dass Christus von den Toten auferweckt worden ist, warum sagen einige unter euch, dass es eine Auferstehung der Toten nicht gibt?«[2]

In VV. 29.32 geht er erneut darauf ein und fragt, welchen Zweck die Praxis der Taufe für Tote habe, wenn diese nicht auferweckt würden:[3]

1. Es ist auch möglich, den Abschnitt 1-19 in zwei Unterabschnitte zu teilen: VV. 1-11: Grund des Auferstehungsglaubens; VV. 12-19: Zusammengehörigkeit der Auferweckung Jesu und der Auferweckung der Toten. Zur Gliederung vgl. z. B. auch die Diskussion bei Wolfgang Schrage 2001, 9.
2. Die Tatsache der Auferstehung der Toten bzw. deren Verneinung wird hier präsentisch ausgedrückt: (οὐκ) ἔστιν. Vgl. dazu auch V. 44b.
3. Zum möglichen religionsgeschichtlichen Hintergrund der Vorstellungen und zur Diskussion über die Bedeutung der Vikariatstaufe vgl. Wolfgang Schrage 2001, 234-240.

»Wenn Tote überhaupt nicht auferweckt werden, warum lassen sie sich dann noch für sie taufen?«

Dieser Konflikt ist der Ausgangspunkt für die Ausführungen des Paulus zum Thema Auferstehung, die bereits ab 15,1 beginnen, als er die »Geschwister« (ἀδελφοί) in Korinth an das erinnert, was er ihnen verkündet hat. Bereits aus dieser Anrede wird deutlich, dass es sich hierbei um eine innergemeindliche Kontroverse handelt.[4] Bevor er ab V. 12 direkt die Gruppe derjenigen anspricht, die vertreten, dass es keine Auferstehung der Toten gibt, benennt er die gemeinsame Basis derjenigen, die an Auferstehung glauben, und derjenigen, die sie ablehnen: der Glaube an das Evangelium, das Paulus ihnen verkündet hat (V. 1-3.11 f.14). Den Inhalt der Verkündigung führt er ab V. 3 aus:

»3. Christus ist für unsere Sünden gestorben nach den Schriften, 4. er wurde begraben und ist am dritten Tag auferweckt worden nach den Schriften 5. er erschien Kephas, darauf den Zwölfen ...«[5]

Anschließend berichtet er von einer Kette von Erscheinungen des Auferstandenen: vor weiteren über 500 Geschwistern, Jakobus, allen Apostelinnen und Aposteln[6] und schließlich ihm selbst (VV. 5-8). Mit dieser Tradition, in die er sich stellt, begründet er sein Apostolat und seinen Dienst für das Evangelium (VV. 9-10). In V. 11 betont er ein zweites Mal, dass die gemeinsame Basis seines Glaubens und des Glaubens der Korinther und Korintherinnen in Übereinstimmung mit der Tradition in der Botschaft liegt, die er ihnen verkündet hat. Auf dieser baut er dann seine Argumentation auf, in der er auf den unlösbaren Zusammenhang der allgemeinen Auferstehung der Toten mit der Auferstehung des Messias verweist (VV. 12-19):

»13. Wenn es keine Auferstehung der Toten gibt, ist auch Christus nicht auferweckt worden. 14. Wenn aber Christus nicht auferweckt worden ist, dann ist unsere Verkündigung leer, und leer ist auch euer Glaube. 15. Wir werden aber auch als falsche Zeuginnen und Zeugen Gottes erwiesen, weil wir im Widerspruch zu Gott mit dem Zeugnis aufgetreten wären, dass er den Messias auferweckt hat, den er nicht auferweckt hat, wenn Tote nicht auferweckt werden. 16. Wenn nämlich Tote nicht auferweckt werden, ist auch Christus nicht auferweckt worden. 17. Wenn aber Christus nicht auferweckt worden ist, ist euer Glaube kraftlos und ihr seid noch in euren

---

4. Vgl. auch [15,31: ἀδελφοί]; 15,50: ἀδελφοί; V. 58: ἀδελφοί μου ἀγαπητοί. Von einem innergemeindlichen Konflikt sprechen die meisten aktuellen Auslegungen, vgl. Christian Wolff 1982, 377 f.; Gordon D. Fee 1988, 713; Wolfgang Schrage 2001, 16 u. ö. Es ist allerdings zu konstatieren, dass dieser trotzdem als Konflikt zwischen Paulus und »Gegnern« dargestellt wird.
5. Durchgängig wird davon ausgegangen, dass Paulus in V. 3b-5 auf eine formelhaft geprägte christologische Überlieferung zurückgreift, was vor allem durch die unpaulinische Begriffswahl deutlich werde, die durch semitischen Sprachstil gekennzeichnet sei. Zur Diskussion vgl. Wolfgang Schrage 2001, 18 ff.
6. Dass Paulus mit den ἀποστόλοις πᾶσιν auch Frauen meint, zeigt Röm 16,7: Junia.

Sünden. 18. Folglich sind auch die Entschlafenen in Christus verloren. 19. Wenn wir nur in diesem Leben auf Christus hoffen, sind wir bemitleidenswerter als alle Menschen.«

Paulus stellt in diesem Abschnitt die Bedeutung des Glaubens an die Auferstehung der Toten für das Leben der Menschen in Korinth dar. Deutlich wird vor allem, dass für ihn dieser Glaube die Basis für den Glauben an die Auferweckung Christi ist und damit für seine gesamte Verkündigung (V. 13 f.). Werde diese Basis in Frage gestellt, sei sowohl seine Verkündigung nutzlos (vgl. auch V. 10.58) als auch der Glaube der Menschen sinnentleert. An Christus und seine Auferweckung zu glauben, sei nicht ohne den Glauben an die Auferstehung der Toten möglich (V. 15 f.). Zu sagen, dass es keine Auferstehung der Toten gebe, habe bereits Konsequenzen für das gegenwärtige Leben und das Gottesverhältnis der Glaubenden. Wenn der Glaube »kraftlos« geworden sei, seien die Menschen weiterhin »in ihren Sünden« (V. 17). Die Erfahrungen des gegenwärtigen Lebens eröffneten dann auch keine Perspektiven auf ein anderes, aufgrund von Christi Auferweckung verändertes (eschatologisches) Leben (VV. 18-19).

Was die Gruppe in Korinth (τινες) bewegt, zu sagen, dass es keine Auferstehung der Toten gebe, führt Paulus nicht aus. Ob er in V. 12 auf einen authentischen Ausspruch: »ἀνάστασις νεκρῶν οὐκ ἔστιν« eingeht oder in indirekter Rede seine eigene Deutung von Äußerungen aus Korinth wiedergibt, ist grammatisch nicht eindeutig zu klären.[7] Offen bleibt auch, wer diejenigen sind, die er hier anspricht. Paulus referiert ihre Position und deren Argumente nicht, sondern führt in langen Begründungsketten seine eigenen theologischen Argumente für die Auferstehung der Toten aus.

2.1.2 Bis Gott ist alles in allem (VV. 20-28)

In den Versen 20-28 begründet Paulus den Glauben an die Auferstehung mit apokalyptischen Bildern, mit deren Hilfe er ein dynamisches Kampf-Geschehen beschreibt, das mit der Auferweckung Jesu Christi seinen Anfang genommen habe: Er sei als Erstling/Erster der Entschlafenen[8] auferweckt worden (V. 20). Zur Explikation dieser Aussage greift er auf die Adam-Christus-Typologie zurück:[9] Wie mit Adam der Tod gekommen sei, so beginne nun mit Christus die

---

7. Vgl. Wolfgang Schrage 2001, 111: »Woher er die korinthische Antithese zur Auferstehungshoffnung kennt, bleibt im Dunkel, was sie besagt, ist trotz intensiver Diskussion der Exegeten bis heute strittig, zumal ihr Sinn nur aus der paulinischen Sicht zu rekonstruieren ist und die Versuche ihrer religionsgeschichtlichen Einordnungen sehr bald an ihre Grenzen stoßen.« Versuche der Einordnung diskutiert er auf den folgen Seiten (111-128). Zur Stelle vgl. auch Martinus de Boer 1988, 96 Anm. 10.
8. ἀπαρχὴ τῶν κεκοιμημένων.
9. Wie auch in 1 Kor 15,45-49; Röm 5,12-21. Zur Adam-Christus-Typologie in 1 Kor

Auferstehung der Toten. In V. 22 konkretisiert er die vorangehenden thesenartigen Ausführungen, indem er dem Sterben *in* Adam das Lebendiggemachtwerden *in* Christus gegenüberstellt und damit die Auswirkungen auf die ganze Menschheit beschreibt:[10]

ὥσπερ γὰρ ἐν τῷ Ἀδὰμ πάντες ἀποθνῄσκουσιν,
οὕτως καὶ ἐν τῷ Χριστῷ πάντες ζῳοποιηθήσονται.

Diese Auferstehung »in Christus« wird als Ergebnis eines dramatischen Kampfes gegen die Mächte des Todes, die in der Beschreibung der Feinde (VV. 25-26) konkret benannt werden, geschildert. Er ist die ἀπαρχή, der Erstling und damit Anführer der Auferstandenen (vgl. V. 20.23). Wichtig für die weitere Deutung des Geschehens ist die Angabe: Es ereigne sich tatsächlich (V. 20: νυνί) – mit der Auferweckung Christi habe die entscheidende ›Schlacht‹ gegen den Tod und seine Macht begonnen. Sie betrifft die Gegenwart und alle, die zu Christus gehören. Das Geschehen folge einer bestimmten (militärischen) Ordnung:[11] Dem Anführer Christus folgen die, die zu ihm gehören. Die Schlacht ist gewonnen[12], wenn der Messias alle (irdisch-politische) Macht, Gewalt und Kraft[13] vernichtet hat und seine Herrschaft Gott übergibt (V. 24). Aber auch die Herrschaft des Messias ist begrenzt, bis »er ihm alle Feinde unter die Füße gelegt hat«[14]: als

---

15 vgl. Andreas Lindemann 1997, 155-167. Gerhard Sellin 1986 behandelt diese Stelle ausführlich auf dem Hintergrund religionsgeschichtlicher Motive. Zum Motiv der doppelten Menschenschöpfung bei Philo (Op 134-147; Leg. All I 31-42) mit Bezug auf Gen 1,27 und Gen 2,7 vgl. ebd. 90 ff.

10. ›In‹ (ἐν) ist hier nicht instrumental, sondern räumlich aufzufassen. Vgl. dazu Andreas Lindemann 1997, 159 f.: »Weil alle Menschen von Adam abstammen, also zur adamitischen Menschheit gehören, müssen sie ›in Adam‹ sterben. Die parallele Wendung ›lebendiggemacht werden in ›Christus‹ [...] erinnert natürlich an die vielen anderen Texte, wo Paulus die Wendung ἐν (τῷ) Χριστῷ im ›räumlichen‹ Sinne gebraucht, um die Verbindung des einzelnen Menschen mit dem Geschehen ›in Christus‹ auszusagen.

11. Luzia Sutter Rehmann 1995, 147-159, zeigt, dass mit dem Terminus τάγμα eine militärische Funktion benannt werde (V. 23): »Jeder kämpft an dem Ort, an den er von Christus, dem Anführer, beordert ist.« (157)

12. τέλος kann hier auch mit »Weltvollendung« übersetzt werden, vgl. Wolfgang Schrage 2001, 171; Udo Schnelle 1983, 109 ff. In meiner Übersetzung versuche ich, im Bild der Schlacht zu bleiben.

13. πᾶσαν ἀρχὴν καὶ πᾶσαν ἐξουσίαν καὶ δύναμιν. Vgl. auch 1 Kor 2,6-8; zur Stelle vgl. auch Richard Horsley 1999, 205: »The terms ›every ruler‹ and ›every ... power‹ are political. Although they are not as particular here as the ›rulers‹ who doomed themselves in crucifying Christ in 2:6-8, they are the imperial political institutions with superhuman power, not simply ›demons‹ in a heavenly or spiritual realm.«

14. An dieser Stelle ist vom Satzbau her unklar, wer hier das Subjekt ist und wem »er« die Feinde unter die Füße legt: Gott oder Christus. Zur Diskussion vgl. Wolfgang Schrage 2001, 177 f.

letzten Feind die kosmische Macht »Tod«.¹⁵ Mit dieser letzten Übergabe endet jegliche Herrschaft.¹⁶

Für diese Beschreibung des Kampfes in VV. 25-27 greift Paulus auf Bilder aus dem Ersten Testament zurück: In Ps 110,1 (LXX 109,1) verheißt Gott dem priesterlichen König, dass er ihm die Feinde als Schemel unter die Füße legen wird;¹⁷ in 1 Kor 15,27 zitiert Paulus Ps 8,7b.¹⁸ Der Tod werde als (kosmische) Macht des gegenwärtigen Äons, als der »letzte Feind« besiegt.¹⁹ Ziel dieses apokalyptischen Kampfes ist die Aufhebung jeglicher Herrschaft, denn schließlich werde sich auch der Sohn unterwerfen, damit dann Gott »alles in allem« sei (V. 28).²⁰ Damit wird die herrschaftskritische und auf die Gegenwart bezogene Absicht dieser Schilderung sichtbar.²¹ Es geht Paulus darum, eine Vision zu entwerfen, die menschliche Herrschaft und Gewalt in jeder Form überwindet.²² Darin steht er in der Tradition zeitgenössischer jüdischer Apokalyptik, deren Denken von dem Festhalten an der Gerechtigkeit – auch über den Tod hinaus

15. Hier ist nicht in erster Linie an den physischen Tod einzelner Individuen gedacht. Die Frage nach der Aufhebung menschlicher Sterblichkeit wird in diesem Zusammenhang nicht diskutiert. Der Tod ist hier die kosmische Macht des gegenwärtigen Äons, die überwunden wird.
16. Vgl. dazu Luzia Sutter Rehmann 1995: »Die Vision des Paulus entwirft einen herrschaftsfreien Raum, in dem sich Gott ganz entfalten kann. Christus besiegt alle Mächte und zwingt sie unter seine Füße. Somit ist er letztlich der Sieger, der Oberste. Aber auch dieses ›oben‹ und ›unten‹ wird umgekehrt, in dem sich der Oberste unterwirft: Es soll kein ›Oben‹ mehr geben. Interessant ist, daß auch von Gott keine Herrschaftsangabe gemacht wird. Gott herrscht am Ende nicht, sondern er *ist* alles in allem. Eine radikalere eschatologische Umkehrung kann nicht gedacht werden.«
17. Zur LXX-Version fügt Paulus den Begriff πάντες ein – alle Feinde.
18. Beide Psalmen werden in der neutestamentlichen Literatur mehrfach rezipiert und messianisch interpretiert, z. T. in Kombination: vgl. Eph 1,20-22; Mk 12,36; 14,62; Apg 2,34f.; Röm 8,34; 1 Petr 3,22; Hebr 1,13; 2,6-9; 10,13; Phil 3,21. Zur Stelle vgl. Wolfgang Schrage 2001, 155f. Hier finden sich auch weitere Literaturhinweise für die Forschung zur Frage der Psalmenrezeption.
19. Vgl. Martinus C. de Boer 1988, 113.139-140, der diese eschatologisch apokalyptische Schilderung der Geschehnisse als eschatologisches *(eschatological promise)* bzw. soteriologische(s) Versprechen/Verheißung *(soteriological promise)* versteht, dass Gott die hinter der menschlichen Realität liegenden kosmischen Kräfte zerstören werde.
20. V. 28: ἵνα ᾖ ὁ θεὸς [τὰ] πάντα ἐν πᾶσιν.
21. Ich beziehe mich hier auf Forschungen zur Apokalyptik, die deutlich machen, dass deren Schilderungen keine ferne Zukunft illustrieren, sondern als Deutungen der Gegenwart zu lesen sind. Vgl. dazu vor allem Jürgen Ebach 1985.1998; Luzia Sutter Rehmann 1995; Pablo Richard 1996; Luise Schottroff 1999a.
22. Vgl. Luzia Sutter Rehmann 1999, 97: »Die Rede von Gott, der in allen Menschen wohnt, einer transformativen Kraft, die in allen Frucht bringt, ist eine horizontale Vision. Paulus stellt sie in den Kontext der Zersplitterung in der Gemeinde, wo die Wohlhabenden sich von den Ärmeren distanzieren wollen und eine gemeinsame Lebenspraxis aufgrund der Tora einigen Bedenken zu machen scheint.«

– geprägt ist, wie Jürgen Ebach in seinen Untersuchungen zur Apokalyptik herausstellt:

»Ist es wirklich das letzte Ziel, daß die *Richtigen* siegen? Geht es nicht – gerade im Lichte biblischer Weissagungen – darum, daß das Siegen-*Müssen* endlich aufhört? Nicht um das Ende des Feindes ist es zu tun, sondern um das Ende der Feindschaft.«[23]

In seiner apokalyptischen Schilderung betont Paulus die kollektiven Dimensionen von Auferstehung. Zwar finden sich in der Adam-Christus-Typologie Anklänge an die Erschaffung des Menschen, doch beziehen sie sich nicht auf Individuen und deren Auferstehung, sondern auf die Menschheitsgeschichte.[24] Die Ausführungen tragen keine individuell-anthropologischen Züge, sondern beinhalten ausschließlich apokalyptische Motive[25] des Geschehens der letzten Tage bis zum endgültigen Kommen der *Basileia* Gottes.[26]

2.1.3   Einige haben keine Gotteserkenntnis (VV. 29-34)

Diese Vision der herrschaftsfreien Herrschaft Gottes ist es, die den Einsatz des Paulus motiviert (VV. 30-32). Sie basiert auf dem Glauben an die Auferstehung. Das macht er deutlich, wenn er sich in VV. 29-34 noch einmal auf die Ablehnung der Auferstehung der Toten bezieht und nach den praktischen Kon-

---

23. Jürgen Ebach 1985, 44-45.
24. Vgl. Klaus Haacker 1999, 117, der (hier in Bezug auf Röm 5,12-21) zeigt, dass ›Adam‹ den hebräischen Begriff für Menschheit meint und die »geschöpfliche Gattung Mensch« im Ganzen bezeichnet. Paulus entwickle mittels der Adam-Christus-Typologie einen *geschichtstheologischen* Entwurf, die Heilszueignung an den Einzelnen sei hier nicht das Thema (vgl. 121 f.). Ernst Käsemann 1973, 140-141, betont deren kosmologische Dimensionen: »Anthropologie ist hier Projektion der Kosmologie. Individuelle Existenz wird nicht thematisch reflektiert.«
25. Vgl. auch äthHen 93,1-14; 4 Esr 7,26-41; 12,31-34; syrBar 29,1-30,5; 40,3; 74,2; Offb 19,11-21,8. Dass Paulus hier von apokalyptischen Anschauungen geleitet ist, die konstitutiv für seine Theologie sind, hat insbesondere Ernst Käsemann herausgearbeitet. Adam und Christus kennzeichneten Anfang und Ende der Geschichte: »Alternativ, exklusiv und ultimativ werden die Bereiche Adams und Christi, des Todes und des Lebens geschieden, und zwar in universaler Weite. Es geht um eine alte und eine neue Welt, in denen niemand neutral steht und für ein Drittes optieren kann.« (1973, 137) Vgl. auch Andreas Lindemann 1997, 157.
26. Die Vision der *Basileia* Gottes, die trotz ihrer Bezeichnung »Königsherrschaft« herrschaftsfrei verstanden wird, folgt in den Versen 50-57. Die Bezeichnung dieser Wirklichkeitssphäre stößt im neutestamentlichen Griechisch wie im Deutschen an sprachliche Grenzen. An anderer Stelle spricht Paulus von der »neuen Schöpfung« (vgl. 2 Kor 5,17). Von der *Basileia* zu sprechen, ist ebenso wie die Bezeichnung *Kyrios* für Gott bzw. Christus zugleich als Kritik an gegenwärtiger irdischer Herrschaft aufzufassen.

sequenzen fragt. Das betrifft vor allem die Frage der Vikariatstaufe.[27] Die Ablehnung des Glaubens an die Auferstehung der Toten weist seiner Meinung nach auf eklatante Selbstwidersprüche hin. Welchen Sinn hätte sein ganzer Einsatz für das Evangelium, der ihn zeitweilig in Lebensgefahr bringt (V. 32)? – sein Einsatz und damit implizit der der Korintherinnen und Korinther:

»Wenn Tote nicht auferweckt werden, dann lasst uns essen und trinken, denn morgen sind wir tot.«[28]

Die Verse 33 f. schließen dann mit der Aufforderung, sich nicht von dem eingeschlagenen Weg wegführen zu lassen und sich nicht den falschen Meinungen und Handlungsweisen anzuschließen:[29] »Einige haben keine Gotteserkenntnis«.

2.2 Aber jemand mag fragen ... (V. 35)

V. 35 Aber es mag jemand fragen:
Wie werden die Toten auferweckt?
Mit einem wie beschaffenen Leib/Körper kommen sie?

Die Einschätzung des Konflikts in Korinth und der Gesprächssituation, in die Paulus seine Aussagen einbettet, ist für die Interpretation seiner Aussagen zur Auferstehung von großer Bedeutung. Deshalb soll im Folgenden versucht werden, die Situation nachzuzeichnen, auf deren Hintergrund seine Argumentation zu verstehen ist. Wer ist dieser ›jemand‹, zu dem Paulus hier spricht – wie sind seine Fragen motiviert?

2.2.1 Textanalyse

Der Abschnitt beginnt mit der Konjunktion ἀλλά, mit der Paulus auch an anderer Stelle inhaltliche Gegensätze markiert und signalisiert, dass ein neuer Sachverhalt oder Gedankengang beginnt, der dem vorhergehenden gegenüber-

---

27. Die Vikariatstaufe deute ich als Ritual, mit dem die Gemeinschaft der Lebenden und der Toten in Christus ausgedrückt wird.
28. Es handelt es sich hier um ein LXX-Zitat, das Paulus ohne Einführungsformel einfügt: Jes 22,13; vgl. auch Weish 2,5-9; Koh 8,15; 9,7-10; 11,9 (hier positiv rezipiert).
29. Die Wendung »Schlechter Umgang verdirbt die guten Sitten – φθείρουσιν ἤθη χρηστὰ ὁμιλίαι κακαί« ist das einzige nicht-bilische Zitat bei Paulus. Es wird dem Komiker Menander zugeschrieben, geht aber vermutlich bereits auf Euripides zurück, so Wolfgang Schrage 2001, 247 f. Er vermutet, dass die Aussage aber auch bereits zu einer sprichwörtlichen Redewendung geworden sein könnte, die »als geflügeltes Wort« verbreitet war.

stellt wird.³⁰ In V. 34 spricht er von denjenigen, die seiner Auffassung nach keine Gotteserkenntnis haben. Mit V. 35 beginnt nun ein weiterer Argumentationsgang, in dem er der mangelnden Erkenntnis und der daraus resultierenden Lebenspraxis etwas entgegensetzen will. Seine Ausführungen dazu leitet er jedoch nicht direkt, sondern mittels fiktiver Fragen ein. Den potentialen Charakter der Fragen macht die Verwendung des Futurs (ἐρεῖ) in der Einleitung statt des bei einer ›echten‹ Frage zu erwartenden Präsens deutlich.³¹ Eingeleitet werden die Fragen mit den Interrogativpronomen πῶς und ποίῳ, die jedoch nicht zwei voneinander getrennte Fragekomplexe beschreiben,³² sondern eng miteinander verbunden sind. Sie bezeichnen verschiedene Aspekte derselben Frage, was zum einen daraus deutlich wird, dass sie ein gemeinsames Handlungssubjekt (οἱ νεκροί) haben, das nur in der ersten Frage genannt wird. Die im Indikativ Präsens stehenden Prädikate³³ beziehen sich beide auf οἱ νεκροί – mit dem Unterschied, dass es sich bei ἐγείρονται um ein Passivum divinum handelt und Gott der Handlungsträger ist, während dies im zweiten Satz »die Toten« selbst sind (ἔρχονται).³⁴ Zum anderen wird die Verbindung durch die Partikel δέ markiert.³⁵ Es ist hier deshalb von einer Doppelfrage auszugehen,³⁶ die zum einen nach dem ›Wie‹ und dann konkretisierend nach dem σῶμα der Toten³⁷ – nach der Leiblichkeit der Auferstehung – fragt.

30. Vgl. 1 Kor 2,7.9.12.13; 6,11.12 f.; 9,12; 10,23 u. ö.; vgl. auch Röm 5,15; 6,15; 7,7.13.19 f.; 10,16.18 f.
31. Blass, Friedrich/Debrunner, Albert/Rehkopf, Friedrich 1984, 283 (§ 349,1), zeigen, dass der Indikativ Futur unter Umständen außer in seinem eigentlichen Gebrauch auch »gnomisch« stehen kann, um das »unter Umständen zu Erwartende« auszudrücken.
32. In der Auslegungsgeschichte wurde vielfach davon ausgegangen, dass dies zwei von einander zu unterscheidende Fragen sind, die im weiteren Argumentationsgang von Paulus getrennt beantwortet werden. Zur Diskussion vgl. Karlheinz Müller 1985, 179 f. A.32.
33. Vgl. Winfried Verburg 1996, 59: »Soll der Gebrauch des Präsens hier ausdrücken, daß Paulus der Meinung ist, der Prozeß der Auferstehung habe schon, nämlich mit Christi Auferstehung, begonnen?«
34. Vgl. Winfried Verburg 1996, 59.
35. Winfried Verburg 1996, 60, stellt deren konnektiven Charakter heraus, der dann auch den »Übergang vom Bekannten zum Unbekannten« markiere und anzeige, dass »die bisherige Information ungenügend ist, die zweite Frage als von der ersten inhaltlich verschieden anzusehen« sei.
36. Mit Karlheinz Müller 1985, 178-184; Winfried Verburg 1996, 58-61. Beide machen deutlich, dass deshalb auch die Argumentation des Paulus nicht auf zwei getrennten Fragen aufbaut, die in zwei Strängen nacheinander behandelt werden, sondern insgesamt betrachtet werden muss. Verburg 1996, 60, sieht allerdings mit πῶς deutliche Zweifel an der Auferstehung ausgedrückt.
37. Die Frage, mit welchem σῶμα die Toten (οἱ νεκροί) kommen, ist erstaunlich, denn eigentlich wäre zu erwarten gewesen, dass nach dem σῶμα der Auferweckten gefragt wird.

2.2.2 Wer stellt die Fragen?

In V. 35 beginnt somit ein inhaltlich neuer Abschnitt der Ausführungen, nachdem die bisherigen die kosmisch-eschatologischen Dimensionen der Auferstehung der Toten behandelt haben. Über den Hintergrund der Fragen in 1 Kor 15,35 wird in der Forschungsgeschichte kontrovers diskutiert. Seit Rudolf Bultmann wird allerdings zumindest die Meinung breit vertreten, dass die Einrede als Stilmittel der Diatribe zu werten sei:[38] τις meine deshalb keine konkrete einzelne Person, sondern beziehe sich vermutlich auf die Gruppe derjenigen (τινες), die sagen, dass es keine Auferstehung der Toten gebe (V. 12). Das bedeutet, dass Paulus hier nicht auf eine direkte Anfrage eingeht, sondern im Diatribenstil eine von ihm selbst konstruierte Fragestellung zum Anlass für eine ausführliche Erörterung über Auferstehung nimmt:[39]

Ἀλλὰ ἐρεῖ τις ... aber, so mag jemand fragen ...

Auch wenn die Frage als eine fiktive gewertet wird, wird dennoch davon ausgegangen, dass Paulus auf ein tatsächliches Problem eingeht, worauf die Ausführlichkeit seiner Antwort schließen lasse. Aber, auf wen bezieht er sich? Die Rekonstruktion der Position derjenigen, die sagen, dass es keine Auferstehung der Toten gebe, zu der der (fiktive) Fragende (τις) aus V. 35 gerechnet wird, bestimmt die aktuelle Diskussion, die vielfach unter der Überschrift: »Wer waren die Auferstehungsleugner in Korinth?« geführt wird. Der folgende kurze Überblick soll die verschiedenen Antwortversuche auf diese Frage aufzeigen. Im Anschluss daran im Abschnitt 2.3 werde ich dann meine Einschätzung der Situation darstellen.

1. Die Korinther und Korintherinnen vertreten eine präsentische Eschatologie mit enthusiastischen Zügen – »Auferstehung schon jetzt!«[40] Paulus' Verweis

---

38. Vgl. Rudolf Bultmann (1910) 1984a, 10-13.66f. Er zeigt, dass die Einrede gern in Form einer Frage formuliert wird, die durch fingierte Personen gestellt wird; vgl. auch Thomas Schmeller 1987, 328. Eine Darstellung der Diskussion über die Identität der Fragenden bietet Wolfgang Schrage 2001, 270f.

39. Winfried Verburg 1996, 60, führt weiter aus: »Diese Frage ist in erster Linie eine Äußerung des fiktiven Fragestellers, durch die er seine eigene Person darstellt, textpragmatisch also eine Selbstoffenbarung: dadurch wird der fiktive Fragesteller τις als Vertreter der These ἀνάστασις νεκρῶν οὐκ ἔστιν qualifiziert.« Thomas Schmeller bezeichnet in seiner Studie über Paulus und die Diatribe den Abschnitt 1 Kor 15,29-49 als »populäre, persönlich betreffende theologische Erörterung« (vgl. 1987, 332-388; das Zitat befindet sich auf S. 388). Rudolf Bultmann (1910) 1984a, 3.107, weist darauf hin dass der Stil der Diatribe der der kynisch-stoischen Volkspredigt ist, der von Paulus teilweise aufgenommen und verändert wurde, wobei er ausdrücklich darauf hinweist, dass die Verschiedenheit größer sei als die Ähnlichkeit.

40. Die Annahme, dass die Ablehnung der Auferstehung einer präsentischen Eschatologie entspringe, wie sie in 2 Tim 2,18 kritisiert werde, wurde vor allem in der älteren deutschsprachigen Exegese (Hans von Soden, Julius Schniewind, W. G. Kümmel, Ernst Käsemann u. a.) vertreten. Einen guten Überblick über diese Diskussion bie-

auf die Notwendigkeit des Sterbens des Samenkorns zeige, dass er hier gegen die Haltung derjenigen argumentiere, die sich bereits in der Gegenwart im Zustand der Auferstehung wähnen,[41] die davon ausgehen, mit der Gabe des Geistes bereits eine spirituelle ›himmlische‹ Existenz erreicht zu haben.[42] Ihnen gegenüber betone er die Zukünftigkeit der Auferstehung und die Realität des Todes.[43]

2. Andere Auslegungen rechnen bei den »Gegnern« des Paulus mit einer Position, die aus der jüdischen (dualistischen) Weisheit stamme,[44] gegen deren dualistische Denkweise, die Heil/Auferstehung ausschließlich auf das geistige Ich, d. h. die Seele (ψυχή) bzw. den Geist (πνεῦμα) des Menschen beziehe, er hier argumentiere.[45]

> ten: Jack H. Wilson 1968, 95 ff.; A. J. M. Wedderburn 1987, 10 ff.; Martinus C. de Boer 1988, 96 ff.; Gerhard Barth 1992b. Diese Annahme wird allerdings mit dem Verweis darauf widerlegt, dass auch Paulus über Auferstehung meist in Präsens- bzw. Perfektformen spricht, vgl. Winfried Verburg 1996, 128: »Kann Paulus wirklich so eine präsentische Eschatologie bekämpfen?« Auch in der aktuellen Exegese gibt es VertreterInnen der Vorstellung einer präsentischen Eschatologie in Korinth, die allerdings mit unterschiedlichen Akzenten versehen wird, vgl. Antoinette C. Wire 1994, 190: »Christians in Corinth apparently believe not in such resurrection of the dead but in the resurrection of the living, experiencing themselves to be filled, rich, and ruling in God's kingdom (4:8).« Sie sieht in der von ihr angenommenen präsentischen Eschatologie der »korinthischen Prophetinnen« eine positive Bewertung ihrer Körperlichkeit und des gegenwärtigen Lebens, die sie der eher leibfeindlichen Theologie des Paulus gegenüberstellen, vgl. dies. 1995, 176. Andere Auslegungen gehen davon aus, dass mit einer präsentischen Eschatologie eine dualistische Anthropologie verbunden ist, die den materiellen Körper abwerte und allein eine Auferstehung der Seele annehme. Dieser gegenüber betone Paulus die Leiblichkeit der Auferstehung; vgl. Christian Wolff 1982, 196; Gordon D. Fee 1988, 778; Christopher M. Tuckett 1996, 274.

41. Vgl. auch Christian Wolff 1982, 196.
42. Vgl. auch Gordon D. Fee 1988, 778.
43. Vgl. Christopher M. Tuckett 1996, 274.
44. Vgl. Hans-Heinrich Schade 1981, 192.
45. Vgl. dazu Gerhard Sellin 1986, 72-73.209: Die »Auferstehungsleugner« seien »Pneumatiker alexandrinisch-jüdischer Provenienz«, die im Zusammenhang hellenistisch-jüdischer Weisheitstheologie zu verorten seien. Ihre Argumentation zeige eine »neupythagoreische Färbung der alexandrinischen Weisheitstheologie.« Auch wenn sie weiterhin an der Vorstellung einer zukünftigen Auferstehung festhielten, sei ausgeschlossen, dass diese somatisch sei, denn das σῶμα werde als vergänglich angesehen und Kontinuität allein dem Ich, d. h. der Seele des Menschen zugeschrieben. Andreas Lindemann 2000, 356, hält es für unwahrscheinlich, dass innerhalb dieses dualistischen Denkens die Auferstehung der Toten generell doch akzeptiert werde. Er vermutet, dass Paulus der Frage nach der Beschaffenheit des σῶμα einen ironischen Sinn verleihe, um damit die Vorstellung insgesamt als absurd zurückweisen zu können. Ihm gehe es weniger um die Auferstehung als um den Tod als Voraussetzung. Vgl. auch Richard A. Horsley 1978; Martinus C. de Boer 1988, 98.105; Dale B. Martin 1995 129 f.

3. Dass sich die Abwehr der Auferstehung insbesondere auf deren Leiblichkeit bezog, wird in der Forschung breit vertreten.[46] Einige Exegeten gehen davon aus, dass hier möglicherweise ein Missverständnis vorgelegen hat, das durch die Mehrdeutigkeit des Begriffs σῶμα hervorgerufen worden sei, der sowohl den Leib/Körper als auch den Leichnam bezeichnen könne. Die Ablehnung richte sich deshalb vor allem gegen die Vorstellung einer Wiederbelebung des Leichnams – die in dieser Form auch von Paulus nicht vertreten werde, wie er in seinen Ausführungen deutlich zu machen versuche.[47]

4. Dale B. Martin und Richard A. Horsley gehen in ihrer Rekonstruktion des Hintergrunds der Debatte über Auferstehung in Korinth einen Schritt weiter, indem sie danach fragen, wie die verschiedenen Haltungen motiviert sein könnten und in welchem sozialen Kontext sie zu verorten seien.[48] Dale B. Martin warnt zudem davor, zu schnell einen Konflikt zu (re-)konstruieren, der zwischen denjenigen ausgetragen werde, die von einer dualistischen Anthropologie ausgingen, und anderen, die diese ablehnten *(a matter/nonmatter dichotomy)*.[49] Diese könnten auch nicht eindeutig einer jüdischen bzw. römisch-hellenistischen Position zugeschrieben werden, zudem seien die Vorstellungen von Materialität in den unterschiedlichen hellenistischen philosophischen Richtungen differenzierter zu betrachten als dies vielfach dargestellt werde. Dies betreffe auch die verschiedenen jüdischen Richtungen, die in dieser Frage nicht einheitlich seien.[50] Der Konflikt in Korinth betreffe nicht die Frage nach präsentischer oder futurischer Eschatologie, auch nicht die Frage nach der Ewigkeit der Materialität *(eternally existing materiality)*, sondern Status-Unterschiede, die sich an der Haltung zu verschiedenen grundsätzlichen Fragen, wie hier an der Frage nach der Auferstehung, manifestierten.[51] In diesem Kontext hätten in hellenis-

---

46. Vgl. Hans Lietzmann 1949, 83; Heinz-Dietrich Wendland 1978, 152; Christian Wolff 1982, 195; Hans-Heinrich Schade 1981, 204; Wolfgang Schrage 2001, 113 u.ö.
47. Vgl. C. K. Barrett 1968, 370; Gordon D. Fee 1988, 776; Franz-Josef Ortkemper 1993, 158; Dale B. Martin 1995, 107 f. 122; Jakob Kremer 1997, 354.
48. Dale B. Martin 1995, 106, findet keine Anzeichen für die Annahme einer präsentischen, d. h. bereits in der Gegenwart realisierten Eschatologie in der korinthischen Position, die Paulus kritisiere. Sie sei vor allem aus der Kenntnis populärer Philosophie begründet, die den Körper abwerte. Vgl. auch Richard A. Horsley 1999, 200 f. 217.
49. Vgl. Dale B. Martin 1995, 106.
50. Vgl. Dale B. Martin 1995, 108: »Jews of the first century seem to have held many different views about death; there was simply no such thing as *the* Jewish view.« In der Anmerkung zu dieser Aussage nennt er die biblischen Bücher Tobit, Baruch; 1 Makk, 3 Makk, Judit und den Aristeasbrief als Zeugen für eine Leugnung eines Weiterlebens nach dem Tode, für die Vorstellung einer unsterblichen Seele: Weish 1,15; Testament des Ascher 6,5-6; 4 Makk 14,5-6; 18,33 und verweist auf Grabinschriften dieser Epoche. Im Weiteren beschäftigt er sich mit Vorstellungen Philos, von Josephus, des 2 Baruch und weiterer jüdischer Schriften dieser Zeit.
51. Vgl. Dale B. Martin 1995, 106: »Paul is not, then, arguing against realized eschatology but against status distinctions and the upper-class ideology of status that saw

tischer Philosophie (auch in jüdischer Ausprägung) ungebildete Menschen, die zumeist auch den unteren sozialen Schichten angehörten, die Vorstellung einer körperlichen Auferstehung viel eher akzeptiert als die Gebildeten.[52]
Ähnlich bewertet Richard A. Horsley die Situation in Korinth. Auch er geht davon aus, dass weder Paulus noch die Menschen in Korinth in kosmischen oder ontologischen Kategorien gedacht hätten. Aus der von Paulus verwendeten Sprache schließt er darauf, dass Paulus' Kritik an der Haltung derjenigen, die die Auferstehung der Toten leugnen, auf seiner apokalyptischen Weltsicht basiere, die klare politisch-gesellschaftliche Perspektiven habe und auf ethisches Handeln in dieser Welt ziele.[53] Ihrem Verständnis, das auf Vernachlässigung der Realitäten der Welt *(disengagement from the world)* hinauslaufe, setze Paulus seine Auferstehungs-Vorstellung entgegen, die politische, soziale und ethische Implikationen habe.[54]

5. Christoph Burchard geht einen eigenen Weg in der Auslegung des Textes, indem er den »jemand« (τις) in V. 35 nicht mit den »einigen« (τινες) in V. 12 identifiziert und folglich nicht davon ausgeht, dass er die Totenauferstehung überhaupt bestreitet. Paulus habe das Problem der Auferstehung der Toten in den Versen 12-32 ausführlich behandelt. Der paränetische Abschluss in V. 33 f. deute darauf hin, »daß Paulus in dieser Sache genug gesagt zu haben meint und v.35 ff. an das Erreichte anknüpfen, aber nicht noch einmal das ganze Problem der Auferstehung aufrollen sollen.«[55] Die Bezeichnung des bzw. der Fragenden als ἄφρων in V. 36 könne auch darauf verweisen, dass eine richtige Frage falsch gestellt wird – »ähnlich wie in der Diatribe auf Grund unreflektierter Durchschnittsvorstellungen.«[56] Eine grundsätzliche Gegnerschaft sei daraus nicht notwendig abzulesen. Es sei gerade nicht »unvernünftig«, die Frage nach dem Leib zu stellen, weder für griechisch noch für jüdisch denkende Menschen. C. Burchard geht dann davon aus, dass sich die »Unvernunft« auf die Frage nach dem Wiederkommen der Toten (ἔρχονται) bezieht. Ich halte diese Einschätzung der Problemlage in 1 Kor 15,35 ff., wie C. Burchard sie darlegt, für plausibel, werde mich ihr im Folgenden anschließen und diese Einschätzung

> wisdom as the preserve of the elite. He is arguing not so much for a reservation of eschatological blessings as for a proper distribution and use of those blessings *throughout* the church, in a way that conflicts with the ideology of hierarchy and a particular kind of Greco-Roman elitism.«

52. Vgl. Dale B. Martin 1995, 108.
53. Vgl. Richard A. Horsley 1999, 218: »... the Corinthians who denied the resurrection of the dead appear to have understood themselves as (having become) a class off immortal, imperishable, heavenly, spiritual people (souls) who had transcended mortal, perishable, earthly realities, including the body. In their spiritual maturity, they had surpassed others, the *psychikoi* (earthly people), who were still somewhat attached to the perishable earthly-worldly realities.«
54. Vgl. Richard A. Horsley 1999, 217 f.220; vgl. auch ders. 1978.
55. Christoph Burchard 1984, 240.
56. Christoph Burchard 1984, 241.

weiter begründen. Für die Beschreibung der Situation in Korinth werde ich mich zudem auf die Ergebnisse der Studien von Dale B. Martin und Richard A. Horsley stützen. Sie ermöglichen es, ein differenziertes Bild des Konflikts zu zeichnen, das sowohl theologische als auch kulturelle und soziale Dimensionen berücksichtigt.

2.3 Die Position des Paulus

Meiner eigenen Annäherung an die Gesprächssituation, die im Hintergrund der Aussagen von 1 Kor 15,35 ff. steht, möchte ich zunächst methodische Überlegungen voranstellen, die sich mit der Frage beschäftigen, ob bzw. inwieweit es legitim ist, die Exegese des Textes auf schwer zu beweisende Grundlagen der von Paulus vorausgesetzten Situation aufzubauen. Inhaltlich möchte ich die Einschätzung, die vielen Auslegungen zugrunde liegt, dass es sich hier um eine Auseinandersetzung mit »Gegnern« handelt, in Frage stellen.

2.3.1 Geschwisterstreit

Der Überblick über die Positionen, die versuchen, die Situation in Korinth zu beschreiben, hat gezeigt, dass die relative Offenheit der Fragen in V. 35 vielfältige Spekulationen ermöglicht, die zu ganz unterschiedlichen Einschätzungen führen. In den Auslegungen wird dann weiter deutlich, dass die jeweilige Einschätzung der Situation in Korinth und die religionsgeschichtliche bzw. soziale Einordnung der Fragenden eng mit der Darstellung der paulinischen Auferstehungsvorstellung verknüpft wird. Das führt zu einem grundlegenden Problem der Interpretation von 1 Kor 15,35 ff.: Wenn die Rekonstruktion der Position derjenigen in Korinth, die den Glauben an die Auferstehung der Toten ablehnen, zum Ausgangspunkt für die Interpretation der paulinischen Auferstehungsvorstellungen gemacht wird, bewegt sich diese auf einem unsicheren Boden. Paulus' Ausführungen werden damit in erster Linie als Reaktion auf eine (re-)konstruierte Gegnerschaft gedeutet, eine Gegnerschaft, die je nach Herangehensweise anders beschrieben werden kann.[57] Das zeigt, dass die Annahme

---

57. Karlheinz Müller 1985, 177 f., kommentiert diesen Befund sehr deutlich und spricht davon, dass die Forschung lange Zeit die eigentliche Absicht des Paulus, die Leiblichkeit der Auferstehung zum zentralen Thema der Ausführungen zu machen, verstellt hätte: »Mehr noch als im vorausgehenden Kontext durchkreuzt man in den Versen 35-58 immer wieder dadurch die Gedankenführung des Apostels, daß man hinter den Positionen der Paulus die Negationen der korinthischen Gegner aufzuspüren

von Gegnern für die inhaltliche Bewertung der paulinischen Aussagen nicht wesentlich weiterführend ist.

Für das Vorgehen in dieser Arbeit ziehe ich daraus folgende Konsequenz: Um die Hintergründe der Fragen zu erfassen, halte ich es für nötig zu untersuchen, was Paulus selbst unter der Auferstehung der Toten versteht und in Korinth verkündet hat. Ich möchte nicht die Position des Paulus von einer (Re-)Konstruktion der Situation in Korinth her bestimmen,[58] sondern versuchen, die Fragen, die Paulus ausführlich und ernsthaft beantwortet – auch wenn sie als fiktive Äußerung anzusehen sind – als solche wahrzunehmen und sie nicht in erster Linie als polemische Herausforderung bzw. als Vorlage für einen weiteren Schlagabtausch innerhalb der korinthischen Gemeinde (zwischen »Gegnern«[59]) zu verstehen.[60] Ich meine, dass sich die Fragen in V. 35 nur schwer mit der Gruppe derjenigen vereinbaren lassen, die in V. 12 erwähnt wird: Warum sollten Menschen, die den Glauben an die Auferstehung ablehnen, nach den Bedingungen fragen, wie diese vonstatten geht? Hier schließe ich mich der Auffassung C. Burchards an, der davon ausgeht, dass ab V. 35 ein neuer Gesprächsgang beginnt.

Es gibt außerdem einen weiteren textimmanenten Grund für dieses Vorgehen: Der Begriff »Gegner« wird von Paulus nicht verwendet.[61] Er redet in 1 Kor 15 seine AdressatInnen als ἀδελφοί, als Geschwister, an (V. 1.31.58:

versuchte. [...] nicht mehr die paulinische Gedankenführung wird dann allmählich den Gegenstand der Exegese vorgeben, sondern deren unterstellte Verneinung.«

58. Dass Paulus seine Ausführungen nicht in erster Linie als Reaktion auf eine gegnerische Position hin formuliert, verteten auch Martinus C. de Boer 1988, 105; Jean-Bosco Matand Bulembat 1997, 32.254f.; Karlheinz Müller 1985, 78.
59. Auffällig ist in der Literatur zu 1 Kor 15, dass zur Beschreibung der paulinischen Auseinandersetzung mit der Position der KorintherInnen vielfach Begriffe aus dem militärischen Bereich gewählt werden. So überschribt z.B. Gerhard Barth seinen Artikel zu 1 Kor 15 (1992b,187): »Zur Frage nach der [...] bekämpften Auferstehungsleugnung« und spricht von der »Frontstellung«, gegen die Paulus argumentiere (ebd.). Der Kampf wird wie ein Duell beschrieben: Paulus versetze den KorintherInnen einen »Seitenhieb«, um den Auferstehungsglauben »zu verteidigen« (ebd., 201). Diese Beispiele sind in der Literatur zu 1 Kor 15 keine Ausnahme.
60. In seinen grundlegenden Erwägungen zur Erschließung von »Gegnern« in neutestamentlichen Texten formuliert Klaus Berger 1980, 391, als ersten Grundsatz für ein Vorgehen, das Stereotype und Klischees der Gegnerpolemik überwinden will: »Bis zum Erweis des Gegenteils ist vielmehr anzunehmen, daß die innergemeindlichen Gegner bzw. ihre Anhänger sich als Christen verstanden und christliche Tradition interpretierten.« Als weiteren Punkt formuliert er dann: »Da sich [...] Zitate aus gegnerischem Mund und Anspielungen methodisch kaum sicher ermitteln lassen, muß man verstärkt davon ausgehen, daß die neutestamentlichen Texte Sprachmaterial bieten, welches Paulus und seinen Gegnern bzw. gegnerischen Gruppen GEMEINSAM IST.« (394)
61. Zum Konstrukt Gegner vgl. Antoinette C. Wire 1994.1995, 12 ff.; Luise Schottroff 1995, 206-209.

ἀδελφοί μου ἀγαπητοί), somit wäre der Konflikt zunächst angemessener als »Geschwisterstreit« zu bezeichnen, in dem Paulus sich als ein »Bruder« unter anderen Geschwistern versteht. Vielfach bezieht er sich darauf, dass er in Korinth das Evangelium verkündet habe (V. 1.2.3.11.[12.]14), an das er sie »erinnern« wolle (V. 1: γνωρίζω δὲ ὑμῖν …). Es geht ihm darum, Zeugnis abzulegen (V. 15) und die gemeinsame Hoffnung zu stärken (V. 19). In dem Abschnitt VV. 12-15 stellt er sich auch sprachlich auf die Seite der Menschen in Korinth, indem er durchgehend in der ersten Person Plural spricht. Diese Verbundenheit betont er auch im Weiteren: Er setze sich mit seinem Leben für sie ein (V. 31) und spreche zu ihnen πρὸς ἐντροπήν (V. 34).[62] Seine Rhetorik weist insgesamt keine Polemik oder Aggressivität auf. Vielmehr wird sein auf Ermutigung zielendes Interesse deutlich, als er zum Abschluss (V. 58) die »geliebten Geschwister« dazu auffordert, bei ihrem Standpunkt zu bleiben und sich weiterhin am Werk des Kyrios hervorzutun (vgl. auch V. 1.2.14.33 f.). Diese Formulierungen zeigen deutlich, dass Paulus nicht gegen »Gegner« argumentiert, sondern sich in einem gemeindlichen Diskussionsprozess bewegt. Mit Gegnerhypothesen zu arbeiten, erweist sich auf diesem Hintergrund deshalb als wenig sinnvoll.

Die Konstruktion eines Konflikts, in dem sich zwei »Gegner« gegenüberstehen, hat außerdem die Konsequenz, dass auch die Position des Paulus vielfach nicht als eine im Dialog stehende gesehen wird und seine Ausführungen nicht als Beitrag zur Lösung konkreter Probleme, die sich aus einer gemeinsamen Lebenspraxis ergeben, verstanden werden. In vielen Auslegungen erhalten sie den Charakter einer Belehrung innerhalb einer dogmatischen Auseinandersetzung. Dass Paulus seinen Standpunkt, hinter den er nicht zurückzugehen bereit ist, mit Nachdruck vertritt, soll nicht bestritten werden. Doch das Werben um die Einsicht derer, die eine andere Meinung vertreten, bewegt ihn mehr als die Absicht, sie zu »bekämpfen«.[63] Die Einstellungen der verschiedenen Gruppen, die Paulus in 1 Kor 15 – selbstverständlich aus seiner Perspektive – darstellt, verbindet nach seinen Worten der Glaube an den Messias Jesus und der Glaube an den Gott Israels (vgl. 15,1 ff.15 ff.).[64] Auch wenn Paulus eine Einmütigkeit

---

62. Zu ihrer »Scham« bzw. »Rücksicht«. Wilhelm Gemoll 1979, 281, bietet diese beiden Übersetzungsmöglichkeiten für ἐντροπή; vgl. auch Walter Bauer 1963, 534. Beide Übersetzungsmöglichkeiten weisen darauf hin, dass es Paulus darum geht, dass seine AdressatInnen ihr Verhalten neu überdenken (vgl. auch 1 Kor 6,5).
63. Antoinette C. Wire spricht von einer »rhetoric of persuasion«, vgl. z. B. 1994, 157. Sie bewertet dieses Werben des Paulus um Einverständnis allerdings sehr kritisch, weil er seinen Standpunkt auf Kosten der befreienden Theologie der »Prophetinnen« in Korinth profiliere, vgl. dazu z. B. 1995, 175 f.
64. Vgl. dazu auch Klaus Berger 1980, 381-382: »Wenn man den Gegnern vielmehr ihr eigenes Recht zubilligt, muß man auch erklären können, in welchem Sinne sie sich ernsthaft und guten Gewissens als Christen betrachten können. Es ist von vornherein unwahrscheinlich, daß ihr Standpunkt eine böswillige, unlautere und exotische Verdrehung der ›Wahrheit‹ war. Dies anzunehmen ist vor allem für den Exe-

beschwört, die in Korinth in Frage gestanden haben könnte, so ist doch deutlich, dass es sich um einen innergemeindlichen Konflikt handelt, der von Menschen ausgetragen wird, die sich als Gemeinschaft definieren und über die Umsetzung ihrer Ziele miteinander diskutieren und auch streiten. Die Auseinandersetzung ist für ihn theologisch und existentiell so wichtig, dass er sehr gründlich argumentiert und seinen Standpunkt ausführlich darstellt. Das zeigt, dass ihm daran gelegen ist, verstanden zu werden.[65] Denn Paulus macht deutlich, dass die Frage nach der Auferstehung der Toten angesichts der geschichtlichen und der gegenwärtigen politischen Situation den Glauben und die Verkündigung insgesamt betrifft (vgl. VV. 12-19). Sie umfasst für ihn das Handeln Gottes, die gesamte Schöpfung – Vergangenheit, Gegenwart und Zukunft der Welt (vgl. VV. 20-28) – und die Frage nach menschlichem Leben innerhalb dieser Geschichte. Auf diesen letzten Aspekt geht er ab V. 35 näher ein. Im Folgenden soll untersucht werden, wie die Fragen in V. 35 verstanden werden können, wenn sie nicht aus der Gegnerperspektive betrachtet werden.

2.3.2 Die Kommunikationssituation

Wie dargestellt, gehe ich nicht davon aus, dass die Kontroverse mit den Angehörigen der Gemeinde, die sagen, dass es keine Auferstehung gebe, tatsächlich das ganze Kapitel durchzieht, sondern dass ab V. 35 ein neuer Abschnitt beginnt, in dem Paulus nun seine eigenen Vorstellungen zur Leiblichkeit entfaltet. Hier halte ich die Beobachtungen von Christoph Burchard für zutreffend, der deutlich gemacht hat, dass die Verse 33-34 die Argumentationskette, *dass* es eine Auferstehung der Toten gibt, abschließen.[66] Mit V. 35 wird eine neue Fragestellung vorgegeben: nach dem Wie bzw. nach der *Leiblichkeit* der Auferstehung. Es ist insgesamt an Kapitel 15 die Frage zu stellen, welche AdressatInnen Paulus vor Augen hat: diejenigen, die sagen, dass es keine Auferstehung der Toten gebe, oder den Rest der Gemeinde, der durch diese Äußerungen verunsichert ist? Zumindest in der Aufforderung in V. 33 f., sich nicht denjenigen anzuschließen, denen nach Ansicht des Paulus wahre Gotteserkenntnis fehlt, wird ersichtlich, dass er hier vor allem die zweite Gruppe im Blick hat. Ich möchte im Folgenden der These nachgehen, dass die Frage nach der Leiblichkeit der Auferstehung (V. 35) aus ihrer Perspektive formuliert ist: aus der Perspektive derer,

geten ein zu billiger Weg, sich des durch die Existenz von Gegnern gestellten theologischen Problems zu entledigen.«
65. Vgl. Luzia Sutter Rehmann 1999, 95: »Paulus vermeidet es, autoritär zu beurteilen, wer Recht hat. Vielmehr webt er in 1 Kor 15,19-58 einen schillernden Text, der von gemeinsamen Hoffnungen spricht, von Zielen, die allen am Herzen liegen, von Erfahrungen, die nachvollziehbar für viele, für alle sein können.« Sie versteht deshalb 1 Kor 15 als integrativen Versuch des Paulus, »die Auferstehung der Toten als Hoffnungskraft und -antrieb zum gemeinsamen Leben und Arbeiten zu zeichnen.«
66. Vgl. Christoph Burchard 1984, 240 f.

die Paulus' Verkündigung von der Auferstehung der Toten glauben, aber nun danach fragen, wie diese konkret in Bezug auf die Körper zu verstehen ist. Möglicherweise antizipiert er hier einen mutmaßlichen Einwand, den er für die Ursache des Zweifels hält.

Paulus' Argumentation in erster Linie als Reaktion auf eine »gegnerische« korinthische Position zu verstehen, hat in der exegetischen Diskussion vielfach dazu geführt, die zentralen Termini seiner Ausführungen über die Leiblichkeit bzw. Körperlichkeit (σῶμα, σάρξ, δόξα) im Denkrahmen dieser »Gegner« zu verstehen und damit in den Kategorien (jüdisch-)hellenistischer Anthropologie. Es ist zwar als wahrscheinlich anzunehmen, dass Paulus die korinthische Diskussion über Auferstehung und die damit verbundenen Einstellungen zum Körper kennt und auf diese reagiert, indem er Schlüsselbegriffe der Debatte aufgreift,[67] doch halte ich es für notwendig, zunächst die Position des Paulus und deren Voraussetzungen zu analysieren. Damit soll die Wichtigkeit der rhetorischen Situation und der argumentative Charakter seiner Äußerungen nicht in Abrede gestellt, sondern vielmehr die Position des Paulus innerhalb der Kommunikation profiliert werden. Aufbauen werde ich dabei auf die im ersten Teil dieser Arbeit dargestellten Grundlagen paulinischer Körpertheologie, die vor allem in den Körperkonzepten des Ersten Testament und deren semitischer Denkvoraussetzungen wurzeln.

Methodisch ziehe ich daraus die Konsequenz, vorrangig die von Paulus verwendeten Körperbezeichnungn im Denkrahmen der übrigen paulinischen Briefe zu untersuchen. Es soll zunächst gefragt werden, wo er sich an anderer Stelle zu den jeweiligen Fragen äußert und in welchen Zusammenhängen er die Ausdrücke verwendet. Hierbei wird es eine besondere Rolle spielen, die Herkunft seiner Vorstellungen zu prüfen und nach deren theologischer und sozialgeschichtlicher Verortung zu fragen. Weiter soll untersucht werden, wie sich seine Vorstellungen in den Kontext zeitgenössischer Diskurse einordnen lassen. Es soll dabei stets die Möglichkeit offen gehalten werden, unterschiedliche Adressatinnen und Adressaten anzunehmen: Auch wenn davon ausgegangen wird, dass Paulus in V. 35 ff. sich vorrangig an diejenigen gewendet hat, die seinen Glauben an die Auferstehung der Toten teilen, so kann doch angenommen werden, dass er seine Aussagen so formuliert hat, dass auch diejenigen, die diesen Glauben nicht teilen, weiterhin zuhören. Auch sie möchte er überzeugen.

67. Vgl. die Analyse von Richard A. Horsley 1999, 208.212.216 ff. u.ö. Bereits Luise Schottroff 1970 zeigt in ihrer Untersuchung von 1 Kor 15,35 ff., dass Paulus ein guter Kenner des dualistischen Denkens der KorintherInnen ist, mit dem er sich in seiner Argumentation auseinandersetzt. Er wolle ihnen die Konsequenzen ihrer Lehre aufzeigen, die aus ihrer dualistischen Anthropologie und der Ablehnung der Auferstehung des Menschen als ganzem (im Gegensatz zur jüdisch-christlichen Apokalyptik) erwachsen. Paulus leite seinen Widerspruch gegen den anthropologischen Dualismus aus dem Alten Testament ab (vgl. 1970, 154-169). Vgl. auch die Studie von Gerhard Sellin 1986, der diese Analyse aufgenommen und weitergeführt hat.

2.4 Wie unverständig!

Von Bedeutung für die Interpretation der folgenden Verse und die Frage nach den Adressaten und Adressatinnen der Ausführungen des Paulus ist möglicherweise bereits die Anrede ἄφρων σύ in V. 36.[68] Rhetorisch ist die Anrede wahrscheinlich zwar nur ein Mittel, ein Ausdruck der Herablassung gegenüber dem fiktiven diatribischen Gesprächspartner von V. 35 (τις), das diesem signalisieren will, dass seine Frage Selbstverständlichkeiten berührt, die eigentlich nicht der Diskussion bedürfen.[69] Andererseits setzt Paulus mit dem Ausdruck ἄφρων σύ möglicherweise bereits aber auch inhaltlich ein Signal. Eine kurze Wortuntersuchung soll Aufschluss darüber geben, wie dieses zu verstehen sein könnte:

ἄφρων
gehört zur Wortgruppe φρήν κτλ, zu der auch φρόνησις gehört.[70] In der LXX ist die φρόνησις auf Gott bezogen, sie geht von ihm aus und beschreibt sein schöpferisches Handeln (vgl. LXX: Jes 40,28; Jer 10,12). Sie steht in Zusammenhängen, die von der hebräischen Satzstruktur des Parallelismus membrorum geprägt sind, parallel zu ἰσχύς (Gottes), zu σοφία oder αἴσθησις (vgl. Spr 3,19f.).[71] Die negativen Ausdrücke des Wortfeldes drücken dann die mangelnde (menschliche) Kenntnis des göttlichen Handelns, eine Grundhaltung aus, die sich auf Gott bezieht. ἄφρων kann den Gottlosen bezeichnen (vgl. Spr 1,22), den Toren; als Adjektiv: einfach, einfältig, unerfahren, unverständig, töricht.[72]

Im Neuen Testament gibt es das Substantiv φρόνησις nur zweimal (Lk 1,17; Eph 1,8). Andere Begriffe aus der Wortgruppe sind jedoch häufiger.[73] Die negative Form ἄφρων/ἄφρονες steht in Lk 11,40 in der Auseinandersetzung mit

---

68. Zur Übersetzung vgl. die folgenden exegetischen Ausführungen zu V. 36. Sie basiert darauf, σύ zu ἄφρων zu ziehen.
69. Rudolf Bultmann (1910) 1984a, 14.66, zeigt, dass es dem dialogischen Charakter der Diatribe entspricht, Anreden an die Hörer zu richten, die den Ton einer Zurechtweisung an einen »törichten Schüler« annehmen können.
70. Zum Folgenden vgl. Georg Bertram 1973, Art.: φρήν κτλ., in: ThWNT Bd. IX, 216-231. In der LXX steht φρήν vielfach für den hebräischen Begriff לֵב, andere Begriffe des Wortfeldes haben andere hebräische Grundlagen, wie etwa die Wurzel שׂכל; חכם u. a., ἄφρων ist häufig die Übersetzung für das hebräische Wort נָבָל.
71. Vgl. Georg Bertram 1973, 222: »Die φρόνησις ist das Schöpfungsprinzip; Gott gibt dem Menschen an der göttlichen Schöpferweisheit teil [...].« Vgl. auch Spr 1-9; Josephus, Ant 1,37; Philo, Mut 260; vgl. auch 1 QH (Kol) IX, 7.14.19; 1 QS IV,18; 1 QS XI,11.
72. Vgl. auch Walter Bauer Wörterbuch zum Neuen Testament 1963, 254. Zu den hebräischen Grundlagen vgl. Georg Bertram 1973, 221.
73. φρονέω/φρόνημα: Mk 8,33 par; Apg 28, 22; Röm 8,5f. 27; 11,20.25 (vgl. auch

Pharisäern. Mit ἄφρων wird der reiche Kornbauer in Lk 12,20 angesprochen, dessen Leben Gott zurückfordert.[74] Interessant ist an dieser Stelle, dass sich Lk 12,16-21 wie 1 Kor 15,36 ff. auf das Bildfeld Saat und Ernte bezieht und hier ein Handeln bewertet wird, das Gott nicht mit einbezieht. In Röm 2,20 verwendet Paulus den Begriff »Lehrer der Unverständigen« eher in ironischer, polemischer Absicht (παιδευτὴς ἀφρόνων), in 2 Kor 11,1.16 f.19.21; 12,6.11 gebraucht er die Wörter ἄφρων/ἀφροσύνη in Auseinandersetzung mit Gruppen in Korinth, denen Paulus seine Vorstellung von Gotteserkenntnis und Weisheit gegenüberstellt.[75] Dass mit ἄφρων ein Nicht-Wissen, ein Unverständnis angesprochen wird, das sich auf Gott und speziell sein schöpferisches Handeln bezieht, macht der weitere Kontext plausibel, in dem dieses in den Mittelpunkt der Ausführungen gestellt wird. Zu klären ist nun aber, warum die Fragen auf ein mangelndes Wissen über Gott schließen lassen. Was ist an ihnen »unvernünftig«?

Ist es die Frage nach dem σῶμα – d. h. der Leiblichkeit? Paulus greift im Folgenden den Terminus σῶμα mehrfach auf (V. 37.38.40.44), was darauf deutet, dass auch er die Frage nach dem σῶμα für wichtig hält. Allerdings ist die Tatsache, dass Paulus antwortet, kein sicheres Indiz dafür, dass er sie nicht doch für »töricht« hält. Möglicherweise betrifft seine Einschätzung aber auch die Art und Weise, wie die Frage gestellt wird. Verbirgt sich ein seiner Meinung nach falsches Körperverständnis hinter der Frage – eine körperfeindliche Haltung, die nur polemisch/spöttisch nach den Körpern fragt, sie aber eigentlich für nicht relevant hält oder gar als Hindernis für die Auferstehung (des πνεῦμα/ der ψυχή)? Diese in der Auslegungsgeschichte vielfach geäußerte Annahme findet in den Ausführungen des Paulus keine direkte Begründung, ist aber auf dem Hintergrund auch in Korinth kursierender griechischer Auffassungen von einem schattenhaften postmortalen Dasein im Hades möglich.[76]

Paulus geht nicht direkt auf die Hintergründe der Anfragen ein, sondern legt seine eigenen Vorstellungen ausführlich dar. Das eröffnet die Möglichkeit, auch einen anderen Fragehintergrund als den einer (hellenistisch-philosophisch) fundierten Ablehnung der Auferstehung anzunehmen: den derjenigen, die zwar an die Lehre von der Auferstehung glauben, nun aber konkret nach der Leiblichkeit fragen, zu der sich Paulus bisher nicht geäußert hat.[77] Wie könnten ihre

Prov 3,7); 12,3.16; [1 Kor 4,6]; 2 Kor 13,11; Gal 5,10; Phil 1,7; 2,5; 3,19; 4,2.10; Kol 3,2.

74. Sein »törichtes« Verhalten wird in V. 21 näher beschrieben: »So ergeht es jedem, der für sich selbst Schätze sammelt, aber in Bezug auf Gott nicht reich ist.«
75. Vgl. auch Eph 5,17; 1 Petr 2,15.
76. Zum religionsgeschichtlichen und philosophischen Hintergrund in Korinth vgl. die Quellensammlung von Jerome Murphy-O'Connor 1983, vgl. auch die Darstellung der Anfragen aus Korinth bei Dale B. Martin 1995, 104-136.
77. Vgl. Christoph Burchard 1984, 241: »Es ist nicht unvernünftig, daß gerade einer, der v.12-34 mitgedacht hat, weiterfragt, mit was für einem Leib die Toten auferstehen werden. Die Totenauferstehung legt Leib nahe; aber wer griechisch denkt, kann sich

von Paulus aufgegriffenen Fragen motiviert sein? Spricht aus ihnen die Sorge um die Körper, Angst vor dem Kommenden oder Unsicherheit? Ist die Leiblichkeit der Auferstehung überhaupt eine Vorstellung, auf die es sich zu hoffen lohnt? Wie sind die Körper beschaffen? Stehen die Toten mit ihren irdischen Körpern und deren irdischen Bezügen auf?[78] Ist der Auferstehungskörper wie der gegenwärtige durch Krankheit, Schmerz und Spuren der Erniedrigung gekennzeichnet? Ist es diese Verzagtheit, die Gottes (neu-)schöpfendem Handeln nicht genug zutraut, die Paulus als »unvernünftig« qualifiziert?[79] Der in V. 37f. folgende Verweis auf Alltagswissen aus dem Bereich von Saat und Ernte lässt eine solche Annahme zu. Damit wäre es nicht der Frageinhalt als solcher, der den/die Fragenden als ἄφρων erscheinen lässt, sondern die Tatsache, dass die Antwort allzu offensichtlich ist. Sie lautet (mit anderen Worten): Du siehst es doch tagtäglich! Damit erhält die Anrede ἄφρων einen appellativen Charakter, der zum genauen Blick auf das Schöpfungsgeschehen auffordert: Sieh doch hin![80]

dabei einen neuen Leib schwer vorstellen oder findet nichts Tröstliches dabei, wer jüdisch denkt, kann ihn sich verschieden vorstellen.«
78. Diese Annahme steht hinter den Fragen der Sadduzäer in Mk 12,18-27, die sie voraussetzen, obwohl sie selbst sagen, dass es keine Auferstehung gebe (V. 18: λέγουσιν ἀνάστασιν μὴ εἶναι). Luzia Sutter Rehmann 2002, 79, deutet die Vorstellung der Sadduzäer als Festhalten an einer patriarchalen Ordnung, in der die Frau keine Stimme hat.
79. Vgl. dazu die Antwort Jesu auf die Frage der Sadduzäer in Mk 12,24: »οὐ διὰ τοῦτο πλανᾶσθε μὴ εἰδότες τὰς γραφὰς μηδὲ τὴν δύναμιν τοῦ θεοῦ;« Auch hier wird deutlich, dass die Frage auf dem Hintergrund mangelnden Vertrauens auf die Verwandlungs-Kraft (δύναμις) Gottes gestellt ist. Parallel zu der Diskussion über Auferstehung in 1 Kor 15 ist auch der Verweis auf die Schriften (vgl. auch 1 Kor 15,3.4). In Mk 12 wird explizit auf die Exoduserzählung (Ex 3,6-7) Bezug genommen, Auferstehung mit Befreiung verknüpft; vgl. Luzia Sutter Rehmann 2002, 84f.
80. Zum appellativen Charakter der Darlegung in der Diatribe, die die Hörer zur praktischen Anwendung der betreffenden Wahrheit auffordern will, vgl. Rudolf Bultmann (1910) 1984a, 54-58.

3. Sterben und Lebendigwerden (VV. 36-38)

36. Du Unverständiger!
Das, was du säst, wird nicht lebendiggemacht, wenn es nicht stirbt.
37. Und zwar[1] ist das, was du säst, nicht der Körper, der entstehen wird, sondern du säst ein nacktes/bloßes Korn, wie etwa von Weizen oder einer der anderen (Samenarten).
38. Gott gibt ihm einen Körper, so wie er es beschlossen[2] hat, und zwar einem jeden von den Samen einen (art-)eigenen Körper.

3.1 Das Saatmotiv

3.1.1 Textanalyse

Die Verse 36-38 bilden einen geschlossenen Unterabschnitt, der verschiedene syntaktische und semantische Binnenverknüpfungen aufweist. Deshalb sollen diese Verse im Folgenden gemeinsam behandelt werden.

Auf der semantischen Ebene zeigt sich diese Verbindung durch das Wortfeld »Säen«, zu dem Bezeichnungen für die Tätigkeit des »Säens« (σπείρεις V. 36.37[2 ×]) sowie für das Saatgut (γυμνὸν κόκκον V. 37; σίτου V. 37; σπερμάτων V. 38; auch σῶμα V. 37.38) gehören. Auf der syntaktischen Ebene zeigen sich ebenfalls Parallelen. Mit Ausnahme der in einen Nominalsatz gekleideten Anrede ἄφρων σύ[3] weisen V. 36.37 einen parallelen Satzbau auf. So bestehen V. 36.37 je aus einem Relativsatz (R), dem der Hauptsatz (H) und dann ein untergeordneter hypothetischer Satz (U) folgt. Die Sätze beginnen anaphorisch je mit ὃ σπείρεις:[4]

---

1. Nach Friedrich Blass/Albert Debrunner/Friedrich Rehkopf 1984, 386 (§ 442,6a) handelt es sich hier um ein epexegetisches καί, sie schlagen die Übersetzung »und zwar« vor. Es macht deutlich, dass die Aussage von V. 36 nach einer Ergänzung verlangt, zur Stelle vgl. auch Karlheinz Müller 1985, 187 f.
2. Die Übersetzung basiert darauf, dass mit dem Aorist die abgeschlossene Vorzeitigkeit der göttlichen Entscheidung, die Welt zu schaffen, betont wird.
3. Die Übersetzung richtet sich nach der Interpunktion, die Winfried Verburg 1996, 62 f., vorschlägt; vgl. auch Karlheinz Müller 1985, 185 A.52. Die Parallelität des Satzbaus wird dann ersichtlich, wenn σύ nicht zum Relativsatz gerechnet wird.
4. Parallelität, die durch Anaphern betont wird, ist charakteristisch für die Diatribe, vgl. Rudolf Bultmann (1910) 1984a, 21.

V. 36 (R) σὺ ὃ σπείρεις, (H) οὐ ζῳοποιεῖται (U) ἐὰν μὴ ἀποθάνῃ
V. 37 (R) καὶ ὃ σπείρεις, (H) οὐ τὸ σῶμα τὸ γενησόμενον σπείρεις ἀλλὰ γυμνὸν κόκκον (U) εἰ τύχοι σίτου ἤ τινος τῶν λοιπῶν.

Der jeweils nachfolgende Satz (V. 37a.38a) nimmt explizierend eine Aussage des vorhergehenden auf: V. 36 »Das, was du säst, wird nicht lebendig gemacht ...« wird in V. 37 näher erläutert: »Und zwar ist das, was du säst, nicht das σῶμα, das entstehen wird ...«. Was dieses σῶμα τὸ γενησόμενον ist, wird dann in V. 38 ausgeführt: »Gott gibt ihm ein σῶμα, so wie er es beschlossen hat (ἠθέλησεν) ...« Das Personalpronomen »ihm« (αὐτῷ) in V. 38 bezieht sich dabei auf das »nackte/bloße Korn« (γυμνὸν κόκκον) in V. 37.

Der Aufbau des Abschnitts gibt V. 38 besonderes Gewicht. Zum einen findet sich hier der inhaltliche Schlüssel für das Verständnis der Aussagen von V. 36.37, die in negativer Form die Ergebnisse der Handlung des Säens beschreiben: 36. es wird *nicht* lebendiggemacht ... 37. es ist *nicht* das σῶμα, das entstehen wird. ... 38. denn es ist Gott, der das σῶμα gibt. Durch das ἐὰν μή in V. 36 wird die negative Formulierung zu einer positiven Aussage, die sich auf Gott bezieht, wie V. 38 deutlich macht. Diese Gewichtung zeigt sich auch formal. Ein Hinweis darauf ist das ungewöhnlich betonte σύ in der Anrede V. 36,[5] das mit V. 38 korrespondiert: ὁ δὲ θεός. Du säst ein Korn ... Gott gibt das σῶμα. Zudem weicht V. 38b auch im Tempus von der vorangehenden Beschreibung der Tätigkeit ab, die im Präsens formuliert ist (V. 36: σπείρεις; ζῳοποιεῖται; V. 37: σπείρεις V. 38a: δίδωσιν), indem hier die Entscheidung Gottes im Aorist ausgedrückt wird: ἠθέλησεν – wie er es gewollt hat.[6]

Zu den einzelnen Versen:

V. 36: Unverständig (ἄφρων) bist du! Diese Anrede lässt zum einen an den Stil der Diatribe denken, die Angeredeten als töricht darzustellen.[7] Ebenso wie τις in V. 35 ist ἄφρων hier als repräsentativer Singular aufzufassen, der eine größere Gruppe vertritt.[8] Zum anderen klingt hier erneut die Aussage von V. 34 an, dass es einige gebe, die keine Gotteserkenntnis haben.[9] Die Begriffsuntersuchung hat gezeigt, dass diese Aussage appellativen Charakter hat und zu den nachfolgenden Ausführungen über das Schöpfungsgeschehen überleitet. Die

5. Vgl. Karlheinz Müller 1985, 185 A.51: »Vor allem fällt die nachgezogene Position des Personalpronomens σύ auf. Es gehört nicht in den Relativsatz, sondern es versieht durch seine abnorme Stellung das voranstehende ἄφρων mit einem massiven Akzent.«
6. Die Formulierung καθὼς ἠθέλησεν fällt durch den Aorist und die fehlende Korrespondenz zu V. 37 aus dem Kontext heraus, vgl. dazu Petra von Gemünden 1993, 300f.
7. Rudolf Bultmann (1910) 1984a, 11.14.
8. Vgl. Winfried Verburg 1996, 62.
9. Vgl. Hans Conzelmann 1981, 344; Christian Wolff 1982, 402f.; Gordon D. Fee 1988, 780 A.17; Wolfgang Schrage 2001, 280.

weitere Wortwahl von V. 36 zeigt einige Besonderheiten. So weisen die Wörter ζῳοποιεῖται und ἀποθάνῃ weit über das Saatmotiv hinaus und Verknüpfen das Saatbild mit der Frage nach den soteriologischen Dimensionen göttlichen Handelns.[10] Neutestamentlich ist dies der einzige Beleg, der ζῳοποιεῖν auf Pflanzen bezieht.[11] Paulus verwendet den Terminus ansonsten ausschließlich im soteriologischen Sinn und dann nur auf Menschen bezogen (vgl. 1 Kor 15,22; Röm 4,17; 8,11; vgl. auch Joh 5,21; 6,63).[12] Dieser Befund weist bereits auf die Schwierigkeiten der Ausdeutung des Saatbildes. Im Folgenden soll deshalb ausführlich untersucht werden, was es in diesem Zusammenhang bedeutet, dass das Sterben zur Voraussetzung für das Lebendiggemachtwerden wird. Die VV. 37-38 bleiben dann durchgängig im Bildzusammenhang des Säens. In V. 37 wird erneut die Betonung auf das Handeln des angesprochenen »du« gelegt: σπείρεις findet sich zweimal. Das »du« sät nur ein γυμνὸν κόκκον – ein bloßes/ nacktes Korn, das dem σῶμα, das entstehen wird, gegenübergestellt wird. Der doppelte Artikel (τὸ σῶμα τὸ γενησόμενον) betont diesen Begriff, auf den V. 38 weiter Bezug nimmt. Die adversative Konjunktion ἀλλά streicht den Gegensatz zum bloßen/nackten Korn besonders heraus.[13]

In V. 38 wechselt das handelnde Subjekt zu Gott. Er gibt (δίδωσιν) … wie er es gewollt hat (ἠθέλησεν), und zwar: einem jeden von den Samen (τῶν

---

10. Dies konstatiert auch Karlheinz Müller 1985, 186. Er zeigt, dass die »Sachproblematik in die Oberfläche des Vergleichs eingebrochen« ist, und gibt dafür eine inhaltliche Erklärung:»Der Apostel kann die Analogie der Saat offensichtlich deswegen so mühelos bis zur verglichenen Sache der Totenerweckung hin ausziehen, weil ihm sein durch und durch theologischer Ansatz einen umfassenderen Begriff von Wirklichkeit vorgibt, der ihm ohne Widerstände und Krisen Schöpfung und Neuschöpfung zusammenzudenken erlaubt.«; vgl. auch Paul Hoffmann 1969, 249f. Möglicherweise ist die Verbindung von »Samen« und »Sterben« bereits vorgeprägt, wie ein Vergleich mit Joh 12,24 nahe legt.
11. Joh 12,24f. spricht vom »Sterben« des Samenkorns (ἀποθάνῃ), allerdings nicht vom »Lebendigwerden«, sondern vom »Früchte tragen«. Paulus spricht an keiner weiteren Stelle vom »Sterben« einer Pflanze. Der Vergleich mit Joh 12,24 zeigt allerdings, dass das Bild vom sterbenden Samenkorn nicht notwendig auf Auferstehung zu beziehen ist. Hier wird das Sterben des Samenkorns nicht auf die Auferstehung bezogen, sondern auf die Notwendigkeit des Todes Jesu, viel Frucht zu bringen, d.h. Nachfolgende zu finden, vgl. dazu Herbert Braun 1962, 144f.; Petra von Gemünden 1993, 207.
12. Zum Begriff ζῳοποιεῖν und dessen Bedeutungsspektrum vgl. Luise Schottroff 1981, 273f.
13. Vgl. Friedrich Blass/Albert Debrunner/Friedrich Rehkopf 1984, 378 (§ 448,1). Vgl. auch Karlheinz Müller 1985, 189: »Im übrigen nimmt der Apostel sogar Schwerfälligkeiten und Ungereimtheiten des sprachlichen Ausdrucks in Kauf, um die abrupte Gebrochenheit dieser Entgegensetzung zu verschärfen: σπείρεις wird umständlich vor ἀλλά wiederholt, um τὸ σῶμα τὸ γενησόμενον noch pointierter von γυμνὸς κόκκος distanzieren zu können.«

σπερμάτων) ein (art-)eigenes (ἴδιον) σῶμα.[14] Damit nimmt V. 38 inhaltlich das Lebendigmachen (ζῳοποιεῖται) von V. 36 auf. Der Indikativ Präsens passiv von ζῳοποιεῖται lässt bereits hier ein Passivum divinum vermuten, das auf das Handeln Gottes verweist (vgl. auch V. 35: ἐγείρεται). Die Bezeichnung des Saatguts wechselt in V. 38 von κόκκος zu σπέρμα. Es bleibt offen, ob Paulus den Begriffswechsel vornimmt, um eine Veränderung des »Korns« zum »Samen« anzuzeigen: Wenn Gott handelt, wird ein bloßes Korn zu einem Samen, der ein σῶμα hervorbringt ... oder ob der Wechsel der Begrifflichkeit allein durch die Anknüpfung an die Schöpfungserzählung Gen 1 bedingt ist. Karlheinz Müller erklärt die Wortwahl mit dem inhaltlichen Bezug auf die Schöpfung, die mit dem Verweis auf den Entschluss Gottes (Aorist: ἠθέλησεν) in den Blick kommt.[15] Auch in Gen 1,11 LXX ist das Wortfeld »säen« zentral, hier findet sich die Bezeichnung σπέρμα für das Saatgut zweimal:

... σπεῖρον σπέρμα κατὰ γένος καθ' ὁμοιότητα,
καὶ ξύλον κάρπιμον ποιοῦν καρπόν,
οὗ τὸ σπέρμα αὐτοῦ ἐν αὐτῷ κατὰ γένος ἐπὶ τῆς γῆς ...[16]

Diese wörtlichen Bezüge machen deutlich, dass sich bereits V. 38 auf die Schöpfungserzählung in Gen 1 bezieht, die ab V. 39 die Aufzählung der Geschöpfe bestimmt. Im Folgenden werde ich vor allem der Frage nach der Vorstellung von Auferstehung nachgehen, die Paulus mit dem Verweis auf das Schöpfungshandeln Gottes beschreibt. Zentral wird dabei die Frage sein, ob er tatsächlich ausschließlich den physischen Tod meint, wenn er vom »Sterben« des Samenkorns spricht. Was bedeutet »sterben«, was »lebendiggemachtwerden« im paulinischen Sprachgebrauch? Welche Perspektiven auf das Leben und auf den Tod möchte er in diesem Zusammenhang eröffnen?

3.1.2 Das, was du säst (σπείρεις)

In der neueren Exegese besteht weitgehend Einigkeit darüber, dass mit dem Samenbild für Paulus kein Entwicklungsgedanke verbunden ist.[17] Der Akzent liege eindeutig auf dem (neu-)schöpfenden Handeln Gottes, der das (neue)

---

14. Der Bezug auf die Schöpfung verlangt die Übersetzung: je »arteigenes« σῶμα, da der Begriff hier auf die Art der Samen bezogen ist und nicht auf Individuen, denen ein je eigener Körper gegeben wird; vgl. auch Christoph Burchard 1984, 237 und Claudio Farina 1971, 49.
15. Vgl. Karlheinz Müller 1985, 196 Anm. 101.
16. Vgl. Karlheinz Müller 1985, 197 Anm. 101: »Dem Apostel konnte es nicht schwerfallen, aus dieser geordneten Abfolge von Schöpfungsbefehl (Gen 1,11 LXX) und Schöpfungsvollzug (vgl. Gen 1,12 LXX) einen vorausliegenden Entschluß Gottes zu erkennen und hier das Wissen zu entnehmen, daß Gottes Schöpfung mehr als alles andere ein unterscheidendes Erschaffen nach Arten war.«
17. Vgl. dazu bereits Karl Barth 1954, 111 f.

σῶμα gebe.¹⁸ Dieses (neu-)schöpfende Handeln verwandle das »nackte Korn«, dem Gott ein neues σῶμα gebe. γυμνὸς κόκκος (V. 37) – »nacktes« Korn – wird in den meisten Auslegungen als anthropomorphe Metapher gedeutet und auf den menschlichen Körper bzw. auf die gegenwärtige menschliche Existenz bezogen.¹⁹ In der griechischen Philosophie, so Gerhard Sellin, sei der Zustand der Nacktheit der erstrebenswerte, der die Befreiung der mit dem Pneuma verbundenen Seele vom Körper bedeute. Auch bei Paulus weise die Vorstellung des Nacktseins auf das irdisch vergängliche Dasein und stehe im negativen Kontrast zu dem, was dann wachse.²⁰ Es verweise auf die Sterblichkeit des Menschen.²¹ Andere Auslegungen gehen davon aus, dass γυμνός an dieser Stelle nicht wertend negativ gemeint sei, sondern das »bloße« Korn bezeichne, das nichts anderes sei als ein Korn.²² Das neue σῶμα wird als Neuschöpfung Gottes verstanden, entweder nach einem Akt radikaler Diskontinuität oder nach einer Transformation der Natur des Körpers. Dass es hier um keine postmortale Verlängerung des irdischen Daseins geht, wird in allen mir bekannten Auslegungen deutlich herausgestellt.

In der aktuellen Exegese wird das Samenkorngleichnis vor allem auf die Frage nach dem Sterben und Werden des Samenkorns hin betrachtet. Zwar wird

18. Vgl. Hans-Josef Klauck 1984, 118; Gerhard Sellin 1986, 214; Gordon D. Fee 1988, 782; Jakob Kremer 1997, 355; Andreas Lindemann 2000, 357. Susanne Heine 1976, 192.
19. Die anthropomorphe Deutung begründet sich damit, dass es die Verbindung γυμνὸς κόκκος nur an dieser Stelle gibt. Wenn von einem Samenkorn die Rede ist, steht ansonsten im NT nur κόκκος (vgl. Mt 13,31; 17,20; Mk 4,31; Lk 13,19; 17,6; Joh 12,24). Bernhard Spörlein 1971, 115, bezieht die Metapher auf den Menschen, der begraben wird.
20. Vgl. Gerhard Sellin 1986, 212-214. Als Parallele bezieht er sich hier auf Philo und dessen Leib-Pneuma-Dualismus: »Aus Philo kennen wir die Vorstellung, daß das erwartete Heil als rein pneumatische Existenz gerade als ekstatischer γύμνος-Zustand beschrieben wird. Das ἐκδύσασθαι des σῶμα ist das begehrte Ziel.« (ebd., 212)
21. Vgl. Christian Wolff 1982, 197.
22. Vgl. Gordon D. Fee 1988, 781; F. W. Grosheide 1954, 381. Vgl. auch Luise Schottroff 1970, 147, die beide Möglichkeiten diskutiert: »Vom Duktus der dualistischen Konstruktion her ist klar, wie dieses Bild aufzulösen ist: das nackte Samenkorn ist nicht der Leichnam, sondern das σῶμα ψυχικόν. γυμνός könnte in diesem Fall ausschließlich vom Bilde her gedacht sein, also ohne anthropologische Befrachtung. Jedoch ist es wahrscheinlicher, daß Paulus mit Hilfe des Wortes γυμνός eine anthropologische Aussage machen will, da sich kein Grund denken läßt, warum das Samenkorn nackt sei. Wohl aber ist γυμνός als terminus technicus dualistischer Texte so gängig, daß man zum mindesten vermuten – beweisen wäre zuviel gesagt – kann, Paulus spiele hier auf dualistisches γυμνωθῆναι an.« Samuel Krauss 1966, 176, zeigt anhand rabbinischer Texte aus dem Talmud, dass auch im alltäglichen landwirtschaftlichen Zusammenhang ein Saatkorn, das in die Erde gelegt wird, als »nackt« bezeichnet wird. Zu den Vorstellungen in antiker griechischer Wissenschaft (Medizin/Biologie/Philosophie) vgl. auch Scott Brodeur 1996, 70-80.

der Akzent auf das schöpferische *Handeln* Gottes gelegt: V. 36: ζῳοποιέω; V. 38: καθὼς ἠθέλησεν; Subjektwechsel von σύ (V. 36 f.) zu ὁ θεός (V. 38), diese Beobachtung wird dann aber vor allem auf die Frage nach dem neuen σῶμα (V. 38) bezogen.[23] Dieses Vorgehen ist dadurch bedingt, dass das »nackte« Korn anthropomorph gedeutet wird. Die Akzentuierung liegt auf dem Korn und dessen Werden. Das »Säen« wird somit nicht als menschliche Tätigkeit gedeutet, sondern letztlich als göttliche. Denn »gesät werden« umfasst in dieser Deutung das menschliche Leben, das dem physischen Tod vorausgeht. Auch wenn die Vorstellung, dass hier das Begräbnis gemeint sei, in der aktuellen Exegese nur noch selten vertreten wird,[24] werden durch diese Deutung säen und sterben doch in eine enge Beziehung gesetzt. Der Bedeutung der Tätigkeit des Säens, die das »Du« verrichtet, wird hingegen selten ausdrücklich nachgegangen. Für die Deutung des gesamten Saatbildes ist das jedoch problematisch: Die mit »du« angesprochene Person ist zunächst die, die sät (V. 36.37), sie müsste sich gleichzeitig mit dem »nackten« Korn identifizieren, wenn auch sie den Vorgang der Auferstehung auf sich bezieht. Es ist deshalb zu fragen, ob diese Interpretation das Saatbild nicht überstrapaziert. In der Textanalyse ist deutlich geworden, dass die Struktur der Argumentation darauf ausgerichtet ist, das Säen des/der Menschen zum σῶμα-Geben Gottes ins Verhältnis zu setzen.[25] Auch inhaltlich wird dies plausibel, wenn auf die Bedeutung des Wortes »säen« bei Paulus geschaut wird:

Wortuntersuchung: σπείρω

Paulus verwendet das Verb σπείρω vor allem im übertragenen Sinn: In 2 Kor 9,6 geht es um die finanzielle Unterstützung der Geschwister in Jerusalem: »Wer kärglich sät, wird auch kärglich ernten, wer reichlich sät, wird reichlich ernten.« Hinter allen Gaben steht nach Paulus jedoch Gott, der sie den Korin-

---

23. Vgl. z. B. Petra von Gemünden 1993, 302 f.: »In unumkehrbarer zeitlicher Zuordnung stellt er das ›nackte Korn‹ dem ›künftigen Leib‹ gegenüber, wobei sich das zweite nicht aus dem ersten entwickelt; vielmehr wird das nackte Korn, das der Mensch sät, dem künftigen Leib, den Gott gibt, gegenübergestellt. Paulus betont also nachdrücklich die Diskontinuität zwischen Samenkorn und künftigem Leib (dieser korrespondiert der betonte Subjektwechsel von σύ (V 36 f.) zu ὁ θεός (V 38)) und unterstreicht Gottes schöpferische Macht ...«

24. Gegen ein Verständnis, dass das Säen das Begräbnis meint, argumentieren: u. a. Luise Schottroff 1970, 137; Christian Wolff 1982, 19; Karlheinz Müller 1985, 209 Anm. 131; Hans-Josef Klauck 1984, 118; Andreas Lindemann 2000, 359; vgl. auch die Ausführungen von Wolfgang Schrage 2001, 294 f.; anders: Christoph Burchard 1984, 242, versteht den Vorgang des Säens als Metapher für das Begräbnis.

25. Dass die Betonung auf dem Säen liegt, zeigt auch die Wiederaufnahme in V. 42 ff.: σπείρεται. Als Subjekt der Handlung ist hier Gott anzunehmen, vgl. Christian Wolff 1982, 1999, Winfried Verburg 1996, 176. Interessant ist zudem, dass der Gedanke vom »notwendigen Sterben« hier nicht aufgegriffen wird; vgl. auch Gerhard Sellin 1996, 210 f.

therInnen ausgeschüttet habe: »Gott, der Samen gibt für die Aussaat und Brot zur Nahrung, wird auch euch das Saatgut geben und die Saat aufgehen lassen; er wird die Früchte eurer Gerechtigkeit wachsen lassen.« (V. 10; vgl. auch Jak 3,18) In 1 Kor 9,11 wendet Paulus die Saatmetapher auf die Geistgaben (πνευματικά) an, »die wir euch gesät haben«. Es sei deshalb nur angemessen, auch irdische Gaben (finanzielle Unterstützung) ernten zu dürfen. Insbesondere der Vergleich mit Gal 6,7.8 ist für die Deutung von σπείρω in 1 Kor 15,36ff. aussagekräftig: »Täuscht euch nicht: Gott lässt sich nicht verspotten; was auch immer der Mensch sät, wird er ernten. Wer auf die σάρξ hin sät, wird φθορά ernten; wer auf die Geistkraft (πνεῦμα) hin sät, wird von der Geistkraft ewiges Leben (ζωὴν αἰώνιον) ernten.« Säen bezeichnet hier die Ausrichtung des Lebens, das Handeln, das sich entweder an der Geistkraft orientiert oder an der σάρξ, die hier die Ordnung der ungerechten Herrschaft symbolisiert (vgl. auch Gal 5,19ff.).

Bereits im Ersten Testament findet sich das Saatmotiv häufig in übertragener Bedeutung in Bezug auf die menschliche Lebensführung (vgl. Jer 4,3), in der Gott die Menschen, die ›säen‹, unterweist (vgl. Jes 28,23-29).[26] Sie sollen die Saat der Gerechtigkeit aussäen (Hos 10,12; Spr 11,18). Menschen können als Aussaat Gottes beschrieben werden, als Samen eines neuen Geschlechts (σπέρμα γενέσεως), das die Hoffnung geschaffen habe (Weish 14,6 mit Bezug auf die Generation, die die Sintflut überlebt hat; vgl. auch Mal 2,15; Jer 2,21; 31,27). Auf Menschen bezogen weist die Metapher des Säens auf ihr Handeln, das sich nach biblischem Verständnis an Gottes Weisung orientieren sollte, damit es »Früchte« der Gerechtigkeit bringt. Die Verwendung der Metapher durch Paulus weist in 2 Kor 9,6.10 und Gal 6,7.8 auf denselben Zusammenhang. Es liegt deshalb nahe anzunehmen, dass auch in 1 Kor 15,36ff. die Metaphorik des Säens auf das menschliche Handeln verweist, das dem göttlichen gegenüber bzw. an die Seite gestellt wird: »Du kannst säen, aber Leben gibt Gott (vgl. Gen 1,11). Du hast es nicht in der Hand, ob aus dem, was du säst, neues Leben wächst. Allein Gott gibt (neues) Leben.«[27] Diesen Gedanken formuliert Paulus bereits im Zusammenhang der Evangeliumsverkündigung in Korinth (1 Kor 3,6): »Ich habe gepflanzt, Apollos hat gegossen, Gott aber ließ es wachsen.«

Diese Beobachtung zeigt, dass das Saatbild in 1 Kor 15,36-38 nicht unmittelbar auf die Frage nach der Auferstehung bezogen werden darf, sondern zunächst allgemein menschliche und göttliche Tätigkeiten vergleicht und den

---

26. Vgl. Gottfried Quell, Art.: σπέρμα κτλ., in: ThWNT, 1964, 538ff. Zur Vorstellung von Gott als Pflanzendem bzw. Säendem und Israel bzw. den Menschen als Pflanzungen vgl. weiterhin Jer 2,21; 24,6; 32,41; 45,4; Am 9,13-15; Jes 5,2.7; 28,25; 40,24; 60,21; 61,3; Sach 10,9; Hos 2,1-3.25; PsSal 14,2f.; Sir 24,12-17; syrBar 32,1; 84,2; äthHen 10,16; 4 Esr 9,28-31 u.ö. Eine differenzierte Untersuchung des Bildfeldes bietet Petra von Gemünden 1993.
27. Vgl. auch Scott Brodeur 1996, 80: »The subunit as a whole, therefore, conveys a profound theological truth which Paul wants to make very clear to his addressees in Corinth. That which man sows cannot come to life through human power alone.«

Blick auf das göttliche Schöpfungshandeln lenkt. Die Verbindung zwischen Saatmetaphorik und Auferstehung stellt Paulus allerdings später explizit mit der Wendung »genauso ist es auch mit der Auferstehung der Toten ...« in V. 42 her. Wie gezeigt weisen aber auch bereits in V. 36 die Worte »sterben« und »lebendig gemacht werden« darauf hin, dass Paulus die Grenzen des Saatbildes überschreitet und es auf einen weiteren soteriologischen Zusammenhang bezieht. Durch diese Einfügung entstehen Spannungen, die eine eindeutige und einheitliche Lesart schwierig machen. Paulus bleibt zum einen im Saat-Bild, in dem er die Tätigkeit des Säens und das Angewiesensein auf Gottes schöpferisches Handeln betont, durchkreuzt dieses aber, indem er davon spricht, dass ein Samen lebendiggemacht wird. Die in der Auslegung dieser Stelle konstatierten Widersprüche haben hier ihren Grund: Das Bild weist eine Mehrdimensionalität auf, die sich nicht einfach auflösen lässt. Die Rede von der Auferstehung der Toten durchbricht überlieferte Sprachmöglichkeiten und Wahrnehmungsgewohnheiten. Das macht Paulus deutlich, indem er an dieser Stelle sprachschöpferisch tätig wird. Um den Aufbau seiner Argumentation verstehen zu können, ist es deshalb nötig, genauer auf die Verwendung des Wortes »säen« in 1 Kor 15 zu schauen.

In 1 Kor 15 verwendet Paulus das Verb σπείρειν fünfmal (36.37.42. 43.44).[28] Auffällig ist, dass in dem gesamten Zusammenhang dem metaphorisch verwendeten Begriff der übliche semantische Gegenbegriff fehlt: Üblicherweise folgt ihm θερίζειν zur Bezeichnung des Anfangs- und Endzustands eines Geschehens.[29] In VV. 42-44 wird der Beginn der diesseitigen Existenzweise, der mit σπείρεται umschrieben wird, jedoch textsemantisch durch ἐγείρεται begrenzt – durch den Beginn der Existenzweise jenseits der Auferweckung. Dies ist von entscheidender Bedeutung für die Frage, was ›auferstehen‹ bzw. ›lebendig gemacht werden‹ (V. 35.36), in diesem Kontext bedeutet. Die Vorstellung ›begraben‹ zu werden ist weder in VV. 42-44 noch in V. 36 f. angelegt, auch wenn im Bild des Säens ein Boden vorausgesetzt ist, in den der Samen gelegt wird. Auf diesen richtet sich jedoch nicht der Fokus. Das wird insbesondere in der Verwendung in VV. 42-44 deutlich: Gesät sein ἐν φθορᾷ etc. lässt sich über das Leben von Menschen aussagen, aber nicht über Leichen. Paulus verwendet das Verb, um den Beginn (= das Säen) des Werdens von Geschöpfen bzw. ihren Körpern zu benennen und um auf das göttliche Handeln hinzuweisen, das die-

---

28. Siegfried Schulz, Art.: σπέρμα κτλ., in: ThWNT, 1964, 546, versteht deshalb σπείρω als »polemisches Schlüsselwort« in der Auseinandersetzung mit den KorintherInnen. Plausibel macht diese Annahme, dass σπείρω in übertragener Bedeutung bei Philo (und damit vermutlich auch in der jüdisch-hellenistischen Weisheitstheologie in Korinth) eine wichtige Rolle spielt, im Sinne von Tugend säen (Leg All I 80); Ungerechtigkeit säen (Conf 152). Gott wird als derjenige vorgestellt, der die unsterblichen und »jungfräulichen« Tugenden sät (Cher 52; Leg All I 79 u. ö.). Nach Philo entstehen aus den menschlichen Samen die Leiber, aus den göttlichen die Seelen (Mos I 279).

29. Vgl. Winfried Verburg 1996, 175.

sem vorausgehen muss.³⁰ Ohne göttliches Handeln bleiben die Körner bloße Körner und können nicht lebendig werden, keinen Körper, keine ihnen arteigene Gestalt erlangen (V. 36-38). Auf diesen Akt schöpferischen Handelns bezieht er sich, wenn er in VV. 42-44 die Saatmetaphorik erneut in Anwendung auf die Auferstehung verwendet.

Auffällig ist zudem, dass Paulus im gesamten Zusammenhang präsentisch formuliert und auch im Zusammenhang der Auferstehung nicht im Futur, sondern im Aorist bzw. Präsens schreibt. W. Verburg deutet die präsentischen Verbalformen infektiv. Die Verwendung des Präsens weise darauf hin, dass Gott, der als Handlungsträger zu verstehen ist, diese Handlungen bereits ausgeführt hat und sie jederzeit wiederholen kann.³¹ Das macht plausibel, dass der im Samengleichnis angelegte Verweis auf Gottes schöpferisches Handeln zunächst auf die gegenwärtige Schöpfung und den ihr zugrundeliegenden Schöpfungsakt Gottes (V. 38: ἠθέλησεν – Aorist) deutet, der sich für die Hoffnung auf zukünftiges Handeln öffnet. Das Zeitgefüge, in das die Rede von der Auferstehung gestellt ist, ist allerdings nicht durchgängig linear dargestellt, in dem Sinne, dass es die Gegenwart von einem Auferstehungs-Geschehen in der Zukunft trennt. In den Versen 42-44 wird das Auferweckungshandeln Gottes im Präsens formuliert.

Für die Frage nach der paulinischen Vorstellung von Leiblichkeit ist es nun von entscheidender Bedeutung zu klären, inwieweit das Saatgleichnis auf den Vorgang menschlicher Auferstehung zu übertragen ist, d.h. auf welche Aspekte Paulus sich bezieht, wenn er in der Anwendung V. 42 formuliert: »genauso (οὕτως) ist es mit der Auferstehung der Toten ...«

Eine rabbinische Tradition?

Zunächst soll allerdings weiter der Frage nachgegangen werden, in welchem Verhältnis das Sterben des Saatkorns zur Tätigkeit Gottes des σῶμα-Gebens und des Lebendigmachens steht. Was bedeutet die Einfügung »es wird nicht lebendig gemacht (ζῳοποιεῖται), wenn es nicht gestorben ist (ἀποθάνῃ)« in das Saatbild? In der Auslegung wird an dieser Stelle meist auf eine rabbinische Tradition verwiesen³² und die Vermutung geäußert, dass Paulus diese aufgegriffen habe, als er seine Ausführungen zur Auferstehung formulierte.³³ Der Satz: »Wenn ein Weizenkorn, das nackt begraben wird, in viele Gewänder gehüllt

---

30. Vgl. Henry George Liddell/Robert Scott 1961, 1626, zeigen, dass σπείρω im Passiv auch die Bedeutung ›geboren werden‹, ›herstammen‹ annehmen kann (»spring or be born«).
31. Vgl. Winfried Verburg 1996, 177f. Er versteht das Präsens als infektives Präsens, das auf die Unabgeschlossenheit einer Handlung und deren potentiellen Aspekt verweise.
32. Mit Bezug auf Texte in bSanh 90b; bKet 11b; KohR zu 5,10; PRE 33.
33. Zum aktuellen Stand der Diskussion vgl. Wolfgang Schrage 2002, 281-282; Ausführliche Untersuchungen bieten Claudio Farina 1971, 53-66; Hans C. Cavallin 1974, 171-192.

hervorkommt, um wieviel mehr die Frommen, die in ihren Gewändern begraben werden« war in rabbinischen Zeit fest geprägt und wurde immer wieder verwendet.[34] Er hatte im Zusammenhang von Auferstehung stets die Zielrichtung, deren Leiblichkeit zu betonen. In b Sanh 90b wird dies so ausgedrückt:[35]

»Ich [›Königin Kleopatra‹] weiß, daß die Toten auferstehen werden, denn es heißt: sie werden aus der Stadt hervorblühen wie die Pflanzen aus der Erde; werden sie aber nackt auferstehen oder mit den Gewändern? Er [R. Meʿir] erwiderte ihr: Dies ist [durch einen Schluß] vom Leichteren auf das Schwere, von einem Weizenkorn, zu folgern: wenn ein Weizenkorn, das nackt begraben wird, in viele Gewänder gehüllt hervorkommt, um wieviel mehr die Frommen, die in ihren Gewändern begraben werden.«[36]

Ein direkter Vergleich mit VV. 36-38 zeigt, dass es eine Reihe von Unterschieden gibt: Paulus spricht nicht von »Gewändern«, sondern von dem $\sigma\tilde{\omega}\mu\alpha$, das entstehen wird. Insofern hat das Wort »nackt« hier keine direkte metaphorische Entsprechung (nackt – bekleidet). Auch beginnt Paulus in 1 Kor 15,36-38 anders, indem er zunächst ausführt, was das »Du« *nicht* sät: Was entstehen wird (τὸ σῶμα τὸ γενησόμενον), das gibt Gott. Somit ist der Akzent in seiner Argumentation deutlich anders gesetzt: »Du« säst nur ein nacktes Korn, das erst im Nachsatz als Weizenkorn oder sogar relativierend als eine andere Getreidesorte identifiziert wird. In den rabbinischen Versionen des Gleichnisses wird das Subjekt des Säens nicht genannt, dort wird lediglich von einem Weizenkorn gesprochen, das begraben wird. Das Motiv der Vielfältigkeit (im Gleichnis: der Gewänder) könnte jedoch die Aufzählung bestimmt haben, die ab V. 39 beginnt. Diese beschreibt in 1 Kor 15 jedoch nicht die Vielfalt der Auferstehungskörper, sondern die der gegenwärtigen Schöpfung. Auffällig ist, dass anders als in dem rabbinischen Satz der Begriff »begraben« nicht verwendet wird. Wie gezeigt, trägt auch σπείρω diese Bedeutung nicht. Der Gedanke der Notwendigkeit des Sterbens, das dem Lebendiggemachtwerden vorausgeht, ist in den verschiedenen rabbinischen Varianten hingegen nicht zu finden.

Was ist die Konsequenz aus diesem Vergleich? Zunächst ist deutlich geworden, dass die Vorstellung vom Lebendigwerden, dem ein Sterben vorausgeht

---

34. Vgl. Günter Stemberger 1990b, 50 f. Er verweist hier u. a. auch auf Joh 12,24, wo dieses Gleichnis christologisch reinterpretiert verwendet wird.
35. Vgl. dazu die Ausführungen von Günter Stemberger 1990b, 82. In b Sanh 90b wird der Satz R. Meír zugeschrieben, der dieses Gleichnis in seiner Antwort auf die (fiktive) Frage der »Königin Kleopatra« aufgreift. Günter Stemberger 1990b, 52, geht davon aus, dass im Hintergrund vermutlich eine Auseinandersetzung mit der samaritanischen Auffassung der Auferstehung gestanden habe. Allerdings ist die Frage der Datierung nur schwer zu klären und die Auffassung G. Stembergers, dass es sich um eine frühe rabbinische Tradition handelt und die Zuschreibung zu Rabbi Meir (2. Jh.) echt ist, nicht eindeutig zu verifizieren.
36. Übersetzung nach Lazarus Goldschmidt.

(V. 36), mit dem Satz aus der rabbinischen Tradition nicht zu klären ist.[37] Möglicherweise war Paulus eine ähnliche Tradition bekannt, aber in seinen Formulierungen setzt er einen eigenen, ganz anderen Akzent, indem er das Säen des »du«, das zweimal erwähnt wird, Gottes schöpferischem Handeln gegenüberstellt. Der Vergleich lässt die besondere Ausrichtung von 1 Kor 15,36-38 deutlich hervortreten: Der Focus liegt *nicht* wie in der rabbinischen Tradition auf dem Samen und dessen Werden, sondern auf der Tätigkeit des Säens. Der Zusammenhang, den Paulus hier im Blick hat, ist weiter gefasst. Das wird durch die Einfügung: »es wird nicht lebendiggemacht, wenn es nicht gestorben ist« deutlich – die soteriologischen Dimensionen dieser Begriffe weisen auf Gottes Handeln in eschatologischen heilsgeschichtlichen Dimensionen.

Die Weite des Kontextes der Aussagen wird vor allem auf dem Hintergrund der anderen Ausführungen über Tod und Leben im Corpus Paulinum deutlich:

3.2 Tod und Leben in 1 Kor 15 und im Corpus Paulinum

3.2.1 Ohne Tod kein Leben?

Auch wenn die Annahmen in der Forschung über den korinthischen Fragehintergrund (V. 35) durchaus unterschiedlich sind, so herrscht doch weitgehende Einigkeit über die Vorstellung des Paulus bezüglich der Auferstehung der Toten, die hinter seiner Antwort sichtbar werde (V. 36): »Das, was du säst (σπείρεις), wird nicht lebendig gemacht (ζῳοποιεῖται), wenn es nicht gestorben ist (ἀποθάνῃ).« Er gehe hier von einer somatischen Auferstehung aus und vertrete die Notwendigkeit des physischen Todes, der das gegenwärtige vom zukünftigen Leben trenne.[38] Es wird durchgängig davon ausgegangen, dass mit dem Bild des Sterbens des Samenkorn das physische Sterben des Menschen beschrieben wird, das Voraussetzung für eine zukünftige Auferstehung ist. Mittels des Bildes des Samens knüpfe Paulus in seiner Beschreibung von Auferstehung an

---

37. Die Vorstellung, dass das Samenkorn zunichte gemacht wird, bevor es zum Halm wird, ist auch im rabbinischen Denken für den alltäglichen landwirtschaftlichen Bereich gängig, vgl. Samuel Krauss 1966, 182. Allerdings wird sie in dem Gleichnis nicht explizit benannt, sondern wird vorausgesetzt.
38. Vgl. Bernhard Spörlein 1971, 114: »V. 36 wird der Tod als unabdingbare Voraussetzung hingestellt für das Wieder-lebendgemacht-Werden. Paulus geht soweit, zu behaupten, daß eine Neubelebung zur Auferweckung den Tod als Bedingung hat.« Vgl. auch Philipp Bachmann 1905, 464; Hans Lietzmann 1949, 83; Jürgen Becker 1976, 89; Christian Wolff 1982, 196; Karlheinz Müller 1985, 187; August Strobel 1989, 257; Antoinette C. Wire 1995, 174; Christopher M. Tuckett 1996, 261.274; Winfried Verburg 1996, 158; Jean-Bosco Matand Bulembat 1997, 46 f.; Andreas Lindemann 2000, 356; Wolfgang Schrage 2001, 285 u. ö.

die antike Vorstellung des »stirb und werde« an.[39] Hier stützen sich die meisten Auslegungen auf die Untersuchungen von Herbert Braun. Er hat gezeigt, dass die Vorstellung, Tod und Leben seien dialektisch aufeinander bezogen – dass Sterben polar Leben in sich berge – in der Antike weit verbreitet ist.[40] Der antike Topos von dem in die Erde gelegten und wieder aufwachsenden Samenkorns sei in einem Teil der antiken Literatur mit der Vorstellung von Sterben und Auferstehen verbunden. Diese gehe von der zeitgenössischen naturwissenschaftlichen Vorstellung aus, dass das Samenkorn in der Erde verfaule, bevor es dann neu wachse.[41] Die Vorstellung von der Analogie zwischen dem Erwecken des Samenkorns und dem Erwecken der Toten teile Paulus mit Parsismus und Judentum, Spezifikum der »christlichen« Verwendung des Topos vom Samenkorn sei jedoch die Betonung der Notwendigkeit des Sterbens.[42]

Im Folgenden soll der Frage nachgegangen werden, ob Paulus hier tatsächlich den *physiologischen* Tod eines Menschen meint, wenn er vom Sterben des Samenkorns spricht. Dies ist nicht selbstverständlich vorauszusetzen, wenn diese Aussage im Zusammenhang der paulinischen Rede von Tod und Leben betrachtet wird, die das gesamte Corpus Paulinum durchzieht.[43] Zudem steht die

39. Vgl. Herbert Braun 1962; Luise Schottroff 1970, 136-138; Hans Conzelmann 1981, 344; Gerhard Sellin 1986, 214; Andreas Lindemann 2000, 356; vgl. auch August Strobel 1989, 257.
40. Zur Illustration dieser These führt er Beispiele aus dem Babylonischen Talmud (bTam 32a; bBer 63b; bShab 83b; bGit 57b), der Stoa (Epiktet Diss. IV 1,163-165; III 20,4-8) und dem Neuen Testament (Mt 16,25; Mk 8,35; Lk 9,24; 17,33; Joh 12,25) an, vgl. Herbert Braun 1962, 136ff.
41. Vgl. Herbert Braun 1962, 140f. mit Bezug auf Plutarch Fragm XI (Ex commentariis in Hesiodum) 84. Diese Vorstellung gab es auch im rabbinischen Bereich. Man geht davon aus, dass das in den Boden gelegte Saatkorn zunächst in Fäulnis übergehe und nach drei Tagen zu keimen und danach zu wurzeln beginne, falls es auf ideale Bodenbedingung stoße. Danach gehe der Halm auf, während das Saatkorn zunichte gemacht werde, vgl. Samuel Krauss 1966, 182f.
42. Vgl. Herbert Braun 1962, 143. Aber bereits bei der Bewertung des Todes und dessen, was unter Leiblichkeit zu verstehen sei, gibt es unterschiedliche Einschätzungen: Eine Auslegungsrichtung verbindet mit dem Tod radikale Diskontinuität: »Paulus betont scharf: 1. die Notwendigkeit des Todes als die Bedingung des Lebens; 2. die Diskontinuität zwischen jetzigem und künftigem Leben.« (Hans Conzelmann 1981, 344); Kontinuität liege allein im Handeln Gottes; vgl. auch Jürgen Becker 1976, 89; Gerhard Sellin 1986, 214; Christopher M. Tuckett 1996, 261. Andere sehen die Betonung weit weniger auf den Tod gelegt als auf die Entstehung neuen Lebens und beschreiben deshalb Auferstehung als Prozess von Transformation und Kontinuität; vgl. Richard A. Horsley 1999, 219; C. K. Barrett 1968, 370; Gordon D. Fee 1988, 777; vgl. auch Margaret E. Thrall 1965, 113. Die besondere Betonung der Notwendigkeit des Todes konstatiert auch H. Riesenfeld 1961, 45.47. In diesem Zusammenhang spricht er auch vom »Zerbrechen der Identität«. So auch Luise Schottroff 1970, 136: »Es besteht totale Nichtidentität im Sinne eines Dualismus zwischen Saat und Pflanze.« Vgl. auch Petra von Gemünden 1993, 302f.
43. Peter von der Osten-Sacken 1987a, 91ff., bezeichnet das Thema Tod/Leben als zen-

Annahme, dass er an dieser Stelle den Tod zur Bedingung von (erneuertem) Leben mache, in Spannung zu den folgenden Versen 51-57, die dem Tod die Macht absprechen. Die folgende Untersuchung der Begrifflichkeit soll die Dimensionen der paulinischen Rede von Tod und Leben skizzieren. Es soll vor allem danach gefragt werden, inwiefern die Begriffe im physiologischen Sinne verwendet werden und in welchen Zusammenhängen ein mythologischer Gebrauch vorliegt, der Tod und Leben als entgegengesetzte (kosmische) Mächte versteht. Im Blick auf die Aussage: »Das, was du säst, wird nicht lebendig gemacht, ohne dass es stirbt« (V. 36), soll untersucht werden, welches Verständnis von Sterben und Lebendigmachen angesprochen ist. Es soll vor allem nach den Konsequenzen der Beobachtung, dass Leben und Tod im Corpus Paulinum weiter gefasst sind als die physiologische Existenz bzw. deren Ende, gefragt werden. Diese sind insbesondere für die Körper relevant und deren Eingebundensein in die Sphären, die vom Tod bzw. vom Leben bestimmt sind. Der Schwerpunkt der folgenden Untersuchung liegt auf dem Sprachgebrauch in 1 Kor 15, geht aber zur Erläuterung des komplexen Sachverhalts auch über dieses Kapitel hinaus.

3.2.2 Die Rede von Tod und Sterben in 1 Kor 15

Die Begrifflichkeit, die Paulus verwendet, wenn er von Tod und Sterben spricht, ist vielfältig. Allein in 1 Kor 15 verwendet er eine Reihe unterschiedlicher Vokabeln zur Beschreibung des Todes: ἀποθνῄσκειν, κοιμᾶσθαι, ἀπολλύναι, νεκρός/ νεκροί, θάνατος und θνητός.[44] Die Wendung ἐκ νεκρῶν (1 Kor 15,12.20) wird von Paulus meist formelhaft auf die Auferweckung Jesu Christi bezogen,[45] seltener auf allgemeine Auferstehungsaussagen (1 Kor 15,12f.21. 42).[46] Menschen, die den physischen Tod gestorben sind, bezeichnet er als νε-

tral für die paulinische Verkündigung, das die Soteriologie, Ekklesiologie, Ethik und Eschatologie bestimme, in die auch die Rechtfertigungslehre als *Lebens*botschaft einbezogen sei.

44. Besonders häufig tritt νεκροί auf (12.13.15.16.20.21.29.32.35.42.52), der Begriff θάνατος wird weniger oft verwendet (21.26.54.55 [2 ×].56), das Verb κοιμᾶσθαι viermal (6.18.20.51), das Verb ἀποθνῄσκειν ebenso (3.22.31.36). Zur Verwendung der Begrifflichkeit vgl. auch Winfried Verburg 1996, 120-134: »Als sicher kann gelten, daß Paulus mit dem artikellosen Lexem νεκροὶ Tote allgemein bezeichnet. Das bedeutet, daß die Auferstehung aller Toten, nicht nur der verstorbenen Christen, Element der paulinischen Verkündigung ist.« (126) Er stellt damit die Auffassung in Frage, dass Paulus unterschiedliche Gruppen im Blick habe je nachdem, ob er νεκροί mit oder ohne Artikel verwende, so etwa Joachim Jeremias 1955/56, 155 f. Zur Frage vgl. auch Andreas Lindemann 1997, 160 ff.
45. Vgl. Röm 4,24; 6,4.9; 7,4; 8,11; 10,9; Gal 1,1; vgl. auch 1 Thess 1,10; Kol 2,12; Hebr 11,19; 13,20; Apg 13,34; 17,31 u. ö.
46. Vgl. auch Röm 11,15; Phil 3,11; vgl. dazu Paul Hoffmann 1969, 180-185; vgl. auch Werner Bieder 1981. In der LXX begegnet die Formel noch nicht.

χροί (1 Kor 15,29)⁴⁷, aber auch mit dem Wort κοιμᾶσθαι: »die entschlafen sind/Entschlafene« (1 Kor 15,6.18. 20.51; vgl. auch 7,39; 11,30).⁴⁸ In Bezug auf die Gefahren, denen er ausgesetzt ist, kann Paulus von sich sagen, er sterbe täglich (1 Kor 15,31: καθ' ἡμέραν ἀποθνῄσκω). Auffällig an diesem Befund ist, dass er für verschiedenartige Vorgänge dasselbe Wort gebraucht: Das physiologische Sterben ist von der Wortwahl her nicht von der metaphorischen Rede über das Sterben zu trennen. Insgesamt ist festzustellen, dass im paulinischen Sprachgebrauch der nicht-metaphorische Gebrauch der Rede von Tod und Leben gegenüber dem metaphorischen, der für soteriologische Sachverhalte steht, in den Hintergrund tritt.⁴⁹

Eine zentrale Rolle spielt der Tod in der apokalyptischen Schilderung des Kampfes der kosmischen Mächte in 1 Kor 15,23-28.51-58. Hier beschreibt Paulus den Tod (θάνατος) als »letzten Feind«, der am Ende der Zeiten von Gott entmachtet werde, der letztlich vom Sieg verschlungen werde (V. 54). Für diese Beschreibung des Todes greift Paulus auf Motive aus dem Ersten Testament zurück: V. 25: Ps 110,1 (LXX 109,1)⁵⁰; V. 27: Ps 8,7.⁵¹ In 1 Kor 15,54 nimmt er Jes 25,8, in 15,55 dann Hos 13,14 auf: »Tod, wo ist dein Sieg, Tod, wo ist dein Stachel?«⁵² Ein Blick in den Kontext der ersttestamentlichen Stellen zeigt, dass hier Zerstörung und Gewalt thematisiert werden, die die Armen und Schwachen durch feindliche Mächte erfahren. Diesen wird die Kraft Gottes gegenübergestellt (vgl. Jes 25,1.5). Gott wird Israel beistehen, gegen die mächtigen Feinde zu bestehen (vgl. Ps 110,1-7), Gott ist mächtiger als alle irdischen Herrscher (vgl. Hos 13,1-15). Von Paulus wird der Tod in die Reihe dieser Mächte der Welt gestellt, der mit militärischer Macht zu siegen scheint (νῖκος),

---

47. Physisches Sterben wird an anderer Stelle mit dem Wort ἀποθνῄσκειν bzw. θάνατος ausgedrückt (vgl. Röm 7,2.3; 8,38; 1 Kor 9,15; 2 Kor 1,9.10; 11,23; Phil 1,20f.).
48. Vgl. auch 1 Thess 4,13.15; 2 Petr 3,4; Mt 27,52; Joh 11,11-13; Apg 7,60 u.ö.). Vgl. dazu Paul Hoffmann 1969, 186-206.
49. Vgl. Luise Schottroff 1981, 264: »Wenn Pls vom Tod redet, meint er meist die Sklaverei unter der Sünde, die hinter dem Glaubenden liegt, das Todesleben, von dem er befreit ist (z.B. Röm 8,2. 6.13). Die Grenze zwischen metaphorischem und nichtmetaphorischem Gebrauch ist jedoch nicht streng zu ziehen.« Zum metaphorischen Gebrauch von νεκρός/νεκροί vgl. Röm 6,11; 8,10; 11,15. Martinus C. de Boer 1988, 182, sieht die paulinische Rede über den Tod in seinem apokalyptisch eschatologischen Geschichtsverständnis begründet. Zur Frage des paulinischen Todesverständnisses vgl. auch Gerd Schunack 1967.
50. Zur LXX-Version fügt Paulus den Begriff πάντες ein – ›alle‹ Feinde.
51. Beide Psalmen werden in der neutestamentlichen Literatur mehrfach rezipiert, z.T. in Kombination: vgl. Mk 12,36; 14,62; Apg 2,34f.; Röm 8,34; Eph 1,20-22; Phil 3,21; 1 Petr 3,22; Hebr 1,13; 2,6-9; 10,13.
52. Jean-Bosco Matand Bulembat 1997, 117ff., bezeichnet 1 Kor 15,54f. als Midrasch über den Tod *(midrash sur la mort)*, weil hier die Inhalte der ersttestamentlichen Texte aufgenommen und aktualisiert werden. Er zeigt, dass Paulus für Jes 25,8 vermutlich eine eigene Übersetzung des hebräischen Textes vornimmt und auch Hos 13,14 gegenüber der LXX-Vorlage verändert.

und mit seinem Stachelstock, mit dem Sklaven angetrieben werden (κέντρον),[53] alle Menschen unter Kontrolle zu haben meint. Er werde aber als der »letzte Feind« (ἔσχατος ἐχθρός) in der Reihe der irdischen und kosmischen Mächte besiegt (vgl. 15,26.56 f.).[54]

3.2.3 Lebendigwerden

Das Verb ζωοποιέω wird bei Paulus ausschließlich in soteriologischem Sinn verwendet.[55] Subjekt des Lebendigmachens ist Gott (vgl. Röm 4,17; 8,11; vgl. auch Joh 5,21), es geschieht »in« Christus (1 Kor 15,22). »Lebendig-machen« bezieht sich im ganzen Neuen Testament überwiegend auf das Auferwecken der Toten und enthält zugleich die Assoziation an die Schöpfung (vgl. Röm 4,17): »Die Rechtfertigung der Gottlosen ist Totenauferstehung und *creatio ex nihilo*. [...] Eine neue Schöpfung hat begonnen.«[56] Diese Verbindung macht deutlich, dass Auferstehung und der durch sie initiierte Prozess des »Lebendigwerdens« nicht in erster Linie auf ein individuelles Fortleben des einzelnen Körpers bezogen sind – sondern auf die Lebensmöglichkeit für die gesamte Schöpfung.[57]

---

53. Diese Herrschaft der Sünde und des Todes ist deutlich mit den Machtstrukturen des Imperium Romanum zu identifizieren, vgl. Luise Schottroff 1990a.
54. Martinus C. de Boer 1988, 139-140, bezeichnet diese eschatologisch-apokalyptische Schilderung der Geschehnisse als soteriologische(s) Versprechen/Verheißung *(soteriological promise)* des Paulus, die hinter der menschlichen Realität liegenden kosmischen Kräfte zu zerstören.
55. Zum Folgenden vgl. Luise Schottroff 1981, 273 f.
56. Luise Schottroff 1981, 274. Martinus C. de Boer 1988, 113, verweist auf die Verwurzelung dieser Vorstellung in jüdischen liturgischen Zusammenhängen. In der Amida, dem »Achtzehngebet«, wird in der zweiten Beracha Gott als der Lebendigmachende gepriesen: »Du bist mächtig, DU, belebst die Toten, bist stark zum Helfen. [...] Du ernährst die Lebenden in Gnade, belebst die Toten in großer Barmherzigkeit, stützest die Fallenden, heilst die Kranken, befreist die Gefangenen und hältst die Treue denen, die im Staube schlummern [...] Gesegnet DU, der die Toten belebt.« (zitiert nach: Leo Trepp 1992, 30) Zur Datierung vgl. auch Ismar Elbogen 1924, 29 f. Michael Wyschogrod betont in seinem Briefwechsel mit Peter von der Osten-Sacken 1997, 207 f., die präsentischen Dimensionen dieses Bekenntnisses: »Laut der *Amidah* ist Gott derjenige, der die Toten auferweckt. [...] Auferstehung ist nicht etwas nur Künftiges, sie muß auch präsentisch sein. Sie kann nicht ausschließlich der Zukunft vorbehalten sein, weil Gottes Macht nicht ausschließlich der Zukunft vorbehalten ist. Gott lebt *jetzt*, und der Tod steht im Gegensatz zu Gott, er ist das Prinzip, das Gottes Macht negiert. Genau deshalb muß es schon einen präsentischen und nicht erst einen künftigen Sieg über den Tod geben. [...] Der Glaube an die Auferstehung entspricht der Weigerung, den endlichen Sieg des Todes über das Leben hinzunehmen.«
57. Vgl. Heinz Schwantes 1963, 58: »Paulus hat die Auferweckung im Sinn und sagt wörtlich ζωοποιεῖν. Er kann das offenbar aus dem Grunde, weil die Auferweckung

Gott wird hier als Leben Gebender gezeigt, als der, der »lebendig macht«, und die Leben gebende Geistkraft[58] (vgl. 1 Kor 15,45; 2 Kor 3,6; vgl. auch Joh 6,63; 1 Petr 3,18) als Macht, die bereits die gegenwärtige Existenz bestimmt.

3.2.4 Lebens- und Todessphären

Leben/Gott und Tod/Sünde werden von Paulus vielfach metaphorisch unterschiedlichen *Sphären* zugeordnet:[59] So werden Tod und Sünde personifiziert als innerweltliche Mächte dargestellt, die Herrschaft ausüben (Röm 5,12.21; 6,9.12). Röm 6,2 spricht davon, dass die Glaubenden nicht länger »in der Sünde«, das heißt *in* ihrem Machtbereich leben, weil sie ihr gestorben sind.[60] Dieses Sterben führe in ein Leben *in* Christus (vgl. Röm 6,11; 2 Kor 5,17), in den Bereich, in dem er herrscht (Röm 5,17.21; 14,9). Paulus verwendet vielfach Raummetaphern, um das Leben in der Gegenwart zu beschreiben. So bezeichnet er seine gegenwärtige Existenz als eine in einem »irdischen Zelt«, der er das Leben in einer »ewigen Wohnung«, die von Gott stamme und sich in den Himmeln befinde,[61] gegenübergestellt (2 Kor 5,1; vgl. auch 2 Kor 12,2-5). Die gegen-

---

für ihn eben ein *schöpferisches Leben-Schaffen* bedeutet, vom Inhalt her gesehen. Schöpfung und Auferstehung fallen wie zu einem einzigen Geschehen zusammen.«

58. Unklar ist für 1 Kor 15,45 (πνεῦμα ζῳοποιοῦν), ob Christus zum Subjekt des Lebendigmachens wird oder als der dargestellt wird, der lebendig gemacht wurde. Vgl. Winfried Verburg 1996, 135: »Für Paulus hat auch der Prozeß des ζῳοποιεῖν schon begonnen mit der Auferstehung Christi, durch die er zum πνεῦμα ζῳοποιοῦν geworden ist.« Anders Jean-Bosco Matand Bulembat 1997, 66ff. Er geht davon aus, dass Christus und das πνεῦμα stets voneinander unterschieden werden, Christus sei der erste, der vom Geist lebendig gemacht worden sei: »Il nous semble plutôt que Paul veut dire que le dernier homme est devenu le premier de son genre (comme Adam) par l'Esprit qui donne vie (εἰς πνεῦμα ζῳοποιοῦν).« (ebd., 67).

59. Ernst Käsemann hat gezeigt, dass hinter den Ausführungen des Paulus über Tod und Sünde als herrschende Mächte apokalyptische Vorstellungen von den zwei Äonen stehen, die die Erde zum »Kampfort« gemacht haben, vgl. 1973, 124ff.; vgl. auch ders. 1986e.

60. Luise Schottroff 1981, 264, zeigt, dass Paulus hier nicht in der Logik eines Mythos denkt, sondern in der Logik der Herrschaftsverhältnisse: »Der Tod ist ein König, der seine Macht von der ἁμαρτία bezieht ...« Dass alle Menschen sterben müssen, habe seinen Grund in der Sünde (Röm 5,12) – der Schrecken des Todes sei jedoch nicht das Sterbenmüssen, sondern die Unfähigkeit, Leben zu verwirklichen: »Das Leben unter Sünde und Tod ist eine Jagd nach dem Leben, die doch immer nur Tod bewirkt (7,16.22).«

61. Auch Himmel ist hier als Metapher zu verstehen, die den Lebensraum Gottes beschreibt. Vgl. dazu Luzia Sutter Rehmann 2002, 82 (hier in Bezug auf Mk 12,25): »›Himmel‹ ist hier als Metapher zu lesen. Denn was immer der Himmel sein mag, er ist kein Ort, den wir auf der Erde schon kennen. Er ist ein unbesetzter Raum, Freiraum, der zwar über allen aufgeht, sich aber allen menschlichen Herrschaftsansprüchen entzieht. So ist der Himmel die Utopie (= Kein-Ort) überhaupt. Wenn in der

wärtige Existenz sei »fern vom Kyrios« in der »Fremde«. Er ziehe es vor, aus dem σῶμα auszuziehen und beim Kyrios daheim zu sein (2 Kor 5,6-8).[62] Zur Deutung dieser Aussagen ist es nötig, den metaphorischen Charakter der Raum-Bezeichnungen wahrzunehmen und als sprachlichen Ausdruck der Gottesbeziehung zu erfassen, die Paulus mit seinen gegenwärtigen (Leid-)Erfahrungen kontrastiert:

»›Nähe‹ aber ist zugleich ein Raum- wie ein Erfahrungsbegriff, und wir können grundsätzlich sagen, daß in der Bibel Raumbestimmungen zur Beschreibung von Beziehungen zwischen Gott und den Menschen und den Dingen dienen und auch für zwischenmenschliche Beziehungen – also *wesentlich Sozial*begriffe sind.«[63]

Die Vorstellungen des Paulus sind nicht einheitlich, sondern je nach Situation unterschiedlich: Der Sehnsucht, sich zu Gott zu begeben, gänzlich im Lebensraum Gottes zu sein und die gegenwärtigen Leib-Erfahrungen, die für ihn Erfahrungen von Leid und existentieller Not sind (vgl. 2 Kor 4,7 ff.)[64], hinter sich zu lassen, stellt er an anderer Stelle das Versprechen Gottes gegenüber, bei seinem Volk zu *wohnen* und über die gesamte Welt zu herrschen (2 Kor 6,16-18; vgl. dazu Lev 26,11 f.; Jer 31,33; 32,38; Ez 37,27). Zu erfassen ist seine Hoffnung nur in dieser Ambivalenz.

Ebenso ist die *Lebens-Sphäre*, die Paulus beschreibt, nicht eindeutig festzulegen. Zum einen ist sie als Schöpfung Gottes gegenwärtig, unsichtbar – aber zu erkennen (Röm 1,19 f.), wie die Weisheit ist sie verborgen (1 Kor 2,7-10), kann aber von denen, denen Gott seine Geistkraft geschenkt hat, gesehen werden, sie wird ihnen »enthüllt«. Als unsichtbarer Bereich ist sie eine ewige, nach der die Glaubenden »ausblicken« (2 Kor 4,18). Diese Sehnsucht nach einem vollständigen, endgültigen Sein im Lebensraum Gottes spricht vielfach aus den Briefen des Paulus. Seine eschatologische Hoffnung richtet sich dabei auf das Kommen Gottes bzw. das Wiederkommen des Messias Jesus, gleichzeitig gibt er seinem Wunsch Ausdruck, sich auf dieses Ziel hin zu bewegen, aufzubrechen.[65] Getragen ist seine Hoffnung auf eine Verwandlung der gegenwärtigen Existenz in einen Lebens-Raum Gottes, den er mittels apokalyptischer Bilder ausmalt (vgl. 1 Kor 15,51 ff.; Röm 8,18 ff.; Phil 3,20), durch das Handeln Gottes, das sich in

---

Apokalyptik die Erde als Herrschaftsraum der Unterdrücker entlarvt wird, dann wird der Himmel zur Metapher für eine Gegenwelt ohne Leid und ohne Gottesferne.«

62. Zur Stelle vgl. Jean-Bosco Matand Bulembat 1997, 131 ff.
63. Friedrich-Wilhelm Marquardt 1996, 425.
64. Zu der Aufzählung von Leiden, den »Peristasen« in 2 Kor 4,7-12, vgl. Martin Ebner 1991, 196 ff.; zur Stelle vgl. auch Ulrich Heckel 1993a, 246 ff.
65. Vgl. auch 2 Kor 5,2 ff.; Phil 1,23. Zu 2 Kor 5,1-10 vgl. E. Earle Ellis 2000, 154-164. Er macht deutlich, dass die hier von Paulus zum Ausdruck gebrachte Hoffnung, sein Sehnen nach einem Leben bei Gott, nicht mit einer dualistischen Anthropologie verbunden ist.

der Auferweckung Christi gezeigt habe.[66] In dieser Erwartung auf das Offenbarwerden dieser bisher unsichtbaren Wirklichkeit sieht er sich verbunden mit der gesamten Schöpfung, die aus ihrer Hoffnung Widerstandskraft (ὑπομονή) für ihre gegenwärtige Existenz schöpft (vgl. Röm 8,18-25).[67] Für Paulus bildet diese Erwartung die Kraftquelle, das Wissen um die Teilhabe an der Fülle, eine Ermutigung, weiterhin für das Evangelium zu arbeiten (vgl. 1 Kor 15,58). Glauben bedeutet für ihn Leben (vgl. Röm 1,17; Gal 3,11). Dass Menschen zum Glauben an den Messias Jesus kommen, bezeichnet Paulus als »Leben aus dem Tod« (Röm 11,15: ζωὴ ἐκ νεκρῶν; vgl. auch 1 Joh 3,14f.), die an den Messias Glaubenden und auf ihn Getauften seien »von Toten zu Lebenden« geworden (vgl. Röm 6,13).[68]

Auferstehung bedeutet in dieser Raum-Vorstellung die Bewegung auf die Wirklichkeit der Gottesherrschaft zu, eine Bewegung, die ihr Ziel noch nicht erreicht hat, aber *jetzt* geschieht (Röm 13,11):

»Erkennt den Zeitpunkt (καιρός): Es ist schon/jetzt die Stunde für euch, vom Schlaf aufgeweckt zu werden, denn jetzt ist unsere Rettung *näher* als damals, als wir zum Glauben kamen.«

---

66. Diese Sehnsucht steht in einer Spannung, die Friedrich-Wilhelm Marquardt folgendermaßen beschreibt: »Am Beispiel der Reich-Gottes-Hoffnungen im Christentum ließe sich jetzt die Urspannung darstellen, die im Begriff des Utopischen liegt: Einerseits das Suchen nach einem physisch, sozial, seelisch, geistig bergenden und befriedenden Ort, den wir uns in den tiefsten Gründen unserer verwundeten Herzen wünschen und der uns vom Gott Israels auch versprochen ist; andererseits die anhaltende Enttäuschung, ihn nie zu finden, so dass nur das Seufzen bleibt: ›Wann werde ich dahin kommen, dass ich Gottes Angesicht möge schauen?‹ (Ps 42,3b). Die Erfahrungsform ist in diesem Psalmvers für immer genau beschrieben: *Gottesdurst.*« (2001, 25)
67. Dass die Schöpfung noch nicht erlöst ist, wird in der Gegenwart der Glaubenden sichtbar. Paulus beschreibt mit dem Stöhnen der Schöpfung die Wirklichkeit der Menschen um ihn herum, deren Existenz von Zerstörung und Leiden geprägt ist. Vgl. Ernst Käsemann 1986d, 158: »Er [Paulus] weiß nach Röm 8,18ff., daß nicht nur die Schöpfung nach der herrlichen Freiheit der Kinder Gottes schreit, sondern auch die Gemeinde bis in ihre Gottesdienste hinein in dieses Schreien einstimmt, weil ihre Vollendung noch aussteht.«
68. Die Vorstellung einer Rettung aus dem »Raum des Todes« finden sich vielfach in den Psalmen. Vgl. dazu vor allem die Studie von Christoph Barth: »Die Errettung vom Tode in den individuellen Klage- und Dankliedern des Alten Testaments« (1946) 1987. Er zeigt, dass in den Psalmen der Tod vielfach als Grenze und Bedrohung des Menschen beschrieben wird: »In unserem Problembegriff ›Errettung vom Tode‹ kann unter Tod sehr Verschiedenartiges verstanden werden. Wenn es sich bei dieser Errettung wesentlich um einen Vorgang räumlicher Natur handelt, so wird der Tod als ein Bereich aufzufassen sein. Errettung vom Tode heißt dann: aus dem Bereich des Todes in den des Lebens versetzt werden. [...] Wo immer der Tod regiert, da zeigt sich etwas von seinem Raum, da manifestiert sich das Totenreich.« (ebd. 52)

Auch hier ist eine doppelte Bewegung auszumachen: Die Rettung kommt auf sie zu und die Menschen stehen auf. Deutlich wird die Verschränkung räumlicher und temporaler Vorstellungen. Die Nähe, von der hier gesprochen wird, umfasst beide Dimensionen. Die Komplexität macht es schwierig, angemessene Beschreibungen der den Aussagen zugrundeliegenden Metaphorik zu entwickeln. Räumlichkeit und Zeitlichkeit durchdringen sich und werden herangezogen, um eine veränderte Wirklichkeitssphäre zu beschreiben. Die Glaubenden erkennen sich als Teilhaberinnen und Teilhaber der erneuerten Schöpfung (καινὴ κτίσις):[69] »Das Alte ist vergangen, Neues ist geworden.« (2 Kor 5,17) Auferstehung bzw. die Erfahrung von Gottesnähe verwandelt die Beziehungen der Menschen zueinander (vgl. 1 Kor 12,12 ff.; Röm 12,4 ff., Gal 3,26 ff.).[70] Daraus erkennen sie: »Jetzt ist der von Gott bestimmte gute Zeitpunkt (καιρός) da, jetzt ist der Tag der Rettung!« Auch wenn sie noch unter der gegenwärtigen Existenz leiden und auf deren endgültige Verwandlung warten, so erfahren sie *Leben jetzt* (2 Kor 6,9 f.).

69. Ulrich Mell 1989 verweist eindrücklich darauf, dass Paulus nicht den Menschen »neue Schöpfung« nenne, sondern die Welt, im Zusammenhang der Anthropologie bezeichne der Ausdruck als Relationsbegriff die Zugehörigkeit der Menschen zur neuen Schöpfung (vgl. 317.392.394). »Der Ausdruck ›neue Schöpfung‹ ist mithin von Paulus in den präsentisch-eschatologischen Aussagerahmen einer neuen Zeit gespannt, eine Gegenwart, die vollkommen von der überwältigend neuen Heilsgeschichte mit dem Menschen ausgezeichnet ist.« (367) Ulrich Mells wichtigen Beobachtungen ist allerdings nur bis zu diesem Punkt zu folgen. Seine Aussage, die Vorstellung der »neuen Schöpfung« bei Paulus stehe im »Ablöseprozeß von der Synagoge« und des jüdischen Gesetzes und bestreite damit Israel die verheißene Heilszukunft (vgl. 325.390 f.), wird der historischen und theologischen Situation hingegen nicht gerecht. Martinus C. de Boer zeigt, dass die Vorstellung der neuen Schöpfung im Rahmen jüdischer eschatologisch apokalyptischer Vorstellungen verwurzelt ist, die Paulus mit seinen jüdischen Zeitgenossen teilt (vgl. 1988, 21.136).
70. Vgl. bereits Albert Schweitzer (1930) 1981, 257. Diese Verbundenheit in Christus fasst E. Earle Ellis 2000, 100, in dem Begriff der »*corporate solidarity*«: »That is, Paul views the ἐν Χριστῷ really to be a corporate sphere of existence in which the resurrection life of the believer is now fully realized. However, the individual actualization of this corporate reality, the defeat of death in the individual Christian, awaits the parousia.« Aus diesen Beschreibungen wird deutlich, dass die Herrschafts- bzw. Raummetapher nicht die einzige ist, mit der Paulus das verwandelte Leben beschreibt. Ebenso wichtig sind seine Beziehungsmetaphern, die die Glaubenden als Geschwister, als Söhne und Töchter Gottes beschreiben (vgl. z. B. Röm 8,13 ff.). Darauf verweist auch Marlene Crüsemann 2002, 59.

3.2.5 Die Körper der Menschen

Die Zugehörigkeit zu den verschiedenen Lebens- bzw. Todessphären hat Konsequenzen für die gegenwärtige *körperliche Existenz* der Menschen, die vollständig von der jeweiligen Macht »bewohnt/besetzt« sein können (Röm 7,17.20):[71]

»Jetzt aber bewirke ich es nicht mehr selbst, sondern die Sündenmacht, die mich bewohnt ... Wenn ich aber das, was ich nicht will, tue, dann bin nicht mehr ich das handelnde Subjekt, sondern die Sündenmacht, die mich bewohnt.«

Die Sündenmacht bzw. Todesmacht hat Einfluss auf das gegenwärtige Leben.[72] Die Körper werden zum σῶμα τῆς ἁμαρτίας (Röm 6,6), zum σῶμα τοῦ θανάτου (Röm 7,24), die erniedrigten Körper sind das σῶμα τῆς ταπεινώσεως ἡμῶν. Die Sündenmacht zerstört die Körper, macht sie zu einem σῶμα νεκρόν (Röm 8,10):

»Ist aber der Messias in/unter euch (ἐν ὑμῖν), gibt die Geistkraft Leben durch die Gerechtigkeit, auch wenn der Körper durch die Sündenmacht tot ist (σῶμα νεκρόν).«

Dass hier nicht allein individuelle Körper gemeint sind, wird bereits am Plural »euer« bzw. »unser« Körper sichtbar. Hier sind strukturelle und kollektive Erfahrungen mit der Macht der Sünde und des Todes angesprochen, die die Menschen versklaven und ihre gesamte Existenz bestimmen, bzw. Erfahrungen mit der Macht des Lebens, des lebendigen Gottes. Die Gegenwärtigkeit der Erfahrungen von Leben und Tod betont bereits Rudolf Bultmann: »Wichtig ist, daß die nichtigende Kraft des Todes schon das Leben beherrschend es zu einem uneigentlichen machend verstanden wird.«[73] So können gegenwärtig existierende Menschen auch »Tote« (νεκροί) genannt werden.[74]

Im Lebensbereich des Messias werden sie verwandelt und seinem σῶμα τῆς δόξης gleich (Phil 3,21). Futurisch und präsentisch formulierte Verheißungen für die Körper wechseln sich im Sprachgebrauch des Paulus ab. So nennt er die gegenwärtigen Körper der Getauften Tempel der Geistkraft/Tempel Gottes (1 Kor 6,19; vgl. auch 1 Kor 3,16f.; 2 Kor 6,16).[75] Die Erfahrungen von Tod

---

71. Zur Metaphorik des Innewohnens (der Sünde bzw. Christus/Geist) vgl. Günter Röhser 1987, 119 ff.
72. Vgl. auch Ernst Käsemann 1973, 141: »Weil die Welt kein neutraler Raum, sondern das Feld miteinander ringender Mächte ist, wird der Mensch als Einzelner wie in seiner Gemeinschaft zum Objekt dieses Konkurrenzkampfes und zum Exponenten der ihn beherrschenden Macht.«
73. Rudolf Bultmann 1938, 17.
74. Vgl. Röm 6,11; 8,10; 11,15; Mt 8,22 par; Lk 15,24.32; Kol 2,13; 3,3; Eph 2,1.4f.; vgl. auch Joh 5,21.
75. In Röm 6,22 sagt Paulus, dass die Körper der Glaubenden von der Sündenmacht nun dazu befreit seien, ihre Heiligung hervorzubringen (εἰς ἁγιασμόν) mit dem Ziel des ewigen Lebens (ζωὴν αἰώνιον). Zur Stelle vgl. auch Marlene Crüsemann

und Gewalt, die sich an den Körpern zeigen, kennt Paulus aus seiner eigenen Geschichte (2 Kor 4,10-12.14):

»10. Wohin wir auch kommen, immer tragen wir die Tötung Jesu (τὴν νέκρωσιν τοῦ Ἰησοῦ) am Körper (ἐν τῷ σώματι), damit auch das Leben (ἡ ζωή) Jesu an unserem Körper sichtbar wird. 11. Denn immer werden wir, obgleich wir leben, um Jesu willen dem Tod ausgeliefert, damit auch das Leben Jesu an unserem sterblichen Körper (ἐν τῇ θνητῇ σαρκὶ ἡμῶν) sichtbar wird. 12. So erweist an uns der Tod seine Wirksamkeit, an euch aber auch das Leben ... 14. Denn wir wissen, dass der, der den Kyrios Jesus auferweckt hat, auch uns mit Jesus auferwecken wird und uns mit Euch vor ihn stellen wird.«

Todesmacht *und* Lebensmacht prägen die gegenwärtige Existenz, hinterlassen ihre Spuren auf den Körpern der Menschen.[76] Paulus spricht hier vom gegenwärtigen Leiden, das die Gläubigen mit dem Messias verbindet, vom gegenwärtigen Sterben und Leben mit ihm – und in diesem Zusammenhang auch von seiner Hoffnung auf das Aufstehen mit ihm.[77]

3.2.6 Resümee

Tod und Leben beschreiben im Corpus Paulinum nicht ausschließlich das physiologische Leben bzw. dessen Ende – das hat der Überblick gezeigt.[78] Der Glau-

    2002, 61: »Unter diesen Bedingungen wird die Aktivität der von der Sündenmacht Befreiten etwas Besonderes: Die eigene Heiligung, das unzerstörbare Leben in Gottes Gegenwart, das andere lebendig machen kann, wird von ihnen selbst hervorgebracht (V. 22). [...] Heiligung ist Teilhabe am Sein Gottes.«
76. Vgl. auch Martin Ebner 1991, 230 ff., der zeigt, dass Paulus hier prinzipiell im Rahmen hebräischer Anthropologie bleibt. Das zeige sich insbesondere am σῶμα-Begriff, der in 4,10 sowohl für den »Tod« als auch für das »Leben« gebraucht werde. Die Identifikation mit dem Schicksal Jesu betreffe den ganzen Menschen: »Ohne die hebräische Konzeption der ganzheitlichen Sicht des Menschen aufzugeben, sucht Paulus sprachlich nach verständlichen Kategorien für den theologischen Ort der Glaubenserfahrung im Menschen [...]. Im Sinne der antithetischen Aussagen von 4,16 ausgedrückt, betrifft die Kategorie ἔξω ἄνθρωπος den Menschen, insofern er in der Realität des Lebens ›aufgerieben‹ wird, die Kategorie ἔσω ἄνθρωπος dagegen den Menschen, insofern in ihm ›neue Schöpfung‹ Wirklichkeit wird. [...] Während aber im stoischen Konzept von den Peristasen nur die äußerliche Hülle des Menschen, *corpus/pars irrationalis*, betroffen ist, gehen bei Paulus die Peristasen den ganzen Menschen mit seinem Leib, Fühlen und Denken an.«
77. Joost Hollemann 1996a, 193, geht davon aus, dass auch die futurische Form von ἐγείρειν – das Auferstehen mit Jesus – in 2 Kor 4,14 auf die Gegenwart, d. h. auf das erhoffte Zusammentreffen des Paulus mit den KorintherInnen zu beziehen ist. Zur Diskussion über 2 Kor 4,14 vgl. auch J. Lambrecht 1994, 335 ff.
78. Das betont bereits Rudolf Bultmann 1938, 14: »Nirgends wird der Versuch gemacht, den Tod als Naturvorgang zu interpretieren und ihn dadurch zu neutralisieren, und auch da, wo an seine Aufhebung durch die Auferstehung gedacht ist und Sterben

ben an die Auferstehung ist in eschatologische und kollektive Zusammenhänge eingebettet, die die gesamte Schöpfung und Geschichte betreffen. Lebendigwerden und Sterben beschreiben Prozesse, die Paulus auf das Kommen, den Tod und die Auferweckung des Messias bezieht. Sein Blick richtet sich dabei vor allem auf die *Todesstrukturen* des gegenwärtigen Lebens, die die Menschen und ihre Körper zerstören.

Leben drückt in seinem Sprachgebrauch eine Beziehungsqualität aus, die Beziehung zu Gott und eine Existenz, die Leben/lebendig werden »in Christus« ermöglicht. Gott gibt Leben und ermöglicht so den Glaubenden den Eintritt in einen neuen Wirklichkeitsbereich, der für sie zugleich einen Herrschaftswechsel und Existenzwandel bedeutet.[79] Diejenigen, die diesen Existenzwechsel in den Lebensraum, die lebendige Sphäre Gottes, vollzogen haben, werden »lebendig gemacht« – ein soteriologisches Geschehen, das Paulus auch mit der Metapher der »erneuerten Schöpfung« (καινὴ κτίσις) umschreibt.

An den *Körpern* wird konkret, in welchem Bereich jemand steht, welche Macht die Menschen bestimmt, ob sie vom Leben oder vom Tod bestimmt sind: als σῶμα τῆς ἁμαρτίας (Röm 6,6), σῶμα τοῦ θανάτου (Röm 7,24), σῶμα νεκρόν (Röm 8,10), σῶμα τῆς ταπεινώσεως ἡμῶν (Phil 3,21), oder im Lebensbereich des Messias seinem σῶμα τῆς δόξης gleich (Phil 3,21), als Tempel der Geistkraft/ Tempel Gottes (1 Kor 6,19; 1 Kor 3,16; 2 Kor 6,16). Die Spannung zwischen präsentischer Zusage der Auferstehung und der Verheißung noch nicht offenbarer vollständiger Verwandlung wird besonders an den Körpern sichtbar und an ihnen existentiell erfahrbar.

Das Kommen Christi, sein Tod und seine Auferstehung haben Grenzen durchlässig gemacht und ermöglichen die Erfahrung von qualifiziertem Leben in der gegenwärtigen Existenz. Leben »in Christus« ist für Paulus ein eschatologisch qualifiziertes Leben im Lebensraum Gottes. Ein Leben, das die Todesstrukturen, denen durch Christi Auferweckung die Macht genommen wurde (vgl. 1 Kor 15,20 ff.), nicht mehr bestimmen können. Diese Verheißung steht in der Realität der Menschen der Erfahrung gegenüber, dass die Strukturen des Todes sie tagtäglich umfassen, ihr Denken und Handeln bestimmen (vgl. Röm 7,7 ff.). Die Spannung zwischen den Erfahrungen von Tod und von Leben, die sich an den Körpern der Menschen manifestiert, macht die Herausforderung der paulinischen Aussagen deutlich. Er will zum Ausdruck bringen, dass die Erfahrungen von Leben eine Grenzüberschreitung bedeuten, die die gegenwär-

und Auferstehen nach Analogie eines Naturvorgangs beschrieben wird (1 K 15,36; J 12,24), wird er nicht als natürlicher Vorgang begriffen, sowenig wie die Auferstehung [...].« So auch Friedrich Wilhelm Marquardt 1996, 422: »Wir sollten lernen, daß das Wort ›Tod‹ in der Bibel seine spezifische Bedeutung nicht nur aus der Erfahrung des Sterbens und der Endlichkeit unseres Daseins bezieht (wie das Wort ›Leben‹ nicht nur aus unserem Dasein in der Welt). Nicht an uns – an Gott haben wir in der Gedanken- und Erfahrungswelt der Bibel ›Tod‹ und ›Leben‹ ihr Maß [...] an Gott wird definiert, was ›Leben‹, was ›Tod‹ ist.«

79. Vgl. auch Ernst Käsemann 1973, 129.

tige Existenz, die für viele Menschen durch Leid- und Gewalterfahrungen geprägt ist, für eine andere Wirklichkeit durchlässig macht:

»Wenn wir nur in diesem Leben auf den Messias hoffen, sind wir bemitleidenswerter als alle Menschen.« (1 Kor 15,19)

Tod, Leben und Gottesnähe räumlich, d. h. als Dimensionen erneuerter Wirklichkeit, zu erfassen, ermöglicht Paulus, gegenwärtiges Erleben von jenseitigem Leben auf eine Weise auszudrücken, das mittels chronologisch linear gedachter Begriffe allein nicht zu erfassen ist.[80] Es geht ihm in diesem Zusammenhang nicht um ein rein zeitlich verstandenes Nacheinander verschiedener Wirklichkeiten, sondern darum, deren Ineinandergreifen zu beschreiben.[81] Die Darstellung der erneuerten Wirklichkeit in Räumlichkeit und Zeitlichkeit ist in diesem Zusammenhang als sprachlicher (Hilfs-)Ausdruck einer Erfahrung zu deuten, die diese Kategorien überschreitet, die sich sprachlich nicht vollständig erfassen lässt. Sie beschreibt die Sehnsucht des Paulus, die sich auf das Offenbarwerden dieser göttlichen Wirklichkeit für alle richtet. Ein Leben in dieser Wirklichkeit sei den Christus-Gläubigen aber bereits eröffnet (vgl. Röm 5,10f.; 6,4).

Der Lebensraum, in den die Glaubenden eintreten, ist auch durch den physiologischen Tod nicht begrenzt, das ist das »eschatologische Versprechen«[82], das Paulus mittels apokalyptischer Bilder, die vom Sieg über den Tod als letztem Feind sprechen, als Hoffnung und Lebensgrund von Gott gegeben sieht. Ein Sieg, der durch die Auferweckung Christi schon errungen ist (1 Kor 15, 20-28.54-57). Diese Gewissheit bleibt auch angesichts der gegenwärtigen Leiden, die die Menschen und die gesamte Schöpfung betreffen, tragfähig (vgl. Röm 8,18-25). Um die gesellschaftspolitische Dimension dieser Aussagen erfassen zu können, ist es nötig, die mythischen Bilder, die ›Räume‹, von denen Paulus spricht, für seine Gegenwart ›aufzuschließen‹, sie zu entschlüsseln und zu übersetzen. Das betrifft insbesondere die von ihm beschriebenen Herrschaftssphären, in denen sich menschliche Existenz bewegt,[83] Herrschaftsbereiche, die

---

80. Zur Zeiterfahrung eschatologischer Texte vgl. Luise Schottroff 1994, 235 ff. Zur Kritik am Konstrukt »Parusieverzögerung« vgl. S. 251 ff.; vgl. auch 1995, 209 ff. Sie zeigt, dass »Nähe« in diesen Zusammenhängen nicht ausschließlich zeitlich verstanden werden kann: »Es ist oft hilfreich, die in den Texten verheißene Nähe Gottes als Nähe zu einem göttlichen Raum und einer göttlichen Macht zu begreifen. Die Nähe Gottes stärkt Frauen und Männer und macht sie handlungsfähig in solidarischen Beziehungen.« (1995, 211)
81. Vgl. auch Albert Schweitzer (1930) 1981, 99: »Wer also Erkenntnis hat, rechnet die Dauer der natürlichen Welt nicht bis zur Ankunft Jesu in Herrlichkeit, sondern erfaßt die Zwischenzeit zwischen seiner Auferstehung und dem Anbruch des messianischen Reiches als ein Ineinander von natürlicher und übernatürlicher Welt.«
82. Vgl. Martinus C. de Boer 1988, 113.139-140.
83. Die Frage richtet sich darauf, was sich konkret hinter dem verbirgt, was Ernst Käsemann 1986d, 157 f., als Kampfgeschehen zwischen verschiedenen Mächten beschreibt: »Die apokalyptische Frage, wem die Weltherrschaft gehört, steht hinter

durch Leben bzw. Tod charakterisiert werden. Der Frage nach der konkreten Lebenspraxis, die der Existenz im Lebensraum Gottes entspricht, und den Konsequenzen, die sich für die Menschen und ihre Körper daraus ergeben, soll im Folgenden weiter nachgegangen werden:

3.3 Sterben und Lebendigwerden in 1 Kor 15,36-38 und Röm 6

In Röm 6,1 ff. wird das soteriologische Verständnis von Tod und Leben in besonderer Weise sichtbar. Hier entfaltet Paulus die Thematik anhand von Aussagen über das Taufgeschehen.[84] Im Folgenden soll der Versuch unternommen werden, die Aussagen, die hier über Tod und Leben getroffen werden, in Korrespondenz zu denen in 1 Kor 15,36 ff. zu verstehen. Es soll dabei der Frage nachgegangen werden, ob es in diesem wechselseitigen Interpretationsprozess auch möglich ist, das Sterben des Samenkorns als Sterben des »alten Menschen« (ὁ παλαιὸς ἡμῶν ἄνθρωπος; Röm 6,6) zu deuten, der mit Christus »begraben« wurde und mit ihm auferstehen wird.

3.3.1 Taufe in den Tod (Röm 6,1ff.)

»6,1 Was sollen wir nun sagen? Sollen wir in der Sünde beharren, damit die Gnade größer werde? Das sei ferne! 2. Wie können wir, die wir für die Sündenmacht tot sind noch in ihr leben? 3. Denn wisst ihr nicht, dass alle, die wir in Christus Jesus hinein getauft wurden, in seinen Tod hinein getauft sind? 4. Also sind wir durch die Taufe mit ihm in den Tod begraben, damit auch wir – so wie Christus von den Toten auferweckt wurde, durch die Herrlichkeit des Vaters – im neuen Leben wandeln. 5. Wenn wir nämlich zusammengewachsen sind mit der Gleichgestaltigkeit seines Todes[85], dann werden wir es auch mit der seiner Auferstehung sein. 6. Wir wissen

der Auferstehungstheologie des Apostels [...] Der Mensch ist für Paulus nie bloß er selbst. Wie er immer ein konkretes Stück Welt ist, so wird er, was er letztlich ist, von außen her, nämlich durch die Macht, die ihn ergreift, und die Herrschaft, der er sich anheimgibt.«

84. Es handelt sich hier nicht um eine spezielle Abhandlung über die Taufe oder um die Ausführung einer eigenständigen Tauftheologie des Paulus, die Taufe bietet hier lediglich ein Argument in dem übergeordneten Zusammenhang von Sterben und Leben mit Christus; zur Forschungslage vgl. Michael Theobald 2000, 231.

85. Die Wendung »σύμφυτοι γεγόναμεν τῷ ὁμοιώματι τοῦ θανάτου αὐτοῦ« ist schwierig im Deutschen wiederzugeben. Der Sprachgebrauch bei Paulus, wenn er das Wort ὁμοίωμα verwendet, lehnt sich an den der LXX an und beschreibt die »Gleichgestalt«, vgl. Röm 1,23; 5,14; 8,3; Phil 2,7. Der Dativ begründet sich durch die Abhängigkeit von σύμφυτοι γεγόναμεν und ist als dativus sociativus aufzufas-

doch, dass unser alter Mensch mitgekreuzigt wurde, damit der der Sündenmacht unterworfene Körper[86] vernichtet werde, so dass wir nicht länger Sklavendienste für die Sündenmacht leisten müssen. 7. Denn wer stirbt, ist von der Sündenmacht losgesprochen. 8. Sind wir aber mit Christus gestorben, so vertrauen wir darauf, dass wir auch mit ihm leben werden. 9. Wir wissen nämlich, dass Christus, der von den Toten auferweckt wurde, nicht mehr stirbt: Der Tod hat keine Macht mehr über ihn. 10. Den Tod, den er starb, starb er ein für allemal für die Sündenmacht. Mit dem Leben, das er lebt, lebt er für Gott. 11. Genauso sollt ihr euch verstehen als solche, die für die Sündenmacht tot sind, lebendig aber für Gott in Christus Jesus.«

Im Folgenden werden die zentralen Aussagen aus Röm 6,1-11 dargestellt, die für eine Auslegung von 1 Kor 15,35 ff. relevant sind:[87]

1. Leben setzt Sterben voraus: In Röm 6 ist es das Sterben des »alten Menschen«, das ein Hinaustreten aus dem Machtbereich der Sünde und des Todes bedeutet (vgl. VV. 2.6.7.9.11).[88] Hier zeigt es sich einmal mehr, dass die Rede vom Sterben nicht allein auf den physiologischen Tod und Leben nicht allein auf die physische Existenz bezogen ist, sondern auf weitere soteriologische Zusammenhänge: auf die Taufe und die Teilhabe am Leben der Gemeinde (vgl. 2 Kor 5,15-17).[89]

sen, vgl. dazu die Erläuterungen von Ulrich Wilckens 1980, 13 f. Welche Vorstellung sich damit verbindet, soll im Folgenden ermittelt werden.

86. In seiner Körper-Sprache verbindet Paulus die Analyse gesellschaftlicher und politischer Strukturen mit dem konkreten Leben der einzelnen Menschen, die existentiell von den Mächten, die sie beherrschen, abhängig sind. σῶμα τῆς ἁμαρτίας meint den Körper, der der Sündenmacht unterworfen ist. Der Begriff σῶμα erfährt durch den angefügten Genitiv eine neue Dimension und wird nunmehr über die ἁμαρτία charakterisiert, die ihn in seinem gesamten Dasein bestimmt. Der metaphorische Ausdruck ›Körper der Sündenmacht‹ ist nicht von den konkreten Erfahrungen der Menschen unter der Pax Romana zu trennen und wird für deren vielfältige Leiderfahrungen transparent.

87. Zum aktuellen Stand der Forschungsgeschichte zu Röm 6,2 ff. vgl. Michael Theobald 2000, 230-240.

88. Das Sterben und Auferstehen Jesu Christi versteht Paulus auch als Äonenwende, in die die Einzelnen an den Messias Glaubenden und in ihn/in seinen Tod Getauften einbezogen werden, vgl. dazu Ernst Käsemann 1973, 153 u. ö.; Robert Tannehill 1967, 18 ff. Zur Herr-Sklave-Metaphorik vgl. Günter Röhser 1987, 104 ff.

89. Dass die Vorstellung vom Mitsterben und Mitauferstehen der Glaubenden religionsgeschichtlich in den hellenistischen Mysterienreligionen beheimatet ist, ist vielfach vermutet worden, vgl. u. a. Rudolf Bultmann 1984, 142-146; Hans Conzelmann 1987, 126-130; Ernst Käsemann 1973, 153. Es wurden jedoch jeweils auch die Unterschiede betont, die mit der Einzigartigkeit der Aussage vom Sterben in den Tod verbunden sind, vgl. u. a. Ulrich Wilckens 1980, 11; vgl. Gerhard Barth 1992a, 81; Gisela Kittel 1999, 178. In seiner Studie »Baptism and Resurrection« zeigt A. J. M. Wedderburn 1987, dass Paulus zwar einerseits auf vielfältige Vorstellungen aus der Umwelt (so z. B. in Mysterienkulten und deren Initiationsriten) zurückgreifen konnte, die Sterben und daran anschließendes neues Leben zum Zentrum ihres Kultus bzw. ihrer Riten machen. Die paulinische Aussage vom Sterben mit Christus bedeute

2. Das neue Leben (V. 4) ist ein gegenwärtiges Leben in Christus Jesus, aber zugleich auch ein zukünftiges mit ihm (vgl. V. 5: ἐσόμεθα und V. 11: ζῶντας ... ἐν Χριστῷ Ἰησοῦ; V. 8: συζήσομεν αὐτῷ; vgl. auch Phil 1,23). Während V. 4 metaphorisch auf das Sterben und neue Leben in der Gegenwart bezogen ist, zeigt V. 5 das eschatologische Zusammenleben in der Auferstehung (vgl. auch 2 Kor 5,15-17; Phil 3,10f.).[90]

3. In Röm 6,5 wird Sterben und Auferstehen mit einem Bild aus dem biologischen Bereich ausgedrückt: σύμφυτοι – »*zusammengewachsen*[91] sind wir mit der Gleichgestaltigkeit seines Todes und werden es auch mit der Gleichgestaltigkeit seiner Auferstehung sein« (vgl. auch Röm 8,3).

4. Sterben, begraben werden und auferweckt werden wird als ein Geschehen beschrieben, das die Gegenwart bestimmt (VV. 3-4). Zu dessen Beschreibung verwendet Paulus Verben im Aorist:[92] In der Taufe werden wir »in seinen Tod getauft« und mit Christus Jesus »begraben«[93] – diese Aussagen sind im Aorist formuliert; wie auch das »Wandeln im neuen Leben« (V. 4: περιπατήσωμεν; Aorist Konj.), das der Auferweckung Christi durch Gott zu verdanken ist. Auch das Leben, das aus dem Tod heraus erwächst, ist als ein gegenwärtiges gedacht (vgl. V. 13): »ἐκ νεκρῶν ζῶντας«. Das Gleichwerden mit der Auferweckung Christi (V. 5: ἐσόμεθα) steht dann im Futur, wie auch das Zusammenleben *mit* ihm (V. 8).[94] Hier wird das Spannungsverhältnis verschiedener Zeitebenen zueinander deutlich, präsentische und futurische Vorstellungen stehen nebeneinander und werden nicht zugunsten einer der Ebenen aufgelöst. In V. 11 macht Paulus dann erneut deutlich, dass das Sterben einen Punkt im gegen-

jedoch andererseits einen deutlichen Unterschied zu diesen: »Dying and coming to life again may be a widespread idea, then, but not dying and rising with the past death and resurrection of a deity.« (394)

90. Vgl. auch Joost Holleman 1996a, 171: »In Rom. 6:1-14 Paul thus speaks about being united in Christ's death and resurrection in two ways. Firstly becoming a Christian one has already been united with Jesus in his death and resurrection. [...] Secondly, as a result of this participation in Jesus' death and resurrection in the past a Christian will also participate in Jesus' resurrection in the future, at the end of time.«

91. Auch wenn das Wort σύμφυτοι, das ursprünglich im organischen Denken beheimatet war, zunehmend zu der Bedeutung »verbunden« verblasst sein sollte (vgl. Ernst Käsemann 1973, 157f.; Ulrich Wilckens 1980, 13), ist die Beziehung hier dennoch nicht gänzlich zu vernachlässigen. Ob er dabei an das Saatbild aus 1 Kor 15,36ff. denkt, ist jedoch nicht zu belegen. Zu den σύν-Aussagen in Röm 6 vgl. Robert Tannehill 1967, 21f.39; Eduard Schweizer 1967/68; James D. G. Dunn 1988, 313.321; Gerhard Barth 1992, 77; Joost Holleman 1996a, 188-198.

92. Die Vorstellung vom Sterben mit Christus formuliert Paulus auch unabhängig von der Taufe, vgl. Röm 7,4; Gal 2,19; vgl. auch Gal 5,24; 2 Kor 4,10; Phil 3,10; zu den Stellen vgl. auch Joost Holleman 1996a, 189f.

93. Vgl. auch 1 Kor 15,4. Zur Bedeutung des Begräbnisses Jesu bei Paulus vgl. Martin Hengel 2001, 119-183.

94. Vgl. auch 2 Kor 13,4; Röm 8,11.

wärtigen Leben beschreibt: Für die Sündenmacht sind die Glaubenden Tote, für Gott Lebende *in* Christus.[95]

»Man begreift die Rede von der Taufe in Röm 6,3 f. nur, wenn man den eschatologisch-endgültigen Charakter des in Christi Tod und Auferweckung geschehenen *Herrschaftswechsels* mitbedenkt. Der gekreuzigte Christus bleibt als der zu Gott Auferweckte *gegenwärtig.* Von daher kann die Taufe keine mysteriendramatische *Wiederholung* von Tod und Auferweckung Jesu am Täufling sein, vielmehr nimmt sie diesen *kraft der Gegenwart Christi* umgekehrt *in* dessen Tod und Auferweckung *hinein.*«[96]

Die Strukturen der Sündemacht haben damit bereits in der gegenwärtigen Existenz der Menschen ihre Macht verloren: Das σῶμα τῆς ἁμαρτίας ist zunichte gemacht, die Glaubenden sind nicht länger SklavInnen der Sündenmacht (VV. 6.7.11), sie können bereits jetzt im neuen Leben wandeln.

5. Die Ausführungen über das Sterben und Leben verbindet Paulus mit dem Appell, eine Lebenspraxis zu entwickeln, die dem neuen Leben in Christus entspricht (V. 4.12-14; vgl. auch Gal 2,19; 5,24). Zielpunkt seiner Ausführungen ist die Aufforderung, dem Leben zu dienen (V. 13): »Stellt eure Glieder nicht der Sündenmacht als Waffen der Ungerechtigkeit zur Verfügung, sondern stellt euch Gott zur Verfügung als solche, die von Toten zu Lebenden wurden (ἐκ νεκρῶν ζῶντας), und setzt eure Glieder als Waffen der Gerechtigkeit für Gott ein.«[97] Die Qualifizierung der Körper geschieht hier über ihre Gottesbeziehung und ihre gegenwärtige Lebens-Praxis.

6. Getauft zu werden wird in Röm 6 als Bewegung in einen Raum hinein beschrieben: Getauft-werden *in* den Messias Jesus *hinein* ist ein Getauft-werden *in* seinen Tod *hinein.* Klaus Haacker versteht Röm 6,3.4 anlog zur Taufe »auf

---

95. Zur Forschungsgeschichte von ἐν Χριστῷ vgl. Christian Strecker 1999, 189 ff.
96. Michael Theobald 2000, 239-240. Zum Raum-Charakter paulinischer Aussagen vgl. auch Gerhard Sellin 1996, 14.19-24.
97. Vgl. auch Gerhard Jankowski 1998, 141: »Auferstehung aus den Toten – meistens wird gefragt: Wie ist das möglich? Gefragt wird nicht, was jetzt möglich ist im Leben derer, die darauf vertrauen, daß die Auferstehung der Toten sein wird und damit eine neue Welt mit neuen Menschen. Wer sich auf den Messias taufen läßt, läßt sich auch taufen auf seinen Tod und seine Auferstehung. Das macht ihn zum Genossen der neuen Welt schon jetzt. Und das zeigt sich in der messianischen Praxis, die möglich wird und gegen die Welt der Sünde und des Todes gelebt wird.« Vgl. auch Luise Schottroff 1981, 266 f. Die Ausführungen über das »neue Leben« (Röm 6,4) versteht sie als Beginn der Zukunft, der Auferstehung der Toten: »Die sehr konkreten Bemühungen des Pls um die Lebensgestaltung in diesem Sinne zeigen sich im gesamten Corpus Paulinum und sind als Schritte zur Verwirklichung des neuen Lebens zu begreifen. [...] Das neue Leben ist also gegenwärtig erfahrbar in der Praxis der Solidarität, wie sie etwa in Röm 14 und 15 verlangt wird, in der Widerstandskraft gegenüber den Leiden und der Hoffnung, die in diesem alltäglichen Gottesdienst den Beginn der Totenauferstehung für die gesamte Schöpfung sieht.«

Mose« (εἰς τὸν Μωϋσῆν) beim Exodus und bei der Wüstenwanderung in 1 Kor 10,2:

»Als Basis der hier vorausgesetzten Parallelität zwischen Mose und Christus ist die Tatsache der Führerschaft bzw. Gefolgschaft auf dem Weg in einen verheißenen Raum des Heils zu vermuten. Die für die Argumentation des Apostels entscheidende Wendung ist das zweimalige εἰς τὸν θάνατον (αὐτοῦ), das in 3 das Verbum und in 4 das Substantiv näher bestimmt. Übersetzt man mit ›in den/seinen Tod‹, so erscheint der Tod Jesu wie ein Raum, in den man hineinkommt, – ein singulärer und seltsamer Gedanke.«[98]

Diese Beobachtung von K. Haacker ist für die Deutung von Röm 6,3 f. weiterführend. Allerdings ist auf der Basis der vorangegangenen Untersuchungen zu fragen, ob der Gedanke, hier eine lokale Bestimmung anzunehmen, tatsächlich so »singulär und seltsam« ist. Es hat sich gezeigt, dass es nicht angemessen ist, Auferstehung ausschließlich mittels zeitlicher Dimensionen erfassen zu wollen. Tod und Leben sind in diesem Zusammenhang nicht allein mit (linearen) zeitlichen Kategorien zu erfassen: Sie bezeichnen das Sein in je einem unterschiedlichen »Herrschaftsbereich« – dem des Todes/der Sündenmacht oder dem des Lebens/Gottes. Der Raum in Gott ist uns durch das Sterben und die Auferweckung des Messias Jesus bereits eröffnet, wir leben *in* Christus Jesus, im Leib des Messias (vgl. 1 Kor 12,13.27; Röm 12,5) – so betont Paulus immer wieder. Die Schwelle zur Sphäre des Lebens *mit* ihm werden die Glaubenden überschreiten, wenn Gott alles in allem ist (vgl. 1 Kor 15,28). Der entscheidende Schritt ist aus dem Tod in das Leben, der in der gegenwärtigen Existenz durch die Taufe getan wurde.[99] Paulus formuliert hier paradox: Leben bedeutet, in den Tod Jesu einzutreten, denn nur ἐν Χριστῷ ist Leben möglich (vgl. Röm 6,11).[100] Es ist die Erfahrung der Auferstehung, die das Leben als Leben qualifiziert, ein Leben, das aber nicht von alltäglichen Todeserfahrungen gelöst ist (vgl. 2 Kor 4,8-12).[101]

7. In Röm 6,2 ff. wird deutlich, dass hier Vorstellungen mittels körperlicher Metaphorik zum Ausdruck gebracht werden, die jeweils auf eine Vielzahl von Menschen bezogen werden müssen, auch wenn σῶμα im Singular steht: So

---

98. Klaus Haacker 1999, 127-128. Die Frage, die sich allerdings für 1 Kor 10,1-4 stellt, ist, wie Paulus hier die Gestalt des Mose versteht und welche weisheitlich-spekulativen Vorstellungen dabei zum Ausdruck kommen.
99. Vgl. auch Helmut Umbach 1999, 249.
100. Vgl. dazu auch E. Earle Ellis 2000, 150.
101. James D. G. Dunn 1988, 331, beschreibt den Prozess, der mit der Taufe beginnt, als lebenslanges Sterben: »The whole of his life for the believer is suspended between Christ's death and Christ's resurrection, or more precisely between the likeness of Christ's death and that of his resurrection, between the conversion-initiation which began the process and the resurrection of the body which will complete it. The very real dying of believers is a lifelong process: they do not sever all links and relationships with this world until the death of the body.« Vgl. dazu auch Christian Strecker 1999, 186-187.

spricht Paulus in Röm 6,5 f. davon, dass *unser* alter Mensch (ὁ παλαιὸς ἡμῶν ἄνθρωπος) mitgekreuzigt wird, damit das σῶμα τῆς ἁμαρτίας vernichtet werde. Im ganzen Abschnitt spricht er durchgängig im Plural, wenn er sich auf die Getauften bezieht.[102]

Zusammenfassend lässt sich festhalten, dass sich Paulus in Röm 6,1 ff. einer paradoxen Metaphorik bedient: Er beschreibt den Eintritt in das »neue Leben« (Röm 6,4) als »Sterben« und »Begrabenwerden«. Der Todesprozess, der mit der Taufe begonnen habe, ermögliche Leben bereits in der Gegenwart (vgl. Röm 6,4; 13,11; 2 Kor 6,2.9 f.). Leben für Gott sei in Christus eröffnet (vgl. Röm 6,11). Der Schwerpunkt seiner Ausführungen ist auf die Ermöglichung »neuen Lebens« (vgl. Röm 6,4), »ewig lebendigen Lebens« (ζωὴ αἰώνιος, vgl. Röm 2,7; 6,22 u. ö.) gelegt,[103] das durch das »Sterben des alten Menschen« bedingt sei.

3.3.2 1 Kor 15,36-38

Können diese Aussagen auch auf die Ausführungen des Paulus in 1 Kor 15,36 ff. bezogen werden? Ist es möglich, dass das Bild des Sterbens und Lebendigwerdens (des Samenkorns) das Geschehen in der Taufe, das Sterben »des alten Menschen«, beschreibt und darauf aufbauend (V. 42: genauso ist es ...) die Frage nach der Auferstehung beantwortet?
   Was spricht für diese Annahme?
   1. Hinweise darauf, dass Röm 6,1 ff. als Entfaltung der Aussage in 1 Kor 15,36 ff. zu verstehen sein könnte, bietet der weitere Kontext: Ebenso wie in 1 Kor 15 geht diesem Text in Röm 5,12-21 eine mittels der Adam-Christus-Typologie ausgedrückte Beschreibung des weiteren eschatologischen Zusammenhangs der Aussagen über Tod und Leben voraus (1 Kor 15,20 ff.45-49).[104] Die Aussagen von 1 Kor 15 werden hier erneut aufgenommen.[105] Dass auch in 1 Kor

---

102. Vgl. auch Robert Tannehill 1967, 30: »Paul is not speaking of the death of individual believers one by one. He is speaking of the destruction of the dominion of sin, of which all believers were a part.«
103. Marlene Crüsemann 2002, 59, übersetzt ζωὴ αἰώνιος mit: »ewig lebendigem Leben«. Sie schreibt dazu: »Ewiges Leben, um wirklich Leben zu sein, müsste lebendig sein in dem Sinn, dass es überrascht, verwandelt, vertieft und beglückt – ohne Ende. Die einzelnen Menschen, die kleinen Gruppen, in denen Verständigung möglich ist, leben von den Augenblicken, in denen Gott, das unzerstörbare, ewige Leben plötzlich erscheint und sie zur wirksamen guten Tat oder auch nur zur richtigen politischen Einsicht kommen. [...] So wird das ewig lebendige Leben von uns selbst hervorgebracht als Frucht der Hingabe an Gott, in der wir frei werden sollen als gerechte Menschen, die einander aufleben lassen. Gleichzeitig und in eins ist es wunderbarerweise Gottes Geschenk für uns.«
104. Röm 5,12-21 und 1 Kor 15,20 ff.45 ff. basieren auf apokalyptischen Vorstellungen, die Menschsein in kosmologische Zusammenhänge eingebettet sehen, vgl. dazu vor allem Ernst Käsemann 1973, 150 ff.
105. Vgl. auch den Abschnitt: »Bausteine zu einer Paulus-Synopse« bei Michael Theo-

15,36 ff. von einem impliziten Bezug auf das Taufgeschehen ausgegangen werden kann, zeigt dann der nähere Kontext in 1 Kor 15: In V. 29 geht Paulus auf die Praxis ein, sich stellvertretend für Tote taufen zu lassen.[106] In 1 Kor 15,53 f. greift Paulus erneut ein Element aus der auch im Zusammenhang der Taufe verwendeten Gewandmetaphorik auf: Das Bekleidet-werden (vgl. dazu vor allem Gal 3,27), das er hier auf die eschatologische Verwandlung bezieht. Die Einbindung der Aussagen in V. 36 ff. in die Vorstellungen von Sterben und neuem Leben in der Taufe würde sie in einen bei Paulus vertrauten Zusammenhang stellen. Wie in 2 Kor 5,15 ff. der Zusammenhang von Schöpfung und neuer Schöpfung bereits auf die neue Wirklichkeit der Getauften zu beziehen ist,[107] so könnte auch der innere Bezug auf Taufe den Verstehenshintergrund dafür

bald 2000, 110-112. Röm 6,3-5 versteht er allerdings 1 Kor 15,36 f. nicht als Parallele, sondern nur Phil 3,10 und Gal 3,27. Zu untersuchen ist, ob nicht der gesamte Zusammenhang von Röm 5,12-8,39 als Entfaltung der Gedanken von 1 Kor 15 zu verstehen ist – vgl. dazu u. a. die Parallele von Röm 7,7-25 und 1 Kor 15,56 f., die auch von M. Theobald benannt wird. Angela Standhartinger 1999, 137 f., versteht Röm 6,8 als Selbstzitierung des Paulus aus 1 Kor 15,22 und weist darauf hin, dass die Reihung *gestorben – begraben – auferstanden* auch im Bekenntnis in 1 Kor 15,3 f. vorkommt; vgl. auch Ulrich Wilckens 1980, 12; Gisela Kittel 1999, 177. Röm 8 greift die Fragen nach den Körpern und der neuen Schöpfung erneut auf. Für meine Arbeit habe ich mir folgende Synopse der Parallelen von 1 Kor 15 und Röm 5-8 erstellt: Adam-Christus-Typologie (1 Kor 15,21-22.45-49 – Röm 5,12-21), die Vorstellung von Sterben und neuem Leben (1 Kor 15,36-38.49 – Röm 6,1-23), die apokalyptische Vorstellung der Verwandlung der gegenwärtigen Existenz, die mit dem Erbe der *Basileia* Gottes verknüpft wird (1 Kor 15,50-53 – Röm 8,1-17.18-25), Darlegungen über das Verhältnis von *Hamartia* und Tora Röm 7,7-25 – 1 Kor 15,54-57; Röm 7,25 – 1 Kor 15,57).
106. Was hinter dieser Praxis steht, ist nicht zu klären. Es ist jedoch nicht wahrscheinlich, dass Paulus (irrtümlich) davon ausgeht, die KorintherInnen leugneten jegliches postmortale Heil – er möchte ihnen hier nur die konsequente Folge ihrer Haltung vor Augen stellen, vgl. dazu Luise Schottroff 1970, 163. Da Paulus dieser Praxis nicht ablehnend gegenübertritt, ist davon auszugehen, dass sein Taufverständnis mit dem derjenigen übereinstimmt, die sie vollziehen. Zumindest gibt es hier eine gemeinsame Verständigungsbasis, auf die er sich stützen kann. Martinus C. de Boer zeigt, dass bereits VV. 23-28 auf dem Hintergrund des paulinischen Taufverständnisses gedeutet werden können. Er geht davon aus, dass die korinthische Position auf »gnostischen« anthropologischen Vorstellungen des Sterbens und Lebens mit Christus (in der Taufe) resultiert, gegen die Paulus hier argumentiere, vgl. Martinus C. de Boer 1988, 118.
107. Auch wenn in 2 Kor 5 nicht explizit von Taufe die Rede ist, so ist doch auch hier die Vorstellung, dem zu leben, »der für uns gestorben ist und auferweckt wurde« (V. 15), und das Sein ἐν Χριστῷ (V. 17) auf die neue Wirklichkeit der Getauften zu beziehen. Zur Vorstellung von Taufe und neuer Schöpfung vgl. Udo Schnelle 1983, 111 f. Auch Michael Wolter 1978, 73 f. geht davon aus, dass die Vorstellung der neuen Schöpfung mit der Tauftradition verbunden ist (vgl. vor allem 74 Anm. 174).

bilden, dass Paulus in 1 Kor 15,36 ff. in diesem Zusammenhang auf die Schöpfungserzählung zurückgreift.

2. Die Rede von Tod und Leben entspräche dann der im übrigen Corpus Paulinum vorwiegend metaphorisch-soteriologisch ausgerichteten Verwendung dieser Begriffe. Die Annahme, dass sich das Sterben des Samenkorns ausschließlich auf den physiologischen Tod bezieht, ist nicht mehr uneingeschränkt zu vertreten. Die Mehrzahl der Textstellen, die sich auf Tod und Leben beziehen, setzen vielfach ein weiteres Verständnis voraus. Dieser Befund begründet zumindest die Notwendigkeit, auch an dieser Stelle zu untersuchen, welche Form des Sterbens hier angesprochen ist, und die auf die Gegenwart bezogenen Perspektiven der Vorstellung des »Lebendigwerdens« in die Deutung mit einzubeziehen.

3. Die enge Verbindung von Taufe und neuem Leben, wie sie in Röm 6 deutlich wird, bietet möglicherweise wichtige Hinweise für die Deutung der Verse VV. 42-44. Dies betrifft insbesondere die Aussagen: »gesät in (ἐν) ... – auferweckt in (ἐν) ...«, deren Vorstellungshintergrund durch den Vergleich mit Röm 6,4 neu beleuchtet werden kann: »Also sind wir durch die Taufe mit ihm in den Tod begraben, damit auch wir [...] im neuen Leben (ἐν καινότητι ζωῆς) wandeln.« Wird in 1 Kor 15,42-44 jeweils im zweiten Kolon der neue Lebensraum Gottes beschrieben, der nach Röm 6,11 den Glaubenden eröffnet wird, nachdem sie für die Sündenmacht Tote sind, – das neue Leben der Getauften?[108] In Röm 6,5 wird die Erwartung der Auferstehung dann aber futurisch formuliert (ἐσόμεθα). Dieses Nebeneinander präsentischer und futurischer Aussagen wird auch in 1 Kor 15 deutlich: während in VV. 42-44 durchgehend im Präsens formuliert wird, stehen die Aussagen zur Auferstehung bzw. Verwandlung in V. 51 im Futur.

4. In Röm 6 ist die Zusage der Taufe verbunden mit der Aufforderung, dieser verwandelten Wirklichkeit entsprechend zu handeln (vgl. Röm 6,12-14; vgl. auch 1 Kor 6,14-20), denn das neue Sein in Christus habe bereits Veränderungen bewirkt: Nach Röm 6,13 hat es ihre Glieder zu Werkzeugen der Gerechtigkeit im Dienst Gottes (Röm 6,13), nach 1 Kor 6,15 die Menschen zu Gliedern Christi gemacht (1 Kor 6,15). Es hat die Körper zu Tempeln der heiligen Geistkraft werden lassen (vgl. 1 Kor 6,19), zu Körpern, die von der Geistkraft Gottes bestimmt werden – und damit zum σῶμα πνευματικόν (1 Kor 15,44). In 1 Kor 2,15 wird eindeutig ein lebender Mensch als πνευματικός bezeichnet. In diesem Zusammenhang ließe sich auch die Aussage in 1 Kor 15,49 interpretieren und den handschriftlich besser bezeugten Konjunktiv von φέρω erklären:[109] »Lasst uns das Bild des Himmlischen tragen!«

5. Eine Deutung, die das Sterben des Saatkorns nicht ausschließlich auf den physiologischen Tod bezieht, führt auch zu einer veränderten Interpretation

---

108. Die Vorstellungen, die mit ἐν ausgedrückt werden, stehen auch in Röm 6 im Präsens, während die σύν-Aussagen futurisch formuliert sind.
109. Vgl. dazu die weiteren Ausführungen zu V. 49.

der Gegensatzpaare, die die Existenz der Körper (VV. 42-44) beschreiben. Ein Leben, das durch die Geistkraft bestimmt ist (σῶμα πνευματικόν), ist dann nicht ausschließlich als jenseitige Existenzform zu verstehen, sondern auch als durch die Taufe bereits ermöglichtes Leben als »erneuerter/verwandelter Mensch«. Die in 1 Kor 15 verwendeten Gegensatzpaare sind dann auf die radikale Diskontinuität des »Herrschafts-Wechsels« und dessen Auswirkung auf die individuelle Existenz zu beziehen, nicht auf die Leiblichkeit im Diesseits im Gegensatz zu einer neuen Leiblichkeit im Jenseits, sondern auf den Wechsel aus einer vom Tod bestimmten Sphäre in den Lebensbereich Gottes hinein. Eine solches Verständnis kann die Schwierigkeit klären, vor der alle Auslegungen stehen: die Annahme, dass es Paulus nicht um substanzielle Aussagen über die Leiblichkeit geht, er aber dennoch anthropologische Begrifflichkeit zur Verdeutlichung seiner Thesen aufgreift. Eine zukünftige noch ausstehende Auferstehung ist mit einer solchen Deutung nicht ausgeschlossen, sondern eingebunden in weitere eschatologische Vorstellungen.

Als *Schlussfolgerung* aus diesem Vergleich ist festzuhalten: Die paradoxe Begrifflichkeit, die das Sterben (des von der *Hamartia* bestimmten Menschen) als Ermöglichung von neuem Leben in der gegenwärtigen Existenz und damit auch in der verheißenen Auferstehungsexistenz nach dem physischen Tod beschreibt, sollte auch im Hintergrund von 1 Kor 15,36 ff. angenommen werden. Eine Deutung, die das Sterben des Samenkorns allein auf den physiologiscen Tod bezieht, verschließt sich den vielschichtigen Dimensionen, die Tod, Leben und Auferstehung im paulinischen Verständnis umfassen.[110]

3.4 Gott gibt Leben (2 Makk 7,20 ff.)

Die vorangegangene Untersuchung hat gezeigt, dass die Verse 36-38 das Handeln Gottes betonen und alles Leben in seiner Schöpfung begründet sehen (V. 38): »Gott gibt (δίδωσιν) ihm ein σῶμα, so wie er es beschlossen hat (ἠθέλησεν) ...« Bisher noch nicht ausführlich behandelt wurde die Frage, welche Bedeutung der weiteren Erläuterung des Schöpfungshandelns zukommt:

»[Gott gibt] einem jeden von den Samen (art-)eigenes (ἴδιον) σῶμα«.

---

110. Vgl. auch Paul Hoffmann 1969, 340-341: »Es entspricht daher nicht der Tendenz der paulinischen Aussage, wenn die systematische Überlegung die kosmologischen und anthropologischen Fragen ihrer Dienstfunktion innerhalb der Glaubensaussage entkleidet und eigenständig zur Jenseitsspekulation entfaltet [...], d. h. die mythische Aussage wird aufgegriffen oder auch nur vorausgesetzt, um einen unaufgebbaren Sachverhalt anzuzeigen, nicht aber um sich selbst für unaufgebbar zu erklären.«

Für die Interpretation der folgenden Aussagen über die Schöpfung ist es von entscheidender Bedeutung, ob die Betonung in V. 38 auf dem Handeln Gottes liegt oder auf der Aussage über das jeweils eigene/arteigene σῶμα. Illustrieren sie Gottes Handeln oder bieten sie eine Entfaltung der Frage nach dem je eigenen, individuellen σῶμα? Auch wenn beide Aspekte als zusammengehörig zu erachten sind, so zeigt doch die Auslegungsgeschichte, dass vor allem auf das (individuelle) σῶμα und dessen Werden geblickt wird und weniger auf die Darstellung göttlichen Handelns. Geht es aber Paulus hier tatsächlich im Gegensatz zu seinen bisher untersuchten körpertheologischen Aussagen um die Beschreibung menschlicher Leiblichkeit und deren physische Bestandteile (vgl. σάρξ in V. 39 bzw. δόξα in V. 41) bzw. deren Verwandlung in der Auferstehung (vgl. VV. 42-44.51-54)?

Eine aufschlussreiche Parallele für ein Verständnis, das die Entstehung jeglichen Lebens im Handeln Gottes begründet sieht, ist 2 Makk 7,20 ff.: Hier richtet sich die Mutter an ihre sieben Söhne, die einer nach dem anderen wegen ihrer Weigerung, Schweinefleisch zu essen, brutal gefoltert und ermordet werden.[111] Im Folgenden soll diese Textstelle ausführlich dargestellt werden, weil sie den Verstehenshintergrund der Argumentation des Paulus – die enge Zusammengehörigkeit von Schöpfung und Auferstehung – beleuchten kann.[112] Die Erschaffung des Menschen und die Auferweckung der Gerechten werden hier als zusammengehöriger schöpferischer Akt verstanden.[113] Obwohl sie sieben Söhne geboren hat, wehrt die Mutter in ihrer Rede eine rein biologische Herleitung menschlichen Lebens ab. Nicht sie habe das Leben gegeben, sondern Gott – deshalb sei darauf zu vertrauen, dass er auch neues Leben gebe (7,22-23):

»Ich weiß nicht, *wie* ihr in meinem Leib zum Vorschein gekommen seid (ὅπως εἰς τὴν ἐμὴν ἐφάνητε κοιλίαν), und nicht ich habe euch den Atem und das Leben

---

111. Zu den Motiven in der frühjüdischen Märtyrertheologie vgl. Ulrich Kellermann 1989, 54 f.71-75. Günter Stemberger 1972, bezeichnet 2 Makk 7 als Märtyrer-Legende, deren Verfasser vermutlich aus dem palästinensischen Judentum stamme und trotz des Kampfes gegen den Hellenismus Züge hellenistischer Anthropologie aufweise (vgl. 6.8.13). Der Hellenismus gehe jedoch nicht sehr tief, sondern bleibe »rein literarisches Kleid« (24). Zur Darstellung der Mutter vgl. Robin Darling Young 1991; Christine Gerber 1998, 397-399.
112. Diese Parallele hat bereits Heinz Schwantes 1963, 68 f., gesehen, betont dann aber vor allem die Unterschiede zum »Schöpferglauben des Spätjudentums«.
113. In Bezug auf die Mütter und ihre Söhne führt J. C. H. Lebram 1989 aus: »Sie bekennen nun nicht nur ihr Vertrauen auf Gott, sondern geben eine theologische Erklärung ab, die ihren Glauben in einem systematischen Zusammenhang zwischen Schöpfung und Auferstehung begründet. Das ist ihre Weisheit, die aus dem Offenbarungswissen über die Schöpfung entspringt.« (121) Erich Haag 1989, 49, zeigt, dass bereits im Buch Daniel (vor allem Dan 3), das als Vorlage für viele Märtyrererzählungen diente, an JHWH als Schöpfer und Erlöser in der Geschichte seines Volkes geglaubt werde. Zur Forschungsgeschichte vgl. Boudewijn Dehandschutter/ Jan Willem van Henten 1989.

geschenkt, noch die Grundform eines jeden kunstvoll gebildet. Darum auch wird der Schöpfer der Welt, der das Menschengeschlecht bildet und das Werden aller Dinge ersinnt, euch Atem und Leben in seinem Erbarmen wiedergeben, so wie ihr jetzt euer nicht achtet um seiner Gesetze willen.«[114]

Ihrem jüngsten Sohn spricht sie Mut zu, sich der Folterung und dem Tod zu stellen, indem sie auf Gottes lebenschaffendes Handeln verweist. Ihr Glaube an die Auferstehung erwächst aus ihrer Erfahrung als Schwangere und Mutter, die Kinder zur Welt gebracht hat (7,27-29):

»Mein Sohn, habe Erbarmen mit mir, die ich dich neun Monate im Leib getragen und drei Jahre gestillt, die dich aufgezogen und bis in dies Alter geführt habe. Ich bitte dich, mein Kind, blicke auf den Himmel und die Erde, sieh alles an, was in ihnen ist; so wirst du erkennen, dass Gott dies nicht aus schon Bestehendem gemacht hat und dass das Menschengeschlecht *ebenso* entsteht (τὸ τῶν ἀνθρώπων γένος οὕτω γίνεται). Fürchte diesen Henker nicht, sondern nimm, deiner Brüder würdig, den Tod auf dich, damit ich dich in der Zeit der Barmherzigkeit mit deinen Brüdern wiederempfangen werde.«

In 2 Makk ist der Glaube an die Auferstehung ins Leben (vgl. 7,14: ἀνάστασις εἰς ζωήν)[115] Kraftquelle für den politisch-religiösen Widerstand der Mutter und ihrer Söhne. In ihren Reden ermutigt sie ihre Söhne, gemäß der Tora zu handeln und auf Gottes neu-schöpfendes Handeln zu vertrauen, das selbst durch den brutalen Foltertod nicht in Frage gestellt werde. Auferstehung bedeutet für sie, dass sie selbst im Tod der brutalen Gewalt ihres Folterers nicht unterliegen. Ihr Sterben bleibt nicht endgültig, ihr Leid bleibt nicht unbeachtet (vgl. 7,6: Gott schaut auf uns). In den Reden beweisen sie Überlegenheit. [116] So spricht der vierte Sohn zum König (Antiochus IV Epiphanes):

114. Vgl. auch 2 Makk 14,46. Übersetzung auch der folgenden Passagen aus 2 Makk nach Christian Habicht 1976. Die Mutter spricht hier in »Vatersprache« (vgl. V. 21.27) – vermutlich Hebräisch oder Aramäisch. Die Anthropologie, die hinter der philosophischen Betrachtung der Mutter über den Ursprung allen Lebens steht, ist trotz hellenistischer Formulierungen biblisch, vgl. Günter Stemberger 1972, 9.19. Christine Gerber 1998, 398, verweist in diesem Zusammenhang auf jüdische Weisheit; vgl. auch Robin Darling Young 1991, 72.
115. Hier knüpft 2 Makk 7 an Dan 12,2 an und bietet eine Neuinterpretation der eschatologischen Erwartung von Dan 12; vgl. Ulrich B. Müller 1998, 48.
116. Klaus Wengst 1991, 28 f., deutet den Tod der MärtyrerInnen als Protest, der Verweigerung, Widerspruch und Zeugnis umfasst: »In unverbrüchlicher Treue stehen sie für die Weisungen Gottes, trauen auf ihn gegen die Macht des Königs [...]. Gott wird seinerseits einstehen für diejenigen, die für seine Wirklichkeit bis zum Tod eingestanden sind. Er läßt nicht zu, daß sie mit der Hinrichtung ins Unrecht gesetzt werden – und damit auch er selbst.« Robin Darling Young 1991, 72, zeigt, dass hier »neue Heldinnen/Helden« *(a new set of heroes for Israel)* im Kampf gegen den Hellenismus porträtiert werden: »These figures are set apart from military heroes who occupy most of the Maccabean literature, but is it the opinion of the author that their sacrifice for the covenant, the Mosaic Law, and more recent doctrines of *crea-*

»Wie erwünscht ist es doch, dass die von den Menschen Scheidenden die Versprechungen Gottes erwarten können, durch ihn aufzustehen. Für dich aber wird es eine Auferstehung zum Leben nicht geben.« (7,14)[117]

Der sechste Sohn spricht sterbend:

»Gib dich keiner eitlen Täuschung hin, denn wir leiden dies um unser selbst willen, da wir gegen Gott gefrevelt haben. Es ist der Bewunderung wert, du aber glaube nur nicht, unversehrt zu bleiben, der Du gegen Gott zu kämpfen versuchst.« (7,18 f.)[118]

Indem 2 Makk die Geschichte der Mutter und ihrer Söhne als Beispiel für die LeserInnen erzählt, damit diese sich angesichts der schrecklichen Ereignisse nicht entmutigen lassen (vgl. 6,12), wird deutlich, dass der Bezugspunkt die Gegenwart der LeserInnen und HörerInnen ist (vgl. auch 2,25).[119] Sie erinnern einige Jahrzehnte nach den Geschehnissen das Sterben der Gefolterten und bezeugen damit, dass es nicht vergessen ist.[120] Der Glaube an die Auferstehung der MärtyrerInnen ist zentral für politische Aussage, die mit der Erzählung ihrer Geschichte transportiert werden soll. Die MakkabäerInnenbücher behandeln das Thema der Bedrohung und Befreiung des jüdischen Volkes. In ihrem

---

tio ex nihilo and the resurrection of life, familiar in the contemporary wisdom tradition, makes possible the Jewish military victories which follow their deaths in Jerusalem.«

117. Vgl. auch VV. 9.11.18.29.36. Zur Stelle vgl. J. C. H. Lebram 1989, 120 f.
118. Vgl. auch VV. 17.31.34-37.
119. Jan-Willem van Henten 1989 bezeichnet 2 Makk 7 als eine Lehrerzählung (vgl. 140), in der die MärtyrerInnen als »ideale Gestalten« exemplarische Bedeutung haben (vgl. 143). Günter Stemberger 1972, 13 f., spricht von einer Legende, die zur religiösen Erbauung ausgestaltet sei. Ihr habe vermutlich eine Volkserzählung zugrunde gelegen.
120. Vgl. dazu J. C. H. Lebram 1989, 121: »Ihr Tod ist der öffentliche Sieg ihres Gottes über die irdischen Machthaber. Diese haben keine Gewalt mehr über die Märtyrer. Damit hat Gott die Herrschaft über ein Stück der Welt übernommen, und sein Zorn ist gestillt, sodass er Israel nun auch im irdischen Kampf gegen die Unterdrücker hilft. Damit bringen die Märtyrer den Juden eine neue Zeit, in der sie nach den Gesetzen Gottes in Frieden leben können.« So auch Günter Stemberger 1972, 25, der in 2 Makk eine Auferstehungslehre konstatiert, die die leibliche Auferstehung der Gerechten zu einem neuen Leben auf Erden erwarte. Sie basiere auf einem »Vergeltungsglauben« auf der theologischen Basis des Vertrauens auf die Schöpfung und Allmacht Gottes. Und schließlich gibt ihnen die Geschichte Recht: Antiochus wird besiegt (vgl. 2 Makk 9,18.28). Auf dem Hintergrund der Ereignisse des 11. Septembers 2001 in New York sowie der Selbstmordattentate durch PalästinenserInnen in Israel und der sich daran anschließenden Debatte über Martyriumsvorstellungen muss deutlich herausgestellt werden, dass der Tod der makkabäischen MärtyrerInnen Ergebnis von Folter ist, das Erleiden von Gewalt – kein (von den Opfern) aktiv herbeigeführter Tod, der andere, »den Feind«, mit in den Tod reißt. Betont wird hier, dass Gott handelt, was den Verzicht auf aktive Rache von Seiten der MärtyrerInnen begründet. Gott handelt durch die Auferweckung der Gerechten, die den Tyrannen ausschließt.

Kampf für die Freiheit zeigen die MärtyrerInnen ihre Treue zu Gott und der jüdischen Lebensweise auch in einer lebensbedrohenden Situation und stehen damit als ›ideale Gestalten‹ exemplarisch für das jüdische Volk: »Durch ihr Martyrium zeigen sie, dass die Gewalt des Königs der Gewalt Gottes untergeordnet ist. Sie halten an ihrem Judentum fest und bestätigen damit ihre jüdische Identität, die durch den Glauben an den Gott der Juden bestimmt wird.«[121] Jan-Willem van Henten zeigt in seiner Untersuchung des sozial-historischen Hintergrunds von 2 Makk, dass politische und theologische Motive zur Abfassung geführt haben:

»Das Entscheidende darin ist die völlige Unterwerfung unter den Willen ihres Gottes, dem der Fromme in Tod und Leben vertrauen kann. Für diese Haltung muss das Volk der Juden das Vorbild in dieser Welt sein. Dann sind die Juden nicht nur ein auf dieser Erde verachtetes und unterdrücktes Volk, sondern das von Gott anerkannte Volk: ein ganz besonderes Volk, das schon auf der Erde der himmlischen Welt angehört.«[122]

Es wird deutlich, dass in diesem Zusammenhang, in dem von der Auferstehung Einzelner die Rede ist, der Blick sich zugleich auf einen weiteren Zusammenhang richtet – auf die Geschichte Gottes mit seinem Volk. Die Erzählung legt das Gewicht darauf, dass die brutale Hinrichtung nicht das Ende der Geschichte bedeutet, den politischen Machthabern nicht das letzte Wort bleibt. Die Erfahrung des gewaltsamen Todes, der das Vertrauen auf Gottes lebenschaffendes Handeln entgegengesetzt wird, verbindet die Rede von der Auferweckung der MärtyrerInnen in 2 Makk 7 mit der neutestamentlichen Rede von der Auferweckung Jesu.[123] 2 Makk 7 zeigt darüber hinaus, dass Auferstehung und Befreiung des Volkes in einem engen Zusammenhang mit Vorstellungen des (neu-)schöpfenden Handelns Gottes gesehen werden.[124]

---

121. Jan-Willem van Henten 1989, 143.
122. Jan-Willem van Henten 1989, 161.
123. Vgl. Klaus Wengst 1991, 42: »Sowohl Jesus als auch die makkabäischen Märtyrer sind brutal hingerichtet worden. In dieser Hinsicht triumphierten die jeweiligen politischen Machthaber. [...] Demgegenüber bestreiten die Aussage von der Auferstehung der Märtyrer und die Aussage von der Auferweckung Jesu die Macht des Faktischen und setzen das ins Recht, was jene gesagt und getan haben. Sie geben Gott die Ehre, von dem jene geredet haben und für den sie eingetreten sind.« Vgl. auch Joost Holleman 1996a, der zeigt, dass Paulus in 1 Kor 15,20 die Vorstellung von der Auferstehung des Märtyrers (wie sie in 2 Makk 7 zu finden ist) mit der Vorstellung von der eschatologischen Auferstehung verknüpft.
124. So bezeichnet Ulrich Kellermann 1989, 59, das Danielbuch als ein Trostbuch für die ins Martyrium gehenden Glaubenskämpfer: »Dieses in seiner makkabäischen Letztgestalt parakletische Buch für die Verfolgten bleibt erstrangige Quelle dafür, daß am Anfang aller Märtyrertheologie die Frage nach der über den Tod hinausreichenden Gerechtigkeit Gottes seinen Frommen gegenüber, die Frage nach der aus dem Tode rettenden Treue des Schöpfers und Gottes Israels, steht.«

3.5 Resümee und Weiterführung

Die Untersuchung von Röm 6 hat gezeigt, dass es Paulus in seinen über Tod und Sterben nicht allein um die Beschreibung einer individuellen Fortexistenz nach dem physischen Tod geht, sondern vor allem darum, Lebensmöglichkeiten aufzuzeigen, die sich den Menschen in ihrer gegenwärtigen Existenz – durch Jesu Kommen, seinen Tod und die Auferweckung –, durch die eschatologische Entmachtung von Tod und Sündenmacht, bieten. Der Verweis auf die Notwendigkeit des Sterbens, dem das Lebendig-gemacht-werden folge, betont in 1 Kor 15,36 ff. das Angewiesensein auf das Handeln Gottes. Mit Bildern aus der Schöpfung, in Aufnahme der Adam-Christus-Mythologie, versucht Paulus, die Dimensionen des »Lebendig-werdens«, des »neuen Lebens« (vgl. Röm 6,4) zu entfalten, den Menschen in Korinth zu offenbaren[125] – das unsichtbare Handeln Gottes hinter den alltäglichen Lebenszusammenhängen zu erfassen, die für ihn das Vertrauen auf das eschatologische Handeln Gottes begründen. Mit dem Verweis auf das (neu-)schöpferische Handeln Gottes will Paulus die Menschen in Korinth ermutigen, nicht aufzugeben und weiterhin einen Sinn in ihrer gemeinsamen Arbeit zu sehen und eine tragfähige Hoffnung für ihr Leben zu entwickeln (vgl. V. 58; vgl. auch V. 19).

Die bisherigen Untersuchungen haben gezeigt, dass in diesem Zusammenhang die Körperperspektive für die Interpretation der Aussagen weiterführend ist: Denn insbesondere an den Körpern wird die Macht des Todes bzw. der Sünde sichtbar. Der Tod kann identifiziert werden, denn die Körper sind jeweils in konkreten Lebenssituationen seiner Macht und der Macht der Sünde ausgeliefert, als σῶμα τῆς ἁμαρτίας (Röm 6,6), σῶμα τοῦ θανάτου (Röm 7,24) bzw. σῶμα τῆς ταπεινώσεως ἡμῶν (Phil 3,21). *An den Körpern zeigt sich, dass die Herrschaftsräume von Tod und Sündenmacht nicht etwa abstrakte kosmologische Deutungskategorien, sondern leibhaftig erfahrbar sind, sich geschichtlich manifestieren.* Wenn Paulus dem Raum des Todes den des Lebens ἐν Χριστῷ gegenüberstellt, dann hat dies neben den ekklesiologischen (Gemeinde als Leib Christi) auch politisch-gesellschaftliche Dimensionen: Konkret historisch wird der Lebensraum Gottes als Gegenöffentlichkeit zu den herrschenden Machtsphären und deren institutionellen Körperschaften konstruiert.

Dieser weite Horizont des Verständnisses von Tod, Leben und der Frage nach Auferstehung bietet ein Erklärungsmuster für die Reaktion des Paulus auf die Fragen aus Korinth. Paulus reagiert hier auf ein Verständnis, das für ihn mangelndes Zutrauen zum Handeln Gottes spiegelt – sei es aus einer Haltung heraus, die die Menschen dazu führt zu sagen, dass es Auferstehung nicht gibt (vgl. V. 12), oder durch diese Anfragen verunsichert nach dem Grund der Hoffnung zu fragen (vgl. 1 Kor 15,34.36). Mit dem Verweis auf das gegenwärtige

---

125. Vgl. dazu auch 1 Kor 15,51: die Verkündigung des »Geheimnisses« und die darin verwendete apokalyptische Sprache.

Schöpfungsgeschehen und die darin begründete somatische Existenz wendet er sich zugleich gegen eine Auffassung, die Gottes lebenschaffende Macht negiert bzw. einschränkt und möglicherweise aus einer dualistischen Anthropologie heraus das gegenwärtige (leibliche) Leben abwertet: Um zu verstehen, was Auferstehung bedeutet, sei ein existentieller Wandel – das Sterben – notwendig. Nach Röm 6,6 ist es das »Sterben des alten Menschen«, eine rituell in der Taufe vergegenwärtigte Veränderung des ganzen Lebens, die ein qualifiziertes Leben aus der Perspektive Gottes ermögliche, ein Leben *in* Christus, ein Leben als Körperteil des σῶμα Χριστοῦ (vgl. 1 Kor 12,13). Das paulinische Auferstehungsverständnis, wie es in 1 Kor 15 zum Ausdruck kommt, umfasst auch die Gegenwart der Glaubenden und eröffnet damit Perspektiven auf ein Leben, das auch der physiologische Tod nicht zu begrenzen vermag. Die Notwendigkeit des Sterbens bezieht Paulus vermutlich aber auch kritisch auf die gesellschaftlich-politische Praxis *einiger* KorintherInnen, die für ihn religiös-theologische Grundlegungen der jüdischen Identität in Frage stellt.[126] Sterben kann für die »Starken« und Wohlhabenden unter ihnen auch bedeuten, gesellschaftliche Machtpositionen aufzugeben und sich an der Weisheit des gekreuzigten Messias zu orientieren (vgl. 1 Kor 1,18 ff.).[127]

Paulus verbindet in 1 Kor 15,35 ff. die Frage nach der Auferstehung mit der (Neu-)Schöpfung, ein Zusammenhang, der sowohl in der zeitgenössischen jüdischen apokalyptischen Theologie wie auch in der Martyriumstheologie dargestellt und mit dem geschichtlichen Handeln Gottes verknüpft wird.[128] Auf diesem Hintergrund lässt sich die Antwort des Paulus auf die Frage nach dem »wie« (πῶς) in V. 35 folgendermaßen formulieren: »Wenn du wissen willst, was Auferstehung der Toten bedeutet, schaue auf die (gegenwärtige) Schöpfung. Hier erkennst du, dass *Gott* Leben gibt. Leben, das konkret leiblich ist (vgl. Gen 2,7; Ijob 10,8-12; vgl. auch Dan 12,1-3). Gott ist der, der aus dem Nichtseienden ins Leben ruft (vgl. Röm 4,17). Wie auf die Frage Esras nach dem »wann« bzw. »wie lange noch« (vgl. 4 Esr 4,35; 6,59) bis zum Kommen der neuen Schöpfung die Antwort lautet: »Geh, frage die Gebärerin« (Vgl. 4 Esr 4,40 f.; 5,46.51),[129] weist auch die Antwort des Paulus auf die gegenwärtige Schöpfung. Damit ist es ausgeschlossen, Auferstehung ausschließlich auf ein individuelles jenseitiges Geschehen zu beziehen.[130]

126. Vgl. dazu vor allem Richard A. Horsley 1999, 217 f.220, vgl. auch ders. 1978.
127. Auf diesen gesellschaftspolitischen Aspekt von Auferstehung geht Paulus ab 15,42 weiter ein.
128. Vgl. 2 Makk; äth Hen 45,4 f.; 51,4 f.; 58,3; 91,16; 1 QS (Kol) IV,25; syr Bar 51,8; vgl. auch Jes 65,17; 66,22. Zur Relevanz der jüdischen Märtyrer-Konzeption in Bezug auf die Frage der Auferstehung vgl. Ulrich B. Müller 1998, 48 ff.
129. Die einzige Frage Esras, die definitiv beantwortet wird, ist die »durch wen« das Ende des gegenwärtigen Äons komme: durch Gott (vgl. 4 Esr 5,56-6,6).
130. Damit ist auch in Frage zu stellen, ob Paulus sich in 1 Kor 15,35 ff. tatsächlich in einer »breit angelegten anthropologischen Argumentation« (Udo Schnelle 1991, 50) zur Situation in Korinth äußert. Dagegen steht auch das Ergebnis der Unter-

Der Verweis auf die gegenwärtige Schöpfung ist damit auch eine Antwort auf die Frage nach der Beschaffenheit der Körper (ποίῳ δὲ σώματι). Wie die Mutter der sieben Söhne in 2 Makk 7 versteht Paulus Leben nicht von seinen biologischen Tatsachen her, sondern zeigt, dass die gegenwärtige Kreatürlichkeit ein Werk Gottes ist. Mit den Worten der Mutter ausgedrückt, hieße die Antwort auf die Fragen in 1 Kor 15,35 (vgl. 2 Makk 7,28 f.23):

»Ich bitte Dich, mein Kind, blicke auf den Himmel und die Erde, sieh alles an, was in ihnen ist; so wirst du erkennen, dass Gott dies nicht aus schon Bestehendem gemacht hat und dass das Menschengeschlecht ebenso entsteht. [...] Darum auch wird der Schöpfer der Welt, der das Menschengeschlecht bildet und das Werden aller Dinge ersinnt, Euch Atem und Leben in seinem Erbarmen wiedergeben ...«[131]

In der jüdischen MärtyrerInnentheologie wird Auferstehung als »Protest Gottes«[132] gegen die Gewalt der irdischen Herrscher dargestellt. In 2 Makk 7 ermöglicht die Vorstellung vom Gericht (vgl. 7,34-37), den Tyrannen beim Namen zu nennen, seine Taten als Unrecht anzuprangern und damit in einer Situation, die objektiv von völliger Machtlosigkeit gekennzeichnet ist, seinem Tun Grenzen aufzuzeigen. Indem Gottes Handeln in der gegenwärtigen Schöpfung (Erschaffung der Menschen) und in der Geschichte (auch erzieherisch strafend – vgl. 2 Makk 6,16; 7,18) herausgestellt wird, begründet sich das Vertrauen, dass er sein Volk nie im Stich lasse, nicht einmal im Tod. Von dieser Gewissheit spricht auch Paulus – in immer neuen Bildern. Um diese in ihren vielfältigen Dimensionen entschlüsseln zu können, ist es nötig, sie stärker als bisher geschehen aus ihrem sozialen und gesellschaftlichen Kontext heraus zu deuten. Die Einordnung der Auferstehungsvorstellungen des Paulus in zeitgenössische Diskurse ermöglicht ein vertieftes Verständnis ihrer (heils-)geschichtlichen und damit politischen Implikationen,[133] die deutlich machen, dass es

suchungen von Klaus Wengst zur jüdischen Auferstehungshoffnung, die er auch als Basis der paulinischen Ausführungen versteht: »Es treibt zu ihr nicht der Wunsch von Menschen, ihr Leben ins Unendliche zu verlängern; das liegt der israelischen Tradition völlig fern. Die Hoffnung auf Auferstehung entspringt nicht dem Wunsch Etablierter, daß es immer so weitergehen möge, sondern dem Verlangen Bedrängter, daß es doch endlich anders werde. [...] Es geht bei der Auferstehungshoffnung nicht um die Vergöttlichung von Menschen, sondern darum, daß sich Gott als Gott erweise.« (1991, 25)

131. Übersetzung nach Christian Habicht 1976.
132. Vgl. Klaus Wengst 1991, 29: »Die Auferstehung ist somit die Entsprechung zum Protest der Märtyrer auf seiten Gottes. Sie ist der Protest Gottes: Widerspruch gegen die ihm sich entgegensetzende Macht des Königs, die auch vor grausamen Hinrichtungen nicht zurückschreckt und sich in ihnen erweist, und Zeugnis für die sich durchsetzende Gerechtigkeit Gottes; sie ist Erweis seiner Solidarität.«
133. Diese stellt Luise Schottroff 2002, 18-19, deutlich heraus. Sie ordnet die mythische Vorstellung von den Toten, die entweder zu ewigem Leben oder zu ewiger Schmach aufstehen, in die Geschichte des Glaubens Israels ein, die religionsgeschichtlich seit dem Danielbuch dokumentiert sei. »Diese mythologische Vorstellung hat die Hoff-

ihm in seiner Argumentation vor allem um das Handeln Gottes in Schöpfung und Geschichte und die Frage nach der Zuverlässigkeit der Verheißungen in der Gegenwart geht.[134] Mit der Leugnung der Auferstehung der Toten und damit des lebenschaffenden Handelns Gottes (das sich bereits an der Auferweckung des Messias Jesus gezeigt hat) werde deshalb der Glaube in Frage gestellt, die Verkündigung »leer« (1 Kor 15,13-14). Für Paulus steht die jüdische Identität der Messiasglaubenden, der Glaube an den Gott Israels auf dem Spiel, deshalb ist die Frage für ihn so wichtig. Indem er sich zentral in seiner Argumentation auf die Schöpfung bezieht, macht er deutlich, dass die Frage nach Tod und Auferstehung nicht allein das Individuum bzw. dessen ψυχή oder πνεῦμα betrifft und damit möglicherweise sogar zu einer Abwertung der leiblichen Existenz führt.[135] Sein Blick richtet sich auf das gegenwärtige Handeln Gottes, aus dem er das Vertrauen auf seine die Gegenwart und Zukunft bestimmende Macht schöpft. Das wird im Folgenden weiter deutlich: Ab V. 39 geht Paulus gänzlich über das Saatbild in VV. 36-38 hinaus und weitet den Blick auf das gesamte Schöpfungshandeln Gottes. In umgekehrter Reihenfolge erzählt er den Schöpfungsbericht (Gen 1) nach: Menschen – Tiere – Gestirne.

nung auf das Ende unterdrückerischer Gewalt und ein gerechtes Gericht Gottes, das die Gewalttäter nicht laufen lässt, zum Inhalt. Der Auferstehungsmythos ist eine besondere Gestalt des Glaubens Israels an Gott als Gott der Lebenden in der Zeit von Antiochus IV Epiphanes (175-164 v. Chr./Danielbuch) bis zur Niederwerfung des Volkes im jüdisch-römischen Krieg 132-135 n. Chr. Aber vorher und nachher gab und gibt es andere Ausprägungen des jüdischen Auferstehungsglaubens, wie die Psalmen und viele Gebete des jüdischen Gebetbuches zeigen. Der neutestamentliche Auferstehungsglaube gehört in die jüdische Geschichte des Glaubens an den Gott Israels als den Gott der Lebenden.«

134. Dass Auferstehung leiblich ist, ist für Paulus selbstverständlich vorausgesetzt; vgl. Luise Schottroff 1970, 137.139.143.

135. Zu einer möglicherweise dualistischen Anthropologie derjenigen, die in Korinth Auferstehung leugnen, vgl. Martinus C. de Boer 1988, 140: »Within the context of his argument in 1 Corinthians 15, that discontinuity, Paul argues, cannot be finessed with a false anthropology whereby the body is held in contempt and bodily demise is construed to mean the moment of liberation of the innate, primal spirit.«; vgl. auch Richard A. Horsley 1999, 217f. Gisela Kittel 1999, 169.174, zeigt, dass Paulus der individuellen Erlösungsvorstellung der KorintherInnen Erlösung als ein Geschehen gegenüberstellt, das die ganze Welt als Gottes Schöpfung umfasst; vgl. auch E. Earle Ellis 2000, 177f.

4. Lob der Schöpfung (VV. 39-41)

39. Nicht alle σάρξ[1] ist dieselbe σάρξ,
sondern eine andere (ist) die der Menschen,
eine andere σάρξ die der Haustiere,
eine andere σάρξ die der Gefiederten,
eine andere die der Fische.
40. Und[2] am Himmel befindliche Körper und auf der Erde befindliche Körper,[3] aber
eine andere δόξα[4] (ist) die der am Himmel Befindlichen,
eine andere die der auf der Erde Befindlichen.
41. Eine andere δόξα (ist) die der Sonne
und eine andere δόξα (ist) die des Mondes
und eine andere δόξα (ist) die der Sterne;
ein Gestirn unterscheidet sich nämlich von einem anderen Gestirn in der δόξα.

4.1 Die Vielfalt der Körper (VV. 39-41)

4.1.1 Textanalyse

Während Paulus in VV. 35.37-38 die Vokabel σῶμα verwendet, spricht er in V. 39 von der σάρξ-Existenz der verschiedenen Lebewesen (Menschen wie Tieren). In V. 40a wechselt der Leitbegriff erneut von σάρξ zu σῶμα, wobei ab V. 40b δόξα als Satzsubjekt eingeführt wird. Die Verse 39-41 sind als zusammengehörige Reihe zu verstehen und werden deshalb im Folgenden gemeinsam behandelt. Ein Blick auf die Struktur der Verse 39-41 macht deutlich, dass sich diese Passage in der Form des Sprechens von der vorangegangenen abhebt:[5]

1. Ich lasse σάρξ an dieser Stelle unübersetzt, weil ich es für notwendig halte, zunächst die Ergebnisse der Exegese darzustellen, die meine Übersetzung begründen.
2. An dieser Stelle müsste in der deutschen Übersetzung ein Verb ergänzt werden, das der griechische Text nicht bietet. Vgl. die Ausführungen in der folgenden Textanalyse.
3. Zur Entscheidung, hier von einer lokalen Angabe auszugehen, vgl. die folgenden Ausführungen zu V. 40.
4. Auch δόξα lasse ich zunächst unübersetzt, weil die Vorstellungen, die sich mit δόξα verbinden, in Korrespondenz zu denen stehen, die sich in V. 39 mit σάρξ verbinden.
5. Karlheinz Müller 1985, 199 Anm. 105 bezeichnet die Verse als »rhythmische Wortfolge« und zeigt, dass Paulus sich hier der rhetorischen Klangfigur der Paronomasie bedient, welche auf einer Wiederkehr desselben Wortes aufbaut; vgl. dazu auch

39. Οὐ πᾶσα σὰρξ ἡ αὐτὴ σάρξ
ἀλλὰ ἄλλη μὲν ἀνθρώπων,
ἄλλη δὲ σὰρξ κτηνῶν,
ἄλλη δὲ σὰρξ πτηνῶν,
ἄλλη δὲ ἰχθύων.
40. καὶ σώματα ἐπουράνια, καὶ σώματα ἐπίγεια
ἀλλὰ ἑτέρα μὲν ἡ τῶν ἐπουρανίων δόξα
ἑτέρα δὲ ἡ τῶν ἐπιγείων
41. ἄλλη δόξα ἡλίου
καὶ ἄλλη δόξα σελήνης
καὶ ἄλλη δόξα ἀστέρων
ἀστὴρ γὰρ ἀστέρος διαφέρει ἐν δόξῃ.

In V. 39 wird mit der adversativen Konjunktion ἀλλά die positive Entfaltung der vorangegangenen negativen Aussage οὐ πᾶσα σάρξ eingeleitet.[6] Auffällig ist die Parallelität der Versglieder, die jeweils mit dem Pronominaladjektiv ἄλλη beginnen.[7] Das erste Glied gibt thesenartig das Thema des Verses vor. Der hier vorgegebene Begriff σάρξ wird im dritten und vierten Glied wiederholt, im zweiten und fünften nicht. So ergibt sich auch innerhalb dieses Verses eine Untergliederung. Eine weitere, inhaltlich entscheidende Untergliederung geben die Partikeln μέν und δέ vor: die Differenzierung von Menschen und Tieren.

In V. 40 leitet ἀλλά die nachfolgende Unterscheidung der in V. 40a aufgeführten σώματα ein. Auffällig ist hier, dass das Subjekt δόξα nur im ersten Glied verwendet wird, im zweiten aber ausgelassen wird. V. 40 bildet zunächst das Verbindungsglied, das V. 39 und V. 41 miteinander verknüpft und eine Beziehung zwischen den Geschöpfen der Erde und des Himmels (σώματα ἐπίγεια und σώματα ἐπουράνια) herstellt. Unbestimmt ist an dieser Stelle allerdings, ob es sich um eine Qualitäts- oder Ortsbestimmung handelt (irdische – himmlische bzw. auf der Erde befindliche – im Himmel befindliche Körper). Beiden wird δόξα zugeschrieben, die sich jedoch in ihrer spezifischen Ausprägung unterscheidet. In vielen Übersetzungen wird in V. 40a ein Verb ergänzt (es gibt bzw. es sind …), das der griechische Text nicht bietet. Vom Satzbau her ist offen, ob damit ein Anschluss an V. 38 gegeben ist und gedanklich »Gott

Friedrich Blass/Albert Debrunner/Friedrich Rehkopf 1984, 418 f. (§ 488,1); vgl. auch Ralph Brucker 1997, 28 f.

6. Die Negation (οὐ) des Infinitpronomens (πᾶσα) folgt nicht klassischem griechischen Sprachstil, sondern ist als Semitismus zu verstehen, der dem Hebräischen לא כל entspricht; vgl. Friedrich Blass/Albert Debrunner/Friedrich Rehkopf 1984, 250 (§ 302,1); zur Stelle vgl. auch Karlheinz Müller 1985, 197 f. Anm. 103.

7. Zur Rolle des Parallelismus in antiken Texten vgl. Ralph Brucker 1997, 25 ff. Er zeigt, dass der in der Hebräischen Bibel häufig verwendete Parallelismus membrorum kein Kriterium für die Unterscheidung von Poesie und Prosa ist, zudem gebe es im Hebräischen keine eindeutigen Kriterien für Poesie. Auch für die neutestamentlichen Passagen, die einen Parallelismus aufweisen, schlägt er vor, von »gehobener Prosa«, nicht aber von »Poesie« zu sprechen (vgl. 35).

gibt ...«⁸ zu ersetzen ist, hier eine Existenzaussage gemacht wird: »es existieren ...« (εἶναι) oder ob es sich einfach um eine Gleichsetzungsaussage handelt: »So sind Körper sowohl am Himmel befindlich als auch auf der Erde befindlich ...«⁹ Im ersten Fall wäre V. 39 dann allerdings als Parenthese zu betrachten. Durch das doppelte καί wird die Korrelation der beiden Satzteile deutlich herausgestellt, die mittels dieser Konjunktion verbunden werden. Dennoch gibt es Unterschiede, auf die die adversative Konjunktion ἄλλα anschließend hinweist. Diese Unterschiede werden im Weiteren aufgelistet: ἑτέρα μὲν ... ἑτέρα δέ ...¹⁰

In V. 41 wird δόξα zum Leitbegriff. Der Vers beginnt mit einer positiven Aufzählung der verschiedenen Gestirne, die ebenfalls anaphorisch mit dem Pronominaladjektiv ἄλλη eingeleitet wird. δόξα ist hier das Subjekt der einzelnen Glieder. Die Parallelität zu V. 39 (ἄλλη σάρξ ἄλλη δόξα) wird sprachlich deutlich gemacht. Das vierte Satzglied weicht dann aber von der Struktur ab, indem die ›Überschrift‹ bzw. These in Form einer Zusammenfassung an den Schluss gestellt wird.¹¹ Sie betont die Unterscheidbarkeit eines Sterns/Gestirns (ἀστήρ) vom anderen aufgrund ihrer δόξα.¹² ἀστήρ umfasst hier als Oberbegriff »Gestirn« wahrscheinlich auch Sonne und Mond (V. 41):

ἀστὴρ γὰρ ἀστέρος διαφέρει ἐν δόξῃ.

Die Verse 39-41 bilden eine geschlossen komponierte Einheit. Ihr Satzrhythmus deutet auf eine gehobene Sprache hin, die vermutlich mit dem Inhalt »Vielfalt der Geschöpfe« korreliert. Damit nehmen die Ausführungen einen anderen Charakter an als den einer im Dialog formulierten Argumentation oder Widerlegung einer Gegenposition. Um zu erfassen, was Paulus mit diesem Stilwechsel beabsichtigt, ist es nötig, die Gattung seiner Sprache näher zu bestimmen. Der Aufbau lässt an ein Gedicht oder an ein poetisches Sprechen denken. Ralph Brucker hat jedoch gezeigt, dass es im Neuen Testament formal nicht angemessen ist, von Poesie oder poetischer Sprache zu reden. Von Poesie könne

---

8. Vgl. dazu Friedrich-Wilhelm Marquardt 1996, 449: »Wir dürfen also nicht die Rede von himmlischen und irdischen Leibern als eine spekulative Konstruktion ansehen – so etwas ›gibt es‹ –, sondern als Näherbestimmungen des Handelns Gottes.«
9. Damit wäre hier die Kopula (εἰσίν) zu ergänzen. Für diese dritte Variante bietet Winfried Verburg 1996, 66, eine Reihe überzeugender Argumente, vor allem weist er darauf hin, dass eine Auslassung von εἶναι in Existenzaussagen unüblich sei.
10. Vgl. Karlheinz Müller 1985, 202 Anm. 113: »Obwohl die ›himmlischen Leiber‹ ebenso wie die ›irdischen‹ über eine δόξα verfügen und Paulus zwischen den beiden δόξα-Gegebenheiten anhand der korrelativen Partikel μέν – δέ einen Vergleich anstrengen kann, ist es gerade jene δόξα, welche die σώματα ἐπουράνια von den σώματα ἐπίγεια trennt.« Zur Diskussion über die Bedeutung von δόξα vgl. ebd., 202-205 Anm. 113-115.
11. Dass mit γάρ keine Begründung eingeleitet wird, zeigt Winfried Verburg 1996, 67. Es ist hier anknüpfend und fortführend zu verstehen.
12. Vgl. auch Gen 1,14-18.

in der Antike nur dann gesprochen werden, wenn es ein entsprechendes Metrum gebe.[13] Die rhetorischen Anforderungen griechischer Poesie bzw. Kunstprosa erfüllen diese Verse allerdings nicht.[14] Woran hat Paulus sich bei der Formulierung orientiert? Der inhaltliche Bezug auf die Schöpfungserzählung (in Gen 1) legt es nahe, an Schöpfungs-Psalmen zu denken. Allerdings lassen sich die Verse 39-41 formal auch nicht als Hymnus bezeichnen, weil wichtige Formmerkmale wie der Aufruf zum Lobpreis, die formale Begründung für den Lobpreis und abschließende Wünsche und Bitten fehlen.[15] Dennoch wird deutlich, dass Paulus eine besondere, poetische Form des Sprechens wählt,[16] um das Schöpfungshandeln Gottes (vgl. V. 38: Gott gibt …) zu beschreiben, auch wenn *formal* nicht von einem Hymnus oder von Poesie zu sprechen ist, die den Kriterien antiker Kunstprosa entspricht.[17] Ich möchte im Folgenden zeigen, dass er sich bei der Formulierung dieser Verse *inhaltlich* an die Gattung der Schöp-

13. So unterscheide hier die antike Rhetorik genau: »Auf der anderen Seite ist in der gehobenen Prosa eine Annäherung an die Poesie bis zu einem gewissen Grad erwünscht – dies betrifft vor allem die Wortwahl (Erhabenheit), die Gestaltung der Satzglieder (Rhythmus) und den Bau der Sätze (Symmetrie). Man ist sich aber der Grenze stets bewußt: Die Rede soll der Poesie ähnlich, aber nicht gleich sein, sie soll rhythmisch sein, darf aber nicht metrisch sein.« Ralph Brucker 1997, 25. Vgl. auch 23-25.347.
14. Eduard Norden 1956 (1912), 356f., macht deutlich, dass es sich hier insgesamt um semitischen Sprachstil handelt, der der LXX ähnelt, nicht um antike griechische Prosa. In diesem Zusammenhang ist u.a. auf die Negation (οὐ) des Infinitpronomens (πᾶσα) in V. 39 zu verweisen, die dem Hebräischen לא כל entspricht. E. Norden wendet sich insbesondere dagegen, die folgenden Verse 1 Kor 15,42f. als »Musterbeispiel antithetischer Isokolie mit Anaphern« anzuführen, wie es vielfach geschehe. In antiker Prosa gebe es kein gleichartiges Beispiel dafür. Auch in seiner Untersuchung antiker Kunstprosa (1956, 498) verweist er auf den durchgängig »unhellenischen« Stil des Paulus, entdeckt dann aber u.a. in 1 Kor 15,39ff. »alte Bekannte aus der zünftigen griechischen Kunstprosa« (502f.). Dieser Widerspruch zeigt, wie schwierig es ist, den Sprachstil des Paulus an dieser Stelle zu erfassen.
15. Zur Gattung »Hymnus« im Ersten Testament vgl. Hermann Gunkel (1933) 1985; Claus Westermann (1954) 1968; Frank Crüsemann 1969. In der neutestamentlichen Forschung wird zunehmend Abstand davon genommen, von »Hymnen« zu sprechen. So bezeichnet Ralph Brucker 1997 Phil 2,6-11 nicht länger als »Christushymnus«, sondern als epideiktische Passage, weil diese Gattungsbezeichnung den Kriterien antiker Rhetorik nicht standhält; vgl. auch Günter Kennel 1995.
16. Zum Stilwechsel in antiken Texten vgl. Ralph Brucker 1997, 174ff.
17. Dass Paulus sich vielfach einer Sprache bedient, die liturgischen Charakter hat, zeigt Luise Schottroff 2001, 54-56, anhand von Röm 3,10-12, einem Text, den sie der Gattung der Klage zuordnet, in dem Leidens- und Erniedrigungserfahrungen zur Sprache gebracht werden können: »Die paulinische Tradition ermöglicht heute, das Schreien der Opfer als Gebet zu verstehen.« (ebd., 65) Die Beobachtungen in Bezug auf die hier verwendete »gottesdienstliche Sprache« können auch auf 1 Kor 15,39-41 übertragen werden. So könnten diese Verse als Gebet verstanden werden.

fungspsalmen anlehnt, insbesondere an die des beschreibenden Gotteslobes, wie seine Wortwahl zeigt.

Ein Verständnis der Verse 39-41 als ›Gotteslob‹ hängt entscheidend an dem Bezug auf V. 38, d.h. an dem, woran die Ausführungen anknüpfen: an den Begriff (ἴδιον) σῶμα in V. 38b, der auf die (individuelle) Unterschiedenheit der einzelnen Körper weist, oder an die Beschreibung göttlichen Handelns in V. 38a: Gott gibt (ὁ θεὸς δίδωσιν ...).[18] Wird in der Aufzählung in VV. 39-41 eine Entfaltung des Begriffs σῶμα angenommen, dessen (qualitative bzw. auf ihre Beschaffenheit verweisenden) Aspekte entweder σάρξ (bei irdischen Wesen) oder δόξα (bei himmlischen Wesen) sind, so ist es folgerichtig, hier eine (in σάρξ bzw. δόξα) differenzierte Darstellung der Individualität der Leiber anzunehmen.[19] Dann läge der Akzent der Aufzählung darauf, hier einen lehrhaften Exkurs über die Biologie der Geschöpfe zu bieten. Ein solcher wäre allerdings in der Körpertheologie des Paulus singulär. An keiner anderen Stelle führt er aus, dass ein σῶμα aus »Fleisch« (σάρξ) besteht. Zwar kann σάρξ auch stoffliche Dimensionen des menschlichen Daseins ausdrücken (metaphorisch in 2 Kor 12,7), die Relation σῶμα – σάρξ thematisiert er aber ansonsten nicht unter dem Aspekt ihrer qualitativen stofflichen Dimensionen, sondern unter dem der jeweiligen Beziehungen, in denen sie stehen, und dem daraus resultierenden Handeln.

Wird der Akzent in V. 38 auf der Tätigkeit Gottes gesehen, wäre die Aufzählung als Verweis auf die Vielgestaltigkeit der Schöpfung zu verstehen, die allein auf dem Handeln Gottes beruht. Diese Lesart knüpft an die Ergebnisse der Untersuchungen zum Saatmotiv in VV. 36-38 an, die gezeigt haben, dass Paulus hier die Macht göttlichen Handelns: »lebendig machen« – »σῶμα geben« im

---

18. Christoph Burchard 1984, 237, zeigt, dass der Bezug auf V. 38 voraussetzt, »daß ἴδιον in V. 38 nicht individualisierend als ›je mein‹ paraphrasiert werden kann, sondern so etwas wie arteigen heißt.«

19. Dies vertreten z.B. Ernst Käsemann 1933, 101; Hans Conzelmann 1987, 209; Lietzmann 1949. Nikolaus Walter 1998, 113, Anm. 11 und 12, spricht hier gar von verschiedenen »Fleisch-Sorten« und »Glanz-Sorten«. Eduard Schweizer, Art. σῶμα κτλ., in: ThWNT Bd. 7, 1967, 127, spricht hier von einer »substantiellen Denkform«; andere Auslegungen gehen an dieser Stelle von einer Darstellung der Vielfalt aus, substanzielle Aspekte seien hier nicht angesprochen: vgl. Karlheinz Müller 1985, 201 Anm. 110; Andreas Lindemann 2000, 357. πᾶσα σάρξ wird vielfach auf dem Hintergrund des hebräischen Sprachgebrauchs als gesamte Kreatur im Sinn von »Geschöpfe« verstanden; vgl. z.B. Alexander Sand 1967, 296f.; Luise Schottroff 1970, 38f.; Gerhard Sellin 1986, 218. Ob die Auflistung dualistisch (so z.B. Sellin) oder nicht-dualistisch (so z.B. Sand; Schottroff) strukturiert ist, ist allerdings strittig. Weiterhin strittig ist das Verhältnis von σῶμα, σάρξ und δόξα. In vielen Auslegungen wird deutlich, dass die irdische Existenz der himmlischen gegenüber als minderwertig verstanden wird, vgl. z.B. Franz-Josef Ortkemper 1999, 160; Jakob Kremer 1997, 355; Dale B. Martin 1995, 125f., geht davon aus, dass σάρξ die Bezeichnung für die niederen Lebewesen (lower beings) sei. Paulus wechsle bewusst zwischen σῶμα und σάρξ.

Vergleich zu der des menschlichen Handelns: »säen eines bloßen Korns« beschreibt.[20] Es ist Gott, der Menschen σάρξ gibt, ebenso den Haustieren, den Vögeln, den Fischen ... – ein Handeln, das Paulus in den Mittelpunkt seiner Ausführungen stellt und dessen Fülle und Vielfalt er hervorheben will. Dieses Gotteshandeln wäre dann als Basis zu verstehen, auf der er Fragen nach dem menschlichen Leben im Zusammenhang von Schöpfung und Heilsgeschichte reflektiert.

Syntaktisch gibt es keine Verknüpfung zum folgenden Satz, die Aufschluss über den Bezug von V. 39 f. auf V. 38 geben könnte. Es muss deshalb nach inhaltlichen Argumenten gesucht werden, die die jeweilige Interpretation plausibel machen. Ich werde deshalb im Folgenden nach den inhaltlichen Bezügen auf das Schöpfungshandeln Gottes fragen, die die Verse 39-41 aufweisen. Auf welche ersttestamentlichen Schöpfungstraditionen bezieht sich Paulus, wenn er seine eigenen Aussagen formuliert? Der besondere Blick wird sich in dieser Untersuchung darauf richten, ob bzw. wie das Verhältnis von Gottes Schöpfungshandeln zur biologischen Beschaffenheit der Geschöpfe und deren qualitativen Bestandteilen in diesen Texten dargestellt wird.

4.1.2 Zum Verhältnis von 1 Kor 15,39-41 und Gen 1

Bereits in der Auslegung von VV. 36-38 hat sich gezeigt, dass Paulus sich in seinen Formulierungen auf den ersten Schöpfungsbericht in Gen 1 bezieht. In der Auslegung von VV. 39-41 ist vielfach darauf hingewiesen worden, dass Paulus sich hier in seinen Ausführungen an die Schöpfungserzählung (P – LXX) in Gen 1,14-19 (Himmelskörper) und 1,20-28 (Lebewesen) anlehnt, die Reihenfolge der Aufzählung jedoch von der Vorlage abweicht.[21] 1 Kor 15,39 beginnt

---

20. Dass diese zweite Lesart vorzuziehen ist, zeigt auch die rhetorische Analyse von Jean-Bosco Matand Bulembat 1997, 50, der deutlich macht, dass die Verse 39-41 nicht als Explikation von v. 38 (ἴδιον σῶμα) zu verstehen sind: »Cela veut dire que, du moins pour Paul, et contrairement à ce que pensent bien des chercheurs, les vv. 39-41 n'appuient pas n'explicitent pas le v. 38. C'est à tort qu'on croiait qu'ils developpent le ἴδιον σῶμα du v. 38.« Ein wichtiges Argument für diese Lesart ist, dass das »Säen« Gottes in V. 42 ff. erneut aufgenommen wird: σπείρεται ist dort als passivum divinum zu verstehen.

21. Vgl. Jürgen Becker 1976, 90; Gordon D. Fee 1988, 783 Anm. 32; Hans-Josef Klauck 1984, 118; Jakob Kremer 1977, 355; Andreas Lindemann 2000, 357 f. u. a. Eine übersichtliche Auflistung über die Reihenfolge der Schöpfungstage im Vergleich zur Aufzählung in V. 39 bietet Winfried Verburg 1996, 161. Dieser Vergleich und auch die folgenden Übersetzungen basieren auf der LXX-Fassung. Es ist davon auszugehen, dass sich die urchristliche Rezeption schöpfungstheologischer Aussagen und deren Begrifflichkeit an der LXX-Fassung der ersttestamentlichen Texte orientiert hat. Deshalb werde ich im Folgenden zentrale griechische Begriffe kenntlich machen. Vgl. dazu Cilliers Breytenbach 1999, 283.

mit Menschen (ἀνθρώπων), dann folgen Haustiere (κτηνῶν), die »Gefiederten« (πτηνῶν) und Fische (ἰχθύων). In Gen 1,26 im Zusammenhang der Erschaffung des Menschen und 1,27, in der Beauftragung, Fürsorge für die anderen Geschöpfe zu übernehmen, beginnt die Aufzählung mit den Fischen, dann folgen die Vögel und schließlich die Haustiere (Gen 1,26):

... ποιήσωμεν ἄνθρωπον κατ' εἰκόνα ἡμετέραν καὶ καθ' ὁμοίωσιν, καὶ ἀρχέτωσαν τῶν ἰχθύων τῆς θαλάσσης καὶ τῶν πετεινῶν τοῦ οὐρανοῦ καὶ τῶν κτηνῶν καὶ πάσης τῆς γῆς ...

Daneben gibt es weitere Unterschiede. Im Vergleich zu 1 Kor 15,41 fällt auf, dass nur die Sterne in Gen 1,16 genannt werden (ἀστέρας). Bei der Erschaffung der Himmelskörper werden in Gen 1,14 ff. Sonne und Mond nicht explizit bezeichnet, sie werden »Licht« (φωστήρ) genannt (Gen 1,16): [22]

Καὶ ἐποίησεν ὁ θεὸς τοὺς δύο φωστῆρας [...] καὶ τοὺς ἀστέρας

Die Bezüge auf die Schöpfungserzählung sind deutlich, auch wenn eine Reihe von Abweichungen von Gen 1 festzustellen sind. Die Gründe für die gegenüber Gen 1 unterschiedene Wortwahl und die abweichende Reihenfolge in 1 Kor 15,39 ff. konnten bisher allerdings nicht befriedigend erklärt werden.[23]

Für die Deutung von VV. 39-41 ist festzuhalten, dass auch Gen 1 den Schwerpunkt auf das Schöpfungshandeln Gottes legt, das zuerst durch ein Gotteswort angekündigt wird: »Und Gott sprach: es werde ...« (vgl. V. 2.6.9.14.20. 24.26.29.), dann ausgeführt und anschließend aus der Perspektive Gottes bewertet wird: »Gott sah, dass es gut war« (vgl. V. 4.10.12.21.25.31; LXX auch V. 8). Die Erzählung in Gen 1 hat kein Interesse daran, die biologische Beschaffenheit der Geschöpfe zu erfassen, sondern daran, Schöpfung als geschichtlichen Prozess zu beschreiben, der durch das Handeln Gottes seine Dynamik erhält, ein Prozess, der Gott und Menschen, Menschen untereinander und zu ihrer kreatürlichen Mitwelt in Beziehung setzt. Es ist nicht ausgeschlossen, dass Paulus eine andere Absicht verfolgt, auch wenn er sich explizit auf die Schöpfungserzählung bezieht. Die Beobachtung, dass Gen 1 kein Interesse an der Darstellung der biologischen Beschaffenheit der Geschöpfe zeigt, sondern Gottes Handeln betont, kann aber als ein Indiz für die Interpretation der Verse 1 Kor 15,39-41 betrachtet werden, die dieses Nicht-Interesse auch hinter den Formulierungen des Paulus annimmt.

22. Vermutlich werden Sonne und Mond nicht explizit genannt, um Namen bekannter Gottheiten zu vermeiden; vgl. Gerhard von Rad 1976, 35.
23. Vgl. dazu die Ausführung bei Winfried Verburg 1996, 160 f. Er listet die verschiedenen Lösungsansätze der Herkunft der Aufzählung in V. 39 ff. auf. Karlheinz Müller 1985, 199-201 Anm. 107-109, nimmt den Beginn des priesterlichen Sintflutberichtes Gen 7,21 (LXX) als Textvorlage an, weil dieser ebenfalls eine Entfaltung des Begriffes πᾶσα σάρξ bietet. K. Müller kann aber m. E. die erheblichen Unterschiede in der Reihenfolge und Benennung der Geschöpfe nicht überzeugend erklären, in Gen 7,21 fehlen zudem die Fische. Andreas Lindemann 2000, 357 f., vermutet neben Gen 1 auch Bezüge auf Gen 8,17.

4.1.3 Zum Verhältnis von 1 Kor 15,39-41 und Ps 8

Bisher kaum in Betracht gezogen wurde, dass Paulus sich in VV. 39-41 literarisch nicht auf die Schöpfungserzählung direkt, sondern auf eine andere Vorlage bezogen haben könnte. Bereits in 1 Kor 15,27 zitiert er 8,7, einen Schöpfungspsalm:[24]

1 Kor 15,27: πάντα γὰρ ὑπέταξεν ὑπὸ τοὺς πόδας αὐτοῦ
Ps 8,7: πάντα ὑπέταξας ὑποκάτω τῶν ποδῶν αὐτοῦ

Der Psalm beginnt in V. 2 mit einem Lob Gottes, das Gott als den Herrscher über die Erde und die Himmel anspricht – eine Formulierung, die sich auf Gen 1,1 bezieht, wo Gott als der Schöpfer von Himmel und Erde benannt wird:[25]

8,2. »Adonaj, unser Herrscher, wie bewundernswert ist dein Name auf der ganzen Erde (ἐν πάσῃ τῇ γῇ), über die Himmel (τῶν οὐρανῶν) breitet sich deine Pracht aus.
3. Aus dem Mund von Kindern und Säuglingen verschaffst du dir Lob/rühmende Erzählung[26] wegen deiner Feinde, wegen der Vernichtung der Feinde und Gesetzlosen.
4. Denn ansehen will ich die Himmel, das Werk deiner Finger, den Mond (σελήνην) und die Sterne (ἀστέρας), für die du den Grund gelegt/die du befestigt hast.
5. Was ist der Mensch (ἄνθρωπος), dass du an ihn denkst, der Einzelne[27] (υἱὸς ἀνθρώπου; BHS: בֶן־אָדָם), dass du nach ihm siehst?
6. Du hast ihn nur etwas geringer gemacht [als dich selbst] vergleichbar mit Engeln (LXX: παρ' ἀγγέλους; BHS: מֵאֱלֹהִים)[28],
du hast ihn bekränzt mit Glanz und Ehre (LXX: δόξῃ καὶ τιμῇ; BHS: כָּבוֹד וְהָדָר).

---

24. Wolfgang Schrage 2001, 181, macht darauf aufmerksam, dass diese Aufnahme ohne Kenntlichmachung vorgenommen wird. Auch in V. 39 ff. wird kein Schriftzitat angekündigt, anders als in V. 45.
25. Es ist davon auszugehen, dass Ps 8 jünger als der priesterschriftliche Schöpfungsbericht ist und sich in seinen Formulierungen auf diesen bezieht, vgl. dazu Hans-Joachim Kraus 1978a, 205 f. Die Formulierung »Himmel und Erde« ist als Merismus aufzufassen, der Ganzheit betonen will, vgl. dazu Annette Krüger 2001, 66.
26. Die LXX bietet in ihrer Übersetzung mit αἶνος (Lob) eine entscheidende Veränderung gegenüber dem hebräischen Text, der an dieser Stelle עֹז bietet, was »Macht« bedeutet. Zur Interpretation der hebräischen Version: »Du verschaffst dir eine Macht aus dem Mund von Säuglingen« vgl. Frank Crüsemann 1992a.
27. Die Übersetzung orientiert sich an Rainer Albertz 1974, 122, der בֶן־אָדָם mit »der Einzelne« übersetzt. Es geht hier in beiden Teilen der im Parallelismus membrorum formulierten Aussage um die Situation des Menschen.
28. Hans-Joachim Kraus 1978a, 209, führt aus, dass die Übersetzung der LXX (»ἠλάττωσας αὐτὸν βραχύ τι παρ' ἀγγέλους«) dem Sinn nach angemessen sei, auch der hebräische Text beschreibe hier die Menschen als »elohimartige«, als »himmlische« Wesen: »Der Mensch hat unmittelbar unter den himmlischen Wesen, die Jahwes königlichen Thronsitz umgeben (1 Kö 22,19; Hi 1,6; Jes 6,1-3), seinen ihm von Gott zugewiesenen Platz in der Schöpfung.«

7. Du hast ihn eingesetzt über das Werk deiner Hände, alles hast du ihm unter seine Füße gestellt.
8. alle Schafe, Ziegen und Rinder, darüber hinaus die Herden der Ebene (τὰ κτήνη τοῦ πεδίου),
9. die Vögel des Himmels (τὰ πετεινὰ τοῦ οὐρανοῦ) und die Fische des Meeres (ἰχθύας τῆς θαλάσσης), alle, die die Wege der Meere durchziehen.
10. Adonaj, unser Herrscher, wie bewundernswert (θαυμαστόν) ist dein Name auf der ganzen Erde.«

Thema des Psalms ist die Herrlichkeit des göttlichen Namens auf der Erde. Der Psalm beschreibt die einzelnen Werke Gottes, die den/die Beter/in zum Gotteslob führen. Dieses Lob legt der/die Psalmist/in in den Mund von Kleinkindern und Säuglingen.[29] Die Aufzählung der Werke beginnt dann mit den Gestirnen. Im Vergleich zu Gen 1 werden hier nicht nur die Sterne, sondern wird auch der Mond explizit genannt.[30] Anschließend wird die Frage nach dem Menschen gestellt, seine Beziehung zu Gott und seine Rolle innerhalb der Schöpfung. Gott habe dem Menschen alles zu Füßen gelegt: das ganze Werk seiner Hände, alle Tiere der Erde, des Himmels und des Wassers.[31] Der Psalm schließt mit einem umfassenden Lobpreis des Namens Gottes, der mit V. 2 korrespondiert. Er beschreibt Gott als den Herrscher, dessen Name über die ganze Erde herrscht (8,10):

κύριε ὁ κύριος ἡμῶν ὡς θαυμαστὸν τὸ ὄνομά σου ἐν πάσῃ τῇ γῇ

Im Vergleich mit Gen 1,26f. sind hier engere Parallelen zu 1 Kor 15,39-41 zu erkennen: Auch in 8,5.8-9 beginnt die Aufzählung der Geschöpfe mit den Menschen, dann folgen Haustiere, Vögel (V. 9 allerdings mit dem geringfügigen Unterschied von τὰ πετεινὰ statt οἱ πτηνοί)[32] und Fische. Mond und Sterne gehen hier in der Aufzählung den irdischen Lebewesen jedoch voran (vgl.

29. In der LXX-Version von Ps 8,3. Erich Zenger 1997, 209f., zeigt, dass das Oppositionspaar »Kinder« – »Feinde« in V. 3 darauf weist, in den »Kindern« und »Säuglingen« eine Metapher für das leidende und bedrängte Gottesvolk zu sehen. Das Gotteslob werde in Ps 8 von den klagenden und verzweifelten Kindern der bedrängten Mutter Zion gesungen, die auf die Solidarität Gottes für die Verlassenen und Einsamen vertrauen: »Daß die Leidenden ihre Identität in JHWH festhalten, einklagen und finden, ist das Bollwerk, das ihnen nicht einmal der Tod nehmen kann. Das Gebet, die Klage oder gar der Lobpreis der Leidenden ist ein JHWH-Lobpreis, der Zeugnis davon gibt, daß JHWH das Menschlein und den Adamssohn halten und tragen will.« (210); vgl. auch Frank Crüsemann 1992a.
30. 1 Kor 15,41 erwähnt darüber hinaus noch die Sonne (ἥλιος), die weder in Gen 1 noch in Ps 8 genannt wird.
31. Der Bereich der Erde (›alles‹) wird wie in Gen 1,26 durch Gruppen von Tieren veranschaulicht, die die Gesamtheit betonen, vgl. Annette Krüger 2001, 67f.
32. πτηνός gibt es im Neuen Testament nur an dieser Stelle. Andreas Lindemann 2000, 357, vermutet, dass es Paulus hier vor allem um den lautlichen Anklang: κτηνῶν – πτηνῶν ging und er deshalb diese Veränderung vorgenommen habe.

V. 4). Die folgende Auflistung zeigt, wie parallel die Begrifflichkeit von 8 und 1 Kor 15,(27).39 ff. auch über die Aufzählung der Geschöpfe hinaus ist:

1 Kor 15	Ps 8
39. ἀνθρώπων … κτηνῶν … πτηνῶν … ἰχθύων	5. ἄνθρωπος … 8. τὰ κτήνη … 9. τὰ πετεινά … τοὺς ἰχθύας
41. δόξα ἡλίου … σελήνης … ἀστέρων	4. (ὄφομαι) σελήνην … ἀστέρας

Auch in Psalm 8,2 wird wie in 1 Kor 15,40 das Schöpfungshandeln Gottes in den Kategorien von Himmel und Erde beschrieben. Deutlich ist hier, dass es sich um Vorstellungen handelt, die verschiedene Bereiche bzw. Lebensräume bezeichnen.[33]

1 Kor 15	Ps 8
40. σώματα ἐπουράνια … σώματα ἐπίγεια	2. ἐν πάσῃ τῇ γῇ … τῶν οὐρανῶν

Auch in den folgenden Versen verwendet Paulus Begriffe, die in 8 zentral sind: So führt 8,6 aus, dass der Mensch mit Glanz und Ehre (δόξῃ καὶ τιμῇ) bekränzt sei; in 1 Kor 15,43 wird dieses Begriffspaar ebenfalls zur Beschreibung der menschlichen Situation verwendet, allerdings im ersten Fall in negativer Form:

1 Kor 15	Ps 8
43. σπείρεται ἐν ἀτιμίᾳ … ἐγείρεται ἐν δόξῃ	6. δόξῃ καὶ τιμῇ ἐστεφάνωσας αὐτόν

Wie Gen 1,26 f. thematisiert auch Psalm 8 die Gottebenbildlichkeit des Menschen. Durch seine Christologie bedingt, nimmt Paulus diese Thematik allerdings modifiziert auf, wenn er vom »Bild des Himmlischen« spricht, das die Glaubenden tragen sollen (1 Kor 15,49). Hier verwendet er dementsprechend eine andere Begrifflichkeit als 8,6.[34] Diese aufgezeigten Anspielungen und Parallelen legen es nahe, dass Paulus sich bei der Formulierung seiner eigenen Aussagen über die Schöpfung neben Gen 1 an der Struktur von Ps 8 orientiert haben könnte.[35] Dass der Psalm in neutestamentlicher Zeit bekannt war, zeigt

---

33. Aufgrund der Anklänge an Ps 8,2 und Gen 1,1 gehe ich davon aus, dass auch die Angaben »irdisch« und »himmlisch« in 1 Kor 15,40 lokal verstanden werden müssen.
34. 1 Kor 15,49: (ἐφορέσαμεν) τὴν εἰκόνα τοῦ χοϊκοῦ … εἰκόνα τοῦ ἐπουρανίου; 8,6: βραχύ τι παρ' ἀγγέλους (BHS: מֵאֱלֹהִים).
35. Wolfgang Schrage 2001, 289 Anm. 1408, erwähnt zwei Belege für eine Aufnahme von Ps 8,8 f. an dieser Stelle: Christoph Burchard 1984, 237, und C. F. Georg Hein-

sich daran, dass vielfach auf ihn angespielt wird.³⁶ In Hebr 2,6-9 werden die Verse 5-7 mit kleinen Abänderungen nahezu vollständig zitiert. Der υἱὸς ἀνθρώπου (V. 5) wird hier mit Christus identifiziert.³⁷

Psalm 8 – ein Schöpfungshymnus

Bevor nach den Konsequenzen für die Auslegung von 1 Kor 15,39 ff. gefragt werden soll, die sich daraus ergeben, Ps 8 im Hintergrund der paulinischen Aussagen anzunehmen, soll zunächst die Gattung des Psalms und dessen Aussagehintergrund bzw. Sitz im Leben näher untersucht werden. Denn Paulus bietet nicht nur isoliert ein Zitat aus dem Psalm, sondern orientiert sich vermutlich an dessen Struktur im Ganzen. Die Frage nach dem Sitz im Leben von Ps 8 ist für die Exegese von 1 Kor 15 insbesondere im Blick auf dessen liturgischen Gebrauch von Interesse.

Ps 8 bietet eine Reihe von Besonderheiten, sowohl formal als auch inhaltlich.³⁸ Rainer Albertz behandelt Ps 8 ausführlich in seiner Studie zu Weltschöpfung und Menschenschöpfung. Er zeigt, dass dies der einzige Psalm ist, in dem diese beiden Traditionen bewusst zusammengearbeitet sind.³⁹ So wird Ps 8 vielfach als klassischer Schöpfungshymnus in der Form eines beschreibenden Lobpsalms verstanden, formgeschichtlich gilt dies aber nach R. Albertz nur für die Aussagen zur Weltschöpfung. Diese verweisen auf die Majestät Gottes, dessen Größe und Macht gepriesen wird. Die Aussagen zur Menschenschöpfung sind hingegen der Gattung der Klage des/der Einzelnen zuzuschreiben, die an die rettende Zuwendung Gottes appelliert bzw. diese reflektierend entfaltet.⁴⁰ Ps 8 verbindet diese beiden Gattungen zu einem kunstvollen Mischgebilde, was auf seine späte Entstehung weist:

»Der Majestät Gottes, des Weltschöpfers, steht seine Güte gegenüber, die in der Menschenschöpfung begründet ist. Der Niedrigkeit des Menschen, die ihm angesichts der Majestät des Weltschöpfers bewußt wird, steht seine Hoheit gegenüber, mit der ihn der Menschenschöpfer ausgezeichnet hat. Im Grunde sind beide polaren

---

rici 1896, 489. Burchards Artikel enthält allerdings keinen Bezug auf Ps 8, Heinrici erwähnt zwar die Möglichkeit, dass Ps 8 hier als Vorlage gedient haben könnte, entfaltet dies allerdings nicht. Seine Ausführungen verweisen lediglich auf einen weiteren Kommentar: Th. Ch. Edwards 1885. Auch der Kommentar von Schrage bietet keine inhaltliche Auseinandersetzung über die Bedeutung dieser Beobachtung.

36. Vgl. Mt 2,16; Mk 12,36; Röm 1,20; Eph 1,22; Hebr 2,6-9.
37. Sollte Paulus diese Tradition bekannt gewesen sein, so ließe sich auch die Adam-Christus-Typologie, die in 1 Kor 15,22.45-49 aufgegriffen wird, ebenfalls auf dem Hintergrund von Ps 8 bzw. dessen Rezeption erklären. Wichtig ist an dieser Stelle zu betonen, dass diese eschatologisch-messianische Deutung nicht in Ps 8 angelegt ist; vgl. dazu Hans-Joachim Kraus 1978a, 213.
38. Zur Frage der textkritischen und metrischen Probleme vgl. Hans-Joachim Kraus 1978a, 204.
39. Vgl. Rainer Albertz 1974, 122 ff.
40. Vgl. Rainer Albertz 1974, 124 f.

Beziehungen in dem einen Satz enthalten, daß sich der mächtige Gott des geringen Menschen annimmt (V. 5).«[41]

Ps 8 entfaltet das Thema »Schöpfung« und zeichnet dabei ein vieldimensionales Beziehungsgefüge. Die Beziehung zwischen Gott und Mensch ist durch das Angewiesensein des Menschen zu beschreiben, der staunend die Fürsorge Gottes lobt, die in seiner Erschaffung sichtbar wird. Hier von »Angewiesensein« zu sprechen, erscheint mir treffender als der Begriff »Niedrigkeit«, den R. Albertz verwendet, der m. E. leicht als abwertende Bezeichnung missverstanden werden kann. Es geht in dem Psalm um die Relationalität und Abhängigkeit. Der Gott Israels ist der Herrscher der Schöpfung, dessen Name in Form eines Hymnus gepriesen wird. Auf dem Hintergrund dieser offenbaren Majestät Gottes wird die Menschenschöpfung gesehen,[42] die zum einen relationale Abhängigkeit, zum anderen auch Besonderheit und Hoheit (V. 6: bekränzt mit Glanz und Ehre) bedeutet, die Menschen von den anderen Geschöpfen abheben. Der Lebensraum Gottes, der in diesem Psalm besungen wird, wird im Moment des Anbetens, des Singens, im Betrachten der Schöpfung erfahrbare Realität:

»Die ›neue Welt‹ ist dem lobpreisenden Sänger ohne jede Reflexion oder Ausschau gegenwärtig, sie ist nicht jenseitig oder zukünftig – sie ist dem anbetenden Glaubenden in der vollen Diesseitigkeit bereits anschaubar.«[43]

Hans-Joachim Kraus vermutet als Sitz im Leben den Gesang im Gottesdienst des nachexilischen Heiligtums, möglicherweise in Form eines Wechselgesangs.[44] Sollte Paulus der Psalm aus dem gottesdienstlichen Gebrauch bekannt sein (vgl. 1 Kor 14, 15.26),[45] legt es sich nahe, dass die Worte und Vorstellungen

---

41. Rainer Albertz 1974, 125-126.
42. Vgl. auch Bernd Janowski 2003, 12: »Die biblische Rede vom Menschen [...] ist zunächst durch *Nichtobjektivierbarkeit* gekennzeichnet. Selbst dort, wo – wie in Ps 8 – das Wesen des Menschen objektivierend in den Blick genommen wird, geschieht solch betrachtende Reflexion eher in staunender Betroffenheit als in neutraler Beschreibung. Das Reden in der dritten Person – ›*Was ist der Mensch?*‹ – wird sogleich in die Anrede an Gott umgegossen: ›... daß *du* seiner gedenkst und dich seiner annimmst‹. Nur von Gott her läßt sich nach alttestamentlichem Verständnis sagen, was oder wer der Mensch ist.«
43. Hans-Joachim Kraus 1978a, 213. V. 1 bietet eine Anleitung zur musikalischen Begleitung; V. 2a.10 sind als liturgischer Rahmen zu verstehen, vgl. auch Klaus Seybold 1996, 50 f.
44. Damit seien auch die metrischen Variationen des Psalms zu erklären, vgl. Hans-Joachim Kraus 1978a, 204.206.
45. Dass Paulus den Psalm aus dem gottesdienstlichen bzw. kultischen Zusammenhang kannte, lässt sich natürlich nur vermuten. Weiterhin ist offen, ob der Psalm noch zur Zeit des Paulus liturgisch verwendet wurde. Wenn dies der Fall war, könnte er Paulus auch in hebräischer Sprache vertraut gewesen sein. Literarisch bezieht er sich allerdings auf die LXX-Version, wie der Begriffsvergleich zeigt. Zur Gottesdienstpraxis vgl. Ed P. Sanders 1998, 190 ff.

des Psalms in ihm ›anklingen‹, als er seine eigene Darstellung des Schöpfungshandelns Gottes formuliert.

4.1.4 Resümee

Die inhaltlichen und sprachlichen Bezüge von 1 Kor 15,39-41 auf den priesterschriftlichen Schöpfungsbericht in Gen 1 sind deutlich zu erkennen. Welche Bedeutung sie für die Interpretation der Verse haben, zeigt der Vergleich von 1 Kor 15,39 ff. mit Psalm 8. Sollte Paulus sich tatsächlich an dessen Inhalten orientiert haben, worauf die zahlreichen parallelen Formulierungen hinweisen, dann hat dies auch Konsequenzen für die Deutung. Im Folgenden möchte ich der These nachgehen, dass Paulus die Schöpfungserzählung (Gen 1) mit der Hermeneutik ›liest‹, die zum Grundbestand jüdischen Gotteslobs gehört und in Psalm 8 greifbar wird: als Aufforderung zum Gotteslob. Psalm 8 ist ein Hymnus auf die Schöpfung, der das Gotteslob mit Fragen nach der Rolle des Menschseins in der Schöpfung verknüpft. Er beschreibt Menschsein in Relation zu und Angewiesensein auf Gott und in einer verantwortungsvollen Rolle in Bezug auf die Mitgeschöpfe.[46] Sind das möglicherweise Themen, die Paulus bewegen, im Zusammenhang von Auferstehung über die Vielgestaltigkeit der Schöpfung zu sprechen? Der Frage, welche Bedeutung die Bezüge auf die Schöpfung für die Körpertheologie des Paulus haben, soll im Folgenden anhand weiterer schöpfungstheologischer Aussagen im Corpus Paulinum nachgegangen werden.

4.2 Schöpfung bei Paulus

Bereits ein erster Blick in die paulinischen Aussagen zur Schöpfung zeigt, wie stark diese in ersttestamentlicher Theologie verankert sind. Paulus nimmt vielfach in Form von Zitaten oder in freier Aufnahme ersttestamentliche (LXX) Texte auf.[47] Den ihn leitenden Gedanken, dass die Größe Gottes an den Werken seiner Schöpfung zu erkennen ist, benennt er explizit in Röm 1,19-22:

---

46. Vgl. auch Bernd Janowski 2003, 11: »Der Mensch lebt und ist Mensch, weil Gott seiner gedenkt und sich seiner annimmt [...]. In der Betrachtung der Schöpfung Gottes wird der Mensch seines Menschseins inne, das sich – wie die Fortsetzung Ps 8,6-9 zeigt – im Verhältnis zu den Mitgeschöpfen, also in der Herrschaft über die Tiere realisiert.«
47. Vgl. Röm 9,19 ff./Jes 29,16 (vgl. auch Jer 18,1-12; Jes 45,9; Weish 12,12); 1 Kor 6,16/ Gen 2,24; 1 Kor 10,26/Ps 23,1; 1 Kor 11,7 ff./Gen 2,18 ff.; 21 f.; 2 Kor 4,6/Gen 1,3; 2 Kor 9,10/Jes 55,10; zu Röm 4,17 vgl. 2 Makk 7,28; Weish 11,17.

19. »Denn was man von Gott erkennen kann, ist ihnen offenbar; Gott hat es offenbart. 20. Seit der Erschaffung der Welt wird seine unsichtbare Wirklichkeit an den Werken mit der Vernunft wahrgenommen, seine ewige Wirkkraft (δύναμις) und Göttlichkeit ... 21. Denn sie haben Gott erkannt, ihn aber nicht als Gott geehrt (ἐδόξασαν) und ihm nicht gedankt ... 22. Sie behaupteten weise zu sein und zeigten damit, wie töricht sie waren.«

Allerdings bezeichnet er nur in Röm 1,19-21 und Röm 8,19-22 das von Gott Geschaffene als »Schöpfung« (κτίσις), den Begriff »neue/verwandelte Schöpfung« (καινὴ κτίσις) verwendet Paulus in 2 Kor 5,17 und Gal 6,15. Nur in Röm 1,25 wird Gott explizit als Schöpfer bezeichnet:[48] τὸν κτίσαντα (aor. part. κτίζω).[49] Mit dem Bekenntnis zu Gott als dem Schöpfer des Himmels und der Erde verbindet Paulus sowohl eine soteriologische als auch eine gegenwärtig gesellschaftlich-politische Perspektive. So verweist er auf das göttliche Wirken in der Schöpfung, wenn er Konflikte zwischen weltlichen Herrschern und deren Göttern und dem einen Gott Israels thematisiert (1 Kor 8,4ff.):[50]

»4. ... Wir wissen, dass es keine Götzen auf dieser Welt gibt und kennen keinen Gott außer dem einen. 5. Und selbst wenn es im Himmel oder auf der Erde sogenannte Götter gibt – und solche Götter und Herren gibt es viele – 6. so ist für uns der eine Gott der Vater, aus dem heraus alles/das All (τὰ πάντα) stammt, und wir leben auf ihn hin. Und einer ist der Kyrios, der Messias Jesus, durch ihn ist alles und wir sind durch ihn.«

Gottes neuschöpferische Kraft fasst Paulus mit dem Verb »lebendigmachen« ζῳοποιεῖν (vgl. Röm 4,17; 8,11; 1 Kor 15,22.36.45).[51] Aus jüdischer Tradition

48. Die Begriffe spielen auch in der ersttestamentlichen (LXX) und nachbiblisch-jüdischen Tradition eine wichtige Rolle: κτίστης: vgl. 2 Makk 1,24; 13,14; 4 Makk 11,5; Philo Spec Leg I,30; χορηγός: vgl. 2 Makk 1,25; εἰπεῖν: vgl. Jud 16,14; vgl. auch 4 Esr 6,39f. (lat.); καλεῖν: vgl. LXX: Gen 1; Jes 48,13; 2 Makk 7,28; Sap 9,1; vgl. auch 1 Petr 2,9; 4 Esr 6,38; Jub 12,4; syrBar 48,8; Philo Op Mund 64; κτίζειν: vgl. Weish 1,14; 2,23; πλάσσειν: vgl. auch 2 Makk 7,23; Philo Op 137; ποιεῖν: vgl. Sap 16,24; Test Naph 2,2; 3,4; 2 Makk 7,28.
49. Das Schöpfungshandeln Gottes beschreibt Paulus ansonsten mit folgenden Verben: εἰπεῖν (2 Kor 4,6); καλεῖν (Röm 4,17); κτίζειν (1 Kor 11,9); πλάσσειν (Röm 9,20); ποιεῖν (Röm 9,20). Gott hat die Menschen wie ein Töpfer aus Lehm geschaffen (vgl. Röm 9,19-21 in Aufnahme von Jes 29,16; vgl. auch 1 Kor 15,47f.). Vgl. auch Jer 18,1-12. Helga Weippert 1981, 82, zeigt, dass Töpfer und Ton (in Jer 18,1-12; Jes 29,16; 45,9; 64,7; vgl. auch Ijob 10,8; 33,6) als Sinnbilder für Gott und Menschen stehen, die die Abhängigkeit vom Schöpfergott ausdrücken. Die Priesterschrift verfolge denselben Gedanken, ersetze aber Ton durch Staub (vgl. Gen 2,7.19). Paulus führt weiter aus, dass die Menschen Bild (εἰκών) und δόξα (vgl. Röm 9,4.23; 2 Kor 3,4-4,6) Gottes tragen, von Gott erkannt werden und ihn auf ihrer Seite wissen (vgl. Phil 2,13; Röm 8,32.38f.).
50. Vgl. auch Röm 3,30; 11,33-36; 1 Kor 2,6f.; Gal 4,8, im Ersten Testament (LXX): Dtn 32,37-40; Dan 5,23; θ'Dan 6,21.27; 3 Makk 6,28; vgl. auch Est 6,13; Jud 13,16.
51. Vgl. Dtn 32,39 (LXX); 4 Kön 5,7 (LXX); vgl. auch syrBar 85,15.

(vgl. 2 Makk 7,28; Weish 11,17) stammt die Vorstellung der außerordentlichen Schöpferkraft des Gottes Israels, die die Welt aus dem Nichts geschaffen hat (vgl. Röm 4,17).[52] Diese Vorstellung des Lebendigmachens verbindet Paulus dann mit der Auferweckung der Toten. Die Neuschöpfung/Verwandlung der Menschen geschieht »in Christus« (1 Kor 15,22): »Wie alle in Adam sterben, so werden alle in Christus lebendig gemacht.«[53] In Christus erkennt Paulus Gottes schöpferisches Handeln (vgl. 2 Kor 4,6 – Gen 1,3), in ihm/durch ihn werden Menschen verwandelt und können ein neues/erneuertes Leben führen (vgl. Röm 6,4; 2 Kor 5,17; Gal 3,27 f.; 6,15).

Aufschlussreich dafür, wie die paulinischen Schöpfungsaussagen verstanden und überliefert wurden, ist Apg 17,16-34, die Paulus von Lukas zugeschriebene »Areopagrede« in Athen. Lukas verbindet in seiner Darstellung der paulinischen Verkündigung ganz selbstverständlich Schöpfung und Auferstehung miteinander.[54] Dieser Text gehört in die Rezeptionsgeschichte der paulinischen Aussagen. Auch wenn er vermutlich nicht authentisch die Botschaft des Paulus wiedergibt, ist er doch ein wichtiges Zeugnis dafür, wie Paulus verstanden wurde, und kann neben anderen Texten als Beleg dafür gelten, dass Paulus im Zusammenhang der Auferstehung am Gotteshandeln interessiert ist – nicht an der biologischen Darstellung des körperlichen Auferstehungslebens.

4.2.1 Psalm 104

Dass sich Paulus' Ausführungen in 1 Kor 15,36 ff. auch über Gen 1-2 und Ps 8 hinaus an ersttestamentlichen Schöpfungstraditionen orientieren, zeigt der Vergleich mit einem weiteren Schöpfungspsalm: Ps 104. Dieser stellt die Vielfalt der Schöpfung in den Zusammenhang von Tod und Leben, Schöpfung und Neuschöpfung durch das πνεῦμα Gottes (VV. 29-30) – ein Gedanke, der Paulus in seinen Ausführungen leitet. Das Staunen über die Vielfalt spricht auch

---

52. Vgl. auch slavHen 24,1-27,3 (24,2); syrBar 21,4; 48,8.
53. Vgl. auch Röm 6,4.23; 8,11.
54. Paulus wird aufgefordert, sein Evangelium von Jesus und der Auferstehung (V. 18 f.) darzustellen, und beginnt seine Rede mit der Verkündigung Gottes (V. 24 f.), der die Welt erschaffen hat, der allen das Leben und den Atem und »alles« (τὰ πάντα) gibt. Die geschaffenen Menschen seien »von der Art« Gottes und sollen dies in ihrer Lebens- und Glaubenspraxis zum Ausdruck bringen und ihn suchen, »denn keinem von uns ist er fern« (V. 27). Dieser Gott rufe alle Menschen zur Umkehr auf, denn er habe einen Tag festgesetzt, an dem er den Erdkreis »in Gerechtigkeit richten« werde, durch einen Mann, den er dadurch beglaubigt hat, dass er ihn von den Toten hat auferstehen lassen. Einige in Athen verspotten Paulus daraufhin wegen seiner Lehre von der Auferstehung, andere schließen sich ihm an. Vgl. auch Apg 14,15-17. Beide Stellen sind in der Missionspredigt des griechisch sprechenden Judenchristentums verankert, vgl. dazu Cilliers Breytenbach 1990, 349 ff. Vgl. auch Dtn (LXX) 32,37-40; 1 Thess 1,9; Offb 4,10 f.; 10,5 f.

aus den Worten dieses Psalms, der keine Klassifizierung in niedere und höherwertige Geschöpfe vornimmt – alle sind angewiesen auf Gott, der Nahrung und Schutz bietet.[55] Ps 104 (LXX 103) ordnet die Menschen, Tiere und die Gestirne zueinander und stellt sie gemeinsam in den Zusammenhang der Schöpfung, die zum Lobpreis Gottes auffordert (V. 1.35).[56] Anders als in Ps 8 steht hier die Menschenschöpfung nicht im Zentrum, Psalm 104 (LXX 103) thematisiert die Weltschöpfung und die Fürsorge Gottes für seine Geschöpfe:[57]

1. »Lobe, meine Kehle/mein Leben[58] Adonaj. Herrscher, mein Gott, du bist groß, du bist übermächtig in Lobpreis und Schönheit eingehüllt ...
12. daran [an den Quellen] wohnen die Vögel (τὰ πετεινά) des Himmels, in den Nestern, aus der Mitte des Felsens erklingen ihre Stimmen, ...
14. ... der für das Vieh (τοῖς κτήνεσιν) Gras hervorgehen lässt und zartes Grün für den (Acker-)Dienst der Menschen (τῶν ἀνθρώπων), um aus der Erde Brot zu gewinnen, ...
19. Er hat den Mond (σελήνην) gemacht (als Maß) für die Zeiten, die Sonne (ὁ ἥλιος) weiß, wann sie untergeht ...
24. Wie groß sind deine Werke, Adonaj. Du hast sie alle mit Weisheit (ἐν σοφίᾳ) gemacht, die Erde ist erfüllt von deinen Geschöpfen ...
29. Wendest du dein Angesicht ab, sind sie verwirrt, nimmst du deine Geistkraft zurück, vergehen sie und kehren zu ihrem Staub (τὸν χοῦν) zurück.
30. Du wirst deine Geistkraft aussenden und sie werden erschaffen werden, und du wirst erneuern/verwandeln das Angesicht der Erde ...
35. ... Lobe, meine Kehle/mein Leben, Adonaj!«

Anders als bei Ps 8 ist die literarische Abhängigkeit von Gen 1 vermutlich nicht gegeben.[59] Hans-Joachim Kraus geht davon aus, dass zwar Beziehungen zur priesterlichen Schöpfungslehre bestehen, Ps 104 jedoch eine unabhängige Darstellung von auch der Priesterschrift zugrunde liegenden Traditionsthemen bietet. Insbesondere das Durchdrungensein von weisheitlichen Gedanken unter-

---

55. Erich Zenger 1997, 267, spricht hier von einer Vision eines solidarischen Zusammenlebens aller, die auch das Leiden darüber zum Ausdruck bringe, dass vieles nicht so ist, wie es sein sollte. Deshalb sei Ps 104 als »kritisch-utopisches Lied« zu verstehen. Dass die Vorstellung der Einheit des kreatürlichen Lebens, das eine prinzipielle Gleichwertigkeit beinhalte, auch zum Grundbestand der urchristlichen Verkündigung gehört, betont Cilliers Breytenbach 1990, 352 ff.
56. Vgl. Erich Zenger 1997, 256: »Die ganze ›Skizze‹ des Weltbilds zielt auf die zentrale Aussage von V. 27-30: daß alles, was lebt, sein gemeinsames Leben der gebenden Hand, dem liebevoll zugewandten Angesicht und dem belebenden Atem Gottes verdankt – einem Du, vor und zu dem der Beter begeistert sein Schöpfungslob singt.«
57. Vgl. dazu auch Rainer Albertz 1974, 131. Die Übersetzung folgt dem Text der LXX.
58. LXX: ἡ ψυχή μου; BHS: נַפְשִׁי. Hans Walter Wolff 1977, 32, schreibt zu dieser Formel (anhand von Ps 103,1), die zum Dialog des Menschen mit sich selbst auffordere, dass hier zum einen die Kehle als Organ des Lebens angesprochen sei, zum anderen der ganze Mensch.
59. Zur Diskussion vgl. Hans-Joachim Kraus 1978b, 880.

scheide Ps 104 von Gen 1, vor allem in seinem Grundgedanken, dass »für den Sänger die ganze Schöpfung in ihrer wunderbaren Gestalt und Ordnung, in ihrer Freude und Wonne, Jahwes Macht und Weisheit spiegelt [...].«[60] Ein Gedanke, der Paulus hingegen sehr nahe ist, wie u. a. Röm 11,33-36 zeigt:[61]

»Welch' unermesslicher Reichtum, welch' tiefe Weisheit und unerschöpfliche Erkenntnis Gottes! Unerforschlich sind die göttlichen Entscheidungen, unergründlich die göttlichen Wege. 34. Denn wer hat je die Gedanken Adonajs erfasst? Wer hat ihm je einen Rat gegeben? 35. Wer hat Gott jemals etwas gegeben, das zurückerstattet werden müsste?[62] 36. Denn alles hat seinen Ursprung in ihm, alles existiert durch ihn und auf ihn hin. Ehre (δόξα) sei Gott durch Zeit um Zeit, Amen.«

Ps 104 (LXX 103) ordnet die Menschen mit ihren Bedürfnissen in die Aufzählung der übrigen Geschöpfe ein. Er betont die Abhängigkeit allen Lebens von der Schöpferkraft Gottes, der רוּחַ, die die LXX hier mit πνεῦμα übersetzt.[63] Die Schöpfungskraft, die Geistkraft Gottes, schafft fortwährend neues Leben (103,30):

»30. Du wirst deine Geistkraft (πνεῦμα) aussenden und sie werden erschaffen werden (κτισθήσονται), und du wirst erneuern/verwandeln (ἀνακαινιεῖς) das Angesicht der Erde ...«[64]

Schöpfung und die Verwandlung der Schöpfung/Neuschöpfung werden hier mittels des Parallelismus membrorum sprachlich als ein fortwährendes Geschehen gefasst. 103,29 zeigt, dass in diesen Prozess auch das Sterben eingebunden ist, die »Rückkehr in den Staub«.[65] Dass Leben – Sterben – erneuertes Leben

60. Hans-Joachim Kraus 1978b, 884. Zum weisheitlichen Hintergrund vgl. auch Hans-Jürgen Hermisson 1998, 274-278.
61. Vgl. Jes 40,13-14; Ijob 41,3; syrBar 14,8 ff.; 1 Kor 8,6; Röm 1,18-25. Zu weisheilichen Traditionen bei Paulus vgl. Hermann von Lips 1990, 318 ff.; Angela Standhartinger 2002. Zum stoischen Hintergrund der Formulierungen in 11,36 und 1 Kor 8,6 vgl. Eduard Norden 1965, 240 ff.; Ernst Käsemann 1973, 304-308.
62. Ijob 41,3
63. Erich Zenger 1997, 264, führt aus, dass Ps 104 das absolute Verwiesensein allen Lebens auf den »einen Lebensatem, der JHWH selbst ist,« zum Ausdruck bringe. »Wenn und wo JHWH seine Lebenskraft ›ausschickt‹, macht er Tote wieder lebendig (vgl. V. 30a mit Ez 37,1-14) und gibt der Erde immer wieder neue jugendliche Lebensfrische (V. 30b).«
64. Zur Vorstellung der ἀνακαίνωσις als gegenwärtiges Geschehen vgl. auch JosAs 15,4 (Philonenko-Textausgabe): Hier spricht der Mensch zu Aseneth, nachdem sie ein neues, leuchtendes Gewand angelegt hat: »Siehe von heute an wirst du (wieder-)erneuert/verwandelt werden (ἀνακαινισθήσῃ) und wieder lebendig gemacht werden (ἀναζωοποιηθήσῃ), und du wirst Brot des Lebens essen und den Kelch der Unvergänglichkeit/Unsterblichkeit (ποτήριον ἀφθαρσίας) trinken.« Vgl. dazu auch JosAs (Ph.) 8,10-11; Kol 3,10; Eph 4,24. Zur Stelle vgl. Christoph Burchard 1984, 255-258; Angela Standhartinger 2002, 487.
65. Vgl. auch Ijob 34,14-15; Koh 12,7.

von Gottes lebendigmachender Geistkraft abhängig sind, ist ein Gedanke, den auch Paulus in 1 Kor 15,36-38 anhand des Saatkorngleichnisses ausgeführt hat. Leben, Sterben und Auferstehen sind eingebunden in das fortwährende Schöpfungshandeln Gottes – das ist die Erfahrung, auf die er aufbaut, und die Hoffnung, die für ihn im Blick auf diesen Prozess ihren Grund hat.

Exkurs: Schöpfung in exilisch-nachexilischen und apokalyptischen Texten

Vor allem in exilisch-nachexilischer Zeit ist der Bezug auf Gott als Schöpfer der Welt zu einem zentralen Thema geworden. Im Folgenden möchte ich die zentralen Aussagen darstellen, die sich in der Literatur dieser Zeit und in nachbiblisch-jüdischen apokalyptischen Texten, die zum Teil zeitgleich mit dem Neuen Testament entstanden sind, mit dieser Vorstellung verbinden.[66] Wie dargestellt, bezieht Paulus sich an verschiedenen Stellen auf ersttestamentliche Texte, wenn er eigene schöpfungstheologische Aussagen formuliert. Der folgende Überblick soll den Verstehenshintergrund der paulinischen Bezugnahme auf das Schöpfungsgeschehen näher beleuchten und sichtbar machen, in welchem größeren Kontext seine Rede von Schöpfung und Auferstehung als verwandelter Schöpfung steht:

1. Die Größe Gottes ist an seinen Schöpfungswerken zu erkennen
   Insbesondere in den beschreibenden Lobpsalmen des Psalters wird die Größe Gottes gepriesen (vgl. Ps 104).[67] Deuterojesaja greift in hymnischen Stücken die Form des Aufrufs zum Lobpreis auf, der mit der Größe der Heilstaten Gottes in Schöpfung und Geschichte begründet wird (Jes 42,10-17 LXX):[68] »Singt dem Herrscher ein neues Lied, seine Herrschaft, preist seinen Namen bis an das En-

---

66. Der folgende Überblick ist nicht chronologisch, sondern thematisch geordnet, weil sich die zentralen Themen – zwar je nach der historischen Situation spezifisch zum Ausdruck gebracht – durch die Texte hindurchziehen. Mir ist bewusst, dass die großen Zeitabstände und unterschiedlichen geschichtlichen Hintergründe einen weit unfassenderen Entwicklungsprozess bedeutet haben, als in diesem kurzen Exkurs bearbeitet und dargestellt werden kann. Jedoch haben Paulus die unterschiedlichen Texte nebeneinander in seiner Bibel (LXX) vorgelegen. Er hat sie nicht »historisch-kritisch« rezipiert, sondern thematisch in seine Argumentation eingeflochten.

67. Die Gattung beschreibenden Lobs gibt es in den Psalmen bereits in vorexilischer Zeit, das Lob des Weltschöpfers ist aber vor allem in der nachexilischen Zeit neben dem Lob des Herrn der Geschichte zu einem festen Bestandteil geworden, vgl. dazu Rainer Albertz 1974, 167. Dass insbesondere Aussagen zur Menschenschöpfung (Ps 139,15f.; 33,15; 94,9; Koh 11,5; Jes 44,24) an die Allmacht und Majestät Gottes erinnern, zeigen Othmar Keel/Silvia Schroer 2002, 154f. Hier zeige sich immer auch eine tiefe Einsicht in die Abhängigkeit menschlichen Lebens von Gott.

68. Zur Gattung vgl. Christian Streibert 1993, 31f.89. Zur Funktion der Schöpfungstermini in den Lobliedern Deuterojesajas führt er aus, dass es Jesaja darum gehe, das gesamte Heilshandeln Gottes darzustellen und das Lob Gottes universal aus-

de der Erde ...«[69] Gottes Größe, die sich in der Schöpfung und im Exodus gezeigt hat, begründet für den im babylonischen Exil lebenden (zweiten) Jesaja die Hoffnung auf einen neuen Exodus, die Rückkehr in die Heimat. Gott, der Schöpfer, ist der Herrscher auch über die anderen Völker und ihre Götter, er wird sein Volk befreien (vgl. Jes 40,12-31; vgl. auch Jer 10,12-16/51,15-19). Er allein ist Herr über die Geschichte. Dass Gott mit Weisheit seine Werke geschaffen hat (vgl. Jer 10,12; Spr 3,19; Ijob 12,13), dass sie »gut« und »schön« (καλά; ἀγαθά; ἐπιθυμητά) sind – betont vor allem Jesus Sirach (vgl. Sir 39,12-35, bes. V. 16.33; 42,15-43,33; vgl. auch Gen 1,4.10.12.21. 25.31; LXX auch V. 8). Im Buch Ijob wird der Größe Gottes, die sich in der Schöpfung zeigt, das Problem menschlichen Leidens gegenübergestellt. Ijob stellt als »Problemträger« die Frage nach der Ordnung und dem Sinn der Welt, die ihm unbegreiflich erscheint (vgl. Ijob 9,1-13; 12,7-25; 28). In den »Gottesreden« (Ijob 38-41) antwortet JHWH auf die Vorwürfe Ijobs, die Welt sei ein Chaos und JHWH sei böse, indem er sich selbst als derjenige vorstellt, der der Welt ihre Ordnung gibt, das Chaos beherrscht und gegen das Böse kämpft, als schöpfender Gott, der den Kosmos immer wieder neu erschafft.[70]

2. Die Schöpfung ist ein von Gott geschaffener Lebensraum für seine Geschöpfe
Mit der Kategorie gut/schön wird der Lebensraum der Schöpfung beschrieben, den Gott nach seinem Plan in Weisheit geschaffen und dem er eine Ordnung gegeben hat (vgl. Weish 9,17), die auch die Zeit bestimmt (vgl. Gen 1; Sir 17,1.2; 42,18.19).[71] Die Werke Gottes sind deshalb »gut«, weil sie »für jeden Nutzen zu rechten Zeit alles gewähren« (Sir 39,33), zusammengehalten werden sie von Gottes Geistkraft (πνεῦμα), die den Erdkreis erfüllt (vgl. Weish 1,7).[72]

zuweiten, um seinen Hörer/innen die Größe Gottes bewusst zu machen und die Gegenwart als Zeit des anbrechenden Endheils zu charakterisieren.
69. Vgl. auch Jes 44, 23; 49,13.
70. Annette Krüger 2001, 77-81, zeigt, dass die Thematisierung der Schöpfung in den JHWH-Reden keine Erzählung der Weltschöpfung darstellt, sondern vor allem auf die Ermutigung zielt, angesichts der Unbegreiflichkeit des Weltgeschehens auf die Mächtigkeit des Schöpfergottes und die Sinnhaftigkeit der Welt zu vertrauen. Vgl. auch Othmar Keel 1978, 61.125.159; Jürgen Ebach 1996b, 118-139; Hans-Jürgen Hermisson 1998, 280-283.
71. Die priesterschriftliche Schöpfungserzählung betont das ordnende und gliedernde Handeln Gottes. Christian Streibert 1993, 59 (vgl. auch 93), führt dazu aus: »Mittels der Tageszählung beschreibt sie Schöpfung als ein zeitlich gegliedertes Geschehen [...]. So erscheint die Schöpfung als einzigartiges, unumkehrbares protologisches Geschehen. Gleichzeitig wird der Schöpfung mit der Dimension Zeit auch eine Lebensordnung gegeben, die über die Protologie hinausweist.« Die Schöpfung ist für das Leben geschaffen. Zur Gestalt der Weisheit vgl. Gerlinde Baumann 1996.
72. Im weisheitlichen Denken gilt dann die Gabe der Weisheit an den Menschen als Ermöglichung, die Ordnung der Welt zu verstehen und sich ihr gemäß zu verhalten; zur weisheitlichen Schöpfungstheologie vgl. Leo G. Perdue 1994; Reinhard G. Kratz/ Hermann Spieckermann 1999, 274ff.

Die (verwandelte) Schöpfung wird παράδεισος genannt (vgl. Jes 51,3 LXX) und Pflanzung des Friedens (vgl. Ez 34,29 LXX: φυτὸν εἰρήνης; vgl. auch 36,35: κῆπος). In ihr sprießen Erbarmen und Gerechtigkeit (vgl. Jes 45,8; vgl. auch 33,5f.; Spr 8,20ff.; Weish 1,15). Diese findet im Miteinander der Menschen ihren Ausdruck (Spr 14,31; vgl. auch 17,5):»Wer den Unfreien/Abhängigen schikaniert, erzürnt dessen Schöpfer (τὸν ποιήσατα αὐτόν); ihn ehrt, wer den Armen unterstützt.«[73]

3. Das Menschsein gibt es nur in Relation zu Gott

Der zentrale Gedanke der Weisheit drückt sich darin aus, dass Gott als Freund des Lebens angesprochen wird (Weish 11,26: φιλόψυχε), dessen Größe in der Schönheit seiner Geschöpfe (καλλονῆς κτισμάτων) zu erkennen ist (Weish 13,5).[74] Zu diesen gehören auch die Menschen, die ihrem Schöpfer, solange sie leben, Ehrfurcht entgegenbringen und die Schöpfung verwalten sollen (vgl. Ps 8,7-9; Ijob 28,28; Spr 2,5f.; Sir 17,1-9.28). Die Erschaffung der Menschen und ihr Leben steht unter dem Segen Gottes (vgl. Gen 1,28; Jes 44,1-5). Sie sind abhängig von Gottes Geistkraft und Atem, wenn sie ihnen genommen werden, werden sie wieder zu Staub (vgl. Gen 2,7; Ps 90, 3-6; Ps 104,29f.; Ijob 33,4; 34,14f.; Sir 17,1; Koh 12,7): »[Wer wüsste nicht], dass in seiner Hand das Leben aller Lebenden liegt und die Geistkraft jedes Menschen?« (Ijob 12,10 LXX) Die Ambivalenz dieser Gottesbeziehung thematisiert Ijob 7,17-21. Hier wird die Menschenschöpfung anders als in Ps 8,5f. bitter ironisch behandelt:

»17. Was ist der Mensch, dass du ihn so groß achtest, dass du auf ihn dein Herz richtest, 18. ihn Morgen für Morgen musterst, ihn immerfort auf die Probe stellst!? 19. Wie lange noch wendest du dich nicht von mir weg ...?«[75]

Der unter seinem Schicksal und Krankheit leidende Ijob fühlt sich gequält, fleht Gott an, ihn sterben zu lassen. In seiner Klage verwendet er die Sprache der

73. Vgl. auch slavHen 44,1f.: »Der Herr hat den Menschen mit seinen eigenen Händen gemacht zur Ähnlichkeit seines Angesichts. Wer das Angesicht eines Menschen schmäht, verabscheut das Angesicht des Herrn.« Übersetzung von Christfried Böttrich 1995. Auf das weisheitliche Interesse an der sinnvollen und rationalen Ordnung der Welt in diesem Zusammenhang verweist Hans-Jürgen Hermisson 1998, 272f. Zur Verankerung des Verbots von Ausbeutung und Unterdrückung in schöpfungstheologischen Aussagen vgl. auch Othmar Keel/Silvia Schroer 2002, 156f.
74. Als Resümee seiner Untersuchung weisheitlicher Theologie schreibt Leo G. Perdue 1994, 340: »Each of the wisdom texts finds its theological center in creation. [...] They tested the authenticity of past teachings in the area of their own experience. They also envisioned a reality that was not always entirely present, but could be lived into being through moral discourse and righteous behavior.«
75. Übersetzung nach Jürgen Ebach 1996a, 69. Er bezeichnet diese Klage als »Travestie« auf Ps 8,5, in der Ijob die Frage so wiederhole, dass sie »ihre böse Rückseite« zeige (vgl. ebd., 83). Leo G. Perdue 1994, 335, versteht diese Stelle als Parodie auf die Tradition, Menschen eine königliche Stellung im Kosmos zuzuschreiben. Zu den Menschenbildvorstellungen im Buch Ijob vgl. auch Martin Remus 1993.

Psalmen, spitzt sie aber so zu, dass sie zu einer Anklage gegen Gott wird.[76] Der Frage nach dem Menschsein stellt sich auch Sir 18,8: »Was ist der Mensch und was ist sein Nutzen? Was ist sein Gutes und was ist sein Schlechtes?« Ein Menschenleben sei kurz im Vergleich zur Zeit Gottes, angewiesen auf das Erbarmen und die Geduld Gottes und dann glücklich zu nennen, wenn es sich an den Geboten Gottes orientiere. In Ps 51,8.12f. (Ps 50 LXX) bittet der/die Beter/in um Weisheit und darum, dass Gott ihr/ihm ein reines Herz und einen erneuerten beständigen Geist erschaffe, um ein Leben im Angesicht Gottes führen zu können. In anderen Texten wird betont, dass das Vertrauen auf Gott den Schöpfer den Müden und Kraftlosen neue Kraft und Stärke verleiht, dass sie »Flügel wie Adler« bekommen und Heilung erfahren (vgl. Jes 40,28-31; Ez 47,7-12; vgl. auch Jer 31,31-40[77]). Aus dieser Erfahrung erwächst die Klage in bedrängter Situation, in der Gott um Beistand angerufen wird – so etwa in Ps 77 (vgl. auch Ps 90,13ff.).

4. Gott ist auch in Zeiten des Leidens und der Krise gegenwärtig

Der priesterliche Schöpfungsbericht (Gen 1) ist in exilischer (oder frühnachexilischer) Zeit, vermutlich in der babylonischen Diaspora entstanden und verarbeitet deren Erfahrungen. Indem er die Ordnungen der Welt als von Gott geschaffen darstellt, will er zum Ausdruck bringen, dass diese auch weiterhin und auch außerhalb Israels Bestand haben.[78] Deuterojesaja will die Beziehung Gottes zu seinem Volk, die nach seiner Auffassung durch dessen Schuld schwer gestört wurde (vgl. Jes 63 f.; bes. 64,4-6), erneut stärken.[79] Die Hoffnung auf einen neuen Exodus, die auf der Erfahrung vergangener Heilstaten Gottes in

---

76. Jürgen Ebach 1996a, 83, zeigt, dass sich in dieser Anklage jedoch am Ende eine Wendung andeutet, und interpretiert V. 21 als »›trotzig in Schwäche‹ vorgetragene Bitte: Wenn Gott Hiob retten will, dann muss er es bald tun.«
77. Jeremia gehört zu den vorexilischen Propheten und warnt vor einer von ihm befürchteten Katastrophe, die sich aufgrund des Abfalls des Volkes von Gott ereignen werde. In 31,31ff. beschreibt er die Erneuerung der Schöpfung nach der Katastrophe als neuen Bund Gottes mit seinem Volk, der ins Herz geschrieben sei; vgl. dazu Ronald Simkins 1994, 234: »The new creation that ensues from the catastrophe will include a transformed humankind whose very nature will correspond to the law of God.« Zur Prophetie Jeremias und seiner historischen Situation vgl. Klaus Koch 1980, 21 ff.
78. Das betrifft vor allem auch die Darstellung der Menschenschöpfung; vgl. Christian Streibert 1993, 99. Dass die Erinnerung an die wunderbare Erschaffung des Menschen und die daraus sich begründende Beziehung zu Gott insbesondere in Zeiten der Krise betont wird und an Gottes Verantwortung appelliert wird, sich um die von ihm erschaffenen Menschen zu kümmern, zeigen auch Othmar Keel/Silvia Schroer 2002, 155 f., mit Bezug auch Ps 22,10-12; Ijob 10,8 f.; Jes 63,15 f.; 64,8. Sie führen weiter aus, dass diese Gewissheit dann auf die Zukunft des ganzen Volkes ausgeweitet und in Ez 37,5-10 zum Grund eschatologischer Hoffnungen auf eine Neuschöpfung wurde.
79. Zur Stelle vgl. Rainer Albertz 1974, 161 f. Er ordnet diese Volksklage in die exilische

Schöpfung und Geschichte beruht, durchzieht seine Schriften (vgl. Jes 43,14-21; 49,8-13; 51,9-16). Auch Ps 74 erinnert im Angesicht der Zerstörung an die Taten Gottes und appelliert an den Schöpfer, sich erneut für das geschundene Volk einzusetzen (V. 21f.): »Lass den Erniedrigten nicht beschämt weggehen, der Arme und die Bedürftige sollen deinen Namen loben. Steh auf, setze dein Recht durch ...«

Nachbiblisch-jüdische apokalyptische Texte knüpfen an verschiedene ersttestamentliche Traditionen an. Das Interesse dieser Literatur richtet sich vor allem auf die Beschreibung des Endes der Weltgeschichte, deren Verlauf allein Gott als Schöpfer der Welt und der Zeiten kennt (vgl. 4 Esr 4,26.37; 5,43-49; 14,10; syrBar 48,1 ff.; 51,8 ff.; 54,1). Die gegenwärtige Schöpfung ist das »Kunstwerk« Gottes, das belehrt (vgl. syrBar 54,18; äthHen 36,4; Röm 1,20f.). In 4 Esr gibt es den Gedanken, dass Gott die Schöpfung durch den Messias erlösen will (13,26). Weiterhin existiert auch die Vorstellung einer Neuschöpfung bzw. eines neuen kommenden Äons, einer Verwandlung der Welt (vgl. Jes 65,17 – äthHen 45,4f.; 72,1; Jub 1,29; 4,26; 5,12; 19,25; syrBar 23,5; 32,6; 44,12; 57,2; 4 Esr 5,45; 7,50.75; 8,1). Daneben gibt es weitere Bezüge auf die überlieferten Schöpfungstraditionen. So beschreibt der äth. Henoch[80] in seinen kosmischen Reisen die Schöpfung, Orte der Unterwelt und den »Garten der Gerechtigkeit« (32,3), in dem der »Baum der Weisheit« steht (vgl. äthHen 17-36). In seiner eschatologisch ausgerichteten Theologie geht es ihm darum, die Verlässlichkeit der Schöpfungsordnung Gottes hervorzuheben, zugunsten einer Perspektive für die Gerechten (vgl. äthHen 24,4 – 25,7; 32). Das Buch der Jubiläen erzählt im 2. Kap die Schöpfungserzählung Gen 1 nach.[81] Ziel der Schöpfung ist hier die Erwählung Israels, das von allen Völkern ausgesondert sei, um den Sabbat zu heiligen und nach den Geboten Gottes zu leben. Die eschatologische Hoffnung beschreibt ein Leben im »reinen Lande«, in dem Israel nach der von Gott gegeben Schöpfungsordnung leben kann (vgl. Jub 1,27-29; 50,5 ff.). Das slavische Henoch-Buch[82] hebt die Verantwortung des Menschen für die Schöpfung, für Mitmenschen und Tiere besonders heraus (vgl. slavHen 44,1-4; 58,1-59,5; 65,1-66,8). Das um 100 n. Chr. entstandene 4. Buch Esra[83] fragt eindringlich nach dem Ende der Schöpfung. Entstanden nach der Zerstörung Jerusalems

---

Zeit ein und zeigt, dass er hier an die in der individuellen Frömmigkeit verankerte Menschenschöpfungstradition anknüpft.

80. Der größte Teil dieses Buches stammt aus dem 3.-1. Jh. v.Chr. Zur Datierung der verschiedenen Textpassagen vgl. Siegbert Uhlig, JHRZ 1984, 494.

81. 2. Jh. v.Chr. Klaus Berger, JHRZ 1981, 300, datiert das Buch auf die Zeit zwischen 167-140 v.Chr. Er versteht es als einen Versuch, die durch den Hellenismus bedrohte Identität des Volkes durch den Rückgriff auf die überlieferten Traditionen wieder herzustellen (vgl. 298).

82. Verfasst vermutlich in Alexandria vor dem Jahre 70. Zur Datierung vgl. Christfried Böttrich, JHRZ 1995, 812f.

83. Zur Datierung vgl. Josef Schreiner, JHRZ 1981, 301.

im Jahre 70, thematisiert es die Verantwortung für das Geschehen, die Sünde des Volkes. Warum hat Gott seine Schöpfung nicht bewahrt? – das ist seine drängende Frage (4 Esr 3,20-22; 4,30f.; 7,92). Der in 6,38-59 nacherzählte Schöpfungsbericht nach Gen 1 gipfelt in der Überlegung, warum das von Gott erwählte Volk Israel nicht bewahrt wurde, warum es nicht zum Erben der Welt geworden sei – wann endlich das Ende dieser Welt komme (vgl. auch 3,1-36; 5,23-30). In Visionen wird Esra dann der Lauf der Weltgeschichte vor Augen gestellt (vgl. 10,60-13,58; bes. 13,26ff.), an dessen Ende die Erlösung der Schöpfung und der Gerechten, die nach Gottes Geboten leben, steht (8,52-54):

»Denn für euch ist das Paradies geöffnet, der Baum des Lebens gepflanzt, die kommende Welt bereitet, die Seligkeit vorbereitet [...] Die Wurzel (des Bösen) ist vor euch versiegelt, die Krankheit vor euch ausgetilgt, der Tod verborgen, die Unterwelt entflohen, die Vergänglichkeit vergessen. Die Schmerzen sind vergangen, und erschienen ist am Ende der Schatz der Unsterblichkeit.«[84]

4.2.2 Resümee

Paulus beruft sich in seinen Aussagen zur Schöpfung vielfach auf ersttestamentliche Traditionen und zitiert Texte aus verschiedenen ersttestamentlichen Büchern und unterschiedlichen Textgattungen. In dem Exkurs über Schöpfung in exilisch-nachexilischen und apokalyptischen Texten wurde deutlich, dass sich zentrale theologische und persönlich-existentielle Fragen mit der Thematisierung des Schöpfungsgeschehens verknüpfen.[85] Im Folgenden wird weiter zu fragen sein, welches Verständnis dieser traditionsgeschichtliche Hintergrund für die Interpretation von 1 Kor 15,39-41 eröffnet. Selbstverständlich dürfen diese Traditionen nicht in die Texte des Paulus ›hineingelesen‹ werden. Dennoch beleuchten sie den Verstehenshintergrund der paulinischen Bezüge auf die Schöpfung. Insbesondere seine Anspielungen und wörtlichen Aufnahmen ersttestamentlicher Schöpfungstexte weisen darauf hin, dass er sich auf ihm vertraute Zusammenhänge bezieht und diese in eigenen Formulierungen modifiziert. Auch vertraut er darauf, dass seine LeserInnen ihn verstehen und die Anspielungen zu deuten wissen.

Welche weiteren Themen klingen bei Paulus an, wenn er ausführt, dass Gott Menschen ein σῶμα gibt? Im Folgenden werde ich den Versuch unternehmen, die Verse 39-41 auf dem Hintergrund dieser ersttestamentlichen und nachbib-

---

84. Josef Schreiner 1981; zur Thematisierung des Todes vgl. auch Jes 25,8; 1 Kor 15,25f.55; Offb 6,8; 21,4; vgl. auch syrBar 21,22; zu Krankheit: syrBar 73,2f.

85. Dies betont auch Ronald Simkins 1994, 117: »... Creation myths and metaphors provide the key for elucidating the worldview and values of the biblical writers, Because these myths and metaphors focus on the basic domains of reality – God, humans, and the natural world [...] – and their interrelationship [...], they make explicit what is otherwise assumed by biblical writers.«

lisch-jüdischen schöpfungstheologischen Aussagen als Beschreibung des göttlichen Handelns in der Schöpfung zu lesen, das sowohl individuelle als auch (heils-)geschichtliche Dimensionen umfasst. In der folgenden Auslegung soll insbesondere die Bedeutung für die Körpertheologie des Paulus herausgearbeitet werden.

4.3 Die Schönheit der Schöpfung und der Geschöpfe

4.3.1 Gott gibt!

Die Analyse der Verse 39-41 (in Kap. 4.1.1) hat deutlich gemacht, dass von der Satzstruktur her nicht zu klären ist, welche Aussage von V. 38 die Ausführungen entfalten: das Gotteshandeln: ὁ θεὸς δίδωσιν ... oder den Begriff (ἴδιον) σῶμα. Sind die Verse in erster Linie als lehrhafter Exkurs über die Biologie der Geschöpfe zu verstehen,[86] über Qualitätsunterschiede innerhalb der geschaffenen Welt und ihre Differenzierungen? – oder als Ausdruck des Staunens über die Fülle und Vielfalt der Schöpfung, die die Größe und Schöpfungsmacht Gottes zeigen?[87] Es zeigt sich die Notwendigkeit, nach weiteren inhaltlichen Argumenten für die jeweilige Lesart zu suchen.

Die vorangegangene Untersuchung hat bereits gezeigt, dass mit dem betonten Verweis auf den Beschluss Gottes (ἠθέλησεν) in V. 38 und dem Wort ζῳοποιέω in V. 36 deutlich auf Gottes Schöpfungskraft und Wirken in der gegenwärtigen Schöpfung Bezug genommen wird. Der Vergleich mit weiteren schöpfungstheologischen Aussagen in den paulinischen Schriften und mit erst-

---

86. Das slavische Henoch-Buch, ein Text, der vermutlich etwa zeitgleich mit den paulinischen Briefen in Alexandria verfasst wurde, zeigt, wie eine von griechisch-hellenistischem Denken beeinflusste jüdische Schöpfungserzählung gestaltet ist. Der Text zählt detailliert die Körperbestandteile und deren Funktionen auf, die der Schöpfer ihnen zuteilt (30,8-10): »... Und am sechsten Tag befahl ich meiner Weisheit, den Menschen aus 7 Bestandteilen zu schaffen: sein Fleisch von der Erde, sein Blut vom Tau und von der Sonne, seine Augen vom Abgrund des Meeres, die Knochen vom Gestein, seine Gedanken von der Schnelligkeit der Engel [und] den Wolken, seine Adern und Haare vom Gras der Erde, seine Seele von meinem Geist und vom Wind. Und ich gab ihm 7 Fähigkeiten: das Hören zu dem Fleisch, das Sehen den Augen, den Geruch der Seele, die Berührung den Adern, den Geschmack dem Blut, den Knochen die Standfestigkeit, dem Denken die Lust. [...] Von unsichtbarer und sichtbarer Natur machte ich den Menschen.« Übersetzung von Christfried Böttrich 1995.
87. Damit soll nicht gesagt werden, dass eine biologische Entfaltung der Bestandteile der Geschöpfe nicht auch zum Gotteslob auffordern soll. In Bezug auf die Sicht des Körpers, nach der hier gefragt werden soll, sind allerdings grundlegende Unterschiede festzustellen.

testamentlichen Texten, auf die er sich bezieht, hat weiter gezeigt, dass diese insgesamt kein Interesse an der biologischen Entfaltung des Schöpfungsgeschehens haben. Sowohl in Gen 1 als auch in Ps 8 und Ps 104 wird die Schöpfung als vieldimensionales Beziehungsgefüge beschrieben, das einen geordneten Lebensraum für die Geschöpfe bietet, der Himmel und Erde umfasst. Menschsein wird in diesen Texten in Abhängigkeit vom Schöpfer und in Relation zu den anderen Geschöpfen geschildert. Betont wird die fortwährende Schöpfungstätigkeit Gottes, die die Basis für alles Leben ist und sich im geschichtlichen Handeln Gottes für die Menschen als gegenwärtig erweist. In seinen Schriften orientiert sich Paulus an dieser Sicht auf die Schöpfung und zitiert vielfach ersttestamentliche Aussagen, die die Größe Gottes betonen, die in den Schöpfungswerken zu erkennen sei. Die Aufzählung in 1 Kor 15,39-41 könnte auf diesem Hintergrund verstanden werden. Das Vertrauen auf die Schöpfungsmacht Gottes und der Blick auf die von ihm geschaffenen Geschöpfe (σώματα) wird damit zur Basis für den Glauben an die Auferstehung (vgl. V. 42: genauso ist es ...).

Sollte sich Paulus in seiner Lektüre der Schöpfungserzählung in Gen 1 an der Schöpfungshermeneutik von Ps 8 bzw. der Darstellung des Schöpfungsgeschehens in Ps 104 (LXX Ps 103) orientiert haben, dann sind daraus Konsequenzen für die Auslegung von V. 39 zu ziehen: Dann wäre nicht der Begriff σάρξ bzw. σῶμα in V. 38 und dessen Entfaltung für ihn leitend gewesen, sondern tatsächlich die Aufzählung der Geschöpfe in ihrer Verschiedenartigkeit und Vollständigkeit (ἄλλη ...).[88] Für diese erstaunliche Vielfalt gebührt Gott Lob und Dank – das wird implizit mit der Aufzählung ausgesagt. Der zentrale Gedanke der Ausführungen des Paulus ließe sich daran anknüpfend parallel zu Ps 8,10 formulieren:

»Adonaj, unser Gott, wie wunderbar ist dein Name, der über die ganze Erde herrscht.«

In 1 Kor 10,26 führt Paulus mit einem Zitat aus Ps 24,1 diesen Gedanken auch explizit aus:

»Denn Gott gehört die Erde und was sie erfüllt.«[89]

Mit dieser Anschauung steht Paulus in der Tradition der Psalmen und ihrer Thematisierung des Menschen innerhalb der Schöpfung, die sie als Geschöpfe Gottes beschreibt: in Abhängigkeit und Besonderheit (vgl. Ps 8,5 f.). Für die Übersetzung von σάρξ in V. 39 ist daraus der Schluss zu ziehen, diese nicht

---

88. Hier schließe ich mich der Einschätzung von Karlheinz Müller 1985, 201 Anm. 110, an: »Und es käme einem methodischen Versehen gleich, wollte man dem in 1 Kor 15,39 aufdringlich wiederholten Pronomen ἄλλη noch weiter reichende Informationen entnehmen als den Hinweis auf das von Gott durchgängig verschieden erschaffene Lebendige [...].«

89. Vgl. auch Röm 11,36.

als »Fleisch« im Sinne eines Bestandteils des menschlichen oder tierischen Körpers zu verstehen ist, sondern als Bezeichnung der Geschöpflichkeit. σάρξ bezeichnet hier das körperliche Dasein in Abhängigkeit von Gott und in Relation zu den Mitgeschöpfen. Es betont die körperlichen Dimensionen des Daseins, die das Angewiesensein auf Gott ausdrücken. σῶμα wie σάρξ können im Sprachgebrauch des Paulus für den ganzen Menschen bzw. das Lebewesen als Ganzes stehen und betonen die unterschiedlichen Aspekte der Beziehung zu Gott und anderen Menschen/Geschöpfen. In V. 39 ff. beschreibt Paulus ein den ganzen Kosmos umfassendes Beziehungsgeflecht, das durch das Schöpfungshandeln Gottes entstanden ist: ein Geflecht aus Beziehungen, das Menschen, Tiere, himmlische Gestirne als Geschöpfe Gottes qualifiziert und miteinander verbindet.

4.3.2 Vielfalt und Differenz der Geschöpfe (V. 39)

Das Beziehungsgeflecht, das Paulus in VV. 39-41 beschreibt, wird durch seine Vielfalt und Fülle charakterisiert. Er betont deutlich die Vielfalt und Unterschiedenheit der Werke Gottes:

V. 39: ἄλλη μὲν … ἄλλη δέ;
V. 40: ἑτέρα μὲν … ἑτέρα δέ;
V. 41: ἄλλη καὶ … ἄλλη … ἀστὴρ γὰρ ἀστέρος διαφέρει …

Diese Darstellung der Vielfalt kann auf ein weiteres biblisches Vorbild zurückgreifen: Sir 42,15-43,33, ein Text, der ausdrücklich betont, dass die Differenz der Geschöpfe die Besonderheit der Schöpfung Gottes ausmacht: Jedes Geschöpf habe seinen besonderen Lebensraum, der auf dessen Bedürfnisse ausgerichtet sei. Jesus Sirach beschreibt das Wirken Gottes in Schöpfung und Geschichte, das ihn zu einem Lobpreis aller Werke führt (vgl. 43,30-33). Für die Interpretation von 1 Kor 15,39-41 sind insbesondere die Verse 42,22-25 aussagekräftig:

»22. Wie begehrenswert/sinnlich (ἐπιθυμητά) sind seine Werke, und wie von einem Funken/Glanz[90] ist es, sie anzuschauen;
23. dieses alles lebt und bleibt auf Dauer, für jeden Gebrauch ist alles nach Wunsch;
24. alles ist verschieden, eines vom anderen, und er hat keinen Mangel geschaffen.
25. Eines ergänzt die Vorteile/den Wert (τὰ ἀγαθά) des anderen, und wer kann sich sattsehen/wessen (Verlangen) zu sehen ist (je) gestillt an seinem Glanz (δόξαν αὐτοῦ)?«[91]

---

90. Der Genitiv von σπινθήρ ist im Deutschen schwierig wiederzugeben.
91. Die Besonderheit der Vielfalt betont auch das äthiopische Henoch-Buch, das die Himmelsreisen Henochs beschreibt und das, was ihm der Engel zeigt (äthHen 33,1): »Und von dort ging ich bis an die Enden der Erde, und ich sah dort große Tiere, eins von dem anderen verschieden, und auch Vögel, verschieden nach Gestalt, Schönheit und Stimme, eins vom anderen verschieden.« Übersetzung Siegbert Uhlig 1984.

Die Differenz und Vielfalt macht nach Jesus Sirach die Schönheit und den Wert der Werke Gottes aus, die in ihrer Zweckmäßigkeit für das Leben begründet liegen (vgl. auch Sir 39,12-35, bes. V. 16.33). In Sir 42,25 wird die δόξα der Werke bzw. Gottes parallel zu ihrer Güte/ihrem Wert (τὰ ἀγαθά) gesehen, die Werke werden als schön (καλά; Sir 39,16), gut (ἀγαθά; Sir 39,33) und begehrenswert (ἐπιθυμητά; Sir 42,22) bezeichnet.

Die Schönheit der Ordnung Gottes stellt auch Gen 1 (LXX) heraus: »Denn Gott sah, dass das jeweilige Geschaffene schön/gut geworden war (εἶδεν ὁ θεὸς ὅτι καλόν; BHS: טוֹב).«[92] Die Schönheit der Schöpfung ist im Verständnis von Gen 1 keine ästhetische oder ›natürliche‹ Kategorie, sie ist nicht objektiv feststellbar, die Schöpfung ist schön (טוֹב) allein aus der Perspektive Gottes: »Gott sah ...«[93] Diese Schönheit kann auch mit dem Wort כָּבוֹד ausgedrückt werden (vgl. Jes 10,18; 35,2; 60,13; Ez 31,18). Sie verweist auf den Segen Gottes und auf die Fülle, die dem Geschaffenen innewohnt, der kreatürlichen und nicht-kreatürlichen Schöpfung.[94] Diese Qualität der »Schönheit« gilt auch angesichts aller Gräuel und Gewalt, die Teil der Schöpfung sind. Deshalb ist von Schönheit zu reden auch nur legitim, wenn sie sich auf die Perspektive Gottes stützt, die dem Geschaffenen ihren Wert verleiht. Diese Schönheit ruft nach Anerkennung, nach Würdigung und Lobpreis von Seiten der Geschöpfe, die mit der Aussage Gottes: »Siehe, es war sehr schön/gut ...« korrespondieren, wie dies insbesondere Schöpfungspsalmen zum Ausdruck bringen:[95]

»Im Alten Testament ist Schönsein primär Geschehendes; der eigentliche Zugang zum Schönen ist hier nicht nur das Sehen eines Vorhandenen, eines Bildes etwa oder einer Statue, sondern das Begegnen. Das Schöne wird in der Begegnung erfahren.«[96]

Diese Schönheit der Schöpfung bestimmt auch die Schönheit der menschlichen Wesen, die wesensmäßig in ihrer Geschöpflichkeit liegt.[97]

Steht dieses Verständnis von der Schönheit der Schöpfung auch hinter den Ausführungen des Paulus? Er verwendet das Wort »gut« bzw. »schön« (καλός) in seiner Beschreibung der Geschöpfe nicht, allerdings kann δόξα in V. 40 f. als Hinweis auf ihre Schönheit gedeutet werden, wenn δόξα als Übersetzung des

---

92. Vgl. Gen 1,1.4.10.12.21.25.31; LXX: auch V. 8.
93. Zum Folgenden vgl. Claus Westermann 1977, 481-484. Zu Gen 1,1-2,4a vgl. auch Claus Westermann 1986, 12-25. Dass Himmel und Erde »schön« und »gut« sind, weil sie von ihm geschaffen sind, vertritt auch Augustin, Conf. Buch 11,4,6: »Du also Herr, hast sie erschaffen, der Du schön bist *(pulcher es)* – denn sie sind schön *(pulchra sunt);* der du gut bist *(bonus es)* – denn sie sind gut *(bona sunt);* der Du bist, denn sie sind.« Übersetzung von Joseph Bernhart.
94. Zur engen Zusammengehörigkeit von Schöpfung und Segen vgl. auch Othmar Keel/ Silvia Schroer 2002, 92-99.
95. Vgl. Claus Westermann 1977, 482 f. Vgl. dazu auch äthHen 36,4; 39,9; 48,5.
96. Claus Westermann 1983, 92.
97. »Die Schönheit des Menschen wird in der Begegnung entdeckt, wird in der Begegnung erfahren.« Claus Westermann 1977, 483; vgl. auch ders. 1983, 88 ff.

hebräischen Wortes כָּבוֹד verstanden wird. Somit dient hier auch δόξα nicht dazu, die Beschaffenheit oder körperliche Substanz zu bezeichnen, sondern drückt eine Bewertung des geschöpflichen Daseins als ganzem aus – eine Bewertung aus der Perspektive Gottes.

Dass diese Interpretation in der Argumentation des Paulus angelegt ist, wird bereits durch die verschiedenen Anklänge an ersttestamentliche Schöpfungstraditionen plausibel: Wenn in 1 Kor 15,36 ff. auf die Schöpfungserzählung (Gen 1) Bezug genommen wird, wird damit auch die Perspektive Gottes auf sein Werk: »siehe, es war gut/schön« mittransportiert. Dies macht Paulus durch den Stilwechsel in seinen Ausführungen deutlich: Ab Vers 39 verwendet er eine gehobene Sprache, die Anklänge an das hymnische Gotteslob in Ps 8 enthält. Damit klingt die Wertschätzung der Schöpfung durch die Geschöpfe, ihr Staunen über die Vielfalt und Differenziertheit, die allen den Lebensraum gibt, den sie benötigen, wie es u. a. Ps 8 und Ps 104 zum Ausdruck bringen, wie ein Echo in den Worten des Paulus an. Durch seine Sprache verknüpft er die verschiedenen Texte miteinander, durch die Aufnahme zentraler Begriffe gibt er das Signal, sie aufeinander zu beziehen: die Bewertung καλός/טוֹב auf die Geschöpfe und ihr körperliches Dasein (ihre σάρξ), seine Beschreibung der Vielfalt in Einklang mit dem Gotteslob von Ps 8. Insbesondere die Verse 8,5-8, auf die sich Paulus hier bezieht, können Aufschluss über die Bewertung der σάρξ in V. 39 geben:

»5. Was ist der Mensch (ἄνθρωπος), dass du an ihn denkst, der Einzelne (υἱὸς ἀνθρώπου), dass du nach ihm siehst? 6. Du hast ihn ... gemacht ... 7. Du hast ihn eingesetzt über das Werk deiner Hände, alles hast du ihm unter seine Füße gestellt: 8. alle Schafe, Ziegen und Rinder ...«

Der Psalm stellt die Frage nach dem Menschsein und beantwortet sie im Blick auf Gott: in Relation zu Gott und den anderen Mitgeschöpfen.[98] Dieser Anschauung folgt Paulus, indem er zum einen darauf hinweist, dass jegliches Leben in Gottes schöpfendem Handeln begründet ist (V. 38) und dieses die Relation der Geschöpfe zueinander begründet (VV. 39-41). In V. 39 spricht Paulus sowohl von der menschlichen σάρξ als auch von der σάρξ der unterschiedlichen Tiergattungen:

ἄλλη μὲν ἀνθρώπων,
ἄλλη δὲ σὰρξ κτηνῶν,
ἄλλη δὲ σὰρξ πτηνῶν,
ἄλλη δὲ ἰχθύων.

---

98. Vgl. Erich Zenger 1997, 203: »Das Nachdenken des Menschen über sich selbst geschieht deshalb in diesem Psalm nicht in Form philosophischer Reflexion, sondern in Gestalt des JHWH anredenden Hymnus. Wenn der biblische Mensch über sich selbst redet, muß er zuallererst und zutiefst über das reden, was Gott an ihm gewirkt hat und immerfort wirkt.«

Zum einen werden damit Menschen und Tiere in enger Relation beschrieben, zum anderen wird gleichzeitig auf ihre Unterschiedenheit hingewiesen: οὐ πᾶσα σὰρξ ἡ αὐτὴ σάρξ, die die Ordnung im Miteinander der Geschöpfe ausdrückt. In Ps 8 liegt die Besonderheit der Menschen im Zusammenhang der Schöpfung darin, »gekrönt« zu sein, als »König« über die Tiere eingesetzt zu sein (VV. 6-8), als Hirtin und Bändiger der Tiere eine Aufgabe im Rahmen des Ganzen innezuhaben. Eine Aufgabe, die allerdings nicht Ausbeutung bedeutet, sondern Verantwortung.[99] Damit wird gleichzeitig auch eine herrschaftskritische Botschaft transportiert, die aussagt, dass das Herrschen von Menschen über Menschen nicht zu ihrer Bestimmung gehört, dem Schöpfungsauftrag nicht gemäß ist.[100]

Aus diesem Vergleich mit Ps 8 ist für 1 Kor 15,39 zu folgern, dass die Unterschiedenheit der σάρξ sich nicht in erster Linie auf ihre Beschaffenheit bezieht, sondern auf ihre unterschiedliche Rolle im Ordnungsgefüge der Schöpfung. Paulus beginnt die Aufzählung mit den Menschen und hebt sie sprachlich (ἄλλη μὲν ... ἄλλη δέ ...) von den Tieren ab. Damit stellt er sie an die erste Stelle der Geschöpfe.

Die Annahme einer dualistischen Gegenüberstellung von σάρξ und δόξα, irdischen und himmlischen Wesen, wie sie in der Auslegung von 1 Kor 15,39 ff. vielfach konstatiert wird, basiert vor allem auf einer Negativbewertung der σάρξ (als »niedere Leiblichkeit«). In V. 39 ist sie jedoch nicht angelegt, wie der Vergleich mit Gen 1 und Ps 8 zeigt, auf die sich Paulus hier bezieht. Sie wird erst durch eine Auslegung eingetragen, die die Ausführungen des Paulus aus ihrem schöpfungstheologischen Kontext herausgelöst interpretiert. In Ps 8,5 wird בָּבוֹד/δόξα auch dem Menschen als Geschöpf Gottes zugesprochen, sie macht seine besondere Rolle in der Schöpfung aus.[101] Dass dieses Verständnis auch auf die menschliche σάρξ zu beziehen ist, macht Paulus deutlich, indem er ein deutliches Signal für eine nicht abwertende Interpretation der σάρξ setzt:

---

99. Diesen Gedanken führt slavHen 58,3-59,1[-5] in einzigartiger Form aus: »Und der Herr setzte ihn zum König über alle [Tiere] ein und unterwarf sie ihm alle als Untergebene. [...] Der Herr schuf den Menschen zum Hausherrn für seinen ganzen Besitz. Und der Herr wird nicht eine einzige Seele eines Tieres richten eines Menschen wegen, sondern er wird die Seelen der Menschen richten der Seelen der Tiere wegen.[...] Und alle Seelen der Tiere werden den Menschen anklagen, der sie schlecht geweidet hat. Wer gesetzlos handelt an der Seele eines Tieres, handelt gesetzlos an seiner [eigenen] Seele.« Übersetzung Christfried Böttrich 1995.
100. Vgl. Erich Zenger 1997, 208: »Das Geheimnis des Menschen gründet darin, daß der biblische Schöpfergott allen (!) Menschen die Fähigkeit und die Aufgabe zutraut, wie Gott als ein guter König die Erde als Lebensraum zu schützen und als Ort heilvollen Zusammenlebens zu gestalten. Dem Mond und den Sternen hat Gott ihren festen Platz gegeben, dem Menschen aber eine Aufgabe.« Vgl. auch Claus Westermann 1983, 76-79.
101. In Röm 3,23 erklingt die Klage des Paulus, dass Menschen die δόξα, die ihnen mit der Schöpfung gegeben ist, nicht realisieren (können).

Die parallele Anordnung zu δόξα in V. 40 f. deutet bereits auf eine positive Konnotation. Hier spricht er sowohl den »himmlischen Körpern« als auch den »irdischen Körpern« δόξα zu, die sich allerdings unterscheide. Die σώματα ἐπίγεια hat er bereits in V. 39 vorgestellt: Menschen und Tiere, die σώματα ἐπουράνια zählt er dann in V. 41 auf: Sonne, Mond und Sterne. Die unterschiedlichen σώματα sind die Geschöpfe, die an ihrem je spezifischen Ort in Differenz die Vielfalt des Schöpfungshandelns Gottes spiegeln.

Die Konsequenz für die Übersetzung von V. 39 ist deshalb, σάρξ hier nicht mit »Fleisch« zu übersetzen. Es geht Paulus nicht um die Erläuterung der Beschaffenheit der σάρξ oder des σῶμα, sondern um den Erweis der Geschöpflichkeit,[102] die aus der Perspektive Gottes als »gut/schön« qualifiziert ist. Aus dieser Perspektive betrachtet auch Paulus die Schöpfung (V. 39). Was bedeutet das für die Übersetzung von σάρξ? Wie bereits dargestellt bezeichnet das Wort die Geschöpflichkeit der Menschen bzw. der Tiere. Paulus drückt das mithilfe einer Genitivkonstruktion aus (ἄλλη [σάρξ] μὲν ἀνθρώπων, [...] κτηνῶν ...), die in der deutschen Wiedergabe sehr technisch klingt: »eine andere *Geschöpflichkeit* ist die der Menschen, der Haustiere ...« Ich möchte den Versuch wagen, die poetische Sprache, die Paulus hier verwendet, auch im Deutschen hörbar zu machen und spreche deshalb in der folgenden Wiedergabe der Verse vom Geschöpf *sein* anstatt davon, eine Geschöpflichkeit zu *haben*. Ich meine, dass diese Vorstellung in den Worten des Paulus enthalten ist, auch wenn er sie im Griechischen anders ausdrücken kann als dies im Deutschen möglich ist. Die folgende Übersetzung orientiert sich an der Poesie der Verse und nicht in erster Linie an ihrer (griechischen) grammatischen Konstruktion:

»Nicht jedes Geschöpf ist dem anderen gleich,
denn eines sind die Menschen,
ein anderes Geschöpf sind die Haustiere,
ein anderes Geschöpf die Gefiederten,
ein anderes die Fische.«

Die σάρξ steht für Paulus somit nicht nur für den Aspekt des Körpers, der Gewalterfahrung, Verwundbarkeit, Zerstörung und das Eingebundensein in die Strukturen der *Hamartia* ausdrückt (so etwa in Röm 7 f.), sondern auch für den materiellen Aspekt des Körpers, der durchlässig wird für die Schönheit der Schöpfung. Gottes Handeln, die Gabe des σῶμα, ist an der σάρξ seiner Geschöpfe, der Menschen und der Tiere, abzulesen, ihre leibliche Existenz, ihre Körper, sind sichtbarer Beweis seiner Größe und Kraft, die den ganzen Kosmos bestimmt, wie die folgenden Verse zeigen.

---

102. Im Sinne des ersttestamentlichen (LXX) πᾶσα σάρξ, vgl. dazu auch Luise Schottroff 1970, 139.

4.3.3 VV. 40-41: σῶμα, σάρξ und δόξα

V. 40 beginnt mit der Aufzählung verschiedener Körper, der σώματα ἐπουράνια und der σώματα ἐπίγεια. Grammatisch ist nicht eindeutig zu bestimmen, ob die Adjektive eine Ortsbestimmung oder eine Bestimmung hinsichtlich ihres Wesens zum Ausdruck bringen: *am Himmel befindliche* oder *himmlische* Körper. Auch hier muss die Entscheidung anhand inhaltlicher Argumente getroffen werden. Der Vergleich mit Gen 1 und Ps 8 hat gezeigt, dass hier die Bereiche Himmel und Erde eine zentrale Rolle spielen, die den umfassenden Anspruch Gottes auf den gesamten Kosmos ausdrücken. Wenn sich Paulus an diesen Texten orientiert hat, ist es plausibel, dass er ebenfalls die Vorstellungen übernommen hat, in denen hier das Schöpfungshandeln Gottes beschrieben wird. So ist auch in V. 40 davon auszugehen, dass »himmlisch« und »irdisch« als Ortsbestimmungen aufzufassen sind, die auf die Gesamtheit aller Lebensräume der Geschöpfe Gottes verweisen. V. 40 bildet das Verbindungsglied, das V. 39 und V. 41 miteinander verknüpft und eine Beziehung zwischen den Geschöpfen der Erde und des Himmels (σώματα ἐπίγεια und σώματα ἐπουράνια) herstellt. Beiden wird δόξα zugeschrieben, die sich jedoch in ihrer spezifischen Ausprägung unterscheidet.

In der exegetischen Diskussion wird die Schwierigkeit der Bestimmung der Begriffe σῶμα, σάρξ und δόξα deutlich sichtbar. Zwar wird einerseits festgestellt, dass es sich bei σῶμα nicht um einen Substanzbegriff handelt,[103] dann aber vielfach doch auf seine Näherbestimmung, sei es hinsichtlich der Beschaffenheit, sei es hinsichtlich des Aussehens durch σάρξ bzw. δόξα geschaut.[104] So wird zwar stets betont, Paulus überwinde das ontologische Denken der korinthischen Fragenden, letztlich wird dann aber durch die exegetische Entscheidung, er expliziere die Beschaffenheit des σῶμα bzw. der verschiedenen σώματα, dieses Denken doch wieder in den Text hineingetragen.[105] Die Besonderheit

---

103. Vgl. Karlheinz Müller 1985, 205 Anm. 115: »Die Andersartigkeit ihrer δόξα betrifft nicht die Substanz eines eventuellen leibhaftigen Lebendig-Seins, sondern die mannigfachen ›Erscheinungen‹ der Gestirne sind ohne Überstände identisch mit ihrem je besonderen Sosein.«

104. Es ist in der aktuellen Diskussion Konsens, dass die Annahme, dass es sich bei δόξα um »Lichtsubstanz« handelt (vgl. Hans Conzelmann 1981, 345 f.; Hans Lietzmann 1949, 84), nicht zutreffend ist. So führt Andreas Lindemann 2000, 358, aus: »Es kommt Paulus nicht auf die Substanz an, sondern auf das, was man sieht, die δόξα, und die ist eben unterschiedlich, wie der Blick zum Himmel zeigt [...].« Es werden zwei unterschiedliche Übersetzungsmöglichkeiten diskutiert: Glanz/Lichtglanz: vgl. August Strobel 1989, 256; Christian Wolff 1982, 197; Wolfgang Schrage 2001, 269.290-293, oder Erscheinung/Gestalt/Aussehen: vgl. Gerhard Sellin 1986, 218-222; Gordon D. Fee 1988, 784; August Strobel 1989, 257; Karlheinz Müller 1985, 204 Anm. 115. Winfried Verburg 1996, 170-172, versteht δόξα als Begriff, der die Relation zu Gott beschreibt: »ein sichtbares positives Verhältnis zwischen Schöpfer und Geschöpf.« (172)

105. So formuliert z. B. Wolfgang Schrage 2001, 290: »Die Konkretisierung und Ausdif-

der paulinischen Argumentation besteht an dieser Stelle jedoch darin, dass er zwar mit V. 35 die Frage nach der Beschaffenheit der Körper (ποίῳ δὲ σώματι ἔρχονται;) seinen Ausführungen voranstellt und damit vermutlich auf die Debatte in Korinth eingeht, diese aber auf einer anderen Ebene beantwortet als auf der, auf der sie möglicherweise gestellt ist. Auch für Paulus ist der Aspekt der Körperlichkeit der Geschöpfe zentral. Er thematisiert diese aber nicht aus einem Interesse an deren Bestandteilen heraus (die sich in höherwertige und niedere differenzieren ließen), sondern in Relation zum göttlichen Handeln in Schöpfung und Neuschöpfung. In seinen Ausführungen nimmt er die Frage nach der »Beschaffenheit« auf und beantwortet sie aus der Perspektive Gottes, die eine Wertschätzung des geschöpflichen körperlichen Daseins impliziert. Aussagen über die Leiblichkeit der Auferstehung basieren für ihn auf dem Verständnis gegenwärtigen körperlichen Daseins, das aus seiner Perspektive transparent wird für göttliches schöpferisches Handeln. Dieses Transparentwerden verschiedener Wirklichkeiten am Körper drückt Paulus mit dem Wort δόξα aus. δόξα kann zum einen die Schönheit geschöpflichen Daseins aus der Perspektive Gottes (... und siehe, es war gut ...) ausdrücken und zum anderen auch eine Qualität des Daseins in der Auferstehung bezeichnen (vgl. V. 42: ἐγείρεται ἐν δόξῃ). Deshalb scheint mir an dieser Stelle weiterführend zu sein, δόξα vom hebräischen בָּבוֹד herzuleiten.[106] Damit wäre eine enge Beziehung zu Gott ausgesagt, die auch die Gestirne als Geschöpfe Gottes qualifiziert, die von seiner »Glanz« erfüllt sind:

Wortuntersuchung δόξα/בָּבוֹד

Von der LXX wird das hebräische Wort בָּבוֹד in den überwiegenden Fällen mit δόξα wiedergegeben.[107] Das Bedeutungsspektrum reicht weit, von:

1. Körper/Substanz/Masse, auch als Ausdruck von Macht und Kraft zur Kennzeichnung eines hohen Status,
2. über Herrlichkeit/Glanz als Ausdruck der Heiligkeit Gottes bis
3. zur Vorstellung der universalen Ausbreitung der בָּבוֹד Gottes in eschatologischen Texten.

---

ferenzierung der verschiedenen *Beschaffenheit des geschöpflichen Lebens* (Hervorhebung C. J.) wird in V 40 f. durch die Verschiedenheit der σώματα weitergeführt, doch erfolgt nun zugleich ein Übergang von den irdischen zu den himmlischen Leibern, die dann ab V 40b nicht durch ihre σάρξ, sondern durch ihre δόξα unterschieden werden.«

106. Vgl. Karlheinz Müller 1985, 203 Anm. 114; August Strobel 1989, 257; Winfried Verburg 1996, 166-172. Gerhard Kittel, Art.: δοκέω κτλ., in: ThWNT Bd. II, 1935, 246.250, zeigt, dass der neutestamentliche Sprachgebrauch insgesamt an der LXX-Übersetzung, die בָּבוֹד mit δόξα wiedergibt, orientiert ist.

107. Vgl. zum Folgenden M. Weinfeld Art.: כבוד, in: ThWAT Bd. IV, 1984; vgl. auch Gerhard von Rad, Art.: δοκέω κτλ., C. בָּבוֹד im AT, in: ThWNT Bd. II, 1935.

Die universalen Dimensionen der כָּבוֹד, die die ganze Erde (Num 14,21; Jes 6,3; Ps 72,19; Hab 2,14) erfüllen und den Himmel einhüllen (Hab 3,3), begegnen vor allem in der nachexilischen Literatur in eschatologischen Texten. Die göttliche Gegenwart manifestiert sich in Lichterscheinungen, in einem Strahlen, das seine כָּבוֹד zum Ausdruck bringt (vgl. Jes 58,8; 60,1; 62,1 f.).

»Nicht nur die Gottheit, auch alle Arten von herausgehobenen und göttlichen Objekten gelten als mit kabod eingehüllt. [...] Der Glanz breitet sich aus und bedeckt oder erfüllt ganze Regionen.«[108]

In Jes 40-66 werden כָּבוֹד, Gottes Gerechtigkeit und Heil synonym verstanden.[109] Ps 8,5 zeichnet die göttliche כָּבוֹד als Krone oder als prächtiges Gewand (vgl. auch Ps 104,1 f.; 21,6; Ijob 19,9). Dass Menschen כָּבוֹד zugesprochen wird, ist in der Hebräischen Bibel eher selten, häufiger begegnet diese Vorstellung des Tragens der göttlichen δόξα in späteren (griechischen) Texten der LXX (vgl. Spr 11,16; 20,3; 26,8; Weish 8,10; Sir 3,11; 5,13; 1 Makk 14,4 f.).[110]

Der neutestamentliche Sprachgebrauch (δόξα) bewegt sich durchgängig im Rahmen des hebräischen Verständnisses von כָּבוֹד, das gilt auch für Paulus: So betont er, vielfach in formelhaften Wendungen, die δόξα – Herrlichkeit – Gottes, der von Seiten der Menschen durch ihr Bekenntnis und Handeln δόξα – Ehre – zukomme (vgl. Röm 11,36; 1 Kor 10,31; 2 Kor 1,20; 8,19; Gal 1,5; Phil 4,19.20; 1,11; 2,11). Gottes δόξα habe die Auferweckung des Christus von den Toten bewirkt (vgl. Röm 6,4). An Christus sei die δόξα Gottes für die Glaubenden zu erkennen (1 Kor 2,8; 2 Kor 4,4.6). Auch Menschen spiegelten die δόξα Gottes (Röm 9,4.23; 1 Kor 11,7; 2 Kor 3,4-4,6; 4,17) bzw. Christi (2 Kor 8,23). Diese Gabe der δόξα wird teils als gegenwärtig gegeben (Röm 8,29 f.; 2 Kor 3,7; 3,11.18), sogar als bereits verloren (Röm 3,23), teils als ausstehende Hoffnung (vgl. Röm 5,2; 8,18.21; Phil 3,21) beschrieben.[111]

Besonders aussagekräftig für die Frage, was unter der δόξα der irdischen Körper zu verstehen ist,[112] ist 2 Kor 3,4-4,6: Bereits an Mose sei die δόξα Gottes sichtbar geworden, der dem in Stein gemeißelten Buchstaben gedient habe. Um so mehr werde die δόξα Gottes an denen sichtbar, die dem erneuerten Bund und dem Geist dienten (vgl. 3,7-11). Der Messias, der die Geistkraft (πνεῦμα) ist, eröffnet nun nach Paulus den Glaubenden einen unverhüllten Blick auf die Weisung Gottes (vgl. 3,14 ff.). Hier wird deutlich, dass die δόξα Gottes (des

---

108. M. Weinfeld 1984, 29.
109. Vgl. M. Weinfeld 1984, 37.
110. Vgl. dazu Gerhard Kittel 1935, 246 f.
111. Vgl. Gerhard Kittel 1935, 253, der die Besonderheit der neutestamentlichen Verwendung dieses Begriffes darin sieht, »daß die endzeitliche Aussage ihre Entsprechung in einer vorzeitlichen hat; aus beiden aber, der vor- und der endzeitlichen, gewinnt auf dem Wege über πνεῦμα und διακονία – beide τοῦ κυρίου – die Gegenwart ein neues Licht.«
112. Zur Diskussion, ob die irdischen Leiber eine δόξα haben oder nicht, vgl. Wolfgang Schrage 2001, 290-293.

Kyrios) bereits in der Gegenwart an Menschen sichtbar wird, die der Tora folgen (vgl. 2 Kor 3,7.11; Röm 9,4).[113] Paulus hat dann jedoch die Vorstellung, dass die an Christus Glaubenden eine weitere Dimension der δόξα erlangen, weil Christus ihnen einen Weg zu Gott eröffnet habe. Nur die Glaubenden erkennen die göttliche δόξα auf dem Angesicht Jesu Christi, der Gottes Ebenbild (εἰκὼν τοῦ θεοῦ) ist (vgl. 2 Kor 4,3-6).[114] Dieses Spannungsverhältnis zwischen gegenwärtiger Gabe und Hoffnung auf noch Ausstehendes wird auch in der Verwendung des Wortes δόξα in 1 Kor 15,41f. und V. 43 deutlich. Doch bevor das Verhältnis beider Stellen zueinander beschrieben werden kann, muss geklärt werden, wie die Genitivverbindungen in V. 41: δόξα ἡλίου; σελήνης etc. zu verstehen sind. Winfried Verburg stellt überzeugend dar, dass es sich hier um einen Genitivus pertinentiae handelt, der die Zugehörigkeit bzw. den Besitz ausdrückt: die δόξα gehört zu den Körpern.[115] Er geht davon aus, dass hier ausgehend vom alttestamentlichen Sprachgebrauch mit δόξα ein sichtbares, positives Verhältnis zwischen Schöpfer und Geschöpf ausgedrückt wird.[116]

Für das Verhältnis σάρξ – δόξα – σῶμα bedeutet das, dass in diesem Zusammenhang die Geschöpflichkeit aller Wesen beschrieben wird, die weitere Dimensionen hat als die irdische Existenzweise, Geschöpflichkeit, die auch die unbelebte Natur und die Gestirne umfasst: Alles, was ist, stammt aus Gott, der die Schöpfung aus dem Nichts ins Leben gerufen hat (vgl. Röm 4,17; 11,36). Indem er den Geschöpfen δόξα zuspricht, stellt Paulus sie in ein Beziehungs- und damit Abhängigkeitsverhältnis zu Gott, ihrem Schöpfer.[117] Aus diesen Überlegungen ergibt sich folgende Übersetzung:

»40. und (es/Gott gibt) Körper am Himmel und Körper auf der Erde.
aber unterschieden ist die Schönheit derer am Himmel,
unterschieden die derer auf der Erde.

113. Peter von der Osten-Sacken 1987b, 150f., betont, dass Paulus hier nicht sagt, dass die δόξα des Mose bereits beseitigt sei: »Paulus selber läßt Mose in Gestalt der Tora weiterexistieren: Die Decke bleibt als Decke auf der Verlesung des alten Bundes bzw. auf den Herzen der Hörer, und so wie sie bleibt die Doxa, die beseitigt wird, die Doxa der Mosetora bzw. des Dienstes an den in Stein gehauenen Buchstaben.« (151) Insbesondere in Röm 9-11 mache Paulus deutlich, dass »es eben mit Mose, der Tora und Israel noch keineswegs vorbei ist«. (ebd.)
114. Peter von der Osten-Sacken 1987b, 152f., macht deutlich, dass im Gesamtkonzept des Paulus die Selbstzusage Gottes zu seinem Volk Israel nicht außer Kraft gesetzt werde (vgl. Röm 11,28), auch wenn er an dieser Stelle dem alten Bund abspricht, den Weg zur wahren Gotteserkenntnis zu eröffnen.
115. Vgl. Winfried Verburg 1996, 168f.
116. Vgl. Winfried Verburg 1996, 171f.
117. Damit steht er in der Tradition ersttestamentlicher Schöpfungstheologie. Vgl. Erich Zenger 1997, 262-263: »Das ist ja das schöpfungstheologische ›Ur-Erlebnis‹ der alttestamentlichen Menschen, über das sie unaufhörlich staunen: Daß das Leben einfach da ist, schier unerschöpflich vorgegeben, freilich auch darauf angewiesen, es immer neu entgegenzunehmen, weil keines der Lebewesen es für sich selbst machen kann.«

41. Eine andere ist die Schönheit der Sonne
und eine andere die Schönheit des Mondes
und eine andere die Schönheit der Sterne;
ein Gestirn unterscheidet sich nämlich von einem anderen in seiner Schönheit.«

Die Gabe der δόξα beschreibt Paulus hier als mit der Schöpfung gegeben, als geschöpfliche Beziehungsqualität des Lebens in der Gegenwart, während er ein Leben ἐν δόξῃ als Ergebnis des auferweckenden Handelns Gottes bezeichnet (V. 43). Dem Verhältnis dieser beiden Aussagen zueinander soll im Folgenden weiter nachgegangen werden.

4.4 Resümee

Für die Deutung der nun folgenden Ausführungen über die Auferstehung der Toten ist es entscheidend, den Anknüpfungspunkt zu bestimmen, auf den sich das οὕτως in V. 42 bezieht. Deshalb soll an dieser Stelle ein kurzes Resümee der Ergebnisse der Analyse von 1 Kor 15,35-41 folgen:

Die Untersuchung hat sich zum Ziel gesetzt, die Position des Paulus innerhalb der Diskussion mit den Fragenden aus Korinth zu profilieren. Vorausgesetzt werden in diesem Zusammenhang Ergebnisse bisheriger exegetischer Untersuchungen zur Situation in Korinth, die davon ausgehen, dass der in 1 Kor 15 angesprochene Konflikt auf unterschiedlichen Weltsichten basiert, die kontroverse Ansichten über gesellschaftliches Handeln implizieren und vermutlich auf Statusunterschieden basieren.[118] Paulus argumentiert aus seiner vom apokalyptischen Denken geprägten Weltsicht heraus und erläutert in mehreren Argumentationsgängen sein Auferstehungsverständnis. Die Auseinandersetzung ist für ihn theologisch und existentiell so wichtig, dass er sehr gründlich argumentiert und seinen Standpunkt ausführlich darstellt, was deutlich macht, dass ihm daran gelegen ist, verstanden zu werden. Denn für Paulus betrifft die Frage nach der Auferstehung der Toten angesichts der geschichtlichen und der gegenwärtigen politischen Situation Grundfragen des Glaubens und der Verkündigung insgesamt (vgl. VV. 12-19). Sie umfasst für ihn das Handeln Gottes, die gesamte Schöpfung – Vergangenheit, Gegenwart und Zukunft der Welt (vgl. VV. 20-28) – und die Frage nach menschlichem Leben innerhalb dieser Geschichte.

Für V. 35 ff. wurde die These formuliert, dass sich die Ausführungen an diejenigen richten, die Paulus' Verkündigung von der Auferstehung der Toten

---

118. Hier beziehe ich mich vor allem auf Richard A. Horsley 1999; Dale B. Martin 1995. Zur Beschreibung der aus weisheitlich-jüdischem Denken stammenden dualistischen Anthropologie, die eine Abwertung des Leibes bedeutet, vgl. Luise Schottroff 1970; Gerhard Sellin 1986 u. a.

glauben, aber nun danach fragen, wie diese konkret in Bezug auf die Körper zu verstehen ist. Weiter wurde der Frage nachgegangen, wie ihre von Paulus aufgegriffenen Fragen motiviert sein könnten. Spricht aus ihnen die Sorge um die Körper, Angst vor dem Kommenden oder Unsicherheit, ob die Leiblichkeit der Auferstehung überhaupt eine Vorstellung ist, auf die es sich zu hoffen lohnt? Es wurde die These aufgestellt, dass Paulus mit ἄφρων ihre Verzagtheit kritisiert, die Gottes (neu-)schöpfendem Handeln nicht genug zutraue. Mit dem in V. 37 f. folgenden Verweis auf Alltagswissen aus dem Bereich von Saat und Ernte verleiht er der Anrede ἄφρων einen appellativen Charakter, der zum genauen Blick auf das Schöpfungsgeschehen auffordert: Sieh doch hin – Gott gibt Leben und wird auch neues Leben geben!

Auf der Basis einer Untersuchung der paulinischen Rede von Leben und Tod wurde gezeigt, dass diese im Corpus Paulinum nicht allein die physische Existenz bzw. deren physiologisches Ende bezeichnen. Lebendigwerden und Sterben sind Vorstellungen, die Paulus auf das Kommen, den Tod und die Auferweckung des Messias bezieht. Leben drückt in seinem Sprachgebrauch eine Beziehungsqualität aus, die Beziehung zu Gott und eine durch die Taufe verwandelte Existenz, die Leben – »in Christus« lebendig zu werden – ermöglicht. Gott gibt Leben und ermöglicht so den Glaubenden den Eintritt in einen neuen Bereich, der für sie zugleich einen Herrschaftswechsel und Existenzwandel bedeutet. An den Körpern wird konkret, in welchem Bereich jemand steht, welche Macht die Menschen bestimmt, ob sie vom Leben oder vom Tod bestimmt sind. Leben »in Christus« ist für Paulus ein eschatologisch qualifiziertes Leben im Lebensraum Gottes: ein Leben, das die Todesstrukturen, denen durch Christi Auferweckung die Macht genommen wurde (vgl. 1 Kor 15,20 ff.), nicht mehr bestimmen können. Der Lebensraum, in den die Glaubenden eintreten, ist auch durch den physiologischen Tod nicht begrenzt, das ist das ›eschatologische Versprechen‹, das Paulus mittels apokalyptischer Bilder, die vom Sieg über den Tod als letzten Feind sprechen, als Hoffnung und Lebensgrund von Gott gegeben sieht. Ein Sieg, der durch die Auferweckung Christi schon errungen ist (1 Kor 15,20-28.54-57).

Paulus geht es in seiner Argumentation ab V. 36 nicht zuerst um die Beschreibung einer individuellen somatischen Fortexistenz nach dem physischen Tod, sondern um das Handeln Gottes in Schöpfung und Geschichte und die Frage nach der Zuverlässigkeit der Verheißungen in der Gegenwart. Mit der Leugnung der Auferstehung der Toten und damit des lebenschaffenden Handelns Gottes steht für ihn die Identität der Messiasglaubenden, der Glaube an den Gott Israels auf dem Spiel, der Auferstehung als ›Protest Gottes‹ gegen die Gewalt der Herrschenden versteht. Er möchte die »Geschwister« in der Gemeinde ermutigen, an diesem Glauben festzuhalten, sich nicht verunsichern zu lassen und weiter auf die Verheißungen Gottes zu vertrauen (vgl. V. 58). Sein grundsätzlich positives Verständnis der Leiblichkeit, das auch die menschliche σάρξ umfasst, entfaltet Paulus dann in seiner an die Sprache alttestamentlicher Psalmen angelehnten Darstellung der staunenswerten Vielfalt und Differenziertheit der Schöpfung, die jegliche dualistische Anschauung von irdischen und himmlischen, menschlichen, tierischen und nicht-kreatürlichen »Körpern« überwindet, indem sie als Geschöpfe (σώματα) Gottes qualifiziert werden. Auch wenn Paulus in seiner Argumentation Schlüsselbegriffe aus der korinthischen Debatte aufnimmt,[119] die ihm vermutlich gut bekannt ist, überwindet er in seinen Ausführungen deren (jüdisch-)hellenistisch geprägte philosophisch begründete Orientierung am Individuum und dessen körperlicher Beschaffenheit. Sein Verständnis menschlicher Existenz ist auf die Beziehung der Geschöpfe zu Gott ausgerichtet, die sie miteinander verbindet und ihre Leiblichkeit positiv bewertet, aus der Perspektive Gottes als »schön« bzw. »gut« (hebr. טוֹב) beschreibt. Ihr Ursprung, der in Gottes Handeln liegt, macht sie zu Geschöpfen, die Gottes »Herrlichkeit« (כָּבוֹד/δόξα) widerspiegeln.

---

119. Vgl. Richard A. Horsley 1999, 208.212.216 ff.; vgl. auch Luise Schottroff 1970, 154-169.

5. So ist es auch mit der Auferstehung der Toten (VV. 42-44)

In V. 42 spricht Paulus nun erneut explizit über die Auferstehung der Toten. In der Auslegungsgeschichte wurden nahezu ausschließlich deren futurische Dimensionen hervorgehoben. Vorraussetzung für die meisten Auslegungen von 1 Kor 15,44 ist die Auffassung, dass zwischen der Existenz als σῶμα ψυχικόν und der als σῶμα πνευματικόν die Grenze des physiologischen Todes liegt. Ausführungen über die Bedeutung der gegenwärtigen menschlichen Körperlichkeit für die Rede von der leiblichen Auferstehung finden sich jedoch nur selten. Deshalb soll diesem Aspekt in der nachfolgenden Exegese besondere Aufmerksamkeit zukommen. Zentral für eine Neulektüre dieses Abschnittes wird eine ausführliche Untersuchung der Vorstellungen bieten, die mit »gesät ἐν ... – aufgeweckt ἐν ...« verbunden sind.

5.1 Die Sphäre des Todes und die Sphäre des Lebens (VV. 42-43)

42. Genauso ist es auch mit der Auferstehung der Toten:
gesät wird in[1] eine Sphäre der Zerstörung – auferweckt wird in eine (göttliche) Sphäre der Unvergänglichkeit.
43. Gesät wird in eine Sphäre der Missachtung – auferweckt wird in eine (göttliche) Sphäre der Herrlichkeit.
Gesät wird in eine Sphäre der Ohnmacht – auferweckt wird in eine (göttliche) Sphäre der Macht.

In den Versen 42-44 bedient sich Paulus auch weiterhin eines gehobenen Sprachstils, der die Verse rhythmisch gliedert. Daraus wird deutlich, dass sie seine Ausführungen von VV. 39-41 fortführen. Die Wortverbindung οὕτως καί zeigt jedoch einen Einschnitt an, der darauf verweist, dass nun seine eigene These zum Thema Auferstehung der Toten folgt, die auf den in den VV. 36-41 dargelegten Beispielen und Erörterungen basiert:[2] »Genauso ist es mit der Auf-

---

1. Zur Übersetzung von ἐν im Sinne von εἰς vgl. Friedrich Blass/Albert Debrunner/Friedrich Rehkopf 1984, § 218, S. 177f.
2. Vielfach wird an dieser Stelle auf die in den synoptischen Gleichnissen (vgl. z.B. Mt 18,35; 23,28; 24,33) verwendete Wortverbindung verwiesen, die auf den Übergang von der Bild- zur Sachhälfte verweist, vgl. z.B. Karlheinz Müller 1985, 207 Anm. 123; Wolfgang Schrage 2001, 293f. Wilfried Verburg 1996, 68, zeigt, dass dies

erstehung der Toten ...« Es folgen vier parallele Doppelreihen (einschließlich V. 44), die jeweils anaphorisch gegliedert sind. In der Semantik greift er auf das Bild des Säens aus dem Saatgleichnis in VV. 36-38 zurück und verbindet dabei die Tätigkeit des Säens mit der des Auferweckens: gesät wird (σπείρεται) – auferweckt wird (ἐγείρεται). Worauf bezieht er sich mit dem Adverb οὕτως? – das ist die zentrale Frage, der im Folgenden nachzugehen ist.

Die unterschiedlichen Schwerpunktsetzungen in der Bewertung der von Paulus verwendeten Körperbeschreibungen (Kontinuität – Diskontinuität; Substanz – äußere Erscheinung) führen nun hier, wo Paulus sich erneut konkret auf die »Auferstehung der Toten« bezieht, auch zu unterschiedlichen Interpretationen dessen, was er zum Ausdruck bringen will. Schließt sich die Aussage an die vorangegangenen Verse an und betont die Vielfalt der verschiedenen Körper?[3] Die Exegeten, die bei dem Vorgang der Auferstehung von einer radikalen Diskontinuität ausgehen, finden diese auch hier ausgedrückt und beziehen die Frage nach der Auferstehung vor allem auf die nachfolgenden Ausführungen.[4] Die Auslegungen, die im Prozess der Auferstehung von Kontinuität und Transformation sprechen, setzen den Akzent anders und sehen die Betonung auf der Zuversicht, dass der neue Körper ebenso wie in der gegenwärtigen Schöpfung dem neuen Leben angemessen ist.[5] Zwar wird durchgängig davon ausgegangen, dass σπείρεσθαι metaphorisch zu verstehen ist, aber bei der Bewertung dessen, was unter »säen« und »auferwecken« verstanden wird, gibt es Unterschiede. Nahezu Einigkeit besteht jedoch in der neueren Exegese darüber, dass hier nicht (allein) auf das Begräbnis Bezug genommen wird, sondern auf ein Geschehen, das Leben, Sterben und neues Leben umfasst.[6]

hier jedoch nicht zutrifft, sondern der Übergang von erfahrungsbezogenen Argumenten zur These geschieht. Die Wortverbindung οὕτως καί verwendet Paulus erneut in 1 Kor 15,45, wo er den Schriftbezug seiner Argumentation deutlich macht.

3. Vgl. Andreas Lindemann 2000, 358-359: »So wie der Same und τὸ σῶμα γενησόμενον nicht gleich sind, wie es unterschiedliche Arten der σάρξ, der σώματα und der δόξα gibt – so verhält es sich auch mit der ἀνάστασις τῶν νεκρῶν [...].« vgl. auch Luise Schottroff 1998, 590; Wolfgang Schrage 2001, 293 f.

4. Vgl. Jürgen Becker 1976, 91: »Man darf sich nicht verführen lassen, diesen Satz nur auf die Verse 39 ff. zu beziehen. Vielmehr hat Paulus in den Versen 36-41 von dieser Schöpfung gehandelt und tritt ab Vers 42 in die Besprechung der neuen Schöpfung, also der Auferstehung von den Toten, ein. [...] Wie in der ersten Schöpfung Saatgut und Pflanze in Diskontinuität zueinander stehen und auch in unumkehrbarer zeitlicher Abfolge aufeinanderfolgen, so herrscht Diskontinuität und irreversible Abfolge zwischen dieser und der folgenden Schöpfung.« Vgl. auch Hans Conzelmann 1981, 346; William F. Orr/James A. Walther 1976, 347.

5. Vgl. z. B. C. K. Barrett 1968, 372: »Thus Paul's point is not simply that we have a new body, no longer subject to change and decay, but that the new body will be appropriate to the new age in which God, having reasserted his sovereignty, is all in all (xv.28).«

6. Vgl. Luise Schottroff 1970, 137; Christian Wolff 1982, 19; Karlheinz Müller 1985, 209 Anm. 131; Hans-Josef Klauck 1984, 118; Andreas Lindemann 2000, 359; vgl.

Was beschreibt Paulus, indem er die verschiedenen Gegensatzpaare in das Bild des Säens und Auferstehens einbindet? Was bedeutet: gesät ἐν φθορᾷ – aufgeweckt ἐν ἀφθαρσίᾳ? Sind sie auf die gesamte Existenz der Menschen zu beziehen oder vorrangig auf die körperliche Beschaffenheit der gegenwärtig Lebenden und der Auferstandenen?[7] Auslegungen, die in den Begriffen, die Paulus bisher zur Beschreibung der Körper/Leiber verwendet hat, Aussagen über deren Beschaffenheit annehmen, sehen diese auch hier.[8] Auch wenn hier keine Beschreibung der körperlichen Beschaffenheit angenommen wird, wird davon ausgegangen, dass die eine Seite des Begriffspaares auf die menschliche Existenz bezogen ist (Verstrickung in Unehre, Schande), während die andere Seite Gottes Wirklichkeit bzw. Gottes Wesen beschreibt.[9] Auffällig ist, dass die deutschen Übersetzungen der Begriffe, die auf die menschliche Existenz bezogen werden, vielfach eine stark den Körper abwertende Tendenz aufweisen.[10] Weniger körperabwertende Vorstellungen verbinden die Kommentare mit diesen Begriffen, die sie nicht mit der menschlichen Beschaffenheit, vielmehr mit den gesellschaftlichen Bedingungen verbinden, in die die Körper eingebunden sind.[11]

   auch die Ausführungen von Wolfgang Schrage 2001, 294f.; anders: Christoph Burchard 1984, 242. Er versteht den Vorgang des Säens als Metapher für das Begräbnis.
7. So sieht Andreas Lindemann 2000, 359, hier den Wechsel aus dem Zustand der Vergänglichkeit dessen, was der Vernichtung entgegengeht (vgl. Röm 8,21; Gal 6,8; Röm 1,23), in eine Existenz, die kein Ende hat (vgl. Röm 1, 23; 1 Kor 9,25), dargestellt. C. K. Barrett 1968, 372, führt aus, dass φθορά mehr beschreibt als den körperlichen Verfall, nämlich eine zerstörende Kraft *(evil power)*, welche die Welt dominiert (Röm 8,21) und nicht nur das menschliche Leben, sondern die ganze Schöpfung umfasst. Wolfgang Schrage 2001, 294, sieht hier den »alten« und »neuen« Leib beschrieben.
8. So versteht Gerhard Sellin 1986, 220-221, die Begriffe φθορά, ἀτιμία, ἀσθένεια als Attribute des gegenwärtigen Körpers, dem der Zustand der neuen Kreatur gegenübergestellt werde: »Als dieser irdische Leib (vergänglich, wertlos, schwach) müssen wir sterben – als neue Kreatur (unvergänglich, herrlich, mächtig) wird Gott uns erschaffen.«
9. Vgl. z.B. Jakob Kremer 1997, 356; Andreas Lindemann 2000, 359.
10. So spricht z.B. Christian Wolff 1982, 199, in Bezug auf den Begriff ἀτιμία von »Schande«, die den Akzent der »Jämmerlichkeit, Kläglichkeit« und »Schwachheit der Existenz« trage«; vgl. auch Hans Lietzmann 1949, 84; Heinz-Dietrich Wendland 1978, 154.
11. So ordnet Gordon D. Fee 1988, 785, die hier von Paulus verwendete Sprache in den Bereich jüdischer Eschatologie ein, die die gegenwärtige und künftige Existenz der Gerechten beschreibe: »For Paul, it is not so much a pejorative term to describe the body as shameful, as it is a description of its present ›lowly‹ state in comparison with its glorified one.« Auch seien die Begriffe nicht allein auf körperliche Schwäche zu beziehen, sondern vielmehr als Beschreibung der gesamten Existenz zu verstehen (vgl. 785). Dass die Begriffe als Verhältnisbestimmungen und zur Beschreibung unterschiedlicher Sphären verwendet werden, vertritt auch Winfried Verburg 1996, 184-187. So bezeichne φθορά »ein Totsein in einem bestimmten Verhältnis zu Gott«, ἀφθαρσία gehöre wie δόξα zur göttlichen Sphäre und werde vorgestellt »als Ergebnis der Entscheidung für Gott, die sich in der Beachtung seiner Weisungen

Aus dieser kurzen Übersicht über die in der aktuellen Forschung diskutierten Fragen wird deutlich, dass die Verse 42-44 für die Bewertung der paulinischen Vorstellung des Körpers von entscheidender Bedeutung sind. Greift er hier trotz der generellen Bejahung der Körperlichkeit/Geschöpflichkeit (VV. 39-41) in der Beschreibung gegenwärtiger Wirklichkeit im Vergleich zur erwarteten Auferstehungswirklichkeit nicht doch auf ein (anthropologisch-)dualistisches Schema zurück, das die Gegenwart und damit die Körperlichkeit der Menschen (φθορά, ἀτιμία, ἀσθένεια, σῶμα ψυχικόν) gegenüber einer gänzlich anderen Auferstehungsleiblichkeit (ἀφθαρσία, δόξα, δύναμις, σῶμα πνευματικόν) abwertet? Oder gibt das οὕτως in V. 42a den Hinweis, auch die nachfolgenden Verse auf dem Hintergrund des ab V. 36 beschriebenen Schöpfungshandelns Gottes zu verstehen, das eine positive Bewertung auch der gegenwärtigen Schöpfungswirklichkeit und -leiblichkeit impliziert? Für eine Antwort ist es nötig zu klären, in welchem Verhältnis die Leiblichkeit/Körperlichkeit der gegenwärtigen Schöpfung zum neuschöpfenden Handeln Gottes bei der Auferweckung steht. Erneut stellt sich die Frage, auf welche Auferstehungsvorstellungen Paulus hier aufbaut. Im Folgenden soll die Struktur der Argumentation des Paulus, ihre Syntax und ihre Metaphorik mit dem Schwerpunkt auf der jeweiligen Bewertung der Körperlichkeit/Leiblichkeit untersucht werden. Dies soll in drei Schritten geschehen – in Bezug auf die Bedeutung:

1) der Präposition ἐν;
2) der Handlung, die durch σπείρεται – ἐγείρεται beschrieben wird;
3) der verschiedenen Gegensatzpaare.

5.1.1 Die Präposition ἐν

In der Auslegung wird vielfach davon ausgegangen, dass die Präposition ἐν den Zustand des irdischen Körpers bezeichnet: »*in* der Vergänglichkeit«.[12] Als Beispiel sei die Interpretation von Gerhard Sellin genannt. Auch wenn er darlegt, dass ἐν »nicht einfach den Modus, sondern die beiden dualistisch geschiedenen Bereiche überhaupt«[13] bezeichnet, bezieht er die Wendungen ἐν φθορᾷ etc. auf die Beschaffenheit der Leiber:

> zeigt; diese Entscheidung für [lies: führt] dann zur zeitlich unbegrenzten Gottesnähe.« (181-182) Auch ἀτιμία und δόξα bezeichneten das Verhältnis zwischen Gott und Geschöpf; ebenso wie ἀσθένεια versus δύναμις. Während ἀσθένεια das Angewiesensein auf Gottes helfendes Handeln ausdrücke, bezeichne δύναμις die göttliche Auferweckungsmacht und ἐν δυνάμει den Zustand der Auferweckten. Luise Schottroff 1998, 590-591, geht noch einen Schritt weiter, indem sie auch die Rede vom Tod auf die erlebbare gesellschaftliche Realität bezieht; vgl. auch Richard A. Horsley 1999, 210-213.

12. So Winfried Elliger 1980, in seinem Artikel ἐν im EWNT, 1095, zu 1 Kor 15,42. Walter Bauer, Wörterbuch 1963, 514: »Im Zustande d. Verweslichkeit«.
13. Gerhard Sellin 1986, 220 Anm. 29.

»Als dieser irdische Leib (vergänglich, wertlos, schwach) müssen wir sterben – als neue Kreatur (unvergänglich, herrlich, mächtig) wird Gott uns erschaffen.«[14]

Diese Deutung von ἐν ist eng verknüpft mit der Auffassung, dass Paulus in 15,36 ff. über die Beschaffenheit der Leiber, des gegenwärtigen und des postmortalen Auferstehungsleibes, spricht. ἐν mit Dativ kann aber auch lokal verstanden werden und wird häufig statt εἰς verwendet,[15] so z. B. in der Formulierung: etwas legen (διδόναι) *in* (vgl. Joh 3,35; 2 Kor 1,22; 8,16). Die räumliche Verwendung der präpositionalen Wendung ἐν findet sich bei Paulus bereits im Zusammenhang von 1 Kor 15. So stellt er in V. 22 das Sterben *in* Adam das Lebendigwerden *in* Christus gegenüber:

ὥσπερ γὰρ ἐν τῷ Ἀδὰμ πάντες ἀποθνῄσκουσιν, οὕτως καὶ ἐν τῷ Χριστῷ πάντες ζῳοποιηθήσονται.

Die Vorstellung des Lebendigwerdens »in Christus« ist hier räumlich zu verstehen: im Herrschaftsbereich des Messias, ebenso das Sterben »in Adam«: im Herrschaftsbereich des θάνατος und der ἁμαρτία (vgl. auch Röm 6,6-11). Röm 6,11 beschreibt die Konsequenz des in der Taufe vollzogenen Wechsels in die Lebenswirklichkeit Gottes:

»Genauso sollt ihr euch verstehen als solche, die für die Sündenmacht Tote sind, als Lebende aber für Gott in Christus Jesus.«

Wenn in 1 Kor 15,36 ff. ein Auferstehungsverständnis vorausgesetzt wird, das auch gegenwärtige Perspektiven beinhaltet, so kann in V. 42 f. die Präposition ἐν parallel zu Röm 6,11 auf verschiedene Herrschaftsbereiche und Lebensräume verweisend verstanden werden, die im weiteren durch φθορά, ἀφθαρσία etc. charakterisiert werden. Sie weist auf der einen Seite (σπείρεται) auf die Sphäre der gegenwärtigen Schöpfung, die der Herrschaft der Sünde und des Todes ausgesetzt ist, und auf der anderen Seite (ἐγείρεται) auf die Wirklichkeit, in der Gott bzw. Christus herrschen – in die hinein Gott sät und auferweckt. Das Objekt des »Säens« und »Auferstehens«, das σῶμα, das in V. 44 als σῶμα ψυχικόν bzw. σῶμα πνευματικόν beschrieben wird, ist dann dem Argumentationsgang folgend jeweils einem Bereich zuzuordnen.

---

14. Gerhard Sellin 1986, 220-221. Christoph Burchard 1984, 242, bezieht die präpositionale Wendung auf die Leiber und deren Qualifizierung. Andreas Lindemann 1997, 162 spricht in diesem Zusammenhang von den »Attributen der diesseitigen Existenz« und den »Attributen des kommenden Lebens«. Josef Zmijewski 1980, 409, bezeichnet φ'θορά etc. als »Merkmale« des irdischen Leibes, dem der Auferstehungsleib gegenüberstehe – in Unvergänglichkeit, Herrlichkeit und Kraft.
15. Vgl. Friedrich Blass/Albert Debrunner/Friedrich Rehkopf 1984, § 218, 177 f.

5.1.2 Es wird gesät und es wird auferweckt

Zentral für die Interpretation der Aussagen in VV. 42-44 ist die Bedeutung der Gegensatzpaare, die durch das sich wiederholende σπείρεται ... – ἐγείρεται ... verbunden werden. Werden hier tatsächlich Gegenwart und eine Auferstehungswirklichkeit, die ausschließlich nach dem physiologischen Tod erfahrbar wird, einander gegenübergestellt? Auf der Basis der vorangegegangenen Untersuchung von VV. 36-41 ist zu fragen, ob es im Text auch Hinweise gibt, die auf einen Gegenwartsbezug der Wirklichkeit, die durch ἐγείρεται beschrieben ist, weisen. Wenn die Notwendigkeit des Sterbens des Samenkorns nicht die Notwendigkeit des physiologischen Todes vor dem »Lebendig-gemacht-Werden« begründet, wäre es folgerichtig, auch die Existenz, die dem ἐγείρεται folgt, nicht notwendig und ausschließlich erst nach dem physischen Tod zu verorten. Dass ἐγείρεται auf die kommende und noch ausstehende Auferstehungswirklichkeit zu beziehen ist, soll damit nicht bestritten werden. Auf der Basis der bisherigen Ergebnisse der Untersuchung körpertheologischer Aussagen des Paulus in 1 Kor 15 soll aber im Folgenden nach deren auf die Gegenwart gerichteten Dimensionen gefragt werden. Denn insbesondere an der Gegenüberstellung von gegenwärtiger Existenz und erwarteter Auferstehungswirklichkeit stellt sich Frage nach der Bewertung der (gegenwärtigen) Körperlichkeit.

Eine wichtige Beobachtung, die die These unterstützt, dass auch im Zusammenhang die Rede von der Auferstehung der Toten in 1 Kor 15,42-44 präsentische Dimensionen hat, hat Winfried Verburg in Bezug auf den Wortgebrauch der Verben σπείρεται und ἐγείρεται gemacht. Er zeigt, dass beiden hier metaphorisch verwendeten Begriffen ihr üblicher semantischer Gegenbegriff fehlt: σπείρειν folge üblicherweise θερίζειν zur Bezeichnung des Endzustands eines Geschehens, ἐγείρειν sei der Gegenbegriff zu ἀποθνήσκειν, der diesem üblicherweise logisch und zeitlich folge.[16] Zudem weise der neutestamentliche und profangriechische Sprachgebrauch nicht darauf hin, »säen« im Sinne von »sterben« oder »begraben« zu verstehen, sondern vielmehr im Sinne von »ein Werk beginnen/handeln« bzw. »geboren sein/herstammen«.[17]

»Es scheint sehr unwahrscheinlich, daß Paulus dieses Lexem in dazu genau entgegengesetztem Sinn verwendet haben soll; vor allem wenn man bedenkt, daß die Adressaten in Korinth vornehmlich Heidenchristen waren. Vielmehr muss beachtet werden, daß beide Lexeme sich in einem Punkt entsprechen; denn sie bezeichnen beide den Anfangspunkt einer, wenn auch je verschiedenen Entwicklung, ohne das Endstadium in den Blick zu nehmen.«[18]

---

16. Vgl. Winfried Verburg 1996, 175; vgl. auch Claudio Farina 1971, 102.
17. Vgl. dazu die Ausführungen zu V. 39. Henry George Liddell/Robert Scott 1961, 1626, zeigen, dass σπείρω im Passiv auch die Bedeutung ›geboren werden‹, ›herstammen‹ annehmen kann (»spring or be born«).
18. Winfried Verburg 1996, 175.

Der Beginn der diesseitigen Existenzweise, der mit σπείρεται umschrieben wird, werde textsemantisch jedoch durch ἐγείρεται begrenzt – durch den Beginn der Existenzweise jenseits der Auferweckung: »Erst durch die Auferweckung, nicht etwa durch den Tod, wird die Existenzweise in der beschriebenen Weise verändert.«[19] W. Verburg stellt weiterhin fest, dass die Aussagen über die Auferstehung der Toten in 1 Kor 15 (ἀνάστασις νεκρῶν), die »ein in erster Linie zukünftiges, unvollendet gedachtes Geschehen« beschreiben, alle präsentisch formuliert sind.[20] Er deutet die präsentischen Verbalformen deshalb infektiv. Die Verwendung des Präsens weise zudem darauf hin, dass Gott, der als Handlungsträger zu verstehen ist, diese Handlungen bereits ausgeführt hat und sie jederzeit wiederholen kann.[21]

Für die Interpretation von VV. 42-44 bedeutet dies, dass hier nicht ein Geschehen geschildert ist, das eindeutig durch einen zu definierenden Zeitpunkt zu begrenzen ist. Der physiologische Tod als Bedingung der Auferweckung wird nicht explizit genannt. Die Handlung Gottes ist vielmehr durch eine Verschiebung und Überlagerung verschiedener Zeitebenen charakterisiert, die jeweils den Anfangspunkt bezeichnen und den Endpunkt der Handlung nicht benennen. Der Akzent liegt hier deshalb nicht auf einer gegenseitigen Abgrenzung,

---

19. Vgl. Winfried Verburg 1996, 176.
20. Vgl. Winfried Verburg 1996, 129 ff. Weiterhin stellt er fest, dass sich in 1 Kor 15 in bezug auf die Auferstehung nur eine einzige futurische Form (V. 52: ἐγείρεσθαι) finde: »Auffällig ist dieser Befund deswegen, weil ein doch zukünftig gedachtes Geschehen nur einmal durch eine futurische Form beschrieben wird, sonst aber immer Tempora der Zeitstufe der Gegenwart zur Beschreibung dieses Geschehens verwendet wird. Für die Pragmatik des Textes ergibt sich daraus die Frage, ob die häufigen Präsens- und Perfektformen von ἐγείρεσθαι vereinbar sind mit der von vielen Exegeten angenommenen Intention, Paulus bekämpfe eine präsentische Eschatologie der τινες.« (128)
21. Vgl. Winfried Verburg 1996, 177 f. Er versteht das Präsens als infektives Präsens, das auf die Unabgeschlossenheit einer Handlung und deren potentiellen Aspekt verweise. W. Verburg selbst geht dann zwar davon aus, dass sich die schon geschehene Handlung des Auferweckens *allein* auf die Christi beziehe, die die Möglichkeit der Wiederholung für die Glaubenden eröffne: »Überall, wo Paulus präsentische Verbformen verwendet, denkt er an den Prozeß zwischen dem schon geschehenen Anfangspunkt (Χριστὸς ἐγήγερται und θεὸς ἤγειρεν Χριστόν) und dem noch nicht eingetretenen Endpunkt (οἱ νεκροὶ ἐγερθήσονται). [...] Die Verbalhandlung ἐγείρειν/ ἐγείρεσθαι wird von Paulus als schon in der Ausführung begriffen gesehen; der Abschluß der Handlung ist aber noch nicht eingetreten, von dessen Eintreten er jedoch ohne Zweifel überzeugt ist, wie die Futurformen beweisen. Damit bestätigt der Tempus von ἐγείρειν in 1 Kor 15 die These, daß die Auferstehung Christi als Beginn des endzeitlichen Prozesses der Auferstehung Toter zu sehen ist; dieser Prozeß wird aber erst beendet sein mit der Auferstehung aller Toten.« (133; vgl. auch ebd., 195) Seine Beobachtung lässt sich m. E. jedoch auch in einem weiteren Sinn deuten und das Geschehen der Auferweckung präsentisch auch auf die Gegenwart der Glaubenden beziehen.

sondern auf der Parallelität der jeweils geschilderten Tätigkeiten, auf deren Unabgeschlossenheit und potentieller Wiederholbarkeit: So wie Gott sät und immer wieder säen kann/wird, weckt er auf und wird/kann immer wieder aufwecken. σπείρεται bezieht sich auf den Akt der Schöpfung, der sich mit dem Entstehen jeglichen neuen Lebens wiederholt, ἐγείρεται auf die neue Schöpfung Gottes, die Menschen zu neuem Leben, zu ewigem Leben (vgl. Gal 6,7.8) erweckt.[22] Rhetorisch und theologisch klar voneinander abgegrenzt sind jedoch die Bereiche, in die hinein gesät und auferweckt wird.

Mit der Überschrift über die Ausführungen in den Versen 42-44: »So ist es auch mit der Auferstehung der Toten« setzt Paulus verschiedene Zeitebenen miteinander in Beziehung und beschreibt Auferstehung als ein Geschehen, das präsentisch durch das Handeln Gottes in Schöpfung und neuer Schöpfung zu beschreiben ist. Dieses in der Gegenwart erfahrbare Handeln Gottes eröffnet die Perspektiven auf eine Wirklichkeit hinter aller gegenwärtig erfahrbaren Wirklichkeit: die Auferstehung der Toten. In seinen Ausführungen verbindet Paulus Gegenwart und Zukunft, Diesseits und Jenseits zu einem komplexen Zeit- und Vorstellungsgefüge, das Gegenwärtiges und Zukünftiges miteinander in Beziehung setzt: Der Glauben an die Auferstehung der Toten erwächst aus gegenwärtigen Auferstehungserfahrungen und zugleich leben diese aus der Gewissheit der zukünftigen noch ausstehenden Auferstehung der Toten. Die präsentischen Dimensionen von Auferstehung in 1 Kor 15 werden insbesondere im Blick auf die Körper sichtbar. Das soll im Folgenden weiter deutlich gemacht werden: Mithilfe von Wortuntersuchungen soll das Bedeutungsspektrum von φθορά, ἀτιμία und ἀσθένεια dargestellt werden und nach deren weiteren Dimensionen gefragt werden als die einer körperlichen Zustandsbestimmung. Die Untersuchung der ihnen vorangestellten Präposition ἐν hat gezeigt, dass diese auf Wirklichkeitsbereiche verweist, die durch φθορά, ἀτιμία und ἀσθένεια auf der einen Seite und ἀφθαρσία, δόξα und δύναμις auf der anderen beschrieben werden. Welche Erfahrungen verbindet Paulus damit, dass er diese einander gegenüberstellt?

5.1.3   Gesät ἐν φθορᾷ – aufgeweckt ἐν ἀφθαρσίᾳ

φθορά gehört zur Wortgruppe φθείρω κτλ., zu der auch ἀφθαρσία als Gegenbegriff zur φθορά zählt.[23] Luzia Sutter Rehmann zeigt, dass φθορά in der LXX und im Neuen Testament ein über das individuelle Sein und die körper-

---

22. Zum metaphorischen Gebrauch von ἐγείρειν, der auch präsentische Dimensionen umfassen kann, vgl. Joost Hollemann 1996a, 189-199.
23. In den meisten Auslegungen werden »Vergänglichkeit« bzw. »Unvergänglichkeit«, die in der griechischen Philosophie und hellenistischen Religiosität zur Beschreibung der Seinsstruktur der Welt eine wichtige Rolle spielen, auf die irdisch-vergängliche Welt und die Leiblichkeit der Menschen bzw. auf die unvergängliche zukünftige

liche, materielle Beschaffenheit der Geschöpfe hinausweisendes Bedeutungsspektrum aufweist. Die hebräischen Wörter, die in der LXX mit φθορά übersetzt werden,[24] deuteten auf ein Geschehen im sozialen Kontext hin:[25]

»Menschen tun einander φθορά an, durch soziale Hierarchien entsteht φθορά, Gott befreit aus φθορά, vergilt den Mächtigen ihr Tun, indem er sie ins Verderben (φθορά) bringt.«[26]

Paulus verwende die Begriffe in gleicher Weise, indem er die sozialen Verstrickungen betone, die die φθορά mit sich bringe (vgl. Gal 6,8). Die Sklaverei des »Verderbens«, aus der Gott befreie (Röm 8,21), bedeute keine Erlösung von der Vergänglichkeit, sondern verheiße die Aufhebung der Gottesferne und ein friedvolles Zusammenleben, ein Neuwerden der Erde und der Menschen.[27] Auch 1 Kor 15,42.50.(53 f.) seien auf dem Hintergrund der sozialen Situation des Paulus und der Gemeinden zu verstehen:

»Die φθορά kann das Reich Gottes nicht erben. Die ἀφθαρσία, die Integrität, kommt aus dem Glauben, aus der neuen Existenz (15,50). [...] Auferstehung findet dort statt, wo keine φθορά ist. Denn der φθορά fehlt die eschatologische Perspektive. Wo φθορά ist, ist kein Raum für die Hoffnung auf einen neuen Himmel und eine neue Erde.«[28]

Auf diesen weiteren Bedeutungszusammenhang verweisen auch andere neutestamentliche Texte (vgl. φθορά in Kol 2,22; 2 Petr 1,4; 2,12.19) und das Spektrum, das das Verb φθείρω umfasst: In 2 Kor 7,2 bezieht sich »verderben« auf den wirtschaftlichen Bereich,[29] in 1 Kor 15,33 auf den gesellschaftlichen. In 1 Kor 3,16 f. wird deutlich, dass Menschen andere »verderben« können, d.h. ihre körperliche und persönliche Integrität verletzen. Paulus verwendet φθείρω hier im Gerichtszusammenhang. Die Glaubenden und ihre Gemeinschaft bezeichnet er als »Tempel Gottes« und als heilig. Wer den Tempel Gottes verderbe/zerstöre (φθείρει), diesen werde Gott verderben/zerstören (φθερεῖ). Es wird deutlich, dass Zerstörung, Gewalterfahrungen, persönliche Erniedrigung – das Erleiden von φθορά – zum Alltag der Menschen gehören (vgl. auch 2 Kor 4,16). Angesichts dieser Erfahrung spricht Paulus ihnen zu, »Tempel Gottes«,

---

Welt Gottes bezogen. Vgl. Traugott Holtz, Art.: φθείρω κτλ., in: EWNT 1983, 1010; vgl. auch Günther Harder, Art.: φθείρω κτλ., in: ThWNT 1973, 105. Die folgende Untersuchung legt den Akzent im Gegensatz dazu auf das weitere Bedeutungsspektrum dieses Begriffes, das dessen gegenwärtige gesellschaftliche Dimensionen herausstellt.

24. Das häufigste hebräische Äquivalent für φθείρω ist: שחת; vgl. Günther Harder 1973, 97 f.
25. Mit Bezug auf: Mi 2,10; Jes 24,3; Jona 2,7; Ps 103,6.
26. Luzia Sutter Rehmann 1995, 98.
27. Vgl. Luzia Sutter Rehmann 1995, 107.
28. Luzia Sutter Rehmann 1995, 99.
29. Vgl. Traugott Holtz 1983, 1010.

»Tempel der heiligen Geistkraft« zu sein (1 Kor 3,16; 6,19), eine Integrität ihrer Körper und ihrer ganzen Existenz, die der erlittenen φθορά etwas entgegenzusetzen vermag und die φθορά als menschengemacht charakterisiert. In Eph 4,22 sind es Begierde (ἐπιθυμία) und Betrug/Verblendung (ἀπάτη), die den Lebenswandel des »alten Menschen« bestimmen und ihn zerstören.[30] Zu dessen Veränderung rufen die VerfasserInnen des Briefes an die Gemeinde in Ephesus auf (V. 24):

»Zieht den neuen Menschen an, der nach dem Bild Gottes (κατὰ θεόν) geschaffen ist in wahrer Gerechtigkeit und Heiligkeit.«

Aus dieser Untersuchung wird deutlich, dass φθορά im paulinischen Sprachgebrauch in vielen Fällen eine Form der Zerstörung bezeichnet, die im sozialen Kontext angesiedelt ist und zwischenmenschliche Gewalt, einen gesellschaftlichen Zustand, beschreibt, unter dem Menschen versklavt sind und existentiell leiden (vgl. Röm 8,18 ff.).[31] Auch wenn die Zerstörung als menschengemacht identifiziert werden kann, so kann ihr Ende nicht herbeigeführt werden. Zwar werden die Glaubenden dazu aufgefordert, aus dem Kreislauf der Zerstörung auszusteigen und sich zu verändern (vgl. Gal 6,8; vgl. auch Eph 4,22 ff.), sich von ihr nicht gänzlich vereinnahmen zu lassen, ihr ihre »Heiligkeit« entgegenzustellen (1 Kor 3,17) – der gesamte Zusammenhang der Zerstörung erscheint jedoch als unausweichliche Erfahrung zur Welt gehörig zu sein, ein Lebensumfeld, in das die Menschen »gesät« sind (vgl. 1 Kor 15,42). Die Hoffnung richtet sich auf Gott, dass er aus der φθορά befreie (vgl. Röm 8,21), auferwecke ἐν ἀφθαρσίᾳ.

Durch vorangestellten Präposition ἐν wird ausgesagt, dass Gott (σπείρεται: passivum divinum) *in* eine Wirklichkeit der Zerstörung »sät«. Dahinter steht zum einen die Erfahrung, dass die Realität von zerstörenden Kräften beherrscht ist, denen Menschen seit ihrer Geburt ausgesetzt sind. Paulus beschreibt das Gesät-sein als Dasein, das bestimmt ist durch die Mächte der *Hamartia* und des Todes (vgl. auch Röm 7,7 ff.; 1 Kor 15,54-57), die sich gesellschaftlich als Missachtung und in Formen gesellschaftlicher Gewalt konkretisieren. Zum anderen versteht er Gott als Ursprung allen (menschlichen) Lebens, der »sät« = Leben gibt und »auferweckt« = neues Leben gibt. Deutlich muss hier der göttliche Akt des Säens von der Sphäre, in die hinein es geschieht, unterschieden werden. Nicht die φθορά ist gottgegeben, sondern das Leben. Das neue Leben findet dann in einer anderen Wirklichkeit statt als der von Zerstörung und Gewalt geprägten. Das Gegenüber von »gesät ἐν φθορᾷ« – »aufgeweckt ἐν ἀφθαρσίᾳ« weist auf einen Prozess hin, auf ein Geschehen, das durch das Han-

---

30. Vom aktiven Verderben sprechen auch 2 Kor 11,3; 2 Petr 2,12; Offb 19,2.
31. Henry George Liddell/Robert Scott 1961, 1930f., übersetzen φθορά/φθερεῖν u. mit: *destruction, ruin, passing out of existence, deterioration, abortion* ... was darauf hinweist, dass das Bedeutungsspektrum auf eine umfassende Zerstörung hinweist, die menschliche, körperliche Vergänglichkeit nur als einen Aspekt hat.

deln Gottes in der Schöpfung (σπείρεται) und der Auferweckung, der neuen Schöpfung (ἐγείρεται), seine Dynamik erhält. Die Richtung dieses präsentisch formulierten, strukturell unabgeschlossenen eschatologischen Geschehens ist vorgegeben: aus der Sphäre (ἐν), die durch φθορά charakterisiert ist, in eine Sphäre, die von der göttlichen ἀφθαρσία bestimmt ist. Die Begriffe weisen auf verschiedene Wirklichkeiten, aber nicht im Sinne eines anthropologischen Dualismus, der gegenwärtige Körperlichkeit einer Auferstehungsleiblichkeit gegenüberstellt und damit erstere abwertet. Die beiden Sphären stehen sich insofern in Opposition gegenüber, als sie die verschiedenen Herrschafts-Bereiche: den des Todes und der *Hamartia* (φθορά) und den Gottes (ἀφθαρσία), beschreiben (vgl. 1 Kor 15,50). Die Existenz der Glaubenden ist nicht statisch einer Seite zuzuschreiben, sie befindet sich im Prozess, sie ist in Bewegung auf die ἀφθαρσία hin. Die, die in ihrer Lebenspraxis δόξα, τιμή und ἀφθαρσία anstreben, bewegen sich in Richtung auf das Leben Gottes, das ihnen verheißen wird (vgl. Röm 2,7; vgl. auch Eph 6,24), und werden durch das Handeln Gottes in den Prozess hineingenommen. Die Überwindung des Todes ist durch die Auferweckung des Messias Jesus geschehen (1 Kor 15,20ff.), der Prozess der Auferweckung der Toten hat begonnen, das Lebendigwerden aller (15,22.52).[32] Diese Erfahrung wird auf die Auferweckung der Toten ausgeweitet – der in der Gegenwart beginnende Prozess, der die gegenwärtig Lebenden betrifft, eröffnet auch die Hoffnung für die Toten auf ein neues (Auferstehungs-)Leben:

»... so ist es auch mit der ἀνάστασις τῶν νεκρῶν.« (V. 42).

In VV. 53-55 bedient sich Paulus erneut der auch im Zusammenhang der Taufe verwendeten Gewandmetaphorik (vgl. Gal 3,27), um das Auferweckungsgeschehen am Ende der Zeit zu beschreiben:

»53. Es muss geschehen, dass [Menschen/Geschöpfe], die gegenwärtig Zerstörung erleiden (τὸ φθαρτὸν τοῦτο), die Unvergänglichkeit [Gottes] (ἀφθαρσίαν) anziehen werden und dass [Menschen/Geschöpfe], die gegenwärtig den Strukturen des Todes ausgeliefert sind (τὸ θνητὸν τοῦτο), Unsterblichkeit [Gottes] (ἀθανασίαν) anziehen werden. 54. [...] dann wird das Wort Wirklichkeit, das geschrieben steht: 55. Tod, wo ist dein Sieg? Tod, wo ist dein (Peitschen-)Stachel?«[33]

Noch prägt die φθορά das Leben der Glaubenden, die gesamte Schöpfung leidet und stöhnt unter der Herrschaft des Todes und der Zerstörung, sehnt sich danach, dass die δόξα der Kinder Gottes sichtbar wird, dass Gott die Sklaverei durch die φθορά beendet, die Menschen befreit, ihre Körper »loskauft« (vgl. Röm 8,18-23). Wie in Röm 8,18ff. der Geburtsprozess nicht mehr aufzuhalten

---

32. Heinz Schwantes 1963, 88.91, bezeichnet diesen fortlaufenden Prozess der endzeitlichen Auferweckung in Analogie zum Begriff der creatio continua als »resurrectio continua«.
33. Zu den Einfügungen in den Text und dessen Interpretation vgl. die folgenden Ausführungen zu VV. 51-57.

ist, so ist auch der Prozess der Erweckung in 1 Kor 15,42 f. unumkehrbar.³⁴ ἀφθαρσία beschreibt das Leben Gottes, eine Sphäre, die nicht mehr vom Tod geprägt ist, die unvergänglich ist, weil Gott in ihr alles in allem ist (1 Kor 15,28). Nach Paulus' Vorstellung hat Gott diesen Lebensraum durch die Auferweckung Jesu bereits geöffnet, die Glaubenden leben auf ihn hin, leben in seiner Wirklichkeit (ἐν Χριστῷ) und erwarten, dass sich diese Wirklichkeit allen Menschen zeigen wird, dass sie die Lebenden und die Toten verwandelt, den Leiden ein Ende macht und die Herrschaft des Todes sichtbar beendet.

5.1.4 Gesät ἐν ἀτιμίᾳ – aufgeweckt ἐν δόξῃ

Auch ἀτιμία beschreibt eine gesellschaftliche Realität, die viele an den Messias Glaubenden teilen. In 1 Kor 4,10 ff. beschreibt Paulus, was es bedeutet, ἄτιμος zu sein:³⁵

10. »[...]« ἡμεῖς δὲ ἄτιμοι ... 11. Bis zu dieser Stunde hungern wir und haben Durst, wir sind nackt/schlecht bekleidet, werden misshandelt und sind obdachlos. 12. Wir schuften hart und arbeiten mit unseren eigenen Händen; wir werden geschmäht und segnen, wir werden verfolgt und sind standhaft. 13. Wir werden beschimpft und trösten, wie Müll der Welt sind wir geworden, der Abschaum aller bis jetzt.«

Die »Verachteten« sind gesellschaftlicher Missachtung und Misshandlungen ausgesetzt. Auch in Mk 12,4/Lk 20,11 bedeutet ἀτιμάζω misshandeln. In 1 Kor 12,23 werden die am meisten verachteten Körperteile ἀτιμότερα genannt – ihnen gebühre jedoch umso mehr Ehre im Leib des Messias. Wie in 1 Kor 4,10 wird eine Ambivalenz sichtbar, die diesen Begriff im paulinischen Sprachgebrauch prägt: Er stellt die »Törichten«, zu denen er sich selbst zählt, den »Verständigen« gegenüber, »unsere Schwäche« (ἡμεῖς ἀσθενεῖς) »eurer Stärke« (ὑμεῖς ἰσχυροί), »unsere Verachtung« (ἡμεῖς ἄτιμοι) »eurem Ruhm« (ὑμεῖς ἔνδοξοι). Es wird deutlich, dass er hier den Blick von außen beschreibt, die Bewertung der Armen und Marginalisierten in Korinth durch die Mächtigen in der Gesellschaft, die ihnen Rechte versagt, sie misshandelt, ausbeutet und sie wie Abschaum behandelt. In 1 Kor 1,18 ff. zeigt Paulus bereits, dass vor Gott diese Bewertungen keinen Bestand haben und in ihr Gegenteil verkehrt werden:

»27. Das Törichte der Welt hat Gott sich auserwählt, damit die Weisen beschämt werden, und das Schwache der Welt hat Gott sich auserwählt, damit das Starke beschämt wird.«

---

34. 2 Tim 1,10b fasst diese Vorstellung in eine Formel: »Er hat dem Tod die Macht genommen und das Leben und die ἀφθαρσία ans Licht gebracht durch das Evangelium.«
35. Vgl. auch 2 Kor 6,4-8; Mk 6,4/Mt 13,57.

»Gesät zu sein ἐν ἀτιμίᾳ« bedeutet auf dem Erfahrungshintergrund, den Paulus für Korinth skizziert, in einer Sphäre der Missachtung zu leben (vgl. auch 1 Kor 11,22). Diejenigen, die in ihrem Tun des Guten nach δόξα, τιμή und ἀφθαρσία streben, wird ewig lebendiges Leben (ζωὴν αἰώνιον), δόξα, τιμή und Frieden verheißen (vgl. Röm 2,7.10; vgl. auch 1 Petr 1,7). Für Paulus ist es ganz wichtig zu betonen, dass die gesellschaftliche Verachtung keine von Gott gegebene ist, für sie gibt es keine theologische Legitimation. Den Menschen als Geschöpfen Gottes gebühre ein Leben, in dem sie Achtung erfahren, weil sie nach Gottes Bild geschaffen sind und unter seinem Segen stehen.[36] Wieder klingt Ps 8 an:

»5. Was ist der Mensch, dass du an ihn denkst,
der Einzelne, dass du nach ihm siehst?
6. Du hast ihn nur etwas geringer gemacht im Vergleich mit Engeln,
bekränzt mit Glanz und Ehre (LXX: δόξῃ καὶ τιμῇ; BHS: כָּבוֹד וְהָדָר).«

Die Auferweckung, die neue Schöpfung, setzt die ursprüngliche Schöpfung in ihr Recht, sie schafft keine gänzlich neuen Wesen, sondern stellt die Geschöpfe Gottes in einen Lebensraum, in dem die Strukturen der *Hamartia* und des Todes sie nicht mehr erreichen, sie nicht länger verletzen und misshandeln können. Aufgeweckt werden sie ἐν δόξῃ, in die Gegenwart Gottes, die Herrlichkeit, den Glanz, die Schönheit, den כָּבוֹד Gottes, der alles erfüllt.[37] Röm 6,4 beschreibt die Auswirkungen der δόξα Gottes auf die Gegenwart der Getauften (vgl. auch 2 Kor 3,18):

»Also sind wir durch die Taufe in den Tod mit ihm begraben worden, damit auch wir – so wie der Messias von den Toten auferweckt wurde durch die δόξα des Vaters – im erneuerten Leben wandeln (ἐν καινότητι ζωῆς περιπατήσωμεν).«

Die Erfahrungen dieses »neuen Lebens« werden für die Wirklichkeit der Auferstehung transparent. Sie begründen den Glauben daran, dass wir auch »mit der Gleichgestaltigkeit seiner [Christi] Auferstehung zusammenwachsen werden.« (Röm 6,5)

5.1.5 Gesät ἐν ἀσθενείᾳ – aufgeweckt ἐν δυνάμει

Deutlicher noch als die ἀτιμία bezieht Paulus die ἀσθένεια auf sich und die Menschen, deren Erfahrungen er eine Stimme verleiht.[38] Bereits am Beginn seines ersten Briefes an die Gemeinde Korinth setzt er sich mit den Positionen der »Starken« und der »Schwachen« auseinander (1,18 ff.):

36. Vgl. Gen 1,26-28; Jes 44,1-5 u. ö.
37. Vgl. vgl. Num 14,21; Ps 72,19; Jes 6,3; 11,9; 40,5; 52,10; Hab 2,14, 3,3. Zu den ersttestamentlichen Texten vgl. M. Weinfeld, Art.: כָּבוֹד, in: ThWAT 1984.
38. Einen guten Überblick über das Bedeutungsspektrum der Begriffe δύναμις und ἀσθένεια bietet Johannes Krug 2001, 37-51.51-69.

»26. ... es sind nicht viele Weise im herkömmlichen gesellschaftlich anerkannten Sinn (κατὰ σάρκα), nicht viele Mächtige (δυνατοί), nicht viele Vornehme. 27. [...] das Schwache (τὰ ἀσθενῆ) der Welt hat Gott sich auserwählt, damit das Starke (τὰ ἰσχυρά) beschämt wird.«[39]

Er selbst sei »in Schwäche« (ἐν ἀσθενείᾳ) nach Korinth gekommen (vgl. 1 Kor 2,3),[40] doch die δύναμις Gottes habe seine Botschaft getragen. Sie sei nicht die Weisheit der Machthaber dieser Welt, die einst entmachtet würden, sondern die Weisheit Gottes (vgl. 1 Kor 2,6-9). Herausfordernd stellt er an die »Starken« in Korinth die Frage, welcher Herrschaft sie sich zuordnen wollen (1 Kor 4,8 ff.). Paulus zählt sich in dieser Frage zu den »Schwachen«, die von den Mächtigen verachtet werden (4,10 ff.). Es wird deutlich, dass es in diesem Zusammenhang um gesellschaftliche Positionen und eine daraus resultierende Lebenspraxis geht, die die Konflikte bedingen, auf die Paulus mit seinem Brief reagiert (vgl. auch 1 Kor 12,22 ff.).[41] Schwäche bezeichnet in diesem Zusammenhang nicht die gesellschaftliche Position, sondern ein »schwaches« Gewissen (συνείδησις ἀσθενής), das der Erkenntnis derer gegenübersteht, die Götzenopferfleisch essen, weil sie wissen, dass es keine Götzen gibt (1 Kor 8,4.7 f.).[42] Er fordert nun dazu auf, auf den Götzenopferfleischverzehr zu verzichten, um die »Schwachen« nicht in Konflikte zu bringen (8,9-13). Um sie zu gewinnen, sei er selbst den »Schwachen« ein »Schwacher« (τοῖς ἀσθενέσιν ἀσθενής) geworden (1 Kor 9,22).

Dass die Frage nach »Schwäche« und »Stärke« ein zentrales Thema in der Gemeinde war, wird aus der weiteren Korrespondenz ersichtlich. In 2 Kor 11,16-12,13 beschreibt Paulus seine Lebenssituation als Apostel, die Gefährdungen und Misshandlungen, denen er ausgesetzt ist.[43] In diesem Leiden teile er das Leiden anderer Schwacher, das er in besonderem Maße erfahre (2 Kor 11,29 f.). Er könne sich im Vergleich mit anderen, die sich aufgrund ihrer Leis-

---

39. Vgl. auch Ps 34,5; 116,6. Johannes Krug 2001, 68, verweist auf die Ambivalenz des Begriffs der Schwäche: »Einerseits war die spezielle Astheneia die typische Prädisposition für das Erleben von mancherlei Leid, andererseits galt aber gerade der schwachen Existenz das Gebot menschlicher Fürsorge und, was im Hinblick auf die Exegese der paulinischen Texte ungleich wichtiger ist, sie konnte in unterschiedlicher Weise mit göttlichem Handeln rechnen.« An dieser Stelle von einem »apologetischen Trick« (vgl. auch 314) des Paulus zu sprechen, halte ich jedoch für eine Verkennung der tatsächlichen historischen Situation.
40. Hier könnte er auch auf seinen gesundheitlichen Zustand anspielen, vgl. auch 2 Kor 10,10; Gal 4,13. In 1 Kor 11,30 weist ἀσθενής auf körperliche Schwäche/Krankheit.
41. Zur Situation in Korinth vgl. Richard A. Horsley 1999, 217-220; vgl. auch ders. 1978; Dale B. Martin 1995, 105-108.
42. In Röm 15,1 zählt Paulus sich zu den δυνατοί, die die Schwächen der anderen tragen sollen. In der Diskussion über den Verzehr von Götzenopferfleisch in 1 Kor 8 rechnet er sich ebenfalls zu den »Starken«, die hier allerdings nicht explizit so genannt werden; vgl. auch Röm 14,1 ff.
43. Zur Aufzählung der »Peristasen« in 2 Kor 11,23-29 vgl. Martin Ebner 1987, 112 ff.

tungen rühmten, allein seiner Schwäche rühmen (2 Kor 11,30; 12,5). Diese erfahre er auch körperlich, durch einen Stachel im Fleisch – vermutlich durch eine schmerzhafte Behinderung (2 Kor 12,7f.).[44] Auf sein Flehen hin, diese von ihm zu nehmen, habe Gott zu ihm gesprochen (2 Kor 12,9a): »Meine Gnade genügt dir, denn sie erweist ihre Kraft (δύναμις) in der Schwachheit (ἀσθένεια).« Dass seine »Schwachheit« über die körperlichen Beschwerden hinausgeht, zeigen seine weiteren Ausführungen (2 Kor 12,9b-10):[45]

»9. Gern will ich mich lieber meiner Schwächen (ἐν ταῖς ἀσθενείαις μου) rühmen, damit die δύναμις des Messias mir innewohne. 10. Darum erachte ich Schwächen, Misshandlungen, Nöte, Verfolgungen und Bedrängnisse, die für Christus (geschehen), als etwas Gutes. Wenn ich schwach (ἀσθενῶ) bin, dann bin ich voller Kraft (δυνατός).«

Auch Christus sei aus Schwachheit (ἐξ ἀσθενείας) gekreuzigt worden (13,4), lebe aber aus Gottes Kraft (ἐκ δυνάμεως θεοῦ). Paulus fährt dann fort:

»Auch wir sind schwach in ihm, aber werden (ζήσομεν)[46] mit ihm aus der Kraft Gottes (ἐκ δυνάμεως θεοῦ) bei euch leben.«

In seiner Argumentation zeigt sich deutlich, dass die δύναμις Gottes bereits die Gegenwart der Glaubenden durchdringt, sie in der »Schwachheit« trägt und in ihrer Existenz wirksam wird, indem sie Stärke gibt.[47] Gottes δύναμις kann im Ersten Testament (LXX) synonym für seinen Namen gebraucht werden.[48] Für Paulus zeigt sie sich in seinen Geschöpfen (Röm 1,20) und trägt die Menschen, wenn sie Not, Verfolgung und Gewalt ausgesetzt sind (vgl. 2 Kor 4,7ff.). In Röm 1,3f. bekennt Paulus, dass Christus nach seiner Auferstehung ἐν δυνάμει eingesetzt sei. Für ihn wird somit die Gemeinde zum Ort, an dem die Kraft Christi und damit die göttliche δύναμις erfahrbar wird (vgl. auch 1 Kor 1,23f.).[49] Phil 3,10-21 beschreibt dann den (noch nicht abgeschlossenen eschatologischen) Prozess, der durch die δύναμις Gottes bzw. Christi für die Glau-

---

44. Zur Krankheit des Paulus, von der er in 2 Kor 12,7 und Gal 4,13f. spricht, vgl. Ulrich Heckel 1993b. Er vermutet, dass Paulus hier von einer chronischen Krankheit und einem Schmerz spricht, als etwas, das ihm gewaltsam von außen zugefügt wurde (vgl. ebd., 91f.).
45. Zur Stelle vgl. Ulrich Heckel 1993a, 100-120.
46. Zur Diskussion, dass sich das Futur (ζήσομεν) auf den nächsten Besuch in Korinth bezieht vgl. J. Lambrecht 1994, 346f.
47. Vgl. Gerhard Friedrich, Art.: δύναμις, in: EWNT 1980, 864f.; vgl. auch Ulrike Metternich 2000, 198-210; Vgl. auch Johannes Krug 2001, 297: »Mit den Begriffen ›Astheneia‹ und ›Dynamis‹ beschreibt Paulus auch in II Kor 13,3f. zwei Erfahrungen seines irdischen Lebens [...] Er erfuhr also Kraft und Schwachheit nicht wie Christus in einer zeitlichen Abfolge, sondern in simultaner Koexistenz.«
48. Vgl. Ps 54,3 = LXX: 53,3; Jer 16,21; vgl. auch Röm 9,17, wo Paulus Ex 9,16 zitiert, mit der Änderung von τὴν ἰσχύν in: τὴν δύναμιν, möglicherweise bot seine Vorlage aber auch τὴν δύναμιν.
49. Zur Diskussion um die Herkunft des Bekenntnisses vgl. Klaus Haacker 1999, 25f.

benden begonnen hat. Paulus führt aus, dass er nach der Gerechtigkeit strebe, die Gott aufgrund des Glaubens schenke,

V. 10. »um ihn [Christus] zu erkennen und die Wirkkraft seiner Auferstehung (τὴν δύναμιν τῆς ἀναστάσεως αὐτοῦ), Gemeinschaft mit seinen Leiden zu haben und seinem Tod gleichgestaltet zu werden, 11. damit ich so zur Auferstehung von den Toten (ἐξανάστασιν τὴν ἐκ νεκρῶν) gelangen kann.«

Die δύναμις Christi, die δύναμις seiner Auferstehung sei für die Glaubenden zu erkennen, sie können in ihren Leiden Gemeinschaft mit ihm haben, seinem Tod gleichgestaltet werden, zur Auferstehung gelangen. Doch Paulus stellt dann weiter heraus, dass dieser Prozess noch nicht abgeschlossen ist, aber für ihn ist er so weit fortgeschritten, dass er das Ziel vor Augen habe (Phil 3,12 f.):

»12. Nicht dass ich es schon erfasst hätte, oder es schon vollendet ist, aber ich strebe danach es zu ergreifen [...] 13. [...] eines aber: Ich vergesse/lasse zurück, was hinter mir liegt und strecke mich nach den Dingen aus, die vor mir sind.«

5.1.6 Resümee

Das Gegensatzpaar »gesät ἐν ἀσθενείᾳ – aufgeweckt ἐν δυνάμει« nimmt Vorstellungen auf, die sich auf die gesellschaftliche Situation der »Schwachen« in Korinth beziehen. Paulus bezieht Stellung, indem er sich ihre Seite stellt, ihre »Schwachheit« jedoch als Ort der göttlichen Kraft theologisch umwertet. Nicht in den gesellschaftlich Mächtigen, sondern in den Ausgegrenzten, den Armen und Misshandelten ist Gott präsent, wirkt seine δύναμις – bereits in der Gegenwart. Die Sphären, in die »gesät« bzw. »auferweckt« wird, überschneiden sich in der gegenwärtigen Erfahrung des Paulus und seiner Mitstreiterinnen und Mitstreiter: In der ἀσθένεια wirkt Gottes δύναμις. Die Dynamik der Beziehung der Begriffe zueinander, der Prozess, der durch die Metaphorik des Säens und Auferweckens ausgedrückt wird, beschleunigt sich in der Struktur der paulinischen Argumentation. Die Sphären rücken aufeinander zu, überschneiden sich, ohne sich aufzuheben, die strukturelle Offenheit der Prozesse, die Hoffnung auf die eschatologische Vollendung bleibt gewahrt (vgl. auch Phil 3,10 ff.). Sie werden in der Gegenwart der Glaubenden wirksam, an ihren Körpern erfahrbar (vgl. ἔστιν in 15,44b). »Auferstehung der Toten« drückt hier das Vertrauen auf Gottes neuschöpfendes Handeln aus, das auf historischen und sozialen Erfahrungen beruht.[50] Die hier ausgedrückte Hoffnung bleibt aber nicht auf die Gegenwart beschränkt. Sie wird nicht aus einer Position der Stärke

---

50. Vgl. John A. T. Robinson 1957, 82: »And as the Christian hope of resurrection is fundamentally social, so it is inescapably historical. It is a resurrection, not from the body, but of the body. The new creation is not a fresh start, but the old made new – not a νέα but a καινὴ κτίσις (2 Cor 5.17).«

oder Sicherheit geäußert, sondern in der Situation der größten Bedrängnis, aus der Realität derer, die in ihrer Lebenssituation an ihren Körpern erfahren, was φθορά, ἀτιμία und ἀσθένεια konkret bedeuten.

Hier steht Paulus in der Tradition der ersttestamentlichen Schöpfungstraditionen, die vielfach auf dem Hintergrund der Krise Gottes (neu-)schöpferisches Handeln beschreiben und damit Hoffnung und Widerstand mobilisieren wollen. Insbesondere die Frage nach dem Mensch-Sein und der Beziehung der Menschen zu Gott spielt in diesen Zeiten eine besondere Rolle. Indem Menschsein in Abhängigkeit zu Gott beschrieben wird, wird gleichzeitig an den göttlichen Beistand appelliert. Die Berufung auf Gott als den Schöpfer hat insbesondere in Krisenzeiten ein gemeinschafts- und identitätsstiftendes Potential, das Hoffnung und Widerstandskraft mobilisieren kann. Hier steht 1 Kor 15,42f. in einer Tradition, die auch zur Formulierung von Ps 8,2f. geführt hat. Erich Zenger zeigt, dass das Oppositionspaar »Kinder« – »Feinde« in V. 3 darauf weist, in den »Kindern« und »Säuglingen« eine Metapher für das leidende und bedrängte Gottesvolk zu sehen. Das Gotteslob werde in Ps 8 von den klagenden und verzweifelten Kindern der bedrängten Mutter Zion gesungen, die auf die Solidarität Gottes mit den Verlassenen und Einsamen vertrauen (Ps 8,2 f. LXX):[51]

»2. Adonaj, unser Herrscher, wie bewundernswert ist dein Name auf der ganzen Erde, über die Himmel breitet sich deine Pracht aus.
3. Aus dem Mund von Kindern und Säuglingen verschaffst du dir Lob wegen deiner Feinde, wegen der Vernichtung der Feinde und Gesetzlosen.«

Auch in 1 Kor 15,42 f. wird das Vertrauen auf Auferstehung aus der Perspektive der »Schwachen« und Rechtlosen ausgesprochen, die ihre Identität in Gott bestimmen. Indem Paulus der Hoffnung auf Verwandlung der Schöpfung, der Auferweckung, einen Ausdruck verleiht, zeigt er gleichzeitig die Diskrepanz zum realen Zustand der Welt auf und lenkt den Blick auf ihre Zerstörung und die Missachtung der Geschöpfe. Paulus fordert hier die »Starken« in Korinth erneut auf, Position zu beziehen, auch und gerade in der »Schwachheit«, der »Verachtung«, der »Zerstörung« Gottes Handeln zu erkennen. Zugleich beschreibt er mit seinem Bezug auf das (neu-)schöpfende Handeln Gottes ein Geschehen, das Gott und Mensch in eine Beziehung setzt, die stets aktualisiert wird und über die Grenzen der gegenwärtigen Existenz hinausweist.[52] Zugleich will er damit die »Schwachen« trösten und ermutigen, auch in ihrer Situation auf Gottes Handeln zu vertrauen, ihr Schicksal nicht als gottgegeben zu verstehen. Gott will Veränderung und lässt die Menschen auf(er)stehen. Die Hoffnung, die er verkündet, beleibt nicht auf das gegenwärtige Leben beschränkt, sondern eröffnet den Glauben an die allgemeine Auferstehung der Toten, auf

---

51. Vgl. Erich Zenger 1997, 210.
52. Vielfach wird die Vorstellung des neuschöpfenden Handelns Gottes mit Kategorien der Versöhnung beschrieben. Darauf verweist Antoinette Wire 2001, 270.

eine Wirklichkeit, in der Gott »alles in allem ist«, die von göttlicher ἀφθαρσία, δόξα und δύναμις bestimmt ist.

5.2 Lebensmöglichkeiten (V. 44)

V. 44 Gesät wird ein σῶμα ψυχικόν – aufgeweckt wird ein σῶμα πνευματικόν. Wenn es ein σῶμα ψυχικόν gibt (ἔστιν), dann gibt es (ἔστιν) auch ein πνευματικόν.

In V. 44 knüpft Paulus an die vorangehenden Verse an, indem er die Satzstruktur: *gesät wird – auferweckt wird* weiterführt. Er setzt jedoch einen neuen Akzent, indem er erneut vom σῶμα spricht, das er unterschiedlich als σῶμα ψυχικόν und als σῶμα πνευματικόν qualifiziert. Wie sind diese Bezeichnungen zu verstehen, welche »Körper« meint Paulus hier, wie ist ihr Verhältnis zueinander zu beschreiben?

Den bereits skizzierten Argumentationslinien folgend, wird in der Auslegung diskutiert, ob und inwieweit hier die Beschaffenheit des jeweiligen Körpers beschrieben wird bzw. wie das Verhältnis der beiden Existenzformen des σῶμα zu bestimmen ist.[53] Die pneumatische Existenz wird dabei durchgängig auf das zukünftig-himmlische Leben bezogen, wobei kontrovers diskutiert wird, ob diese in Kontinuität oder Diskontinuität zur gegenwärtig-irdischen (σῶμα ψυχικόν) verstanden werden muss. Weitgehend Konsens in der aktuellen Diskussion ist allerdings, dass es sich bei dem σῶμα πνευματικόν nicht um einen Leib handelt, dessen Stoff das πνεῦμα ist, sondern um eine Existenzform, die vom πνεῦμα bestimmt ist.[54]

Das Problem, das nun entsteht, ist, wie die Leiblichkeit des Auferstehungs-

---

53. Vgl. Andreas Lindemann 2000, 359: »φθορά, ἀτιμία und ἀσθένεια machen das Wesen des σῶμα ψυχικόν aus. Die drei Gegenbegriffe das Wesen des σῶμα πνευματικόν.« Udo Schnelle sieht mit der Antithese von σῶμα ψυχικόν und σῶμα πνευματικόν die Frage nach dem »wie« der Auferstehung beantwortet, »indem einerseits als Grundbedingung der Auferstehung die Leiblichkeit erscheint, die andererseits aber als pneumatische Leiblichkeit bestimmt wird und somit scharf von der gegenwärtigen vergänglichen Welt zu trennen ist.« (1991, 51) Winfried Verburg 1996, 192 f., vertritt die Auffassung, dass σῶμα ψυχικόν und σῶμα πνευματικόν verschiedene Existenzformen bezeichneten: σῶμα πνευματικόν den Status des zur unverlierbaren Gotteserkenntnis gelangten Menschen; σῶμα ψυχικόν die Existenzweise des Menschen, die von der Möglichkeit des Scheiterns gekennzeichnet sei, und zwar aufgrund der Abwendung von Gott (φθορά), dem Ungenügen auf die Verehrung Gottes (ἀτιμία) und der Labilität der Gottesbeziehung, aus der das Angewiesensein auf Gottes Hilfe (ἀσθένεια) erwachse.
54. Vgl. Philipp Bachmann 1905, 467; James Moffatt 1954, 259; Ronald Slider 1974/75, 430 ff.; Hans Conzelmann 1981, 347; Gordon D. Fee 1988, 786; August Strobel

körpers zu beschreiben ist, wenn nicht davon ausgegangen wird, dass Paulus über eine Pneuma-Substanz spricht. Die Auslegungen, die den Gedanken der Kontinuität betont sehen, sehen diese vor allem in der Leiblichkeit verortet. πνευματικός meine nicht, dass es sich um eine immaterielle Existenz handle, sondern um eine eschatologische Seinsweise.[55] Die Idee des Leibes sei wie im biblischen bzw. jüdisch-rabbinischen Denken auf der Identität zwischen dieser (irdisch-gegenwärtigen) und jener (zukünftig-himmlischen) Welt angelegt.[56] Die Kontinuität der Person werde durch den lebenschaffenden Geist bewirkt, der schon jetzt in denen wohne, die glauben.[57] Diejenigen, die davon ausgehen, dass Paulus hier gegen eine von dualistischer Anthropologie geprägte Position argumentiere, sehen in der Vorstellung leiblicher Auferstehung den Punkt, an dem er sich grundsätzlich von dieser abhebe.[58]

1989, 259; Franz-Josef Ortkemper 1993, 162; Winfried Verburg 1996, 188; anders: Hans Lietzmann 1949, 84.
55. Vgl. Gordon D. Fee 1988, 786. Das Festhalten an der Leiblichkeit sei für Paulus wichtig, da an ihr die Individualität und Identität der Person hänge; vgl. Hans-Josef Klauck 1984, 119.
56. Vgl. August Strobel 1989, 259.
57. Vgl. Franz-Josef Ortkemper 1993, 162: »Der Leib ist für ihn, biblischem Denken entsprechend, Voraussetzung für die Kommunikation des Menschen. Paulus erwartet nicht eine individualistisch ausgerichtete Seligkeit des einzelnen, sondern die gemeinsame Vollendung aller, zu der das Gegenübersein nicht nur zu Gott, sondern auch zueinander gehört.«
58. Vgl. Gerhard Sellin 1986, 222-223: »Ein σῶμα πνευματικόν wäre für einen dualistischen Pneumatiker eine Absurdität. Mit dem Stichwort hat Paulus die Frage in V. 35 beantwortet: Auch das Sein in der Nähe Gottes [...] wird ein leibliches sein (σῶμα), weil der Mensch dort neue Kreatur sein wird. Neu geschaffen muß er deshalb werden, weil es keine Kontinuität vom alten zum neuen Menschen gibt.« In der Studie von Dale B. Martin rückt Paulus dann schließlich, trotz seiner Ablehnung dualistisch-weisheitlicher Aussagen, in die Nähe dieser dualistisch-anthropologischen Position: »According to Paul, the resurrected body is stripped of flesh, blood, and soul (psyche); it has nothing of the earth in it at all, being composed entirely of the celestial substance of pneuma. Far from rejecting the physiological and cosmological hierarchy of his disputants, Paul assumes it and redefines the term ›body‹ in order to allow it a place higher in the hierarchy and hence the possibility of immortality.« (ebd. 129) Luise Schottroff 1998, 590, bezieht die Aussage in 1 Kor 15,44 auf eine Vorstellung von Auferstehung, die bereits in der Gegenwart erfahrbar sei – in Gestalt des σῶμα πνευματικόν: »Die (alte) Schöpfung enthält schon die Zukunft wie ein Saatkorn in sich (15,36-37). Die Schöpfung in ihrer überbordenden Vielfalt (15,39-41) kann unsere Augen die Auferstehungsleiber, die geistgewirkten Leiber (soma pneumatikon 15,44) ›durch einen Spiegel‹ (13,12) sehen lehren. Die Schöpfungsleiber in ihrer Vielfalt sind durchsichtig für die Auferstehungsleiber.«

5.2.1 Die Auferweckung der Körper

Die Untersuchungen zu V. 42 f. haben gezeigt, dass der Glaube an die Auferstehung für Paulus klare lebenspraktische und politisch-soziale Konsequenzen hat: φθορά, ἀτιμία und ἀσθένεια als menschengemachte Strukturen der *Hamartia* und des Todes zu verstehen, die Gottes Schöpfungswillen widersprechen. An das »neue Leben« zu glauben, führt dazu, dem ›Protest Gottes‹ gegen diese Zustände eine Stimme zu verleihen, die eigenen Glieder zu deren Veränderung zur Verfügung zu stellen (vgl. Röm 6,4.13 f.). Paulus zeigt, dass es ohne den Glauben an die Auferstehung der Toten keine Perspektiven für die Erniedrigten und Geschundenen gibt, denn für ihn lebt dieser Glaube aus der Zusage Gottes, die er in der Schöpfung gegeben hat: Siehe, es war sehr gut! Diese Zusage gilt für alle Geschöpfe (vgl. V. 38 ff.) und in besonderem Maße für die Menschen, die er als lebendige Wesen (ψυχὴν ζῶσαν; vgl. V. 45/Gen 2,7 LXX) geschaffen hat. Indem Paulus an dieser Stelle nach der Beschreibung der gesellschaftlichen bzw. göttlichen Herrschaftsbereiche, in die »gesät« bzw. »auferweckt« wird, sich nun erneut den Körpern zuwendet, macht er zweierlei deutlich:

1. An den Körpern wird konkret, was zuvor allgemein dargestellt wurde, an ihnen sind die Spuren der jeweiligen Herrschaft sichtbar: die Spuren ihrer Gewalt. Es sind die Körper, an denen deutlich wird, was es heißt ἐν φθορᾷ etc »gesät« zu sein, in einer Wirklichkeit zu leben, die von Zerstörung und Missachtung geprägt ist, der die »Schwachen« einer Gesellschaft ohnmächtig ausgeliefert sind.

2. Deshalb misst sich auch an den Körpern die Glaubwürdigkeit der Verheißung. An ihnen muss sich konkret zeigen, was es bedeutet, von Gott auferweckt zu werden, in einem »neuen Leben wandeln« zu können.

Was bedeutet nun der Satz: »Εἰ ἔστιν σῶμα ψυχικόν, ἔστιν καὶ πνευματικόν«?

In V. 44a wird erneut die Saatmetapher verwendet: σπείρεται – ἐγείρεται, die die beiden σώματα miteinander in Beziehung setzt: »Gesät wird ein lebendiger Körper (σῶμα ψυχικόν), auferweckt wird ein von der Geistkraft bestimmter Körper (σῶμα πνευματικόν).« In V. 44b hebt Paulus dann die grundsätzliche Bedeutung dieser Aussage hervor, indem er sie auf einer grundsätzlichen Ebene betrachtet.[59] Durch das doppelte ἔστιν erfährt die Aussage eine besondere Betonung.

---

59. Zur Übersetzung von εστιν vgl. Winfried Verburg 1996, 70 f. Er zeigt auf, dass es bezüglich der Syntax zwei Möglichkeiten gibt, die von der Akzentsetzung abhängig ist, die erst in späterer (byzantinischer) Zeit erfolgte: ἐστίν oder ἔστιν: 1. ψυχικόν und πενυματικόν sind Prädikatsnomina, ἐστίν Kopula: »ist«; 2. Die Adjektive sind Attribute, ἔστιν ist Existenzaussage: »es gibt«. Eine begründete Entscheidung aufgrund der Syntax sei nicht möglich. »Ein Argument für die zweite Möglichkeit: Die Voranstellung des ἔστιν sowohl im hypothetischen Nebensatz als auch im übergeordneten Satz deutet auf eine Betonung hin, also auf die Existenzaussage. [...] Die Annahme der ersten Möglichkeit würde bedeuten, daß Paulus im folgenden gerade

Für ein Verständnis dessen, was er damit so deutlich betonen will, ist zunächst das Verhältnis der beiden Satzhälften zueinander zu klären, die in ein Abhängigkeitsverhältnis gestellt sind: Inwiefern begründet die Existenz eines »lebendigen Körpers« die Existenz eines »von der Geistkraft bestimmten«? Winfried Verburg vermutet, dass es sich hierbei um einen verkürzten Syllogismus handelt, dessen Verkürzung darin bestehe, dass nur eine Prämisse genannt werde: »Es gibt ein σῶμα ψυχικόν«, und ergänzt deshalb eine zweite (den Zusammenhang erläuternde) Prämisse: »Aus σώματα ψυχικά schafft Gott in der Auferstehung σώματα πνευματικά (das muß nur in einem Fall gelten; dieser Fall ist Christus).«[60] Die Conclusio wäre dann: »Es gibt ein σῶμα πνευματικόν«. Die Begründung für die Existenz der beiden Körper liegt also im Schöpfungs- und Auferweckungshandeln Gottes. Auffällig ist, dass Paulus hier wie im gesamten Zusammenhang von VV. 42-44 durchgängig präsentisch formuliert. Mit der Erschaffung der Menschen und der Auferweckung Jesu Christi hat Gott die Existenz beider Körper möglich gemacht. Dieser Gedanke ist auch in Röm 4,17 formuliert:

»Abraham glaubte an Gott, der die Toten lebendig macht und das, was nicht ist, ins Dasein ruft (... θεοῦ τοῦ ζῳοποιοῦντος τοὺς νεκροὺς καὶ καλοῦντος τὰ μὴ ὄντα ὡς ὄντα).«

Mit den Worten von 1 Kor 15,44 hieße das, dass Gott das σῶμα πνευματικόν ins Dasein ruft, es existiert: ἔστιν, wie auch das in der Schöpfung ins Leben gerufene σῶμα ψυχικόν. Dass diese Existenz allein dem Glauben sichtbar ist, zeigt der Vergleich mit dem Zusammenhang, in dem die Aussage von Röm 4,17 steht, in dem Paulus den Glauben Abrahams hervorhebt, der gegen alle Hoffnung voll Hoffnung geglaubt habe (vgl. Röm 4,18).

Dass die in 1 Kor 15,44 genannten Körper jeweils kollektiv zu verstehen sind,[61] zeigt der weitere Kontext: In VV. 42-44 geht es um die Auferstehung der Toten (Plural), die im Weiteren konkretisiert wird. Als Objekt des Schöpfungs- und Auferweckungshandelns Gottes ist nicht nur an Christus gedacht,

> nicht darauf abhebt, daß die σώματα ganz andere sind, sondern daß nun in seiner Argumentation die Kontinuität dieser σώματα im Vordergrund steht.« (ebd., 71) Andreas Lindemann 1997, 162, geht davon aus, dass ἔστιν hier zeitlos-präsentisch mit »es gibt« zu verstehen sei, als Verweis auf einen unbezweifelbaren, allgemeingültigen Sachverhalt; vgl. auch Gerhard Sellin 1986, 76.

60. Winfried Verburg 1996, 194.
61. Hier kann ich der Argumentation von Winfried Verburg, die ich bis dahin als sehr schlüssig erachte, nicht folgen. Er schreibt: »Die Annahme eines Enthymems löst ein weiteres semantisches Problem. Weshalb nämlich formuliert Paulus im Singular und im Präsens; denn zumindest in der Apodosis würde man Futur erwarten. Paulus spricht aber nicht von der zukünftigen Auferstehung, sondern der schon geschehenen Auferstehung Christi. Insofern kann er sagen, daß es ein σῶμα πνευματικόν gegenwärtig gibt. Das kann er aber nur von **einem** σῶμα sicher behaupten, deshalb der Singular.« (1996, 195).

sondern an die Menschen, die er auch zuvor als kollektive Größe benannt hat (vgl. V. 39: σὰρξ ἀνθρώπων; V. 40: σώματα ἐπίγεια). In VV. 45-49 stehen die beiden Menschen »Adam« für die kollektive Größe: Menschheit. Daraus ist zu folgern, dass die Auferweckung Christi den an ihn Glaubenden und auf ihn Getauften und mit Geistkraft erfüllten eine Existenz als σῶμα πνευματικόν eröffnet hat. Davon möchte Paulus die Gemeinde in Korinth überzeugen und ihr deutlich machen, dass der Glaube an die Auferstehung der Toten sowohl ihre Gegenwart als auch ihre Zukunft bestimmt. Denn ohne den Glauben an die Auferstehung der Toten (= an das Auferweckungshandeln Gottes) ist auch gegenwärtig eine Existenz als geisterfüllte Körper für ihn nicht denkbar (vgl. auch seine Argumentation in VV. 12-19). Zum anderen sieht er in der gegenwärtigen Existenz als σῶμα πνευματικόν die Basis für den Glauben an diese durch Gott eröffnete Zukunft, an die Auferstehung der Toten.

Die Gegenwärtigkeit der Existenz als σῶμα πνευματικόν wird in der Auslegungsgeschichte zu weiten Teilen bestritten. Ich möchte deshalb danach fragen, ob es an anderen Stellen in den Briefen des Paulus Hinweise dafür gibt, das vom πνεῦμα bestimmte σῶμα auch als ein gegenwärtig erfahrbares zu verstehen, das den Leib Christ, das σῶμα Χριστοῦ, aber auch die menschlichen Körper, die durch die Taufe zu Gliedern des Leibes Christi geworden sind (vgl. 1 Kor 12,13), umfasst.

5.2.2 Verwandelte Körper

Die Vorstellung, dass die Teilhabe an der neuen Schöpfung Gottes die Menschen bereits in der Gegenwart verändert, drückt Paulus auch in 2 Kor 5,14ff. aus. Zunächst nimmt er auf den Tod Christi Bezug: »Einer ist für alle gestorben, also sind alle gestorben«. Das ist für ihn der Grund für die veränderte Existenz der Glaubenden (V. 15): »Er starb für alle, damit die, die leben, nicht für sich selbst leben, sondern für den, der für sie starb und auferweckt wurde.« Dieses veränderte Leben hat Konsequenzen für das Miteinander der Menschen, die sich gegenseitig als verändert wahrnehmen:

»16. Darum verstehen wir von nun an niemanden mehr nach menschlichen Maßstäben (κατὰ σάρκα) [...] 17. Wenn jemand in der messianischen Gemeinschaft ist (ἐν Χριστῷ), dann ist er/sie eine neue Schöpfung: Das Alte ist vergangen, siehe, es wird alles neu.«

Der Prozess der vollständigen Veränderung hat begonnen, die neue Schöpfung ist gegenwärtig, »in Christus« haben sich bereits die Menschen verändert, haben ihre alten Wertmaßstäbe hinter sich gelassen und leben im Angesicht des Neuen (vgl. auch Gal 3,27f.). Für dieses Leben im Prozess der neuen Schöpfung, im Werden des Neuen, findet Paulus in seinen Briefen eine Reihe von Ausdrücken, die beschreiben, dass die Menschen von der δύναμις Gottes durchdrungen bereits in der Gegenwart aus der Kraft der Auferstehung leben können (vgl. Röm

6,4). So bezeichnet er die Glaubenden und ihre Gemeinschaft als »Tempel Gottes«, in denen die Geistkraft Gottes wohnt (1 Kor 3,16; vgl. auch 2 Kor 6,16); ihre Körper als »Tempel der heiligen Geistkraft«, den sie von Gott erhalten haben (1 Kor 6,19).[62] Die Menschen spiegelten die δόξα Gottes wider und würden so in sein eigenes Bild verwandelt durch die heilige Geistkraft (2 Kor 3,18; vgl. auch 1 Kor 15,49). Mit der Erkenntnis Gottes trügen sie einen Schatz in sich, »in irdenen Gefäßen«, durch die ein Übermaß der δύναμις Gottes ströme (2 Kor 4,7; vgl. auch Röm 9,23).[63] Die Menschen in den Gemeinden seien »Briefe Christi« (2 Kor 3,3), die der lebendige Gott durch seine heilige Geistkraft schreibe – in die menschlichen Herzen. Als Kinder Gottes leuchteten sie wie Sterne im Kosmos (Phil 2,15). Sie seien Christi »Wohlgeruch« für Gott (2 Kor 2,15 f.), »Geruch des Lebens zum Leben«. Paulus fordert sie auf, ihre Körper, d. h. ihre ganze Existenz, als »lebendiges und heiliges Opfer« Gott zur Verfügung zu stellen (Röm 12,1). Es ist auffällig, dass Paulus in diesen sehr positiv konnotierten Metaphern, die die Körper bzw. die gesamte Existenz der Glaubenden beschreiben, dem πνεῦμα eine zentrale Funktion zuweist: Die Geistkraft wohne in den Menschen, erfülle sie, durch sie würden die Menschen in das Bild Gottes verwandelt, durch sie schreibe Gott in ihre Herzen etc. Es ist die Geistkraft Gottes, die die Menschen verwandelt und sie lehrt (vgl. 1 Kor 2,13 ff.). Das σῶμα πνευματικόν kann als ein weiterer Ausdruck dafür verstanden werden, den Verwandlungsprozess, in dem sich die Glaubenden befinden, zu beschreiben (vgl. auch 1 Kor 2,15), eines Prozesses, der die erfahrbare Gegenwart und eine den Glaubenden durch Gottes Auferweckung eröffnete Zukunft umfasst.

5.2.3 Leben als σῶμα πνευματικόν

Der Schlüssel zu dem paulinischen Verständnis von Auferstehung liegt in der Wertschätzung der Körperlichkeit – in der Wahrnehmung der Schönheit (δόξα) und Kraft Gottes (δύναμις), die sich in den Körpern widerspiegelt (vgl. auch 2 Kor 3,18; 4,7) – zugleich aber auch ihrer Gefährdung und gesellschaftlichen wie körperlichen Schwäche (φθορά/ἀσθένεια).[64] Nicht erst nach dem Tode sind die σώματα heilig, sondern bereits im gegenwärtigen Leben (vgl.

62. In 2 Kor 6,16 ff. begründet Paulus die Tempelmetaphorik mit der Verheißung Gottes, er werde unter seinem Volk wohnen, einem Zitat aus Lev 26,11 f./Ez 37,26 f. In Ez 37 folgt diese Verheißung des Wohnens Gottes nach der großen Auferstehungsvision (37,1-14) und seiner Zusage, einen ewigen Friedensschluss mit seinem Volk zu schließen.
63. Vgl. Hans-Christoph Meier 1998, 270: »Das von ihm vorausgesetzte Menschenbild versteht das Individuum als eine offene Struktur, die für transzendente Personen oder Kräfte zugänglich ist«
64. Zum Folgenden vgl. auch Claudia Janssen 2001, 94-100. Ein solches Verständnis, das an der Wertschätzung der Körperlichkeit ansetzt, kann dazu beitragen, den viel-

1 Kor 3,17; 7,14; Röm 6,22; 12,1). Für die Getauften wurzelt im σῶμα ihre Bestimmung zur Auferstehung, das macht Paulus an vielen Stellen mit immer neuen Bildern deutlich. Er setzt sich vehement dafür ein, dass die Menschen die Heiligkeit ihrer Körper wahrnehmen und ihr Handeln danach ausrichten (vgl. 1 Kor 6,14f.; Röm 12,1ff.). Auch wenn für Paulus das σῶμα πνευματικόν die ersehnte Existenzweise ist, wertet er damit das σῶμα ψυχικόν nicht ab.[65] Im Gegenteil: Das Wissen um die Existenz eines vollständig von der Geistkraft bestimmten Körpers qualifiziert den irdischen – in ihm sind alle Möglichkeiten zu einem gelingenden Leben geschaffen. σῶμα, Geschöpf Gottes, zu sein, ist keine neutrale Bezeichnung, sondern bedeutet, mit der Möglichkeit zu gerechtem Handeln ausgestattet zu sein.[66]

Paulus weiß um die Missbrauchbarkeit des Körpers und der gegebenen Fähigkeiten, um das Eingebundensein in strukturelle Unrechtszusammenhänge (vgl. Röm 6,6: σῶμα τῆς ἁμαρτίας und Röm 7,24: σῶμα τοῦ θανάτου), aber er setzt auf die Verwirklichung dessen, was Menschsein als Geschöpf Gottes bedeutet. Diese Aufwertung des Körpers, die Zuschreibung, als σῶμα πνευματικόν leben zu können, meint kein idealistisches, lebensfernes Streben nach Ganzheit und Vollkommenheit. Die Menschen, die Paulus anspricht, deren Erfahrungen er verarbeitet, erleben sich selbst als geschundene und gequälte Körper. In vielen Äußerungen seiner Briefe wird sichtbar, wie die Menschen durch die gegenwärtige Situation, durch Fremdherrschaft und Versklavung in ihren Lebensmöglichkeiten beschnitten und ausgebeutet werden. Sie leben damit, dass ihnen ihre eigene Wertlosigkeit in immer neuen Facetten demonstriert wird (vgl. 1 Kor 4,10ff.). Wenn Paulus von Auferstehung spricht, hat er diese konkreten Körper vor Augen. Diesen geschundenen, verachteten, gequälten Körpern spricht er zu, dass sie wertvoll sind, Tempel der heiligen Geistkraft sind (vgl. 1 Kor 6,19). Nur wenn sie als Bezugspunkt der Ausführungen über Auferstehung in den Blick genommen werden, können die Aussagen in 1 Kor 15 in ihrer gesellschaftskritischen Sprengkraft und als Einspruch dagegen wahrgenommen werden, dass Menschen gequält, erniedrigt und getötet werden.

fach durch die Auslegung in die Texte eingetragenen anthropologischen Dualismus zu überwinden.
65. Dass Paulus hier keine Abwertung des Körpers vornehme, vertritt auch Jean-Bosco Matand Bulembat 1997, 52.68. In Auseinandersetzung mit den Thesen Gerhard Sellins führt er aus: »Paul est bien loin d'une simple conception dualiste de l'homme.« Seine Hauptfrage sei hier nicht die Anthropologie, sondern die Explikation seines Hauptthemas: der Sieg Christi über den Tod (vgl. auch ebd., 32f.).
66. Renate Kirchhoff 1994, 138-145, versteht σῶμα als »Verpflichtungsnamen«, der Privilegien und Pflichten in Beziehung zu Gott, dem eigenen Körper und den anderen Mitgliedern der Gemeinde gegenüber beinhalte. Luise Schottroff 1998, 579, zeigt, dass dies auch im Zusammenhang der Körper und ihrer Sexualität gilt (mit Bezug auf 1 Kor 5-7): »In den Texten ist es unübersehbar, daß die Christusbeziehung die Leiber (somata) heiligt, sie und ihre sexuelle Begabung wichtig macht und aufwertet.«

Ort dieses anderen Lebens, in dem die Körper wertgeschätzt und gesellschaftliche Hierarchien überwunden werden, ist für Paulus die Gemeinschaft der Glaubenden. Die Gleichzeitigkeit einer Existenz als σῶμα ψυχικόν und σῶμα πνευματικόν, als lebendiger Körper und Auferstehungsleib, qualifiziere das Leben im σῶμα Χριστοῦ (vgl. 1 Kor 12,13):

»Denn durch die eine Geistkraft (ἐν ἑνὶ πνεύματι) sind wir alle in einen Leib (εἰς ἓν σῶμα) hineingetauft, Juden/Jüdinnen und Griechinnen/Griechen, Sklavinnen/Sklaven und Freie, und alle werden wir mit einer Geistkraft getränkt.« (1 Kor 12,13)

Paulus will nicht auf ein besseres Leben nach dem Tod vertrösten, sondern aufzeigen, wie Auferstehung das gegenwärtige Leben verändert. Auch ein erniedrigter, durch Krankheit und Gewalt beschädigter Körper enthält die Fülle göttlichen Lebens, er ist ein »Samenkorn«, das Gott gesät hat (σπείρεται) und dem neues Leben in der Auferstehung (ἐγείρεται) verheißen ist. In dem Bekenntnis, dass auch in dem gebrochenen Leben, dem erniedrigten Körper, in der Lebendigkeit und Sterblichkeit der menschlichen Existenz »Leben« ist, Gottes Kraft als »Schatz« gegenwärtig ist (vgl. 2 Kor 4,12.7), beschreibt Paulus das Leben, wie er es wahrnimmt, und bejaht es in seiner Bruchstückhaftigkeit und Unvollkommenheit (2 Kor 12,9a): »Meine Gnade genügt dir, denn sie erweist ihre Kraft (δύναμις) in der Schwachheit (ἀσθένεια).«[67]

Aus Paulus' Perspektive verändert die Erfahrung göttlicher Kraft in der Fragmentarität des Daseins die Wahrnehmung der Wirklichkeit und verhindert, Gewalt und Strukturen, die ein menschengerechtes Leben zerstören, akzeptieren zu können, sich mit deren ›Normalität‹ zu arrangieren. Sie lehrt, das Leben in der Gegenwart als von Gottes Geistkraft und δύναμις durchdrungen wahrzunehmen, Auferstehung »schon jetzt« zu leben (vgl. 1 Kor 15,20; Röm 13,11; 2 Kor 6,2), den Alltag und die Mitmenschen verwandelt zu sehen (vgl. 2 Kor 5,16f.). Diese Wahrnehmung von Wirklichkeit hat konkrete Konsequenzen für das eigene Handeln, wie Paulus vielfach betont. Das Erleben der Schönheit und das Vertrauen auf die Kraft (δύναμις) der Auferstehung fordern den Protest

---

67. Diese Spannung zwischen ersehnter Ganzheit und dem Wissen um die Gebrochenheit menschlicher Existenz erfasst Henning Luther 1992a, 175, im Begriff des Fragments und beschreibt (christliche) Identität als stets fragmentarische, gebrochene Identität, die auf eschatologische Vollendung angewiesen ist: »Das Wesen des Fragments war nicht als endgültige Zerstörtheit oder Unfertigkeit verstanden, sondern als über sich hinausweisender Vorschein der Vollendung. In ihm verbindet sich also der Schmerz immer zugleich mit der Sehnsucht. Im Fragment ist die Ganzheit gerade als abwesende auch anwesend. Darum ist es immer auch Verkörperung von Hoffnung.« Dieses Wissen um die Fragmentarität des Daseins entlaste von einem aussichtslosen Streben nach Vollkommenheit und richte den Blick auf die Gegenwart. Vgl. ders. 1992b, 97: »Schmerz und Sehnsucht haben ihre Wurzeln im Alltagsleben, bleiben in ihm aber gerade nicht verhaftet, sondern lösen sich von diesem, ohne ihm doch in eine andere Welt zu entfliehen. In Schmerz und Sehnsucht wird nicht anderes, sondern der Alltag anders erfahren.«

heraus gegen jegliche Zerstörung des Lebens, gegen jeden gewaltsamen Tod (vgl. Röm 6,13 f.). Paulus spricht hier ganz konkret in die Situation der korinthischen Gemeinde hinein und skizziert seine Vision von Auferstehung gegen das, was er als »leere« Verkündigung bezeichnet (1 Kor 15,14), gegen die Resignation und Sorge, dass die gemeinsame Arbeit vergeblich (vgl. 1 Kor 15,58), dass die tägliche Gefährdung sinnlos ist (1 Kor 15,30 ff.). Luzia Sutter Rehmann versteht 1 Kor 15,19-58 als integrativen Versuch des Paulus, die Auferstehung der Toten als Hoffnungskraft und Antrieb zu einem gemeinsamen Leben zu zeichnen, das von Herrschaftsfreiheit und Gerechtigkeit bestimmt ist:

»Er weiß, um Gerechtigkeit muß gerungen werden. Die Herrschenden geben ihre Macht nicht gerne und schon gar nicht freiwillig ab. Die Rede von einem Gott, der in allen Menschen wohnt, einer transformativen Kraft, die in allen Frucht bringt, ist eine horizontale Vision. Paulus stellt sie in den Kontext der Zersplitterung der Gemeinde, wo die Wohlhabenden sich von den Ärmeren distanzieren wollen und eine gemeinsame Lebenspraxis aufgrund der Tora einigen Bedenken zu machen scheint.«[68]

Im Folgenden zeigt Paulus, dass diese Visionen in der Geschichte Gottes mit seinem Volk verankert sind, dass das fortwährende schöpferische Handeln Gottes wirksam ist und die Menschen verwandelt.

---

68. Luzia Sutter Rehmann 1999, 97.

6. Über die Menschenschöpfung (VV. 45-49)

V. 45 So steht es auch geschrieben:
Der erste Mensch Adam wurde zu einem lebendigen Wesen
und der letzte Adam zu einer lebendig machenden Geistkraft.
V. 46 Aber zuerst (wurde[1]) nicht der von der Geistkraft bestimmte (Körper) (τὸ πνευματικόν), sondern der lebendige (Körper) (τὸ ψυχικόν), danach (wurde) der von der Geistkraft bestimmte (Körper) (τὸ πνευματικόν).
V. 47 Der erste Mensch stammt aus dem Bereich der Erde[2] und ist aus Erde gemacht, der zweite Mensch stammt aus dem Bereich des Himmels.
V. 48 Solcher Art wie der aus Erde Gemachte, so (sind) auch die aus Erde Gemachten, solcher Art wie der Himmlische, so (sind) auch die Himmlischen.
V. 49 Und gleichwie wir das Bild des aus Erde Gemachten (wirklich) tragen (Aorist: ἐφορέσαμεν), so lasst uns (φορέσωμεν)[3] das Bild des Himmlischen tragen!

6.1 Textanalyse

6.1.1 Der erste Adam und der letzte Adam (VV. 45-46)

Bereits in den Versen 42-44 hat Paulus gezeigt, dass Gott mit der Auferweckung Christi auch den Glaubenden einen neuen Lebensraum eröffnet hat. In V. 45 nimmt er darauf Bezug, wie das anaphorische οὕτως καὶ zeigt.[4] Mit dieser Wendung leitet er das Schriftzitat Gen 2,7 ein und macht damit deutlich, dass er keinen neuen Gedanken einführt, sondern das beschriebene Auferstehungsgeschehen nun erneut in der Schöpfungsgeschichte verortet, wie er es bereits in VV. 38-41 ausgeführt hat. Die besondere Perspektive der Verse 45-49 ist hier

1. Inhaltlich plausibel wäre es, auch hier »Gott gibt« gedanklich einzufügen; vgl. V. 38.
2. Zur Deutung von ἐκ γῆς und ἐξ οὐρανοῦ als Ortsbestimmungen vgl. die folgenden Ausführungen.
3. Zur Begründung der Übersetzung vgl. die weiteren Ausführungen zu V. 49.
4. Vgl. dazu Winfried Verburg 1996, 71: »Anaphorisches οὕτως καὶ markiert den Übergang von der abstrakten These zur schriftbezogenen Argumentation.« Vgl. auch Karlheinz Müller 1985, 212 Anm. 147: »Die durch οὕτως καὶ γέγραπται eingeleitete Zitation aus dem Alten Testament will offenkundig nicht nur eine Aussage über die von Paulus in den Versen 44 und 46 mit dem Adjektiv ψυχικός verbundene Vorstellung machen, sondern auch deren sachliches Verhältnis zu der mit dem antithetischen Begriff πνευματικός verklammerten Anschauung der Begründung zuführen.«

allerdings auf die Menschenschöpfung ausgerichtet. Neben der Einleitung durch οὕτως καί macht auch die Aufnahme zentraler Begriffe aus V. 44 die enge Verknüpfung mit dem vorhergehenden Argumentationsgang deutlich: ψυχήν (ζῶσαν) und πνεῦμα (ζῳοποιοῦν) in V. 45 und τὸ πνευματικόν – τὸ ψυχικόν in V. 46.[5]

V. 45 Paulus führt seine Argumentation mit einem Schriftzitat fort. Während aber in Gen 2,7 (LXX)[6] vom Menschen als ψυχή ζῶσα die Rede ist,[7] gibt es dort keinen zweiten bzw. »eschatologischen« Adam:[8]

καὶ ἔπλασεν ὁ θεὸς τὸν ἄνθρωπον χοῦν ἀπὸ τῆς γῆς καὶ ἐνεφύσησεν εἰς τὸ πρόσωπον αὐτοῦ πνοὴν ζωῆς,
καὶ ἐγένετο ὁ ἄνθρωπος εἰς ψυχὴν ζῶσαν.

Gordon D. Fee spricht deshalb von einer Midrasch-Interpretation *(midrashic interpretation)* der Genesiserzählung.[9] Fee's Deutung schließe ich mich in der

5. Vielfach diskutiert wird an dieser Stelle, ob sich Paulus in seiner Darstellung des (Neu-)Schöpfungsgeschehens an der Philos orientiert bzw. diese kritisiert, in dem er deutlich herausstellt, dass τὸ ψυχικόν dem πνευματικόν geschichtlich (πρῶτον – ἔπειτα) vorausgeht. Eine detaillierte Darstellung der Diskussion und der Motive Philos bieten z. B. Egon Brandenburger 1962, 117-131; Gerhard Sellin 1986, 90 ff. Auch Philo spricht von einer doppelten Schöpfung (vgl. Leg All I 31 f.; Op 134 f.), jedoch geht er von der Schöpfung eines ersten himmlischen Menschen als unkörperlicher Idee aus, der nach dem Bilde Gottes geprägt sei, noch nicht irdisch existierend und weder Mann noch Frau. Erst danach habe Gott den irdischen Menschen geschaffen. Vgl. dazu Andreas Lindemann 2000, 362: »Die paulinischen Aussagen über Adam und Christus erinnern an diese Schriftauslegung Philos; aber indem Paulus nachdrücklich betont, daß der himmlischen Mensch ὁ δεύτερος ist, wird die von Philo angenommene Reihenfolge umgekehrt.« Zur Diskussion vgl. auch Wolfgang Schrage 2001, 303. Zur Annahme eines gnostischen Urmensch-Mythos vgl. Hans Conzelmann 1981, 349-353.
6. Dass Paulus sich hier möglicherweise auch auf den hebräischen Text bezogen haben könnte und eine Spontanübersetzung bietet (zumindest in V. 47) vertritt Karlheinz Müller 1985, 223 Anm. 174; vgl. dazu die weiteren Ausführungen zu V. 47.
7. Vgl. auch Gen (LXX) 1,20 f.24; auch im weiteren neutestamentlichen Sprachgebrauch wird das menschliche Leben als ψυχή bezeichnet: vgl. Röm 2,9; 11,3; 16,4; 2 Kor 1,23; 12,15; Offb 16,3 (Lebewesen). u. ö.
8. Zur Vorlage in Gen 2,7 (LXX) sind folgende Abweichungen festzustellen: Paulus ergänzt πρῶτος vor ἄνθρωπος und daran anschließend Ἀδάμ. Scott Brodeur 1996, 104 Anm. 29, bezeichnet den Vers als *midrash pesher:* »a biblical quotation that is both a citation as well as an interpretation.«
9. Vgl. Gordon D. Fee 1988, 788; vgl. auch Scott Brodeur 1996, 81. Er zeigt, dass Paulus damit die Basis für seine Argumentation benennt, die in der biblischen Überlieferung liegt. Vgl. auch Jean-Bosco Matand Bulembat 1997, 58: Er bezeichnet die VV. 45-49 ebenfalls als Midrasch zu Gen 2,7. So auch Wolfgang Schrage 2001, 302. Er spricht von einer »midraschartigen Auslegung«. Karlheinz Müller 1985, 218, führt aus, dass Paulus hier »schriftgelehrt« am Thema der Adam-Christus-Typologie weiterarbeitet.

folgenden Interpretation der VV. 45-49 an. Sie vermag es zu erklären, in welcher Weise Paulus auf die Schöpfungserzählung aus Gen 2,7 zurückgreift. Paulus schreibt seiner Auslegung die Schöpfung eines »letzten Adam« in die Schöpfungstradition ein und konstruiert damit zwei Abstammungslinien für die gegenwärtig Lebenden, die beide ihren Ursprung im (andauernden) Schöpfungshandeln Gottes haben. Die Vorstellung, dass neben der ersten urzeitlichen Menschenschöpfung auch das Entstehen weiterer Menschen als Schöpfung bezeichnet wird, ist biblischem Denken vertraut (vgl. z. B. Ps 139,13-15; Ijob 33,6).[10] In 1 Kor 15,45 macht Paulus deutlich, dass es die Erschaffung des ἔσχατος Adam ist, die auch anderen, die »so sind wie er« (V. 48), das »Lebendig-Werden« ermöglicht (vgl. auch 1 Kor 15,22): Der ἔσχατος Adam, der »letzte Adam«, wurde zu einem πνεῦμα ζῳοποιοῦν, zur lebendigmachenden Geistkraft. Dieser Gedanke begegnet auch in anderen (neu-)schöpfungstheologischen Aussagen: So bezieht Paulus in 2 Kor 5,17 und Gal 6,15 die Vorstellung der neuen/ verwandelten Schöpfung καινὴ κτίσις auf die Menschen, die »in Christus« lebendig gemacht wurden und als Teil des Leibes Christi neues/ verwandeltes Leben erfahren (vgl. auch Röm 6,4).[11]

Das Wort ζῳοποιέω wird bei Paulus ausschließlich in soteriologischem Sinn verwendet. Subjekt des Lebendig-machens sind Gott, als Schöpfer (vgl. Röm 4,17; 8,11; vgl. auch Joh 5,21), und die lebengebende Geistkraft (vgl. 2 Kor 3,6; vgl. auch Weish 15,11; Joh 6,63; 1 Petr 3,18). In 1 Kor 15,45 wird der ἔσχατος Adam, der hier zwar nicht explizit Christus genannt, aber deutlich mit diesem identifiziert wird, zum Subjekt des Lebendig-machens (πνεῦμα ζῳοποιοῦν).[12] Die enge Verbindung des Handelns Gottes, der Geistkraft und neuer Lebens-

10. Auf die enge Verbindung urzeitlicher Menschenschöpfung und dem aktuellen Geschehen in jeder Geburt weisen Othmar Keel/Silvia Schroer 2002, 154, hin: »Die Erschaffung des Menschen durch Gott spielt im Ersten Testament nicht nur in Gen 2 eine Rolle. Die Entstehung des Individuums zu jeder Zeit kann in Analogie zur urzeitlichen als direkte durch Gott verstanden werden (z. B. Ijob 33,6; Ps 139,13-15).«
11. Vgl. dazu auch Winfried Verburg 1996, 196: »Der zweite Mensch symbolisiert im auferstandenen Christus die neue Schöpfung Gottes, die geprägt ist durch ein positives Verhältnis zu ihm und zeitlich unbegrenzte Teilhabe an seiner lebensspendenden Kraft. πρῶτος dient also zur Bezeichnung des Anfangsprinzips und ἔσχατος zur Bezeichnung des Vollendungsprinzips, hat also die Bedeutung ›endgültig‹, ›vollendet‹.«
12. Ob Christus hier Subjekt ist oder auch als Objekt des Lebendig-gemacht-Werdens verstanden wird, wird in der exegetischen Diskussion unterschiedlich beurteilt. Exemplarisch seien hier zwei Positionen genannt: Winfried Verburg 1996, 135: »Für Paulus hat auch der Prozeß des ζῳοποιεῖν schon begonnen mit der Auferstehung Christi, durch die er zum πνεῦμα ζῳοποιοῦν geworden ist.«; anders: Jean-Bosco Matand Bulembat 1997, 66 ff. Er geht davon aus, dass Christus und das πνεῦμα stets voneinander unterschieden werden, Christus sei der erste, der vom Geist lebendig gemacht worden sei: »Il nous semble plutôt que Paul veut dire que le dernier homme est devenue le premier de son genre (comme Adam) par l'Esprit qui donne vie (εἰς

möglichkeiten »in Christus« bzw. durch Christus wird auch in 2 Kor 3,14-18 deutlich (vgl. auch Röm 8,10f.), ein Zusammenhang, der eine ähnliche Argumentationsstruktur wie 1 Kor 15,45-49 aufweist: Paulus führt aus, dass ἐν Χριστῷ eine »unverhüllte« Wahrnehmung des Bundes möglich sei (V. 14), sobald sich eine/r dem κύριος zuwende (vgl. V. 16). Begründend führt Paulus dann aus (V. 17):

»Der Kyrios ist die Geistkraft (ὁ δὲ κύριος τὸ πνεῦμά ἐστιν). Wo die Geistkraft des Kyrios ist, da ist Freiheit (οὗ δὲ τὸ πνεῦμα κυρίου ἐλευθερία).«

Freiheit ist hier die Qualität des verwandelten Lebens (in Christus). Dass der Christus die Kraft zur Verwandlung der Menschen und ihrer Körper besitzt, führt Paulus in Phil 3,20f. aus:

»20. Unser Bürgerrecht haben wir in den Himmeln, von woher wir auch den Kyrios Jesus Christus erwarten, 21. der unsere erniedrigten Körper (τὸ σῶμα τῆς ταπεινώσεως ἡμῶν)[13] verwandeln wird seinem verherrlichten Leib gleich (σύμμορφον τῷ σώματι τῆς δόξης αὐτοῦ), in der Kraft, mit der er sich alles unterwerfen kann.«

Indem Paulus Christus in 1 Kor 15,45 nicht explizit benennt, sondern als ἔσχατος Adam bezeichnet, wird die Parallelität seiner Erschaffung zu der des »ersten« Adam deutlich herausgestellt: Wie dieser bezeichnet auch der ἔσχατος Adam kein Individuum, sondern repräsentiert ein größeres Kollektiv, stellt einen kollektiven Körper dar.[14] Die Menschheit, deren Ursprung im »ersten Adam« liegt, wird in eine (heils-)geschichtliche Linie mit der durch die Gegenwart Christi verwandelten Menschheit gestellt, die durch das Pneuma in der Taufe ihren Ursprung im »letzten« (ἔσχατος) Adam hat. In Anknüpfung an den vorhergehenden Argumentationsgang verstehen die meisten Auslegungen den ersten Menschen Adam als Verkörperung des σῶμα ψυχικόν und den ἔσχατος Adam, den sie mit dem auferstandenen Christus identifizieren, als

---

πνεῦμα ζῳοποιοῦν).« (67) Zur Diskussion vgl. z.B. Wolfgang Schrage 2001, 304 Anm. 1491.
13. Eigentlich Singular. Ich übersetze σῶμα jedoch als Plural, um die kollektive Dimension sichtbar zu machen, die das Pronomen ἡμῶν deutlich macht. Vgl. dazu auch 1 Kor 6,19: Mehrere Handschriften bieten hier τὰ σώματα (A^c L 33.81.104.365. 1175.1505.1881.2464.pm sy^h bo; Mth Ambst) andere τὸ σῶμα ($\mathfrak{P}^{46}$ ℵ A* B C D F G K P 630.1241^s.1739 pm b r sy^p sa bo^{mss}). Diesem Befund entnehme ich, dass »Körper« nicht individuell, sondern als Plural verstanden wurde, was die erstgenannten Handschriften gegenüber den zweitgenannten zur Verdeutlichung explizit zum Ausdruck bringen.
14. Wolfgang Schrage 2001, 303, bezeichnet sie als »Menschheitsrepräsentanten«; Karlheinz Müller 1985, 219, als »Universalgestalten«; vgl. auch Egon Brandenburger 1962, 68ff.; vgl. auch Claudio Farina 1971, 162-164. Das kollektive Verständnis von »Adam« als »Menschheit« liegt bereits in Gen 1,26f. vor; vgl. dazu Hans Walter Wolff 1977, 151.

Verkörperung des σῶμα πνευματικόν (V. 44).[15] Werden die beiden Menschen »Adam« als kollektive Körper verstanden, so können sich die Glaubenden beiden zugehörig fühlen: dem ersten Adam aufgrund ihrer Geburt und dem zweiten Adam aufgrund der Taufe und ihrer Zugehörigkeit zum σῶμα Χριστοῦ. Weitergeführt wird der Gedankengang mit V. 46,[16] der die zeitliche Reihenfolge der Erschaffung der »Urahnen«, der beiden Menschen, betont: zuerst (πρῶτον) – danach (ἔπειτα).[17] Für die Übersetzung des Satzes ergibt sich die Schwierigkeit zu entscheiden, ob für das Verständnis (gedanklich) etwas ergänzt werden muss, und wenn ja, was es ist: ἐγένετο; ἐστίν oder σῶμα (ἐστίν/ἐγένετο) – oder ob die substantivierten Adjektive als neutrische Abstrakta aufzufassen sind.[18] Die Entscheidung ist auf inhaltliche Argumente angewiesen, die aus dem Kontext zu gewinnen sind. Ich plädiere an dieser Stelle dafür, σῶμα ἐγένετο zu ergänzen. Zum einen legt dies die Begrifflichkeit in V. 44b (σῶμα ψυχικόν – σῶμα πνευματικόν) und V. 45 (ἐγένετο) nahe,[19] zum anderen der inhaltliche Bezug auf V. 38: ὁ δὲ θεὸς δίδωσιν […] σῶμα. Zu konstatieren ist allerdings für diesen Fall, dass Paulus sich einer sehr elliptischen Ausdrucksweise bedient. Auch in VV. 45-49 wird das Schöpfungshandeln Gottes in den Mittelpunkt gestellt. Die Unbestimmtheit der Begriffe, die sich

---

15. Vgl. Christian Wolff 1982, 201; Gerhard Sellin 1986, 77; Gordon D. Fee 1988, 788-789 u. ö. Zum religionsgeschichtlichen Hintergrund der Vorstellung vom πνεῦμα ζῳοποιοῦν vgl. Gerhard Sellin 1986, 79 ff. Vgl. auch Christan Wolff 1982, 201: »Der Auferweckte in seiner pneumatischen Existenz (Röm 1,4; 2 Kor 3,17) ist schöpferisch handelnd, wohl noch genauer: Durch ihn ist *Gott* – entsprechend Gen 1,2 – als Schöpfer wirksam (vgl. V. 22). Christus ist dann als der eschatologische Schöpfungsmittler verstanden. Damit steht er im Gegensatz zu Adam, dem Geschöpf.« Eine pneumatische Existenz wird somit allein dem auferstandenen Christus zugeschrieben. Die Konsequenz ist, dass die ursprünglich neutrale Bezeichnung des menschlichen Lebens (ψυχὴ ζῶσα) nun im Gegensatz zu zum πνεῦμα gesehen wird und »unweigerlich pejorative Konnotationen« gewinnt: »Das diametral verschiedene Pneuma hat in der unerlösten und dem Tod verfallenen ψυχὴ ζῶσα keine Anknüpfungsmöglichkeit, sondern setzt grundlegend Neues.« – so Wolfgang Schrage 2001, 304-305.
16. In der Auslegung wird diskutiert, ob Paulus hier eine Antithese (ἀλλ' οὐ) gegen eine korinthische Position formuliert. Zur Diskussion vgl. Wolfgang Schrage 2001, 306 f. Gegen die Annahme einer polemischen Gegenthese wenden sich auch Karlheinz Müller 1985, 221 Anm. 170; Andreas Lindemann 1997, 163 f.
17. Diese zeitliche Reihenfolge der Existenz »in« Adam und »in« Christus benennt er bereits in V. 21-24. Vgl. Karlheinz Müller 1985, 219 Anm. 167. Er bezieht das zeitliche Nacheinander zum einen auf die Abfolge der beiden »Menschheitsrepäsentanten«, zum anderen in Korrespondenz dazu auf Tod und endzeitliches Leben der Menschen.
18. Vgl. dazu Winfried Verburg 1996, 72 ff., der die verschiedenen Varianten diskutiert. Er selbst fasst τὸ πνευματικόν und τὸ ψυχικόν als substantivierte Adjektive d. h. als neutrische Abstrakta auf. Zur Diskussion vgl. auch Wolfgang Schrage 2001, 307.
19. Eine Umstellung der Verse 45 und 46 ist dafür nicht notwendig.

zum einen auf die beiden erschaffenen Menschen »Adam« beziehen lassen, aber auch auf die Existenz als σῶμα ψυχικόν bzw. σῶμα πνευματικόν, eröffnet bereits eine Deutung, die das Schöpfungsgeschehen eng mit der Gegenwart der Glaubenden verbindet.

6.1.2 Die aus Erde Gemachten und die Himmlischen (VV. 47-48)

Die zeitliche Dimension ist nun nicht länger im Blick, sie wird im Weiteren vorausgesetzt, wenn es um die Zugehörigkeit zur Art des jeweiligen kollektiven Körpers »Adam« geht (V. 48: οἷος– τοιοῦτοι). In V. 47 bezieht sich Paulus erneut auf V. 45 – auf die beiden ἄνθρωποι. Ein Unterschied ist allerdings, dass der in V. 45 als ἔσχατος Ἀδάμ bezeichnete Mensch hier ὁ δεύτερος ἄνθρωπος genannt wird. Zunächst wird ihre jeweilige Herkunft beschrieben: ἐκ γῆς bzw. ἐξ οὐρανοῦ. Für den ersten Menschen ergänzt dann Paulus allerdings χοϊκός und unterbricht damit die ansonsten durchgängig parallel formulierte Darstellung des Schöpfungsgeschehens, das den »ersten« und den »eschatologischen« bzw. »zweiten« Adam und ihre jeweiligen Nachkommen betrifft: Der Begriff χοϊκός hat kein Äquivalent beim Himmlischen.[20] Hat Paulus diese Unstimmigkeit im Aufbau nicht wahrgenommen, resultiert sie aus seiner Übersetzung von Gen 2,7[21] oder hat er bewusst so formuliert? Wenn letzteres zuträfe, beschriebe das Adjektiv χοϊκός den Unterschied zwischen der Erschaffung des ersten und des zweiten Adams: der erste Adam kommt aus dem Bereich der Erde, er gehört ihr an (ἐκ γῆς) und ist aus Erde gemacht (χοϊκός), der zweite Adam kommt aus dem Bereich des Himmels, er gehört diesem an (ἐξ οὐρανοῦ), seine »Beschaffenheit« wird nicht genannt. Die »Beschaffenheit« des Menschen aus Erde, bzw. Staub/Lehm, ist für die Schöpfungserzählung Gen 2,7 zentral (vgl. auch Ijob 10,9 u. a.):

»*'adam* heißt eigentlich ›Roter, Rotbrauner‹. Er ist aus lockeren Bestandteilen der *'adamah*, der rotbraunen Ackererde, der eisenhaltigen *terra rossa*, gebildet, in die

---

20. 𝔓46 hat dieses Problem auch gesehen und ergänzt deshalb πνευματικός hinter ἄνθρωπος, allerdings kann damit der sprachliche Parallelismus nicht mehr gewahrt bleiben. Die lateinischen Handschriften sowie F und G ergänzen οὐράνιος hinter ἐξ οὐρανοῦ als Pendant zu χοϊκός.

21. Karlheinz Müller 1985, 223, Anm. 174, erklärt die Ergänzung χοϊκός damit, dass hier eine Spontanübersetzung des hebräischen Textes durch Paulus vorliege, denn die LXX-Fassung von Gen 2,7 bietet diese Wendung nicht. Sie lautet: τὸν ἄνθρωπον χοῦν ἀπὸ τῆς γῆς: »Die Wortverbindung ἐκ γῆς χοϊκός aus Vers 47 a beruht ausschließlich auf Gen 2,7a. Dazu muß angemerkt werden, daß der Wortlaut des Schriftzitates an keine der bekannten griechischen Übersetzungen angelehnt werden kann. [...] Dagegen wird die Wendung ἐκ γῆς χοϊκός als wörtliche Wiedergabe des hebräischen Substrats unmittelbar verständlich: χοϊκός reflektiert exakt den accusativus materiae עפר und ἐκ γῆς stimmt genau mit מן־האדמה überein.«

er auch wieder zerfallen wird. *'apar*, meistens mit ›Staub‹ übersetzt, muss nicht notwendig trockene Erdkrume bedeuten. In Lev 14,42 steht es für feuchten Lehm oder Mörtel zum Verputzen von Wänden.«[22]

Gerhard von Rad bezeichnet das Verhältnis von Mensch und Erde (אֲדָמָה – אָדָם) als Hauptthema für den zweiten Schöpfungsbericht:

»Gott ›formt‹ ihn aus Erde; die schöpfungsmäßige Lebensverbundenheit zwischen Mensch und Erde kommt durch die Verwendung der hebräischen Worte adam und adama besonders zwingend zum Ausdruck. [...] Zum lebendigen Wesen wird aber der aus Erdenstoff geformte Mensch erst durch die Einhauchung göttlichen Lebensodems נְשָׁמָה [...].«[23]

Aus Erde zu sein, bedeutet somit für die Menschen, zum einen eng mit der Erde verbunden zu sein,[24] zum anderen beschreibt es auch die Anhängigkeit von Gottes Lebensatem, ohne den Leben nicht möglich ist (vgl. auch Gen 2,7 (LXX)/1 Kor 15,45: ψυχὴ ζῶσα). Die körperliche Existenz der Menschen wird in diesem Zusammenhang in enger Beziehung zu Gott beschrieben, als Leben aus Gottes Lebenskraft/ Lebensatem. Der zweite Adam stammt aus dem Himmel, er gehört zur Sphäre Gottes, die ihn qualifiziert. Eine besondere von der irdischen unterschiedene Materialität wird nicht genannt. In V. 48 f. ist ἐπουράνιος das Pendant zu χοϊκός. Diejenigen, die dem jeweiligen Adam angehören, sind durch diese Zugehörigkeit charakterisiert (οἷος – τοιοῦτοι):

»48. Solcher Art (οἷος) wie der aus Erde Gemachte, so (τοιοῦτοι) (sind) auch die aus Erde Gemachten, solcher Art wie der Himmlische, so (τοιοῦτοι) (sind) auch die Himmlischen.«

Wer sind die »Himmlischen« (οἱ ἐπουράνιοι), wer sind die »Irdischen« (οἱ χοϊκοί)? Stehen sich die beiden Existenzweisen einander ausschließend gegenüber und beschreiben ein zeitliches Nacheinander, das durch (physiologischen) Tod und postmortale Auferstehung bedingt ist – oder ist dieses Nebeneinander bereits in der gegenwärtigen Existenz erfahrbar?[25]

---

22. Othmar Keel/Silvia Schroer 2002, 145.
23. Gerhard von Rad 1976, 53.
24. ... zu der sie auch nach dem Tode wieder zurückkehren (vgl. Gen 3,19; Ijob 34,15; Ps 90,3 u. ö.).
25. Die erste Variante vertreten die Mehrzahl der Auslegungen zur Stelle. Vgl. z. B. Wolfgang Schrage 2000, 310-311: »... denn Paulus will nicht, was ganz und gar kontraproduktiv wäre, die Gegenwärtigkeit himmlischen Wesens herausstellen. Im Blick ist vielmehr die zukünftige himmlische Leiblichkeit der vom Tode Erweckten im Unterschied zu der durch Adam vermittelten irdischen Leiblichkeit, wie das Futur in V 49 bestätigt.« In der Anmerkung zur Stelle (1524) muss er dann allerdings einräumen, dass ἐπουράνιος in Eph 2,6 und Hebr 3,1; 6,4 u. ö. gegenwärtige Heilsgüter bezeichnet, dieses Verständnis bezieht er allerdings nicht auf Paulus. Zum Hintergrund der Vorstellung in gnostischen Texten vgl. Luise Schottroff 1970.

Die Irdischen sind in der Abstammung vom ersten Adam leicht zu charakterisieren: sie stammen wie er aus der Erde und sind aus Erde gemacht (χοϊκός – χοϊκοί). Die Himmlischen sind durch ihre Herkunft, durch ihre Zugehörigkeit zur göttlichen Sphäre – zum Himmel – gekennzeichnet.[26] Sie gehören zum »Himmlischen«, dem auferstandenen Christus. Der Kontext legt es nahe, dass diese Bezeichnung die Seinsweise der zum Christus gehörenden (vgl. 1 Kor 15,22) Glieder des σῶμα Χριστοῦ (vgl. 1 Kor 12,12 ff.) beschreibt (vgl. auch Eph 2,6; Hebr 3,1; 6,4; 11,16). Auch sie stammen vom ersten Adam ab, χοϊκός beschreibt auch ihre irdische Leiblichkeit. Sie sind aber entscheidend durch ihre zweite Herkunft charakterisiert, die sie von denjenigen, die *nur* aus Fleisch und Blut bestehen (vgl. V. 50), unterscheidet: sie gehören zum Himmlischen und sind dadurch »himmlisch« (vgl. auch Phil 3,20), sie haben am neuen/verwandelten Leben teil durch ihre Beziehung zur lebendigmachenden Geistkraft (vgl. V. 45). In V. 49 beschreibt Paulus den Unterschied der »irdischen« und der »himmlischen« Existenzweise und verbindet sie mit dem Aufruf, diese zweite, in Christus mögliche, auch zu realisieren. Sie ist anders als die irdische nicht einfach mit der Geburt gegeben, sondern muss angenommen, »getragen« werden:

6.1.3 Das Bild des Himmlischen (V. 49)

V. 49 bildet den Abschluss des Argumentationsgangs, der mit der Frage in V. 35 begonnen hat. Das epexegetische καί leitet am Anfang des Verses die Übertragung des vorher Gesagten auf eine in der 1. Person Plural angesprochene Gruppe ein.[27] Die Metaphorik wandelt sich nun; als neue Aussage folgt, dass »wir« ein »Bild« (εἰκών) tragen, und zwar das des aus Erde/Lehm Gemachten.[28] Erneut bezieht sich Paulus auf Gen 1 (LXX), hier auf die Aussage zur Gottesebenbildlichkeit der geschaffenen Menschen (1,26 f.): »Lasst uns einen Menschen machen nach unserem Bild (κατ' εἰκόνα ἡμετέραν) ...«[29] εἰκών entspricht

---

26. Auch in 1 Kor 15,40 bezeichnet ἐπουράνιος eine Ortsangabe, bzw. die Zugehörigkeit zum himmlischen Bereich, hier sind allerdings anders in als in V. 48 die Gestirne gemeint (σώματα ἐπουράνια parallel zu denen auf der Erde, den σώματα ἐπίγεια).
27. Vgl. dazu Karlheinz Müller 1985, 225 Anm. 178; vgl. auch Winfried Verburg 1996, 218: »In Vers 49 überträgt Paulus unter Verwendung des metaphorischen Gebrauchs von εἰκών in Anlehnung an Gen 1,26 die in der bisherigen Argumentation begründeten Seinsweisen auf die konkrete Existenzweise der Adressaten und Absender des Briefes.«
28. Zu εἰκών vgl. vor allem Jakob Jervell 1960.
29. In der Forschung wird auch ein Bezug auf Gen 5,3 angenommen, da Paulus in V. 49 nicht direkt auf die Gottesebenbildlichkeit Bezug nehme, zur Diskussion vgl. Wolfgang Schrage 2001, 311.

dem hebräischen Wort צֶלֶם, der durch דְּמוּת (Ähnlichkeit, gr.: κατ' ὁμοίωσιν) näher erklärt wird:

»und zwar doch in dem einfachen Sinne, daß dieses Bild dem Urbild entsprechen, daß es ihm ähnlich sein solle. [...] Der ganze Mensch ist gottesbildlich geschaffen. Daß auch die späte Zeit die Leiblichkeit nicht ausnahm, lehrt eine Überlieferung, von der Hesekiel eine Andeutung gibt, und derzufolge der erste Mensch von vollendeter Schönheit war (כְּלִיל יֹפִי) Hes. 28,12.«[30]

Mit der Zusage der Gottesebenbildlichkeit wird biblisch vor allem eine Aussage über das Verhältnis Gottes zu den Menschen gemacht, aus dem diese dann ihr Selbstverständnis entwickeln.[31] Paulus bezeichnet Christus als Bild Gottes (vgl. 2 Kor 4,4; vgl. auch Phil 2,6; Kol 1,15) und gibt als Ziel der Erwählung an, dass die Glaubenden dem Bild Christi gleich werden (Röm 8,29): συμμόρφους τῆς εἰκόνος υἱοῦ αὐτοῦ ... (vgl. auch Gal 4,19). Eine wichtige Rolle spielt in diesem Zusammenhang die göttliche Geistkraft, die dem Geschehen Kraft verleiht, das mit der Taufe seinen Anfang genommen hat (vgl. Röm 6,2 ff.). In 1 Kor 11,7 f. bezieht er sich ausdrücklich auf die Schöpfung (Gen 2,22), wenn er den Mann als Bild und Abglanz Gottes beschreibt (εἰκὼν καὶ δόξα θεοῦ). In 1 Kor 15 benennt er die Gottesebenbildlichkeit des »ersten Menschen« nicht ausdrücklich, setzt sie aber vermutlich voraus, da er sich im gesamten Kontext auf die Schöpfungstraditionen aus Gen 1 und 2 bezieht.

In V. 49a formuliert Paulus dann im Aorist: ἐφορέσαμεν τὴν εἰκόνα τοῦ χοϊκός. Er bezieht sich damit auf den ersten Adam und sein Bild, dessen Gestalt, Wesen, Fähigkeiten und Grenzen durch die Leiblichkeit gegeben sind – in der Existenz als σῶμα ψυχικόν (vgl. V. 44). Wie ist nun der Aorist zu verstehen? Er beschreibt eine Aktionsart: »Die Handlung wird ohne Rücksicht auf ihre Dauer oder Vollendung als einmaliges Vollenden, Geschehen hingestellt, wobei besonders der Anfangspunkt der Handlung (ingressive Aktion) oder ihr Endpunkt (effektive Aktion) betont werden.«[32] Wie ist dies nun in Bezug auf das Tragen der εἰκών τοῦ χοϊκός zu verstehen? Tragen die Glaubenden sie immer noch oder wird sie abgelegt, wenn sie das Bild des Himmlischen tragen?[33] Der Vergleich mit V. 44b zeigt, dass die Existenz als σῶμα ψυχικόν

---

30. Gerhard von Rad 1976, 37-38. Er verweist dann im Weiteren auch auf die Aufnahme der Vorstellung in Ps 8,6 f., wo ausgesagt wird, dass der Mensch »elohimartig« geschaffen sei: »Gerade so, wie er ins Dasein gerufen wurde, in der Ganzheit eines Wesens ist er gottesbildlich.« (38) Mit dieser Erschaffung sei stets auch eine Beauftragung und Verantwortung verbunden; vgl. dazu auch Hans Walter Wolff 1977, 150.
31. Vgl. Hans Walter Wolff 1977, 149 f. Ein wichtiger Aspekt der vielfältigen Auslegungstradition zu Gen 1,26 f. ist, dass die Gottesebenbildlichkeit in der Kommunikationsfähigkeit der Menschen zu Gott besteht und ist als Relationsbegriff zu verstehen ist, vgl. Winfried Verburg 1996, 214 f.; Udo Schnelle 1991, 120.
32. Adolf Kaegi o.Jahr, § 164.2c, S. 135.
33. Kol 3,9 f. und Eph 4,22.24 zeigen, dass in der Zeit nach Paulus die Vorstellung vom

und die als σῶμα πνευματικόν zeitgleich (präsentisch) (ἔστιν) verstanden werden können: »Wenn es ein σῶμα ψυχικόν gibt (ἔστιν), dann gibt es (ἔστιν) auch ein πνευματικόν.« Auch in V. 49 werden beide Existenzweisen miteinander verbunden. Die Verbindung beider Satzteile wird bereits in V. 49a sichtbar: καὶ καθώς betont deutlich die Zusammengehörigkeit.[34] V. 49b schließt dann mit der Aufforderung, die pneumatische Existenz auch zu realisieren: »Lasst uns tragen (φορέσωμεν) das Bild des Himmlischen (τὴν εἰκόνα τοῦ ἐπουρανίου)!« (vgl. auch Gal 4,19). Zur endgültigen Klärung der Frage, wie der mittels des Aorist ausgedrückte Sachverhalt zu deuten ist, soll zunächst ein Blick auf V. 49b geworfen werden, um das Verhältnis der beiden Satzteile zueinander zu klären.

In der Forschung gibt es hier ein strittiges Problem: ist die Lesart φορέσομεν (Futur) der handschriftlich besser bezeugten Lesart φορεσώμεν (Aorist Konjunktiv) vorzuziehen? Für das Futur: »so werden wir tragen« plädieren die Mehrzahl der Auslegungen.[35] Vielfach wird deutlich, dass die Auslegungen, die hier das Futur als ursprünglich ansehen, dieses ausschließlich aus (m. E. wenig überzeugenden) inhaltlichen Erwägungen der handschriftlich besser bezeugten Lesart φορέσομεν vorziehen.[36] Dies geschieht auch, wenn die Lesart

> Ablegen des alten Menschen bzw. Bildes tatsächlich existierte. Beide Stellen verwenden in diesem Zusammenhang Gewandmetaphorik (Kol 3,9: ἀπεκδυσάμενοι – V. 10: ἐνδυσάμενοι; Eph 4,22: ἀποθέσθαι – 24: ἐνδύσασθαι) und sprechen vom Ablegen des alten Menschen bzw. vom Anziehen des neuen/verwandelten. Ziel ist die Erneuerung εἰς ἐπίγνωσιν κατ' εἰκόνα τοῦ κτίσαντος αὐτόν (Kol 3,10).

34. Scott Brodeur 1996, 137, verweist darauf, dass Paulus mit καθώς häufig die Verbindung zwischen Erstem und Neuem Testament herstellt: »In v.49, therefore, Paul is obviously comparing Adam, his principal character from the Old Testament, to Christ, his principal one from the New.«
35. Diese nehmen an, dass Paulus hier Aorist und Futur gegenübergestellt habe. Exemplarisch sei hier die Deutung von Gerhard Sellin 1986, 192-193 Anm. 9, genannt: »Die Gegenwart ist ausgespart. Da die angesprochenen Christen noch in der Adam-Welt leben, ist Schöpfung neuer Leiblichkeit für sie selbstverständlich noch zukünftig [...] Zwischen Vergangenheit und Zukunft liegt für Paulus ein Bruch, während die Korinther mit einer Kontinuität rechnen. So erklärt sich auch, dass Paulus die Gegenwart dabei aussparen kann.« Andreas Lindemann 2000, 363, erachtet die futurische Aussage für die konsequente Fortführung des Vorhergehenden, in der zeitlose Aussagen nun durch die Zusage der künftigen Zugehörigkeit zum »Himmlischen« abgelöst werden. Denn in der gesamten Antwort des Paulus werde deutlich, dass es eine menschlich konstatierbare Kontinuität bzw. Identität zwischen χοϊκός und ἐπουράνιος nicht gebe. Vgl. auch Jürgen Becker 1976, 93, der ausführt, dass ›himmlisch sein‹, ›auferstanden sein‹ heiße – das aber gehe nur über den Tod. Ähnlich argumentiert auch Christian Wolff 1982, 203, der davon ausgeht, dass Paulus vom Eschaton her formuliere. Die Gegenwart des Christen sei hinsichtlich des »Todesleibes« von Adam geprägt und bedürfe der Auferweckung durch Gott.
36. Als vergleichbaren Fall nennt Sebastian Schneider 2000, 23 f., Röm 5,1. In der aktuellen exegetischen Diskussion wird hier der Indikativ Präsens (ἔχομεν) dem Konjunktiv (ἔχωμεν), obwohl dieser besser bezeugt ist, aus dem (inhaltlichen) Grund

φορέσωμεν als *lectio difficilior* anerkannt wird.[37] Argumente für Ursprünglichkeit des Futurs besagen, dass nur so der eschatologische Vorbehalt gewahrt bleibe.[38] Durch das Futur weise Paulus eine enthusiastisch missverstandene präsentische Eschatologie zurück.[39] Ein Konjunktiv, der die Aufforderung zum Tragen des Bildes des Himmlischen beinhaltet, würde zudem nahe legen, dass dies etwas sei, was aus eigener Kraft zu tun wäre und damit der paulinischen Rechtfertigungslehre widerspräche.[40] Nur vereinzelte Stimmen entscheiden sich für die handschriftlich besser bezeugte Lesart φορέσωμεν.[41] Ich ziehe die Entscheidung zugunsten von φορέσωμεν aus verschiedenen Gründen vor. Zum einen ist sie die textgeschichtlich weit besser bezeugte Lesart: $\mathfrak{P}^{46}$ ℵ A C D F G 075.0243.33.1739 latt bo; Ir lat Cl lesen den Konjunktiv Aorist Aktiv: φορέσωμεν, während das Futur Indikativ Aktiv φορέσομεν nur durch B I 6.630.945$^{v.l.}$ 1881 *al* sa bezeugt ist.

Auch zeigen die bisherigen Ergebnisse dieser Arbeit, dass es aus inhaltlichen Gründen nicht notwendig ist, hier ein Futur anzunehmen.[42] Die Aufforderung, die εἰκών des Himmlischen zu tragen, schließt den vorangehenden Gedankengang logisch ab, indem sie nach der Darstellung des durch Gott ermöglichten (neuen) Lebens zu dessen Realisierung aufruft.[43] Einen Gedankengang ab-

> vorgezogen, eine Aufforderung passe nicht zum lehrhaften Stil der Argumentation, zum Ausdruck des Heilsindikativs.
>
> 37. Vgl. z.B. Winfried Verburg 1996, 216.
> 38. Vgl. Hans-Josef Klauck 1984, 120.
> 39. Vgl. Jakob Kremer 1997, 358; so auch Wolfgang Schrage 2001, 313.
> 40. Vgl. Leon Morris 1958, 231. Auch das ist m.E. Erachtens kein überzeugendes Argument, vgl. dazu u.a. Gal 5,25.
> 41. So liest Gordon D. Fee 1988, 795, hier »*let us bear*« und führt aus, dass Paulus damit die Menschen in Korinth dazu auffordere, sich für die Zukunft vorzubereiten. Auch er geht nicht von einer gegenwärtigen »himmlischen Existenz« aus, sondern betont, dass der Satz nicht so zu verstehen sei, dass bereits in der Gegenwart der »himmlische Körper« beansprucht werde. Vielmehr gehe es darum, an das Leben des »Himmlischen« angepasst zu leben: »The implication is that not only are they not fully *pneumatikos* now, but they will not be fully *pneumatikos* at all if they do not presently also ›bear likeness of the man of heaven‹. Thus we have another expression of Paul's ›already/not yet‹ eschatological framework.« Vgl. auch W. M. L. de Wette 1885, 183; F. W. Grosheide 1954, 389; Archibald Robertson/Alfred Plummer (1911) 1955, 375; Scott Brodeur 1996, 136-141; vgl. auch 157-162; Sebastian Schneider 2000, 20-24.
> 42. Dass ein späterer Kopist das Futur durch einen (prospektiv verstandenen) Konjunktiv ersetzt habe, weil dieser in späterer Zeit gebräuchlich geworden sei, wie Winfried Verburg 1996, 218, annimmt, halte ich aufgrund der wichtigen theologischen Bedeutung dieser Stelle für wenig wahrscheinlich.
> 43. Vgl. auch Scott Brodeur 1996, 143: »If ἐφορέσαμεν refers to our natural behavior as people like dust, than φορέσωμεν refers to our spiritual behavior as people like heaven. Paul is exhorting the Corinthians to put on Christ, to put on his image in their lives, to think and behave as he did. Although decidedly eschatological, this action is not reserved for the parousia.«

schließende Aufforderungen finden sich mehrfach in 1 Kor 15: So in V. 33 (μὴ πλανᾶσθε), V. 34 (ἐκνήψατε; μὴ ἁμαρτάνετε), V. 58 (γίνεσθε). Wie in Röm 6,4 richtet sich hier der abschließende Blick auf die Lebenspraxis: »Lasst uns auch im neuen/verwandelten Leben wandeln (Konjunktiv Aorist Aktiv: περιπατήσωμεν)!« Röm 6,13 führt das dann weiter konkret aus: »... stellt euch selbst Gott zur Verfügung als solche, die von Toten ins Leben gekommen sind ...« Konkret heißt das in Röm 6, sich für Gerechtigkeit einzusetzen (vgl. auch V. 19.23). Auch die Aussage über die Annahme des Bildes Christi in 2 Kor 3,4-18 steht im Zusammenhang des Handelns, des Dienstes für den neuen Bund (vgl. V. 6ff.). Die Zuwendung zum Kyrios bedeute neue Möglichkeiten (V. 18): die Verwandlung durch die Geistkraft in sein Bild (τὴν αὐτὴν εἰκόνα). Die Verwandlung wird hier präsentisch als Prozess beschrieben: μεταμορφούμεθα.[44]

Auf diesem Hintergrund ist es plausibel, dass Paulus auch in 1 Kor 15,49 zum Tragen des Bildes Christi in der Gegenwart auffordert.[45] Kritik an einem präsentischen Auferstehungsverständnis (vgl. auch Kol 3,1: συνηγέρθητε τῷ Χριστῷ) wurde dann allerdings im zweiten Jahrhundert in der Paulusnachfolge laut. 2 Tim 2,18 spricht von »gottlosen Menschen«, »die von der Wahrheit abgeirrt sind und behaupten, dass Auferstehung schon geschehen sei (ἀνάστασιν ἤδη γεγονέναι).« Anhand dreier Lesarten[46] von $\mathfrak{P}^{46}$ von 1 Kor 6,14 lässt sich dieser Diskussionsprozess deutlich ablesen: »Gott hat den Kyrios auferweckt (ἤγειρεν) und ...

1. ... weckt auch uns auf.« Präsens: ἐξεγείρει bietet $\mathfrak{P}^{46*}$.
2. ... wird auch uns auferwecken.« Futur: ἐξεγερεῖ bietet $\mathfrak{P}^{46c1}$.
3. ... hat auch uns auferweckt.« Aorist: ἐξήγειρεν bietet $\mathfrak{P}^{46c2}$.

Dieses Beispiel zeigt, dass ab dem zweiten Jahrhundert eine Tendenz festzustellen ist, futurische Aussagen zu bevorzugen ($\mathfrak{P}^{46c1}$) und ggf. präsentische Aussagen zu »korrigieren«.[47] Dass es darüber eine kontroverse Diskussion gab, zeigt sich daran, dass $\mathfrak{P}^{46c2}$ einen Aorist liest. Auf dem Hintergrund dieser De-

---

44. $\mathfrak{P}$ 46 liest hier ebenfalls eine Präsensform: μεταμορφούμενοι, allerdings als Partizip Medium mit aktiver Bedeutung.
45. So auch Sebastian Schneider 2000, 22: »Die Behauptung, eine Mahnung habe in 1 Kor 15 keinen Platz, trifft demnach also nicht zu. Paulus handelt vielmehr in diesem Kapitel ganz nach seiner sonstigen Gewohnheit aus einer Belehrung praktische Anwendungen und Anweisungen, aus dem Indikativ einen Imperativ abzuleiten [...] so daß der Konjunktiv Aorist neben seiner besseren Bezeugung auch aufgrund dieser, die Struktur betreffenden Beobachtung naheliegender ist als das Futur.«
46. Zu den verschiedenen Korrekturformen und deren Kennzeichnung im textkritischen Apparat vgl. Kurt Aland/Barbara Aland 1982, 245.
47. Auch die übrige Textbezeugung für die verschiedenen Varianten, die von jeweils wichtige Textzeugen vertreten werden, zeigt diese Diskussion: Neben $\mathfrak{P}^{46c1}$ lesen das Futur ℵ C D² 33.1881. vg sy^h co; Ir^lat Tert Meth Amst. Den Aorist bieten neben $\mathfrak{P}^{46c2}$ B 6.1739 pc it vg^mss; Ir^lat v.l. Or ^1739mg; das Präsens neben $\mathfrak{P}^{11.46*}$ A D* P 1241^s pc.

batte erklären sich möglicherweise auch die verschiedenen Lesarten in 1 Kor 15,49.

Die altkirchliche Auslegungsgeschichte von 1 Kor 15,49 zeigt allerdings, dass die präsentische Lesart (Konjunktiv statt Futur) weit weniger strittig war, als die gegenwärtige Diskussion vermuten lässt. So geht *Origenes* in verschiedenen Schriften davon aus, dass die Rede vom irdischen *(imago terreni)* und dem himmlischen Bild *(imago coelestis)* auf die gegenwärtige Lebensführung zu beziehen ist.[48] Für die weitere Interpretation von 1 Kor 15,50ff. sind vor allem seine Ausführungen in der Schrift »Vom Gebet« aufschlussreich. Mehrfach führt er aus, dass unter denjenigen, die das Bild des Himmlischen trügen bzw. in denen das Bild des Himmlischen wohne, das Reich Gottes gegenwärtig sei. Das Reich Gottes sei »auf allen denen begründet [...], die ›das Bild des Himmlischen tragen‹ und deshalb ›zu Himmlischen‹ geworden sind.«[49] Wolfgang Schrage kommentiert diesen Befund folgendermaßen:

»Schon die origenistischen Beispiele zeigen, was sich auch sonst bestätigt, daß nämlich die meisten Autoren das Tragen des himmlischen Bildes unter starker Abschwächung des eschatologischen Charakters auf die Gegenwart beziehen und nicht auf die Auferstehung, also φορέσωμεν adhortativ verstehen.«[50]

Diese Einschätzung steht allerdings in gewissem Widerspruch zu dem, was Origenes selbst wenig später in derselben Schrift ausführt. Gegenwärtiges Tragen des Bildes des Himmlischen und Auferstehung stehen bei ihm nicht im Gegensatz:

»Schon jetzt soll demnach ›das Vergängliche‹ von uns die in Keuschheit und aller Reinheit bestehende Heiligkeit und ›Unvergänglichkeit‹ anziehen, und ›das Sterbliche‹ soll sich, wenn der Tod vernichtet ist, mit ›der Unsterblichkeit‹ des Vaters umkleiden; so daß wir, von Gott regiert, uns schon jetzt inmitten der Güter der Wiedergeburt und der Auferstehung befinden.«[51]

Dass das Tragen des himmlischen Bildes durch Taufe und Geistbegabung er-

---

48. Wolfgang Schrage 2001, 356, hat die verschiedenen Belege zusammengestellt: hom. in Gen. 9,2; 13,4 (GCS 29, 89.119f.); Hom. in Gen. 13,3 (GCS 29, 118); In Jo. 20,22 zu 8,44 (GCS 10, 355); 46 (GCS 10, 521); hom. in Cant. Cant (GCS 33, 67); Hom in. Lc. 16,7 (Fontes 4.1, 190f.).

49. Or. 2, XXII 5 (BKV 48, 76; Übersetzung von Paul Koetschau); vgl. auch ebd. XXII 4; XXV 1.2; XXVI 1.3.Vgl. dazu auch Wolfgang Schrage 2001, 356 Anm. 1781. In Exh. Ad mart. 37 (BKV 48, 196) heißt es dann, dass das Wort ein Schwert geworfen hat »zwischen ›das Bild des Irdischen und das des Himmlischen‹, damit es für jetzt den himmlischen Teil von uns empfange und uns später, wenn wir nicht [mehr] in zwei Teile gespalten zu werden verdienen, vollständig zum Himmlischen mache.«

50. Wolfgang Schrage 2001, 357. Als weitere Beispiele führt er folgende Schriften an: Tertullian, adv. Marc. 5,10,10f. (CChr 1, 693f.); resurr. 49,6f. (CChr 2, 990f.); Petrus Chrysologos, serm 117 (BKV 43, 285).

51. Or 2, XXV 3, BKV Bd. 48, 89-90; Übersetzung von Paul Koetschau.

möglicht wird, vertritt auch *Cyprian:*[52] »Das himmlische Bild aber können wir nicht tragen, wenn wir nicht in dem, was wir nunmehr zu sein angefangen haben, uns Christus ähnlich zeigen.«[53] Auch an anderer Stelle beruft er sich auf 1 Kor 15,(45-)49 und stellt seinen Ausführungen zunächst eine Übersetzung voran:

»›Wie wir das Bild dessen getragen haben, der von Lehm ist, so lasset uns auch das Bild dessen tragen, der vom Himmel ist.‹ Dieses Bild trägt die Jungfräulichkeit, trägt die Reinheit, trägt die Heiligkeit und die Wahrheit; dieses Bild tragen alle, die der Zucht des Herrn gedenken, die an der Gerechtigkeit und Frömmigkeit festhalten, die standhaft sind im Glauben.«[54]

In derselben Passage wendet er sich allerdings scharf gegen einige Jungfrauen der Gemeinde, die sich seiner Meinung nach dem Anspruch gegenüber, der sich damit für ihn verbindet, völlig unangemessen verhalten, indem sie nicht still und zurückgezogen leben, sondern zu Festen gehen, öffentlich reden und sich schön kleiden. Seine Ausführungen zeigen, dass diese Jungfrauen ihren Status als Realisierung gegenwärtiger Auferstehung verstehen.[55] Cyprian gesteht ihnen das sogar zu, verlangt allerdings ein anderes Verhalten von ihnen:

»Was wir dereinst sein werden, das habt ihr schon angefangen zu sein. Ihr habt die Herrlichkeit der Auferstehung schon in dieser Welt inne, durch die Welt wandelt ihr, ohne jedoch von ihr befleckt zu werden.«[56]

Diese Auslegungsbeispiele zeigen deutlich, dass das Tragen des irdischen und des himmlischen Bildes gegenwärtig und gleichzeitig verstanden werden konnte. Die Ausführungen Cyprians und Origenes' aus dem dritten Jahrhundert[57] weisen darauf hin, dass es noch bis in diese Zeit hinein ein Verständnis gab, in welchem das Tragen des Bildes des Himmlischen mit gegenwärtiger Auferstehung verknüpft wurde. Deutlich wird an allen genannten Texten, dass in diesem Zusammenhang Fragen gegenwärtiger Lebenspraxis verhandelt werden. Für die folgende Exegese von VV. 50-58 ist die Auslegung des Origenes von besonderem Interesse, dass das Reich Gottes in denen begründet sei, die »das Bild des Himmlischen tragen« und deshalb zu »Himmlischen« geworden seien.

Nachdem gezeigt wurde, dass φορέσωμεν in V. 49b im Gesamtkontext der

---

52. Vgl. auch Irenäus, haer 5,9,3 (SC 153, 114); 5,11,2 (138).
53. Cyprian, zel 14 (BKV 34,326; übersetzt v. Julius Baer); vgl. auch domin.orat. 17 (CChr 3A, 100).
54. Cyprian, hab. virg. 23 (BKV 34, 82; übersetzt von Julius Baer).
55. Diese Passage zitiert Wolfgang Schrage dann allerdings nicht mehr. Zur Stelle vgl. Luise Schottroff 1995, 189f. Sie zeigt hier die enge Verbindung des Auferstehungsverständnisses der Jungfrauen, von denen Cyprian spricht, zu 1 Kor 7,34 auf.
56. Cyprian, hab. virg. 22 (Übersetzung von Julius Baer).
57. Cyprian lebte von 200/10-258; Origenes lebte von 185-252.

Argumentation als die ursprüngliche Lesart verstanden werden kann, ist nun die Frage erneut zu stellen, wie der Sachverhalt, der mittels des Aorists ἐφορέσαμεν in V. 49a ausgedrückt wird, zu deuten ist. Dass das Tragen des Bildes des Irdischen in der Vergangenheit liegt und abgeschlossen ist, ist aufgrund der menschlichen, leiblichen Situation nicht zu verifizieren. Einen Hinweis auf die Interpretation des Satzes bietet bereits die Verwendung des Verbs φορέω, das im Unterschied zu φέρω laut Walter Bauer die Bedeutung hat: »dauernd tragen, längere Zeit tragen, gewohnheitsmäßig tragen.«[58] Dies beziehe sich eigentlich auf Kleidung, werde aber auch in Bezug auf den Namen verwendet: einen Namen tragen. Das Tragen des Bildes des Irdischen ist demnach etwas, das wie der Name zur Identität gehörig ist. Einen weiteren Hinweis bietet das voranstehende καθώς, das auf einen Vergleich hinweist und somit die Verbindung mit dem Nachfolgenden deutlich macht. Deshalb legt es sich nahe, dass der Aorist hier ingressiv zu deuten ist und auf einen Vergleich momentaner Vorgänge zielt, deren Wirklichkeit betont werden soll.[59]

»So wie wir das Bild des aus Erde Gemachten (wirklich) tragen, so lasst uns nun auch das Bild des Himmlischen tragen!«

6.2 Die doppelte Abstammung der Glaubenden

Wie gezeigt bietet Paulus in VV. 45-49 eine weitere Auslegung des Schöpfungsgeschehens, in der er die zwei Abstammungslinien der an Christus Glaubenden skizziert und in Form einer midraschartigen Exegese erneut auf die Frage nach dem σῶμα der Auferstehung eingeht. Der Abschnitt entfaltet somit die Aussage in V. 44b: »Wenn es ein σῶμα ψυχικόν gibt (ἔστιν), dann gibt es (ἔστιν) auch ein πνευματικόν.« Der Schlüssel für das Verständnis liegt auch hier in der Perspektive auf das gegenwärtige Leben (V. 49). Doch zunächst skizziert Paulus zwei Abstammungslinien, die im Schöpfungsakt Gottes ihren jeweiligen Ursprung haben. Diese sollen im Folgenden mit dem Ziel nachgezeichnet werden, die Schwerpunktsetzung der paulinischen Argumentation deutlicher herauszustellen:

---

58. Walter Bauer, Wörterbuch zum Neuen Testament 1963, 1710.
59. S. o. So auch Karlheinz Müller 1985, 226 f. Anm. 180. Er paraphrasiert den Satz folgendermaßen: »mit derselben Gewißheit, mit der wir jetzt die εἰκών τοῦ χοϊκός tragen, werden wir auch in Zukunft die εἰκών τοῦ ἐπουρανίου tragen.« (226, Anm. 180).

Abstammung vom »ersten Adam« (V. 45-49):	Abstammung vom »eschatologischen« Adam (V. 45-49):
ὁ πρῶτος ἄνθρωπος Ἀδάμ → ψυχὴ ζῶσα	ἔσχατος Ἀδάμ → πνεῦμα ζῳοποιοῦν
πρῶτον τὸ ψυχικόν	ἔπειτα τὸ πνευματικόν
ὁ πρῶτος ἄνθρωπος ἐκ γῆς χοϊκός	ὁ δεύτερος ἄνθρωπος ἐξ οὐρανοῦ
οἷος ὁ χοϊκός τοιοῦτοι οἱ χοϊκοί	οἷος ὁ ἐπουράνιος τοιοῦτοι οἱ ἐπουράνιοι

καὶ καθὼς ἐφορέσαμεν τὴν εἰκόνα τοῦ χοϊκοῦ, φορέσωμεν τὴν εἰκόνα τοῦ ἐπουρανίου

Die Existenz des Lebens als σῶμα ψυχικόν (V. 44) liegt nach biblischem Verständnis in der Schöpfung begründet. Die Menschen verstehen sich als von Gottes lebendigmachender Kraft (Gen 2,7 LXX: πνοὴ ζωῆς) erfüllte Wesen: als ψυχὴ ζῶσα. Diese existentielle Beziehung zu Gott begründet ihre Gottesebenbildlichkeit (vgl. Gen 1,26; Ps 8,5 f.). Eine abwertende Sicht des Lebens ist hier nicht anzunehmen, auch wenn menschliche Taten und menschliche Geschichte im Weiteren ambivalent beurteilt und vielfach kritisch beschrieben werden. In ihrer Existenz als ψυχὴ ζῶσα eröffnen sich der von Gott geschaffenen Menschheit alle Lebensmöglichkeiten, wie der weitere Fortgang des Schöpfungsgeschehens zeigt. In dieser Tradition stehend erzählt Paulus den Schöpfungsbericht (Gen 2,7 mit Bezügen auf Gen 1,26 f.) nach und lenkt den Blick auf die Geschichte der Menschheit bis in die Gegenwart:

»Und es wurde der erste Mensch Adam zu einem durch Gottes Atem belebten Wesen [...], zuerst [...] war der lebendige (Körper) [...]. Der erste Mensch Adam stammt aus dem Bereich der Erde und ist aus Erde gemacht [...]: Wie der aus Erde Gemachte, so sind auch die, die als aus Erde Gemachte zu ihm gehören [...], und (wirklich) tragen wir sein Bild.«

Kunstvoll verflochten mit dieser Schöpfungsgeschichte erzählt er eine weitere, die gottesgeschichtlich später beginnt,[60] aber ebenfalls bis in die Gegenwart hineinspricht – aus der eschatologischen Perspektive göttlichen Handelns. Sie erzählt von der Schöpfung eines »letzten« (ἔσχατος) Adam, der denjenigen, die von ihm abstammen, ein Leben als Angehörige »des Himmlischen«, als σῶμα πνευματικόν ermöglicht:

»Und es wurde der letzte Adam zu einer lebendigmachenden Geistkraft, aber zuerst (ist) nicht der von der Geistkraft bestimmte (Körper), sondern der lebendige, erst danach der von der Geistkraft bestimmte (Körper). Der zweite Mensch stammt aus

---

60. Paulus formuliert hier »zeitlich« in Bezug auf Gottes Handeln und nicht in Bezug auf historisch verifizierbare Epochen.

dem Bereich des Himmels [...]. Wie der Himmlische so sind auch die, die als Himmlische zu ihm gehören. [...] So lasst uns auch das Bild des Himmlischen tragen.«

Paulus überträgt das kosmische Geschehen, das er in VV. 21-22 mittels der Adam-Christus-Typologie geschildert hat, nun auf die menschliche Ebene: [61] Es gibt (ἔστιν) ein σῶμα πνευματικόν (V. 44b), weil die an Christus Glaubenden (ἐν τῷ Χριστῷ) als »Lebendiggemachte« vom Himmlischen abstammen (vgl. V. 36.48). Dadurch dass sie der Sündenmacht gestorben sind (vgl. 1 Kor 15,36; Röm 6,3 ff. 13), können sie als Auferstandene ein verwandeltes/neues Leben führen (vgl. 1 Kor 15,42-44.49; Röm 6,4.13 ff.). Diese »himmlische« bzw. »pneumatische« Existenz ist untrennbar mit der »lebendigen« Existenz als σῶμα ψυχικόν verbunden, mit dem Leben als Geschöpf – als ψυχὴ ζῶσα, das aus Lehm/Staub gemacht (χοϊκός) von Gott ins Leben gerufen wurde (vgl. auch Gen 2,7 LXX). Zwar sind die beiden Menschen »Adam« historisch nacheinander in die Welt gekommen,[62] aber die gegenwärtige Existenz der an Christus glaubenden Menschen ist von beiden geprägt: durch ihre lebendige irdische/ aus Staub/Lehm gemachte Existenz gehören sie zum »ersten Menschen Adam«, durch ihre pneumatische Existenz zum »eschatologischen Menschen Adam«. V. 49 fasst die Konsequenz dieser doppelten Abstammung zusammen: »So wie wir (wirklich) das Bild des aus Erde Gemachten tragen, so lasst uns nun auch das Bild des Himmlischen tragen.« καθώς betont hier deutlich die Analogie dieser beiden Existenzen.

Im Tragen der εἰκών/des Bildes realisiert sich die Zugehörigkeit zu den beiden »Vorfahren«. Die Zugehörigkeit zum »ersten Adam« zeigt sich im alltäglichen Leben. Sie zeigt sich darin, dass Menschen sterblich sind (vgl. V. 22: ἐν τῷ Ἀδὰμ πάντες ἀποθνῄσκουσιν), dass sie als Geschöpf (σάρξ) in Beziehung zu anderen Geschöpfen stehen (vgl. VV. 39-41), dass sie voller Schönheit (δόξα) und in Unterschiedlichkeit von Gott geschaffen wurden (VV. 38-41). Die Zugehörigkeit zum »ersten Adam« zeigt sich aber auch darin, dass Menschen der *Hamartia* und ihren Todesstrukturen ausgeliefert sind, die sich gesellschaftlich und konkret körperlich realisieren (vgl. VV. 42-43: σπείρεται ἐν φθορᾷ ..., ἐν ἀτιμίᾳ ..., ἐν ἀσθενείᾳ ...). Auf diese Versklavung durch die Sündenmacht und die Befreiung von ihr geht Paulus im Folgenden weiter ein.

Was aber bedeutet es, das Bild des Himmlischen zu tragen? Es enthebt es die Menschen nicht aus ihrer Existenz als χοϊκοί, aus ihrer Sterblichkeit – aber der Tod hat seine Macht über sie verloren – was das bedeutet, führt Paulus in den weiteren Versen aus (VV. 54-57). Ein Dualismus zwischen gegenwärtigem und zukünftigem Leben wird erst durch die Auslegung dort eingetragen, wo die beiden Existenzen voneinander getrennt betrachtet werden. Paulus macht jedoch mit Hilfe mythologischer Sprache deutlich, dass sie zusammengehören.

---

61. Vgl. 1 Kor 15,22: ὥσπερ γὰρ ἐν τῷ Ἀδὰμ πάντες ἀποθνῄσκουσιν, οὕτως καὶ ἐν τῷ Χριστῷ πάντες ζῳοποιηθήσονται. Zur Futurform vgl. unten.
62. Vgl. V. 45: πρῶτος - ἔσχατος; V. 46: πρῶτον – ἔπειτα, V. 47: πρῶτος – δεύτερος.

Das Tragen des Bildes des Himmlischen verändert die gegenwärtige Existenz. Die Angehörigen des Himmlischen sind *mehr* als nur Fleisch und Blut (vgl. V. 50: σὰρξ καὶ αἷμα), die lebendigmachende Geistkraft hat sie verwandelt,[63] sie zu Erben und Erbinnen der *Basileia* Gottes gemacht.

---

63. Vgl. auch Scott Brodeur 1996, 162, der auf die besondere Rolle des Geistes für die Auferstehung hinweist: »[...] it is the one unique Spirit that changes and transforms Christians. The Holy Spirit is the eschatological link that joins earth to heaven and connects the present to the future.«

7. Die Basileia Gottes (V. 50)

V. 50 Dies nämlich meine ich, Geschwister, weil[1] Fleisch und Blut die *Basileia* Gottes nicht erben kann; auch die Zerstörung erbt nicht die Unvergänglichkeit [Gottes].

V. 50 beginnt mit der Einleitung τοῦτο δέ φημι, die V. 50 von den Versen 45-49 abgrenzt.[2] Offen ist, ob Paulus mit V. 50 eine zusammenfassende Aussage der vorangehenden Verse bietet und der Vers deshalb noch zum vorhergehenden Abschnitt der Argumentation zu rechnen ist oder ob er einen Neuansatz bildet, der als Einleitung der folgenden Verse dient.[3] Eine Untersuchung der Begriffe, die Paulus hier verwendet, soll im Folgenden klären, welche Funktion der Vers im Ganzen der Argumentation hat. Formal auffällig sind die parallelen Formulierungen von V. 50, die zwei Subjekten: σὰρξ καὶ αἷμα und ἡ φθορά absprechen, die *Basileia* Gottes zu »erben«. Syntaktisch handelt es sich hierbei um einen Parallelismus membrorum. Offen ist allerdings, ob semantisch von einem synonymen oder antithetischen Parallelismus zu sprechen ist.[4] Entscheiden lässt sich dies allerdings erst dann, wenn deutlich ist, wen σὰρξ καὶ αἷμα auf der einen Seite und ἡ φθορά auf der anderen bezeichnen.

σὰρξ καὶ αἷμα ...
ist eine Wendung, die im Ersten Testament (LXX) erst in späten Texten benutzt wird.[5] »Fleisch und Blut« bezieht sich in den biblisch-jüdischen und in rabbinischen Texten ausschließlich auf lebende Menschen.[6] In der Forschung wird die Formulierung deshalb meist als Metonym für den Menschen als vergäng-

---

1. In der Übersetzung habe ich ὅτι mit »weil« übersetzt, um den (begründenden) Anschluss an V. 49 deutlich zu machen.
2. Diese hat Paulus bereits in 1 Kor 7,29 verwendet. Hier steht sie ebenfalls im Zusammenhang einer apokalyptischen Aussage: »Die Zeit ist zusammengedrängt (ὁ καιρὸς συνεσταλμένος ἐστιν).« Dieser folgen dann Anweisungen zum Verhalten, das der Zeitansage angemessen ist. Vgl. auch 1 Kor 10,15.19.
3. Zur exegetischen Diskussion und der verschiedenen Positionen vgl. Wolfgang Schrage 2001, 361 f.
4. Meist wird ein synonymer Parallelismus angenommen. Zur Diskussion vgl. Wolfgang Schrage 2001, 369 und Winfried Verburg 1996, 218 f. Verburg geht allerdings davon aus, dass keine Synonymität bestehe, weil die erste Aussage die logische Voraussetzung für die zweite biete (vgl. ebd. 222).
5. Vgl. Weish 12,5; Sir 14,18; 17,31; vgl. auch Philo QuisHer 57; Mt 16,16 f.; vgl. auch Eph 6,12.
6. Vgl. Joachim Jeremias 1955/56, 152: »it denotes the natural man as a frail creature in opposition to God.« J. Jeremias Deutung der rabbinischen Tradition müsste neu befragt werden, was aber hier nicht durchgeführt werden kann.

liches Wesen verstanden, das dessen Kreatürlichkeit und Sterblichkeit betone.⁷ Fleisch und Blut (σὰρξ καὶ αἷμα) kann im paulinischen Sprachgebrauch einfach »jemanden«, d. h. einen »Menschen« bezeichnen (vgl. Gal 1,16; vgl. auch Mt 16,17). Deshalb wurde hier meist gedeutet: Lebende Menschen können die *Basileia* nicht erben – im Gegensatz zu den nach ihrem Tode Auferstandenen⁸ – eine Aussage, die eine (antienthusiastische) Spitze gegen eine gegensätzlich korinthische Auffassung enthalte.⁹ Als Entsprechung zu σὰρξ καὶ αἷμα wird dann ἡ φθορά als »staubverfallene irdische Leiblichkeit«¹⁰ gedeutet. Aber weist die Wendung hier tatsächlich auf die Stoffe »Fleisch« und »Blut«? Um zu einer Klärung zu kommen, ist es nötig, weitere Stellen heranzuziehen, die zu einem Verständnis der hier dargelegten Aussage beitragen. σὰρξ καὶ αἷμα wird in 1 Kor 15,50 abgesprochen, die *Basileia* Gottes zu erben. Die mangelnde Fähigkeit zu erben, charakterisiert somit die Größe σὰρξ καὶ αἷμα. Auf dem Hintergrund der übrigen Aussagen im ersten Brief an die Gemeinde in Korinth soll im Folgenden danach gefragt werden, wem Paulus diese Fähigkeit abspricht bzw. zuspricht und inwiefern diese von ihm genannten Personen bzw. Gruppen in Beziehung zu der hier aufgeführten Wendung σὰρξ καὶ αἷμα zu setzen sind.

... βασιλείαν θεοῦ κληρονομῆσαι οὐ δύναται:
Bereits in 1 Kor 6,9 f. führt Paulus aus, was zum Erbe der *Basileia* Gottes befähigt und was von diesem ausschließt.¹¹ Physischer Tod und postmortale Auferstehung werden hier nicht als Bedingung genannt, vielmehr verweist Paulus auf die gegenwärtige Lebenspraxis:¹² »Wisst ihr nicht, dass Ungerechte (ἄδικοι)

---

7. Vgl. Christian Wolff 1982, 205; Christoph Burchard 1984, 249; Udo Schnelle, 1991, 51. Wolfgang Schrage 2001, 367 f., betont besonders, dass damit keine pejorative Wertung verbunden ist.
8. Vgl. z. B. Christian Wolff 1982, 205; Christoph Burchard 1984, 248.
9. Vgl. Christan Wolff 1982, 206: »Auch dieser Vers wird eine Polemik gegenüber den Korinthern enthalten: Ihr seid noch ›Fleisch und Blut‹ wie wir alle, also seid ihr noch nicht Vollendete, Auferstandene, in die Königsherrschaft Eingegangene (vgl. 4,8).« Vgl. auch Wolfgang Schrage 2001, 362-363: »Eher kann man annehmen, daß auch hier antienthusiastisch die These zurückgewiesen wird [...], die in Korinth reklamierte Partizipation am pneumatischen Wesen und der Auferstehungsherrlichkeit enthebe schon jetzt aus der Sphäre von Fleisch und Blut.« Hans Lietzmann 1949, 86, vermutet eine etwas andere Zielrichtung: »V. 50 stellt als Ergebnis fest, daß der jüdische Gedanke einer Auferstehung dieses fleischlichen Leibes abzuweisen ist.« Hans Conzelmann 1981, 357 Anm. 8, stimmt dieser These Lietzmanns zu.
10. So etwa Wolfgang Schrage 2001, 368; vgl. auch Christian Wolff 1982, 206; anders Joachim Jeremias 1955/56, 152, der hier einen synthetischen Parallelismus annimmt und deshalb mit ἡ φθορά die Toten *(corpses in decomposition)* bezeichnet sieht.
11. Vgl. auch Mt 5,5. In der LXX bezieht sich »erben« (κληρονομέω) meist auf das verheißene Land: vgl. Lev 20,24; Dtn 4,1; Ps 36,11. In apokalyptischen Texten bezieht sich das Erben vielfach auf die verheißenen eschatologischen Heilsgüter: vgl. äthHen 5,7; Jub 32,19; 4 Esr 7,9.17.96; syrBar 44,13.
12. Vgl. auch Karlheinz Müller 1985, 228, der auch Gal 5,21 als Vergleich heranzieht:

die *Basileia* Gottes nicht erben werden (οὐ κληρονομήσουσιν)?« Die Ungerechten und ihre Taten benennt er dann im Weiteren. Auch wenn einige (τίνες) der Glaubenden in Korinth einst zu diesen gehört hätten, so spricht er ihnen zu, jetzt anders zu sein (1 Kor 6,11):

»Ihr seid reingewaschen, geheiligt, gerecht geworden durch den Namen des Kyrios Jesus Christus und durch die Geistkraft unseres Gottes.«

Taufe und Geisterfüllung und daraus erfolgende Heiligung und Rechtfertigung haben die Menschen verändert, sie zu Erbinnen und Erben der *Basileia* Gottes gemacht.[13] Diese Aussage findet sich auch in anderen paulinischen Briefen (so in Gal 3,29; 4,6f.; vgl. auch 5,21; Röm 8,16f.).[14] In dem Argumentationsgang Gal 3,23-4,7 macht Paulus deutlich, dass in der Existenz der Glaubenden ein Prozess stattgefunden hat, der ihr Verhältnis Gott gegenüber verändert hat. Durch das Kommen des Messias Jesus und den Glauben an ihn seien sie zu Kindern Gottes (vgl. 3,26; 4,4f.), durch die Gabe der Geistkraft auch zu Erben geworden (4,6f.):

»Weil ihr Kinder seid, hat Gott die Geistkraft seines Sohnes in eure Herzen gesandt, die ausruft: Abba, Vater. 7. So bist du nicht länger Sklave, sondern Sohn; wenn du aber Sohn bist, dann auch Erbe (κληρονόμος) durch Gott.«

Die Gabe der Geistkraft ist es, die die Glaubenden zu *mehr* macht als »Fleisch und Blut«, nämlich zum Körper-Teil des σῶμα Χριστοῦ (vgl. 1 Kor 12,13). Das betont Paulus in seinem Brief an die Gemeinde in Korinth an vielen Stellen (vgl. 1 Kor 6,15.19; vgl. auch 3,16f. u.ö.).[15] In Röm 8,1-11 entfaltet er diesen

»Dabei fällt auf, daß jene Einlaßsprüche immer ein christliches Verhalten als Voraussetzung erheben, niemals aber unverfügbare Gegebenheiten wie φθορά und ἀφθαρσία, die 1 Kor 15,50 zur Sprache bringt.« Vgl. auch Winfried Verburg 1996, 220.

13. Die enge Verbindung von gerechtem Handeln und dem Erbe der *Basileia* Gottes zeigt auch Gal 5,20-22. Das Leben in der Geistkraft und das Wandeln in der Geistkraft stellt Paulus hier dem ungerechten Tun derjenigen, die die *Basileia* Gottes nicht erben, gegenüber (vgl. Gal 5,25). Vgl. auch Mt 5,20: »Wenn eure Gerechtigkeit (δικαιοσύνη) die der Schriftgelehrten und Pharisäer nicht um ein vielfaches übertrifft, geht ihr nicht in die *Basileia* der Himmel ein (οὐ μὴ εἰσέλθητε εἰς τὴν βασιλείαν τῶν οὐρανῶν).« In den VV. 17-19 ist ausgeführt, was diese Gerechtigkeit ausmacht, nämlich die Gebote der Tora zu erfüllen.

14. Vgl. Gal 3,29: »Gehört ihr Christus an, so seid ihr Nachkommen Abrahams, und gemäß der Verheißung diejenigen, die erben (κληρονόμοι).« Vgl. auch Gal 5,21 und Röm 8,16f.: »Die Geistkraft selbst bezeugt es unserem Geist, dass wir Kinder Gottes sind. 17. Wenn aber Kinder, dann auch Erben und Erbinnen (κληρονόμοι), nämlich Erben und Erbinnen Gottes (κληρονόμοι θεοῦ), Miterbinnen und -erben (συγκληρονόμοι) Christi aber, wenn wir mit ihm zusammen leiden, damit wir auch mit ihm verherrlicht werden.«

15. 1 Kor 6,15.19: »15.Wisst ihr nicht, dass eure Körper (τὰ σώματα ὑμῶν) Glieder Christi (μέλη Χριστοῦ) sind? [...] 19. Oder wisst ihr nicht, dass euer Körper (τὸ

Gedanken explizit: Das πνεῦμα hat die Existenz in der σάρξ qualitativ verändert (vgl. Röm 8,8-9): Diejenigen, die »im Fleisch« sind (ἐν σαρκί ὄντες), können (οὐ δύνανται) Gott nicht gefallen. Den Glaubenden spricht er zu, dass sie nun, nicht länger »im Fleisch« (ἐν σάρκί) seien, sondern »im Geist« (ἐν πνεύματι). Wer aber das πνεῦμα Christi nicht habe, gehöre auch nicht zu ihm. Die Qualitäten eines Lebens ἐν πνεύματι hat er bereits in den vorangehenden Versen dem Leben ἐν σάρκί gegenüber gestellt (vgl. Röm 8,4-7):

»4. Die Folge ist, dass wir nun das Recht der Tora verwirklichen können, indem wir unser Leben nicht länger nach den Maßstäben der *Sarx*, sondern nach denen des *Pneuma* gestalten. [...] 6. Ein Lebenssinn, der sich an der *Sarx* orientiert, bedeutet den Tod, eine Lebensweise, die sich am *Pneuma* orientiert, bedeutet Leben und Frieden. 7. Deshalb begründet ein auf die *Sarx* ausgerichteter Lebenssinn Feindschaft gegenüber Gott, weil er sich nicht der Tora Gottes unterstellt und es auch nicht kann (οὐ δύναται).«

Im Zusammenhang von Röm 8,1-11 ist ganz deutlich, dass σάρξ hier nicht den körperlichen Stoff »Fleisch« bezeichnet, sondern die Ausrichtung eines Lebens, das sich an den Strukturen der *Hamartia* (vgl. auch die Argumentation in Röm 7) orientiert. Aus diesen habe aber die Gabe des *Pneuma* die an den Messias Jesus Glaubenden befreit – befreit, nun nach den Geboten der Tora zu leben (8,4). Ob dieses Verständnis von σάρξ in Röm 8 auch im Hintergrund von 1 Kor 15,50 steht, ist natürlich nicht eindeutig zu belegen, allerdings macht die bisher konstatierte Parallelität der Aussagen in 1 Kor 15 und Röm 5-8 diese Annahme plausibel.

Eine Zusammenschau der Aussagen zum Erben der *Basileia* Gottes in 1 Kor und den übrigen paulinischen Briefen und der Verwandlung der σάρξ durch das πνεῦμα bietet wichtige Hinweise für die Deutung der Aussage in 1 Kor 15,50: In Röm 8,7.8 wird gesagt, dass ein Leben, das sich an der σάρξ orientiert, es nicht vermag (οὐ δύναται), Gott zu gefallen, gemäß seinem Willen gestaltet zu werden. Diese Lebensgestaltung nach dem Willen Gottes verbindet Paulus an anderer Stelle mit der Metapher vom Erben der *Basileia* Gottes. Auf diesem Hintergrund wird deutlich, dass die Aussage: »σάρξ καὶ αἷμα βασιλείαν θεοῦ κληρονομῆσαι οὐ δύναται« die Unfähigkeit derjenigen zum Erben, d. h. zum Handeln entsprechend der *Basileia* Gottes, darstellt, die Paulus als »Fleisch und Blut« bezeichnet.[16] Im zweiten Kolon von V. 50 führt er dann weiter aus:

σῶμα ὑμῶν) Tempel der in euch wohnenden heiligen Geistkraft ist, die ihr von Gott habt?«

16. Winfried Verburg 1996, 220f., zeigt, dass hier keine logische Unmöglichkeit beschrieben wird, sondern »die Unfähigkeit, eine bestimmte Handlung zu vollziehen.« Diese Unfähigkeit resultiere daraus, dass alle Menschen gesündigt haben. Er bezieht sich hier auf Röm 3,23 und 8,3f. Diese Aussage sieht er durch die Verwendung des Aorists bestärkt, der den konstatierenden Aspekt ausdrücke: »Die Aussage lautet

οὐδὲ ἡ φθορὰ τὴν ἀφθαρσίαν κληρονομεῖ.
Das Gegensatzpaar φθορά und ἀφθαρσία hat Paulus bereits in V. 42 verwendet. Die vorangegangene Untersuchung zu diesem Vers hat gezeigt, dass φθορά im paulinischen Sprachgebrauch in vielen Fällen eine Form der Zerstörung bezeichnet, die im sozialen Kontext angesiedelt ist und einen gesellschaftlichen Zustand charakterisiert, unter dem Menschen existentiell leiden. »ἐν φθορᾷ« und »ἐν ἀφθαρσίᾳ« weisen in V. 42 auf verschiedene Sphären, die sich insofern in Opposition gegenüber stehen, als sie verschiedene Herrschafts-Bereiche darstellen: den des Todes und der *Hamartia* (φθορά) und den Gottes (ἀφθαρσία). ἀφθαρσία entspricht der *Basileia* Gottes und beschreibt einen Lebensraum, der nicht mehr vom Tod geprägt ist, der unvergänglich ist, weil Gott alles in allem ist (vgl. 1 Kor 15,24.28). Nach Paulus' Vorstellung hat Gott diesen Raum durch die Auferweckung des Messias Jesus bereits geöffnet. Die gegenwärtige Existenz der Glaubenden beschreibt er als im Prozess befindlich, in Bewegung auf die ἀφθαρσία zu. Diejenigen, die in ihrer Lebenspraxis δόξα, τιμή und ἀφθαρσία anstreben (vgl. 1 Kor 15,42 f.), bewegen sich in Richtung auf die *Basileia* Gottes, die ihnen verheißen wird, und werden durch das Handeln Gottes in den Prozess hineingenommen. Ein Verharren in der Zerstörung (ἐν φθορᾷ) bedeutet allerdings auf der anderen Seite für diejenigen, die sich nicht in diesen Auferstehungsprozess begeben, dass ihnen die *Basileia* Gottes verschlossen bleibt, sie diese »nicht erben« (V. 50).[17]

Zusammenfassend lässt sich festhalten, dass sowohl σὰρξ καὶ αἷμα als auch ἡ φθορά auf die gegenwärtige gesellschaftliche Situation verweisen,[18] eine Situation, in der Paulus die Unfähigkeit (οὐ δύναται) konstatiert, gemäß der *Basileia* Gottes zu leben, d. h. nach der Tora zu handeln.[19] Der Kontext des Briefes und seine vorhergehenden Aussagen zur Auferstehung zeigen jedoch, dass er

---

dann: Fleisch und Blut kann tatsächlich (= faktisch) nicht die Gottesherrschaft erben.« (ebd. 221)

17. Die Frage ist nun, ob hiermit ein nicht mehr rückgängig zu machender Ausschluss von Menschen benannt wird. Ich schließe mich in der Bewertung der Deutung des Origenes an, der hervorhebt, dass in dieser Formulierung auch die Hoffnung darauf enthalten sei, dass auch diese sich verwandeln können: »Deshalb werden wir, wenn ›der Wille‹ Gottes so ›auch auf Erden geschieht‹, wie er ›im Himmel geschehen ist‹, alle zu ›Himmel‹ werden. Und wenn auch das nichts nützende ›Fleisch‹ und das ihm verwandte ›Blut‹ das ›Reich Gottes‹ nicht ›ererben‹ können, so würde vielleicht doch gesagt werden dürfen, daß sie es ererben könnten, wenn sie sich aus Fleisch und Erde und Staub und Blut zu dem himmlischen Wesen umgewandelt haben.« (Or 2 XXVI 6, BKV 48, 95; Übersetzung von Paul Koetschau).

18. Somit ist hier semantisch von einem synonymen Parallelismus membrorum zu sprechen.

19. Das sozial-politische Anliegen der Aussagen des Paulus stellt insbesondere Richard A. Horsley 1999, 220, heraus: »In short, in the very paragraphs of chapter 15 in which Paul was insisting on the reality of the resurrection of the dead as that worldwide event through which the society of the new age, the kingdom of God, would finally be realized, he may have penned the very formulations in which his latter

die Unfähigkeit nicht allen Menschen zuschreibt,[20] sondern denen, die nicht an den Messias Jesus glauben, nicht ἐν Χριστῷ leben, die εἰκών des Himmlischen nicht tragen. Das Ergebnis seiner Analyse, die sich auf die Gegenwart und die sie prägenden Strukturen bezieht, drückt Paulus bereits im ersten Satzteil präsentisch durch das Syntagma κληρονομῆσαι οὐ δύναται aus, das den faktischen Zustand beschreibt, und führt die Aussage dann im Präsens (κληρονομεῖ) weiter. In der Gegenwart liegt die Möglichkeit, durch den Glauben an Jesus als den Christus zu Kindern Gottes zu werden und damit zu Erbinnen und Erben (vgl. Röm 8,16f.; Gal 3,23-4,7). Diese Gegenwart und Zukunft in der *Basileia* Gottes hat Christus bereits eröffnet – das will Paulus allen Menschen verständlich machen.

V. 50 bildet eine Verbindung zwischen dem Abschnitt VV. 35-49 und dem folgenden VV. 51-58. Zum einen nimmt er den Gedankengang auf, der in V. 49 resümierend formuliert wurde: Das neue/verwandelte Leben muss realisiert werden: »Lasst uns die εἰκόνα des Himmlischen tragen!« und liefert die Begründung nach – ohne die Verwandlung der irdischen Existenz kann die *Basileia* Gottes nicht »geerbt« werden. Die Auslegung des Origenes beschreibt die Verbindung zum Vorhergehenden treffend: Das Reich Gottes sei »auf allen denen begründet [...], die ›das Bild des Himmlischen tragen‹ und deshalb ›zu Himmlischen‹ geworden sind.«[21] Zum anderen zeigt es sich, dass das Begriffspaar φθορά – ἀφθαρσία, das V. 50b vorgibt, sich dann auch im Weiteren durch die Ausführungen zieht (vgl. VV. 52-54). Paulus setzt mit diesem Vers zugleich einen Doppelpunkt vor die folgenden Aussagen: Fleisch und Blut (σὰρξ καὶ αἷμα) kann die *Basileia* Gottes nicht erben, das folgende Geheimnis ist nur denjenigen zugänglich, die *mehr* sind als Fleisch und Blut, nämlich den »Himmlischen«.

---

    hellenistic-Roman readers would begin to spiritualize and defuse his anti-imperial political agenda.«

20. Gegen Winfried Verburg 1996, 221-222. Er geht zwar ebenfalls davon aus, dass sich σὰρξ καὶ αἷμα auf die Lebensweise bezieht, und führt aus, dass diese Lebenspraxis die Voraussetzung dafür bildet, dass ἡ φθορά d. h. die Vergänglichkeit (= das Totsein aufgrund der Abkehr von Gott) die Unvergänglichkeit nicht erben könne. Er kommt dann allerdings zu folgender Schlussfolgerung: »Weil die, die sich von Gott abgewendet und sich so für φθορά entschieden haben, nicht die Gottesherrschaft erben, erbt faktisch kein Mensch die Gottesherrschaft.« (222)

21. Or 2, XXII 5 (BKV 48, 76; Übersetzung von Paul Koetschau).

8. Der Gott der Lebenden und der Toten (VV. 51-57)

8.1 Die Veränderung (VV. 51-53)

V. 51. Siehe, ich sage euch ein Geheimnis:
wir alle werden nicht entschlafen,
aber wir alle werden verändert werden[1]
V. 52. in einem Nu,
in einem Augenzwinkern,
beim Schall der letzten Posaune.
Es wird nämlich (die Posaune) blasen,
und die Toten werden zu Unvergänglichen auferweckt werden, und wir werden verändert werden.
V. 53 Es ist nötig,
dass die (Menschen/Geschöpfe), die gegenwärtig Zerstörung erleiden
(τὸ φθαρτὸν τοῦτο)[2], Unvergänglichkeit anziehen
und dass die (Menschen/Geschöpfe), die gegenwärtig dem Tod ausgeliefert sind (τὸ θνητὸν τοῦτο), Unsterblichkeit anziehen.

---

1. Im Folgenden übersetze ich ἀλλάσσω mit der Grundbedeutung des Wortes: »verändern«. »Verwandeln« legt sofort interpretierend nahe, dass es sich um qualitative stoffliche Veränderungen handelt. Dies behauptet z.B. Andrew Chester 2001, 75: »Thus is evident that what Paul describes is the complete transformation of the human condition. [...] But the human body itself is not destroyed; it is changed into something supremely better, re-created in a qualitatively different form.« Im Folgenden soll gezeigt werden, dass es sich wie in VV. 42-44 auch hier nicht zuerst um die »Verwandlung« der physischen Kondition des Menschen geht, sondern um kosmische, gesellschaftliche und gottesgeschichtliche Veränderungsprozesse, in die die Glaubenden eingebunden sind. Das Ergebnis dieser Veränderungsprozesse wirkt sich auch auf die Körper der Menschen aus, beschränkt sich aber nicht auf physische Veränderungen.
2. Zu den Einfügungen vgl. die folgenden Ausführungen zu V. 53. Ich gehe davon aus, dass der Ausdruck τὸ φθαρτὸν τοῦτο (= das der Zerstörung Unterworfene) kollektive Dimensionen hat und gebe ihn deshalb im Deutschen pluralisch wieder.

8.1.1 Textanalyse

Mit der Einleitung »ἰδού« wird deutlich ein gedanklicher Neuansatz markiert, der die Aufmerksamkeit auf das Folgende richtet.³ Mit der Einleitung: »Siehe (ἰδού), ich sage euch ein Geheimnis« beginnt ein neuer Abschnitt, dessen Aussagen im Futur (VV. 51-52: οὐ κοιμηθησόμεθα; ἀλλαγησόμεθα; σαλπίσει; ἐγερθήσονται; ἀλλαγησόμεθα) bzw. Aorist (V. 53: ἐνδύσασθαι) formuliert werden. Das grenzt ihn von den bisher präsentisch formulierten Aussagen des vorhergehenden Abschnitts ab. Die Abgrenzung nach hinten ist schwieriger, weil nicht deutlich ist, ob V. 53 zu den Versen 54-57 zu ziehen ist oder zu den Versen 51-52. Insgesamt bilden die Verse VV. 51-57 einen zusammengehörigen Gedankengang, der in zwei Unterabschnitte gegliedert ist. Ich verstehe das Geschehen, das in VV. 51-53 geschildert wird, als Einheit, was sowohl syntaktisch durch die Verwendung des Parallelismus membrorum als auch inhaltlich deutlich gemacht wird: das μυστήριον umfasst ein punktuelles heilsgeschichtliches Ereignis ohne zeitliche Ausdehnung (V. 52), das in V. 53 konkret auf die gegenwärtige Existenz bezogen wird. Mit ὅταν setzt V. 54 dann neu ein und beschreibt weitere Schlussfolgerungen (ὅταν ... τότε), die aus dem punktuellen Geschehnis in VV. 51-53 zu ziehen sind.

8.1.2 Das Geheimnis (V. 51)

Das, was Paulus inhaltlich als »Geheimnis« verkündet, ist allerdings umstritten, wie bereits die Textüberlieferung zeigt. Nestle-Aland bieten eine Vielzahl verschiedener Lesarten:
1. B D² 075. 0243ᶜ. 1881 sy co; Hierᵐˢˢ lesen:
πάντες [075. 0243ᶜ. 1881 :⁴ μὲν] οὐ κοιμηθησόμεθα, πάντες δὲ ἀλλαγησόμεθα
2. ℵ C 0243*. 33. 1241ˢ. 1739 pc; Hierᵐˢˢ lesen in anderer Reihenfolge die Worte und ziehen die Verneinung auf πάντες im zweiten Satzteil:
πάντες [ℵ 33:⁵ μὲν] κοιμηθησόμεθα, οὐ πάντες δὲ ἀλλαγησόμεθα
3. Die Handschriften F und G lesen:
πάντες μὲν οὖν⁶ κοιμηθησόμεθα, οὐ πάντες δὲ ἀλλαγησόμεθα

3. ἰδού findet sich im ersten Brief an die Gemeinde in Korinth nur an dieser Stelle. In 2 Kor gibt es allerdings mehrere Belege, die im Zusammenhang präsentisch-eschatologischer Aussagen stehen (vgl. 2 Kor 5,17; 6,2 (2 ×).9; vgl. auch 7,11; 12,14; Röm 9,33; Gal 1,20).
4. ℵ A C² D² F G 075. 0243ᶜ. 33. 1881 lat syʰ; Ambst lesen hinter dem ersten πάντες ein μέν, das mit dem δέ hinter dem zweiten πάντες korrespondiert: πάντες μὲν. In den Handschriften 𝔓⁴⁶ B C* D* 0243* 1739 pc b steht es nicht.
5. S. o.
6. οὖν ist hier als Abänderung von οὐ zu verstehen und stärkt damit die Annahme, dass οὐ κοιμηθησόμεθα als ursprünglich zu verstehen ist.

4. Die ursprüngliche Handschrift A bietet eine eigene Variante:
οἱ πάντες μὲν κοιμηθησόμεθα, οἱ πάντες δὲ ἀλλαγησόμεθα
5. 𝔓⁴⁶ Aᶜ lesen eine doppelte Verneinung:
πάντες οὐ κοιμηθησόμεθα, οὐ πάντες δὲ ἀλλαγησόμεθα
6. D* lat; Tert Ambst Spec lesen anstelle von οὐ κοιμηθησόμεθα »auferstehen« und eine Negation vor πάντες im zweiten Satzteil (siehe Lesart 2):
πάντες [lat; Ambst:⁷ μὲν] ἀναστησόμεθα, οὐ πάντες δὲ ἀλλαγησόμεθα

Lesart 1 wird zumeist als *lectio difficilior* und daher als ursprünglich verstanden, weil ihre Wortstellung im Vergleich zu den anderen Varianten nicht als Umstellung aus inhaltlichen Gründen anzunehmen ist.⁸ Die verschiedenen anderen Lesarten erklären sich aus dem Versuch, den Sinn des inhaltlich schwer zu deutenden Satzes: πάντες οὐ κοιμηθησόμεθα, πάντες δὲ ἀλλαγησόμεθα zu erfassen und je nach eigenem theologischen Interesse zu verändern. Vom Gewicht der Textzeugen her sind die Varianten 1 und 2 nahezu gleichwertig gut – im Vergleich zu den übrigen, die weniger gewichtig bezeugt sind. Die meisten aktuellen Bibelausgaben und Kommentare gehen davon aus, dass Lesart 1 die ursprüngliche ist,⁹ beziehen allerdings in der Übersetzung die Verneinung auf πάντες – im Sinne von »nicht alle«: »Wir werden *nicht alle* entschlafen ...«¹⁰ Hier eine nachgestellte Negation (πάντες οὐ im Sinne von οὐ πάντες) anzunehmen, entspricht allerdings griechischer Grammatik nicht.¹¹ Dem Satzbau

---

7. S. o.
8. Diese Annahme wird von den meisten aktuellen Forschungen geteilt. Eine Darstellung des Forschungsstands und eine ausführliche Diskussion der Lesarten, sowie der möglichen Gründe für Abänderungen der ursprünglichen Lesart bietet Wolfgang Schrage 2001, 370; vgl. auch Ernst von Dobschütz 1923, 136.
9. Gestärkt wird diese Annahme auch dadurch, dass die älteste überlieferte Handschrift 𝔓⁴⁶ (Variante 5) das οὐ liest, sie bietet dann aber im zweiten Kolon einen veränderten Text.
10. Diese Umstellung resultiert zum einen aus der inhaltlich schwer (oder: nicht?) verständlichen Aussage: »niemand wird sterben« zum anderen aus dem Vergleich mit 1 Thess 4,15-17, wo eine Unterscheidung zwischen den bei der Parusie noch Lebenden und den bereits Verstorbenen vorgenommen wird. Marlene Crüsemann 1999c, 182-244, zeigt in ihrer Studie zu 1 und 2 Thess, dass sich die eschatologischen Erwartungen und die Beschreibung der Parusie in 1 Thess 4,13-5,11 grundlegend von sonstiger genuin paulinischer Eschatologie (insbesondere in der Frage des Gerichts) unterscheiden und charakterisiert deshalb auch 1 Thess als pseudepigraphischen Brief. Sie zeigt, dass aber auch dann nicht davon ausgegangen werden könne, dass Paulus sich in glühender Naherwartung zu den Übrigbleibenden zähle, selbst wenn dieser Brief als authentisch verstanden werde, vgl. ihre Ausführungen zum »wir« in 1 Thess 4,13-17 (vgl. ebd., 187-206). Als Hauptaussage des Abschnitts versteht sie die Vergewisserung, dass die Lebenden den Toten nicht voraus seien, mit dem Tod kein gravierender Positionsverlust verbunden sei (vgl. ebd., 202.206).
11. Zu den grammatischen Regeln vgl. z.B. Eduard Schwyzer II 1950, 596; vgl. auch Friedrich Blass/ Albert Debrunner/Friedrich Rehkopf 1984, 360f. (§ 433). Sie zeigen,

entsprechend muss die Negation οὐ auf κοιμηθησόμεθα bezogen werden.¹² Auffällig ist, dass die verschiedenen Lesarten zwar eine Reihe von Umstellungen vornehmen, aber keine Handschrift οὐ vor πάντες κοιμηθησόμεθα liest.¹³ Zudem bieten eine Reihe von Handschriften die Partikel μέν hinter πάντες, was den Bezug von οὐ auf πάντες noch unwahrscheinlicher macht. Diese Umstellung erfolgt also in den deutschen Übersetzungen aus inhaltlichen Gründen gegen die grammatische Struktur,¹⁴ allerdings klärt auch sie die Probleme der Deutung von V. 51 f. nicht gänzlich.¹⁵ Vielfach wird darauf verwiesen, dass es

> dass die übliche Stellung der Negation vor dem zu Negierenden sei, allerdings gebe es unsichere Stellen, die davon abweichen, Ausnahmen nennt auch Eduard Schwyzer II, 1950, 596. Sebastian Schneider 2000, 99-128, hat auch diese genannten Ausnahmen einer ausführlichen Untersuchung unterzogen und überzeugend dargelegt, dass es klassischer griechischer Grammatik nicht entspreche, die Negation dem Bezugswort nachzustellen, auch im NT und in der Koine gebe es dafür keine Belege. Auch in den aufgeführten Ausnahmen könne davon ausgegangen werden, dass die Annahme einer Nachstellung der Negation unnötig sei. Vielfach handle es sich dabei um ein Problem der korrekten Übersetzung. Ein Beispiel dafür, das weder in den genannten Grammatiken noch bei Sebastian Schneider als Ausnahme behandelt wird, ist Röm 12,4: »... τὰ δέ μέλη πάντα οὐ τὴν αὐτὴν ἔχει πρᾶξιν«. Viele Übersetzungen bieten hier: »*Nicht alle Glieder haben dieselbe Aufgabe*« (hier wird die Negation auf das vorangehende Subjekt bezogen), dem griechischen Satzbau folgend lautet jedoch die korrekte Übersetzung, die die Verneinung auf das nachfolgende Verb bezieht: »... alle Glieder aber *nicht dieselbe Funktion erfüllen*« (so: Ernst Käsemann 1973, 316).

12. Sebastian Schneider 2000, 145-151, bezieht die Negation auf κοιμηθησόμεθα und deutet das Verb transitiv: οὐ κοιμηθησόμεθα im Sinne von »wir werden un-schlafen gemacht«, d.h. wach (= lebendig) gemacht bzw. auferweckt. Damit drücke Paulus dasselbe aus wie in 15,22: »alle werden lebendig gemacht werden« (πάντες ζῳοποιηθήσονται). Diese Lösung ist insofern überzeugend, als sie den Gedankengang von 1 Kor 15 aufnimmt und weiterführt, anzufragen ist allerdings, warum Paulus diese missverständliche und relativ unübliche Formulierung wählt und nicht das Verb ζῳοποιέω, das er bereits mehrfach in diesem Zusammenhang benutzt hat (vgl. 15,22.36.45).
13. Unklar ist allerdings, ob eine solche Hieronymus vorgelegen hat. Er nennt als eine Lesart: »Non omnes dormiemus, omnes autem inmutabimur.« (ep 119,2)
14. Vgl. dazu Wolfgang Schrage, 2001, 370: »Die Schwierigkeiten dieser Lesart stecken außer in der Grammatik (das οὐ negiert eigentlich πάντες, nicht das Verb) in der Sache, denn strenggenommen heißt V. 51a ›Keiner von uns wird entschlafen‹, was schon angesichts von 11,30 und 15,6 wenig sinnvoll wäre. Durch die rhetorisch bedingte Voranstellung des πάντες und die ungewöhnliche Stellung der Negation wird aber der Parallelismus hergestellt. Gemeint ist also: Nicht alle (von uns) werden sterben, aber alle verwandelt werden. Nur bei dieser Lesart ist jedenfalls von einem Mysterium zu sprechen, und nur so schließt sich V. 52 sinnvoll an.« Einen guten Überblick über die verschiedenen Lösungsversuche in der Forschungsgeschichte bietet Sebastian Schneider 2000, 82-98.
15. Bereits Johannes Weiß 1910, 378 zeigt die Probleme auf, die sich seiner Meinung nach kaum lösen lassen: »Das Besondere ist wohl, daß P[aulus] die ›Verwandlung‹

angesichts des fortdauernden Sterbens in Korinth und andernorts, von dem auch Paulus spricht (1 Kor 11,30; 15,6 und 15,22), logisch keinen Sinn mache, hier zu lesen: »Wir alle werden nicht entschlafen (κοιμηθησόμεθα)«, d. h.: »es stirbt niemand mehr«, und dass deshalb die Umstellung zwingend sei.
Gibt es aber tatsächlich keine inhaltliche Deutungsmöglichkeit für diese Aussage?

Die Begründungen für die Notwendigkeit der Umstellung gehen implizit davon aus, dass Paulus mit seinen Worten ausschließlich den chronologisch linear gedachten Ablauf zukünftiger Ereignisse beschreibt.[16] Dann stünde die Aussage allerdings im Widerspruch zu dem faktischen Sterben in der Gemeinde. Ist das Geheimnis, das er verkündet, aber tatsächlich auf dieser Verständnisebene angesiedelt? Kann die Aussage: »Niemand von uns wird sterben« nicht auch ganz anders verstanden werden? Zu konstatieren ist allerdings, dass hier zum ersten Mal seit VV. 22-28.(29) eine Aussage im Futur formuliert wird.[17] Welches Verständnis der Ereignisse steht hinter dieser Formulierung?

Hieronymus diskutiert sie neben anderen Lesarten in seinem Brief an Minervius und Alexander. Unter Bezug auf Joh 11,26: »Wer an mich glaubt, wird nicht sterben« schreibt er ihr einen spirituellen Sinn zu und deutet sie als Äußerung in mystischer Sprache *(mystico sermone):* Wer in Christus sei und an ihn glaube, werde nicht sterben.[18] Diesem Versuch, die Worte des Paulus anders als

    auf die Überlebenden bezieht, oder worin liegt das eigentliche Mysterium? Die Wortstellung ist rhetorisch, um den Parallelismus mit dem folgenden hervorzubringen; unter allen Umständen soll nicht κοιμηθησόμεθα, sondern πάντες negiert oder eingeschränkt werden; oder sollte P[aulus] von allen noch lebenden Christen geweissagt haben: wir werden nicht alle entschlafen, die Reihe der Todesfälle (11,30) ist abgeschlossen? Unmöglich wäre das nicht. Aber besser ist es eine Voranstellung anzunehmen [...]. Dann entsteht aber eine neue Schwierigkeit. Das zweite πάντες wären dann alle Christen, sowohl die, welche noch sterben werden, als die Überlebenden. Dies widerspricht aber V. 52, wo das ἀλλαγῆναι auf die Überlebenden beschränkt wird. Daher muß man πάντες etwas ungenau enger fassen: alle aber, die dann übrig bleiben. Auch diese Schwierigkeit wäre beseitigt, wenn man πάντες οὐ κοιμηθησόμεθα als eine Weissagung des P[aulus] faßte, daß fortan niemand mehr sterben werde. Aber ich wage nicht, so zu erklären. Jedenfalls ist klar, daß P[aulus] von den Nichtentschlafenen verkündigt: wir werden ›verwandelt werden‹ [...].«

16. Exemplarisch sei hier die Auslegung von Wilfried Verburg 1996 genannt. Er spricht in diesem Zusammenhang von der *proleptischen Bedeutung* der Aussagen (83), die auf das *zukünftige* Handeln Gottes verwiesen (83f.); Karlheinz Müller 1985, 231, deutet die Aussagen als prophetische Offenbarung; Wolfgang Schrage 2001, 375 f., sieht hier eine von der Naherwartung bestimmte Hoffnung ausgedrückt; vgl. auch Christian Wolff 1982, 206; u. a.
17. Eine Ausnahme bildet in V. 37 das attributive Partizip [τὸ σῶμα] τὸ γενησόμενον, der Aussagesatz steht allerdings im Präsens (σπείρεις ...).
18. Vgl. Hieronymus ep. 119,7: »Qui autem fidei magnitudine semper uiuunt in Christo, non dormient, non morientur ...« In deutscher Übersetzung: »Welche aber in

linear-zeitlich zu verstehen, möchte ich im Folgenden weiter nachgehen und fragen, was er in der »Sprache des Geheimnisses« ausdrücken will. Im gesamten Kapitel 1 Kor 15 hat Paulus ein vielschichtiges Verständnis von Tod und Leben ausgebreitet und ab 15,36 seine Ausführungen über Auferstehung aus der gegenwärtigen Schöpfung heraus entwickelt, in die er konkrete Erfahrungen in der Gemeinde eingebunden hat. Jetzt macht er deutlich, dass er auf einer anderen Ebene spricht als zuvor: »Siehe, ich sage euch ein Geheimnis (μυστήριον).«

Die Sprache des Mysteriums
Der Begriff μυστήριον bezieht sich im neutestamentlichen Sprachgebrauch auf Gott, die *Basileia* Gottes, d.h. auf deren Anbrechen und das Kommen des Christus, seinen Tod und seine Auferweckung (vgl. Mk 4,11f.; Mt 13,11; Lk 8,10; [1 Kor 1,23] 1 Kor 2,1.7; vgl. auch Kol 1,27; Eph 3,3f.). Das Geheimnis Gottes umfasst die Fülle der Zeiten, die Erfüllung der Geschichte, die vor allen Zeiten bereitet und bisher verborgen war (vgl. 1 Kor 2,7ff.; Eph 1,9.10; 3,9; Kol 1,26; [Röm 16,25]), es beschreibt die Rettung Israels und der Völker (vgl. Röm 11,25f.). Paulus bewegt sich wie das übrige Neue Testament im Rahmen jüdisch-apokalyptischer Vorstellungen.[19]

»Zum Begriff des μυστήριον gehört aber nicht nur, daß es eine den Gesetzen innerweltlichen Geschehens und Erkennens entnommene, nach Gottes verborgenem Ratschluß sich vollendende Geschichte bezeichnet, sondern auch, daß diese Geschichte in der Welt sich ereignet. Im Mysterium bricht eine himmlische Wirklichkeit in den Bereich des alten Äons ein [...].«[20]

Die eschatologischen Geheimnisse Gottes, die in Gleichnissen, Bildern und Zeichen ausgedrückt werden, bedürfen der Aneignung durch neues Sehen und

---

der Größe des Glaubens immer in Christus leben, werden nicht entschlafen, werden nicht sterben ...«

19. Dass hier nicht auf griechische Mysterienkulte und deren Vorstellungen zurückgegriffen wird, zeigt Günther Bornkamm, Art.: μυστήριον, in: ThWNT Bd. 4, 1942, 810ff.; 826.831. Der entscheidende Gegensatz sei, dass das »Geheimnis« nach neutestamentlichem Verständnis verkündet werde und nicht »geheim« bleiben solle. In der LXX findet sich der Begriff μυστήριον selten, dann vor allem in späteren Texten (vgl. Dan 2,18f.27-30. 47; Sir 3,19; 27,16). Neben dem profanen Gebrauch des Begriffes bezieht sich Geheimnis dann auch auf das Geheimnis Gottes, das offenbart wird (vgl. Dan 2,28f.; 2,47; Weish 2,22; 6,22 u.ö.). In jüdischen Apokalypsen ist vielfach von den verborgenen (kosmischen und/oder heilsgeschichtlichen), im Himmel bereits existierenden Geheimnissen Gottes die Rede, die den Sehern gezeigt/enthüllt werden (vgl. äthHen 9,6; 41,1-4; 49,2; 60,11-22; 69,15ff.; 71,3f. syrBar 48,2-3; 4 Esr 10,38; 14,5f.; u.ö.). Auch in den Schriften aus Qumran wird häufig auf die Geheimnisse Gottes Bezug genommen (vgl. 1 Q26 1,1,4; 1 Q30, 4,1; 1 Q36 9,2; 1 Q 40 1,2; 4Q405 3,2,9; 4Q511 63,1,6 u.ö.). Karlheinz Müller 1985, 231, versteht die Verkündigung des Geheimnisses hier wie in Röm 11,25-27 als prophetische Offenbarung (mit Bezug auf 1 Kor 13,2).
20. Günther Bornkamm, ThWNT Bd. 4, 1942, 826.

eine neue Praxis. Diejenigen, die nicht glauben, lehnen das μυστήριον ab, obwohl auch sie es sehen und hören können (vgl. Mk 4,11; Mt 13,11; Lk 8,10; Offb 1,20; 17,5). Verkündigt werden die Geheimnisse Gottes in der Predigt und werden öffentlich gemacht: καταγγέλλειν: 1 Kor 2,1; vgl. auch Kol 1,28; Eph 6,19; λαλεῖν: 1 Kor 2,7; vgl. Kol 4,3; εὐαγγελίσασθαι: Eph 3,8; φωτίσαι: Eph 3,9; φανεροῦν: Kol 4,4. Paulus bezeichnet sich und die anderen, die das Evangelium verkünden, als: οἰκονόμοι μυστηρίων θεοῦ: 1 Kor 4,1. Aus dem apokalyptischen Sprachgebrauch stammen auch weitere Vokabeln, die die »Enthüllung« der Geheimnisse beschreiben, diese werden vor allem in den Deuteropaulininen verwendet: ἀποκάλυψις: (Röm 16,25); Eph 3,3; ἀποκαλύπτειν: 1 Kor 2,10; Eph 3,5; γνωρίζειν: (Röm 16,26); Eph 1,9; 3,3.5; Kol 1,27; φανεροῦν: (Röm 16,26); Kol 1,26.[21]

In 1 Kor 2,1-13 äußert sich Paulus bereits ausführlich zum »Geheimnis«, das er der Gemeinde verkündet (vgl. auch 1 Kor 4,1; 13,2; 14,2):[22]

14,7 »Wir verkünden die verborgene Weisheit Gottes (σοφίαν ... τὴν ἀποκεκρυμμένην) auf geheimnisvolle Weise/in der Sprache des Geheimnisses (λαλοῦμεν ... ἐν μυστηρίῳ),[23] die Gott vor allen Zeiten vorausbestimmt hat zu unserer Verherrlichung. 8. Keiner der Machthaber dieser Weltzeit hat sie erkannt ... 9. Wir verkünden, wie es geschrieben steht: ›was kein Auge gesehen und kein Ohr gehört hat‹, was keinem Menschen ins Herz/in den Sinn gekommen ist: das, was Gott denen bereitet hat, die ihn lieben. 10. Denn uns hat es Gott enthüllt (ἀπεκάλυψεν) durch die Geistkraft; die Geistkraft ergründet nämlich alles, auch die Tiefen Gottes ... 12. Wir aber haben nicht den Geist der Welt, sondern die Geistkraft aus Gott, dass wir erkennen (εἰδῶμεν) können, was uns von Gott geschenkt worden ist. 13. Davon reden wir auch nicht mit Worten, wie menschliche Weisheit sie lehrt, sondern wie die Geistkraft sie lehrt, und deuten von der Geistkraft bewirkte Dinge/Ereignisse für Menschen, die von der Geistkraft bestimmt sind (πνευματικοῖς πνευματικὰ συγκρίνοντες).«

Insbesondere 1 Kor 2,13 ist für die Frage der Sprache des Geheimnisses in 15,51 weiterführend. Sie kann von allen *gehört* werden, ihr Inhalt wird öffentlich verkündet. *Verstanden* aber wird sie nur von denen, die von der Geistkraft bestimmt sind (1 Kor 2,13; vgl. auch 15,44), d. h. mit den Worten des Paulus in 1 Kor 15,49 f. von denjenigen, die als »Himmlische« die *Basileia* Gottes erben. Denn diese richten ihre Lebenspraxis auf das Gehörte aus. Die anderen erfassen zwar die Inhalte, verweigern sich aber ihren Anforderungen. Paulus geht davon

21. Zur Auflistung vgl. auch Günther Bornkamm ThWNT Bd. 4, 1942, 827.
22. Hier allerdings in polemischer Abgrenzung zu den »Weisen« in Korinth.
23. Die Satzstellung und die Bezüge der Wörter sind an dieser Stelle etwas unklar, in meiner Übersetzung beziehe ich ἐν μυστηρίῳ auf λαλοῦμεν; vgl. dazu Johannes Weiss 1910, 54 f.; vgl. auch Sebastian Schneider 2000, 77: »›Geheimnis‹ meint also auch in 1 Kor 2,7 nicht etwas grundsätzlich Verborgenes oder Unverständliches, wie es das deutsche Wort nahelegt, sondern etwas, das vor den Augen der *Welt* verborgen bleibt, im Geist aber erkannt werden kann.«

aus, dass die Glaubenden in Korinth *verstehen* (vgl. 1 Kor 2,12; vgl. auch 14,20). Mit dem Begriff μυστήριον setzt Paulus ein Signal, das deutlich macht, dass nun von etwas Verborgenem gesprochen wird, von Zusammenhängen, die einem äußeren Sehen, einem oberflächlichem Hören nicht zugänglich sind. Er macht deutlich, dass die folgende Rede in Bildern geschieht, Bildern und Gleichnissen, die allein der Glaube erschließt.[24] Was wird nun denjenigen, denen das Geheimnis der *Basileia* Gottes gegeben ist, verkündet? Inhalt der Offenbarung ist, dass *alle* leben – die Lebenden und die Toten, dass die Todesmacht endgültig besiegt ist (vgl. 1 Kor 15,45-57; vgl. auch Offb 21,4):

51. »wir alle (πάντες) werden nicht sterben (= sind der Todesmacht nicht länger ausgeliefert – οὐ κοιμηθησόμεθα),
aber wir alle (πάντες) werden verändert werden (ἀλλαγησόμεθα)
52. ... und die Toten werden zu Unvergänglichen auferweckt werden (οἱ νεκροὶ ἐγερθήσονται ἄφθαρτοι)
und wir werden verändert werden (ἡμεῖς ἀλλαγησόμεθα).«

Mit diesen Worten beschreibt Paulus den verborgenen Plan Gottes, der die Geschichte der Welt vor allen Zeiten vorherbestimmt hat und nun von denjenigen umgesetzt werden kann, die von der Geistkraft erfüllt an ihn und den Messias Jesus glauben (vgl. 1 Kor 2,7 ff.). Das Ziel des schöpferischen und neuschöpferischen eschatologischen Handelns Gottes ist das Leben: Die Worte des Paulus zeichnen eine Gemeinschaft von Lebenden: der auferweckten Toten und der lebenden Verwandelten. Seine Worte beschreiben einen »sehenden« d. h. erkennenden Blick (vgl. 2,12) auf die Wirklichkeit Gottes und damit eine Vision der *Basileia*, wie sie den Glaubenden enthüllt ist (vgl. 2,10). Mit seinen Worten (vgl. 2,13) versucht er das Geheimnis zu erfassen und greift dafür auf mythologische Bilder und apokalyptische Vorstellungen zurück, um das sprachlich kaum Fassbare auszudrücken (vgl. 2,13): »Davon reden wir auch nicht mit Worten, wie menschliche Weisheit sie lehrt, sondern wie die Geistkraft sie lehrt, und deuten von der Geistkraft bewirkte Dinge/Ereignisse für Menschen, die von der Geistkraft bestimmt sind (πνευματικοῖς πνευματικὰ συγκρίνοντες).« Seine ›Vision‹ zeigt das Leben in der *Basileia* Gottes, die zum einen als Tiefendimension (vgl. 2,10) der gegenwärtigen Welt präsent und erfahrbar ist,[25]

---

24. Vgl. auch Mk 4,11 f.; Mt 13,11; 19,11; Lk 8,10.
25. Vgl. auch Richard A. Horsley 1999, 213, zu 1 Kor 15,51: »As in 2:6-8, he identifies what he is about to relate as a ›mystery‹, the Jewish apocalyptic term for God's plan of fulfillment hidden from the world but revealed to the assembly.«; auch Sebastian Schneider 2000, 78 f., versteht μυστήριον als Offenbarung »geistlicher Wirklichkeit« bzw. »verborgener Wirklichkeit«. Vgl. auch Pablo Richard 1996, 134, zu Offb 10,6 f.: »Das Wort Geheimnis bezeichnet hier das Handeln Gottes in der Geschichte, den Plan Gottes, das, was der Geschichte Sinn einstiftet.« Die siebte Posaune zeige an, dass »das Geheimnis Gottes vollendet *(etelesthe)* ist (10,6 f.); [...] das Ende der gegenwärtigen Zeit [...] das was in der Gegenwartszeit den Verfolgungen und Leiden ein Ende macht. Mit der siebten Posaune kommt die Herrschaft Gottes an. Noch

auf deren vollständiges Offenbarwerden aber auch er noch hofft (vgl. 1 Kor 1,7; vgl. auch Röm 8,18-25). Das Geheimnis beschreibt Gott als Gott der Lebenden (vgl. auch Mk 12,27). Paulus ›sieht‹ die *Basileia* Gottes – er sieht, dass der Tod besiegt ist (VV. 22-28; VV. 54-57). Das Geheimnis verkündet er als Hoffnungsbild in einer Welt, die von Gewalt, Leiden, von unzeitigem Sterben und politischen Morden geprägt ist (vgl. Röm 8,18 ff.; 2 Kor 4,7-18 u. ö.). Es besagt, dass es ein Jenseits dieser Gewaltgeschichte gibt. Paulus macht damit deutlich, dass die Gegenwart nicht alles ist, dass es eine andere vom Leben bestimmte Wirklichkeit gibt, die Hoffnung und Widerstandskraft einen Grund gibt (vgl. auch Röm 8,24 f.). Das Geheimnis, das Paulus hier enthüllt, illustriert die Aussage von 15,19: Es umfasst das »andere Leben«, das nicht vollständig in diesem Leben (ἐν ζωῇ ταύτῃ) aufgeht.

Möglicherweise steht auch hinter den Worten in 1 Kor 15,51 ein Psalmwort, auf das Paulus hier zurückgreift: Ps 118,19, das allerdings in der LXX (117,19) mit anderen Worten als in 1 Kor 15,51 (οὐκ ἀποθανοῦμαι/οὐ κοιμηθησόμεθα; ζήσομαι/ ἀλλαγησόμεθα) und im Singular davon spricht, dass derjenige, der die Werke Gottes verkündet, nicht sterben wird.[26] Inhaltlich ist es der Aussage jedoch sehr nahe (LXX 117,19):

»Ich werde nicht sterben, sondern leben und die Werke Gottes verkünden – οὐκ ἀποθανοῦμαι ἀλλὰ ζήσομαι καὶ ἐκδιηγήσομαι τὰ ἔργα κυρίου«

Ps 118 stellt eine Dankfestliturgie dar, die von verschiedenen Stimmen gesungen und aufgeführt worden ist. Die hier in der ersten Person Singular geschilderten Aussagen sind auf die ganze Gemeinde zu beziehen.[27] Der Beter/die Beterin fühlt sich der Sphäre des Todes entrissen und dankt für das von JHWH neu geschenkte Leben. Zwar wird immer wieder darauf hingewiesen, dass es sich hier nicht um den Ausdruck eines Auferstehungsglaubens handelt, der sich auf die Errettung aus dem (physiologischen) Tode bezieht. Hans-Joachim Kraus macht jedoch auf dessen transzendierende Aspekte aufmerksam, die über eine bloße Errettung aus einer bedrohlichen Situation hinauswiesen:

»Es wird aber zu bedenken sein, daß die alttestamentlichen Aussagen hier eine bemerkenswerte Transparenz zur Totalität des Lebensbegriffs, eine transzendierende Intention, in sich schließen. Das von Jahwe neu geschenkte Leben liegt im Licht

---

einmal: es ist nicht das Ende der Geschichte, sondern das *Reich Gottes in der Geschichte*.« (142-143)

26. Zu Ps 118 und dem alttestamentlichen Todesverständnis vgl. auch Bernd Janowski 1999, 24.
27. Vgl. dazu Hans-Joachim Kraus 1978b, 982: »Das Heil, das er persönlich erlebt hat, ist unzertrennlich mit dem Heil der ganzen Gemeinde verbunden. Auch innerhalb des individuellen Danklieds (5-21) kann man also beobachten, was für die Gesamtanlage des 118. Psalms herausgestellt wurde: Das persönliche Schicksal ist eingeklammert und umgeben von der Dankliturgie der Festgemeinde.«

einer Vollgültigkeit und Erfüllung, die weit über die Erneuerung der Vitalität hinausweist.«[28]

Tod und Leben, Errettung aus Todesgefahr und das Vertrauen auf Gottes lebensschaffende Kraft werden hier in einem Danklied zum Ausdruck gebracht. Die LXX formuliert das sich auf die Gegenwart beziehende Geschehen im Futur (οὐκ ἀποθανοῦμαι ἀλλὰ ζήσομαι) und betont damit die Offenheit der Erfahrung, ihren die Gegenwart transzendierenden Charakter. Gottes lebensschaffende Kraft, die den Lobenden die »Pforten der Gerechtigkeit« öffnet (V. 19), wird nicht auf die Gegenwart begrenzt.[29] Auch 1 Kor 15,51 bekennt sich im Futur zum lebensschaffenden Handeln Gottes. Zum einen wird damit darauf verwiesen, dass die endgültige Verwandlung und die allgemeine Totenauferstehung noch nicht gänzlich offenbar sind, aber bereits die gegenwärtige Existenz bestimmen, in der es weiterhin Leiden und Sterben gibt. Die Aussagen werden missverstanden, wenn sie ausschließlich als Beschreibung eines chronologisch linearen Ablaufplans für die Zukunft gedeutet werden.[30] Wenn Paulus davon spricht, dass niemand sterben wird, spricht er nicht in linear bestimmbaren Zeitkategorien, sondern wie Ps 118 von einer Gewissheit in Bezug auf das Handeln Gottes, in das er alle Menschen in der Gemeinde und auch sich selbst eingeschlossen sieht. Diese Gewissheit transzendiert die Gegenwart und begründet den Glauben an eine Wirklichkeit, in der auch die Toten eine Zukunft haben.[31]

Im Hintergrund der Hoffnung auf eine Gemeinschaft der Toten und der Lebenden steht der Glaube an den einen Gott und dessen umfassende Gerechtigkeit, die auch durch den Tod nicht begrenzt gesehen wird. Dies gilt bereits für ersttestamentliche und nachbiblisch jüdisch-apokalyptische Texte und die sich darin entwickelnde Eschatologie:[32]

»So steht die hoffnungsvolle Aussage einer Auferstehung der Toten im Kontext des Protests gegen den unzeitigen Tod, der unerfülltes Leben wider alle Gerechtigkeit

28. Hans-Joachim Kraus 1978b, 982.
29. Dass der Psalm in neutestamentlicher Zeit in diesem Sinne gedeutet wurde, zeigt die Aufnahme von Ps 118,22f. (LXX 117,22f.) in Mt 21,42; Apg 4,11; 1 Petr 2,6f. Vgl. dazu Hans-Joachim Kraus 1978b, 984: »Die Urgemeinde hat Ps 118 als weissagendes Zeugnis vom Leiden und Auferstehen Jesu gelesen.«
30. Vgl. auch Jürgen Ebach 1998, 264: »Apokalyptik ist als Fahrplan der Weltgeschichte ungeeignet. Als ›Zeichen der Zeit‹, nämlich als unübersehbare Signatur der Endlichkeit der Zeit ist sie unverzichtbar. Jede Spekulation über das im Takt linearer, homogener Zeit angebbare Datum des Endes und damit des Anfangs verbieten sich.
31. Das komplexe Zeitgefüge, das hinter diesen Aussagen steht, soll im nächsten Kapitel ausführlich untersucht werden. Die Aussagen in diesem Abschnitt beruhen auf den Überlegungen der aktuellen Diskussion über das Verständnis von Zeit in neutestamentlicher Eschatologie vgl. dazu vor allem Jürgen Ebach 1985.1998; Luise Schottroff 1990b.1999e; Kurt Erlemann 1995.1996; Pablo Richard 1996; Christoph Meier 1998; Christian Strecker 1999.
32. Vgl. z.B. Ps 73,23-26; Jes 26,19; Ez 37; Dan 12; 2 Makk 7; äth Hen 22 u. ö.

beendet, und in diesem Kontext, in dieser Funktion, bewahrt die Rede von der Auferstehung der Toten drei indispensable erkenntnis- und handlungsleitende Optionen: Es war die erkenntnis- und handlungsleitende Option letztendlichen Heils, das keinen und keine Einzelne übergeht und über die beiden Gleise der Individualisierung und Universalisierung zugleich mit innerer Konsequenz zur Ausformulierung der strittigen Rede von der Auferstehung der Toten geführt hat.«[33]

Der Monotheismusgedanke führte bereits in ersttestamentlichen Texten in der Konsequenz dazu, die Grenzen zwischen dem Leben und dem Totenreich als durchlässig anzusehen. Der Macht des Todes über das Totenreich, in dem die Toten versammelt sind (vgl. Ijob 30,23), steht die Macht Gottes als Gott des Lebens gegenüber.[34] Die Gestorbenen wechseln von einem Herrschaftsbereich in einen anderen und gehören nun dem »Volk der Unterwelt« (vgl. Ez 26,20) an. Gott wird die Fähigkeit zugeschrieben, die Grenze zu überwinden, die Toten auch hier zu schützen.[35] Die Überwindung des Todes und seiner auch in der gegenwärtigen Existenz wirksamen todbringenden Strukturen wird von Paulus als Ziel des andauernden Schöpfungshandelns Gottes verstanden (vgl. 1 Kor 15,22 ff. 36 ff.). Er bietet in seinen Ausführungen eine Weiterentwicklung der bereits im Ersten Testament angelegten Vorstellungen. Die Auferweckung Christi bedeutet für ihn das entscheidende Geschehen in der Geschichte Gottes mit den Menschen, das zeige, dass die Grenzen zwischen Leben und Tod überwunden sind.

Zusammenfassend lässt sich festhalten: Die Einleitung: »Siehe, ich sage euch ein Geheimnis (μυστήριον)« – eröffnet die Verkündigung des Paulus über die Wirklichkeit Gottes, die er *erkennt*. Was darauf folgt, ist als Beschreibung eines veränderten Sehens, einer Vision zu lesen. Seine apokalyptischen Bilder zeichnen trotz der Formulierungen im Futur keine zeitlich ferne Zukunft, das wird gleich zu Anfang deutlich. Im Mittelpunkt stehen die Menschen, zu denen er spricht: »*Wir alle* werden nicht entschlafen, aber *wir alle* werden verändert werden«. Das Geheimnis umfasst eine »andere« Wirklichkeit, ein Leben ohne Tod und Sterben. Es beschreibt ein Jenseits von Gewalt und Sterben, einen Ort, an dem der Tod besiegt ist und allen Lebensmöglichkeiten eröffnet werden: den Lebenden und den Toten.[36] Das Geheimnis umfasst in den Worten des Paulus eine Hoffnung, die gegenwärtige Erfahrungen von Auferstehung und neuem

---

33. Klaus Bieberstein 1998, 16. Vgl. auch Sabine Bieberstein 2002, 68: »Es geht in den biblischen Texten nicht um eine allgemeine Lehre von einem Leben aller Toten in einem Jenseits, auch nicht um Neugier auf ein Jenseits des Todes, sondern um eine Perspektive der Hoffnung auf die Treue Gottes, die ihre Toten nicht im Stich lässt.«
34. Zur Vorstellung des Totenreiches vgl. Christoph Barth (1946) 1987, 67 ff.
35. Angelika Berlejung 2001, 489 f., zeigt dies u. a. anhand der Untersuchung von Amuletten.
36. Vgl. dazu auch Karlheinz Müller 1985, 236, der davon ausgeht, dass die Überwindung des Todes in der Argumentation des Paulus als das eigentliche eschatologische Ereignis zu deuten ist.

Leben (vgl. Röm 6,4) einbezieht und in den Horizont der *Basileia* Gottes stellt. Die Zukunft, die er sieht, verleiht dem Leben in der Gegenwart eine qualitativ andere Dimension (vgl. 1 Kor 2,10; 15,19), indem sie der Hoffnung auf Leben Gewissheit und Grund gibt.[37]

8.1.3 Die Gemeinschaft der Lebenden und der Toten (V. 52)

In der Beschreibung des Zeitpunktes des Geschehens wird deutlich, dass hier Vorstellungen linearer Zeit nicht die entscheidende Rolle spielen. Paulus spricht nicht davon, dass das, was er geschaut hat, in wenigen Tagen, Wochen, Monaten oder Jahren stattfinden wird. Das μυστήριον ist keine Zukunftsvorhersage, es ereignet sich:
ἐν ἀτόμῳ
ἐν ῥιπῇ ὀφθαλμοῦ
ἐν ἐσχάτῃ σάλπιγγι
Alle diese Beschreibungen weisen auf einen Moment ohne zeitliche Ausdehnung, dessen Gegenwart mit verschiedenen Sinnen erfahrbar, allerdings nur flüchtig zu erfassen ist:[38] ἐν ἀτόμῳ beschreibt einen unteilbaren Moment,[39] der nicht dehnbar ist, einen Punkt, der nicht messbar ist. ἐν ῥιπῇ ὀφθαλμοῦ umschreibt die Bewegung des Auges, das Augenzwinkern[40] – das unwillkürlich geschieht, normalerweise in der Wahrnehmung kaum gespürt wird. ἐν ἐσχάτῃ σάλπιγγι ist der Zeitraum des Klangs, des Schalls, der dem menschlichen Ohr zugänglich ist, es erreicht, aber von diesem nicht festgehalten werden kann. Alle Formulierungen umschreiben etwas nicht Greifbares, einen Moment ohne Dauer, über den nicht verfügt werden kann, dessen Entwicklung nicht beobachtet wird, der plötzlich da ist. Damit unterscheidet sich diese Sequenz deutlich von den vorangehenden Beschreibungen des gottesgeschichtlichen Handels (vgl. V. 23: ἀπαρχή – ἔπειτα; vgl. auch die zeitlichen Abfolgen in VV. 24-28; V. 45: πρῶτος- ἔσχατος; V. 46: πρῶτον – ἔπειτα, V. 47: πρῶτος – δεύτερος).[41]

---

37. Insbesondere Friedrich-Wilhelm Marquardt betont den utopischen Charakter des eschatologischen Zukunftsbegriffes, der eine Zukunft ohne Tod, aber nicht ohne das eigene Sterben beschreibe: »Es *könnte* ja so etwas wie eine Eschatologie von Überlebenden geben, die bereits ihr ganzes Leben im olam hassä, in dieser Welt, als eine einzige Zukunft erfahren: aus dem Horizont des Entronnenseins oder aus der *Erfahrung* des Abgrundes von Tod, dem wir gehören und der uns doch nicht verschlungen hat – *Zukunft als Qualität*.« (1994, 50-51)
38. Wolfgang Schrage 2001, 372, spricht vom »Topos der Kürze und Schlagartigkeit«.
39. Vgl. Henry George Liddell/Robert Scott 1961, 271 zu ἄτομος: uncut, indivisible; ἐν ἀτόμῳ: in a moment.
40. Vgl. Henry George Liddell/Robert Scott 1961, 1571 zu ῥιπή: rapid movement; ἐν ῥιπῇ ὀφθαλμοῦ: the twinkling of an eye.
41. Sie unterscheidet sich auch grundsätzlich von der Beschreibung in 1 Thess 4,13 ff.

In 1 Kor 15,52 ist es auffällig, dass das Blasen der Posaune zweimal erwähnt wird: »ἐν ἐσχάτῃ σάλπιγγι σαλπίσει ...« Damit setzt Paulus auch inhaltlich ein deutliches Signal, das traditionell mit dem Eintreten der eschatologischen Ereignisse verbunden ist (vgl. Mt 24,31: das Kommen des Menschensohnes; Offb 8,6-13; 9,1.13; 10,7; 11,15; vgl. auch 1 Thess 4,16).[42] In Offb 10,7 wird wie in 1 Kor 15,51 f. das Offenbarwerden des Geheimnisses Gottes durch das Blasen einer Posaune eingeleitet. Die Beschreibung des Geschehens wird hier durch einen Schwur des siebten Engels eröffnet:

10,6. »Es wird keine Zeit mehr bleiben (χρόνος οὐκέτι ἔσται), 7. denn in den Tagen, wenn der siebte Engel seine Stimme erhebt, wenn er ansetzt, die Posaune zu blasen (μέλλῃ σαλπίζειν), ist das Geheimnis Gottes vollendet (ἐτελέσθη τὸ μυστήριον τοῦ θεοῦ), wie er es seinen Sklaven, den Propheten, verkündet hat.«

Während der siebte Engel die Posaune bläst, ertönen laute Stimmen, die ausrufen (Offb 11,15):

»Es ist geschehen (ἐγένετο)! Die *Basileia* der Welt gehört unserem Kyrios und seinem Gesalbten. Und er herrscht als König von Weltzeit zu Weltzeit.«

In Offb 11,15 wird das Geheimnis Gottes inhaltlich entfaltet, es umfasst die Königsherrschaft, die *Basileia* Gottes, deren Gegenwart beim Schall der letzten (siebten) Posaune offenbar wird.[43] In Offb 10,6 wird deutlich darauf hingewiesen, dass der Bezugspunkt des Geschehens die Gegenwart ist: Es bleibt keine

> Hier wird deutlich eine Reihenfolge der Ereignisse festgelegt. 4,15 betont explizit, dass die Lebenden den Toten nicht zuvorkommen dürfen. Wenn die Posaune erschalle (V. 16), werden zuerst (πρῶτον) die Toten auferstehen, dann (V. 17: ἔπειτα) die Lebenden zusammen mit den Toten in den Himmel entrückt werden. Neben den inhaltlichen Differenzen (Verwandlung – Entrückung) ist auch die zeitliche Dimension des Geschehens eine andere als in 1 Kor 15,50 ff. Diese Beobachtung stützt die These von Marlene Crüsemann, 1999c, dass 1 Thess ein anderes Verständnis des eschatologischen Geschehens, von Gericht und Errettung, vertritt als die genuinen Paulusbriefe. In 1 Thess 4,16 f. werden die Toten erst auferstehen und dann mit den Lebenden in den Himmel entrückt, in 1 Kor 15,51 ff. wird Auferstehung der Toten und Verwandlung der Lebenden als ein zusammengehöriges Geschehen geschildert, das keine weitere Fortführung erfährt.

42. Die neutestamentlichen Texte stehen mit diesen Aussagen in ersttestamentlich-jüdischer Tradition, vgl. z. B. Jes 27,13; Sach 9,14; 4 Esr 6,23.
43. Vgl. Dan 7,14.27. Vgl. auch Jürgen Ebach 1998, 260: »Die ›kommende Welt‹ ist eine *kommende* Welt, sie *bleibt* gerade keine *jenseitige* – das ist die Pointe der apokalyptischen ›Raumansage‹, die von mehr als *einer* Welt weiß. Die neue Erde und der neue Himmel führen nicht aus der Schöpfung heraus (*das* war die Auffassung der Gnostiker), sondern in diese Schöpfung hinein, die in Gottes fortdauerndem Schöpfungshandeln (Jes 65,17) im Werden ist.« Vgl. ebd., 264: »Apokalyptik ist als Fahrplan der Weltgeschichte ungeeignet. Als ›Zeichen der Zeit‹, nämlich als unübersehbare Signatur der Endlichkeit der Zeit ist sie unverzichtbar. Jede Spekulation über das im Takt linearer, homogener Zeit angebbare Datum des Endes und damit des Anfangs verbieten sich.«

Zeit mehr.⁴⁴ Die Vollendung des Geheimnisses bedeutet, dass die *Basileia* Gottes anbricht, den ganzen Kosmos umfasst und auch den Toten Gerechtigkeit verschafft (vgl. 11,15-19).⁴⁵ In 1 Kor 15,52 ist die »letzte« Posaune keine, die am Ende einer Reihe von mehreren steht, sondern die eschatologische Posaune, die die allgemeine Totenauferstehung und die Verwandlung der Lebenden im Moment des Erklingens ankündigt.⁴⁶ Auffällig ist allerdings, dass außer der Auferweckung der Toten kein weiteres eschatologisches Geschehen wie z. B. die Parusie Christi⁴⁷ oder das Gericht⁴⁸ geschildert wird. Paulus bedient sich hier eines zentralen Motivs der Apokalyptik,⁴⁹ mit dem er bei den LeserInnen auch andere Bilder aufruft, auf deren Ausmalung er allerdings verzichtet und sich auf seine Hauptaussage beschränkt: die Auferweckung und Veränderung.

Die von Paulus beschriebene Vision zeigt in mythologischen Bildern den bereits errungenen Sieg über den »letzten« Feind, den Tod (vgl. 1 Kor 15,26.54.55). Sie zeigt die Gemeinschaft der auferweckten Toten und der ver-

---

44. Luzia Sutter Rehmann 1998, 75, beschreibt das Geschehen, das durch die verschiedenen Posaunen zum Ausdruck kommt, als Bewusstwerdungsprozess des Sehers Johannes: »Er nimmt diese Töne als Zeichen, d. h. als Botschaften wahr. Indem er diese Klänge hört, beginnt er zu verstehen [...] Die Botschaft, die Johannes hört, läßt ihn sehend werden. Mit den Ohren gingen ihm auch die Augen auf.«
45. Vgl. Pablo Richard 1996, 134: »Es wird uns gesagt: *Es wird keine Zeit mehr bleiben (chronos ouketi estai)*, das heißt, die Zeit ist zu Ende, die Frist abgelaufen. Die ›Zeit‹ ist Gegenwartszeit [...] Es ist Zeit, in der Umkehr möglich ist.« Vgl. auch ebd. 144-145: »Die Ankunft des Gottesreiches auf der Erde ist eine frohe Botschaft für die Heiligen, aber eine Tragödie für die Ruchlosen. [...] In unsrem Text schafft Gott den Toten Gerechtigkeit: Er gibt den Propheten und den Heiligen ihren Lohn und verdirbt diejenigen, die die Erde verdorben haben. Das Gericht Gottes und sein richtendes Handeln haben in der Bibel keinen forensisch-gesetzlichen Sinn, sie meinen vielmehr das Handeln Gottes in der Geschichte: Gott schafft den Unterdrückten Gerechtigkeit und befreit sie [...].«
46. Die Angabe »bei der letzten Posaune« ἐν ἐσχάτῃ σάλπιγγι bezieht sich auf die endzeitlichen Ereignisse, die auch in anderen neutestamentlichen Texten einen deutlichen Gegenwartsbezug aufweisen (vgl. auch 1 Kor 10,11: Ende der Zeiten (τέλη τῶν αἰώνων) bezieht sich hier auf die Gegenwart). So geschehen in Apg 2,16 ff. die für die letzten Tage (ἐν ταῖς ἐσχάταις ἡμέραις) verheißenen eschatologischen Ereignisse in der Gegenwart (V. 16: τοῦτό ἐστιν); vgl. auch 1 Joh 2,18: »... es ist die letzte Stunde (ἐσχάτη ὥρα ἐστίν).«; Hebr 1,2: »... in den letzten Tagen (ἐπ' ἐσχάτου τῶν ἡμερῶν) hat er [Gott] geredet durch seinen Sohn.«; Jak 5,3 kritisiert die Reichen, dass sie in den »letzten Tagen« (ἐν ἐσχάταις ἡμέραις) noch materielle Schätze aus Gold und Silber ansammeln; vgl. auch 1 Petr 1,5.20; 2 Petr 3,3.
47. Vgl. ansonsten 1 Kor 15,23; vgl. auch 1 Thess 2,19; 3,13; 4,15; 5,23; 2 Thess 2,1.9; Mat 24,3.27 u. ö. im NT.
48. Auf das Gericht verweist er ansonsten im ersten Brief an die Gemeinde in Korinth mehrfach (vgl. 1 Kor 3,13.14; 4,4.5; 6,2; 11,29; vgl. auch Röm 2,1 f.12; 2 Kor 5,10 u. ö.).
49. Vgl. auch 4 Esr 6,23; ApkMos 22; Sib IV 173 f.; VIII 239; Apk Abr 31,1 f.; PsSal 11,1 u. ö.

wandelten Lebenden, eine Gemeinschaft, in die er sich selbst mit einbezogen sieht. Aber Paulus ist gestorben, auch die Menschen in Korinth. Seitdem sind fast 2000 Jahre vergangen. Rudolf Bultmann geht in seinem Programm der »Entmythologisierung« davon aus, dass durch das Weiterlaufen der Zeit das Weltbild überholt sei, in dem solche Aussagen ihren Ort gehabt hätten.[50] Die Vorstellungen einer mythischen Eschatologie, die hier zum Ausdruck kommen, seien deshalb als »erledigt« anzusehen.[51] Jürgen Ebach kritisiert diese Einschätzung als der Gattung nicht angemessen und zeigt, dass mythische Bilder nicht ihres mythischen Gewandes entkleidet und auf eine überzeitlich existentielle Botschaft reduziert werden können:

> »Was, wenn der Mythos nicht nur die Verkleidung der eigentlichen Aussage wäre, sondern die eigentliche Aussage in der ihr entsprechenden Form selbst? [...] Deshalb muß nach der Wahrheit mythischer Aussagen der Bibel gefragt werden, indem man nach der Wahrheit des *Mythos* fragt und nicht nach der Wahrheit *hinter* dem Mythos.«[52]

50. Vgl. Rudolf Bultmann (1941) 1985, 14: »Sofern es nun mythologische Rede ist, ist es *für den Menschen von heute unglaubhaft*, weil für ihn das mythische Weltbild vergangen ist. Die heutige christliche Verkündigung steht also vor der Frage, ob sie, wenn sie vom Menschen Glauben fordert, ihm zumutet, das vergangene mythische Weltbild anzuerkennen. Wenn das unmöglich ist, so entsteht für sie die Frage, ob die Verkündigung des Neuen Testaments eine Wahrheit hat, die vom mythischen Weltbild unabhängig ist; und es wäre dann die Aufgabe der Theologie, die christliche Verkündigung zu entmythologisieren.«

51. Vgl. Rudolf Bultmann (1941) 1985, 16: »Man kann nicht elektrisches Licht und Radioapparat benutzen, in Krankheitsfällen moderne medizinische und klinische Mittel in Anspruch nehmen und gleichzeitig an die Geister- und Wunderwelt des Neuen Testaments glauben. [...] Die mythische Eschatologie ist im Grunde durch die einfache Tatsache erledigt, daß Christi Parusie nicht, wie das Neue Testament erwartet, alsbald stattgefunden hat, sondern daß die Weltgeschichte weiterlief und – wie jeder Zurechnungsfähige überzeugt ist – weiterlaufen wird.« Rudolf Bultmann kommt deshalb zu dem Schluss, dass es nötig ist, den Mythos nicht kosmologisch, sondern anthropologisch, d. h. existential zu interpretieren: »Deshalb ist auch die Mythologie des Neuen Testaments nicht auf ihren objektivierenden Vorstellungsgehalt hin zu befragen, sondern auf das in diesen Vorstellungen sich aussprechende Existenzverständnis hin.« (ebd., 23) Es gehe nun darum, die »Wahrheit des Kerygmas« für den nicht mythologisch denkenden Menschen aufzudecken (vgl. ebd., 28 ff.). Abschließend stellt er die Frage, ob bei der Verkündigung des eschatologischen Christusgeschehens nicht doch ein »mythologischer Rest« blieb (vgl. ebd., 63 f.).

52. Jürgen Ebach 1998, 250; vgl. auch ebd., 251 f.: »Was heißt es, gegenüber solchen Worten und Bildern die Kategorie ›erledigt‹ zu bemühen? Ist denn eine Sehnsucht erledigt, wenn sie ungestillt blieb? Dann ist der größte Teil der Lyrik *erledigt*. Sind denn Wünsche erledigt, wenn sie unerfüllt blieben? Dann sind die meisten Gebete *erledigt*. Sind denn Hoffnungen erledigt, wenn sie Hoffnungen geblieben sind? Dann sind die großen Utopien *erledigt*. Ist denn die Erwartung des Endes und eines wirklich neuen Anfangs erledigt, wenn das Ende und der neue Anfang so lange auf sich

Was ist die Wahrheit des Mythos, die Paulus verkündet? Oder anders gefragt: Woran misst sich seine Wahrheit? Wird er zum Irrtum, wenn der Lauf der Zeit weitergeht, die angekündigten Ereignisse nicht eintreten? Worin hat diese Wahrheit ihren Wert für die Menschen, in deren Gegenwart Sterben und Tod weiterhin Realität sind?[53] Bedient sich Paulus der Sprache des Geheimnisses, um Dinge auszudrücken, die er möglicherweise nicht anders hätte sagen können, die sich der alltäglichen Sprache entziehen?[54] Paulus fühlt sich der *Basileia* Gottes nahe.[55] In seiner Vision ist die *Basileia* so nahe, dass es nur eines »Augenzwinkerns« bedarf, dass sie wirklich und vollendet da ist. Paulus stellt sich und die Menschen in Korinth in eine enge Beziehung zu ihr: »Wir alle werden nicht sterben, wir alle werden verändert werden.«

Die Ausmalung der Offenbarung, des »Geheimnisses«, das Paulus den Menschen in Korinth vor Augen stellt, die Bilder von der Vernichtung des Todes, sie

53. warten lassen? Dann ist *jede* Eschatologie erledigt, außer der, die dekretiert, daß es mit der Welt *ad infinitum* so weitergeht.« Für die Menschen in Korinth ist der Tod identifizierbar – die Befreiung vom Tod hat damit auch deutlich politische Dimensionen.

53. Das »Entmythologisierungsprogramm« Rudolf Bultmanns hat wichtige Fortschritte in Bezug auf die Deutung mythologischer Vorstellungen gebracht. Sie sind nicht als objektive Beschreibungen eines Geschehens zu verstehen, sondern als Deutungen von Wirklichkeit, die sich zeitbedingter Ausdrucksmittel bedienen. Somit hat er einen Weg eröffnet, futurisch formulierte Bilder auf die Gegenwart und Existenz von Menschen bezogen zu deuten. Für ihn war dies allerdings nur unter Aufgabe des Mythos möglich. »Gibt es einen mythologischen Rest?« Die Frage muss m. E. mit »Ja« beantwortet werden, denn eine vollständige Entmythologisierung ist nur unter Preisgabe der Geschichtlichkeit und der politischen Aussage, die in einem konkreten Kontext entstanden ist, möglich. Der von Jürgen Ebach und anderen vertretene Ansatz, mythologische (apokalyptische) Darstellungen als Versuch zu verstehen, die eigene geschichtliche Wirklichkeit zu deuten, führt zu anderen Fragen an den Mythos als Rudolf Bultmann sie stellte. Vgl. dazu auch Martin Hengel 2001, 182: »Die Christologie braucht die ›mythische‹ Aussage nicht zu fürchten. Sie kann und will sie nicht entbehren. Wir können ohne sie das Geheimnis Gottes zu unserem Heil überhaupt nicht zur Sprache bringen. [...] Der von Bultmann ständig verwendete Begriff der ›Entmythologisierung‹ ist eine semantische Fehlbildung, da er allzu häufig mit Eliminierung verwechselt wurde – vollends gar, wenn man von ›radikaler Entmythologisierung‹ sprach. In Wirklichkeit geht es um eine sachgemäße Interpretation.«

54. Vgl. Jürgen Ebach 1998, 229: »Die Apokalypse (das ist ja der Wortsinn) entschlüsselt, entschleiert, ent-deckt die Wirklichkeit, indem sie zugleich wieder verschlüsselt, verschleiert, verdeckt. Ein Grund dafür dürfte darin zu sehen sein, daß die apokalyptischen Schriften subversive Literatur waren, die die radikale Kritik an allen bestehenden Herrschaftsverhältnissen in eben dieser verhüllend-enthüllenden Weise zum Ausdruck brachte. [...] Das Entscheidende bei Bildern und Gleichnissen ist, daß das, was sie sagen, nur so sagbar ist.«

55. Nähe umfasst neben temporalen und lokalen Dimensionen auch relationale zu Gott und zur *Basileia* Gottes.

widerstreben einer Zeitvorstellung, die davon ausgeht, dass ein Ereignis nach einem anderen auf einem geraden Zeitstrahl folgt. Der Bezugspunkt dieser Aussagen ist die Gegenwart, die er von den Ereignissen bestimmt sieht, von denen er im Futur spricht. Die Zukunft, das μυστήριον, hat er bereits geschaut. In diesem Schauen rückt der Ablauf der Zeit in einem Punkt zusammen, in einem καιρός ohne Ausdehnung (vgl. auch 1 Kor 7,29: »ὁ καιρὸς συνεσταλμένος ἐστίν«).[56] In einem Nu, einem in linearen Zeitkategorien nicht fassbaren Moment, wird der Ablauf der Geschichte durchbrochen, das Gewohnte verändert. Paulus erzählt von einem Geheimnis und macht damit deutlich, dass es eines anderen Sehens bedarf, die *Basileia* zu erkennen (vgl. 1 Kor 2,9-12), eines anderen (vgl. 1 Kor 2,13: von der Geistkraft gelehrten) Hörens, das den Schall der letzten Posaune vernimmt und ihre Botschaft versteht.

Zusammenfassend lässt sich festhalten: Im Erkennen des Geheimnisses, das Paulus in apokalyptischer Sprache beschreibt, rückt der Ablauf der Geschichte zusammen und mündet in einen Zeitpunkt, in dem das Schicksal der Lebenden mit dem der Gestorbenen verbunden ist, in dem sie nicht länger durch den Ablauf der Zeiten getrennt sind. Lebende und Tote werden verändert, das ist die Aussage, auf die es ihm ankommt: Tote haben kein gesondertes Schicksal, das sie für alle Zeit vom Leben Gottes abschneidet (vgl. auch Röm 14,9: der Messias herrscht über Lebende und Tote). Nicht nur die Lebenden werden in den Prozess der Auferweckung hineingenommen (vgl. VV. 42-44), nicht nur für sie eröffnen sich neue Lebensmöglichkeiten. In seine Menschheitsvision ist auch das Schicksal der Toten eingebunden: Sie werden auferweckt werden (οἱ νεκροὶ ἐγερθήσονται) unvergänglich/als Unvergängliche (ἄφθαρτοι). Noch einmal wendet er sich damit gegen die Aussage, dass es eine Auferstehung der Toten nicht gebe. Denn diese schließt die Toten aus der Vision eines lebendigen Lebens aus und verweigert ihnen die Gerechtigkeit, die ihnen zukommt.

8.1.4 Die Veränderung der gegenwärtigen Existenz (V. 53)

Mit δεῖ setzt Paulus erneut ein und weist damit auf die Unabwendbarkeit des von ihm geschilderten Geschehens hin. Wie in 1 Kor 15,25 deutet dieser Begriff auf den Ablauf der göttlichen Heilsgeschichte.[57] Die Gewissheit, in einen unauf-

---

56. Zur Auslegung der Stelle vgl. Marlene Crüsemann 1999b, 128-132. Sie interpretiert die Aussage: »ὁ καιρὸς συνεσταλμένος ἐστίν« folgendermaßen: »›Die Zeit ist zusammengestellt!‹ – das heißt im Rahmen des hebräischen Zeitdenkens: Die einzelnen Zeiten und Zeitpunkte können nicht mehr unterschieden werden, das bisherige Zeitsystem ist aus den Fugen geraten und damit auch die einst mögliche Orientierung an einem Handlungsrahmen für Menschen in ihren Zeiten.«
57. Nach Hermann Cremers/Julius Kögel, Wörterbuch 1923, 276 weist δεῖ auf ein heilsgeschichtliches Geschehen, auf das, »was nach göttl[ichem] Ratschluß bzw. nach d[em] Wort d[er] Weissagung geschehen muß.« Vgl. auch 2 Kor 5,10; Mk 13,7; Lk 22,37; 24,44; Apg 1,16.

haltsamen Prozess eingebunden zu sein, der dem Ratschluss Gottes entspricht, drückt Paulus in Röm 8,18-25 mit dem Bild der Geburt aus.⁵⁸ Die Gegenwart wird hier als Zeit gedeutet, in der die Schwangere in Presswehen liegt und vor Schmerzen stöhnt, das neue Leben, die Geburt jedoch nicht mehr aufzuhalten ist:

»8,22. Wir wissen nämlich, dass die ganze Schöpfung mit uns stöhnt und mit uns in Geburtswehen liegt bis jetzt. 23. Denn nicht sie allein stöhnt, sondern auch wir, die wir schon einen ersten Anteil der Geistkraft haben, wir stöhnen aus tiefstem Innern, weil wir die Kindschaft ersehnen, den Loskauf unseres Körpers⁵⁹ (τὴν ἀπολύτρωσιν τοῦ σώματος ἡμῶν).«

Wie in Röm 8,18 ff. der Geburtsprozess nicht mehr aufzuhalten ist, so ist auch der Prozess der Auferweckung und Überkleidung/Veränderung in 1 Kor 15,42 f.53-57 unumkehrbar.⁶⁰ Der Vergleich mit Röm 8,22 f. ist für die Deutung von 1 Kor 15,53 auch insofern weiterführend, als hier deutlich wird, dass das geschilderte Geschehen eine Veränderung der gegenwärtigen Lebensbedingungen zur Folge hat, die Befreiung/den Loskauf des/der Körper(s).⁶¹ In 1 Kor 15,53 wird ebenfalls deutlich die gegenwärtige Situation als Bezugspunkt genannt:⁶² τὸ φθαρτὸν τοῦτο; τὸ θνητὸν τοῦτο, die verändert bzw. überkleidet werden müssen (δεῖ ... ἐνδύσασθαι).⁶³ Der Vergleich mit Röm 8,22 f. und die vorangegangenen Ausführungen in 1 Kor 15,35 ff. legen es nahe, auch hier an

58. Auch in Mk 13,7.8 wird das Geschehen der letzten Tage als notwendig geschildert: »Wenn ihr dann von Kriegen hört und Kriegsgerüchten hört, habt keine Angst. Es muss geschehen (δεῖ), aber es ist noch nicht das Ende. [...] Der Anfang der Wehen ist das.«Biblischer Bezugspunkt dieser Deutung des Geschehens ist das Buch Daniel (Dan 2,28 f.; vgl. auch 2,45; 8,19); zur Stelle vgl. auch Rudolf Pesch 1980b, 280. Zur Gebärmetaphorik in der Apokalyptik vgl. Luzia Sutter Rehmann 1995.
59. ... und damit auch »unserer Körper«.
60. 2 Tim 1,10b fasst diese Vorstellung in eine Formel: »Er hat dem Tod die Macht genommen und das Leben und die ἀφθαρσία ans Licht gebracht durch das Evangelium.«
61. Zur Stelle vgl. Luise Schottroff 1988, 103-120; Luzia Sutter Rehmann 1995, 69-119.
62. Vgl. auch Karlheinz Müller 1985, 236 Anm. 223, der zeigt, dass die beiden Neutra φθαρτόν und θνητόν, die je mit Artikel und Demonstrativpronomen τοῦτο versehen sind, auf einen konkreten Fall, das konkrete Geschick, verweisen und keine abstrakten Erörterungen darstellen. Er geht allerdings davon aus, dass es hier um »das Geschick sowohl der toten als auch der die Parusie überlebenden Gemeindezugehörigen« geht. Vgl. auch Winfrid Verburg 1996, 230. Er spricht von der konkreten »Existenzweise«, die hier beschrieben werde.
63. Karlheinz Müller 1996, 237 Anm. 225, zeigt, dass ἐνδύεσθαι und ἀλλάσσεσθαι vielfach synonym verwendet werden können. In der LXX werde an etwa zehn Stellen ἀλλάσσειν im Sinne von »die Kleider wechseln – neue Kleider anziehen« verwendet (vgl. Gen 35,2; 41,14; 45,22 u. ö.). Beide Begriffe überschnitten sich in der gemeinsamen »Anschauung des Wechsels und der Ablösung«. Vgl. auch Paul Hoffmann 1969, 274: »Für ihn [Paulus] ist hier das gesamte Verwandlungsgeschehen als Bekleidung verstanden.«

die »Überkleidung« konkreter Körper zu denken und sinngemäß σῶμα zu ergänzen.[64] Dennoch ist hier nicht an die physische Beschaffenheit zu denken. Dass mit φθορά und ἀφθαρσία auf verschiedene Herrschafts-Sphären verwiesen wird und nicht in einem anthropologisch-dualistischen Sinn auf substantielle Körpereigenschaften, hat die Exegese von 1 Kor 15,42 bereits gezeigt.[65] Diese Beobachtung ist auch auf das Gegenüber von θνητός und ἀθανασία zu übertragen. Paulus verwendet φθορά damit nicht wie im hellenistisch-griechischen Sprachgebrauch, wo das Wort die physische Unterschiedenheit von Menschen zu Göttern beschreibt, sondern um die dem Tod unterworfene Lebenswirklichkeit von Menschen, die der göttlichen Gabe des Lebens gegenübersteht, darzustellen.[66] Zu dieser gehört auch die physische Sterblichkeit,[67] der Blick richtet sich aber vor allem auf die Befreiung aus den tödlichen Strukturen der *Hamartia*, der die Körper gegenwärtig (τοῦτο) ausgeliefert sind.[68] ἀφθαρσία und ἀθανασία umfassen die göttliche Sphäre, ἀφθαρσία beschreibt das Leben Gottes (1 Kor 15,42.50), eine Sphäre, die nicht mehr vom Tod geprägt ist, die unvergänglich ist, weil Gott in ihr alles in allem ist (1 Kor 15,28). Das,

64. Auch die sonstige Verwendung des Wortes θνητός bei Paulus zeigt, dass dieses stets auf Körper bezogen ist (σῶμα bzw. σάρξ), vgl. Röm 6,12; 8,11; 2 Kor 4,11; 5,4. In Röm 8,18 ff. wird deutlich, dass nicht die Individuen und ihre individuellen Körper im Mittelpunkt des Interesses stehen, sondern die Schöpfung als ganze, zu der auch die einzelnen Menschen und ihre Körper gehören. Die Ergänzung σῶμα ist somit ein Behelf, um die Konkretion der Aussage hervorzuheben.
65. Die beiden so beschriebenen Sphären stehen sich insofern dualistisch gegenüber als sie die verschiedenen Herrschafts-Bereiche: den des Todes/der *Hamartia* und den Gottes beschreiben.
66. Vgl. Hermann Cremers/Julius Kögel, Wörterbuch 1923, 494: »Im N.T. steht θνητός stets im Ggstz [Gegensatz] z[um] Heilsgut d[es] Lebens.« Vgl. auch Röm 6,11; 8,11; 2 Kor 4,11; 5,4.
67. Dass Bauch und Speise vergehen werden, drückt Paulus in 1 Kor 6,13 anders aus; vgl. auch Joh 6,27; die Verwendung des Wortes φθαρτός bezieht sich auf den vergänglichen Siegeskranz (1 Kor 9,25), das Bild »vergänglicher« Menschen im Gegensatz zu Gott (Röm 1,23), vergängliches Silber (1 Petr 1,18).
68. Insbesondere in Röm 6,12-14 wird deutlich, dass es um die Unterwerfung des Körpers und der »Glieder« unter die Herrschaft der *Hamartia* oder der Gottes geht (V. 12: μὴ βασιλευέτω; V. 14: οὐ κυριεύσει). Die Befreiung aus der Macht des θάνατος geschieht nach Röm 8,11 durch das göttliche πνεῦμα. In 1 Kor 4,11 wird explizit deutlich, dass die Auslieferung an den Tod konkrete politische Gründe hat und körperliche Misshandlungen zur Folge hat. Tod und Leben stehen auch in 2 Kor 5,4 gegenüber. Dass die Auferweckung von Toten nicht die Abschaffung des Sterbens bedeutet, zeigen auch die Auferweckungserzählungen in den Evangelien (vgl. Joh 11,17-44; Mk 5,21-43; vgl. auch Apg 9,36-43 u.ö.). Die Auferweckungen sind als Protest gegen den unzeitgen Tod, Hunger und den Abbruch von Lebensperspektiven zu verstehen. Zur Auslegung von Mk 5,21 ff. vgl. Luise Schottroff 2000c, 52: »Das Wunder erzählt von der phantastischen Ausnahme – nicht einer Ausnahme von den Naturgesetzen, sondern von den Gesetzen des Leidens und der Gewalt, die schon junge Menschen sterben lässt.«

was ἀθανασία bedeutet, wird in VV. 55-57 weiter ausgemalt, sie umfasst den endgültigen Sieg über den Tod (vgl. auch 1 Kor 15,25 f.).[69] Aus diesen Überlegungen ergibt sich folgende Übersetzung:

»Es ist nötig, dass die (Menschen/Geschöpfe), die gegenwärtig Zerstörung erleiden, die Unvergänglichkeit (Gottes) anziehen (= in den Machtbereich der Unvergänglichkeit Gottes eintreten)
und dass die (Menschen/Geschöpfe), die gegenwärtig den Strukturen des Todes ausgeliefert sind, Unsterblichkeit (Gottes) anziehen.«

Zusammenfassend lässt sich festhalten: Paulus richtet sich in seiner Beschreibung des Geheimnisses gegen die Zerstörung des Lebens durch Sündenmacht und Todesmacht – Mächte, die im Alltag der Menschen konkret zu identifizieren sind. Gottes Sieg über den Tod (1 Kor 15,23-28.54-57), sein eschatologisches Versprechen, das in der Auferweckung Jesu Christi sichtbar geworden ist – so Paulus –, verändere die Lebensmöglichkeiten in der gegenwärtigen Existenz[70] und schaffe Leben, das durch den Tod nicht begrenzt ist.

8.2 Der Sieg über den Tod (VV. 54-57)

V. 54. Wenn die, die gegenwärtig Zerstörung erleiden, Unvergänglichkeit angezogen haben, und die, die gegenwärtig den Strukturen des Todes ausgeliefert sind, Unsterblichkeit angezogen haben, dann wird das Wort Wirklichkeit, das geschrieben steht:
»Verschlungen ist der Tod in den Sieg hinein.
V. 55. Wo, Tod, ist dein Sieg?
Wo, Tod, ist dein (Peitschen-)Stachel?«
V. 56. Der (Peitschen-)Stachel des Todes ist die Sündenmacht,
die Wirkkraft der Sündenmacht aber ist die Tora (ὁ νόμος).
V. 57. Gott sei Dank, der uns den Sieg gibt durch unseren Kyrios Jesus Christus.

---

69. In der LXX findet sich ἀφθαρσία selten, dann aber vor allem in späten Texten, vgl. z. B. Weish 3,4; 4,1; 15,3; Sir 17,30; vgl. auch 4 Makk 14,5; 16,13; JosAs 16,16. Vgl. auch Winfrid Verburg 1996, 230: »ἀθανασία ist der Gegenbegriff zum zentralen Stichwort der Zitate θάνατος.«
70. D. h. die gegenwärtigen Lebensmöglichkeiten *in* Christus, in der Zugehörigkeit zum Leib des Auferstandenen, des σῶμα Χριστοῦ (vgl. 1 Kor 15,22.36-38.42-44; vgl. auch 1 Kor 12,12 ff.; Röm 6,11).

8.2.1 Textanalyse

Die Verse 54-57 bilden einen geschlossenen Unterabschnitt in dem Argumentationsgang VV. 51-57. Vers 58 setzt dann folgernd mit ὥστε neu ein und beendet das Kapitel 1 Kor 15 mit einer abschließenden, im Imperativ formulierten Aufforderung an die Gemeinde. V. 54 wiederholt die Aussage von V. 53 im selben Wortlaut, bettet sie jedoch in einen Nebensatz ein (ὅταν), der das Geschehen im Aorist wiedergibt (ἐνδύσηται) und der Handlung des Hauptsatzes zeitlich vorordnet, die im Futur formuliert ist (τότε γενήσεται ...). Die Formel γενήσεται ὁ λόγος γεγραμμένος, mit der eine Collage aus zwei Schriftzitaten (Hos 13,14; Jes 25,8) eingeleitet wird,[71] gibt es im Neuen Testament nur an dieser Stelle.[72] Die Zitatkombination ist verbunden durch das Stichwort »Tod«, das als Subjekt in V. 54 im Nominativ (θάνατος) steht, in V. 55 dann zweimal im Vokativ angesprochen wird (θάνατε). Der Inhalt dessen, was geschrieben steht, ist im Aorist formuliert: Der Tod ist verschlungen[73] (κατεπόθη) in den Sieg hinein[74] (εἰς νῖκος). Die Fragepartikel ποῦ und das Possessivpronomen σοῦ leiten in V. 55 anaphorisch zwei parallele rhetorische Fragen ein, die an den Tod gerichtet sind. V. 56 schließt mit δέ an und wiederholt das letzte Wort aus V. 55: κέντρον, das hier durch den Genitiv (τοῦ θανάτου) näher bestimmt und mit der Sündenmacht (ἁμαρτία) identifiziert wird.[75] Im zweiten

---

71. Der Wortlaut beider Zitate entspricht nicht der LXX, sondern ist dem hebräischen Text näher. Andreas Lindemann 2000, 370, bietet eine ausführliche Darstellung; vgl. auch Karlheinz Müller 1985, 238 Anm. 230; vgl. auch Martinus C. de Boer 1988, 127. Jean-Bosco Matand Bulembat 1997, 117 ff., bezeichnet 1 Kor 15,54 f. als Midrasch über den Tod *(midrash sur la mort)*, weil hier die Inhalte der ersttestamentlichen Texte aufgenommen und aktualisiert werden. Er geht davon aus, dass Paulus für Jes 25,8 vermutlich eine eigene Übersetzung des hebräischen Textes vornimmt und auch Hos 13,14 gegenüber der LXX-Vorlage verändert; vgl. auch E. Earle Ellis 1955/56.
72. Karlheinz Müller 1985, 238 Anm. 228, verweist auf die Ähnlichkeit mit der ersttestamentlichen »Wortereignisformel« (in Jer 1,4.11; 2,1; 13,8; Ez 3,16 u.ö.). Er sieht damit bestätigt, dass Paulus hier in prophetischer Tradition endzeitliche Erwartungsgegenstände verkündet.
73. Logisches Subjekt für das passivisch verwendete κατεπόθη ist vermutlich Gott. In ähnlichem Zusammenhang verwendet Paulus das Verb auch in 2 Kor 5,4. Objekt ist hier τὸ θνητόν, das vom Leben (ὑπὸ τῆς ζωῆς) verschlungen wird. Zur Vorstellung des Endes/der Vernichtung des Todes vgl. auch 1 Kor 15,26; Offb 21,4.
74. Das Wort νῖκος gibt es außer an dieser Stelle nur noch in Mt 12,20, ebenfalls im Zusammenhang eines Zitats aus Jes (Jes 11,10) und mit der Präposition εἰς verbunden.
75. V. 56 wird von manchen Exegeten wegen der unvermittelten Einführung des Gesetzes (νόμος) als Glosse betrachtet, so z. B. von Johannes Weiß 1910, 380. Zur Diskussion vgl. Andreas Lindemann 2000, 370 f. Lindemann geht wie die meisten der aktuellen Auslegungen davon aus, dass es aus inhaltlichen Gründen nicht notwendig ist, hier eine Glosse anzunehmen, außerdem schließe V. 57 besser an V. 56 an als an

Kolon steht eine zweite parallel formulierte Aussage, die den Begriff ἁμαρτία erneut aufgreift und den Begriff νόμος einführt: die Macht (δύναμις) der Sünde (ἁμαρτία) ist das Gesetz/die Tora (ὁ νόμος).

V. 57 formuliert dann Dank an Gott für sein Handeln, das durch ein Partizip Präsens διδόντι ausgedrückt ist.[76] Dieses bezieht sich auf Gott, der »uns« den Sieg gibt, vermittelt durch (διά) »unseren« Kyrios Jesus Christus.[77] Paulus bezieht sich und die angeredete Gemeinde durch das Personalpronomen in der 1. Person Plural ἡμῖν und das Possessivpronomen ἡμῶν erneut in das dargestellte Geschehen ein.

8.2.2 »Tod, wo ist dein Sieg?«

Die Textanalyse hat gezeigt, dass die Aussagen in VV. 54-57 in ein komplexes Verhältnis verschiedener Zeitebenen eingebunden sind. Das in V. 53 im Aorist Geschilderte wird nun auf das Futur der Hauptaussage bezogen: *Wenn* es geschehen ist ..., *dann* wird Wirklichkeit, was geschrieben steht ... Die Zitatkollage aus der Schrift ›besingt‹ im Aorist den Sieg über den Tod[78] und mündet in eine Aussage, die für Gottes Handeln, das mittels eines Partizips Präsens beschrieben ist, Dank sagt.[79] In diesen Dank bezieht Paulus sich und die Menschen in Korinth ein. Wofür dankt er? Für den noch ausstehenden Sieg über den Tod, der erst geschehen wird, oder für den errungenen Sieg, der den Tod

---

V. 55; vgl. auch die Darstellung der verschiedenen Argumente bei Winfried Verburg 1996, 88-91.

76. Wie das Präsens hier zu deuten ist, ist allerdings umstritten: *gegenwärtig* mit Auswirkungen auf die Zukunft, so Christian Wolff 1982, 210; *durativ (mit Wirkung in die Zukunft)*, so Winfried Verburg 1996, 235, weil durch Jesu Kreuz und Auferweckung der Heilsweg erst eröffnet sei. Die Alternative ›iterativ‹ schließt er aus inhaltlichen Gründen aus, zur Diskussion vgl. auch ebd., 91 f.; *zeitlos*, so Andreas Lindemann 2000, 371; *futurisch*, weil es in Bezug auf die Zeitebene des Kontextes bestimmt ist, den das Futur γενήσεται in V. 45b bestimmt, so Karlheinz Müller 1985, 241 Anm. 244; vgl. auch Claudio Farina 1971, 319-325;Wolfgang Schrage 2001, 383.

77. Die Formulierungen (Sieg; Kyrios) sind hier nicht im Sinne einer triumphalen Herrschaftschristologie (miss-)zu verstehen, sondern im Kontext gottesdienstlicher Sprache als Antwort auf die Klage, den Strukturen der *Hamartia* und der Todesmacht ohnmächtig ausgeliefert zu sein (vgl. Röm 7,24).

78. Johannes Weiß 1910, 380, spricht von einem »triumphierend höhnenden Ausruf«; Wolfgang Schrage 2001, 379, bezeichnet den Abschnitt als »Siegeslied«, Karlheinz Müller 1985, 239, spricht davon, dass die Verse »hymnisches Gewicht« erhalten.

79. Dass aus diesem Dank »Gewissheit« über den Sieg spricht, die die Gegenwart der Glaubenden betrifft, wird vielfach vertreten, vgl. Hans Conzelmann 1981, 362; Christian Wolff 1982, 210; Gerhard Sellin 1986, 228; Andreas Lindemann 1999, 371; Wolfgang Schrage 2001, 383 u. ö.

bereits verschlungen hat, oder für den in der Gegenwart sich vollziehenden Sieg, den Gott gegenwärtig gibt?

Zwar steht mit τότε γενήσεται in V. 54 das Bezugswort im Futur, das die Deutung der vorhergehenden Zeitformen bestimmt, doch weist der Inhalt des Siegesliedes und dessen Gattung auf ein Geschehen hin, das bereits die Gegenwart bestimmt (VV. 54-55). Auch die Beschreibung des Sieges über den Tod ist in der »Sprache des Geheimnisses« verfasst: Der Sieg über den Tod ist bereits errungen (VV. 54-55). Wir alle werden nicht sterben (V. 51). Und trotzdem gilt: es wird erst Wirklichkeit werden, wenn sich die Worte erfüllt haben ... (V. 54) Alle Aussagen verbindet die *Gewissheit* der Überwindung des Todes, die Gegenwart und die noch ausstehende Zukunft umfasst, eine Gewissheit, die mit Hilfe von ersttestamentlichen Zitaten konkretisiert wird.

Wie in 1 Kor 15,45-55 greift Paulus auch in VV. 25-27 auf Bilder aus dem Ersten Testament zurück: in Ps 110,1 (LXX 109,1) verheißt Gott dem priesterlichen König, dass er ihm die Feinde als Schemel unter die Füße legen wird;[80] in 1 Kor 15,27 zitiert Paulus Ps 8,7b. In V. 54f. paraphrasiert er Jes 25,8 und Hos 13,14. Ein Blick in den Kontext dieser ersttestamentlichen Stellen zeigt, dass hier Zerstörung und Gewalt thematisiert werden, die die Armen und Schwachen durch feindliche Mächte erfahren. Diesen wird die Kraft Gottes gegenübergestellt (vgl. Jes 25,1.5). Gott wird Israel beistehen, gegen die mächtigen Feinde zu bestehen (vgl. Ps 110,1-7), Gott ist mächtiger als alle irdischen Herrscher (vgl. Hos 13,1-15). Ps 8,7 stellt den Menschen in den Mittelpunkt des Schöpfungsgeschehens. Auch hier ist der Ausgangspunkt die Erfahrung von Gewalt und Erniedrigung. Von Paulus wird der Tod unter Bezugnahme auf die Schriftzitate in die Reihe dieser Mächte der Welt gestellt, der mit militärischer Macht zu siegen scheint und mit seinem Stachelstock (V. 55: κέντρον)[81] die Menschen unter Kontrolle zu haben meint. Er werde aber als der »letzte Feind« (ἔσχατος ἐχθρός) in der Reihe der irdischen und kosmischen Mächte besiegt (vgl. 15,24-26.54-57):

»The terms ›every ruler‹ and ›every ... power‹ are political. Although they are not as particular here as the ›rulers‹ who doomed themselves in crucifying Christ in 2:6-8, they are the imperial political institutions with superhuman power, not simply ›demons‹ in a heavenly or spiritual realm.«[82]

Indem Paulus im Rahmen zeitgenössischer jüdischer Apokalyptik den Tod zum einen als eine überzeitliche kosmische Macht darstellt,[83] die der Gottes gegenübersteht und mit ihr einen kosmischen Kampf austrägt, diese Macht zum an-

80. Zur LXX-Version fügt Paulus πάντες ein – alle Feinde.
81. Dass diese Darstellung der *Hamartia* und der Todesmacht in mythologischer Form eine Deutung der Machtstrukturen des Imperium Romanum bieten, zeigt Luise Schottroff 1990a.
82. Richard A. Horsley 1999, 205.
83. Ernst Käsemann hat gezeigt, dass hinter den Ausführungen des Paulus über Tod und Sünde als herrschende Mächte apokalyptische Vorstellungen von den zwei Äonen

deren aber in eine Reihe mit den weltlichen, politischen Gewaltherrschern stellt, *mythologisiert*[84] er den Tod und *entmythologisiert*[85] ihn zugleich. Damit wird seine Entmachtung deutlich. Wie die weltlichen Herrscher legt Gott dem Messias auch die kosmische Macht des Todes »unter die Füße« und vernichtet ihn.[86]

8.2.3 »Tod, wo ist dein Stachel?«

Die konkrete politische Botschaft der paulinischen Aussagen über den Sieg über den Tod wird vor allem an der Beschreibung des Instruments deutlich, mit dem der Tod seine Macht (V. 55: δύναμις, vgl. auch V. 24) ausübt: dem κέντρον (VV. 55.56). Die Grundbedeutung des Wortes weist auf alles, was sticht,[87] wie der Giftstachel von Tieren.[88] Es kann aber auch ein menschliches Werkzeug sein: ein Sporn, eine Geißel oder Stachelpeitsche zum Antreiben von Tieren, das allerdings auch als Marterwerkzeug zum Schlagen von Menschen dienen kann. »Da aber der, der über ein κέντρον verfügt, damit Macht besitzt, kann

    stehen, die die Erde zum »Kampfort« gemacht haben, vgl. 1973, 124ff.; vgl. auch ders. 1986e.
84. Vgl. dazu Martinus C. de Boer 1988, 183: »Paul understands the anthropological reality of death with the traditions of Jewish cosmological apocalyptic eschatology as an inimical, murderous, quasi-angelic power that has held all Adamic humanity in subjection and enslavement. [...] Indeed it must be said that Paul cosmologizes, or ›mythologizes‹ death for his readers in both 1 Corinthians 15 and Romans 5.« Mit dieser Auffassung wendet er sich gegen Rudolf Bultmanns Annahme, dass Paulus hier den Tod »entmythologisiere«.
85. Hier ist Rudolf Bultmann (1941) 1985, 36, zuzustimmen, dass bereits die neutestamentlichen Texte mythologische, kosmische Mächte »entmythologisieren«: »Die apokalyptische und die gnostische Eschatologie ist insofern entmythologisiert, als die Heilszeit für den Glaubenden schon angebrochen, das Zukunftsleben schon Gegenwart geworden ist.« Jedoch bedeutet für Paulus diese »Entmythologisierung« keine »Entweltlichung«, für die alles »Innerweltliche in die »Indifferenz des an sich Bedeutungslosen hinabgedrückt« wurde (ebd., 35), sondern im Gegenteil: die Ermöglichung, sich den Mächten zu stellen, sie als überwindbar, sogar als schon überwunden zu sehen und gegen ihre immer noch tödlichen Strukturen in der eigenen Lebenspraxis anzugehen.
86. Die Frage der menschlichen Vergänglichkeit und deren möglicher Überwindung ist hier nicht zuerst im Blick, wenn über den Sieg über den Tod gesprochen wird. Die Anthropologie ist hier der Kosmologie nachgeordnet. Dies vertritt auch mit Einschränkungen Wolfgang Schrage 2001, 382, der zeigt, dass hier der Sieg von Gottes Gerechtigkeit verkündet werde: »Der Tod ist insofern nicht allein ein Naturphänomen, und die Soteriologie lehrt nicht allein die Überwindung des Todes.« Anders: Karlheinz Müller 1985, 239: »Der Apostel konstatiert für das Eschaton die grundsätzliche und endgültige Überwindung der menschlichen Vergänglichkeit und Sterblichkeit.«
87. Vgl. Lothar Schmid, Art.: κέντρον, in: ThWNT Bd. III 1938, 663-665.
88. Vgl. 4 Makk 14,19; Offb 9,10.

sich κέντρον im menschlichen Bereich mit der Vorstellung *Herrschermacht* verbinden. Weil aber gewöhnlich nur der, dessen Macht nicht auf innerer Überlegenheit beruht, zum κέντρον greift, um sich die Herrschaft durch rohe Gewalt zu sichern, hat κέντρον dann meist den Unterton *Gewaltherrschaft, Tyrannis* [...].«[89] In Bezug auf 1 Kor 15,55 f. führt Lothar Schmid dann weiter aus:

»Am nächsten wird man der Meinung des Pls kommen, wenn man, V. 56 gleich dazunehmend, interpretiert: Der Tod herrscht über die Menschen. Die Realität seiner grausamen Herrschaft beruht auf der Realität der Sünde (vgl. R[öm] 5,12).«[90]

Die Menschen, zu denen er spricht, können den Tod identifizieren, sie wissen, wer das κέντρον schwingt, wer über sie herrscht. Der Tod wird personifiziert, er ist der letzte Feind, neben anderen Feinden (V. 26), er wird ansprechbar (Vokativ θάνατε).[91] Sein Ende kann besungen werden. Ein Blick auf die Gattung zeigt, dass Paulus sich hier beim Aufbau der Verse einer gehobenen, poetisch geformten Sprache bedient, ein Siegeslied singt (VV. 54-55):

κατεπόθη ὁ θάνατος εἰς νῖκος.
ποῦ σου, θάνατε, τὸ νῖκος;
ποῦ σου, θάνατε, τό κέντρον;
Verschlungen ist der Tod in den Sieg hinein.
Wo Tod, ist dein Sieg?
Wo Tod, ist dein Stachel?

Im gemeinsamen Singen wird die Niederlage des Todes gegenwärtig.[92] Im Singen ist seine Entmachtung präsent und die Niederlage der Repräsentanten der tödlichen Macht wird offenbar. Der Gesang ist der Triumph der Machtlosen

---

89. Lothar Schmid 1938, 664. Hier bietet er eine Reihe von Belegen aus dem außerneutestamentlichen Sprachgebrauch für diese Bedeutung.
90. Lothar Schmid 1938, 667.
91. Winfried Verburg 1996, 234, zeigt, dass Paulus sich hier des rhetorischen Stilmittels der »immutatio syntactica« bedient, »mit dem Ziel des Ansprache der Affekte der Adressaten. Zugleich wird, wie der Vokativ zeigt, der Gegner, hier der personifizierte Tod, direkt angesprochen. Dadurch rücken die rhetorischen Fragen in die Nähe der exclamatio.«
92. Vgl. dazu auch das ›Siegeslied‹ über die Mächte in Röm 8,38-39. Ernst Käsemann 1972, 239 zeigt, dass hier zwar in strengem Sinne nicht von einem ›Hymnus‹ zu sprechen sei, aber: »Immerhin sieht man, wie sich paulinische Prosa hymnischer Stilisierung zu nähern vermag.« Zum Inhalt und zur Funktion dieses Bekenntnisses führt er weiter aus: »Nur apokalyptische Weltanschauung kann die Wirklichkeit so beschreiben, wie nur sie aus ihr den Schrei einer versklavten Schöpfung zu vernehmen vermag und in ihr die messianischen Wehen stattfinden läßt. Bei Pls führt Apokalyptik eben nicht zum Enthusiasmus, sondern zu einer Welterfahrung, die vom Grauen beherrscht wird. Auf solchem Hintergrund gewinnt das Bekenntnis zum praedestinierten Kosmokrator Christus, zur Libertas christiana als Vorwegnahme der Auferweckung und der Jubel der Überwinder Profil.« (ebd. 240)

über die (noch) Mächtigen, vergleichbar mit dem Magnificat der Maria, die davon singt, dass Gott die Mächtigen von den Thronen stürzt (vgl. Lk 1,46-55):

49. ... Großes hat die göttliche Macht an mir getan und heilig ist ihr Name [...]
51. Sie hat Gewaltiges mit ihrem Arm bewirkt; sie hat die auseinander getrieben, die ihr Herz darauf ausgerichtet haben, sich über andere zu erheben.
52. Sie hat die Mächtigen von den Thronen gestürzt und die Erniedrigten erhöht,
53. Hungernde hat sie reichlich mit Gütern beschenkt und die Reichen leer weggeschickt ...[93]

Bezugspunkt des Singens der Maria wie des Paulus ist die Gegenwart, die für die verborgene Wirklichkeit Gottes geöffnet ist. Beide besingen das Jenseits der Gewaltgeschichte, das sie gegenwärtig erleben.[94] Aus den Liedern spricht die Gewissheit der Überwindung der Herrschenden. 1 Kor 15,54-55 ist der Gesang derjenigen, die die Utopie leben, dass »wir alle nicht sterben werden« (vgl. V. 51).

8.2.4 »Die Macht der Sünde ist die Tora«

Dem Lied über den Sieg folgen zwei parallel aufgebaute Aussagesätze in V. 56:

τὸ δὲ κέντρον τοῦ θανάτου ἡ ἁμαρτία
ἡ δὲ δύναμις τῆς ἁμαρτίας ὁ νόμος.
Der (Peitschen-)Stachel des Todes ist die Sündenmacht,
die Wirkkraft der Sündenmacht aber ist die Tora.

Die Charakterisierung der Tora (νόμος) als »Macht der Sünde« wird an dieser Stelle unvermittelt in die Argumentation eingebracht.[95] Im ersten Brief an die

---

93. Zum Magnificat vgl. Luise Schottroff 1994, 279-298.
94. Auch Offb 21,4, spricht davon, das »der Tod nicht mehr sein wird«. Pablo Richard 1996 zeigt in seinem Kommentar zur Offenbarung des Johannes, dass auch hier der Sieg über den Tod beschrieben wird (vgl. 236): »Transzendiert wird hier nicht Materialität oder die Leiblichkeit, sondern der Tod, das Chaos, das Leiden, die Verwünschung, nach wie vor gibt es Geschichte, aber all das nunmehr ohne Tod und Vernichtung.« Wie ihre ersttestamentliche Bezugsstelle Jes 65,17-25 fasse Offb 21-22 diese Transzendenz in Worte: »In beiden Fällen haben wir es mit einer transzendenten Welt zu tun. ›Trans-zendent‹ bedeutet wörtlich ›das, was jenseits‹ ist. Es setzt damit eine Grenze voraus, jenseits deren die transzendente Realität liegt. Bei Jesaja ist das Diesseits der Grenze die Unterdrückung. Die transzendente Welt (neuer Himmel und neue Erde) ist eine Welt ohne Unterdrückung. Gott ist transzendent, denn er zerbricht die Ketten der Unterdrückung. In der Johannesapokalypse wird die Grenze durch den Tod markiert. Die transzendente Welt ist jetzt eine Welt ohne Tod. Gott ist transzendent, weil er den Tod vernichtet [...] Nur aus einer Perspektive der Befreiung heraus begreifen wir die Utopie einer transzendenten Welt ohne Tod.« (ebd., 248)
95. Ich schließe mich hier der Auffassung von Andreas Lindemann 2000, 371, u. a. an,

Gemeinde in Korinth hat Paulus bisher nicht davon gesprochen, dass die Tora von der *Hamartia* instrumentalisiert werde.[96] Allerdings gibt Paulus in 1 Kor 15 eine Reihe von Stichworten, mit denen er an anderer Stelle sein Konzept breiter ausführt. Andreas Lindemann geht deshalb davon aus, dass es auch hier bereits im Hintergrund steht:

»Das Verhältnis von Sünde, Gesetz und Tod wird von Paulus in Gal 3,10-22; Röm 5,12-21; 6,15-18.23 und vor allem 7,7-25a breit entfaltet; im 1 Kor setzt er offenbar voraus, daß die Adressaten seine nur angedeutete Bemerkung verstehen und ihr zustimmen können, weshalb eine näher begründete Explikation unnötig zu sein scheint.«[97]

In Röm 7 nimmt Paulus zum Zusammenhang von *Hamartia* und Tora ausführlich Stellung. Er zeigt hier, dass die *Hamartia* sich der zum Leben gegebenen Tora bedient, sie instrumentalisiert und missbraucht. Die Unrechtszusammenhänge, in die die Menschen eingebunden sind, lassen es nach seiner Analyse nicht zu, dass sie nach der Tora leben können. Für ihn ändert diese Feststellung nichts daran, dass es die Tora »heilig, gerecht und gut« (vgl. Röm 7,12) ist. Die Befreiung durch Gottes Handeln in Christi Auferweckung liegt für ihn darin, dass die Menschen aus der Macht der *Hamartia* und des Todes nun dazu befreit sind, ihr Leben nach der Geistkraft und der Tora ausrichten zu können (vgl. Röm 8,4.7-9). Die Annahme, dass Paulus hier stichwortartig Bezug auf Zusammenhänge nimmt, die er in Korinth vermutlich vielfach erklärt hat und an anderer Stelle breiter ausführt, wird auch durch die bereits vorliegenden Ergebnisse der Exegese von 1 Kor 15 bestätigt, die zeigen, dass Paulus in Röm 5-8 viele der hier dargelegten Aussagen erneut breit entfaltet. Das betrifft die Adam-Christus-Typologie (1 Kor 15,21-22.45-49 – Röm 5,12-21), die Vorstellung von Sterben und neuem Leben (1 Kor 15,36-38.49 – Röm 6,1-23) und die apokalyptische Vorstellung der Verwandlung der gegenwärtigen Existenz, die mit dem Erbe der *Basileia* Gottes verknüpft wird (1 Kor 15,50-53 – Röm 8,1-17.18-25).

Auch Röm 7,7-25 weist verschiedene Parallelen zu 1 Kor 15,54-57 auf: Insbesondere der Abschnitt Röm 7,14-25, den Ernst Käsemann in seinem Kommentar zum Römerbrief mit der Überschrift: »Die Klage der Versklavten« ver-

---

dass Paulus hier mit νόμος die Tora meint und nicht irgendein »Gesetz«, zur Diskussion vgl. auch Winfried Verburg 1996, 88-91.

96. Von der ἁμαρτία spricht Paulus im 1 Kor nur in Kap 15, 3.17.56 (2 ×), in V. 3.17 im Plural in Bezug auf Tatsünden.

97. Andreas Lindemann 2000, 371; vgl. auch Winfried Verburg 1996, 235, der zeigt, dass der Gedanke, dass die Schwachheit der Menschen es ihnen unmöglich mache, die Tora zu erfüllen, bereits in 1 Kor angelegt sei: »Es ist also keinesfalls so, daß diese anthropologische Voraussetzung für das paulinische Toraverständnis erstmals im Galaterbrief oder Römerbrief zutage tritt. Zweifellos wird sie erst dort entwickelt, aber implizit liegt sie auch hier vor.«

sieht, ist für die Deutung von 1 Kor 15,56 aufschlussreich.[98] In Röm 7,7-13 schildert er anschaulich, wie sich die *Hamartia* der eigentlich zum Leben gegebenen Tora bemächtigt und führt dann in VV. 14-25 aus, wie sich die *Hamartia* der Tora bedient, um ihre umfassende Weltherrschaft bis ins Innere der Menschen auszuweiten. Luise Schottroff zeigt in ihrer Studie über das Verständnis von Sünde im Römerbrief, dass in metaphorischer Sprache die *Hamartia* in Herrschaftsbeziehungen abgebildet wird, die aus verschiedenen Bereichen der gesellschaftlichen Realität des 1. Jahrhunderts stammen: der Weltherrschaft (Röm 5,12f.21; 6,10.12.14.23; 7,12.25; 8,2), der Herrschaft eines Herrn über Sklaven (Röm 6,6.13.16.19; 7,14.24) und der Herrschaft eines Dämons (Röm 7,8-11.17.20.24).[99] Die Wortverbindung Tod (ὁ θάνατος) – Sündenmacht (ἡ ἁμαρτία) – Tora (ὁ νόμος) aus 1 Kor 15,56 findet sich ebenfalls in dem Abschnitt Röm 7,23-25. Hier beschreibt Paulus die ἁμαρτία als Kriegsherrin, die den klagenden Menschen als Kriegsbeute in ihrer Sklaverei gefangen hält (αἰχμαλωτίζοντα).[100] In einem verzweifelten Schrei ruft das »Ich« nach Rettung, der deutlich macht, dass es total der Sündenmacht und ihren Todesstrukturen unterworfen ist (V. 24): »Wer rettet mich aus dieser Todesexistenz[101] (σῶμα τοῦ θανάτου)?« In V. 25a erfolgt dann eine Danksagung an Gott, die fast wörtlich mit der in 1 Kor 15,57 übereinstimmt:

Röm 7,25: χάρις δὲ τῷ θεῷ διὰ Ἰησοῦ Χριστοῦ τοῦ κυρίου ἡμῶν.

1 Kor 15,57: τῷ δὲ θεῷ χάρις [...] διὰ τοῦ κυρίου ἡμῶν Ἰησοῦ Χριστοῦ.

In Röm 7,25b stellt Paulus dann den νόμος Gottes dem νόμος der *Hamartia* gegenüber, denen er beiden dient/Sklavendienste leistet (δουλεύω).[102] In kom-

---

98. Vgl. Ernst Käsemann 1973, 188. Zu Römer 7 vgl. auch Werner Georg Kümmel 1929.
99. Vgl. Luise Schottroff 1990a, 59-63. Sie resümiert: »Die Herrschaft der Weltherrin Sünde und die der Sklavenhalterin Sünde sind bei Paulus nicht voneinander abgegrenzt. Beidemal soll die Totalität der Herrschaft ausgedrückt werden: Alle Menschen sind ihr *ganz* unterworfen. Alle Menschen sind Sklaven, die ganze Welt ist unter der Sünde versklavt.« (62) und »Paulus denkt, wenn er von Sünde spricht, vor allem an ihre umfassende Schreckensherrschaft. [...] Die zentrale Behauptung des Paulus ist: Die Sünde herrscht über alle Menschen wie über Sklaven.« (63) Zur Metaphorik des Innewohnens (der Sünde bzw. von Christus/Geist) vgl. Günter Röhser 1987, 119ff.; zur Herr-Sklave-Metaphorik vgl. ebd. 104ff.
100. Vgl. dazu auch Ernst Käsemann 1973, 198.
101. Zur Übersetzung vgl. auch Klaus Haacker 1999, 149.
102. Vgl. Luise Schottroff 1990a, 59. Mit Bezug auf Röm 7,23 führt sie aus: »Der *nomos* der *hamartia* ist nicht die Tora, sondern gerade der Zwang, der es unmöglich macht, den Willen Gottes, die Tora, zu erfüllen.« Das »Ich« ist auch nach seiner Rettung durch den Kyrios Jesus Christus in seiner gegenwärtigen Existenz den Strukturen der *Hamartia* ausgesetzt, aber befreit dazu, die Gebote der Tora tun zu können (vgl. Röm 8,2-4). Im Gegensatz zu den meisten Auslegungen halte ich Röm 7,25b nicht für eine sekundären Zusatz. Denn gerade die Ambivalenz der Lebenssituation, in die das ›Ich‹ nach seiner Rettung gestellt ist, bildet die der an den Mes-

primierter Form, in einer Bündelung der Stichworte schildert 1 Kor 15,56f. denselben Sachverhalt wie Röm 7,23-25. In 1 Kor 15, 54ff. ist es der Tod, dessen Gewaltherrschaft ein Ende angesagt wird, aber die dahinter stehende Betrachtungsweise der gegenwärtigen gesellschaftlichen Situation stimmt mit der von Röm 7 überein, wie Luise Schottroff zusammenfassend darstellt:

»Bis in die Einzelheiten kann man die paulinische Anschauung vom *soma* und Sklavesein beobachten: Der Mensch wird von einem *kentron*, einem Stachelstock, mit dem man Tiere antreibt und Sklaven foltert, beherrscht: 1 Kor 15,56. Daß hier der Tod der Herr ist und die Sünde sein Herrschaftsinstrument, ist nebensächlich; Tod und Sünde sind für Paulus nahezu austauschbar in der Rolle als Weltherrscher und Sklaventreiber.«[103]

Für die Rettung aus der Todesexistenz (Röm 7,24), wie für die Überwindung des Todes (1 Kor 15,51-56) durch (διά) den Kyrios Jesus Christus gilt der Dank Gott (Röm 7,25a; 1 Kor 15,57).

sias Jesus Glaubenden unter den Bedingungen des Imperium Romanums realistisch ab (vgl. auch Röm 8,18f.). V. 25b als sekundär erachtet u.a. Ulrich Wilckens 1980, 96-97; anders: Klaus Haacker 1999, 149, der davon ausgeht, dass V. 25b den Gedankengang resümierend abschließt.

103. Luise Schottroff 1990a 62.

9. Gemeindepraxis (V. 58)

V. 58. Also, meine geliebten Geschwister,
seid fest/beständig, bleibt bei eurer Überzeugung,
Überfluss habend im/am Werk des Kyrios alle Zeit,
wissend, dass eure Schwerstarbeit nicht sinnlos ist im Kyrios.

9.1 Textanalyse

Mit ὥστε leitet Paulus nun folgernd den paränetischen Schluss der Ausführungen ein.[1] Die Anrede ἀδελφοί μου ἀγαπητοί ist betont herzlich.[2] Von der imperativischen Aufforderung[3] γίνεσθε hängen zwei Prädikatsnomina ab (ἑδραῖοι; ἀμετακίνητοι).[4] Ihnen folgen zwei prädikative Partizipien (περισσεύοντες; εἰδότες).[5] Die Arbeit (ὁ κόπος) bezieht sich bei Paulus vielfach auf die Tätigkeit in der Mission und Aufbauarbeit in der Gemeinde.[6] Sein Zuspruch richtet sich darauf, dass diese nicht sinnlos sei.[7]

1. So auch in 1 Kor 10,12; 11,33; 14,33 u.ö.
2. So nur noch in Phil 4,1; vgl. ansonsten 1 Kor 4,14: τέκνα μου ἀγαπητά; 10,14: ἀγαπητοί μου; u.ö. und in 15,1: ἀδελφοί; [15,31: ἀδελφοί]; 15,50: ἀδελφοί.
3. Dass γίνεσθε imperativisch und nicht indikativisch aufzufassen ist, zeigt Johannes Weiß 1910, 380. Entscheidend für diese Deutung ist die Verbindung mit ὥστε.
4. Das Adjektiv ἑδραῖος verwendet Paulus bereits in 1 Kor 7,37; vgl. auch dem Sinn nach 1 Kor 15,1; 16,13. ἀμετακίνητος ist Hapaxlegomenon im NT. Winfried Verburg 1996, 237, führt aus, dass die Wurzel κιν- Bewegung ausdrücke, das Präfix μετα- Veränderung; das α-privativum verneine dann das Kompositum. Es bedeute demnach, dass die Angeredeten ihre Überzeugung nicht verändern sollten.
5. Während εἰδότες »fast kausale Bedeutung« zugeschrieben wird, so z.B. Andreas Lindemann 1999, 372, wird περισσεύοντες semantisch meist als weiterer Imperativ gewertet: »Nehmt zu/ wachset allezeit etc.« Winfried Verburg 1996, 237f. verweist auf die Parallelität zu εἰδότες und darauf, dass »Werk des Herrn« bei Paulus meist Gott als Subjekt habe, es auf das »Heilswerk« verweise, an dessen Gütern die Glaubenden »im Überfluß« Anteil haben; vgl. auch 1 Kor 16,10; Röm 14,20. Andere Exegeten verstehen die Wendung als Aufforderung, sich am Aufbau der Gemeinde hervorzutun, vgl. z.B. Wolfgang Schrage 2001, 385, mit Verweis auf 1 Kor 3,13-15; 9,1; 16,10.
6. Zu κόπος/κοπιᾶν vgl. z.B. Röm 16,6.12; 1 Kor 3,8; 15,10; 16,16; 2 Kor 6,5; 10,15; vgl. auch 1 Thess 3,5 u.ö. vgl. auch Adolf von Harnack 1928, 1-10.
7. Darauf verweist er in 1 Kor 15 mehrfach: VV. 10.14.

9.2 Der Zuspruch

Worauf baut der Zuspruch, den Paulus aus dem zuvor Gesagten folgernd (ὥστε) ans Ende seiner Ausführungen stellt? Hilfreich für das Verständnis ist auch hier der Vergleich mit der Argumentation in Röm 7,25b-8,11. Hier macht Paulus deutlich, dass die Menschen durch die Rettung, die ihnen Gott durch die Auferweckung des Messias Jesus (διὰ Ἰησοῦ Χριστοῦ) zuteil wurde, und die dadurch erfolgte Überwindung des Todes/der Todesstrukturen der *Hamartia*, ihren Vorgaben und Regeln nicht länger verpflichtet sind (Röm 8,1-3):

»1. Jetzt aber gibt es keine Aburteilung für die, die zur Gemeinschaft Jesu Christi gehören.
2. Die Weisung[8] der lebendigmachenden Geistkraft (νόμος τοῦ πνεύματος τῆς ζωῆς) in Christus Jesus hat dich befreit von der Weisung der *Hamartia* und des Todes (ἀπὸ τοῦ νόμου τῆς ἁμαρτίας καὶ τοῦ θανάτου).
3. Denn das, wozu sich die Tora als zu schwach erwies aufgrund der *Sarx*, hat Gott vollbracht, indem er den eigenen Sohn schickte ...«

Die Konsequenz daraus sei nun, dass die Menschen die Gebote der Tora erfüllen können (Röm 8,4):[9]

»Die Folge ist, dass nun unter uns das Recht der Tora (τὸ δικαίωμα τοῦ νόμου) verwirklicht wird, die wir unser Leben nicht länger nach der *Sarx* ausrichten, sondern nach dem *Pneuma*.«

Die Möglichkeit, die Gebote Gottes zu tun, versteht Paulus als Ermöglichung von Leben (Röm 8,10):

»Wenn aber Christus in euch ist, so ist der Körper (τὸ σῶμα) zwar tot aufgrund der *Hamartia*, doch das *Pneuma* [in euch] ist das Leben aufgrund der Gerechtigkeit.«

Dass die Gebote der Tora zu halten nun möglich ist, ist für Paulus der Grund für den Zuspruch, dass alle Arbeit in der Gemeinde einen Sinn hat (1 Kor 15,58). Für ihn ist ihre Befolgung Ziel und Inhalt der Lebenspraxis der Gemeinde, wie er bereits in 1 Kor 7,19 deutlich macht:

»Beschneidung ist nichts und Unbeschnittensein ist nichts, sondern: die Befolgung der Gebote Gottes (τήρησις ἐντολῶν θεοῦ).«

Die Verwandlung der Gegenwart setzt neue Kräfte frei. Paulus beschreibt Leben aus der Perspektive einer verwandelten Welt, aus dem Wissen um die Fülle des »Werks des Kyrios«, an der die Menschen in der Gemeinde Anteil im »Überfluss« haben. Gott habe sie aus den Strukturen der *Hamartia*, aus ihrem Skla-

---

8. Die Übersetzung orientiert sich an den möglichen Übersetzungen von Tora; Henry George Liddell/Robert Scott 1961, 1180, bieten für νόμος u.a. folgende Übersetzungsmöglichkeiten: *usage, custom, ordinance made by a authority*.
9. Vgl. auch Röm 3,31; 7,12; Gal 5,13 f.

vendienst befreit. Die Gewissheit der Nähe der *Basileia* Gottes und des Sieges über Tod und Sündenmacht geben ihrem Einsatz zur Verwirklichung des Evangeliums einen Sinn. Handeln ist möglich.

10. Resümee: Die Gewissheit der Auferstehung

Im Folgenden sollen die wichtigsten Ergebnisse der vorangegangenen Exegese von 1 Kor 15 zusammengestellt und Perspektiven für die Weiterarbeit formuliert werden, die sich für die paulinischen Vorstellungen des Körpers und der Auferstehung der Körper ergeben haben. Ausgangspunkt für die Untersuchung war die Frage nach dem Verhältnis der Leiblichkeit der Auferstehung zu den konkreten Körpern der Menschen, denen Paulus den Glauben an die Auferstehung vermitteln will. Dieses Verhältnis wurde unter zwei grundlegenden Fragestellungen betrachtet:

1. In Bezug auf die Beschreibung der körperlichen Auferstehung: In diesem Zusammenhang stand die Frage im Mittelpunkt, aus welcher Erfahrung die Sprachbilder erwachsen sind, mit denen Paulus die verheißene Wirklichkeit beschreibt. Entscheidend dafür war die Klärung des Verhältnisses von Schöpfung und Neuschöpfung, das im Bild des Samens (VV. 36-38.42-44) und der Bezugnahmen auf die verschiedenen irdischen und himmlischen Körper bzw. Geschöpfe (VV. 21-22.40-41.45-49.51-54) die gesamte Argumentation durchzieht.

2. In Bezug auf die Darstellung menschlicher Körperlichkeit: Hier war die Frage leitend, ob die ansonsten in den paulinischen Schriften konstatierte Wertschätzung menschlichen d. h. körperlichen Lebens auch angesichts der verheißenen Auferstehungswirklichkeit gilt oder ob im Vergleich mit dieser eine Abwertung der gegenwärtigen Körperlichkeit festzustellen ist.

Im Mittelpunkt der vorangegangenen Untersuchung stehen die Aussagen des Paulus zur Auferstehung der Körper in 1 Kor 15,35-57. In diesem Abschnitt führt Paulus seine eigenen Vorstellungen leiblicher Auferstehung aus. In der Forschungsgeschichte wurden diese meist ausschließlich futurisch verstanden, als Beschreibung eines Geschehens nach dem physiologischen Tod gedeutet. Die vorliegende Exegese hat gezeigt, dass die Argumentation des Paulus auf einem vieldimensionalen Verständnis von Zeit, von Vergangenheit, Gegenwart und Zukunft basiert, das futurische und präsentische Aussagen zur Auferstehung kunstvoll miteinander verknüpft. Der Schlüssel zum Verständnis des von Paulus dargestellten komplexen Zusammenhangs, in dem der Glaube an die Auferstehung der Toten eingebettet ist, ist seine Rede von den Körpern: den konkreten Körpern der Menschen, den Lebensbedingungen, denen sie ausgesetzt sind, den größeren gesellschaftlich-politischen Strukturen, die an den Körpern der Menschen konkret werden, und den kosmologischen Deutungszusammenhängen, in die Paulus sie stellt. Körper werden in seiner Sprache transparent für die Geschichte Gottes mit den Menschen. Ihnen gilt die Verheißung Gottes: in der Zukunft und der Gegenwart. Der Glaube an die Auferstehung der Toten ist für Paulus der Glaube an den Gott Israels, dessen Macht auch durch den Tod nicht begrenzt werden kann. Die Hoffnung auf die Auferstehung der Toten gründet für ihn in der Auferweckung Jesu Christi, die er als bereits errungenen Sieg über den Tod deutet (vgl. vor allem VV. 20-28). Zentral für seine Argumentation ist der Blick auf die gegenwärtige Schöpfung in ihrer Vielfalt und Differenzierung (vgl. VV. 36-41.42-44.45-49). An ihr macht er deutlich, dass Gott allen Geschöpfen ihren spezifischen Körper gibt: In seinen Ausführungen wird die gegenwärtige Schöpfung transparent für die Auferstehungswirklichkeit, in ihr sieht Paulus die Verheißung auch für ein über den physiologischen Tod hinausreichendes Handeln Gottes: Gott sät und weckt auf (vgl. vor allem VV. 42-44).

Im Folgenden werde ich die Ergebnisse der Exegese zunächst dem Aufriss des Kapitels 1 Kor 15 folgend zusammenstellen und dann in Bezug auf die Frage nach der Darstellung der Körper auswerten.

10.1 1 Kor 15,35-58 – eine Auferstehungshomilie[1]

Die Komplexität der in 1 Kor 15 verarbeiteten eschatologischen Vorstellungen zeigt sich vor allem darin, dass Paulus Zitate aus dem Ersten Testament z. T. in kunstvollen Collagen miteinander verbindet, hymnische Elemente aufnimmt, mythologische Vorstellungen und apokalyptische Schilderungen heranzieht, rhetorische Stilmittel der Diatribe[2] verwendet und daraus eigene Sprachbilder entwickelt, um seine Aussagen zu illustrieren. Für die Darstellung bedient sich Paulus traditioneller Bilder und Sprachformen, gibt diesen aber eine eigene vielschichtige sprachliche Gestalt. In 1 Kor 15 finden sich eine Reihe von Elementen, die eine gottesdienstliche Sprache aufweisen, allerdings nicht in gebundener literarischer Form. Ich spreche deshalb von einer Homilie, weil die Ausführungen über die Auferstehung durchgängig auf die Schrift bezogen sind. Das wird bereits in VV. 3-4 explizit hervorgehoben und später mittels verschiedener Schriftzitate und -auslegungen dargestellt. Diese Bestimmung der Form

1. Die folgenden Ausführungen bilden eine Zusammenfassung der Ergebnisse der vorangegangenen Exegese. Ausführliche Darlegungen und Begründungen der Thesen finden sich in den jeweiligen Unterkapiteln, die nach den Versen von 1 Kor 15 gegliedert sind. Im Folgenden verzichte ich deshalb auf Verweise, da die Kapitel, in denen der jeweilige Vers behandelt wird, anhand des Inhaltsverzeichnisses leicht zu finden sind.
2. Der Kontext der Diatribe ist der der (kynisch-stoischen) Volkspredigt. Dieser Charakter hat sich auch bei Paulus bewahrt. Vgl. dazu vor allem Rudolf Bultmann (1910) 1984a, 3; vgl. auch ebd., 107: »[D]ie Predigt des Paulus hat sich zum Teil in ähnlichen Ausdrucksformen bewegt wie die Predigt der kynisch-stoischen Popularphilosophen, wie die Diatribe. Wir wollen es uns zum Schluß nicht verhehlen, daß der Eindruck der Verschiedenheit größer ist als der der Ähnlichkeit.«

und deren Charakter als gottesdienstliche Rede bzw. Volkspredigt ist insofern von Wichtigkeit, weil sie zeigt, dass die Ausführungen zur Auferstehung der Toten im Kontext gemeindlicher Spiritualität und religiöser Praxis gedeutet werden müssen und nicht in erster Linie als nur belehrende, möglicherweise polemische und dogmatische Darstellung der eigenen Position in der Auseinandersetzung mit Gegnern. Paulus will überzeugen, die Menschen von der Botschaft der Auferstehung begeistern, sie miteinbeziehen in die Gegenwart und Zukunft der *Basileia* Gottes, in die Gemeinschaft der Lebenden und Toten in Christus, die die Basis auch für sein eigenes Handeln ist.

10.1.1 VV. 1-34: Es gibt die Auferstehung der Toten

In 1 Kor 15,1-34 hat Paulus dargelegt, *dass* es eine Auferstehung der Toten gibt. Anlass für die ausführliche Stellungnahme waren Stimmen in der Gemeinde in Korinth, die diese in Frage stellten (V. 12):

»… warum sagen einige unter euch, dass es eine Auferstehung der Toten nicht gibt?«

Paulus stellt den Konflikt als innergemeindliches Problem dar, als Geschwisterstreit. Deutlich wirbt er um diejenigen, die seine Verkündigung in Frage stellen und stellt mittels apokalyptischer Bilder die Bedeutung der Auferstehung für das Leben der Menschen heraus: Die Sphäre des Lebens, in die die Glaubenden eintreten, ist auch durch den physischen Tod nicht begrenzt, das ist das ›eschatologische Versprechen‹, das Paulus mittels apokalyptischer Bilder, die vom Sieg über den Tod als letzten Feind sprechen, als Hoffnung und Lebensgrund von Gott gegeben sieht: Ein Sieg, der durch die Auferweckung Christi schon errungen ist (1 Kor 15, 20-28.54-57).

10.1.2 V. 35: Die Ausgangsfrage

In V. 35 beginnt ein zweiter Argumentationsgang, den Paulus mit zwei fiktiven Fragen einleitet:

»Aber es mag jemand fragen: Wie werden die Toten auferweckt? Mit einem wie beschaffenen Leib/Körper kommen sie?«

Hier bedient er sich eines Stilmittels der Diatribe, um im Weiteren seine Position ausführlich darzulegen, wobei er die Konsequenzen der Auferstehung der Toten für die Gemeinde und insbesondere für die Körper der Menschen in der Gemeinde in den Mittelpunkt stellt. Von einer Auseinandersetzung mit ›Gegnern‹ ist auch hier nicht auszugehen. Die Ausführungen richten sich vielmehr an diejenigen, die Paulus' Verkündigung von der Auferstehung der Toten glauben, aber nun danach fragen, wie diese konkret in Bezug auf die eigene Körperlichkeit zu verstehen ist. Mit der Anrede ἄφρων (V. 36) kritisiert er eine Verzagtheit, die Gottes (neu-)schöpfendem Handeln nicht genug zutraut. Mit dem in V. 37f. folgenden Verweis auf Alltagswissen aus dem Bereich von Saat und Ernte verleiht er dieser einen appellativen Charakter, der zum genauen Blick auf das Schöpfungsgeschehen auffordert: Sieh doch hin – Gott gibt Leben und wird auch neues Leben geben! Der gesamte Abschnitt VV. 35-58 zeigt nicht den polemischen oder aggressiven Charakter einer Auseinandersetzung, er ist vielmehr von gottesdienstlicher Sprache geprägt und weist mehrere poetisch bzw. hymnisch geprägte Passagen auf. In den Überschriften der folgenden Unterabschnitte werden die Elemente dieser gottesdienstlichen Rede über die Auferstehung in Bezug auf ihre Funktion benannt.

10.1.3 VV. 36-38: Bekenntnis: Gott schafft Leben

Die Verse zeigen den weiten Horizont der Frage nach der Auferstehung der Toten auf, die Tod und Leben, Schöpfung und Neuschöpfung berühren und grundlegend auf dem Handeln Gottes beruhen. Mit dem Verweis auf das gegenwärtige Schöpfungsgeschehen (säen – lebendigwerden) und die darin begründete somatische Existenz wendet Paulus sich gegen eine Auffassung, die Gottes lebenschaffende Macht negiert bzw. einschränkt und möglicherweise aus einer dualistischen Anthropologie heraus das leibliche Leben abwertet.

Aus dem Vergleich von 1 Kor 15,36 ff. mit Röm 6,1 ff. wird deutlich, dass die Notwendigkeit des Sterbens (des Samenkorns) auch in 1 Kor 15,36 nicht die Notwendigkeit des physiologischen Todes vor dem »Lebendigwerden« impliziert. Sterben bedeutet hier wie in Röm 6,15-23, durch die Taufe aus den Machtstrukturen der *Hamartia* befreit zu werden, befreit dazu, die Glieder in den Dienst der Gerechtigkeit stellen zu können, bereits in der leiblichen Existenz (σῶμα ψυχικόν) ein von der Geistkraft bestimmtes Leben (σῶμα πνευματικόν) zu führen (vgl. 1 Kor 15,44). Das Verständnis von Leben und Tod, das hier zum Ausdruck kommt, eröffnet auch die Perspektive auf ein zukünftiges Leben, das durch den Tod nicht begrenzt werden kann. Aus der gegenwärtigen Erfahrung von Leben, von Gesät- und Auferwecktwerden, von Sterben und Lebendigwerden, erwächst die Gewissheit der Auferstehung der Toten (vgl. V. 42). Paulus verbindet in 1 Kor 15,35 ff. die Frage nach der Auferstehung mit der (Neu-) Schöpfung, ein Zusammenhang, der sowohl in der zeitgenössischen jüdischen Apokalyptik wie auch in der Martyriumstheologie dargestellt und mit dem geschichtlichen Handeln Gottes verknüpft wird. Auf diesem Hintergrund lässt sich die Antwort des Paulus auf die Frage nach dem »wie« (πῶς) in V. 35 folgendermaßen formulieren: »Wenn du wissen willst, was Auferstehung der Toten bedeutet, schaue auf die (gegenwärtige) Schöpfung. Hier erkennst du, dass *Gott* Leben gibt: Leben, das konkret leiblich ist.«

10.1.4 VV. 39-41: Aufforderung zum Gotteslob

Ab V. 39 geht Paulus gänzlich über das Saatbild in VV. 36-38 hinaus und weitet den Blick auf das gesamte Schöpfungshandeln Gottes. Die inhaltlichen und sprachlichen Bezüge von 1 Kor 15,39-41 zum ersten Schöpfungsbericht in Gen 1 sind deutlich zu erkennen. Welche Bedeutung sie für die Interpretation der Verse haben, zeigt der Vergleich von 1 Kor 15,39 ff. mit Psalm 8. Paulus ›liest‹ die Schöpfungserzählung (Gen 1) mit der Hermeneutik, die ihm Psalm 8 vorgibt: Er richtet den Blick auf die Vielfalt und Differenziertheit der gegenwärtigen Schöpfung, die für ihn die Größe des göttlichen Handelns zum Ausdruck bringt. Ps 8 verbindet diese Wertschätzung der Schöpfung mit dem Lob des Schöpfers. Sein grundsätzlich positives Verständnis der Leiblichkeit, das auch die menschliche σάρξ umfasst, entfaltet Paulus dann in seiner an die poetische Sprache ersttestamentlicher Psalmen angelehnten Darstellung der Schöpfung, die jegliche dualistische Anschauung von irdischen und himmlischen, menschlichen und tierischen »Körpern« ausschließt, indem sie als Geschöpfe, d. h. von Gott geschaffenen Körper (vgl. V. 38: ὁ δὲ θεὸς δίδωσιν […] σῶμα; V. 40: σώματα ἐπουράνια; καὶ σώματα ἐπίγεια) qualifiziert werden.

Auch wenn Paulus in seiner Argumentation Schlüsselbegriffe aus der korinthischen Debatte aufnimmt, die ihm vermutlich gut bekannt ist, überwindet er in seinen Ausführungen deren (jüdisch-)hellenistisch geprägte philosophisch begründete Orientierung am Individuum. Sein Verständnis menschlicher Existenz gründet in der Schöpfung. Ihr Ursprung, der in Gottes Handeln liegt, macht die Menschen zu Geschöpfen, die mit ihren Körpern Gottes »Glanz« (vgl. VV. 40-41: δόξα) widerspiegeln.

10.1.5 VV. 41-44: Zuspruch: Die Auferstehung der erniedrigten Körper

Weiterhin in gehobenem Sprachstil, der eine rhythmische Struktur aufweist, bezieht sich Paulus nun wieder explizit auf die Auferstehung der Toten. Erneut bedient er sich hier der Saatmetaphorik, die er mit der Rede von der Auferweckung verbindet: gesät wird ... auferweckt wird ... ἐν φθορᾷ – ἐν ἀφθαρσίᾳ; ἐν ἀτιμίᾳ – ἐν δόξῃ und ἐν ἀσθενείᾳ – ἐν δυνάμει. Die Sphären, in die »gesät« bzw. »auferweckt« wird, haben ihren Bezugspunkt in der gegenwärtiger Erfahrung einer Existenz, die in die Strukturen des Todes und der *Hamartia* eingebunden ist, und von neuem Leben in Christus: Sie rücken aufeinander zu und überschneiden sich, ohne sich aufzuheben. Die strukturelle Offenheit der Prozesse, die sich in der Hoffnung auf die eschatologische Vollendung manifestiert, bleibt gewahrt. Die Veränderungen werden in der Gegenwart der Glaubenden wirksam, an ihren Körpern erfahrbar, wie 15,44b deutlich macht: »Wenn es einen lebendigen Körper gibt (ἔστιν), dann gibt (ἔστιν) es auch einen von der Geistkraft bestimmten«. »Auferstehung der Toten« drückt hier das Vertrauen auf Gottes neuschöpfendes Handeln aus: in der Gegenwart und der durch Gottes Handeln in der Auferweckung eröffneten Zukunft. Die Hoffnung, die Paulus verkündet, ist die auf eine Wirklichkeit, in der Gott »alles in allem ist« (vgl. V. 28), die von göttlicher ἀφθαρσία, δόξα und δύναμις bestimmt ist.

In 1 Kor 15,42 f. wird das Vertrauen auf Auferstehung aus der Perspektive der »Schwachen« und Rechtlosen ausgesprochen, aus der Realität derer, die in ihrer Lebenssituation an ihren Körpern erfahren, was Zerstörung, Missachtung und Ohnmacht (φθορά, ἀτιμία und ἀσθένεια) konkret bedeuten. Paulus macht deutlich, dass Gott eine Veränderung der menschenverachtenden Lebensverhältnisse bewirken will und Menschen auferstehen lässt. Hier steht Paulus in der Tradition der ersttestamentlichen Schöpfungstraditionen, die Gottes (neu-)schöpferisches Handeln vielfach auf dem Hintergrund einer Krise beschreiben und damit Hoffnung und Widerstand mobilisieren. Der Schlüssel zu einem Verständnis von Auferstehung liegt in der Wertschätzung der körperlichen Existenz – in der Wahrnehmung der Herrlichkeit/ Schönheit (δόξα), die sich an den Körpern zeigt (vgl. VV. 40-41) – zugleich aber auch ihrer Sterblichkeit, ihrer Gefährdung und Schwäche. Diese Hochschätzung des Körpers, die Zuschreibung, als σῶμα πνευματικόν leben zu können, intendiert kein idealistisches, lebensfernes Streben nach Ganzheit und Vollkommenheit: Wenn Paulus von Auferstehung spricht, hat er die erniedrigten Körper der Menschen in seinem Umfeld vor Augen. Nur wenn sie als Bezugspunkt der Ausführungen über Auferstehung in den Blick genommen werden, können die Aussagen in 1 Kor 15 in ihrer gesellschaftskritischen Sprengkraft und als Einspruch dagegen wahrgenommen werden, dass Menschen gequält, erniedrigt und getötet werden.

10.1.6 VV. 45-49: Textauslegung: Über die Menschenschöpfung

Der Abschnitt VV. 45-49 entfaltet die Aussage in V. 44b: »Wenn es ein σῶμα ψυχικόν gibt, dann gibt es auch ein πνευματικόν.« In Form einer midraschartigen Exegese bietet Paulus nun eine weitere Auslegung des Schöpfungsgeschehens, in der er die zwei Abstammungslinien der an Christus Glaubenden skizziert und darin erneut auf die Frage nach dem σῶμα der Auferstehung eingeht.

Die erste Abstammungslinie beginnt mit dem »ersten Adam«. Kunstvoll verflochten mit dieser Schöpfungsgeschichte erzählt er eine weitere, die gottesgeschichtlich später beginnt, aber ebenfalls bis in die Gegenwart hinein spricht. Sie erzählt von der Schöpfung eines »letzten« (ἔσχατος) Adam, der denjenigen, die von ihm abstammen, ein Leben als Angehörige »des Himmlischen«, als σῶμα πνευματικόν ermöglicht. Der Schlüssel für das Verständnis liegt auch hier in der Perspektive auf das gegenwärtige Leben. Im Tragen der εἰκών/des Bildes realisiert sich die Zugehörigkeit zu den beiden ›Vorfahren‹. Die Zugehörigkeit zum »ersten Adam« zeigt sich im alltäglichen Leben. Sie zeigt sich darin, dass

Menschen sterblich sind, dass sie als Geschöpf (σάρξ) in Beziehung zu anderen Geschöpfen stehen (vgl. VV. 39-41), dass sie von Gott in Unterschiedlichkeit und Schönheit (δόξα) geschaffen wurden (VV. 38-41). Die Zugehörigkeit zum »ersten Adam« zeigt sich aber auch darin, dass Menschen der *Hamartia* und ihren Todesstrukturen ausgeliefert sind, die sich gesellschaftlich und konkret körperlich realisieren. Das Tragen des Bildes des Himmlischen verändert die gegenwärtige Existenz. Die Angehörigen des Himmlischen sind *mehr* als nur Fleisch und Blut (vgl. V. 50: σὰρξ καὶ αἷμα), die lebendigmachende Geistkraft hat sie verwandelt, macht sie zu Erben und Erbinnen der *Basileia* Gottes.

10.1.7 V. 50: Über die Basileia

V. 50 bildet die Verbindung zwischen dem Abschnitt VV. 35-49 und dem folgenden. σὰρξ καὶ αἷμα wie auch ἡ φθορά verweisen auf die gegenwärtige soziale und gesellschaftliche Situation, eine Situation, in der Paulus die Unfähigkeit konstatiert, gemäß der *Basileia* Gottes zu leben, d. h. nach der Tora zu handeln. In der Gegenwart sieht er die Möglichkeit, durch den Glauben an Jesus als den Christus zu Kindern Gottes zu werden und damit zu Erbinnen und Erben (vgl. Röm 8,16f.; Gal 3,23-4,7). Den Weg in diese durch Christus eröffnete Gegenwart und Zukunft in der *Basileia* Gottes möchte Paulus allen Menschen zugänglich machen.

10.1.8 VV. 51-57: Verkündigung, Lied und Gotteslob: Sieg über die Todesmacht

Mit der Einleitung: »Siehe, ich sage euch ein Geheimnis (μυστήριον)« eröffnet Paulus die Verkündigung der *Basileia* Gottes, die er mit Hilfe apokalyptischer Bilder darstellt. Diese zeichnen keine zeitlich ferne Zukunft, denn im Mittelpunkt stehen die Menschen, zu denen er spricht: »*Wir alle* werden nicht entschlafen, aber *wir alle* werden verwandelt werden«. Das Geheimnis umfasst eine andere Wirklichkeit, ein Leben ohne Tod und Sterben. Es beschreibt ein Jenseits von Gewalt und Sterben, einen Ort, an dem der Tod besiegt ist und allen Lebensmöglichkeiten eröffnet werden: den Lebenden und den Toten. In der apokalyptischen Vision des Paulus rückt der Ablauf der Geschichte zusammen und mündet in einen Zeitpunkt, in dem das Schicksal der Lebenden mit dem der Toten verbunden ist, in dem sie nicht länger durch den Ablauf der Zeiten getrennt sind. Nicht nur die Lebenden werden in den Prozess der Auferweckung hineingenommen (vgl. VV. 42-44), nicht nur für sie eröffnen sich neue Lebensmöglichkeiten. In seine Menschheitsvision ist auch das Schicksal der Toten eingebunden. Noch einmal wendet er sich damit gegen die Aussage, dass es eine Auferstehung der Toten nicht gebe. Denn diese schließt die (physiologischen) Toten aus der Vision eines lebendigen Lebens aus und verweigert ihnen die Gerechtigkeit, die ihnen zukommt.

Die in den Versen 54f. folgende Zitatkollage aus der Schrift besingt den Sieg über den Tod und mündet in V. 57 in ein nun explizit formuliertes Gotteslob. Die konkrete politische Botschaft der paulinischen Aussagen wird vor allem an der Beschreibung des Instruments deutlich, mit dem der Tod seine Macht ausübt: dem κέντρον (VV. 55.56), das auf menschliche Gewaltherrschaft verweist. Die Menschen, zu denen Paulus spricht, können die Macht des Tod deuten, sie wissen, wer das κέντρον schwingt, wer über sie herrscht. In einem Siegeslied (VV. 54-55) wird der Tod personifiziert. Im Singen wird seine Entmachtung gegenwärtig und die Niederlage der Repräsentanten der tödlichen Macht offenbar. Der Gesang ist der Triumph der Machtlosen über die (noch) Mächtigen. Sie besingen das Jenseits der Gewaltgeschichte, das sie gegenwärtig erleben, die Utopie, dass »wir alle nicht sterben werden« (vgl. V. 51). Dem Lied über den Sieg folgen Aussagen über den Tod, die *Hamartia* und die Tora: »Der (Peitschen-)Stachel des Todes ist die Sündenmacht, die Wirkkraft der Sündenmacht aber ist die Tora.« Der Vergleich mit Röm 7,7-25 zeigt, dass Paulus hier nur Stichworte nennt, mit denen er einen komplexen Zusammenhang in komprimierter Form bündelt: Aussagen über die Macht des Todes und die *Hamartia*, die selbst die Tora instrumentalisieren konnte – nun aber überwunden ist. Für die Überwindung des Todes (1 Kor 15,51-56; vgl. auch Röm 7,24) durch den Kyrios Jesus Christus gilt Gott der Dank (Röm 7,25a; 1 Kor 15,57).

10.1.9 V. 58: Abschließender Zuspruch, Sendung

V. 58 bildet den Abschluss des Abschnitts über die Auferstehung, den Paulus mit einer betont herzlichen Anrede einleitet. Er fordert die Gemeinde auf, bei ihrem Standpunkt zu bleiben (vgl. auch 1 Kor 15,1f.11). Er beschreibt Leben aus der Perspektive einer verwandelten Welt, aus dem Wissen um die Fülle des »Werks des Kyrios«, an der die Menschen in der Gemeinde Anteil im »Überfluss« haben. Gott habe sie aus den Strukturen der *Hamartia*, aus ihrem Sklavendienst befreit. Die Gewissheit der Nähe der *Basileia* Gottes und des Sieges über Tod in der Auferweckung Jesu Christi macht es nun möglich, die Gebote der Tora zu halten. Das ist für ihn der Grund für den Zuspruch, dass alle Arbeit in der Gemeinde einen Sinn hat.

10.2 Die Körper der Auferstehenden

10.2.1 Tod und Leben

Bereits aus der Darstellung der exegetischen Ergebnisse ist deutlich geworden, dass Paulus in seinen Ausführungen über die leibliche Existenz der Auferstandenen zwar die Frage nach der qualitativen Beschreibung der körperlichen Fortexistenz und einer möglichen Beschaffenheit der nach dem physischen Tode auferstandenen Toten aufgreift – wie sie möglicherweise in Korinth diskutiert wurde (ποίῳ δὲ σώματι ...) – diese aber anders als erwartet beantwortet. Seine Antwort beschreibt die »Qualität« der Auferstehung-Körper nicht substantiell, sondern theologisch: Es ist der Herrschaftsbereich, in dem die Körper stehen, der sie qualifiziert (δόξα, δύναμις, ἀφθαρσία, πνεῦμα, θεός stehen im Kontrast zu ἀτιμία, ἀσθένεια, φθορά, θάνατος, ἁμαρτία). Die Frage nach den Körpern der Auferstandenen ist deshalb für ihn in erster Linie die nach den Lebensbedingungen und der Lebenspraxis der Menschen, die durch die Taufe in Christus lebendig gemacht geworden sind. Die Anthropologie ist in 1 Kor 15 der Theologie nachgeordnet. Wichtig für die Frage nach den Körpern ist die, in welchem ›Herrschaftsbereich‹ sie stehen: in dem Gottes, der Leben bedeute, oder in dem der *Hamartia* und des Todes.

Entscheidend für das Verständnis des gesamten Abschnitts 1 Kor 15,35-58 ist die Deutung der Aussage in V. 36: »... Das, was du säst, wird nicht lebendiggemacht (ζῳοποιεῖται), wenn es nicht gestorben ist (ἀποθάνῃ).« Auf dem Hintergrund der Aussagen über Tod und Leben im Corpus Paulinum zeigt es sich, dass diese Vorstellungen von Tod und Leben über die der gegenwärtigen physischen Existenz und deren Ende hinausgehen. Sie kennzeichnen die Sphären, in denen die gegenwärtigen Körper stehen, die den Strukturen der *Hamartia* und der Macht des Todes auf der einen und der Gottes auf der anderen Seite unterworfen sind. Tod und Sünde nehmen kosmische und dämonische Züge an, nach der Analyse des Paulus bestimmen sie in einem umfassenden Sinne die gesellschaftliche Realität der Menschen seiner Zeit. Mit apokalyptischen, mythologischen Bildern zeichnet er die gegenwärtigen Herrschaftsverhältnisse nach und zugleich deren Überwindung durch Gottes Handeln.

Die apokalyptischen Schilderungen haben deshalb eine konkrete Bedeutung für die Menschen und die Deutung ihrer Gegenwart. Für paulinische Aussagen über die Auferstehung der Toten und die Überwindung des Todes stellt sich die Aufgabe, sie wie andere zeitgenössische jüdische apokalyptische Texte auch als Dokumente zu verstehen, die in die konkrete geschichtliche Gegenwart hineinsprechen, sie analysieren und zur Beteiligung an deren Veränderung aufrufen wollen. Sie analysieren die Gegenwart, benennen in mythologischer Sprache die Mächte, die sie bestimmen, und ›entmythologisieren‹ sie zugleich, indem sie ihre Überwindung durch Gottes lebensschaffende Macht bekennen. Damit haben sie eine mehrfache Funktion: Sie spenden Trost, verkünden die Gewissheit der Nähe Gottes und rufen zum Vertrauen auf, aus dem das eigene Handeln erwachsen kann und soll. Maßgebend für ein Leben, das sich an der *Basileia* Gottes ausrichtet, sind und bleiben für Paulus die Tora und deren Gebote. Das paulinische Verständnis von Eschatologie und dessen Vorstellungen von Zeit, die hinter den Auferstehungsaussagen von 1 Kor 15 stehen, sollen im nächsten Kapitel weiter beleuchtet werden.

10.2.2 Die gegenwärtige körperliche Existenz und die Auferstehung

Mittels der Adam-Christus-Typologie (VV. 21-22.45-49) macht Paulus deutlich, dass es ihm um das Schicksal der gesamten Menschheit geht. Dass diese nicht als abstraktes Kollektiv zu verstehen ist, zeigt sich insbesondere an den Aussagen zur Menschenschöpfung in VV.(38).45-49, deren Bezug auf Gen 2,7 die konkrete Erschaffung aus »Erde« sichtbar macht. Der Gedanke der Gottesebenbildlichkeit des »ersten Adam« aus Gen 1,26 f. durchzieht die Ausführungen des Paulus. Er sieht die durch die Taufe eröffnete »himmlische« bzw. »pneumatische« Existenz untrennbar mit der »lebendigen« Existenz als σῶμα ψυχικόν verbunden, mit dem Leben als Geschöpf – als ψυχὴ ζῶσα, das aus Erde gemacht (χοϊκός) von Gott ins Leben gerufen wurde. Im Tragen der εἰκών realisiert sich die Zugehörigkeit zu den beiden »Vorfahren« (vgl. V. 49). Daneben steht dann die Aussage, dass »Fleisch und Blut« die *Basileia* Gottes nicht erben können (V. 50). Die Exegese hat gezeigt, dass mit diesem Ausdruck nicht menschliche Wesen generell gemeint sind, sondern solche Menschen, die das »Bild des Himmlischen« nicht annehmen/tragen. Die Frage, wer die *Basileia* erbt oder nicht erbt, ist eine, die sich an der jeweiligen Lebenspraxis entscheidet.

Es wird deutlich, dass die konkreten menschlichen Körper in dem Moment in den Blick rücken, in dem die Texte als Betrachtung der Gegenwart Lichte der anbrechenden *Basileia* Gottes verstanden werden. Paulus selbst stellt die erniedrigten und geschundenen Körper der Menschen in den Mittelpunkt, die nach herrschendem Verständnis als die »Schwachen«, als »Abschaum« gelten (1 Kor 15,41-44; vgl. auch 1,18 ff.; 4,10 ff.). Die Körper, die Paulus beschreibt, leben in einer Realität (ἐν), die von Zerstörung, gesellschaftlicher Verachtung, Krankheit und Schwäche geprägt ist (φθορά, ἀτιμία, ἀσθένεια), gleichzeitig beschreibt er ihre Schönheit (δόξα), die er auch den irdischen Körpern zuschreibt (vgl. V. 40: ἀλλὰ ἑτέρα μὲν ἡ τῶν ἐπουρανίων δόξα, ἑτέρα δὲ ἡ τῶν ἐπιγείων). Die Wertschätzung, die aus der Beschreibung göttlichen Handelns in der Schöpfung spricht, umfasst für ihn auch die menschliche σάρξ (vgl. V. 39). Er macht allerdings an vielen Stellen in seinen Briefen deutlich, dass die gegenwärtige menschliche Existenz von der Sündenmacht bestimmt ist, die selbst das Innere der Menschen besetzt (vgl. Röm 7,18). Mittäterschaft – Handeln im Dienst der Sünde (vgl. Röm 7,24 f.) – gehören zur menschlichen Realität, wie Paulus sie beschreibt. Selbst die heilige, gerechte und gute Tora (vgl. Röm 7,12) werde von der *Hamartia* instrumentalisiert (vgl. 1 Kor 15,56 – Röm 7,7-25). Dennoch liegt für Paulus in der Bezeichnung einer Person als σῶμα ψυχικόν die grundsätzliche Bejahung des Daseins als Geschöpf Gottes. Neue Lebensmöglichkeiten bieten sich den Menschen im σῶμα Χριστοῦ (1 Kor 12), in ihrer durch die Taufe eröffneten Existenz als σῶμα πνευματικόν (V. 44) – ein Leben, das von der Geistkraft bestimmt ist.

Mit der Sendung des Messias und der Überwindung des Todes durch seine Auferweckung sei auch für die zu ihm gehörigen Glaubenden eine neue Wirklichkeit der Auferstehung eröffnet (VV. 20-28). Darauf verweisen auch die durchgängig präsentischen Aussagen in VV. 35-50. Die für die Zukunft prinzipielle Offenheit der Gegenwart, die immer noch von Sterben und Leiden geprägt ist, drückt Paulus durch die Verkündigung der *Basileia* aus, dem Erzählen des Geheimnisses Gottes (VV. 50-57). Dies beschreibt nicht ausschließlich eine Fortexistenz in einer Zeit nach dem physischen Tod, sondern ist zugleich Ausdruck der Gewissheit, dass die menschlichen Machthaber, die mit Gewalt herrschen (κέντρον), nicht das letzte Wort haben werden. Aussagen über die *Basileia* Gottes sind Aussagen über Gott und die Gerechtigkeit Gottes und Ausdruck der Hoffnung auf eine vollständige Verwandlung der Gegenwart in einen Lebensraum, in dem Gott alles in allem ist (V. 28). Auf die Gegenwart bezogene und futurische Aussagen werden in dieser Schilderung miteinander verschränkt. Das wird vor allem im Blick auf die Aussagen über die Unterwerfung des Todes deutlich (vgl. VV. 22.26-27.54-55.57), für die bereits in der Gegenwart Gott Dank gesagt wird, der den Sieg *gibt* (vgl. V. 57), die aber zugleich als noch ausstehend geschildert wird (vgl. das Futur in V. 54: γενήσεται). Alle Aussagen verbindet die *Gewissheit* der Überwindung des Todes in allen seinen Dimensionen, eine Gewissheit, die die Gegenwart und die noch ausstehende Zukunft umfasst.

10.2.3 *Zur Frage des Geschlechts der Körper*

Welches Geschlecht haben die Körper, von denen Paulus spricht? In der Exegese von 1 Kor 15 hat diese Frage bisher keine Rolle gespielt. Geschlecht als Kategorie zur Bewertung der Aussagen heranzuziehen, hat sich in der Analyse der einzelnen Verse nicht nahegelegt. Wirft die Geschlechterperspektive für die Deutung der eschatologischen Aussagen, über Auferstehung und die Verkündigung der *Basileia* Gottes neue Aspekte auf, wenn das Kapitel als ganzes betrachtet wird?

Die Anrede an die Gemeinde in Korinth ist in 1 Kor 15 durchgehend androzentrisch formuliert: ἀδελφοί (V. 1[31].50.58; vgl. auch V. 6). Ob Paulus nur die männlichen Mitglieder als Ansprechpartner gesehen hat, ist jedoch offen, denn es wäre möglich, dass der Plural hier die Frauen mit einbezieht und ἀδελφοί deshalb als »Geschwister« zu übersetzen ist.[3] Doch erwähnt er sie in diesem

---

3. Vgl. dazu Walter Bauer, Wörterbuch, 1963, 31. Vgl. dazu auch Luise Schottroff 1998, 591: »Kapitel 15 ist vollständig androzentrisch. Vermutlich ist auch die Erinnerung an die Frauen, die erste Zeuginnen der Auferstehung waren (Mk 16,18 parr), dem Androzentrismus zum Opfer gefallen (15,3-8; wieviel Frauen sind unter den 500 ›Brüdern‹ 15,6?) oder gar der patriarchalen Konstruktion von Geschichte, für die Frauen unwichtig sind. Doch sehe ich den Apokalyptiker Paulus auf einer Ebene mit vielen Frauen und Männern, denen apokalyptische Mythen Hoffnung, Kraft und Erfahrungen des Auferstehung jetzt im Alltag des Lebens gegeben haben. Da Frauen sich in nachdrücklicher Weise auf die Auferstehungstradition bezogen haben, höre ich in den Worten des Paulus hier auch die Stimmen vieler Frauen.«

Zusammenhang explizit nicht. Androzentrische Sprache prägt auch im Weiteren die Ausführungen des Paulus. So leitet die Adam-Christus-Typologie, bzw. die Rede vom ersten und zweiten/ letzten Adam die Geschichte der Menschen von männlichen Repräsentanten ab. Doch auch hier kann »Adam« als kollektive Bezeichnung der Menschheit als ganzer verstanden werden. Auf keinen Fall darf Adam als männlicher Eigenname gedeutet werden (was sich u. a. darin zeigt, dass auch der Christus in VV. 45-49 als »Adam« bezeichnet wird).

Die apokalyptischen Aussagen in VV. 20-28 beziehen sich metaphorisch auf eine Schlacht – ein Bereich, der durchgängig der männlichen Sphäre zugehörig ist, da Männer als Soldaten, Heerführer etc. tätig waren. Die Bilder, mit denen das Geschehen skizziert wird, stammen aus dem militärischen Bereich. Doch auch dieses Bild ist gebrochen: Der Ablauf der Geschichte ereignet sich nicht in vorgegebenen (militärischen) Bahnen, die nach dem Sieg über die alten Herrscher, die Feinde, auf eine neue Herrschaft zulaufen. Ziel des von Paulus geschilderten Geschehens ist die Aufhebung jeglicher Herrschaft, jeglicher (militärischer) Hierarchie. Insbesondere dieser Grundgedanke ermöglicht es Frauen wie Männern, sich mit denjenigen zu identifizieren, die dem Anführer Christus angehören (V. 23) und nicht nur an eine Abteilung (männlicher) Soldaten zu denken.

Im Weiteren unterscheidet Paulus nicht zwischen Männer- und Frauenkörpern, wenn er von σῶμα oder σάρξ spricht. Die Bildsprache des gesamten Abschnitts VV. 35-58 ist relativ offen und bietet somit Identifikationsmöglichkeiten für alle Geschlechter. Diese Offenheit wird um so größer, als Paulus keine grundsätzlich abwertenden Vorstellungen mit der gegenwärtigen materiell-körperlichen Existenz verbindet und gesellschaftlich abgewertete Menschengruppen und die aus herrschender Perspektive sozialen und körperlichen Defizite (zerstörenden Strukturen ausgesetzt, schwach und ohnmächtig sein, vgl. VV. 42-43) theologisch aufwertet. Die paulinischen Aussagen über die »Körper« rücken die konkrete Lebensrealität der Menschen in den Blick und beschreiben damit auch die Situation vieler Frauen – auch wenn Paulus selbst an diese möglicherweise nicht dachte, als er seine Aussagen formulierte. Frauen können sich damit, wie körperliche Existenz hier geschildert wird, identifizieren und beziehen ebenso die Aussagen über die Auferstehung der Körper auf sich. Körperabwertung bezieht sich in der Antike wie auch heute verstärkt auf Frauen, ihre Körper und ihre Sexualität.[4] Die Offenheit der körpertheologischen Aussagen des Paulus hat deshalb insbesondere für Frauen befreiend gewirkt, wie u. a. die Rezeption in den Thekla-Akten zeigt. Neben Aussagen über die Auferstehung (vgl. AThe 5.12.14.39) gilt dies für die Vorstellung, das σῶμα sei Tempel Gottes bzw. des heiligen Geistes (1 Kor 3,16; 6,19 – AThe 5), und die

---

4. Zur Abwertung von Frauen aufgrund ihres Geschlechtes und ihrer Sexualität vgl. z. B. 1 Tim 2,13 f.; zum Frauenbild in den neutestamentlichen Haustafeln vgl. Ulrike

Feststellung, dass Jungfrauen[5] ein Leben »heilig an Körper und Geist« führen (vgl. 1 Kor 7,34 – ATh 6).[6]

Abschließend lässt sich festhalten, dass trotz der durchgängig androzentrischen Redeweise des Paulus in 1 Kor 15 die Thematisierung der Körper auch Frauen die Möglichkeit bot, die von ihm formulierte Botschaft der Auferstehung auf sich zu beziehen. Für ihre Vermittlung in der Gegenwart stellt sich jedoch die Aufgabe, sprachliche Bilder und Vorstellungen, mit deren Hilfe sie transportiert wird, um solche zu erweitern, die die Lebensrealitäten beider Geschlechter berücksichtigen. Der Frage, wie eine angemessene theologische Sprache entwickelt werden kann, die die Kontextualität der Aussagen und ihren Erfahrungsbezug zum Ausdruck bringt, soll im letzten Kapitel weiter nachgegangen werden.

Wagener 1994. Zur Abwertung der Körper alter Frauen, vgl. Claudia Janssen 1998, 30-57.
5. Vgl. dazu auch Cyprian, hab. virg. 22; zur Stelle vgl. Luise Schottroff 1998, 589-591.
6. Luise Schottroff 1998, 578-583.589-591, und Luzia Sutter Rehmann 1994 haben in verschiedenen Untersuchungen gezeigt, dass Frauen in frühchristlicher Zeit die Möglichkeit ehefrei zu leben, als Aufwertung ihres Körpers verstanden und daraus eine Autonomie in Bezug auf Verkündigung und die Wahl ihrer Lebensform ableiteten. Vgl. Luzia Sutter Rehmann 1994, 91:»Wir können in dieser Rede keine sexualitätsfeindliche Haltung ausmachen. Nicht die Sexualität wird als Ablenkung von der eschatologischen Aufgabe betrachtet, sondern das Augenmerk [richtet sich, C. J.] auf die Dinge dieser Welt und den Ehemann, was hier gleichbedeutend ist mit der Ehe als patriarchaler Lebensordnung. Denn diese ist am Fortbestehen dieser Welt und ihrer Gesetze beteiligt und nicht an deren Überwindung. Das Heiligsein des weiblichen Körpers und des weiblichen Geistes ist aber etwas, was zur befreiten Schöpfung, zur umgewandelten Welt(ordnung) gehört. Dieses Heiligsein wird kontrastiert zur patriarchalen Ehe und speziell für Frauen betont.« Zur Diskussion dieser Frage vgl. auch Antoinette Wire 1995,72-97.

Kapitel 3
Die Sprache des Geheimnisses

Die vorangegangenen Untersuchungen haben gezeigt, dass die Rede von der leiblichen Auferstehung zentrale Fragen der Eschatologie und Theologie – Zeit, Schöpfung und Geschichte – umfasst. Die Perspektive auf die Körper schärft den Blick für den Kontext der paulinischen Aussagen, denn an ihnen wird die befreiende Botschaft von der Auferstehung konkret. Den Menschen und ihren von gegenwärtiger Herrschaft und deren todbringenden Strukturen gezeichneten Körpern gilt die Verheißung des Lebens in der *Basileia* Gottes. Deutlich geworden ist, dass eine Vorstellung leiblicher Auferstehung, die diese ausschließlich futurisch versteht, d. h. auf eine Zukunft bezieht, die außerhalb gegenwärtiger Erfahrungen liegt, der paulinischen Rede von Auferstehung und den vielfältigen Dimensionen dessen, was er unter Leben und Tod erfasst, nicht gerecht wird.

In der aktuellen Diskussion zu 1 Kor 15 wird das Verständnis von Zeit vielfach nur am Rande thematisiert. Die vorangegangene Exegese von 1 Kor 15 hat jedoch gezeigt, dass ein Verständnis der Zeitebenen, die Paulus anspricht, für eine Deutung der Aussagen über die Auferstehung der Toten von grundlegender Bedeutung ist. Was bedeutet es für die Vorstellung von Zeit, dass Paulus präsentische und futurische Aussagen über die Auferstehung der Körper miteinander verbindet – was besagen diese über die Gegenwart, wie beschreiben sie die Zukunft? Die Beobachtung, dass im Hintergrund von 1 Kor 15 ein komplexes Verständnis von Zeit steht, macht es notwendig, das den meisten exegetischen Ausführungen inhärente eindimensional lineare Zeitverständnis, das Leben, Tod und Auferstehung nacheinander auf einem chronologisch geordneten Zeitstrahl ansiedelt, einer grundlegenden Untersuchung zu unterziehen.[1] Es ba-

---

1. Ein wichtiger Aspekt dieser Untersuchung ist es, den in der Wissenschaft inhärenten Dualismus einer kritischen Revision zu unterziehen. Zum Dualismus in den gegenwärtigen naturwissenschaftlichen Definitionen von Zeit vgl. Ilya Prigogine 1997, 79-94. Als Naturwissenschaftler versucht er, den von ihm konstituierten Dualismus mit Hilfe von Mathematik und Physik zu überwinden: »Die klassische Wissenschaft hat uns den Dualismus gebracht. Nun sind wir in der Lage, diesen Dualismus zu überwinden, und zwar nicht nur im philosophischen Fachdiskurs, sondern an den Grundlagen der Wissenschaft ansetzend. Die Zukunft ist ungewiß. Dieser Satz ist gültig, sowohl bezüglich der Natur, die wir beschreiben, als auch im Hinblick auf unser eigenes Dasein. Doch die Ungewißheit bildet den Kern der menschlichen Kreativität. Die Zeit wird zur Konstruktion, und Kreativität wird zu einem Mittel, an diesem Prozeß teilzuhaben.« (ebd. 93). Dieses Resümee des Physikers und Nobel-

siert auf einem modernen naturwissenschaftlichen Konzept von Zeit, das sich in vielem von antiken Vorstellungen unterscheidet und das vieldimensionale Zeitverständnis biblischer Texte nicht vollständig erfassen kann. Bei der Interpretation der Aussagen, die im Futur formuliert sind, wird deutlich, dass das Verstehen von Zeit für das Vorverständnis, mit dem biblische Texte betrachtet werden, eine wichtige Rolle spielt.[2] Gibt es einen ›Zeitraum‹ Zukunft? Wie verhalten sich Vergangenheit, Gegenwart und Zukunft zueinander? Lassen sie sich deutlich voneinander trennen? Vielfach wird das explizite und implizite Vorverständnis von Zeit in den Auslegungen jedoch nicht reflektiert. Dies führt dann dazu, dass das eigene Zeitempfinden, das spezifische Zeitkonzept der jeweiligen eigenen Epoche und Kultur als quasi überzeitliche Größe erscheint. Dass aber auch das Verständnis von Zeit zeit- und geschichtsgebunden ist, wird dabei vielfach außer Acht gelassen. Die in diesem Kapitel folgenden hermeneutischen Überlegungen zum Thema Eschatologie, Zeit und Sprache sollen deutlich machen, welche zentrale Bedeutung der Reflexion der sich damit verbindenden Vorstellungen für die Ergebnisse exegetischer Arbeit zukommt. Erneut wird die Frage nach den Körpern im Mittelpunkt stehen. Hinter diesem Vorgehen steht das Verständnis, dass zunächst abstrakte Größen wie Eschatologie und Zeit konkret werden, wenn nach den Körpern der Menschen gefragt wird. In der paulinischen Argumentation in 1 Kor 15,35 ff. bilden sie den Bezugspunkt der Aussagen über die Auferstehung. Als Nachfahren des ersten Adam verkörpern sie die vergangene und gegenwärtige Geschichte Gottes mit den Menschen, die mit der Schöpfung ihren Anfang genommen hat. Als Nachfahren des letzten Adam ist ihnen die Zukunft der *Basileia* Gottes eröffnet. Auf welchen Zeitebenen spricht Paulus, wenn er die Geheimnisse Gottes verkündet? Welcher Zeit gelten die Verheißungen?

Im zweiten Teil dieses Kapitels soll ein vertiefender Blick auf die Sprache gerichtet werden, mit der der Glaube an die Auferstehung der Toten in Worte gefasst wird. Die Exegese zu 1 Kor 15 hat gezeigt, dass sich Paulus verschiedener Sprachformen, rhetorischer Mittel, poetischer Elemente und eigener sprachlicher Schöpfungen bedient, um sich der Frage der Auferstehung anzunähern. Er bietet keinen abstrakt formulierten geschlossenen systematischen Entwurf, sondern verwendet Elemente gottesdienstlicher Sprache, bezieht apokalyptische Motive ein sowie Lieder und Erzählungen. Die ›Sprache des Geheimnisses‹ (vgl. 1 Kor 2,7; 15,51) ist eine offene, sie beschreibt eine andere Wirklichkeit als

preisträgers für Chemie Ilya Prigogine, der sich über viele Jahrzehnte mit Fragen zur Erforschung von Zeit beschäftigt hat, verstehe ich als Ermutigung, neue, kreative Wege zur Beschreibung von Zeit zu beschreiten.

2. Rudolf Bultmann 1993a, 227, spricht in seinem Aufsatz »Das Problem der Hermeneutik« (1950) vom »vorgängigen Lebensverhältnis zur Sache«: »Damit ist auch gesagt, daß jede Interpretation notwendig von einem gewissen *Vorverständnis* der in Rede oder Frage stehenden Sache getragen ist.« Zu einer Hermeneutik, die gegenwärtige Erfahrung und das Erzählen und Deuten von Vergangenem produktiv in Beziehung setzt, vgl. Jürgen Ebach 1992.

die der Herrschenden, die Sphäre des Lebens Gottes, in der der Tod keine Macht mehr hat: »Tod, wo ist dein Sieg? Tod, wo ist dein Stachel?« (15,55). Ich verstehe die Ausführungen des Paulus als Suche nach Ausdrucksformen für die tiefgreifenden (Körper-)Erfahrungen, die Sprache im Grunde nicht vollständig zu erfassen vermag und über deren Vermittlungsmöglichkeiten hinausgehen. Mit der Rede von der Auferstehung der Toten versucht er, die Verheißung, die für ihn in diesem Handeln Gottes liegt, sein Erleben kaum fassbarer Fülle und Intensität in einer Welt, die von Grenzen, Brüchigkeiten, Gewalt- und Todeserfahrungen geprägt ist, zum Ausdruck zu bringen und die Menschen in Korinth davon zu überzeugen, sich dieser zu öffnen. An den Grenzbereichen von Leben und Tod, Sterben und Lebendigwerden bildet für ihn das Vertrauen auf Gottes Handeln die Basis für eine Lebenspraxis, die sich an den Geboten der Tora, an Gottes Weisung zum Leben orientiert.

Insbesondere aus den Briefen an die korinthische Gemeinde ist abzulesen, dass diese in einem lebendigen Kommunikationszusammenhang mit Paulus steht. Auch die Aussagen in 1 Kor 15 sind im Rahmen dieses Gespräches mit Menschen aus Korinth formuliert, auf deren Fragen, Konflikte und Ängste in Bezug auf den Körper, auf Leben, Sterben und Auferstehung er eingeht. Seine Antwort basiert auf zeitgenössischen anthropologischen Vorstellungen, kulturell geprägten Einstellungen zur Körperlichkeit und überlieferten biblischen Traditionen, aber auch auf eigenen körperlichen Erfahrungen mit Schmerz und Tod, Erfahrungen von Lebens- und Glaubenskraft. Die Perspektive auf die konkreten Körper, das ambivalente Verhältnis, das Menschen zu ihnen haben, auf der einen Seite und die Aufnahme dieser Erfahrungen in theologischen Aussagen auf der anderen bieten wichtige Impulse für die Deutung des paulinischen Auferstehungsverständnisses im Rahmen seiner eschatologischen Vorstellungen. Wie kann dieser vielschichtige Hintergrund sichtbar gemacht werden, wenn gegenwärtig über Auferstehung gesprochen wird? Wie können eschatologische Verheißungen in die Gegenwart ›übersetzt‹ werden? Wie kann heute das *Geheimnis Gottes* verkündet werden? Welche Ausdrucksmöglichkeiten stehen theologischer Sprache heute zur Verfügung, die *andere* Wirklichkeit, die Lebenssphäre zu beschreiben, die Gott durch die Auferweckung Jesu, durch seinen Sieg über den Tod den Menschen eröffnet? Paulus bedient sich zeitgenössischer apokalyptischer Motive, greift auf Vorstellungen jüdischer Märtyrertheologie zurück und bedient sich der poetischen Sprache der Psalmen. Der Glaube an die Auferstehung der Toten fordert dazu heraus, je eigene Ausdrucksmöglichkeiten zur Beschreibung der Erfahrungen mit dieser anderen Wirklichkeit zu entwickeln, die die Gegenwart transparent werden lassen für das Leben Gottes. Diese Arbeit abschließen sollen deshalb Überlegungen zu einer dem Gegenstand Eschatologie angemessenen theologischen Sprache, die es vermag, die Verheißungen für die konkreten Körper in der Gegenwart und einer von Gott eröffneten Zukunft, der Gemeinschaft von Lebenden und Toten, eines vom Tod nicht begrenzten Lebens in der *Basileia* Gottes zum Ausdruck zu bringen. Paulus hat sich der Aufgabe gestellt, die Menschen in Korinth von seiner Botschaft zu begeistern, heutiger Theologie stellt sich die Aufgabe, auch in einer zunehmend postchristlichen Gesellschaft sprachfähig zu bleiben, Fragen, Ängste und Hoffnungen gegenwärtiger Menschen ernst zu nehmen und Leben aus der Perspektive Gottes zu beschreiben. Ich möchte im Folgenden deutlich machen, dass die Perspektive auf die konkreten Körper der Menschen einen wichtigen Beitrag für diese Aufgabe leisten kann.

1. Eschatologie und Körper

Um das komplexe Gefüge zu erfassen, das Eschatologie, Zeit, Zukunftserwartung und Gegenwartsdeutung bilden, soll zunächst ein Blick auf die aktuelle exegetische Diskussion geworfen werden, die sich mit der Frage des neutestamentlichen Zeitverständnisses beschäftigt. Grundlinien dieser neueren Diskussion über Zeit, die eindimensionale, rein lineare Vorstellungen zu überwinden versucht, sollen kurz skizziert und unter Einbeziehung ausgewählter Ergebnisse historischer und systematisch-theologischer Forschungen für die Fragestellung dieser Arbeit ausgewertet werden.[1] Im Mittelpunkt soll auch hier die Frage stehen, in welchem Verhältnis die Aussagen über Zeit und Zeiterfahrung zu den konkreten Körpern der Menschen stehen.

1.1 Naherwartung und Parusieverzögerung? Eine Problemanzeige

In neueren exegetischen Veröffentlichungen,[2] die sich mit dem Phänomen religiöser Zeiterfahrung beschäftigen, wird konstatiert, dass für das biblische Denken ein anderes, vieldimensionaleres Verständnis vorauszusetzen ist als das abstrakte physikalisch-neuzeitliche, das einen einheitlichen messbaren linearen Zeitfluss voraussetzt.[3] Die bisherigen Versuche, eschatologische Zeiterfahrung zu erfassen, hätten in Aporien geführt, die entweder die Erwartung der Nähe des Reiches Gottes oder der Parusie Jesu Christi als »Irrtum« verstehen[4] oder

1. Zur aktuellen philosophischen, soziologischen, biologischen und physikalischen Diskussion über Zeit vgl. Antje Gimmler u. a. 1997. Einen guten Überblick über die philosophischen Ansätze bietet Mike Sandbothe 1997, 41-62. Wissenschaftler/innen aus den verschiedenen Disziplinen betonen die Notwendigkeit einer interdisziplinären Annäherung an das Phänomen Zeit, vgl. auch Ilya Prigogine 1997, 79 f. 93; Humberto R. Maturana 1997, 11-125.
2. Vgl. u. a. Bruce Malina 1989; Kurt Erlemann 1995; Hans-Christoph Meier 1998; Christian Strecker 1999.
3. Auch in den Naturwissenschaften wird gegenwärtig davon ausgegangen, dass Zeit nicht ausschließlich linear zu verstehen ist. Eine kurze verständliche Darstellung der Relativitätstheorie und nachfolgender physikalischer Entdeckungen, die für das Erfassen von Zeit maßgeblich sind (u. a. Hilbert-Raum; Quantentheorie), bietet der Physiker und Chemiker Ilya Prigogine 1997, 79-94. Er geht in seiner Beschreibung von Zeit von einer Welt instabiler dynamischer Systeme aus und betont deren Vielfältigkeit. In seinem Versuch, das »Paradox Zeit« zu erfassen, will er den Dualismus klassischer Wissenschaften überwinden (vgl. ebd. 82.93).
4. Vgl. dazu die Analyse der Entwürfe »konsequenter Eschatologie« (u. a. A. Schweit-

den eschatologischen Vorbehalt zugunsten eines individualisierten Glaubensbegriffs nivellieren.[5] So wird eine Neubestimmung des Verhältnisses von präsentischen und futurischen Aussagen als notwendig angesehen. Eine besondere Rolle für das Verständnis von Zeit spielt dabei der Begriff der »Nähe« sowie die Vorstellung von »Verzögerung«. So beschreibt *Kurt Erlemann* in seiner Studie über »Naherwartung und Parusieverzögerung« (1995) Zeit als ein dynamisches Geschehen, das unterschiedlich erfahren und beschrieben wird:[6]

»›Zeit‹ ist im biblischen Denken kein Abstraktum, dem alles, auch Gott selbst unterworfen wäre. Vielmehr ist an mehrere nebeneinander bestehende ›Zeitebenen‹ mit unterschiedlich schnellem Zeitfluß oder Zeitmaß zu denken. Das ist grundsätzlich für alle Phänomene in Anschlag zu bringen, dergestalt, daß jeder Ablauf, jeder Prozeß sein eigenes Zeitmaß hat, der vom Zeitmaß des anderen unabhängig ist.«[7]

Endzeitaussagen seien im jüdisch-christlichen Traditionszusammenhang in den Gesamtzusammenhang von Zeit und Geschichte eingebettet und nicht derart zu verstehen, als zielten sie auf Information ab.[8] Das biblische Zeitverständnis

zer; J. Weiß) im Gefolge der religionsgeschichtlichen Schule bei Kurt Erlemann 1995, 3 ff., bes. 17. Das Fazit seiner eigenen Untersuchung lautet: »Das gängige Entwicklungsschema entspricht nicht dem Textbefund. Von einer allmählichen, aber konstanten Entapokalyptisierung, vom allmählichen Übergang von Nah- zu Stets- und Fernerwartung kann nicht die Rede sein. [...] Der Zeitraum des Neuen Testaments fällt in eine apokalyptische Phase jüdisch-christlicher Eschatologie, die grob gerechnet vom 3. vorchristlichen bis zum 2. nachchristlichen Jahrhundert reicht. Diese Phase zeichnet sich durch ein verbreitetes Endzeitbewußtsein aus, das sich bisweilen in konkreter messianischer Erwartung und der Ansage des nahen Endes verbalisiert.« (416) Zur Kritik an den Grundlagen der konsequenten Eschatologie vgl. auch Luise Schottroff 1994, 251-254. 1995, 209-211. 1999e.

5. Vgl. dazu die Analyse der Entwürfe, die der existentialen Interpretation Rudolf Bultmann folgend eine präsentische Eschatologie vertreten, bei Kurt Erlemann 1995, 7 ff., bes. 18; vgl. auch Luise Schottroff 1994, 251-254. 1995, 209-211. 1999e; Luzia Sutter Rehmann 1995, 42 ff.; Christian Strecker 1999, 213.

6. Er bezieht sich in seinen Ausführungen auf die Vorstellung von Naherwartung im Ersten Testament, in nachbiblisch-jüdischer Literatur, in den synoptischen Evangelien, im Corpus Paulinum und weiteren neutestamentlichen Schriften (2 Thess, Eph; Kol; Hebr; Jak; 1. und 2. Petr; Offb). Ausblickend untersucht er dann die Frage nach Naherwartung und Parusieverzögerung in frühchristlicher Literatur (apostolische Väter; apokryphe Evangelien; frühchristliche Apokalypsen; Apostelakten, gnostische Schriften; Apologeten).

7. Kurt Erlemann 1995, 368; vgl. auch 384: »Die Vorstellung eines physikalisch definierbaren, für alle Bereiche gültigen, gleichmäßig-chronometrischen Zeitflusses fehlt und damit auch ein abstrakter Zeitbegriff. Vielmehr ist die Vorstellung auszumachen, daß jedes Phänomen seinen eigenen Zeitfluß hat, der zwar mit dem der anderen in Relation steht, aber nicht mit ihm identisch ist.«

8. Kurt Erlemann 1995, 109 ff., betont, dass auch die jüdische (rabbinische) Tradition jedes Berechnenwollen des Endes ablehne: »Anstatt Berechnungen anzustellen, gelte es abzuwarten, bis das Ende kommt, und sich mit der Gewißheit, *daß* es kommt

stehe in Wechselwirkung mit politischen, sozialen und religiösen Veränderungen und sei dem geschichtlichen Wandel unterworfen. Dabei stehe der göttliche Zeit- und Geschichtsplan dem menschlichen Zeitempfinden gegenüber. Dieses nehme Zeit einmal schneller, einmal langsamer wahr, gedehnt oder gedrängt (vgl. 1 Kor 7,29). Insbesondere in Zeiten starken sozialen oder politischen Drucks drücke sich die Sehnsucht nach Veränderung im Zeitempfinden aus, Naherwartung entspreche einer geschichtlich ausgerichteten Religiosität, die Gott als »Herrn der Geschichte« und »Anwalt der Gerechtigkeit« verstehe.[9] Die Hoffnung auf das Kommen der nahen *Basileia* fasse diese Erlösungssehnsucht zusammen und habe damit auch ein (gesellschafts-)kritisches Potential.[10] Als Ergebnis seiner Studie formuliert er zusammenfassend: »Als Parameter für die Geschichte des frühen Christentums erweist sich die Alternative von Naherwartung und Parusieverzögerung als unbrauchbar, eine einlinige Entwicklung im gängigen Sinne ist nicht erkennbar.«[11]

Christian Strecker thematisiert in seiner Studie »Die liminale Theologie des Paulus: Zugänge zur paulinischen Theologie aus kulturanthropologischer Perspektive« (1999) die Frage nach Zeit und Zeit-Erfahrung. Auch er kommt zu dem Schluss, dass das in den paulinischen Texten deutlich werdende Konzept von Zeit ein anderes ist als das neuzeitliche abstrakte.[12] Zeit sei nicht nur als physikalische Kategorie zu verstehen, sondern auch als sozial und kulturell determiniert. Die antike mediterrane, bäuerlich geprägte Kultur, in der das Neue Testament eingebettet sei, habe ein anderes Zeitbewusstsein entwickelt als die modernen Kulturen Nordeuropas und Nordamerikas.[13] Im Gegensatz zu diesen weise das neutestamentliche Zeitbewusstsein eine starke Gegenwartsorientierung auf, die Zeit völlig anders erfahren lasse. In Anlehnung an den von Bruce Malina entwickelten Begriff *experienced time* spricht er in diesem Zusammen-

> abzufinden. Die anschließende Frage, *wer* oder *was* das Gericht noch zurückhält, wird mit dem Hinweis auf die Gerechtigkeit beantwortet.« (110)
> 9. Vgl. Kurt Erlemann 1995, 376f.
> 10. Vgl. Kurt Erlemann 1995, 383: »Anvisiert wird nicht die verbleibende Restzeit, sondern der Punkt der ersehnten Wende. Ihr baldiges Kommen bestimmt die Gegenwart.« Ziel der Nah-Aussagen sei es, eine neue Gemeinschaft herzustellen oder diese zu konsolidieren.
> 11. Kurt Erlemann 1995, 417. Neben der Untersuchung biblischer und zeitgenössischer jüdischer Schriften (Qumran, rabbinische Schriften) zeigt seine Analyse, dass in altkirchlichen Texten bis ins 3. Jh. hinein an Vorstellungen des nahen Endes festgehalten wurde (vgl. ebd., 20.297-366).
> 12. Seine exegetischen Untersuchungen beziehen sich auf ausgewählte paulinische Schriften mit dem inhaltlichen Schwerpunkt auf Fragen der Transformation des Apostels (Gal 1,11.17; Phil 3,2-21; 2 Kor 4,6-12; 1 Kor 9,1; 15,8-10), der Transformation Christi (Phil 2,6-11; Röm 6,3f.), der Äonen, des Symbols des Kreuzes und ekklesiologischen Aspekten paulinischer Theologie (1 Kor 10,16f.; 11,17-34; Gal 3,28).
> 13. Vgl. Christian Strecker 1999, 216f. Er baut hier vor allem auf die Untersuchungen von Bruce J. Malina 1989, 5-9, auf.

hang von erfahrungsbezogener Zeit.¹⁴ Anders als die gegenwärtige abstrakte, von aktuellen Erfahrungen losgelöste Zeit- und Zukunftsauffassung ermögliche die antike Zeitvorstellung ein spannungsfreies Nebeneinander präsentischer und futurischer Aussagen. Futurische Äußerungen bildeten im Sinne der erfahrungsbezogenen Zeit eine organische Einheit mit präsentischen, da in ihr das Bevorstehende als der Gegenwart innewohnend verstanden werde.¹⁵

Mit Hilfe von aus der Kulturanthropologie stammenden Ritualtheorien versucht C. Strecker dann, das Verhältnis von präsentischen und futurischen Aussagen zu erfassen und als prozessuale Einheit zu beschreiben.¹⁶ Rituale strukturierten die Zeit, gäben ihr eine Ordnung und hätten eine symbolische Bedeutung, die das Erleben von Zeit beeinflusste, indem sie es vom alltäglichen Zeiterleben abkoppelten.¹⁷ Rituelle Handlungen setzten gewöhnliche Zeitstrukturen außer Kraft und nähmen die Beteiligten in eine Schwellenphase, die *Liminalität*, hinein. Rituelle Liminalität könne profane Alltagszeit durchbrechen, indem sie Zeit mit nichtalltäglichen Qualitäten anreichere und damit symbolisch den profanen Lauf der Zeit transzendiere. Auf diesem Hintergrund deutet C. Strecker das paulinische Gegenwartsverständnis, das durch die Partikel νῦν charakterisiert sei.¹⁸ Dieses Durchbrechen der Zeit bleibe bei Paulus nicht auf den rituellen Akt beschränkt, sondern wirke in den Alltag hinein und bestimme die Existenz der Gläubigen fundamental. Die Gegenwart werde damit zur Schwellenphase zwischen der Initiation in der Taufe und dem kommenden Heil.¹⁹

Die Erkenntnis, dass neutestamentliche Vorstellungen von Nähe (der *Basileia* Gottes) nicht allein auf temporalen Vorstellungen basieren, ist die Grundlage verschiedener exegetischer Untersuchungen, die versuchen, die Kategorie des Raumes in die Beschreibung von Zeit zu integrieren.²⁰ In diesem Zusammen-

---

14. Vgl. Christian Strecker 1999, 218; vgl. auch Bruce J. Malina 1989, 11-14.
15. Vgl. Christian Strecker 1999, 219; vgl. auch Bruce J. Malina 1989, 16: »What is forthcoming is perceived in the same way as that which is actually present and to which the forthcoming is linked by an organic unity. What is potential is already present in some actual reality.«
16. Seine Kritik richtet sich gegen exegetische Positionen, die die Ambiguität unter Betonung nur eines Zeitaspekts aufgelöst hätten, vgl. Christian Strecker 1999, 212. Zur Vorstellung der *procedual time* vgl. auch Bruce J. Malina 1989, 22.
17. Vgl. Christian Strecker 1999, 222.
18. Hier bezieht er sich vor allem auf Röm 6,19-23; 8,18 ff.; 13,11-14 und 2 Kor 6,2. Vgl. Christian Strecker 1999, 234: »Dieses ›jetzt‹ weist im Sinne qualitativer Zeit auf ein in die Geschichte eingesprengtes liminales Zeitintervall, welches im rituell aktualisierten Christusereignis seinen Grund hat und von da aus die Gegenwart der Christusgläubigen neu qualifiziert.«
19. Vgl. Christian Strecker 1999, 239.
20. Zur Bedeutung der Relativitätstheorie Albert Einsteins für die Beschreibung von Zeit und Raum vgl. Ilya Prigogine 1997; Walther Ch. Zimmerli 1997, 129-133. Der Philosoph Walther Ch. Zimmerli 1997, 134, beschreibt die Zusammengehörigkeit von Zeit und Raum als zentral für das Erfassen von Zeit und die daraus erwachsende

hang wird vor allem auf mystische Dimensionen paulinischer Eschatologie verwiesen. *Hans-Christoph Meier* zeigt in seiner Studie »Mystik bei Paulus. Zur Phänomenologie religiöser Erfahrung im Neuen Testament« (1998),[21] dass in mystischer Erfahrung Zeit anders erlebt werde als linear und allein am Weltgeschehen ausgerichtet.[22] In den von ihm als mystisch charakterisierten Texten könne das Heil räumlich gegenwärtig geschildert werden, auch wenn es temporal als noch ausstehend erwartet werde.[23] Für Paulus bestehe deshalb kein logischer Widerspruch zwischen präsentischen und futurischen Aussagen.[24] Hans-Christoph Meier plädiert dafür, in diesem Zusammenhang von »Naherwartung« zu sprechen, von der nicht abgerückt werde.[25] Es bestehe eine Kontinuität zwischen der gegenwärtig mystischen und der erhofften eschatologischen Erfahrung: »Einst wird uneingeschränkt und für alle offenbar, was bis

---

Bedeutung der Erinnerung für die Zeitphilosophie: »Andererseits gibt es überhaupt keine Möglichkeit, Zeit anderes als räumlich und Raum anders als zeitlich zu *erfahren*. So betrachtet, ist Zeit aber nichts anderes als die Potentialität des Raumes, d. h. die Veränderbarkeit, die für uns kategorial als Möglichkeit erscheint, und das ist eben die Zukunft. Vergangenheit aber als Zeit zweiter Ordnung ist die zur Wirklichkeit geronnene erinnerte Möglichkeit. Hierin liegt der Grund dafür, daß die Erinnerung in der Zeitphilosophie eine so zentrale Rolle spielt.«

21. Er bezieht sich in seinen Ausführungen auf Formen mystischer Erfahrung, die er in den Briefen des Paulus anhand unterschiedlicher Phänomene untersucht: der Formel ἐν Χριστῷ, verschiedener Visionen, Auditionen und Entrückungserfahrungen (1 Kor 12,1-10), dem Phänomen der Glossolalie und der Prophetie.
22. Vgl. Hans-Christoph Meier 1998, 275: »In mystischer Erfahrung wird das Heilsgeschehen den Gläubigen in einer Perspektive zugänglich, die nicht entlang der Zeitachse des Weltgeschehens ausgerichtet ist. Sie ist aktuelles, gegenwärtiges Geschehen und als solches naturgemäß punktuell und vorübergehend. Mystik im hier verwendeten Sinn ist deshalb kein Dauerzustand und hat vor allem nichts mit Weltflucht zu tun. Mystische Erfahrung verwandelt das Leben, doch sie erspart den Glaubenden nicht den Alltag.«
23. Vgl. Hans-Christoph Meier 1998, 299.
24. Vgl. Hans-Christoph Meier 1998, 297: »Durch die Unterscheidung von präsentischer und futurischer Eschatologie wird ein Gegensatz aufgerichtet, der bei Paulus so nicht besteht. Zwar ist seine Eschatologie ›präsentisch‹, weil er im Bewußtsein lebt, Zeitzeuge der eschatologischen Umwälzungen zu sein; und sie ist ›futurisch‹, weil diese kosmische Revolution erst begonnen hat und ihre Vollendung noch aussteht. Beide sind jedoch Aspekte desselben Geschehens.« Vgl. auch ebd., 297-298: »Entsprechend sollten präsentische und futurische Handlungsaussagen nicht dialektisch ineinander verschränkt werden, sondern genau so aufgefaßt werden, wie die Grammatik es nahelegt: Die einen schildern gegenwärtige, die anderen zukünftige Wirklichkeit. Es gibt keinen Anhaltspunkt dafür, daß beides miteinander zu identifizieren wäre. Die geläufige Interpretationsfigur, Zukünftiges sei bereits Gegenwart – gegenwärtig aber nur im Vorgriff auf die Zukunft –, schafft für eschatologische Aussagen eine außergeschichtliche Sonderwirklichkeit, die in den paulinischen Texten keinen Rückhalt findet.«
25. Vgl. Hans-Christoph Meier 1998, 298.

jetzt nur in punktueller, individueller und verborgener Erfahrung zugänglich ist.«[26]

Zusammenfassend lässt sich festhalten: Die aktuelle exegetische Diskussion zeigt, dass ein ausschließlich an mathematisch-neuzeitlichen Vorstellungen orientiertes Zeitverständnis, das einen einheitlichen messbaren linearen Zeitfluss voraussetzt, als Grundlage für die Interpretation neutestamentlicher Texte und deren religiöser Zeiterfahrung zunehmend in Frage gestellt wird. Diese wird komplex und mehrdimensional geschildert. Mit unterschiedlichen Herangehensweisen (Ritual-, Mystiktheorien u. a.) wird versucht, die in den paulinischen Texten zum Ausdruck gebrachte Zeiterfahrung zu erfassen. Deutlich wird, dass diese Diskussion noch in den Anfängen steht und es weiterführender Untersuchungen bedarf. In der Auslegungsgeschichte hat insbesondere die Deutung im Futur formulierter Passagen zu folgenreichen Missverständnissen geführt, die Zukunft als einen von der Gegenwart losgelösten und damit gegenwärtiger Erfahrung entzogenen Zeitraum verstanden haben. Im Rahmen einer solchen Zeit-Vorstellung erscheint die in neutestamentlichen Texten ausgedrückte Nähe des Reiches Gottes oder der Parusie Christi als historischer ›Irrtum‹, den der Lauf der Weltgeschichte widerlegt habe. Die Ergebnisse der neueren Forschung zeigen jedoch, dass Zukunft, d. h. futurisch ausgedrückte Abfolgen der Geschichte, nicht allein auf einer rein horizontalen chronologischen Linie gedeutet werden dürfen.

1.2 Zukunft und Gottesbeziehung

Ein wichtiger Schritt zur Beschreibung eines vieldimensionalen Zeitverständnisses ist die Einbeziehung der Frage der Gottesbeziehung, die neutestamentliche Zeiterfahrungen grundlegend prägt. Sie weist zum einen auf deren Komplexität und zum anderen auf die Kontextualität der jeweiligen Zeitkonzeptionen.[27] Dass diese einem geschichtlichen Wandel unterworfen sind, zeigt

26. Hans-Christoph Meier 1998, 300.
27. Auch die neuere philosophische Diskussion betont die Notwendigkeit, Zeit im Zusammenhang sozialer Prozesse zu beschreiben. Die Bedeutung von Alltagserfahrungen für die Definition von Zeit betont u. a. Dieter Sturma 1997, 63-78. Die Bedeutung von Beziehungen und lebensgeschichtlichen Prozessen für das Erfassen von Zeit hebt der Biologe Humberto R. Maturana 1997, 114, hervor: »Ich halte jedoch die Frage ›Was ist Zeit?‹ für unangebracht, weil sie von Anfang an die Ansicht impliziert, Zeit könne richtigerweise als eine Art unabhängige Entität oder Dimension der Natur behandelt werden. Ich halte eine solche Sichtweise für völlig unangemessen, weil ich denke, daß alles, was und worüber wir Menschen sprechen, Relationen sind, die aus unserem Operieren in Sprache als einem geschlossenen Bereich rekursiver konsensueller Koordinationen von Verhalten hervorgehen.«

der Historiker *Lucian Hölscher*. In seiner Studie »Die Entdeckung der Zukunft« (1999) zeichnet er in einem ersten Teil die Entwicklung des modernen Zukunftsbegriffes von der Antike an nach und behandelt dann schwerpunktmäßig den Zeitraum von 1770 bis in die Gegenwart. Er legt dar, dass der Vorstellung von der Zukunft als einem geschichtlichen Zeitraum ein neuzeitliches Verständnis zugrunde liegt, das sich in Europa erst im Laufe des 17.-18. Jh. entwickelt hat. Zwar habe es auch vorher eine Rede von »zukünftigen Dingen« (griech.: *to mellon;* lat.: *futurum*) gegeben, neu sei jedoch die Vorstellung von der Zukunft als eines Zeitraums, in dem sich diese Dinge ereignen werden.[28] Bis dahin seien Zeit- und Raumerfahrungen von konkreten Formen sozialer Beziehungen bestimmt gewesen, nicht als abstraktes Konzept. Zukunftsvorstellungen seien in einen Kreislauf von Saat und Ernte, Jahreszeitenfesten etc. eingebunden gewesen. Erwartungen an die Zukunft seien selten über die gegenwärtige Generation hinausgegangen. Man wähnte sich noch während des gesamten Mittelalters im letzten Zeitraum vor dem Ende der Welt.[29]

Die mittelalterliche Gesellschaft habe noch über keinen Begriff von der Zukunft verfügt, die Differenz zwischen Zukunft und Vergangenheit sei Folge einer fortschreitenden Historisierung der Welt seit der Neuzeit. Das habe sich auch sprachlich niedergeschlagen, so sei das eigentliche lateinische Äquivalent zum Ausdruck »Zukunft« noch nicht *futurum*, sondern *adventus* gewesen, im Deutschen bzw. den germanischen Sprachen habe es einen Begriff für Zukunft nicht gegeben.[30] Auch wenn über zukünftige Dinge gesprochen wurde bzw. über die kommende Welt, habe diese Rede doch beides umfasst: die diesseitige und die jenseitige Welt.

»Zwischen Diesseits und Jenseits bestand – darauf verweist dieser sprachliche Befund – in der frühen Neuzeit noch keine rein zeitliche Trennung. Das Jenseits begann nicht ›nach‹ dem Diesseits im Sinne eines zeitlichen ›Später‹. Denkt man in zeitlichen Kategorien, so verlief die Grenze eher inmitten der Gegenwart selbst: Als ›jenseitig‹ konnte deshalb all das verstanden werden, was über den bloßen Augenblick hinaus auf eine zukünftige Vollendung und Erfüllung hin entworfen wurde: als ›diesseitig‹ alles, was sich im Hier und Jetzt erschöpfte, sei es nun die gegenwärtige Stunde, der einzelne Lebenslauf oder die ›Welt‹ des Menschen insgesamt im Gegensatz zum Gottesreich.«[31]

Erst im Laufe des 18. Jh. habe sich dann der Begriff des »Zukünftigen« zu dem der »Zukunft« entwickelt, die auf ein Ziel, auf einen Ausgang hin orientiert gewesen sei. So sei ein religiöser Hoffnungsbegriff zu einem geschichtlichen Wissensbegriff geworden.[32] Ein Zeitbegriff, der mit einer chronologischen Kette

---

28. Vgl. Lucian Hölscher 1999, 19.
29. Vgl. Lucian Hölscher 1999, 30: »Eine eschatologische Naherwartung entsprach also weit in die Neuzeit hinein dem normalen Lebensgefühl der Menschen […].«
30. Vgl. Lucian Hölscher 1999, 34 ff.
31. Lucian Hölscher 1999, 40.
32. Vgl. Lucian Hölscher 1999, 43 f. Als ein Beispiel für eine Vorstellung von Zukunft,

von Ereignissen und in der Zukunft liegenden Zeiträumen rechne, sei historisch gewachsen und weit nach der Zeit, in der die biblischen Texte verfasst wurden, entwickelt worden. Diese Einschätzung stützt ein Blick auf die hebräischen Worte für Vergangenes und Zukünftiges. Jürgen Ebach zeigt, dass die hebräischen Begriffe, die die Vergangenheit bezeichneten, לִפְנֵי und קֶדֶם, beide zusammen mit der zeitlichen eine räumliche Bedeutung besitzen.[33] לִפְנֵי sei zusammengesetzt aus der Präposition לְ, die die Bedeutung »vor« hat, und dem Nomen פָּנִים (Pl.), das übersetzt »Gesicht« bzw. »Vorderseite« bedeute, und heiße somit: »vor dem Angesicht«.[34] קֶדֶם habe ursprünglich die Bedeutung »Osten«, aber auch »vorn, Vorderseite« und bezeichne die mythische Urzeit und den Ursprung des Messias.[35] Wie also im hebräischen Denken die Vergangenheit vor Augen stehe, so werde die Zukunft im Rücken liegend vorgestellt: אַחֲרִית habe die Grundbedeutung »an der Rückseite, hinter dem Rücken«.[36] Der emphatische Blick auf das, was vor Augen liegt, das Eingedenken des Geschehenen sei der biblische Blick auf das Zukünftige.[37]

Auch die Ausführungen von *Friedrich-Wilhelm Marquardt* befassen sich zentral mit der Frage nach der Zeit. In seinen systematisch-theologischen Studien zur Eschatologie bezieht er sich vielfach auf biblische Texte und deren Zeitver-

---

die in die Gegenwart eingebunden ist, nennt L. Hölscher die Betrachtungen Augustins über die Zeit. Vgl. Augustin, Conf. Buch 11,17,22: »Wer ist es, der mir sagen wollte, es seien nicht drei der Zeiten, wie wir als Knaben gelernt und die Knaben gelehrt haben: Vergangenheit, Gegenwart und Zukunft, sondern es gebe nur Gegenwart, weil die beiden andern nicht ›sind‹? Oder ›sind‹ auch diese, aber so, daß aus irgendwelchem Versteck hervortritt, was aus Zukunft zu Gegenwart wird, und daß in irgendwelches Versteck zurücktritt, was aus Gegenwart zu Vergangenheit wird? Denn wo hätten Verkünder der Zukunft das Kommende geschaut, wenn es noch nicht ›ist‹? Man kann doch nicht schauen, was noch nicht ›ist‹. Und die Vergangenes erzählen, könnten unmöglich Wahres erzählen, wenn sie es nicht im Geiste schauten; würde dies Vergangene gar nicht ›sein‹, so könnte es auch gar nicht gesehen werden. So also ›sind‹ sie doch, Zukunft und Vergangenheit.« (Übersetzung von Joseph Bernhart) Zukünftiges meine in Augustins Verständnis einzelne Dinge oder Ereignisse *(futura)*, nie einen Zeitraum als solchen, so Lucian Hölscher 1999, 19 f.

33. Vgl. Jürgen Ebach 1986, 52. Vgl. auch Hans Walter Wolff 1977, 87, mit Bezug auf Dtn 29,28: »Das Verborgene meint die Zukunft, das Enthüllte aber ist das in der einsehbaren Geschichte ergangene Wort der Zusage und Orientierung. [...] Nach dieser Sicht bewegt sich der Mensch durch die Zeiten wie ein Ruderer, der sich rückwärts in die Zukunft bewegt: er erreicht das Ziel, indem er sich orientiert an dem, was einsichtig vor ihm liegt; diese enthüllte Geschichte bezeugt ihm den Herrn der Zukunft.«
34. Zu פָּנִים vgl. auch H. Simian-Yofre 1989, 629-659.
35. Vgl. Jes 51,9; Mi 5,1; Ps 74,12; vgl. dazu Jürgen Ebach 1986, 52: »Dieser Ursprung ist nicht einfach der Anfang der Zeit, sondern ein aus dem historischen Verlauf herausgesprengter *Ur-sprung*, der das *Ziel* ist [...].«
36. Vgl. Jürgen Ebach 1986, 53. Zu אַחֲרִית vgl. auch H. Seebaß 1973, 224-228.
37. Vgl. auch Walter Benjamin 1974, 704.

ständnis. Der Kategorie Raum kommt in seinen Ausführungen eine zentrale Rolle zu. Sie gewährleistet für ihn die Geschichtlichkeit der biblischen Verkündigung, die sich nicht allein an Zeitvorstellungen messen lasse und auch das Verständnis von Raum als einem rein temporären Begriff »Zeit-Raum« überschreite.[38] Er formuliert deshalb als Aufgabe christlicher Theologie, Raum als Element von Geschichtlichkeit zu denken. Raum sei in biblischen Texten stets auf Gott zurückzubeziehen, er selbst werde als Ort *(makom)* der Welt verstanden.[39] Indem er Zeit und Raum zum einen auf die Geschichtlichkeit der Menschen und zum anderen auf Gott bezieht, verweist F.-W. Marquardt auf eine weitere Dimension dieser Begriffe, die der *Beziehung*. Die zentrale Bedeutung des Raumes zeige sich darin, dass eschatologische Vorstellungen in Raumkategorien wie Jenseits, Himmel, Paradies etc. ausgedrückt werden:

»[...] in diese Räume sehnte man sich, weil man dort Gott näher erwartete als in ›dieser Welt‹. ›Nähe‹ ist aber zugleich ein Raum- wie ein Erfahrungsbegriff, und wir können grundsätzlich sagen, daß in der Welt der Bibel Raumbestimmungen zur Beschreibung von Beziehungen zwischen Gott und den Menschen und den Dingen dienen und auch für zwischenmenschliche Beziehungen – also wesentlich Sozialbegriffe sind.«[40]

Die Grundeinsicht, dass Raumbestimmungen Beziehungen beschreiben und deshalb als Sozialbegriffe zu verstehen sind, ist für die Frage nach dem Zeitverständnis biblischer Texte von großer Wichtigkeit. Das Anliegen der Texte wird folglich darin gesehen, die menschlich erfahrbare Wirklichkeit in ihren relationalen Bezügen zu erfassen und dabei Vorstellungen von Zeit und Raum aufzugreifen, ohne sie dabei als absolute Größen zu verstehen. Um diesen komplexen Vorstellungszusammenhang deutlich zu machen, bezeichnet Friedrich-Wilhelm Marquardt die (räumliche) Vorstellung des ewigen Lebens als »Dort-Sein«, die nur in ihrer Beziehung zum »Hier-Sein« verstanden werden könne.[41] Diese räumlichen Vorstellungen stünden jedoch in einem Spannungsverhältnis zu zeitlichen, die deutlich machten, dass die vollständige Erfahrbarkeit dieser Wirklichkeit nie gegeben sei, sie immer auch den Charakter der Ortlosigkeit tragen. Die Aufgabe, ewiges Leben räumlich zu erfassen, nötige dazu, in Paradoxien zu denken und »in Eschatologie auch das Phänomen und die Wirklichkeit des Ort-losen, U-topischen zu bedenken«.[42] Uns zugänglich sei die Raum-

---

38. Vgl. Friedrich-Wilhelm Marquardt 1996, 427: »In der Hebräischen Bibel ist ›Raum‹ – in Gestalt des verheißenen und immer konkreten Landes – ein Heilsbegriff erster Ordnung, wie Gottes Rufen und Schaffen von erez (Land) und adama (Erdboden) es urgeschichtlich ankündigen; es bildet auch das Zentrum aller biblischen Wirklichkeitserfahrung.«
39. Friedrich-Wilhelm Marquardt 1996, 432.
40. Friedrich-Wilhelm Marquardt 1996, 425.
41. Friedrich-Wilhelm Marquardt 1996, 426.
42. Friedrich-Wilhelm Marquardt 1996, 426.

bestimmung als eine Bestimmung sozialer Beziehung, die Menschsein coram Deo, in Beziehung zu Gott beschreibe.[43]

Die Erkenntnis, dass aber auch diese Beziehung den Charakter der Utopie trage und eben daraus ihre Hoffnung schöpfe,[44] eröffnet erneut den Blick auf die Bedeutung futurischer Aussagen über das Kommen des Gottesreiches. Denn das »Utopische« der Hoffnung bedeute Verheißung für diese Welt.[45] Utopie bedeute jedoch nicht Gottesferne.[46] Bereits gegenwärtiges Leben sei qualitativ als Zukunft zu erfahren, als eine Zukunft ohne Tod, aber nicht ohne das eigene bevorstehende Sterben.[47] In diesem Sinne wäre Eschatologie ethisch, d.h. toragemäß zu vollziehen, indem sie dazu mobilisierte, dem Tod nicht mehr zu dienen.[48] Aus diesen letzten Überlegungen wird deutlich, welches Potenzial für die Gegenwart in einem Verständnis von Zukunft liegt, das sich nicht allein an einem linearen Zeitbegriff orientiert. Wichtig ist allerdings, sich der Spannung bewusst zu sein, die der Begriff der U-topie für Aussagen über Gegenwart, Zukunft oder Nähe mit sich führt.

Zusammenfassend lässt sich für die Diskussion über biblische Zeitvorstellungen festhalten, dass die Wahrnehmung ihrer *Beziehungshaftigkeit* diese entscheidend weiterführt. Beziehung umfasst in diesem Zusammenhang das Verhältnis zum Gottesreich, zu Geschichte und den Mitmenschen. Wenn in biblischen Texten von zukünftigen Ereignissen gesprochen wird, ist kein chronologisch-linear gedachter Zeitraum gemeint. Zeit- und Raumerfahrungen werden vielmehr durch konkrete Formen der Beziehung bestimmt. Auch Vorstellungen von Diesseits und Jenseits werden nicht in (ausschließlich) zeitlichen Kategorien gedacht *(Lucian Hölscher)*. Naherwartung als einen »Irrtum« zu deuten, der sich daran misst, dass sich vorhergesagte Ereignisse auf der weltgeschichtlich horizontalen Zeitlinie nicht ereignet hätten, wird der biblischen Vorstellung von Nähe nicht gerecht. Nähe misst sich in ihrer Beziehung zum

---

43. Friedrich-Wilhelm Marquardt 1996, 440.
44. Vgl. auch Friedrich-Wilhelm Marquardt 1996, 441f.
45. Vgl. Friedrich-Wilhelm Marquardt 1996, 442.
46. Vgl. Friedrich-Wilhelm Marquardt 1996, 446.
47. Vgl. Friedrich-Wilhelm Marquardt 1994, 50-51: »Es *könnte* ja so etwas wie eine Eschatologie von Überlebenden geben, die bereits ihr ganzes Leben im olam hassä, in dieser Welt, als eine einzige Zukunft erfahren: aus dem Horizont des Entronnenseins oder aus der *Erfahrung* des Abgrundes von Tod, dem wir gehören und der uns doch nicht verschlungen hat – *Zukunft als Qualität.*«
48. Vgl. Friedrich-Wilhelm Marquardt 1994, 51: »Wir könnten unser theologisches Denkvermögen dazu aufhetzen, die Liebe mindestens so stark wie den Tod zu machen, was freilich nur ginge, wenn wir, allen unseren Erfahrungen, unserem todgezeichneten Seinsbegriff und so allen unseren anderen Begriffen zum Trotz denkend das Leben liebten und dem Tode nicht mehr dienten, [...] wenn wir ihm z.B. gerade nur darin einen letzten Rest von Recht ließen, daß wir Utopie wagten und Zukunft als Nicht-Ort beschwören würden (und nur insofern der Negation, die der Tod ist, Respekt zollen).«

Reich Gottes. Menschliche Geschichte ist in dieser Beziehung zum Reich Gottes verortet, als Antwort auf dessen Offenbarungen. »Dort-Sein« und »Hier-Sein«, Zukunft und Nähe ist nur in Relationen zu denken und in Paradoxien auszudrücken *(Friedrich-Wilhelm Marquardt)*. Die Deutung von Zukunft als Qualität von Leben richtet den Blick auf die Gegenwart und den Hoffnungscharakter biblischer Verheißung für das Leben auf der Welt und eine Veränderung dieser Welt. Diesen Vorstellungen soll im Folgenden weiter nachgegangen werden. In der exegetischen Diskussion werden sie vor allem im Zusammenhang von apokalyptischen Zeitvorstellungen behandelt.

1.3 Apokalyptische Eschatologie

Einen wichtigen Beitrag für die Frage nach dem paulinischen Verständnis von Zeit bilden die Untersuchungen zum Zeitverständnis apokalyptischer Texte. *Luise Schottroff* betont bereits 1979 in einem Vortrag »Die Gegenwart in der Apokalyptik der synoptischen Evangelien«, dass die apokalyptischen Reden in den Evangelien vor allem als Deutungen der Gegenwart zu verstehen sind,[49] und Sehnsucht nach Veränderung ausdrücken.[50] Die Bewältigung der Situation erfolge durch »eine nüchterne eschatologische Datierung der Gegenwart«[51]. In späteren Veröffentlichungen führt sie diese Überlegungen weiter aus und formuliert grundlegende hermeneutische Richtlinien zur Beschreibung des eschatologischen Zeitverständnisses, das sie einem chronologisch-linearen gegenüberstellt. Die zentrale Fragestellung zur Erfassung der den Texten inhärenten Vorstellung von Zeit sei die nach deren sozialgeschichtlichem Kontext.[52] Gegenwart und Zukunft seien im eschatologischen Zeitverständnis vollständig durch die Beziehung zu Gott bestimmt. In der Gemeinschaft der Glaubenden, sinnbildlich in der Feier des Abendmahls, werde diese Beziehung leibhaftig. Für die Analyse biblischer Zeitkonzeptionen sei die Bedeutung gemeindlicher Praxis grundlegend, sie bestimme maßgeblich das Verhältnis von Gegenwart, Zukunft, Lebenden und Toten.[53]

---

49. Vgl. Luise Schottroff 1990a, 75. Der Vortrag wurde erstmals veröffentlicht in: David Hellholm 1983, 707-728.
50. Vgl. Luise Schottroff 1990a, 76.77.
51. Luise Schottroff 1990b, 79; vgl. auch ebd., 87: »Apokalyptische Weissagungen sind hier eine theologische Auseinandersetzung mit einer als erdrückend empfundenen Gegenwart. Sie sind Ausdruck einer absolut ernstgenommenen Gegenwart.«
52. Vgl. Luise Schottroff 1999a, 10.
53. Vgl. Luise Schottroff 1999a, 12: »The bodily reality of eating and drinking wine in community is the birthplace of the certainty that the dead are present in this community with their bodies, and provides hope in the name of God for the communal meals celebrated in the future. In terms of social historical interpretation, the escha-

Auch *Jürgen Ebach* hebt in seinen Veröffentlichungen »Apokalypse. Zum Ursprung einer Stimmung« (1985) und »Apokalypse und Apokalyptik« (1998) die Bedeutung der Gegenwart für apokalyptische Texte hervor.[54] Die beschriebene Zeit sei die Gegenwart der Verfasser, die darin ihre Konflikte, Visionen, Leiden und Hoffnungen zur Sprache bringen. Die Zeitstruktur sei deshalb für das Verstehen des Trost- und Hoffnungspotentials dieser Texte grundlegend.[55] Die Ansage des drohenden Endes mobilisiere Kräfte zur Erhaltung.[56] Die Verwandlung der Zeit in Frist bedeute eine radikale Veränderung der Zeitstruktur selbst. Mit der Begrenzung der Zeit zur Frist gehe die Entgrenzung des Raums einher.[57] Die Beschreibung der Endzeit und die apokalyptischen Zeitangaben seien nicht »nach der Uhrzeit« zu bestimmen, forderten keine Berechnung oder gar fatalistisches Hinnehmen, sondern wollten zum Handeln aufrufen: »Seid wachsam, das ist der apokalyptische Imperativ: Paßt auf, denn es wird in Kürze etwas passieren!«[58] Die Zukunftserwartungen der Apokalyptik seien keine weltlosen Utopien, sondern beschrieben konkrete Verhältnisse und hätten konkrete Adressaten. Die jüdische Apokalyptik sei wie der alttestamentliche und jüdische Messianismus diesseitig ausgerichtet – auch das himmlische Jerusalem (Apk 21) komme von einem »Jenseits« ins »Diesseits«:

»Die ›kommende Welt‹ ist eine *kommende* Welt, sie *bleibt* gerade keine *jenseitige* – das ist die Pointe der apokalyptischen ›Raumansage‹, die von mehr als *einer* Welt weiß. Die neue Erde und der neue Himmel führen nicht aus der Schöpfung heraus (*das* war die Auffassung der Gnostiker), sondern in diese Schöpfung hinein, die in Gottes fortdauerndem Schöpfungshandeln (Jes 65,17) im Werden ist.«[59]

Um zu verstehen, dass die apokalyptischen Bilder »Ausdruck von Leiden und Wünschen, Unterdrückungserfahrung und Befreiungshoffnung, Schmerz und

---

tology of Jesus obtains its perspective on the future from the present and from the experience of God of those who speak in these texts.«

54. Vgl. Jürgen Ebach 1985, 12: Hier bezieht er sich schwerpunktmäßig auf die Johannesoffenbarung und das Buch Daniel und kommt von hier aus zu folgender Definition von Apokalyptik: »Die apokalyptische Literatur beansprucht, den geheimen Verlauf der Geschichte zu *enthüllen*, die tatsächlichen Kräfte hinter den historischen und politischen Verhältnissen *aufzudecken*, die vordergründig bestehenden Macht- und Gewaltverhältnisse zu *entlarven* und die wahre Macht Gottes zu *offenbaren*. (Diese vier Verben umfassen etwa die Wortbedeutung von Apokalypse).«
55. Vgl. Jürgen Ebach 1998, 222.
56. Vgl. Jürgen Ebach 1998, 233.
57. Vgl. Jürgen Ebach 1998, 232: »Die Apokalyptik verwandelt die *Zeit* in *Frist*. Dieser *Begrenzung* der Zeit entspricht eine *Ent*grenzung des Raums.«
58. Jürgen Ebach 1998, 234.
59. Jürgen Ebach 1998, 260; vgl. auch ebd. 264: »Apokalyptik ist als Fahrplan der Weltgeschichte ungeeignet. Als ›Zeichen der Zeit‹, nämlich als unübersehbare Signatur der Endlichkeit der Zeit ist sie unverzichtbar. Jede Spekulation über das im Takt linearer, homogener Zeit angebbare Datum des Endes und damit des Anfangs verbieten sich.«

Sehnsucht, Ende und Anfang« sind, sei es nötig, nach der Wahrheit mythischer Aussagen und ihrem konkreten Kontext zu fragen. Apokalyptische Bilder stellten in Frage, ob die Realität tatsächlich die ganze Wirklichkeit sei, und lebten von der Hoffnung, dass es ein »Jenseits« der Gewaltgeschichte gebe, eine Gerechtigkeit, die über den Tod hinausgehe.[60]

Diesen letzten Aspekt betonen vor allem befreiungstheologische Auslegungen zur Apokalyptik, für die exemplarisch die Studie »Apokalypse. Das Buch von Hoffnung und Widerstand« (1996) des in Costa Rica lehrenden chilenischen Neutestamentlers *Pablo Richard* genannt werden soll. In diesem Kommentar zur Offenbarung des Johannes zeigt er, dass Apokalyptik als politische Eschatologie eine konkrete Sicht auf die Geschichte zum Ausdruck bringe.[61] Das auf die Gegenwart ausgerichtete Zeitverständnis der Apokalyptik spreche mit einem ganz bestimmten Interesse von der Zukunft.[62] Diese werde nicht als Fortschreibung der Gegenwart verstanden, die auf die Zukunft zulaufe. Die Zukunft werde als kommende beschrieben, die in die Gegenwart hineinbreche und ihr ein Ende setze.[63] Über das, was nach dem die Gegenwart beendenden Gericht komme, spreche die Apokalyptik als über etwas Unbekanntes, für das sie unterschiedliche Bilder finde. Pablo Richard kritisiert die gängige Eschatologie dahingehend, dass sie die gesamte Zukunft auf das Endgericht reduziere, das sie in der Regel als individuelles (spiritualisiertes und entgeschichtlichtes) Geschehen deute.[64] Die apokalyptische Eschatologie sei dagegen in hohem Maße geschichtlich und politisch:

»Der Aufbau der Zukunft ist es, der dem gegenwärtigen Augenblick und der gesamten Geschichte Sinn verleiht. Wichtig ist ebenfalls, daß diese eschatologische Zukunft Teil der Geschichte ist, sich in der Geschichte vollzieht. Sie ist transzendente Zukunft, insofern sie von Gott verwirklicht wird und *jenseits* des Endes liegt, jenseits

---

60. Vgl. Jürgen Ebach 1985, 54.
61. Vgl. Pablo Richard 1996, 50.
62. Vgl. Pablo Richard 1996, 50-51: »Grundlegend ist die *Gegenwart*, in der sich der Verfasser und die Leser oder Hörer des Buches treffen. Die Gegenwart ist die *Zeit der Krise* (die Zeit nach einer Katastrophe oder die Zeit äußerster Verfolgung und Unterdrückung), aber sie ist auch *kairos* (eine einmalige und begrenzte Zeit der Bekehrung und Gnade). Der Verfasser schreibt, um seine Hörer und Leser in ihrem Widerstand, ihrer Hoffnung, ihrem Kampf und im Aufbau des Reiches zu bestärken. Er ermutigt durch die Ansage des *Endes*, das Schluß machen wird mit den Leiden der Gegenwart und den Beginn einer neuen Welt bringen wird. Um die Hörer von der Glaubwürdigkeit dieser Botschaft vom Ende zu überzeugen, führt er die *Vergangenheit* an [...] Diese Vergangenheit wird dargestellt in Form einer Offenbarung, in der sich ankündigt, was in der *Zukunft* geschehen wird. Diese Zukunft ist insofern geschehen, als sie offenbart wurde, denn der reale, nichtfiktive Verfasser lebt ja in der Gegenwart [...].«
63. Vgl. Pablo Richard 1996, 50.
64. Vgl. Pablo Richard 1996, 52.

des Todes, jenseits der Welt, aber sie verwirklicht sich in der Geschichte als Endvollendung der Geschichte.«[65]

Zusammenfassend lässt sich für die Diskussion über biblische Zeitvorstellungen festhalten, dass in apokalyptischen Texten die Gegenwart als Bezugspunkt fungiert, auf die auch Aussagen über Vergangenes und Zukünftiges bezogen werden. Apokalyptische Literatur will den Verlauf der Geschichte enthüllen, die tatsächlichen Kräfte hinter den historischen und politischen Verhältnissen aufdecken, bestehende Macht- und Gewaltverhältnisse entlarven und die wahre Macht Gottes offenbaren. Apokalyptische Eschatologie verwandelt Zeit in Frist und damit die Zeitstruktur selbst, sie bedeutet zugleich eine Entgrenzung des Raumes *(J. Ebach)*. Sie ist aus der Perspektive des Leidens und der Leidenden formuliert und drückt Sehnsucht nach Veränderung aus. Die »nüchterne eschatologische Datierung der Gegenwart« als »Wehen der Endzeit« *(L. Schottroff)* mobilisiert das Widerstandspotenzial der Menschen, sich für die Veränderung der bestehenden Verhältnisse einzusetzen. Daraus wird deutlich, dass sich der Blick auf eine veränderte Gegenwart richtet, die in der Gemeindepraxis leibhaftig erfahrbar wird. Zeit – Vergangenheit, Gegenwart und Zukunft – misst sich an der Beziehung zu Gott und zum im Kommen begriffenen Gottesreich. Apokalyptische Eschatologie ist an dem interessiert, was der Gegenwart ein Ende setzt und damit am Gericht, der Aufrichtung der Gerechtigkeit Gottes *(P. Richard)*. Zukunft wird hier als das verstanden, was gegenwärtigem Handeln eine Richtung gibt und der Geschichte ihre Erfüllung. Sie beschreibt das »Jenseits« jeglicher Gewaltgeschichte, das in das »Diesseits« hereinbricht und es bereits gegenwärtig bestimmt.

1.4 Inkarnierte Zeit

Die vorangegangenen Überlegungen haben gezeigt, dass in biblischen Vorstellungen Zeit, Raum und die Beziehungen zu Gott und den Mitmenschen, Vergangenheit, Gegenwart und Zukunft eng miteinander verknüpft sind. Bezugspunkt für alle diese Dimensionen ist der gegenwärtige Kontext. Hier bietet eine Perspektive, die sich auf den Körper richtet, weiterführende Impulse, denn im Körper sind unterschiedliche Dimensionen von Zeit, Raum, Beziehung, individuelle und kollektive Dimensionen, die konkrete Geschichtlichkeit von Menschen, ihr Geborensein und ihre Sterblichkeit umschlossen. Eine wichtige Hilfestellung dafür, wie dieses komplexe Verhältnis von Körper und Zeit gedacht werden kann, bietet ein kurzer Artikel »Leibzeit« (1982) des Psychologen *Hila-*

---

65. Pablo Richard 1996, 52.

rion Petzold. Er beschreibt Zeit als erlebte Zeit, deren Standort der Leib ist.[66] Körperliches Erleben von Zeit, von Altern und körperlichen Veränderungen zeige, dass diese Zeit real ist, sie zeige sich als *inkarnierte Zeit*.[67] Leibzeit bedeute, sich in der Zeit verstehen zu lernen, sich selbst im Zeitstrom stehend zu erkennen. »Leib« sein bedeute, zu leben und in Verbindung zu einem kollektiven Leib »Menschheit« zu stehen, gemeinsame Geschichte zu haben.[68] »Leibzeit« sei in soziale Bedingungen eingebunden, werde sozial geformt und durch ein kulturell bestimmtes Bewusstsein von Zeit und Zukunft geprägt.[69] Auch die Politikwissenschaftlerin *Anne Norton* stellt den Körper und die Bedingungen körperlichen Lebens in den Mittelpunkt ihrer Überlegungen zum Thema Zeit, die sie in einem Aufsatz »Zeit und Begehren« (1997) darlegt. Trennungen und Grenzen in Zeit und Raum prägten den Körper, der darum wisse, dass seine Lebenszeit bemessen ist.[70] Sie beschreibt das körperliche Selbst als eines, das sich der Gegenwart, einer Gegenwart in der Vergangenheit bewusst ist und Vorstellungen einer Zukunft entwickelt. Die Unzulänglichkeiten der gegenwärtigen Zeit, die Erkenntnis von Mangel wecke das Begehren, das der körperlichen Existenz ihre eigentümliche Partikularität verleihe.[71]

Für die Fragestellung dieses Kapitels sind die Ausführungen von H. Petzold und A. Norton insofern wichtig, als sie noch einmal deutlich machen, dass das jeweilige Erleben von Zeit an ein kulturell und sozial geprägtes Verständnis einer bestimmten Gesellschaft und geschichtlichen Epoche gebunden ist. Der Ansatz »Leibzeit« zeigt, dass Verstehen und Erleben von Zeit an die Geschichtlichkeit von Menschen, an ihre Leiblichkeit, d. h. auch an das Bewusstsein ihrer

---

66. Vgl. Hilarion Petzold 1982, 68: »Zeit ist immer erlebte Zeit. Der Standort der Zeit bin ich. Das Organ, das Zeit erlebt, ist mein Leib – *Leibzeit*. Das ist die eigentlich relevante, ja die einzig mögliche Zeit. Zeit, die mein Leib nicht hat, sondern die mein Leib *ist* – *Zeitleib*.« Der Artikel befindet sich in einem Sammelband, der der Frage nach der Bedeutung des Körpers in der gegenwärtigen Gesellschaft aus der Sicht verschiedener wissenschaftlicher Disziplinen nachgeht.
67. Vgl. Hilarion Petzold 1982, 68: »Leibzeit ist eine Kette von erlebten Jetzten und mehr als das. [...] Leibzeit ist Lebenszeit, ist Zeit im Fluß. Ich stehe im Strom meiner Lebenszeit, und insofern ist das Phänomen Leben von dem Phänomen Zeit nicht abzutrennen. Zeit ist polymorph, ist vielgestaltig.«
68. Vgl. Hilarion Petzold 1982, 70 f. Hier bezieht er sich auf Überlegungen von Maurice Merleau-Ponty.
69. Vgl. Hilarion Petzold 1982, 75–76.
70. Vgl. Anne Norton 1997, 163: »Der durch den Namen vereinzelte und gesonderte Körper, der die räumlich-körperlichen Grenzen des Selbst markiert, weiß, daß seine Lebenszeit kurz bemessen ist. Die Bestimmung der Grenzen macht die Körper distinkt sowohl im Raum als auch in der Zeit. Grenzen in der Zeit treten zugleich mit Grenzen im Raum in Erscheinung. Deren Unterscheidung, die nominelle Geschlossenheit, die sie in jeder Dimension ihres Wesens bindet, ist die für Einheitsurteile erforderliche (und von ihnen unterstellte) Bedingung. Der Tod geht mit der Konzeption des Körpers einher.«
71. Vgl. Anne Norton 1997, 164.

Sterblichkeit gebunden ist und in einem bestimmten sozialen Kontext stattfindet. Weiterführend für die Analyse biblischer Vorstellungen von Zeit ist trotz aller Unterschiede zum neuzeitlichen Zeiterleben die Verortung im Körper. Im leiblichen Leben verbinden sich die Dimensionen Körper, Raum, Zeit und zeigen sich als Modalitäten des Bezugs zur Welt und damit die grundsätzliche Beziehungshaftigkeit zeitlichen, d. h. körperlichen Daseins.[72] Vergangenheit, Gegenwart und Zukunft werden im Körper erlebt und im Rahmen eines weiteren Beziehungsgefüges und geschichtlichen Kontexts gedeutet.

1.5 Resümee und Ausblick: Körper-Zeit

Im Folgenden sollen die Ergebnisse der dargestellten Entwürfe und ihre Impulse für eine Beschreibung neutestamentlicher Zeitvorstellungen gebündelt und zur Deutung paulinischer eschatologischer Aussagen herangezogen werden. Der Begriff der *Körper-Zeit* soll das komplexe Zeit-, Raum- und Beziehungsgeschehen eschatologischer Aussagen und deren geschichtliche Perspektiven in einer auf das konkrete leibliche Leben der Menschen bezogenen Theorie zusammenfassen. Was bedeuten die Vorstellungen von Nähe, der Beziehung zu Gott, der *Basileia* Gottes und den Mitmenschen für eine Beschreibung dessen, was für die Zukunft erwartet wird? Wie kann Zukünftiges beschrieben werden – welche Bedeutung kommt den Körpern dabei zu?

1.5.1 Nähe als räumliche Vorstellung

Entscheidend für die Beschreibung eschatologischer Wirklichkeit ist das Verständnis von Nähe (der *Basileia* Gottes), das nicht allein auf temporalen Vorstellungen basiert, sondern zugleich räumliche und personale relationale Dimensionen umfasst. So wird z. B. in mystischer Zeiterfahrung Nähe anders beschrieben als linear und allein am Weltgeschehen ausgerichtet, das Verhältnis zur göttlichen Wirklichkeit in räumlicher Perspektive betrachtet und durch die mystische Erfahrung gegenwärtig realisiert *(H.-C. Meier)*. Von der Nähe zur *Basileia* Gottes kann damit unabhängig vom Verlauf der linearen Zeit gesprochen werden. Diese Auffassung zeigt, dass das Festhalten an der Nähe der *Basi-*

---

72. Diese Modalitäten hat Dorothee Sölle bereits 1979 in einem Aufsatz »Der Mensch zwischen Geist und Materie« beschrieben. Sie hebt hier die Bedeutung der Materialität des leiblichen Daseins hervor: »Ich bin nicht so zwischen Geist und Materie, daß ich mir die Art meiner Materialität, also meine biologisch ökonomische Existenz aussuchen könnte. Ich bin mein Leib, ich habe nicht nur einen Körper. […] Ich bin mein materieller Leib.« (ebd., 17)

leia Gottes nicht als »Irrtum« zu verstehen ist *(L. Schottroff; J. Ebach; K. Erlemann)*. Die Geschichtlichkeit der biblischen Verkündigung und deren Begriff von Wirklichkeit lassen sich nicht allein an Zeitvorstellungen messen. Dies zeigt u. a. die biblische Rede von Gott als Raum, als Ort der Welt *(makom)*, die zeitliche und räumliche Dimensionen umfasst *(F.-W. Marquardt)*. Zeit- und Raumerfahrungen stehen nicht isoliert nebeneinander, sondern sind als sich wechselseitig bedingende Größen zu verstehen. Räumliche Vorstellungen ermöglichen es zum einen, (eschatologische) Wirklichkeit konkret geschichtlich zu denken und Aussagen über die Nähe Gottes auch auf die eigene Existenz zu beziehen. Zum anderen zeigen sie aber auch, dass die vollständige Erfahrbarkeit dieser Wirklichkeit nie gegeben ist, weil die Erfahrung des gegebenen Lebensraumes nicht vollständig mit der des verheißenen und ersehnten Lebensraumes der *Basileia* Gottes übereinstimmt. Deshalb tragen räumliche eschatologische Aussagen auch stets den Charakter der »Ortlosigkeit«, der »Utopie«, der dazu nötigt, sie in Paradoxien zu denken *(F.-W. Marquardt)*. Im Folgenden sollen diese grundsätzlichen Überlegungen anhand paulinischer eschatologischer Aussagen konkretisiert und daraufhin befragt werden, ob sie weiterführende Impulse für deren Deutung bieten.

Was heißt es, von der Nähe der *Basileia* Gottes zu sprechen und hier neben temporalen auch lokale und relationale Dimensionen zugrunde zu legen? Die Analyse der paulinischen Vorstellungen von Leben und Tod hat gezeigt, dass diese weit über die Beschreibung gegenwärtiger Existenz und deren Ende hinausgehen. Leben und Tod sind in seinem Sprachgebrauch unterschiedlichen Sphären zugeordnet. Leben/Gott und Tod/Sünde werden von Paulus vielfach metaphorisch unterschiedlichen Räumen zugeordnet: So werden Tod und Sünde personifiziert als innerweltliche Mächte dargestellt, die Herrschaft ausüben (vgl. Röm 5,12.21; 6,9.12; 7,23-8,1 u. ö.). An den Menschen und ihren Körpern wird die jeweilige Herrschaft konkret. Paulus beschreibt Leben in der Gegenwart häufig mittels räumlicher Bilder (vgl. 2 Kor 5,1.6-8; 12,2-5 u. ö.). Für die Deutung ist es nötig, ihren metaphorischen Charakter wahrzunehmen und als sprachlichen Ausdruck der Gottesbeziehung zu erfassen, die Paulus mit seinen gegenwärtigen (Leid-)Erfahrungen kontrastiert. Dabei ist festzustellen, dass die von ihm beschriebene Bewegung eine doppelte ist: Der Sehnsucht, sich zu Gott bzw. Christus zu begeben (vgl. Phil 1,23), in den Lebensraum Gottes einzugehen, stellt er das Versprechen Gottes zur Seite, bei seinem Volk zu wohnen und über die gesamte Welt zu herrschen (vgl. 2 Kor 6,16-18; vgl. auch 1 Kor 15,28). Seine eschatologische Hoffnung richtet sich dabei auf das Kommen Gottes bzw. das Wiederkommen des Messias Jesus (vgl. 1 Kor 15,23, vgl. auch 1 Thess 2,19; 3,13; 4,15; 5,23; 2 Thess 2,1.8).

Getragen ist seine Hoffnung auf eine Veränderung der gegenwärtigen Existenz in einen Lebens-Raum Gottes (vgl. 1 Kor 15,28.51 ff.; Röm 8,18; Phil 3,21) durch das Handeln Gottes in der Auferweckung Christi. In der Erwartung des Offenbarwerdens des noch Ausstehenden, bisher Unsichtbaren, sieht er sich verbunden mit der gesamten Schöpfung, die aus ihrer Hoffnung die Kraft schöpft standzuhalten (vgl. Röm 8,18-25). In diesem Kontext beschreibt Paulus Auferstehung als eine von Gott bewirkte Bewegung in diesen anderen, verwandelten Lebensraum hinein: ἐγείρεται ἐν ... (1 Kor 15,42-44), als Ermöglichung eines lebendigen Lebens ἐν Χριστῷ (vgl. 1 Kor 15,22). In Röm 6,2 spricht er davon, dass die Glaubenden nicht länger »in der Sünde«, das heißt *in* ihrem Machtbereich leben, weil sie ihr gestorben sind. Dieses Sterben führe in ein Leben *in* Christus (vgl. Röm 6,11), in den Bereich, in dem er herrscht (vgl. auch Röm 5,17.21; 14,9), und begründe die Hoffnung auf ein zukünftiges Leben *mit* Christus (Röm 6,8; vgl. Phil 1,30). Auferstehung bedeutet in dieser Raum-Vorstellung die Bewegung auf den Raum Gottes zu, eine Bewegung, die ihr Ziel noch nicht erreicht hat, aber *jetzt* geschieht (Röm 13,11; vgl. auch 2 Kor 6,9 f.). Die *Basileia* Gottes umfasst für ihn das kommende Leben σὺν Χριστῷ in Beziehung zum Leben ἐν Χριστῷ, das in der Gemeinschaft der Glaubenden wirklich wird und den Glaubenden eine lebendige Zukunft eröffnet (vgl. 1 Kor 15,50). Die Erfahrung des neuen Lebens, das den Glaubenden in der Taufe geschenkt wird (vgl. Röm 6,4), die Existenz als Körperteil des σῶμα Χριστοῦ, verwandelt bereits in der Gegenwart die Beziehungen der Menschen zueinander (vgl. Röm 12,4 ff., 1 Kor 12,12 ff.; 2 Kor 5,17; Gal 3,26 ff.). Für Paulus bildet das Vertrauen auf die kommende *Basileia* Gottes die Kraftquelle, sich weiterhin »am Werk des Kyrios« zu beteiligen und nicht zu resignieren (vgl. 1 Kor 15,58).

1.5.2 Nähe als relationale Vorstellung

Grundlegend für die biblischen Beschreibungen menschlichen Daseins ist die Beziehung zu Gott, eine Beziehung, die Zeit, Raum und Geschichte umfasst. Die Komplexität der Vorstellungen, die in den Aussagen der Nähe zur *Basileia* Gottes zum Ausdruck kommt, lässt diese nicht im Sinne einer (rein zeitlich gedachten) Naherwartung zum »Irrtum« werden, auch wenn das Weltgeschehen fortschreitet und ihre vollständige Verwirklichung auf Erden noch immer aussteht. Nähe ist vor allem Ausdruck der Gottesbeziehung und Bekenntnis zu Gott als Ursprung und Ziel alles geschöpflichen Seins und Werdens (vgl. 1 Kor 15,36-39). Nähe wird in den paulinischen Texten nicht nur auf der zeitlichen und räumlichen Ebene verstanden, sie ist hier vor allem ein Beziehungsbegriff *(L. Schottroff; J. Ebach; F.-W. Marquardt)*. Dass Zeit über die Beziehung zu Gott bzw. zur *Basileia* Gottes definiert wird, entspricht antiker Auffassung von Zeit *(L. Hölscher)*. Menschliche Geschichte wird in Relation zu Gott gesehen, die Nähe zum Gottesreich wird existentialisiert erfahren und deshalb in Sozialbegriffen beschrieben *(F.-W. Marquardt)*. In der Gemeinschaft der Glaubenden wird dieser Nähe zur *Basileia* Gottes in der Feier des Abendmahls Gestalt gegeben, eine Gemeinschaft, die auch die Beziehung der Lebenden mit den Toten umfasst *(L. Schottroff)*.

Paulus selbst formuliert Aussagen über das Kommende ebenfalls als Beziehungsgeschehen zwischen Gott und den Glaubenden: so z. B. in 1 Kor 13,12:

»Wir sehen vorläufig nur (wie) durch einen Spiegel auf ein Rätselbild, dann aber von Angesicht zu Angesicht. Heute erkenne ich bruchstückhaft, dann aber werde ich ganz erkennen, wie ich von Gott ganz erkannt worden bin.«

Paulus beschreibt hier die Hoffnung, dass zukünftiges Erkennen und Erkannt-Werden durch die unmittelbare Gottesbeziehung, von Angesicht zu Angesicht, gegeben sei, eine Beziehung, in der menschliches Sein aufgehoben sein werde. Seine Gewissheit zeigt sich darin, dass er davon ausgeht, dass die Glaubenden bereits gegenwärtig den Glanz (δόξα) der göttlichen Gegenwart spiegeln (vgl. auch 1 Kor 15,40). Für Paulus führt die Erfahrung der relationalen Nähe zu Gott bzw. zum Messias auf der menschlichen Ebene dazu, dass Trennungen aufgehoben, Dualismen außer Kraft gesetzt werden. In Gott liegen für ihn Ursprung und Ziel der Geschichte, einer Geschichte, die darauf zuläuft, dass jegliche Herrschaft (in Gott) aufgehoben wird (vgl. 1 Kor 15,28). Die Nähe der *Basileia* Gottes ermöglicht Menschen, Teilhaberinnen und Teilhaber der neuen/verwandelten Schöpfung zu werden, sich selbst als qualitativ verändert wahrzunehmen und auch andere nicht mehr nach menschlichen Maßstäben anzusehen (vgl. 1 Kor 15,44.51 ff.; 2 Kor 5,17). Für die Gegenwart der Glaubenden manifestiert sich die darin implizierte Entmachtung menschlicher Herrschaft in dem Miteinander von Menschen unterschiedlicher ethnischer und sozialer Herkunft und unterschiedlichen Geschlechts (vgl. 1 Kor 12,13; Gal 3,26-29). Grund und Ziel gemeindlicher Praxis ist die Versöhnung mit Gott, die Gott selbst bewirkt hat und die unter den Menschen vergegenwärtigt werden muss (vgl. 2 Kor 5,17-21). Diese Versöhnung betrifft vor allem auch die Versöhnung von Menschen aus Israel mit Menschen aus den Völkern (vgl. Röm 9-11; vgl. dazu auch Eph 2,11-22). Die Vorstellung des Eins-Werdens in Christus beinhaltet die Vision, dass die Verschiedenheit von Menschen keine Dualismen begründet. Eine Feststellung, die nach Gal 3,28 auch die Geschlechterdifferenz betrifft. Die *Basileia* Gottes ist Gerechtigkeit, in der ungerechte Beziehungen und Menschen, die ungerecht handeln, keinen Raum haben (vgl. Röm 14,17; 1 Kor 6,9.10; Gal 5,21), von solchen kann sie nicht »ererbt werden« (vgl.1 Kor 15,50). Paulinische eschatologische Aussagen basieren darauf, dass Gott Vergangenheit, Gegenwart und Zukunft umfasst. Aussagen über Zeit, Raum und Geschichte erweisen sich aus dieser Perspektive als Aussagen über die Beziehung zu Gott und zur *Basileia* Gottes.

1.5.3 Zukunft

Die Ergebnisse der neueren (exegetischen) Diskussion biblischer Zeitkonzepte zeigen, dass ein ausschließlich an mathematisch-neuzeitlichen Vorstellungen orientiertes Zeitverständnis, das einen einheitlichen messbaren linearen Zeitfluss voraussetzt, dem der neutestamentlichen Texte und deren komplexer religiöser Zeiterfahrung nicht gerecht wird *(K. Erlemann, C. Strecker, L. Hölscher).*

In der Auslegungsgeschichte hat insbesondere die Deutung im Futur formulierter Passagen zu folgenreichen Missverständnissen geführt, die Zukunft als einen von der Gegenwart losgelösten und damit gegenwärtiger Erfahrung entzogenen Zeitraum verstanden hat. Für ein Verständnis, das die Geschichte Gottes mit den Menschen nur auf der horizontalen Zeitlinie verortet, sind Irrtümer über das, was als das Kommende erwartet wird, unmöglich zu vermeiden.[73] Ein Geschichtsverständnis, das seinen Blick allein auf den linearen Verlauf der Geschichte richtet und daran deren Fortschritt misst, droht zur ›Siegergeschichtsschreibung‹ zu werden, die die Perspektive auf die Leiderfahrungen der Unterdrückten, der Verlierer der Geschichte, vernachlässigt *(L. Schottroff, J. Ebach, P. Richard)*. Darin liegt zum einen die Gefahr der Absolutsetzung der eigenen gegenwärtigen Existenz, die sich sowohl die Vergangenheit als auch die Zukunft verfügbar machen will, zum anderen aber auch die Gefahr, passiv den Erwartungen an eine Zukunft zu verfallen, die nicht mehr mit einem Ausbruch aus dem Kontinuum herrschender Geschichte und mit einer grundlegenden Veränderung der Verhältnisse rechnet.[74]

Es stellt sich nun allerdings die Frage, warum biblische (und außerbiblische jüdisch-apokalyptische) Texte, die vor allem die eigene Gegenwart im Blick haben, diese analysieren, entlarven und verändern wollen, zentrale Erwartungen wie die des Reiches Gottes und der Auferstehung im Futur beschreiben. Anders

---

73. Zu dieser Frage vgl. vor allem die Studien Paul Tillichs: »Kairos und Utopie« (1959) und »Der Widerstreit von Zeit und Raum« (1962). Er entwickelt ein Verständnis von »Nähe«, das nicht ausschließlich auf einer »horizontalen« Ebene gedeutet werden dürfe, sondern auch eine »vertikale« mit einbeziehen müsse. Der Begriff der Nähe beschreibe die *Beziehung zum Gottesreich*, und zwar nicht allein auf der Linie der weltgeschichtlichen Ereignisse. (1962a, 145-146)

74. Zu einer solchen Geschichtsschreibung, die die Perspektive der Sieger einnimmt, vgl. bereits Walter Benjamin in seinen geschichtsphilosophischen Thesen, die unter dem Titel »Über den Begriff der Geschichte« (1940) veröffentlicht sind. Die grundlegende Frage sei, aus welcher Perspektive auf die Vergangenheit geblickt werde. W. Benjamin weist damit auf die Gefahr hin, dass die Vergangenheit für die jeweilige Gegenwart vereinnahmt wird. Sinnbildlich für eine Geschichtsschreibung, die vor allem daran interessiert ist, den herrschenden Status quo zu legitimieren, ist für ihn der »Historismus« (den er in der Geschichtsschreibung des Nationalsozialismus gegenwärtig sieht). Er stellt sich die Frage, »in wen sich denn der Geschichtsschreiber des Historismus eigentlich einfühlt«, und kommt zu folgender Einschätzung: »Die Antwort lautet unweigerlich in den Sieger. Die jeweils Herrschenden sind aber die Erben aller, die je gesiegt haben. Die Einfühlung in den Sieger kommt demnach den jeweils Herrschenden allemal zugute.« (Walter Benjamin 1974, 696) Allein der Blick auf die Vergangenheit, ihr *Eingedenken*, könne davor bewahren, sich die Zukunft lediglich als Fortschreibung der eigenen konstruierten Gegenwart vorzustellen und damit dem Konformismus, den die Geschichtsschreibung aus der Perspektive der »Sieger« begründet, zu verfallen. Das verbietet, nach W. Benjamin, auch die Perspektive der Unterdrückten, die dazu auffordert, »das Kontinuum der Geschichte« aufzusprengen (vgl. ebd., 701.703).

formuliert: Es stellt sich der Exegese dieser Texte die Aufgabe, die *Wahrheit von Zukunftsmythen* und deren *Funktion für das Leben in der Gegenwart* zu entschlüsseln, um ihre Aussage zu erfassen. Die Untersuchung paulinischer eschatologischer Texte hat gezeigt, dass diese das Spannungsverhältnis zwischen präsentischen und futurischen Aussagen nicht auflösen. Gegenwart und Zukunft sind aufeinander bezogen und deshalb nicht losgelöst voneinander zu betrachten. Ein Verständnis von Zeit, das diese allein auf die Gegenwart beschränkt, würde ihr letztlich ihre Geschichtlichkeit und damit die göttliche Verheißung nehmen, die der Geschichte einen Anfang und ein Ende, d. h. eine Vollendung zusagt. Dies trifft für ein von der Gegenwart losgelöstes Verständnis von Zukunft ebenso zu. Ziel und Vollendung der Geschichte, die gleichzeitig Basis für die gegenwärtige Existenz sind, beschreibt Paulus in 1 Kor 15,28: »damit Gott alles in allem ist – ἵνα ὁ θεὸς [τὰ] πάντα ἐν πᾶσιν.« Eine Verhältnisbestimmung von Gegenwart und Zukunft muss deshalb die rein zeitlich determinierte horizontale Ebene überschreiten. Allein ein Verständnis von Zukunft, das diese nicht ausschließlich chronologisch linear deutet, ermöglicht es, den prophetischen Charakter der Zeitaussagen wahrzunehmen: die gegenwärtige Zeit als Frist zu verstehen, in der menschliches Handeln möglich und notwendig ist (vgl. 1 Kor 7,29): »Die Zeit ist zusammengedrängt – ὁ καιρὸς συνεσταλμένος ἐστίν ...« Zukunft kann in diesem Zusammenhang als »Qualität« des Lebens verstanden werden *(F.-W. Marquardt)* und den Charakter der Utopie tragen, die das Hoffnungs- und Trostpotential der biblischen Verheißung beinhaltet und auch gegenwärtiger Geschichte Ziel und Richtung gibt *(P. Richard)*. In seinen Ausführungen über das Geheimnis Gottes (1 Kor 15,51 ff.), in denen Paulus in apokalyptischer Sprache spricht, verschieben sich die Zeitebenen und verbinden sich futurische und präsentische Aussagen. In seiner Beschreibung rückt der Ablauf der Geschichte zusammen und mündet in einen Zeitpunkt, in dem das Schicksal der Lebenden mit dem der Gestorbenen verbunden ist, in dem sie nicht länger durch den Ablauf der Zeiten getrennt sind. Lebende und Tote werden verändert, das ist die Aussage, auf die es ihm ankommt: Tote haben kein gesondertes Schicksal, das sie für alle Zeit vom Leben Gottes abschneidet. Auch ihnen gilt die Verheißung eines lebendigen Lebens.

Aus diesem Zukunfts-Verständnis, das gegenwärtiges qualitativ verändertes und kommendes Leben miteinander verbindet, erwächst die Möglichkeit, die Herrschaftsstrukturen, die gegenwärtig Leiden und Tod bewirken, als überwindbar zu sehen und verändernd tätig zu werden, auch wenn die eigenen Kräfte begrenzt sind. Paulus kann sich und die anderen, mit denen er zusammen den Brief an die Gemeinde in Korinth schreibt, »Mitarbeiter/innen« Gottes bzw. Christi nennen (vgl. 1 Kor 3,9; 2 Kor 6,1) und drückt damit aus, dass Teil der neuen/verwandelten Schöpfung zu sein (vgl. 2 Kor 5,17) bedeutet, an ihr mitzuarbeiten. Die Verheißung, »die *Basileia* Gottes zu erben« (vgl. 1 Kor 15,50 ff.; Röm 8,16.17.19), habe auch dann Gültigkeit, wenn Leid und Gewalt das Leben der Menschen prägen und ihre Hoffnung zunichte zu machen drohen (vgl. Röm 8,24 f.).

Zukunft ist die Dimension des Lebens, auf die sich die Hoffnung richtet, die Hoffnung erst möglich macht: die nicht sichtbare, aber bereits erfahrbare Qualität des Lebens. Zukunft ist qualitativ verändertes Leben, ewig lebendiges Leben (vgl. Röm 6,4.22; 2 Kor 5,17), dessen Wirkkraft Menschen dazu befähigt und ermutigt, an der *Basileia* Gottes mitzuarbeiten. In 1 Kor 15,19 kontrastiert Paulus diese zukunftsoffene Vorstellung von Wirklichkeit mit einer auf die gegenwärtige Realität begrenzten: »Wenn wir *nur in diesem Leben* (ἐν τῇ ζωῇ ταύτῃ) auf den Messias hoffen, sind wir bemitleidenswerter als alle Menschen.« – Zukunft ist das *andere Leben*, aus dem Paulus gegenwärtig seine Hoffnung schöpft. Zukunft ist die Dimension von Zeit, die aus dem Eingedenken des Vergangenen und aus dem Gebet erwächst, in der »jede Sekunde die kleine Pforte [war], durch die der Messias treten konnte.«[75] *(W. Benjamin)*

1.5.4 Körper-Zeit

Das paulinische Verständnis von Zeit, das die Dimensionen der Nähe zur *Basileia* Gottes, Vergangenheit, Gegenwart und Zukunft als aufeinander bezogene Größen, die Dimension des Raumes, der Beziehung zu Gott und zu den Mitmenschen umfasst, möchte ich im Folgenden als *Körper-Zeit* beschreiben. Im Körper sind Zeit, Raum, Beziehung, individuelle und kollektive Dimensionen, die konkrete Geschichtlichkeit von Menschen, ihr Geborensein und ihre Sterblichkeit umschlossen. Beziehung ist immer auch eine körperliche Erfahrung und wird bei Paulus mit der Vorstellung vom Leib Christi konkret. Im-Körpersein bedeutet Bezogenheit auf andere, prägt gesellschaftliche und persönliche Beziehungen. Zentrale theologische Topoi werden bei Paulus körperlich konkretisiert.[76]

---

75. Walter Benjamin 1974, 704. Das ganze Zitat lautet: »Sicher wurde die Zeit von den Wahrsagern, die ihr abfragten, was sie in ihrem Schoß birgt, weder als homogen noch als leer erfahren. Wer sich das vor Augen hält, kommt vielleicht zu einem Begriff davon, wie im Eingedenken die vergangene Zeit ist erfahren worden: nämlich ebenso. Bekanntlich war es den Juden untersagt, der Zukunft nachzuforschen. Die Thora und das Gebet unterweisen sie dagegen im Eingedenken. Dieses entzaubert ihnen die Zukunft, der die verfallen sind, die sich bei den Wahrsagern Auskunft holen. Den Juden wurde die Zukunft aber darum doch nicht zur homogenen und leeren Zeit. Denn in ihr war jede Sekunde die kleine Pforte, durch die der Messias treten konnte.« Eine ausführliche Auseinandersetzung mit den geschichtsphilosophischen Thesen W. Benjamins bietet Jürgen Ebach 1986.1992; vgl. dazu auch Gerhard Kaiser 1974.
76. Z.B. Erlösung/Befreiung (Röm 8,21-23), Auferstehen (vgl. Röm 6,2ff.; 1 Kor 15,35 ff.), Wandeln im »neuen Leben« (Röm 6,4.12-23), Liebe (1 Kor 13; Röm 5,5), Erinnerung/Bund (im Abendmahl: 1 Kor 10; 11,17-34), Heiligung, d. h. »heilig sein an Körper und Geist« (vgl. 1 Kor 7,34, vgl. auch 3,16 f.; Röm 6,19-22 u. ö.), die Verwandlung der Körper (vgl. 1 Kor 15,42-44.51-54; 2 Kor 4,10f.; 5,16 f.; Phil 3,21

Die Wahrnehmung von Zeit als solcher ist ein wesentlicher Bestandteil dessen, was das Menschsein im Vergleich zur Existenz anderer Lebewesen ausmacht. Menschen nehmen sich als zeitliche Wesen wahr und haben ein eigenes Zeitempfinden. Erlebte Zeit hat im Körper ihren Ort, zeigt sich als inkarnierte Zeit *(H. Petzold)*. In diesem Zusammenhang wird Zeit auch linear erfahren. In den verschiedenen Lebensaltern konkretisiert sich die Geschichtlichkeit der Existenz und zeigt sich die Bedeutung der Geschlechterdifferenz. In der Generationenkette realisieren sich Vergangenheit, Gegenwart und Zukunft. In der Körpererfahrung verbinden sich lineare Zeiterfahrungen von Geborenwerden, Altern, Sterben und andere Erfahrungen von Lebens-Zeit, die sich daran messen, wie das eigene Alter, die gelebte Zeit erlebt wird – in unterschiedlichen Beziehungen, in verschiedenen Intensitäten, in Momenten der Ekstase, im Alltag, in unterschiedlicher emotionaler Verfassung ... Das eigene Lebensalter wird in Körperbeziehungen gelebt und je nach Situation anders erlebt, das eigene Handeln an anderen ausgerichtet. Ein Verhältnis zum eigenen Lebensalter entwickelt sich im Spannungsfeld linear, punktuell, räumlich und zyklisch wahrgenommener Zeit, die eine Vielfalt von Erfahrungen ermöglicht. Erfahrungen von Sinn und Sinnhaftigkeit des Lebens sind grundlegende Erfahrungen von Zeit und Körperlichkeit – von *Körper-Zeit*. Zeit als Körper- und Beziehungs-Zeit wahrzunehmen hilft, die Illusion der linearen Zeit zu entlarven, Leben messe sich allein am Fortschritt, am Fortschreiten der Zeit, einer ständigen Aufwärts- und Vorwärtsbewegung. Zeit als Beziehungs- und Körper-Zeit zu beschreiben ermöglicht es, auch das Altern, das Nachlassen der Kräfte, körperliche Schwächen, die Sterblichkeit als grundlegende Bestandteile menschlichen Lebens zu bejahen, die Fragmentarität des Daseins wertzuschätzen.

Das Im-Körper-Sein bildet die Voraussetzung, Geschichte zu gestalten, und konkretisiert die Rede von den geschichtlichen Manifestationen der *Basileia* Gottes, die körperlich und in konkreten Kontexten erfahrbar werden. Zudem bietet das Im-Körper-Sein die Möglichkeit zur Transzendierung von Wirklichkeit, zur Annahme und Weitergabe göttlicher Versöhnung – zum Leben als σῶμα πνευματικόν (1 Kor 15,44), in der Teilhabe an der neuen/verwandelten Schöpfung Gottes. Die Vorstellung von Körper-Zeit umfasst in diesem Zusammenhang auch das Mitwirken an der neuen Schöpfung, die Leibhaftigkeit von Auferstehung, die die Körper-Glieder im Dienst Gottes zu »Werkzeugen der Gerechtigkeit« werden lässt (vgl. Röm 6,13; vgl. auch 1 Kor 15,49). Die eschatologische Verheißung gilt den geschundenen Körpern (vgl. 1 Kor 15,42-44; 2 Kor 4,7-12; 12,9) zusammen mit der gesamten leidenden Schöpfung (vgl. Röm 8,18-25). Lebendigwerden (vgl. 1 Kor 15,35 ff.) heißt für sie, Teil des σῶμα Χριστοῦ zu sein (vgl. Röm 12/1 Kor 12), sich und andere als καινὴ κτίσις zu betrachten (vgl. 2 Kor 5,17, Gal 6,15), für diejenigen, die verachtet werden,

u. ö.). Auch die Hoffnung ist eine menschliche Fähigkeit, die an das körperliche Leben von Menschen gebunden ist und sie befähigt, andere Wirklichkeiten wahrzunehmen (vgl. Röm 5,2-5; 8,18-25).

Tempel Gottes genannt zu werden (vgl. 1 Kor 3,16 f.; vgl. auch 6,19), Kind Gottes zu heißen (vgl. Röm 8,14-19). Verwandlung heißt, als Frau heilig an Leib und Geist leben zu können (vgl. 1 Kor 7,34), als σῶμα ψυχικόν und zugleich als σῶμα πνευματικόν zu existieren (vgl. 1 Kor 15,44), den Körpern gilt die Verheißung der Auferstehung.

2. Eschatologische Spiritualität

Wie kann eine angemessene theologische Sprache aussehen, die es vermag, den komplexen Zusammenhängen, die das Konzept Körper-Zeit umfasst, einen Ausdruck zu geben? Im Folgenden werde ich den Konsequenzen einer eschatologischen Perspektive auf das Leben weiter nachgehen und nach ihrer konkreten Bedeutung für den Alltag und die Körper der Menschen fragen. Drei Dimensionen werden dabei leitend sein: 1. neues Sehen – 2. neue Sprache – 3. neue Praxis.[1] Die folgenden Ausführungen bündeln zum einen die Ergebnisse der vorangegangenen Untersuchungen dieser Arbeit und entwickeln weiterführend Grundzüge einer eschatologischen Spiritualität, die auf den paulinischen Aussagen über Auferstehung und Leben im σῶμα Χριστοῦ basiert.

2.1 Neues Sehen

2.1.1 Die Veränderung der Körper

Die Briefe des Paulus durchzieht die Einsicht, dass die gegenwärtige Existenz durch Begrenzungen und Zerstörungen geprägt ist, die er und die Menschen in seinem Umfeld am eigenen Leibe erfahren: Hunger, ungerechte Herrschaft, Versklavung, Krankheit, Leiden, zerstörte Beziehungen und daraus resultierende Gewalt (vgl. Röm 1,29-32;[2] 7,23f.; 8,18.35-39; 1 Kor 1,26-28; 4,11-13; 15,31; 2 Kor 4,10-12; Gal 5,15-21 u. ö.). Für ihn sind diese Zustände Ausdruck der Herrschaft der Todes- und der Sündenmacht, deren Strukturen die Menschen bis ins Innere erfassen und missbrauchen, sie gar zu ihren Instrumenten machen, die Zerstörung weiterzutragen (vgl. 1 Kor 15,56, vgl. auch Röm 7,7-25). So richtet sich die Perspektive des Paulus nicht allgemein auf menschliche Sterblichkeit und deren Aufhebung, wenn er davon spricht, dass Gott auferweckt (vgl. 1 Kor 15,42-44). Die Worte in 1 Kor 15,42f.: φθορά, ἀτιμία und ἀσθένεια weisen auf die konkrete Situation der Menschen in Korinth und spiegeln deren Erfahrungen von Zerstörung, persönlicher Erniedrigung und Ohnmacht. Aber auch wenn diese gesellschaftlichen Verhältnisse als menschengemacht identifiziert werden können, so kann ihr Ende nicht allein durch

---

1. »Neu« wird in diesem Zusammenhang im Sinne von »erneuert/verwandelt« verwendet und nicht mit dem Ziel der Abgrenzung gegenüber »altem«.
2. Zu den aktuellen politischen Anspielungen dieses Abschnitts der Gerichtsrede vgl. Gerd Theißen 1998, 67 f.

menschliches Handeln herbeigeführt werden. Die Hoffnung richtet sich auf Gott, dass er sie aus der φθορά befreie (vgl. auch Röm 8,21), auferwecke ἐν ἀφθαρσίᾳ, ἐν δόξῃ, ἐν δυνάμει (1 Kor 15,42f.). Auch in den Auferweckungserzählungen der Evangelien zeigt es sich, dass diese nicht auf eine generelle Überwindung der Sterblichkeit abzielen. So wird auch die Tochter des Jairus (Mk 5,21-43) altern und sterben. Auch Lazarus (Joh 11,17-44) wird am Ende seines irdischen Daseins sterben, ebenso Tabita (Apg 9,36-43). Die Auferweckungen sind als Protest gegen den unzeitigen Tod, Hunger und den Abbruch von Lebensperspektiven zu verstehen.[3] Wie die paulinische Rede von der Auferstehung richten auch sie sich gegen die Zerstörung der gegenwärtigen Schöpfung durch Sündenmacht und Todesmacht, – Mächte, die im Alltag der Menschen konkret zu identifizieren sind. Gottes Sieg über den Tod (1 Kor 15,23-28.54-57), das eschatologische Versprechen, das in der Auferweckung Jesu Christi sichtbar geworden ist – so Paulus –, verändere die Lebensmöglichkeiten bereits in der gegenwärtigen Existenz: Leben ist möglich für diejenigen *in* Christus, die zum Leib des Auferstandenen gehören, Teil des σῶμα Χριστοῦ sind (vgl. 1 Kor 15,22.36-38.42-44; vgl. auch 1 Kor 12,12ff.). Die durch Gott bewirkte Befreiung verändert die menschliche Existenz, ohne den irdischen Lebenszyklus aufzuheben. Sie verwandelt die Schöpfung (2 Kor 5,17) und damit auch die Körper der Menschen (1 Kor 15,44). Um sie zu erkennen, bedarf es einer verwandelten Perspektive, die die Körper der Menschen als heilig wahrnimmt (vgl. Röm 6,19.22; 12,1; 1 Kor 3,16f.; 7,34; vgl. auch 1 Kor 15,40.49.51ff.). Diejenigen, denen die Geheimnisse Gottes anvertraut sind, sind nun in der Lage, zu sehen und zu erkennen, zu hören und zu verstehen (vgl. 1 Kor 2,6-13; 15,51; vgl. auch Mk 4,12).

Neben einem ausschließlich auf zukünftige Geschehnisse ausgerichteten verstellt auch ein rein individualistischer Blick auf Auferstehung das hier ausgedrückte Verständnis von Leben, das kollektive Vorstellungen von Zukunft zum Ausdruck bringt und auf das Überleben in der Welt, auf Veränderung und Verantwortung für diese Zukunft setzt. Dass auch antike Menschen Fragen hatten, die ihr persönliches Dasein und die Zukunft ihrer Kinder betrafen, soll damit nicht geleugnet werden. Leben, die Verheißung des Heils richtet sich ebenso auf die/den Einzelne/n wie auch auf die Eröffnung von Handlungsmöglichkeiten – doch sind diese Fragen stets auf die Gemeinschaft bezogen, zu der die Einzelnen gehören.[4] Leben, Auferstehung und die Botschaft von der *Basileia*

3. Vgl. Luise Schottroff 2000c, 52: »Im Sinne dieser Geschichten ist jedoch das ›Normale‹ nicht die Gesundheit, sondern Hunger, Krankheit, Kindersterben und Gewalt. Das ›Normale‹ ist es in dem Sinne, dass das Leben fast aller Menschen vom Leiden unter den Todesmächten der Gewalt und Armut bestimmt ist. […] Das Wunder erzählt von der phantastischen Ausnahme – nicht einer Ausnahme von den Naturgesetzen, sondern von den Gesetzen des Leidens und der Gewalt, die schon junge Menschen sterben lässt.«
4. In Bezug auf die Frage danach, was Leben bedeutet, führt Christoph Barth (1946) 1987, 26, als Ergebnis seiner Analyse von ersttestamentlichen Klagepsalmen aus:

Gottes sind eingebunden in ein Konzept kollektiver Identität, das auch Perspektiven für die Gemeinschaft aufzeigt angesichts der Erfahrung, dass es nicht für jeden Menschen ein gutes Ende gibt, Menschen durch Gewalt und Ungerechtigkeit sterben, ohne die Chance auf Heilung und Veränderung. So legt die Erzählung von der Mutter und ihren sieben Söhnen in 2 Makk 7 das Gewicht darauf, dass die brutale Hinrichtung nicht das Ende der Geschichte bedeutet, den politischen Machthabern nicht das letzte Wort bleibt. Wie in den paulinischen Schriften werden Auferstehung und Befreiung des Volkes hier in einem engen Zusammenhang mit Vorstellungen des (neu-)schöpfenden Handelns Gottes gesehen.

In diesem Zusammenhang ist es für eine Beschreibung paulinischer Eschatologie weiterführend, seine Vorstellung von σῶμα mit in die Überlegungen einzubeziehen, die für konkrete körperliche, gesellschaftliche und individuelle Erfahrungen steht. Das ›neue Sehen‹, das aus einer eschatologischen Perspektive auf die Wirklichkeit menschlicher Existenz erwächst, hat eine doppelte Blickrichtung:

1. der genaue Blick auf die Lebenswirklichkeit: ›Neues Sehen‹ umfasst eine detaillierte Gegenwartsanalyse, die die Strukturen der Gewalt und des Todes als menschengemacht zu identifizieren hilft und deren Veränderbarkeit aufzeigt.[5]

2. der glaubende Blick: ›Neues Sehen‹ nimmt die Welt als Gottes Schöpfung wahr und erkennt diese im Prozess der Verwandlung und die Menschen als Teilhaber/innen der neuen/verwandelten Schöpfung.

Eine Herausforderung für gegenwärtige Theologie ist es, diese Perspektive auch auf die heutige Lebenswirklichkeit zu richten und die Erfahrungen der Veränderung aktuell in den gegenwärtigen Kontext zu übertragen. Dafür ist es notwendig, so konkret wie möglich die gegenwärtige Gesellschaft zu analysieren und die eschatologischen Aussagen und Verheißungen in diese zu ›übersetzen‹ – theologische Sprache nicht in einer Sonderwelt anzusiedeln. Zentral für diese neue Perspektive ist auch hier der Blick auf konkrete Körper, der zeigt, dass eschatologische Aussagen auf der Wertschätzung des geschöpflichen, lebendigen Körpers basieren, dem σῶμα ψυχικόν, dem durch das Kommen des Messias, seinen Tod und seine Auferweckung neues Lebens eröffnet ist, das

---

»Wirklich leben kann der Mensch nur in *Gemeinschaft mit seinesgleichen*. Daß diese Bestimmung im Begriff der Lebenskraft enthalten ist, geht nicht so sehr aus positiven als vielmehr aus negativen Erklärungen hervor, nach denen es unmöglich ist, von Leben oder Lebendigkeit da zu reden, wo der Mensch ein Einziger, Einsamer oder Verlassener ist. [...] Der andere [...] bedeutet durch seine ganze Existenz eine Erinnerung, Verheißung und Hilfe auf dem Weg zum gemeinsamen Ziel. Wo ein solcher Partner ganz fehlt, kann von Leben nicht mehr die Rede sein.«

5. Dass Gesellschaftsanalyse als Akt des Glaubens zu verstehen ist, zeigt Luise Schottroff 1988, 73-99, in einer detaillierten Analyse der paulinischen Eschatologie; vgl. auch dies. 1994, 242-256; 2001, 51-60.

durch Taufe und Auferstehung zum σῶμα πνευματικόν wird (vgl. 1 Kor 15,44).

2.1.2 Gemeinschaft von Lebenden und Toten

Dass Leben und Tod im Corpus Paulinum keine ausschließlich auf die physische Existenz und das physische Sterben bezogenen Vorstellungen sind, wird vielfach deutlich (vgl. Röm 6,2 ff.; 1 Kor 15,29.35 ff. u. ö.). Leben drückt im Sprachgebrauch des Paulus eine Beziehungsqualität aus, die auf der Beziehung zu Gott basiert und eine verwandelte Existenz beschreibt, die Leben – Lebendigwerden *in* Christus umfasst. Die Auferstehung Christi, d. h. die darin erfolgte Überwindung des Todes (vgl. 1 Kor 15,20-28.54-57), hat Grenzen durchlässig gemacht und ermöglicht den Glaubenden die Erfahrung von qualifiziertem Leben in der Gegenwart (vgl. Röm 5,10 f.; 6,4): ein Leben, das die Todesstrukturen, denen durch Christi Auferweckung die Macht genommen wurde, nicht mehr bestimmen können, das für eine andere Wirklichkeit durchlässig werden kann (vgl. 1 Kor 15,19). Der Lebensraum, in den die Glaubenden eintreten, ist auch durch den Tod nicht begrenzt, das ist das ›eschatologische Versprechen‹, das Paulus mittels apokalyptischer Bilder, die vom Sieg über den Tod als letzten Feind sprechen (vgl. 1 Kor 15,26.54 f.), als Hoffnung und Lebensgrund von Gott gegeben sieht. Auf das vollständige Offenbarwerden dieser göttlichen Wirklichkeit für alle richtet sich seine Sehnsucht (vgl. Röm 8,18-25).

Die Erfahrbarkeit der Durchlässigkeit der Grenze zwischen Leben und Tod eröffne aber nicht nur neue Perspektiven für die Lebenden auf ihr Dasein in dieser Welt, sondern auch für die im physischen Sinne Toten (vgl. 1 Kor 15,51-57). Ein kollektives Verständnis von Auferstehung bezieht auch die Gestorbenen mit ein. Sinnbild dafür ist das σῶμα Χριστοῦ, der Leib des Auferstandenen. Der Glaube an die Auferstehung der Toten bezieht sich nicht nur darauf, was mit der einzelnen Person, dem Individuum, nach dem Tod wird, sondern vor allem auf das Schicksal der bereits (unzeitig) Gestorbenen und auf das Verhältnis der gegenwärtig Lebenden zu ihnen. Im Hintergrund der Hoffnung des Paulus auf eine Gemeinschaft der Toten und der Lebenden steht der Glaube an den einen Gott und dessen umfassende Gerechtigkeit, die er auch durch den Tod nicht begrenzt sieht. Diese Auffassung gibt es bereits in ersttestamentlichen und nachbiblisch jüdisch-apokalyptischen Texten und in der sich darin entwickelnden Eschatologie.[6] Der Monotheismusgedanke führte schon in ersttestamentlichen Texten in der Konsequenz dazu, die Grenzen zwischen dem Leben und dem Totenreich als durchlässig anzusehen.[7] Die Überwindung des Todes und seiner auch in der gegenwärtigen Existenz wirksamen todbringenden Strukturen wird von Paulus als Ziel des andauernden Schöpfungshandelns

---

6. Vgl. z. B. Ps 73,23-26; Jes 26,19; Ez 37; Dan 12; 2 Makk 7; äth Hen 22 u. ö.
7. Zur Vorstellung des Totenreiches vgl. Christoph Barth (1946) 1987, 67 ff.

Gottes verstanden (vgl. 1 Kor 15,22 ff. 36 ff.). Die Verwandlung betrifft die gegenwärtige Schöpfung, die Vision des veränderten Lebens endet aber nicht mit dem Tod. Auch die Toten sind in dieses Geschehen einbezogen, das ist die Hoffnung, die Paulus mittels apokalyptisch mythischer Bilder ausdrückt (vgl. 1 Kor 15,51 ff.). Lebende und Tote bilden die Gemeinschaft der Verwandelten im σῶμα Χριστοῦ. Diesseits und Jenseits sind nicht länger strikt voneinander getrennt. Mit dieser Auffassung bietet Paulus einen eigenen Ansatz im Vergleich zu ersttestamentlichen und paganen Zeitvorstellungen.[8]

Ein so verstandenes kollektives Verständnis von Auferstehung sieht die Toten mit den Lebenden verbunden, in der gemeinsamen Geschichte, im gemeinsamen Glauben, in ihren Hoffnungen und Kämpfen.[9] In ihrer Untersuchung der Offenbarung des Johannes hebt Luzia Sutter Rehmann hervor, dass in seinen Visionen auch die Toten eine Stimme bekommen und sich weiter für die Lebenden einsetzen (vgl. Offb 6,20).[10] Ist nach biblischem Verständnis die fehlende Möglichkeit, Nahrung aufzunehmen, ein Kennzeichen des Todes,[11] so

8. Zur Zeitrechnung hellenistischer Städte, die sich an den Besuchen von Herrschern/ Kaisern orientierte, vgl. Marlene Crüsemann 1999c, 208-209.
9. Vgl. Ivone Gebara 2002, 51. Sie hat Vorstellungen davon entwickelt, wie ein »kollektiver Körper« zu verstehen ist, der sowohl alles Lebendige als auch die Toten einschließt. (Kollektiver) Körper ist in ihren Ausführungen nicht nur eine literarische Metapher, sondern steht für konkrete körperliche, gesellschaftliche und individuelle Erfahrungen, die Menschen miteinander teilen: »Wir tragen die Lasten derer, die sich von ihren Schmerzen nicht erheben, die Lasten der Bedrückten und Sterbenden, die Last so vieler, die vor Hunger gestorben sind, in den Kriegen, in den Gefängnissen oder in vollständiger Vernachlässigung. Individuell, als Zellen eines selben Körpers gingen sie hinweg. Aber sie sind weiterhin da in der Dynamik unseres kollektiven Körpers, in unserer kollektiven Erinnerung an Freuden und Enttäuschungen, an Hoffnungen und Niederlagen. Wir sind, was wir sind, weil die, welche uns vorausgingen, das waren, was sie waren. All dies ist unser kollektiver Körper.«
10. Vgl. Luzia Sutter Rehmann 1998, 81-82: »Die Toten sind bei Johannes die Ermordeten, die Unschuldigen. Der sog. natürliche Tod ist kein Thema in der Offenbarung. Die Begrenztheit des Lebens, die Vergänglichkeit des Ichs wird akzeptiert, aber nicht das Unrecht. [...] Nun ist es spannend zu sehen, daß diese Toten sich weiterhin für das Leben einsetzen. In 6,10 rufen sie Gott zu: Wie lange, heiliger und wahrhaftiger Herr, richtest du nicht und rächst unser Blut nicht an denen, die auf Erden wohnten? [...] Immer wieder hört Johannes die Ermordeten (4,11; 5,9-10; 5,12-13; 7,9-11; 14,2-3; 19,1-2; 19,6-8). Er entläßt sie nicht aus seinem Leben. Vielmehr öffnet er in seinen Visionen Räume, wo Tote und Lebende einander hören können. Die Schreie und Lieder gehören zur gefährlichen Erinnerung, die Unrecht wach hält und die Lebenden bei ihrer Verantwortung unterstützt.«
11. Vgl. Christoph Barth (1946) 1987, 59: »Den Toten fehlt die für wirkliches Leben bezeichnende Nahrung. Ein Übel braucht diese Tatsache für die Toten nicht in jedem Fall bedeuten. Wenn aber die Entbehrung von Trank und Speise zu den Merkmalen des Todes gehört, so wird klar, warum Hunger, sofern er den mitten im Leben stehenden Menschen bedroht, ihnen als Vorbote des Todes, und zwar eines bitteren Todes erscheinen muss [...].«

sind die Mahlfeiern in der Gemeinde der Ort, an dem die Hoffnung auf eine Gemeinschaft von Lebenden und Toten gegenwärtig realisiert erlebt wird.[12] Die existentiellen Erfahrungen dieser Gemeinschaft, die in den eschatologischen Aussagen in Worte gefasst werden, entziehen sich einer eindeutigen Festlegung und sind nicht als Tatsachenberichte zu erfassen, die sich zeitlos verallgemeinern lassen und Zukünftiges oder Jenseitiges in Form einer Vorhersage oder eines Ablaufplans beschreiben. Sie drücken Erfahrungen von Grenzüberschreitung aus, die Erfahrung von Leben in einer von Todesstrukturen beherrschten Welt, schildern Begegnungen mit dem auferstandenen Jesus,[13] erzählen von Auferweckungen von Gestorbenen,[14] von Heilungen chronisch Kranker, von Sattwerden und Überfluss in einer Welt, in der normalerweise Mangel herrscht. Sabine Bieberstein deutet in einer Untersuchung über den Umgang mit Toten, Trauerriten und das Verständnis des Schicksals der Verstorbenen in der Hebräischen Bibel die Bildvielfalt dieser Texte und ihrer existentiellen Sprache als Basis für ein theologisches Verständnis von Tod und Leben, das sich eindeutigen Festlegungen entzieht:

»Die Erfahrungen von der Durchlässigkeit der Grenzen, von der Nähe der Toten, von der Präsenz des Todes mitten im Leben und von Lebens-Erfahrungen angesichts des Todes, zeigen aber, dass gegenüber der ›Eindeutigkeit‹ unserer Vorstellungen eine Vielfalt von Bildern und Vorstellungen nötig und theologisch weiterführend sind. Es braucht beides: die Liebe, die die innige Verbindung zu den Toten pflegt, dieser Beziehung Ausdruck gibt, sie feiert und einer umfassenden *Communio Sanctorum et Sanctarum* Raum gibt, die das Leben, deren Teil die Toten waren und bleiben, verändert, *und* die Hoffnung auf Gottes Gerechtigkeit, in der die Lebenden und die Toten aufgehoben sind.«[15]

Eine Beschreibung neutestamentlicher Eschatologie kann deshalb nicht von der Kontextualität der Aussagen absehen, von dem darin verarbeiteten Erfahrungsgehalt, der in der Lebens- und Gemeindepraxis wurzelt, und der sprachlichen Vielfalt des Ausdrucks dieser Erfahrungen, die sich einer eindeutigen Festlegung entziehen. Es muss stets neu nach einem Weg gesucht werden, begrifflich den Aussagegehalt der eschatologischen Vorstellungen und ihre auch die gegenwärtige Existenz betreffende Relevanz zu fassen.[16] Dazu ist es nötig, eine

---

12. Vgl. Lk 22,16-18. Vgl. dazu Luise Schottroff 1999a, 12: »The bodily reality of eating and drinking wine in community is the birthplace of the certainty that the dead are present in this community with their bodies, and provides hope in the name of God for the communal meals celebrated in the future. In terms of social historical interpretation, the eschatology of Jesus obtains its perspective on the future from the present and from the experience of God of those who speak in these texts.«
13. Vgl. Mt 28,9 f. 17-20; Lk 24,15 ff. 36 ff.; Joh 20,14-17.19-29; 21,1-25 u. ö.
14. Vgl. Mk 5,35-43 par; Lk 7,11-17; Apg 9,36-43 u. ö.
15. Sabine Bieberstein 2002, 70.
16. Für die Praktische Theologie formuliert Hans-Martin Gutmann 2002 Perspektiven, die aus einem Verständnis erwachsen, dass nicht länger die Verhältnislosigkeit als

angemessene theologische Sprache zu entwickeln, die diesem Vorhaben gerecht wird:

2.2 Neue Sprache

2.2.1 Die Sprache der Auferstehung

Als Anlass für ihre Reflexionen über Auferstehung beschreibt Ivone Gebara Erfahrungen mit theologischen Diskussionen und deren Begrifflichkeit, die sie zwar als Wissenschaftlerin beschäftigen, die aber im Verhältnis zu ihren alltäglichen Begegnungen als Teil einer »Sonderwelt«, eines »Sonderwortschatzes«, einer »Sondersprache« erscheinen:

»Es ist, als ob ich mich von einer Müdigkeit ergriffen fühlte bezüglich der traditionellen theologischen Sprache; es ist, als spürte ich die Sterilität in der Diskussion dieser Fragen. Ich weiß nicht recht, was ich suche, aber die rationalistische Sprache in der Theologie scheint immer trockener, hermetischer und unfähiger, die guten Dinge hervorzubringen, die Leute brauchen, um zu leben.«[17]

Als Aufgabe sieht sie es, den Sinn der Auferstehung, die Orientierung für das Leben, wieder deutlich zu machen, Auferstehung als ›Sprache‹ wiederzuentdecken, die diese lebensnotwendigen Dinge zum Ausdruck bringt.[18] Auferstehung sei ein Prozess, ein Augenblick im Leben, der nicht festzuhalten und in seiner Dichte kaum zu erfassen sei:

»Im Gegensatz zum Leiden, das bis in die kleinsten Einzelheiten beschrieben werden kann, entziehen sich die Erfahrungen der Auferstehung der gewöhnlichen Sprache, den klaren und vornehmen Theorien – und dies, weil die Auferstehung sich sogar mitten in großen Schwierigkeiten ereignen kann, mitten in Konflikten und widersprüchlichen Situationen und auf so subtile und flüchtige Weise.«[19]

Erfahrungen der Zerbrechlichkeit des Lebens, der Überschreitung von Grenzen, von Gemeinschaft, einer neuen Praxis, der Nähe der *Basileia* Gottes, Hoffnung auf ein Jenseits von Zerstörung und Gewalt und auf eine Zukunft, in der Gott alles in allem ist (vgl. 1 Kor 15,28), sind Inhalt eschatologischer Sprache und apokalyptischer Visionen.[20] In der Apokalyptik verwendete mythologische Bil-

---

Wesen des Todes betrachtet und die Rede vom Leib Christi auch auf die Beziehung zu den Toten ausweitet, vgl. ebd. 143-153.156-163 u. ö.
17. Ivone Gebara 2002, 33.
18. Vgl. Ivone Gebara 2002, 37.
19. Ivone Gebara 2002, 47.
20. Vgl. Friedrich-Wilhelm Marquardt 1996, 144-145: »Die nicht zu malende biblische Apokalyptik spricht in ihren Sprachbildern von der Zukunft, und wir wollen damit

der wollen und müssen gedeutet werden, damit ihre Botschaft in der Gegenwart verstanden wird. Die Beschreibung des Zukünftigen, so Jürgen Ebach, ist Zeitansage für die Gegenwart:

»Die Apokalypse (das ist ja der Wortsinn) entschlüsselt, entschleiert, ent-deckt die Wirklichkeit, indem sie zugleich wieder verschlüsselt, verschleiert, verdeckt. Ein Grund dafür dürfte darin zu sehen sein, daß die apokalyptischen Schriften subversive Literatur waren, die die radikale Kritik an allen bestehenden Herrschaftsverhältnissen in eben dieser verhüllend-enthüllenden Weise zum Ausdruck brachte. [...] Das Entscheidende bei Bildern und Gleichnissen ist, daß das, was sie sagen, nur so sagbar ist.«[21]

Wenn der apokalyptische Rahmen der Rede von der Auferstehung der Toten ernstgenommen wird, muss in der Analyse der paulinischen Rede von Leben, Tod und Auferstehung, der apokalyptischen Ereignisse, die er beschreibt, gefragt werden, inwieweit auch seine Bilder-Sprache subversiv Herrschaftsverhältnisse aufdecken und zu deren Veränderung aufrufen will. Aufgabe für die Exegese ist es dann, deren Bedeutung für die jeweilige Gegenwart im Rahmen einer politischen und gesellschaftlichen Analyse zu ermitteln. Apokalyptische Sprache zielt nicht allein auf Inhalte, auf Information über objektive Tatsachen oder erwartete Zeitabläufe, sie will in ihrer vielgestaltigen Bildwelt dazu anleiten, stets neue Bilder zu entwickeln, die den Hoffnungsgehalt der biblischen Botschaft in der jeweiligen Gegenwart ausdrücken können und zu deren Umsetzung ermutigen:

»Apokalyptik stiftet an zu imaginieren, zu bebildern. Nicht mit fixen Bildern die Welt zuzudecken, sondern mit flexiblen, ineinander fließenden Bildern, dem, was uns bewegt (oder blockiert), Gestalt zu geben. Damit öffnen sich Räume im Inneren. Die apokalyptische Sprache will Hoffnung finden, erfinden und eröffnen, was wir für geschlossen halten. Das Öffnen entwickelt eine Dynamik, eine Kraft, die zum Handeln führen kann.«[22]

---

sagen: Anders läßt sich von nie erfahrener, nie erforschbarer, vielleicht nie prognostizierbarer, aber auch noch nicht wirklicher Zukunft nicht sprechen als in Bildern. Und wir entnehmen der Bibel, daß sie die Bildkraft der Sprache für das Medium hält, das der Wirklichkeit der – anders uns entzogenen Zukunft entspricht. Da Zukunft ist, ›was kein Auge je gesehen, kein Ohr je gehört und keinem Menschen ins Herz emporgestiegen ist‹ (1 Kor 2,9 vgl. Jes 64,4), sind die Bilder, die Apokalyptiker empfangen, gleich den Worten, die sie gehört haben: in Übereinstimmung, ja Einheit von Wort und Bild, Vision und Audition einer Nacht, und im Verhältnis von Bild und Wort – nur in diesem – läßt von Zukunft sich reden.«; vgl. auch ebd., 144: »Die Sprache der Zukunft reißt uns los von uns selbst. Sie stellt, worauf wir hoffen, als eine in sich konturierte Wirklichkeit hin und muß uns dabei unvermeidlich Bilder ›ein-bilden‹ [...].«

21. Jürgen Ebach 1998, 229.
22. Luzia Sutter Rehmann 1998, 64.

2.2.2 Paulus als kollektive Stimme

Die vorangegangene Exegese von 1 Kor 15 hat gezeigt, dass die Sprache der Auferstehung nicht allein die einzelner Individuen ist. In den Briefen des Paulus ist sie die Sprache der Gemeinschaft derer, die zum σῶμα Χριστοῦ gehören. Um sie zu verstehen, ist es nötig, Paulus nicht als Einzelstimme zu isolieren, sondern in der Auslegung seiner Schriften auch die Stimmen der anderen, für die und mit denen er spricht, hörbar zu machen. Elsa Tamez bezeichnet Paulus als »transindividuelles Individuum«, als »Autor im Plural« mit einem kollektiven Bewusstsein und Gewissen.[23] Seine Ausführungen versteht sie nicht als theologische Reflexionen eines Einzelnen, auch Paulus sei eingebunden in ein größeres Beziehungsgeflecht, dessen Erfahrungen er teile und deren Alltag er zur Sprache bringe. In der Exegese der Paulusbriefe und der Deutung der theologischen Inhalte, die er darin verkündet, muss stets gefragt werden, wo die Stimmen derer erklingen, mit denen er zusammen auf Reisen ist, mit denen er lebt, arbeitet, feiert, betet, leidet, von denen er Kraft und Unterstützung erhält.[24] Dieser Aspekt ist für die Deutung eschatologischer Aussagen entscheidend, weil er zeigt, dass es notwendig ist, die Alltagsrelevanz der Begriffe zu erfassen, um sie verstehen zu können. Paulus spricht die Sprache der Hoffnung, eine Sprache der Zukunft, die die Gegenwart verändern will.

Luise Schottroff versteht die Sprache, in der zentrale Inhalte paulinischer Theologie, wie die Botschaft von der Auferstehung und der Rechtfertigung, zum Ausdruck gebracht werden, als eine gottesdienstliche, als Sprache der Klage und des Gotteslobs, die ihren Ort im gemeinschaftlichen Bekenntnis hat.[25] Auch die Ausführungen in 1 Kor 15 tragen nicht den Charakter einer polemischen oder aggressiven Auseinandersetzung. Sie weisen vielmehr mehrere poetisch bzw. hymnisch geprägte Passagen auf, Paulus verwendet Zitate aus dem Ersten Testament, die er in kunstvollen Collagen miteinander verbindet, er greift mythologische Vorstellungen und apokalyptische Schilderungen auf und entwickelt daraus eigene Sprachbilder, um seine Aussagen zu illustrieren. Für die Darstellung bedient er sich traditioneller Bilder und Sprachformen, gibt diesen aber eine eigene vielschichtige sprachliche Gestalt. In 1 Kor 15 finden sich eine Reihe von Elementen, die eine gottesdienstliche Sprache aufweisen, allerdings nicht in gebundener literarische Form. Diese Besonderheit der paulinischen Sprache zeigt, dass die Ausführungen zur Auferstehung der Toten im Kontext gemeindlicher Spiritualität und religiöser Praxis gedeutet werden müs-

---

23. Vgl. Elsa Tamez 1998b, 52-53.
24. Vgl. dazu z.B. Röm 16,1f.: »Phoebe, […] die vielen beigestanden hat, auch mir selbst.«
25. Vgl. Luise Schottroff 2001, 51-60. Wie auch die Evangelien schöpfe Paulus hier aus dem »Schatz der koinonia«: »Auch die Briefe des Paulus sind über weite Strecken eher ein Liederbuch der Armen als ein Produkt theologischer Arbeit eines einzelnen Mannes.« (1995, 207)

sen und nicht in erster Linie als nur belehrende, möglicherweise polemische und dogmatische Darstellung der eigenen Position in der Auseinandersetzung mit Gegnern. Paulus will überzeugen, die Menschen von der Botschaft der Auferstehung begeistern, sie miteinbeziehen in die Gegenwart und Zukunft der *Basileia* Gottes, in die Gemeinschaft der Lebenden und Toten in Christus, die die Basis auch für sein eigenes Handeln ist. Für diese Darstellung schöpft er aus den kollektiven Erfahrungen der Gemeinschaft, zu der er sich gehörig fühlt, dem σῶμα Χριστοῦ.

2.2.3 Sprachlich hoffen

»Wer sprachlich nicht hoffen kann, etwa weil er in ihr Wirklichkeit de-finiert, begrenzt (z. B. sich nicht zu stottern, zu wiederholen, pathetisch zu überborden getraut), kann auch nicht Hoffnung in die Wirklichkeit setzen.«[26]
Die Unzulänglichkeit abstrakter Wissenschaftssprache, eschatologische Erfahrungen in Worte zu fassen, apokalyptische Bilder zu deuten, Auferstehung als Prozess zu erfassen und Grenzen der Immanenz zu überschreiten, ist in vielen der vorgestellten Ansätze herausgestellt worden. Sie machen deutlich, dass es dem Thema nicht angemessen ist, die Sprache des Glaubens von der der theologischen Reflexion zu trennen. So werden andere Wege beschritten, eine angemessene Sprache zu entwickeln. Ivone Gebara und Emilie M. Townes beziehen sich auf literarische Texte, auf Romane, Mythen und mündlich überlieferte Traditionen.[27] Emilie M. Townes leitet die einzelnen Kapitel ihres Buches mit selbst formulierten *prayer-poems* ein.[28] Das von Luzia Sutter Rehmann, Sabine Bieberstein und Ulrike Metternich herausgegebene Buch über Auferstehung stellt zeitgenössische Gedichte gleichberechtigt neben wissenschaftliche Artikel.[29] Benita Joswig stellt in ihren Arbeiten bildende Kunst und Theologie in einen kreativen Dialog.[30] Eske Wollrad verweist auf die besondere Bedeutung der Musik in womanistischer Spiritualität für die Feier der »Hoffnung auf eine Auferstehung im Leben« und zeigt, dass die Spirituals hier zu den heiligen Texten gehören.[31] Die grenzüberschreitende Funktion von Musik als Schöpfungslob und Medium der

---

26. Friedrich-Wilhelm Marquardt 1996, 150.
27. Vgl. Ivone Gebara 2000; Emilie M. Townes 1995.
28. Vgl. Emilie M. Townes 1995, 11.47.68.89.120.
29. Vgl. Luzia Sutter Rehmann u. a. 2002.
30. Vgl. Benita Joswig 2000, 91-99; 2003; vgl. auch Kirsten Beuth/Benita Joswig/Gisela Matthiae (Hg.) 2002.
31. Vgl. Eske Wollrad 2002, 91. Vgl. auch Emilie M. Townes 1995, 24f., die zeigt, dass in Zeiten der Sklaverei Spirituals zum einen Ausdruck der eschatologischen Hoffnungen waren, zum anderen mittels darin verborgener Codewörter auch konkrete Hinweise auf Fluchtwege enthielten: »This was a spirituality of body and soul – a deeply lived and experienced spirituality in which the story of salvation was told both in word, song, and movement.« (25)

Gotteserfahrung hat auch Joachim Ernst Berendt in vielen Veröffentlichungen beschrieben und schließlich auch poetisch in Worte übersetzt.[32] Alle diese Beispiele zeigen die Vielfalt der Ausdrucksmöglichkeiten, die sich aber immer auch bewusst sind, mit Worten, Musik und anderen Formen des künstlerischen Ausdrucks sich dem nur begrenzt annähern zu können, was Heinrich Böll das Wissen nennt, »als Mensch auf dieser Erde nicht ganz zu Hause zu sein«:

»Die Tatsache, daß wir alle eigentlich wissen – auch wenn wir es nicht zugeben –, daß wir hier auf der Erde nicht zu Hause sind, nicht ganz zu Hause sind. Daß wir also noch woanders hingehören und von woanders herkommen. Ich kann mir keinen Menschen vorstellen, der sich nicht – jedenfalls zeitweise, stundenweise, tageweise oder nur augenblicksweise – klar darüber wird, daß er nicht ganz auf diese Erde gehört.«[33]

Der Rückgriff auf literarische Werke und Poesie in neueren eschatologischen Entwürfen resultiert zudem aus dem Empfinden dafür, dass in ihnen »geschluckte, gesehene, gehörte Realität«[34] zur Sprache kommt – auf eine authentische und zugleich reflektierte Weise. Sie beschreiben die Spannung zwischen erfahrener und geglaubter Wirklichkeit und den begrenzten Möglichkeiten, diese zur Sprache zu bringen. Und doch bieten sie mit jedem Versuch, es dennoch zu wagen, eine Annäherung an diese Wirklichkeit, die es ermöglicht, über die Erfahrungen ins Gespräch zu kommen, sich selbst in Beziehung zu ihr zu setzen und Beziehungen mit anderen zu knüpfen im gemeinsamen Nachdenken, Nachempfinden, in der gemeinsamen Lebenspraxis, die daraus erwachsen kann.

Auch Paulus greift in seinen Ausführungen über Auferstehung in 1 Kor 15 auf die tradierte poetische Sprache zurück und stellt sich damit zum einen in die Tradition des biblischen Gotteslobs, mit dessen Worten er eigene Erfahrungen und die der Gemeinschaft, zu der er sich zählt, wiedergibt. Zum anderen macht er deutlich, dass das (Psalmen-)Gebet die angemessene Form ist, über Auferstehung zu sprechen. Das Lob der gegenwärtigen Schöpfung und des immer wieder (neu-)schöpfenden Gottes umfasst auch den Dank für gegenwärtige Auferstehungserfahrungen, für das »Gesät-« und das »Auferweckt-Werden« (vgl. 1 Kor 15,36.42-44). Das Gebet ist die Sprache der Beziehung zu Gott, in die Paulus auch die Menschen in Korinth einschließen möchte. In dieser Sprache verbinden sich für ihn Vergangenheit, d. h. die Geschichte der Schöpfung (vgl. 1 Kor 15,39-41.45-49), die Gegenwart derjenigen *in* Christus (vgl. 1 Kor 15,19.42-44) und die Zukunft der *Basileia* Gottes (vgl. 1 Kor 15,28.50 ff.) – die Zukunft des verwandelten, ewig lebendigen Lebens (vgl. auch Röm 6,4.22; 2 Kor 5,17), dessen Wirkkraft Menschen dazu ermutigt, an der *Basileia* Gottes mitzuarbeiten (vgl. 1 Kor 15,49 f.58).

---

32. Joachim Ernst Berendt 2000, 154-155.
33. Heinrich Böll in: Karl-Josef Kuschel 1985, 65.
34. Vgl. Heinrich Böll in: Karl-Josef Kuschel 1985, 64.

Dass die Poesie die Sprache der Theologie ist, haben Kurt Marti, Ernesto Cardenal u. a. eindrucksvoll gezeigt, für den deutschsprachigen Bereich ist hier vor allem Dorothee Sölle zu nennen. Sie entwickelt in ihren Gedichten *Theopoesie* als eine Form des Ausdrucks theologischen Denkens,[35] die die reine Begriffssprache akademischer Theologie zu überwinden sucht und damit deutlich macht, dass es einer Vielfalt an Ausdrucksweisen bedarf, um die Vieldimensionalität der Inhalte angemessen wiederzugeben. Theopoesie beschreibt sie als Verbindung von Erfahrung, Poesie und Befreiung:[36]

»Die Gegenwart Gottes ist weder in der Sprache des Alltags, der Trivialität, noch in der Wissenschaft artikulierbar. Wenn man versucht, Gott zu verteilen, also etwas zu sagen, was über die Alltagssprache hinausgeht, dann muß man auf die Suche gehen. [...] Ich glaube, daß die Theologie eher eine Kunst ist als eine Wissenschaft und sich selbst als einen solchen Versuch verstehen muß, die Grenzen der Sprache des Alltags zu überwinden in Richtung auf Kunst hin und nicht in Richtung auf Abstraktion, Rationalität und Neutralität hin. Warum hat sich eigentlich in der abendländischen Welt keine Theopoesie, nur Theologie entwickelt?«[37]

Theologie als Kunst zu verstehen, die Grenzen der Sprache des Alltags und der wissenschaftlichen Abstraktion zu überwinden, sei aber nicht nur Sache von einzelnen Dichtern und Theologinnen. Das Gebet sei der Ort der Theopoesie, der allen offen stehe.[38] Ein Gedicht gründe in der Aufmerksamkeit dem Leben, dem Alltag, den Mitmenschen gegenüber.[39] Worte stelle auch die biblische Tradition zur Verfügung. Als besonders reich versteht Dorothee Sölle die Sprache der Psalmen, die auch heutige Menschen anleiten könnten, ihre eigene theopoetische Sprache zu finden:

»Ich finde zum Beispiel viel in biblischer Sprache, das ist das Finden und nicht Herstellen. Ohne die Psalmen möchte ich nicht leben. Und ohne den eigenen Psalm zu finden [...] erst recht nicht. Es ist wichtig, daß Menschen sich ihre eigenen Schmer-

---

35. Vgl. Dorothee Sölle 1999a, 65: »Authentische Theologie ist gegründet in den Erfahrungen der Menschen. Das heißt andersherum: Theologie, die unsere tiefsten Erfahrungen verleugnet oder verschweigt, ist nicht echt, sie ist nur ein unverbundenes Stück Tradition [...].«
36. Vgl. Dorothee Sölle 1999b, 286: »Um wirklich Theologie zu treiben, brauchen wir eine andere Sprache. Poesie und Befreiung ist für mich ein Lebensthema.«
37. Dorothee Sölle 1999b, 287.
38. Vgl. Dorothee Sölle 1999b, 289: »Das Christentum setzt voraus, daß alle Menschen Dichter sind, nämlich beten können. Das ist dasselbe wie: mit den Augen Gottes sehen. Wenn die Menschen mit der größten Wahrhaftigkeit, deren sie fähig sind, das zu sagen versuchen, was sie wirklich angeht, dann beten sie und sind zugleich Dichter.«
39. Vgl. Dorothee Sölle 1999b, 289: »Ich will das, was jetzt da ist, wahrnehmen lernen, sehen lernen, hören lernen – das heißt: aufmerksamer leben. [...] Aufmerksam sein auch im Alltag und im Gespräch so zuhören oder nachfragen oder interpretieren – daraus wird ein Gedicht gemacht.«

zen klarmachen, ihre Fragen in größter Tiefe artikulieren und genauer sagen, daß sie
– fliegen lernen.«[40]

2.3 Neue Praxis

Theopoesie, Kunst und Musik als Sprache der Auferstehung stehen nicht für sich allein, sondern sind Ausdruck von Erfahrungen, die im Alltag wurzeln und ihn transzendieren, ihn durchsichtig machen für das Göttliche. Ohne die Verbindung zu diesen Erfahrungen, zu den Schmerzen, den Freuden, der Trauer und der Lust verliert auch diese Sprache ihre Aussagekraft und gerät in die Gefahr, zu religiösem Kitsch zu werden. Auch sie ist nicht gänzlich unmittelbar und authentisch, sondern wie jeder Versuch, mit Sprache Wirklichkeit zu erfassen, vorläufig und begrenzt. Sie bietet aber weiterführende Möglichkeiten als akademisch geprägte Begriffssprache allein. Eschatologische Sprache ist in ihrem Wesen Sprache der Beziehung, die auf eine Lebenspraxis, das Tun, Hoffen, Erleben, die Kommunikation angewiesen ist. In den paulinischen Briefen wird dies daran deutlich, dass den Aussagen über Auferstehung, über das neue/verwandelte Leben, über die Verwandlung der Schöpfung stets der Aufruf folgt, sich zu engagieren, gemeinsam an der Verwirklichung des Erfahrenen, des Verheißenen zu arbeiten: In 1 Kor 15,58 spricht Paulus der Gemeinde in Korinth den Mut zu, nicht aufzugeben, sondern sich weiterhin einzusetzen. In Röm 6,13.19-23 ruft er dazu auf, die Glieder, d. h. sich selbst mit ganzem Einsatz, in den Dienst der Gerechtigkeit, den Dienst Gottes zu stellen (vgl. auch 2 Kor 6,1-10). Maßstab für diese eschatologische Praxis, für das qualitativ veränderte Leben ist die Tora, die nun durch Christus und mit Hilfe der Geistkraft Gottes zu erfüllen sei (vgl. 1 Kor 15,57f.; Röm 3,31; 7,12; 8,1-11; Gal 5,13f. u. ö.). Das Tun der Gerechtigkeit ist eschatologische Praxis. Zur Praxis gehört neben der konkreten Arbeit, der Umsetzung sozialer Gerechtigkeit, der Veränderung der gesellschaftlichen Strukturen, die Unrecht und Gewalt verursachen, auch die Vergegenwärtigung der Nähe Gottes. Im Abendmahl, der Feier der Gemeinde, wird die Erinnerung an Jesus, den Christus, lebendig und das Leben ἐν Χριστῷ, die Gegenwart Christi in seinem »Leib« körperlich-konkret und sinnlich erfahrbar. Indem die Glaubenden das Brot essen und Wein trinken, erfahren sie sich als Leib Christi:

»So wird das Zukunftsmahl auch ein Wiederholungsmahl werden, das heißt aber: eines bei dem die, die es abhalten, von mal zu mal jener Zukunft näher rücken, an die Jesus beim letzten Mahl dachte und von der er sprach. Aus dem letzten Mahl Jesu

---

40. Dorothee Sölle 1999b, 290.

wird dann ein *Mahl der Wegzehrung unterwegs zum Reiche Gottes*, indem sie dabei ›des Herrn Tod verkündigen werden, bis daß er kommt‹ (1 Kor 11,26).«[41]

Aus dieser Praxis, der Arbeit und der Feier, erwachsen die eschatologischen Texte, die Gebete und Lieder. Leiden und Schmerzen, die allgegenwärtige Präsenz des Todes, das Sterben sind damit nicht gänzlich überwunden, aber in der Praxis der Gemeinde, im σῶμα Χριστοῦ, wird Auferstehung zum Symbol für die Veränderung des Lebens, für das Zerbrechen der Macht des Todes, das Aufkündigen des ›Dienstverhältnisses‹ (vgl. Röm 6,13 u. ö.), der Kooperation und Mittäterschaft. In der Gemeinde werden Freiheit, Frieden, Gerechtigkeit, lebendiges Leben aus der Geistkraft Gegenwart (vgl. Gal 5,1.13; Röm 1,17; 2,7; 6,22) und wird das Leben Gottes geöffnet, ein Leben ἐν ἀφθαρσίᾳ, ἐν δόξῃ, ἐν δυνάμει (vgl. 1 Kor 15,42-44).

2.4 Eschatologie ist Theologie

Wenn paulinische Texte von Zeit sprechen, sprechen sie von Gott und füllen diese Zeit qualitativ als Aussage der Beziehung zu Gott, als Körper-Zeit. In ihr sind Zeit, Raum, Beziehung, individuelle und kollektive Dimensionen, die konkrete Geschichtlichkeit von Menschen, ihr Geborensein und ihre Sterblichkeit umschlossen. In diesem Verständnis liegt die Basis dafür, dass Eschatologie die Antwort auf die Frage nach Gott ist. In Gott liegt die Zukunft, in der *Basileia* Gottes findet die Geschichte ihre Erfüllung, sind Gegensätze versöhnt, kommt jegliche Herrschaft an ihr Ende, ist Gott »alles in allem« (1 Kor 15,28).[42]

Die eschatologische Verheißung richtet sich auf die Veränderung der Gegenwart, sie gilt den leidenden Menschen und ihren geschundenen Körpern (vgl. 1 Kor 15,42-44; 2 Kor 4,7-12; 12,9) zusammen mit der gesamten Schöpfung (vgl. Röm 8,18-25), die sehnsüchtig auf das Kommen des Messias (vgl. Röm 5,14; 1 Kor 16,22) und das Kommen Gottes (vgl. auch 2 Kor 6,16-18), auf das endgültige Offenbarwerden der Verwandlung (vgl. 1 Kor 15,35-52) wartet. Paulus beschreibt die Gegenwart als Zeit der Versöhnung, in der das einst »durch die Übertretung Adams« gestörte gute Gottesverhältnis, die der Übermacht von Sünde und Tod Raum gegeben habe, durch die Auferweckung Jesu Christi wiederhergestellt ist (vgl. 1 Kor 15,22.45-49; vgl. auch Röm 5,12-21). Die Gegenwart vergleicht er mit einem Geburtsprozess, der, nicht mehr auf-

41. Friedrich-Wilhelm Marquardt 1993, 451-452.
42. So auch Friedrich-Wilhelm Marquardt 1993, 29, in der Einleitung zur Eschatologie: »Eschatologie in diesem Sinne nennen *wir* also weder Lehre von den letzten Dingen noch von den letzten Ereignissen, sondern Lehre von dem, was wir Menschen zuletzt – hoffentlich in Anbetung, Lob und Dank – zu sagen lernen und was wirklich auch das Letzte ist, weil *es der* Letzte ist, der Eschatos, also: *Lehre von Gott.*«

zuhalten, neues Leben bringt (vgl. Röm 8,18-25), beschreibt sie als Zeit des Wachsens und Fruchttragens (vgl. 1 Kor 3,6-9; 15,36.42-44). Wie Mk 12,27 versteht er Gott als Gott der Lebenden, der lebendig macht (1 Kor 15,22.38.45). Die veränderte Gegenwart wird in seinem Verständnis bereits jetzt an den Körpern der Menschen sichtbar, er bezeichnet sie als heilig, als lebendig, durch die Erfüllung mit Geistkraft geprägt (vgl. 1 Kor 15,44; vgl. auch Röm 12,1; 1 Kor 6,19; 7,34; 2 Kor 5,17). In Röm 8,38 f. gibt Paulus seiner Zuversicht Ausdruck, nie von Gott getrennt zu sein:

»Ich verlasse mich darauf: Weder Tod noch Leben, weder himmlische noch staatliche Mächte, weder die gegenwärtige Zeit noch das, was auf uns zukommt, weder Gewalten der Höhe noch Gewalten der Tiefe, noch irgendein anderes Geschöpf können uns von der Liebe Gottes trennen, die in Christus Jesus, unserem Kyrios, lebendig ist.«

Paulus' Hoffnung richtet sich auf Gott, darauf, dass die Gerechtigkeit eine Zukunft hat und die Liebe Gottes alles – Tod und Leben – umfasst. In seinen Hoffnungsbildern verzichtet er auf eine konkrete Ausmalungen der individuellen Fortexistenz. Für die eschatologische Hoffnung, wenn sie aus der Perspektive der/des Einzelnen betrachtet wird, ergibt sich ein paradoxes Bild: Auf der einen Seite steht die Gewissheit, dass Gott durch die Auferweckung Jesu Christi den Glaubenden einen neuen Lebensraum eröffnet hat, den auch der physische Tod nicht mehr begrenzen kann, weil er besiegt ist. In diesem Lebensraum Gottes erfahren sich die Menschen verwandelt (vgl. 1 Kor 15,44.51 ff.; 2 Kor 5,17; Gal 6,15), können im neuen/verwandelten Leben »wandeln« (vgl. Röm 6,4) und werden Teil der Gemeinschaft im σῶμα Χριστοῦ (vgl. 1 Kor 12,12-31; Röm 12,1-8), die Lebende und Tote miteinander verbindet – eine Gemeinschaft, die in der Feier des Abendmahls rituell vergegenwärtigt wird. Auf der anderen Seite steht der Verzicht auf Aussagen darüber, wie das Leben nach dem physischen Tod konkret aussieht, Paulus beschreibt es als Leben in der Sphäre Gottes, bestimmt von göttlicher ἀφθαρσία, δόξα und δύναμις (vgl. 1 Kor 14,42 f.; vgl. auch 15,28). Das Schicksal Gestorbener wird lediglich im Blick auf ihre Gemeinschaft mit den gegenwärtig Lebenden betrachtet. Lebendig sind die Toten im σῶμα Χριστοῦ – in der Gemeinschaft derer, die an den Gott Israels und den Messias Jesus glauben, denn Auferstehung betrifft zuallererst den kollektiven Körper, die Gemeinschaft, in die die einzelnen eingebunden sind. Aus der kollektiven Hoffnung erwächst auch die individuelle, aus dem Glauben an Gott und sein den Tod überwindendes Handeln, die Gewissheit der Auferstehung der Toten (vgl. auch 1 Kor 15,12-19).

Welche Perspektiven eröffnen sich aus einem solchen Verständnis von Auferstehung auf die individuellen Fragen nach dem Leben, dem Tod und dem Sterben? Dorothee Sölle äußert sich in ihren Erinnerungen ganz persönlich zu ihrer Vorstellung eines Lebens nach dem Tod, die davon ausgeht, dass die individuelle geistige, seelische und körperliche Existenz mit dem Tod endet – eine Vorstellung, die viele Anknüpfungen in der paulinischen Eschatologie findet, auch wenn sich diese in der Frage nach dem, was mit den Menschen nach dem Tode geschieht, einer einheitlichen Festlegung entzieht und ambivalent bleibt (vgl. auch 2 Kor 5,1-10):

»Ich glaube an das Leben nach dem Tod, das Leben, das weitergeht nach meinem individuellen Tod, an den Frieden, der vielleicht irgendwann einmal sein wird, wenn ich schon lange tot bin, an die Gerechtigkeit und die Freude. Ich glaube nicht an eine individuelle Fortexistenz, und möchte nicht in die Lage kommen, daran glauben zu müssen. Ich empfinde das wie eine Krücke des Glaubens, aber eigentlich sollten wir ja gehen lernen, und ich möchte gehen lernen, ohne mich dieser bürgerlichen Krücke bedienen zu müssen.«[43]

Die Vorstellung einer individuellen Fortexistenz, die Dorothee Sölle eine »bürgerliche Krücke« nennt, ist für viele andere Menschen zentraler Bestandteil ihres Glaubens. Sie ist auch nicht nur in bürgerlichen Vorstellungen beheimatet, sondern auch bei Menschen, die unter gesellschaftlicher und politischer Unterdrückung leiden und auf die Leben und Tod umfassende Gerechtigkeit Gottes bei der Auferstehung der Toten hoffen. Beide Auffassungen haben ihr Recht in der christlichen Tradition und dürfen nicht gegeneinander ausgespielt werden. Denn für beide gilt, dass sie von etwas sprechen, was menschliches Wissen nicht erfassen kann, von dem, »was kein Auge gesehen und kein Ohr gehört hat« (vgl. 1 Kor 2,7-10), von einem Wissen, das allein dem Glauben zugänglich ist.

Dennoch gibt es Kriterien für eine eschatologische Existenz, die an die Überwindung des Todes und an das Leben glaubt: die Zugewandtheit zur gegenwärtigen Schöpfung, die Wertschätzung alles Kreatürlichen als von Gott Geschaffenen und miteinander Verbundenen, und damit auch der konkreten Körper der Menschen. Eine Wertschätzung, die sich im Einsatz für gerechte Lebensbedingungen und Rechte für alle Menschen, Tiere und Pflanzen zeigt, getragen von dem Vertrauen auf Gott und der allgegenwärtigen Nähe der *Basileia* Gottes, vom Staunen über das Geheimnis und die Vielfalt des Lebens (vgl. 1 Kor 15,39-41):

Nicht jedes Geschöpf ist dem anderen gleich,
denn eines sind die Menschen,
ein anderes Geschöpf sind die Haustiere,
ein anderes Geschöpf die Gefiederten,
ein anderes die Fische.

---

43. Dorothee Sölle 1999b, 302; vgl. auch 303: »Die individuelle geistige, seelische und körperliche Existenz endet mit dem Tod. Das ist kein Gedanke, der mir Schrecken einflößt, daß ich ein Teil der Natur bin, daß ich wie ein Blatt herunterfalle und vermodere, und dann wächst der Baum weiter, und das Gras wächst, und die Vögel singen, und ich bin ein Teil dieses Ganzen. Ich bin zu Hause in diesem Kosmos, ohne daß ich jetzt meine Teilhaftigkeit, die ich vielleicht siebzig Jahre lang gehabt habe, weiterleben müßte.«

und es gibt Körper am Himmel und Körper auf der Erde.
aber unterschieden ist die Schönheit derer am Himmel,
unterschieden die derer auf der Erde.
Eine andere ist die Schönheit der Sonne
und eine andere die Schönheit des Mondes
und eine andere die Schönheit der Sterne;
ein Gestirn unterscheidet sich nämlich von einem anderen in seiner Schönheit.

Literatur

Quellen: Textausgaben und Übersetzungen

AUGUSTINUS, Bekenntnisse. Lateinisch und Deutsch, eingeleitet, übersetzt und erläutert von Joseph Bernhart. Mit einem Vorwort von Ludwig Grasmück, Taschenbuchausgabe der Ausgabe München 1955, Frankfurt a. M. 1987.
BIBLIA HEBRAICA STUTTGARTENSIA, hg. von K. Elliger/K. Rudolph, Stuttgart 1967.
BUBER, MARTIN, Die Schrift verdeutscht gemeinsam mit Franz Rosenzweig, 10. Aufl. der neubearbeiteten Ausgabe von 1955, Gerlingen 1997.
CYPRIANUS, CAECILIUS, De habitu virginum, in: Des heiligen Kirchenvaters Caecilianus Cyprianus Traktate, übersetzt von Julius Baer, BKV 34, Kempten/München 1918.
– De habitu virginum, in: Opera Omnia, G. V. Hartel (Hg.), CSEL III, Bd. 1, Vindobonae 1868-71, 187-205.
DAS 2. MAKKABÄERBUCH, übersetzt von Christian Habicht, in: JSHRZ 1, Gütersloh 1976, 164-285.
– Vetus Testamentum Graecum Auctoritate Societatis Litterarum Gottingensis, Vol IX Maccabaerum libri I-IV, Robert Hanhart (Hg.), Göttingen 1959
DAS 4. MAKKABÄERBUCH, übersetzt von Hans-Josef Klauck, JSHRZ 3,5-6, Gütersloh 1989, 645-763.
– Fritzsche, Otto Fridolin, Libris Veteris Testamenti, graece, Leipzig 1871, 351-386.
DAS 4. BUCH ESRA, übersetzt von Josef Schreiner, JSHRZ 5,4, Gütersloh 1981, 269-412.
– B. Violet, Die Esra-Apokalypse (IV Esra), Bd. 1 Die Überlieferung, GCS 18, Leipzig 1910.
– A. F. J. Klijn, Die Esra-Apokalypse (IV. Esra), nach dem lateinischen Text unter Benutzung anderer Versionen, GCS, Berlin 1992.
DAS ÄTHIOPISCHE HENOCHBUCH, übersetzt von Siegbert Uhlig, JSHRZ 5,6, Gütersloh 1984.
DAS BUCH DER JUBILÄEN, übersetzt von Klaus Berger, JSHRZ 2,3, Gütersloh 1981.
DAS SLAVISCHE HENOCHBUCH, übersetzt von Christfried Böttrich, JSHRZ 5,7, Gütersloh 1995.
DER BABYLONISCHE TALMUD, übersetzt von Lazarus Goldschmidt, 12 Bände, Sonderausgabe reproduziert nach dem Nachdruck der ersten Auflage (1930-1936) Frankfurt a. M. 1996, Darmstadt 2002.
– nach der einzigen vollständigen Handschrift München Codex Hebraicus 95, mittels Facsimile-Lichtdruck vervielfältigt, Hermann L. Strack (Hg.), Bd. I-III, Leiden 1912.
– mit Einschluß der vollständigen Mišna. Hg. nach der ersten, zensurfreien Bombergschen Ausgabe (Venedig 1520-23), nebst Varianten …, übersetzt und mit kurzen Einleitungen versehen von Lazarus Goldschmidt, Bd. I-VIII, Wien, Berlin 1925, Bd. IX, Den Haag 1935.
DIE AKTEN DES PAULUS [UND DER THEKLA], in: Neutestamentliche Apokryphen in deutscher Übersetzung, Bd. 2: Apostolisches, Apokalypsen und Verwandtes, Wilhelm Schneemelcher (Hg.), Tübingen 6. Aufl. 1997, 193-241.

- Lipsius, Ricardus Albertus (Hg.), Acta Apostolorum Apocrypha Bd. 1: Acta Pauli et Theclae, Nachdruck Darmstadt 1959, 235-272.

DIE GRIECHISCHE BARUCH-APOKALYPSE, übersetzt von Wolfgang Hage, JSHRZ Bd. 5,1, Gütersloh 1974.

- M. R. James, The Apocalypse of Baruch, in: J. A. Robinson (hg.), Apocrypha Anecdota II, TaS 5.1, Cambridge 1897, 83-94.

DIE QUMRAN-ESSENER: die Texte vom Toten Meer, 2 Bände, Johann Maier (Hg.), München/Basel 1995.

- Die Tempelrolle vom Toten Meer, übersetzt und erläutert von Johann Maier, UTB 829, 2. Aufl. München/Basel 1992.
- Lohse, Eduard, Die Texte aus Qumran. Hebräisch und Deutsch, mit masoretischer Punktation, Übersetzung, Einführung und Anmerkungen, Darmstadt 1971, 4. Aufl. 1986.

DIE SYRISCHE BARUCH-APOKALYPSE, übersetzt von A. F. J. Klijn, JSHRZ 5,2, Gütersloh 1974, 103-191.

GRIECHISCHE PAPYRI aus Ägypten als Zeugnisse des öffentlichen Lebens, Joachim Hengstl (Hg.), München 1978.

JOSEPH UND ASENETH, übersetzt von Christoph Burchard, JSHRZ 2,4; Gütersloh 1989, 631-720.

- Introduction, texte critique, traduction et notes, Marc Philonenko (Hg.), Leiden 1986.

JOSEPHUS, FLAVIUS, De Bello Judaico. Der jüdische Krieg Bd. I-IV, hg. von O. Michel/ O. Bauernfeind, Darmstadt 1959-1969.

JOSEPHUS, FLAVIUS, Jewish Antiquities, H. St. J. Thackeray/R. Marcus/A. Wikgren/L. H. Feldman (Hg.), Loeb Classical Library, Vol. IV-IX, Cambridge, MA/London, 1930-1965.

MIDRASH RABBAH, Translated into English with Notes, Glossary and Indices: H. Freedman/Maurice Simon, London/Bournemouth 2. Aufl. 1951.

- Bereschit Rabba, mit kritischem Apparat und Kommentar, von J. Theodor. Nach dem Ableben des Verfassers bearb. u. erg. V. C. Albeck, Bd. I-III, Einleitung und Register von C. Albeck, Berlin 1912-36, Nachdr. Jerusalem 1965.

NOVUM TESTAMENTUM GRAECE, hg. von Kurt Aland, 27. Aufl. 5. korrigierter Druck, Stuttgart 2000.

ORIGENES, Schriften vom Gebet und Ermahnung zum Martyrium, übersetzt von Paul Koetschau, BKV 48, München 1926.

- Werke, Buch V-VIII gegen Celsus. Die Schrift vom Gebet, Paul Koetschau (Hg.), GCS Bd. 3, Leipzig 1899.

PHILO VON ALEXANDRIA, Die Werke in deutscher Übersetzung, hg. von Leopold Cohen, Isaak Heinemann, Maximilian Adler und Willy Theiler, 7 Bände, Berlin 2. Aufl. 1962-1964.

- Opera quae supersunt Vol. 1: De opificio mundi, Leopold Cohn (Hg.), Berlin 1962, 1-60.

PLATO, in twelve volumes with an english translation by W. R. M. Lamb, The Loeb Classical Library, reprint of the first edition 1927 London 1979.

SAINT JÉRÔME, Lettres Tome VI, Texte établi et traduit par Jérôme Labourt, Paris 1958.

SEPTUAGINTA, Id est Vetus Testamentum graece iuxta LXX interpretes, hg. von Alfred Rahlfs, Stuttgart 1979.

SIFRE. A Tannaitic Commentary on the Book of Deuteronomy translated from the Hebrew with Introduction and Notes by Reuven Hammer, New Haven/London 1986.
- Siphre ad Deuteronomium, H. S. Horovitzii schedis usus cum variis lectionibus et adnotationibus, ed. Louis Finkelstein, Berlin 1939, Nachdr. New York/Jerusalem 1993 (= Corpus Tannaiticum III.3.2).

SORANUS, Gynecology, translated with an Introcuction by Qwsei Temkin, Publications of the Institute of the history of Medicine The John Hopkins University, Second Series: Texts and Documents Vol. III, Baltimore 1956.

Hilfsmittel

ALAND, KURT (Hg.)
1978-83 Vollständige Konkordanz zum griechischen neuen Testament. Unter Zugrundelegung aller modernen kritischen Textausgaben und des Textus Receptus in Verbindung mit H. Riesenfeld u. a., 2 Bände, Berlin.

BAUER, WALTER
1963 Wörterbuch zu den Schriften des Neuen Testaments und der übrigen urchristlichen Literatur, durchgesehener Nachdruck der 5. Aufl., Berlin.
1988 völlig neu bearbeitete Aufl., hg. v. Kurt Aland und Barbara Aland, Berlin/New York/London.

BLASS, FRIEDRICH/DEBRUNNER, ALBERT/FRIEDRICH REHKOPF
1984 Grammatik des neutestamentlichen Griechisch, bearbeitet von Friedrich Rehkopf, 16. durchgesehene Aufl. Göttingen.

CREMERS, HERMANN/KÖGEL, JULIUS
1923 Biblisch-theologisches Wörterbuch des neutestamentlichen Griechisch, 11. Aufl. Gotha.

DALMAN, GUSTAF
1967 Aramäisch-neuhebräisches Handwörterbuch zu Targum, Talmud und Midrasch, Frankfurt 1897-1901, 3. Aufl. Göttingen 1938, Nachdruck Hildesheim.

GEMOLL, WILHELM
1979 Griechisch-deutsches Schul- und Handwörterbuch, Nachdruck der 9. Aufl. 1954, München/Wien.

GESENIUS, WILHELM
1962 Hebräisches und aramäisches Wörterbuch über das Alte Testament, unveränderter Nachdruck der 17. Aufl. von 1915, Berlin u. a.

HATCH, EDWIN/REDPATH, HENRY A.
1897 A Concordance to the Septuagint and other Greek Versions of the Old Testament (Including Apocryphal Books), 2 Bände, Oxford.

JASTROW, MARCUS
1950 A Dictionary of the Targumim, the Talmud Babli and Yerushalmi, and the Midrashic Literature. With an Index and Scriptural Quotations Vol. 1.2, 4. edition New York.

KAEGI, ADOLF
Kurzgefasste griechische Schulgrammatik, Weidmann-Verlag, ohne Ort, ohne Jahr.

KLUGE, ALEXANDER
1999   Etymologisches Wörterbuch der deutschen Sprache, 23. erweiterte Aufl. bearb. v. Elmar Seebold, Berlin/New York.
LIDDELL, HENRY GEORGE/SCOTT, ROBERT
1961   A Greek-English Lexicon, reprint of the ninth edition (1940), Oxford.
SCHWYZER, EDUARD
1950   Griechische Grammatik, 2. Bd.: Syntax und syntaktische Stilistik, vervollständigt und herausgegeben von Albert Debrunner, München.
1953   Griechische Grammatik, 1. Bd.: Allgemeiner Teil. Lautlehre, Wortbildung, Flexion, 2. Aufl. München.

Literatur

ALAND, KURT/ALAND, BARBARA
1982   Der Text des Neuen Testaments. Einführung in die wissenschaftlichen Ausgaben und in Theorie und Praxis der modernen Textkritik, Stuttgart.
ALBERTZ, RAINER
1974   Weltschöpfung und Menschenschöpfung. Untersucht bei Deuterojesaja, Hiob und in den Psalmen, CThM 3, Stuttgart.
1992   Art.: Mensch II. Altes Testament, in: TRE Bd. 22, Gerhard Müller u. a. (Hg.); Berlin/New York, 464-474.
AMMICHT QUINN, REGINA
1999   Körper – Religion – Sexualität. Theologische Reflexionen zur Ethik der Geschlechter, Mainz.
ANGERSDORFER, ANDREAS
1979   Der Schöpfergott des Alten Testaments. Herkunft und Bedeutungsentwicklung des hebräischen Terminus ברא (bara) »schaffen«, RSTh 20, Frankfurt a. M. u. a.
AVEMARIE, FRIEDRICH
1996   Tora und Leben: Untersuchungen zur Heilsbedeutung der Tora in der frühen rabbinischen Literatur, TSAJ 55, Tübingen.
BACHMANN, PHILIPP
1905   Der erste Brief des Paulus an die Korinther, Kommentar zum Neuen Testament Bd. VII, Leipzig.
BAIL, ULRIKE
1998   Gegen das Schweigen klagen. Eine intertextuelle Studie zu den Klagepsalmen Ps 6 und Ps 55 und der Erzählung von der Vergewaltigung Tamars, Gütersloh.
BALTRUSCH, ERNST
2002   Die Juden und das Römische Reich. Geschichte einer konfliktreichen Beziehung, Darmstadt.
BARNAVI, ELI (Hg.)
1993   Universalgeschichte der Juden. Von den Ursprüngen bis zur Gegenwart. Ein historischer Atlas, Hg. der deutschen Ausgabe: Frank Stern, Wien.
BARRETT, C. K.
1968   A Commentary on The First Epistle to the Corinthians, London.

BARTH, CHRISTOPH
1987   Die Errettung vom Tode in den individuellen Klage- und Dankliedern des Alten Testamentes (Diss. 1946), 2. Aufl. neu hg. von Bernd Janowski, Zürich.

BARTH, GERHARD
1992a   Der Tod Jesu im Verständnis des Neuen Testaments, Neukirchen-Vluyn 1992.
1992b   Zur Frage nach der in 1 Korinther 15 bekämpften Auferstehungsleugnung, in: ZNW 83, 187-201.

BARTH, KARL
1954   Die Auferstehung der Toten. Eine akademische Vorlesung über 1 Kor 15, 4. Aufl. Zürich.
1984   Der Römerbrief, 13. unveränderter Abdruck der neuen Bearbeitung von 1922, Zürich.

BAUER, KARL-ADOLF
1971   Leiblichkeit das Ende aller Werke Gottes. Die Bedeutung der Leiblichkeit des Menschen bei Paulus, StUNT 4, Gütersloh.

BAUMANN, GERLINDE
1996   Die Weisheitsgestalt in Proverbien 1-9. Traditionsgeschichtliche und theologische Studien, FAT 16, Tübingen.
2000   Liebe und Gewalt. Die Ehe als Metapher für das Verhältnis JHWH – Israel in den Prophetenbüchern, SBS 185, Stuttgart.
2003   Das göttliche Geschlecht. JHWHs Körper und die Gender-Frage, in: Körperkonzepte im Ersten Testament. Aspekte einer Feministischen Anthropologie, Hedwig-Jahnow-Forschungsprojekt, Stuttgart u. a., 220-254.
2003a   Von ferne rufe ich dich, höre du mich in der Nähe! Religiöses und Profanes aus der Hör-Kultur des Alten Vorderen Orients, Schriftfassung eines Vortrags, gehalten am 18.10.2002 in der Ev. Akademie Arnoldshain auf der Tagung »Die nahe Ferne – Telefonie und Alltag« in der Reihe »Gespräche zur Medienentwicklung«, erscheint voraussichtlich in der Reihe Arnoldshainer Texte, Frankfurt a. M. 2003

BAUMGÄRTEL, FRIEDRICH
1964   Art.: σάρξ κτλ. (B. Altes Testament), in: ThWNT Bd. VII, Gerhard Friedrich (Hg.), Stuttgart 1964, 105-108.

BECKER, JÜRGEN
1976   Auferstehung der Toten im Urchristentum, SBS 82, Stuttgart 1976.

BECKER-SCHMIDT, REGINA/KNAPP, GUDRUN-AXELI
2000   Feministische Theorien zur Einführung, Hamburg.

BEN-DAVID, A.
1974   Talmudische Ökonomie. Die Wirtschaft des jüdischen Palästina zur Zeit der Mischna und des Talmud, Hildesheim/New York.

BENHABIB, SEYLA/BUTLER, JUDITH/CORNELL, DRUCILLA/FRASER, NANCY
1993   Der Streit um die Differenz. Feminismus und Postmoderne in der Gegenwart, Frankfurt a. M.

BENJAMIN, WALTER
1974   Über den Begriff der Geschichte (1940), in: ders.: Gesammelte Schriften Bd. I,2, Rolf Tiedemann/Hermann Schweppenhäuser (Hg.), Frankfurt a. M., 693-704.

BERENDT, JOACHIM ERNST
2000   Der Klang der Seele. Musik und Spiritualität, Richard Reschika (Hg.), Freiburg u. a.

BERGER, KLAUS
1980   Die impliziten Gegner. Zur Methode des Erschließens von »Gegnern« in neutestamentlichen Texten, in: Dieter Lührmann/Georg Strecker (Hg.), Kirche, Tübingen, 373-400.
1984   Formgeschichte des Neuen Testaments, Heidelberg.
BERLEJUNG, ANGELIKA
2001   Tod und Leben nach den Vorstellungen der Israeliten. Ein ausgewählter Aspekt zu einer Metapher im Spannungsfeld von Leben und Tod, in: Das biblische Weltbild und seine altorientalischen Kontexte, Bernd Janowski/Beate Ego (Hg.), FAT 32, Tübingen, 465-502.
BEUTH, KIRSTEN/JOSWIG, BENITA/MATTHIAE, GISELA (Hg.)
2002   Der Sprung in der Schüssel. Künstlerinnen und Theologinnen im Austausch, Herbolzheim.
BIEBERSTEIN, KLAUS
1998   Der lange Weg zur Auferstehung der Toten. Eine Skizze zur Entstehung der Eschatologie im Alten Testament, in: Auferstehung hat einen Namen. Biblische Anstöße zum Christsein heute, FS für Hermann-Josef Venetz, Sabine Bieberstein/Daniel Kosch (Hg.), Luzern, 3-16.
BIEBERSTEIN, SABINE
2002   Die Welt der Toten und die Hoffnung der Lebenden. Vergessene Erfahrungen in der Hebräischen Bibel, in: Sich dem Leben in die Arme werfen. Auferstehungserfahrungen, Luzia Sutter Rehmann/Sabine Bieberstein/Ulrike Metternich (Hg.), Gütersloh, 55-71.
BIEDER, WERNER
1981   Art.: θάνατος; ἀποθνῄσκω, in: EWNT Bd. II, Horst Balz/Gerhard Schneider (Hg.), Stuttgart u. a., 319-329.
BLOCH, ERNST
1980   Atheismus im Christentum. Zur Religion des Exodus und des Reichs, Frankfurt a. M.
BOER, MARTINUS C. DE
1988   The Defeat of Death. Apocalyptic Eschatology in 1 Corinthians 15 and Romans 5, JSNT Suppl. 22, Sheffield.
1996   Paul's Use of a Resurrection Tradition in 1 Cor 15,20-28, in: The Corinthian Correspondence, Reimund Bieringer (Hg.), Leuven 1996, 639-651.
BOESAK, ALLAN
1988   Schreibe dem Engel Südafrikas. Trost und Protest in der Apokalypse des Johannes, Stuttgart.
BORNKAMM, GÜNTHER
1942   Art.: μυστήριον, in: ThWNT Bd. 4, Gerhard Kittel (Hg.), Stuttgart, 809-834.
1983   Paulus (1969), 5. Aufl. Stuttgart u. a.
BÖTTRICH, CHRISTFRIED
1999   »Ihr seid der Tempel Gottes«. Tempelmetaphorik und Gemeinde bei Paulus, in: Gemeinde ohne Tempel: zur Substituierung des Jerusalemer Tempels und seines Kultes im Alten Testament, antiken Judentums und frühen Christentum = Community without Temple; Beate Ego u. a. (Hg.); WUNT 118, Tübingen, 411-425.
BOYARIN, DANIEL
1993   Carnal Israel. Reading Sex in Talmudic Culture, Berkeley/Los Angeles/London.

1997 A Radical Jew. Paul and Politics of Identity, Berkeley/Los Angeles/London (1994), Paperback-Ausgabe.
BOYARIN, DANIEL/SIEGEL, SEYMOUR
1978 Art.: Resurrection, in: Encyclopaedia Judaica, 4. Aufl. Jerusalem, 98-103.
BRANDENBURGER, EGON
1962 Adam und Christus. Exegetisch-religionsgeschichtliche Untersuchung zu Römer 5,12-21 (1 Kor 15), WMANT Bd. 7, Neukirchen.
1986 Fleisch und Geist. Paulus und die dualistische Weisheit, WMANT Bd. 29, Neukirchen-Vluyn.
BRAUN, HERBERT
1962 Das »Stirb und werde« in der Antike und im Neuen Testament, in: ders.: Gesammelte Studien zum Neuen Testament und seiner Umwelt, Tübingen, 136-158.
BRENNER, ATHALYA
1997 The Intercourse of Knowledge. On Gendering Desire and ›Sexuality‹ in the Hebrew Bible, BibIS 26, Leiden.
BREYTENBACH, CILLIERS
1990 Glaube an den Schöpfer und Tierschutz. Randbemerkungen zu Albert Schweitzers Ethik angesichts urchristlicher Bekenntnissätze und Doxologien, in: EvTh 50, 343-356.
1999 Art.: Schöpfer/Schöpfung I. Neues Testament, in: TRE Bd. 30, Gerhard Müller (Hg.), Berlin/New York, 283-292.
BRODEUR, SCOTT
1996 The Holy Spirit's Agency in the Resurrection of the Dead. An Exegetico-Theological Study of 1 Corinthians 15,44b-49 and Romans 8,9-13, Rom.
BROOTEN, BERNADETTE J.
1987 Darum lieferte Gott sie entehrenden Leidenschaften aus. Die weibliche Homoerotik bei Paulus, in: Hättest du gedacht, daß wir so viele sind? Lesbische Frauen in der Kirche, Monika Barz u. a. (Hg.), Stuttgart, 113-138.
1996 Love Between Women. Early Christian Responses to Female Homoeroticism, Chicago/London.
BROWN, PETER
1991 Die Keuschheit der Engel. Sexuelle Entsagung, Askese und Körperlichkeit am Anfang des Christentums, München/Wien.
BRUCKER, RALPH
1997 ›Christushymnen‹ oder ›epideiktische Passagen‹? Studien zum Stilwechsel im neuen Testament und seiner Umwelt, FRLANT 176, Göttingen.
BULEMBAT, JEAN-BOSCO MATAND
1997 Noyau et enjeux de l'eschatologie paulinienne: De l'apocalyptique juive et de l'eschatologie hellénistique dans quelques argumentations de l'apôtre Paul. Etude rhétorico-exégétique de 1 Co 15,35-58; 2 Co 5,1-10 et Rm 8,18-30, BZNW 84, Berlin/New York.
BULTMANN, RUDOLF
1929 Zur Geschichte der Paulus-Forschung, in: Theolog. Rundschau NF 1, 26-59.
1935 Art.: ζάω κτλ., ThWNT Bd. II, Gerhard Kittel (Hg.), Stuttgart, 833-844.856-877.
1938 Art.: θάνατος κτλ., in: ThWNT Bd. III, Gerhard Kittel (Hg.), Stuttgart, 7-25.
1960 Art.: Mystik. IV. Im NT, in: RGG Bd. 4, Hans Frh. von Campenhausen u. a. (Hg.), 3. Aufl. Tübingen, 1243-1246.

1964a Das Problem der Ethik bei Paulus (1924), in: ders., Der alte und der neue Mensch in der Theologie des Paulus, Darmstadt, 7-27.

1964b Römer 7 und die Anthropologie des Paulus, in: ders., Der alte und der neue Mensch in der Theologie des Paulus, Darmstadt, 28-40.

1964c Adam und Christus nach Römer 5 (1959), in: ders., Der alte und der neue Mensch in der Theologie des Paulus, Darmstadt, 41-66.

1984 Theologie des Neuen Testaments, 9. Aufl. durchges. u. erg. v. Otto Merk, Tübingen.

1984a Der Stil der paulinischen Predigt und die kynisch-stoische Diatribe. Mit einem Geleitwort von Hans Hübner, Nachdruck der 1. Aufl. von 1910, Göttingen.

1985 Neues Testament und Mythologie. Das Problem der Entmythologisierung der neutestamentlichen Verkündigung, Nachdruck der 1941 erschienenen Fassung, Eberhard Jüngel (Hg.), München.

1993 Karl Barth, »Die Auferstehung der Toten« (1926), in: ders., Glauben und Verstehen Bd. 1, 9. Aufl. Tübingen, 38-64.

1993a Das Problem der Hermeneutik (1950), in: ders. Glauben und Verstehen. Gesammelte Aufsätze Bd. 2, 6. Aufl. Tübingen, 211-235.

BURCHARD, CHRISTOPH

1984 1 Korinther 15, 39-41, in: ZNW 75, 233-258.

BUSSMANN, HADUMOD/HOF, RENATE (Hg.)

1995 Genus. Zur Geschlechterdifferenz in den Kulturwissenschaften, Stuttgart.

BUTLER JUDITH

1991 Das Unbehagen der Geschlechter, Frankfurt a. M. 1991.

1993 Kontingente Grundlagen: Der Feminismus und die Frage der Postmoderne, in: Der Streit um die Differenz. Feminismus und Postmoderne in der Gegenwart, Seyla Benhabib/Judith Butler/Drucilla Cornell/Nancy Fraser, Frankfurt a. M., 31-58.

1995 Körper von Gewicht. Die diskursiven Grenzen des Geschlechts, Berlin.

BUTTING, KLARA

1999 Unser Seufzen bekommt eine Sprache. Psalm 12, in: Wie Freiheit entsteht. Sozialgeschichtliche Bibelauslegungen, Claudia Janssen/Beate Wehn (Hg.), Gütersloh, 159-163.

2001 Paulinische Variationen zu Gen 2,24. Die Rede vom Leib Christi im Kontext der Diskussion um Lebensformen, in: Paulus: umstrittene Traditionen – lebendige Theologie. Eine feministische Lektüre; Claudia Janssen/Luise Schottroff/Beate Wehn (Hg.), Gütersloh, 103-114.

2001a Prophetinnen gefragt. Die Bedeutung der Prophetinnen im Kanon aus Tora und Prophetie, Knesebeck.

BYNUM, CAROLINE WALKER

1995 The Resurrection of the Body in Western Christianity 200-1336, New York 1995.

1996 Warum das ganze Theater mit dem Körper? Die Sicht einer Mediävistin, in: Historische Anthropologie 4. Jg., 1-33.

CASTELLI, ELIZABETH A.

1999 Paul on Women and Gender, in: Women and Christian Origins, Ross S. Kraemer/ Mary Rose D'Angelo (ed.), New York/Oxford, 221-235.

CAVALLIN, HANS C.

1979 Leben nach dem Tode im Spätjudentum und im frühen Christentum, ANRW II 19,1, 240-345.

1974 Life After Death. Paul's Argument for the Resurrection of the Dead in 1 Cor 15. Part I: An Enquiry into the Jewish Background (CB.NT 7.1).

CHESTER, ANDREW

2001 Resurrection and Transformation, in: Auferstehung – Resurrection/The Fourth Durham-Tübingen Research Symposium Resurrection, Transformation and Exaltation in Old Testament, Ancient Judaism and Early Christianity, Friedrich Avemarie/Hermann Lichtenberger (Hg.), WUNT 135, Tübingen, 47-77.

COHEN, S.

1960 Art.: Mystik: I. Begriff und Wesen, in: RGG Bd. 4, Hans Freiherr von Campenhausen u. a. (Hg.), 3. Aufl. Tübingen, 1241-1243.

CONZELMANN, HANS

1981 Der erste Brief an die Korinther, KEK 5/11; 2. überarb. Aufl. Göttingen.

1987 Grundriß einer Theologie des Neuen Testaments, 4. Aufl. bearb. von A. Lindemann, Tübingen.

COOPER, JOHN W.

2000 Body, Soul, and Life Everlasting. Biblical Anthropology and the Monism-Dualism Debate, Grand Rapids, Michigan/Cambridge, U.K.

CRÜSEMANN, FRANK

1969 Studien zur Formgeschichte von Hymnus und Danklied in Israel, WMANT 32, Neukirchen-Vluyn.

1992 Die Tora. Theologie und Sozialgeschichte des alttestamentlichen Gesetzes, München.

1992a Die Macht der kleinen Kinder. Ein Versuch, Psalm 8,2b.3 zu verstehen, in: Was ist der Mensch ...? Beiträge zur Anthropologie des Alten Testaments; FS Hans Walter Wolff zum 80. Geb., Frank Crüsemann u. a. (Hg.), München 1992, 48-60.

2000 Der neue Bund im Neuen Testament. Erwägungen zum Verständnis des Christusbundes in der Abendmahlstradition und im Hebräerbrief, in: Mincha. FS für Rolf Rendtorff, Erhard Blum (Hg.), Neukirchen-Vluyn, 47-60.

2002 Schrift und Auferstehung. Beobachtungen zur Wahrnehmung des auferstandenen Jesus bei Lukas und Paulus und zum Verhältnis der Testamente, KuI Jg. 17, 150-162.

CRÜSEMANN, MARLENE

1999a Gefäße der Ehre. Erster Brief an die Gemeinde in Thessalonich 4,1-8, in: Wie Freiheit entsteht. Sozialgeschichtliche Bibelauslegungen, Claudia Janssen/Beate Wehn (Hg.), Gütersloh, 80-83.

1999b Die Zeit ist »zusammengedrängt«. Erster Brief an die Gemeinde in Korinth 7,29-31, in: Wie Freiheit entsteht. Sozialgeschichtliche Bibelauslegungen, Claudia Janssen/Beate Wehn (Hg.), Gütersloh, 128-132.

1999c Die Briefe nach Thessaloniki und das gerechte Gericht. Studien zu ihrer Abfassung und zur jüdisch-christlichen Sozialgeschichte, Dissertation Kassel (mikrofiche).

2002 Sklaverei in Freiheit (Römer 6,19-23). Sozialgeschichtliche Bibelauslegung, in: Junge Kirche 3, 59-61.

DAHL, NILS ALSTRUP/HELLHOLM, DAVID

2001 Garment-Metaphors: the Old and the New Human Being, in: Antiquity and humanity: essays on ancient religion and philosophy, FS für Hans Dieter Betz, Adela Yarbro Collins/Margaret M. Mitchell (Hg.), Tübingen, 139-158.

DANIELL, ANNE
2000   The Spiritual Body: Incarnations of Pauline Embodiment. Themes for Constructive Theologizing Toward the Parousia, in: JFSR Vol 16, 5-22.

DAVIES, WILLIAM DAVID
1980   Paul and Rabbinic Judaism. Some Rabbinic Elements in Pauline Theology (1948), 4. Aufl. Philadelphia.

DEHANDSCHUTTER, BOUDEWIJN/HENTEN, JAN WILLEM VAN
1989   Einleitung, in: Die Entstehung der jüdischen Martyrologie, J. W. van Henten (Hg.), Leiden u. a., 1-19.

DELLING, GERHARD
1960   Zum neueren Paulusverständnis, in: NT 4, 95-121.

DIBELIUS, MARTIN
1982   Paulus und die Mystik (1956), in: Das Paulusbild in der neueren deutschen Forschung, WdF Bd. 24, K. H. Rengstorf/U. Luck (Hg.), 3. Aufl. Darmstadt, 447-474.

DOBSCHÜTZ, ERNST VON
1923   Eberhard Nestle's Einführung in das Griechische Neue Testament, 3. Auflage völlig umgearbeitet von Ernst von Dobschütz, Göttingen.

DUCHROW, ULRICH
1983   Christenheit und Weltverantwortung. Traditionsgeschichte und systematische Struktur der Zweireichelehre, 2. Aufl. Stuttgart.

DUDEN, BARBARA
1991   Der Frauenleib als öffentlicher Ort. Vom Mißbrauch des Begriffs Leben, Hamburg/ Zürich.
1993   Die Frau ohne Unterleib. Zu Judith Butlers Entkörperung. Ein Zeitdokument, Feministische Studien 2, 24-33.
1998   Postmoderne Entkörperung. Das System unter der Haut, in: Körperpolitik mit dem Frauenleib, Schriftenreihe der IAG-FF der Gesamthochschule Kassel: Wissenschaft ist Frauensache Bd. 6, Anke Bohnacker u. a. (Hg.), Kassel, 13-31.

DUNN, JAMES D.
1988   Romans, World Biblical Commentary 38a/B, 2 Bd., Dallas.
1996   Die neue Paulus-Perspektive. Paulus und das Gesetz (1988), in: KuI Heft 1, 34-45.

EBACH, JÜRGEN
1985   »Apokalypse – Zum Ursprung einer Stimmung«, in: Einwürfe 2, 5-61.
1986   »Ein Sturm weht vom Paradiese her«. Walter Benjamins Geschichtsphilosophie und die hebräische Bibel, in: ders.: Ursprung und Ziel – Erinnerte Hoffnung und erhoffte Vergangenheit. Biblische Reflexionen. Geschichten, Neukirchen-Vluyn, 48-74.
1992   Vergangene Zeit und Jetztzeit. Walter Benjamins Reflexionen als Anfragen an die biblische Exegese und Hermeneutik, in: EvTh 52 Jg., 288-309.
1996a   Streiten mit Gott. Hiob, Teil 1: Hiob 1-20, Neukirchen-Vluyn.
1996b   Streiten mit Gott. Hiob, Teil 2: Hiob 21-42, Neukirchen-Vluyn.
1998   Apokalypse und Apokalyptik, in: Zeichen der Zeit. Erkennen und Handeln. Salzburger Hochschulwochen 1998, Heinrich Schmidinger (Hg.), Innsbruck/ Wien 213-273.

EBERHART, CHRISTIAN
2002   Studien zur Bedeutung der Opfer im Alten Testament. Die Signifikanz von

Blut- und Verbrennungsriten im kultischen Rahmen, WMANT 94, Neukirchen-Vluyn.

EBNER, MARTIN
1991 Leidenslisten und Apostelbrief. Untersuchungen zu Form, Motivik und Funktion der Peristasenkataloge bei Paulus, fzb 66, Würzburg.

ECKSTEIN, HANS-JOACHIM
1983 Der Begriff Syneidesis bei Paulus. Eine neutestamentlich-exegetische Untersuchung zum ›Gewissensbegriff‹, WUNT 2. Reihe 10, Tübingen.

ELBOGEN, ISMAR
1924 Der jüdische Gottesdienst in seiner geschichtlichen Entwicklung, Frankfurt a. M. 2. Aufl.

ELLIGER, WINFRIED
1980 Art.: ἐν, in: EWNT Bd. I, Horst Balz/Gerhard Schneider (Hg.), Stuttgart u. a., 1093-1096.

ELLIS, E. EARLE
1955/56 A Note on Pauline Hermeneutics, NTS 2, 127-133.
2000 Christ and the Future in New Testament History, NT.S 97, Leiden u. a.

ERBELE, DOROTHEA
1999 Gender trouble in the Old Testament. Three models of the relation between sex and gender, in: SJOT 13, 131-141.

ERLEMANN, KURT
1995 Naherwartung und Parusieverzögerung im Neuen Testament. Ein Beitrag zur Frage religiöser Zeiterfahrung, TANZ 17, Tübingen/Basel.
1996 Endzeiterwartungen im frühen Christentum, UTB 1937, Tübingen/Basel.
1999 Gleichnisauslegung: ein Lehr- und Arbeitsbuch, UTB 2093, Tübingen/Basel.

FARINA, CLAUDIO
1971 Die Leiblichkeit der Auferstandenen: ein Beitrag zur Analyse des paulinischen Gedankenganges in 1 Kor 15,35-58, Würzburg.

FASCHER, ERICH
1941 Anastasis-Resurrection-Auferstehung. Eine programmatische Studie zum Thema »Sprache und Offenbarung«, in: ZNW 40, 166-229.

FEE, GORDON D.
1988 The First Epistle to the Corinthians, The New International Commentary on the New Testament, Grand Rapids.

FINSTERBUSCH, KARIN
1996 Die Thora als Lebensweisung für Heidenchristen. Studien zur Bedeutung der Thora für die paulinische Ethik, StUNT 20, Göttingen.

FISCHER, ULRICH
1978 Eschatologie und Jenseitserwartung im hellenistischen Diasporajudentum, BZNW 44, Berlin/New York.

FLUSSER, DAVID
1996 Art.: Paulus II. Aus jüdischer Perspektive, in: TRE Bd. 26, Gerhard Müller u. a. (Hg.), Berlin/New York, 153-160.

FOULKES, IRENE
1996 Problemas pastorales en Corinto. Commentario exegetico-pastoral a 1 Corintios, San José, Costa Rica.

FRIEDRICH, GERHARD
1980 Art.: δύναμις, in: EWNT Bd. I, Horst Balz/Gerhard Schneider (Hg.), Stuttgart u. a., 860-867.

FUCHS, ERNST
1932   Christus und der Geist bei Paulus. Eine biblisch-theologische Untersuchung, Leipzig.
GARDNER, JANE F.
1995   Frauen im antiken Rom. Familie, Alltag, Recht, München 1995.
GASTON, LLOYD
1987   Paul and the Torah, Vancouver.
GEBARA, IVONE
1993   The Face of Transcendence as a Challenge to the Reading of the Bible in Latin America, in: Searching the Scriptures Vol. 1: A Feminist Introduction, Elisabeth Schüssler Fiorenza (ed.), New York, 172-186.
2000   Die dunkle Seite Gottes. Wie Frauen das Böse erfahren, Freiburg/Basel/Wien.
2002   Erinnerungen an Zärtlichkeit und Schmerz – Auferstehung vom Alltag des Lebens her denken. Eine feministische Perspektive aus Lateinamerika, in: Sich dem Leben in die Arme werfen. Auferstehungserfahrungen, Luzia Sutter Rehmann/Sabine Bieberstein/Ulrike Metternich (Hg.), Gütersloh, 32-52.
GEIGER, MICHAELA/SCHÄFER-BOSSERT, STEFANIE
2003   Körperkonzepte im Ersten Testament – Aspekte einer Feministischen Anthropologie. Eine Einführung, in: Körperkonzepte im Ersten Testament. Aspekte einer Feministischen Anthropologie, Hedwig-Jahnow-Forschungsprojekt, Stuttgart u. a., 10-28.
GEMÜNDEN, PETRA VON
1993   Vegetationsmetaphorik im Neuen Testament und seiner Umwelt. Eine Bildfelduntersuchung, NTOA 18, Freiburg/Göttingen.
GEORGI, DIETER
1987   Gott auf den Kopf stellen: Überlegungen zu Tendenz und Kontext des Theokratiegedankens in paulinischer Praxis und Theologie, in: Religionstheorie und Politische Theologie, Jakob Taubes (Hg.), München, 148-205.
GERBER, CHRISTINE
1995   »Das Pneuma weht, wo es will.« Neutestamentliche Hilfen zum Wiederfinden der Freiheit des Pneuma, in: Die Weiblichkeit des Heiligen Geistes. Studien zur Feministischen Theologie, Elisabeth Moltmann-Wendel (Hg.), Gütersloh, 38-53.
1998   Das zweite Makkabäerbuch, in: Kompendium Feministische Bibelauslegung, Luise Schottroff/Marie-Theres Wacker (Hg.), Gütersloh, 392-400.
GILLMAYR-BUCHER, SUSANNE
2001   Body Images in the Psalms. Short Paper read at the XVII IOSOT Conference in Basel 7th August (unveröffentlicht).
GIMMLER, ANTJE/SANDBOTHE, MIKE/ZIMMERLI, WALTHER (Hg.)
1997   Die Wiederentdeckung der Zeit. Reflexionen – Analysen – Konzepte, Darmstadt.
GÖRG, MANFRED
1999   Art.: Schöpfung, Schöpfungslehren, in: NBL Lieferung 13, Düsseldorf/Zürich, 498-504.
GREVE, ASTRID
1999   Erinnern lernen. Didaktische Entdeckungen in der jüdischen Kultur des Erinnerns, WdL 11, Neukirchen-Vluyn.

GROSHEIDE, F. W.
1954   Commentary on the First Epistle to the Corinthians, London/Edinburgh 2. Aufl.
GROSZ, ELISABETH
1994   Volatile Bodies. Toward a Corporal Feminism, Bloomington/Indianapolis.
GUNDRY, ROBERT H.
1987   SOMA in Biblical Theology. With Emphasis on Pauline Anthropology, Reprint der Ausgabe Cambridge 1976, Grand Rapids, Michigan.
GUNDRY-VOLF, JUDITH M.
1996   Controlling the Bodies. A Theological Profile of the Corinthian Sexual Ascetics (1 Cor 7), in: The Corinthian Correspondence, Reimund Bieringer (Hg.), Leuven, 519-541.
GUNKEL, HERMANN
1985   Einleitung in die Psalmen. Die Gattung der religiösen Lyrik Israels, zuende geführt von Joachim Begrich, Göttingen (1933) 4. Aufl.
GUTBROD, WALTER
1934   Die paulinische Anthropologie, BWANT 4. Folge H.15, Stuttgart 1934.
GUTMANN, HANS-MARTIN
2002   Mit den Toten leben – eine evangelische Perspektive, Gütersloh.
GÜTTGEMANNS, ERHARDT
1966   Der leidende Apostel und sein Herr. Studien zur paulinischen Christologie, FRLANT Bd. 91, Göttingen.
HAACKER, KLAUS
1999   Der Brief des Paulus an die Römer, ThHK 6, Leipzig.
HAAG, ERNST
1989   Die drei Männer im Feuer nach Dan 3:1-30, in: Die Entstehung der jüdischen Martyrologie, J. W. van Henten (Hg.), Leiden u.a., 20-49.
HALKES, CATHARINA J. M.
1990   Das Antlitz der Erde erneuern. Mensch – Kultur – Schöpfung, Gütersloh.
HANSE, HERMANN
1942   Art.: λάρυγξ, in: ThWNT Bd. IV, G. Kittel (Hg.), Stuttgart, 57-58.
HARDER, GÜNTHER
1973   Art.: φθείρω κτλ., in: ThWNT Bd. 9, G. Friedrich (Hg.), Stuttgart u.a., 94-106.
HARNISCH, WOLFGANG
1985   Die Gleichniserzählungen Jesu: eine hermeneutische Einführung, UTB 1343, Göttingen.
HARTENSTEIN, FRIEDHELM
2000   Das »Angesicht JHWHs«. Studien zu seinem höfischen und kultischen Bedeutungshintergrund in den Psalmen und in Exodus 32-34; Habilitationsschrift masch., Gladenbach.
HECKEL, ULRICH
1993a   Kraft in Schwachheit. Untersuchungen zu 2 Kor 10-13, WUNT 2. Reihe Bd. 56, Tübingen.
1993b   Der Dorn im Fleisch. Die Krankheit des Paulus in 2 Kor 12,7 und Gal 4,13 f., in: ZNW 84, 65-92.
HEGERMANN, HARALD
1980   Art.: δόξα, in: EWNT Bd. I, Horst Balz/Gerhard Schneider (Hg.), Stuttgart u.a., 832-841.

1992 Art.: Mensch VI. Neues Testament, in: TRE Bd. 22, Gerhard Müller u.a. (Hg.); Berlin/New York, 481-493.
HEILER, FRIEDRICH
1960 Art.: Mystik: II: Religionsgeschichtlich, in: RGG Bd. 4, Hans Frh. von Campenhausen u.a. (Hg.), 3. Aufl. Tübingen, 1239-1241.
HEINE, SUSANNE
1976 Leibhafter Glaube. Ein Beitrag zum Verständnis der theologischen Konzeption des Paulus, Wien/Freiburg/Basel.
HEINRICI, C. F. GEORG
1896 Der erste Brief an die Korinther. KEK Bd. 5, 8. Aufl. Göttingen.
HELLHOLM, DAVID (Hg.)
1983 Apocalypticism in the Mediterranean World and the Near East. Proceedings of the International Colloquium on Apocalypticism, Uppsala, August 12-15, 1979, Tübingen.
HENGEL, MARTIN
2001 Das Begräbnis Jesu bei Paulus und die leibliche Auferstehung aus dem Grabe, in: Auferstehung – Resurrection/The Fourth Durham-Tübingen Research Symposium Resurrection, Transformation and Exaltation in Old Testament, Ancient Judaism and Early Christianity, Friedrich Avemarie/Hermann Lichtenberger (Hg.), WUNT 135, Tübingen, 119-183.
HENTEN, JAN WILLEM VAN
1989 Das jüdische Selbstverständnis in den ältesten Martyrien, in: Die Entstehung der jüdischen Martyrologie, J. W. van Henten (Hg.), Leiden u.a., 127-161.
1997 The Maccabean Martyrs as Saviors of the Jewish People. A Study of 2 and 4 Maccabees, JSNT.S, Leiden u.a.
HERMISSON, HANS-JÜRGEN
1998 Zur Schöpfungstheologie der Weisheit, in: ders. Studien zu Prophetie und Weisheit: Gesammelte Aufsätze, Jörg Barthel (Hg.), FAT 23, Tübingen, 269-285.
HOFFMANN, PAUL
1969 Die Toten in Christus. Eine religionsgeschichtliche Untersuchung zur paulinischen Eschatologie, 2. Aufl. Münster.
HOLLEMAN, JOOST
1996a Resurrection and Parousia: A Traditio-Historical Study of Paul's Eschatology in 1 Corinthians 15, NT.S 84, Leiden u.a.
1996b Jesus' Resurrection as the Beginning of the Eschatological Resurrection (1 Cor 15,20), in: The Corinthian Correspondence, Reimund Bieringer (Hg.), Leuven, 653-660.
HÖLSCHER, LUCIAN
1999 Die Entdeckung der Zukunft, Frankfurt a.M.
HOLTZ, TRAUGOTT
1983 Art.: φθείρω κτλ., in: EWNT Bd. III, Horst Balz/Gerhard Schneider (Hg.), Stuttgart u.a., 1009-1013.
HORSLEY, RICHARD A.
1978 »How Can Some of You Say That There is no Resurrection of the Death?« Spiritual Elitism in Corinth, in: Novum Testamentum 20, 203-231.
1999 1 Corinthians, AbBC, Nashville.

HÜBNER, HANS
1980   Art.: ἀτιμία κτλ., in: EWNT Bd. I, Horst Balz/Gerhard Schneider (Hg.), Stuttgart u. a., 426-427.
1996   Art.: Paulus I. Neues Testament, in: TRE Bd. 26, Gerhard Müller u. a. (Hg.), Berlin/ New York, 133-153.
ISHERWOOD, LISA/STUART, ELIZABETH
1998   Introducing Body Theology, Sheffield.
JANKOWSKI, GERHARD
1998   Die große Hoffnung: Paulus an die Römer; eine Auslegung, Berlin.
JANOWSKI, BERND
1999   Die Toten loben JHWH nicht. Psalm 88 und das alttestamentliche Todesverständnis, in: Auferstehung – Resurrection/The Fourth Durham-Tübingen Research Symposium Resurrection, Transformation and Exaltation in Old Testament, Ancient Judaism and Early Christianity, Friedrich Avemarie/Hermann Lichtenberger (Hg.), WUNT 135, Tübingen, 3-45.
2000   Sühne als Heilsgeschehen. Traditions- und religionsgeschichtliche Studien zur Sühnetheologie der Priesterschrift, WMANT 55, 2. durchgesehene und erw. Aufl. Neukirchen-Vluyn.
2003   Konfliktgespräche mit Gott. Eine Anthropologie der Psalmen, Neukirchen-Vluyn.
JANSSEN, CLAUDIA
1998   Elisabet und Hanna – zwei widerständige alte Frauen in neutestamentlicher Zeit. Eine sozialgeschichtliche Untersuchung, Mainz.
2001   Leibliche Auferstehung? Zur Diskussion um Auferstehung bei Karl Barth, Rudolf Bultmann, Dorothee Sölle und in der aktuellen feministischen Diskussion, in: Paulus: umstrittene Traditionen – lebendige Theologie. Eine feministische Lektüre; Claudia Janssen/Luise Schottroff/Beate Wehn (Hg.), Gütersloh 2001, 84-102.
JENSEN, ANNE
1995   Thekla – die Apostolin. Ein apokrypher Text neu entdeckt, Freiburg u. a.
JEREMIAS, JOACHIM
1955/56 ›Flesh and Blood Cannot Inherit the Kingdom of God‹ (1 Cor. XV. 50), in: NTS 2, 151-159.
JERVELL, JAKOB
1960   Imago Dei. Gen 1,26 ff. im Spätjudentum, in der Gnosis und in den paulinischen Briefen, FRLANT 76, Göttingen.
JEWETT, ROBERT
1971   Paul's Anthropological Terms. A Study of Their Use in Conflict Settings, AGJU 10, Leiden.
JOSWIG BENITA
2000   Kreuzigung und Augensinn. Blickstrategien im Spannungsfeld von Theologie und Kunst, in: Claudia Janssen/Benita Joswig (Hg.), Erinnern und aufstehen – antworten auf Kreuzestheologien, Mainz, 91-99.
2003   altäre. Theologie und Kunst im urbanen Raum – ein Tischprojekt, Gütersloh.
JÜLICHER, ADOLF
1888/89 Die Gleichnisreden Jesu, Tübingen.
JÜNGEL, EBERHARD
1974   Metaphorische Wahrheit. Erwägungen zur theologischen Relevanz der Metapher als Beitrag zur Hermeneutik einer narrativen Theologie, in: Paul Ricoer/

ders., Metapher. Zur Hermeneutik religiöser Sprache, EvTh Sonderheft München, 71-122.

KAHL, BRIGITTE

1998 Der Brief an die Gemeinde in Galatien. Vom Unbehagen der Geschlechter und anderen Problemen des Andersseins, in: Kompendium Feministische Bibelauslegung, Luise Schottroff/Marie-Theres Wacker (Hg.), Gütersloh, 603-611.

2001 Nicht mehr männlich? Gal 3,28 und das Streitfeld Maskulinität, in: Paulus: umstrittene Traditionen – lebendige Theologie. Eine feministische Lektüre; Claudia Janssen/Luise Schottroff/Beate Wehn (Hg.), Gütersloh, 129-145.

KAISER, GERHARD

1974 Benjamin. Adorno. Zwei Studien, Frankfurt a. M.

KARRER-GRUBE, CHRISTIANE

2003 Grenz-Überschreitung. Zum Körperkonzept in der Erzählung über Jephtas Tochter, in: Körperkonzepte im Ersten Testament. Aspekte einer Feministischen Anthropologie, Hedwig-Jahnow-Forschungsprojekt, Stuttgart u. a., 94-121.

KÄSEMANN, ERNST

1933 Leib und Leib Christi: Eine Untersuchung zur paulinischen Begrifflichkeit, BHTh 9, Tübingen.

1972 Das theologische Problem des Motivs vom Leib Christi (1969), in: ders., Paulinische Perspektiven, 2. Aufl. Tübingen, 178-210.

1973 An die Römer, HNT 8a, Tübingen; (3. überarb. Aufl. 1974)

1986a Anliegen und Eigenart der paulinischen Abendmahlslehre (1947/48), in: Exegetische Versuche und Besinnungen: Auswahl, Göttingen, 9-32.

1986b Amt und Gemeinde im Neuen Testament, in: Exegetische Versuche und Besinnungen: Auswahl, Göttingen, 33-58.

1986c Gottesdienst im Alltag der Welt (1960), in: Exegetische Versuche und Besinnungen: Auswahl, Göttingen, 173-179.

1986d Zum Thema der urchristlichen Apokalyptik (1962), in: Exegetische Versuche und Besinnungen: Auswahl, Göttingen 1986, 133-159.

KASER, MAX

1989 Römisches Privatrecht. Ein Studienbuch, 15. verb. Aufl. München.

KEEL, OTHMAR

1978 Jahwes Entgegnung an Ijob. Eine Deutung von Ijob 38-41 vor dem Hintergrund der zeitgenössischen Bildkunst, FRLANT Bd. 121, Göttingen.

KEEL, OTHMAR/SCHROER, SILVIA

2002 Schöpfung. Biblische Theologien im Kontext altorientalischer Religionen, Freiburg (Schweiz)/Göttingen.

KEGLER, JÜRGEN

1992 Beobachtungen zur Körpererfahrung in der hebräischen Bibel, in: Was ist der Mensch ...? Beiträge zur Anthropologie des Alten Testaments; FS Hans Walter Wolff zum 80. Geb., Frank Crüsemann u. a. (Hg.), München, 28-41.

KELLERMANN, ULRICH

1979 Auferstanden in den Himmel. 2 Makkabäer 7 und die Auferstehung der Märtyrer, SBS 95, Stuttgart.

1989 Das Danielbuch und die Märtyrertheologie der Auferstehung. Erwägungen, in: Die Entstehung der jüdischen Martyrologie, J. W. v. Henten (Hg.), Leiden u. a., 51-75.

KENNEL, GÜNTER
1995   Frühchristliche Hymnen? Gattungskritische Studien zur Frage nach den Liedern des frühen Christenheit, WMANT 71, Neukirchen-Vluyn.
KERTELGE, KARL
1997   »Neue Schöpfung«. Grund und Maßstab apostolischen Handelns (2 Kor 5,17), in: Eschatologie und Schöpfung. FS für Erich Gräßer, Martin Evang u. a. (Hg.), Berlin New York, 139-144.
KIESOW, ANNA
2003   Auf der Suche nach *dem* Menschen. Forschungsüberblick zu ›Anthropologien des Alten Testaments‹, in: Körperkonzepte im Ersten Testament. Aspekte einer Feministischen Anthropologie, Hedwig-Jahnow-Forschungsprojekt, Stuttgart u. a., 29-41.
KIRCHHOFF, RENATE
1994   Die Sünde gegen den eigenen Leib. Studien zu *porne* und *porneia* in 1 Kor 16,12-20 und dem sozio-kulturellen Kontext der paulinischen Adressaten, StUNT 18, Göttingen.
KITTEL, GERHARD
1935   Art.: δοκέω κτλ., in: ThWNT Bd. II; Gerhard Kittel (Hg.), Stuttgart, 236-240.245-256.
KITTEL, GISELA
1999   Befreit aus dem Rachen des Todes: Tod und Todesüberwindung im Alten und Neuen Testament, BTSP 17, Göttingen.
KLAIBER, WALTER
1997   Art.: Auferstehung, in: Theologisches Begriffslexikon zum Neuen Testament Bd. 1, Lothar Coenen/Klaus Haacker (Hg.), neubearb. Ausgabe Wuppertal/Neukirchen, 89-108.
KLAUCK, HANS-JOSEF
1978   Allegorie und Allegorese in synoptischen Gleichnistexten, NTA NF 13, Münster.
1984   1. Korintherbrief, NEB.NT 7, Würzburg.
1986   2. Korintherbrief, NEB.NT 8, Würzburg.
1998   Die antike Briefliteratur und das Neue Testament. Ein Lehr- und Arbeitsbuch, Paderborn u. a.
KOCH, KLAUS
1980   Die Profeten II. Babylonisch-persische Zeit, Stuttgart u. a.
KÖHLER, LUDWIG
1983   Der hebräische Mensch. Eine Skizze, Nachdruck der 1. Aufl. Tübingen 1953, Darmstadt.
KORTE, ANNE-MARIE
1995   Die Erfahrung unseres Leibes. »Leiblichkeit« als hermeneutische Kategorie in der feministischen Theologie, in: Johann Jäger-Sommer (Hg.), Abschied vom Männergott. Schöpfungsverantwortung für Frauen und Männer, Luzern, 288-314.
KOSCH, DANIEL
1998   Auferstehung mitten am Tage, in: Auferstehung hat einen Namen. Biblische Anstöße zum Christsein heute, FS für Hermann-Josef Venetz, Sabine Bieberstein/ Daniel Kosch (Hg.), Luzern, 47-57.

KRATZ, REINHARD/SPIECKERMANN, HERMANN
1999   Art.: Schöpfer/Schöpfung II. Altes Testament, in: TRE Bd. 30, Gerhard Müller (Hg.), Berlin/New York, 258-283.

KRAUS, HANS-JOACHIM
1990   Das Evangelium der unbekannten Propheten, Jesaja 40-66, Kleine Biblische Bibliothek, Neukirchen-Vluyn.
1978a   Psalmen, 1. Teilbd.: Ps 1-59; Biblischer Kommentar Altes Testament XV/1, Neukirchen-Vluyn 5. Aufl.
1978b   Psalmen, 2. Teilbd.: Ps 60-150; Biblischer Kommentar Altes Testament XV/2, Neukirchen-Vluyn 5. Aufl.

KRAUSS, SAMUEL
1966   Talmudische Archäologie, 3 Bände. Reprographischer Nachdruck der Ausg. Leipzig 1911, Hildesheim.

KREMER, JAKOB
1980   Art.: ἀνάστασις κτλ., in: EWNT Bd. I, Horst Balz/Gerhard Schneider (Hg.), Stuttgart u. a., 210-221.
1997   Der erste Brief an die Korinther, RNT, Regensburg 1997.

KRIEG, MATTHIAS
1988   Todesbilder im Alten Testament oder: »Wie die Alten den Tod gebildet«, Zürich.

KRUG, JOHANNES
2001   Die Kraft der Schwachen. Ein Beitrag zur paulinischen Apostolatstheologie, TANZ 37, Tübingen/Basel.

KRÜGER, ANNETTE
2001   Himmel – Erde – Unterwelt. Kosmologische Entwürfe in der poetischen Literatur Israels, in: Das biblische Weltbild und seine altorientalischen Kontexte, Bernd Janowski/Beate Ego (Hg.), FAT 32, Tübingen, 65-83.

KUHLMANN, HELGA
2000   Auferstehung von den Toten? Ein Plädoyer für die Auferstehung von den Toten an die Ungetrösteten unter ihren Verächterinnen, in: ZGP 1, 12-14.

KÜMMEL, WERNER GEORG
1929   Römer 7 und die Bekehrung des Paulus, WUNT 117, Leipzig.
1980   Die Theologie des Neuen Testaments nach seinen Hauptzeugen Jesus, Paulus, Johannes, 4. durchges. Aufl. Göttingen.

KUSCHEL, KARL-JOSEF
1985   Weil wir uns auf dieser Erde nicht ganz zu Hause fühlen. Gespräch mit Heinrich Böll, in: ders.: Weil wir uns auf dieser Erde nicht ganz zu Hause fühlen. 12 Schriftsteller über Religion und Literatur, München/Zürich, 64-76.

LAMBRECHT, J.
1994   The Eschatological Outlook in 2 Corinthians 4,7-15, in: R. Bieringer/J. Lambrecht, Studies on 2 Corinthians, Leuven, 335-349.

LANG, BERNHARD
1999   Art.: Sündopfer, in: Neues Bibel-Lexikon Bd. 3, Manfred Görg/Bernhard Lang (Hg.), Düsseldorf/Zürich, 746-747.

LAQUEUR, THOMAS
1996   Auf den Leib geschrieben. Die Inszenierung der Geschlechter von der Antike bis Freud, aus dem Engl. übersetzt von H. J. Bußmann, München.

LEBRAM, J. C. H.
1989   Jüdische Martyrologie und Weisheitsüberlieferung, in: Die Entstehung der jüdischen Martyrologie, J. W. van Henten (Hg.), Leiden u.a., 88-126.

LICHTENBERGER, HERMANN
2001   Auferstehung in den Qumranfunden, in: Auferstehung – Resurrection/The Fourth Durham-Tübingen Research Symposium Resurrection, Transformation and Exaltation in Old Testament, Ancient Judaism and Early Christianity, Friedrich Avemarie/Hermann Lichtenberger (Hg.), WUNT 135, Tübingen, 79-91.

LIETZMANN, HANS
1949   An die Korinther I.II, HNT 9, 4. Aufl.

LINDEMANN, ANDREAS
1997   Die Auferstehung der Toten. Adam und Christus nach 1 Kor 15, in: Eschatologie und Schöpfung. FS für Erich Gräßer, Martin Evang u.a. (Hg.), ZNW Beihefte 89, Berlin/New York, 155-167.
1999   Art.: Eschatologie III. Neues Testament, in: RGG Bd. 2, Hans Dieter Betz u.a. (Hg.), vierte völlig neu bearb. Aufl. Tübingen, 1553-1560.
2000   Der erste Korintherbrief, HNT Bd. 9,1, Tübingen.

LINDEMANN, GESA
1993   Wider die Verdrängung des Leibes aus der Geschlechtskonstruktion, in: Feministische Studien 11, 44-45.
1996   Zeichentheoretische Überlegungen zum Verhältnis von Körper und Leib, in: Identität, Leiblichkeit, Normativität: neue Horizonte anthropologischen Denkens, Annette Barkhaus u.a. (Hg.), Frankfurt a.M., 146-175.

LIPS, HERMANN VON
1990   Weisheitliche Traditionen im Neuen Testament, WMANT 64, Neukirchen-Vluyn.

LORENZ, MAREN
2000   Leibhaftige Vergangenheit. Einführung in die Körpergeschichte, Berlin 2000.

LUTHER, HENNING
1992a   Identität und Fragment. Praktisch-theologische Überlegungen zur Unabschließbarkeit von Bildungsprozessen, in: ders., Religion und Alltag. Bausteine zu einer Praktischen Theologie des Subjekts, Stuttgart, 160-182.
1992b   Schmerz und Sehnsucht. Praktische Theologie in der Mehrdeutigkeit des Alltags, in: ders., Religion und Alltag. Bausteine zu einer Praktischen Theologie des Subjekts, Stuttgart, 239-256.

MACDONALD, MARGARET Y.
1999   Reading Real Women Through the Undisputed Letters of Paul, in: Women and Christian Origins, Ross S. Kraemer/Mary Rose D'Angelo (ed.), New York/Oxford, 199-220.

MAIER, CHRISTL
2002   Art.: Körper der Frau/Leiblichkeit. Altes Testament, in: Wörterbuch der Feministischen Theologie, Elisabeth Gössmann u.a. (Hg.), 2. Aufl. Gütersloh, 331-333.
2003   Beziehungsweisen. Körperkonzept und Gottesbild in Ps 139, in: Körperkonzepte im Ersten Testament. Aspekte einer Feministischen Anthropologie, Hedwig-Jahnow-Forschungsprojekt, Stuttgart u.a., 172-188.

MALINA, BRUCE J.
1989   Christ and Time: Swiss or Mediterranean?, in: CBQ 51, 1-31.

MARQUARDT, FRIEDRICH-WILHELM
1991 Eine Christologie, Bd. 2 Das christliche Bekenntnis zu Jesus, dem Juden, München.
1994 Was dürfen wir hoffen, wenn wir hoffen dürften?: Eine Eschatologie Bd. 2, Gütersloh.
1997 Eia, wärn wir da – eine theologische Utopie, Gütersloh.
2001 Gott – Utopie?, in: Die Welt als Ort Gottes – Gott als Ort der Welt: Friedrich-Wilhelm Marquardts theologische Utopie im Gespräch, Magdalene L. Frettlöh/ Jan-Dirk Döhling (Hg.), Gütersloh, 14-35.

MARTIN, DALE B.
1995 The Corinthian Body, New Haven/London.

MARTIN, GERHARD MARCEL
1992 Körperbild und »Leib Christi«, in: Ev. Theol. 52. Jg. Heft 5, 402-413.

MATURANA, HUMBERTO R.
1997 Die Natur der Zeit, in: Die Wiederentdeckung der Zeit: Reflexionen – Analysen – Konzepte, Antje Gimmler u. a. (Hg.), Darmstadt, 114-125.

MCFAGUE, SALLIE
1993 The Body of God: an Ecological Theology, Minneapolis.

MEIER, HANS-CHRISTOPH
1998 Mystik bei Paulus. Zur Phänomenologie religiöser Erfahrung im Neuen Testament, TANZ 26, Tübingen/Basel.

MEISSNER, STEFAN
1996 Die Heimholung des Ketzers. Studien zur jüdischen Auseinandersetzung mit Paulus, WUNT 2. Reihe Bd. 87, Tübingen.

MELL, ULRICH
1989 Neue Schöpfung. Eine traditionsgeschichtliche und exegetische Studie zu einem soteriologischen Grundsatz paulinischer Theologie, BZNW 56, Berlin/ New York.

METTERNICH, ULRIKE
2000 »Sie sagte ihm die ganze Wahrheit«. Die Erzählung von der »Blutflüssigen« – feministisch gedeutet, Mainz.

MOFFATT, JAMES
1954 The First Epistle of Paul to the Corinthians, London.

MOLTMANN-WENDEL, ELISABETH
1991 Wenn Gott und Körper sich begegnen: feministische Perspektiven zur Leiblichkeit, Gütersloh 2. Aufl.

MORRIS, LEON
1958 The First Epistle of Paul to the Corinthians. An Introduction and Commentary, London 8. Aufl.

MÜLLER, KARLHEINZ
1985 Die Leiblichkeit des Heils. 1 Kor 15,35-58, in: Résurrection du Christ et des Chrétiens (1 Co 15), Lorenzo De Lorenzi (Hg.), Rom, 171-255.
1997 Das Weltbild der jüdischen Apokalyptik und die Rede von Jesu Auferstehung, in: Bibel und Kirche 52, 8-18.

MÜLLER, ULRICH B.
1998 Die Entstehung des Glaubens an die Auferstehung Jesu: Historische Aspekte und Bedingungen, SBS 172, Stuttgart.

MURPHY-O'CONNOR, JEROME
1983 St. Paul's Corinth. Texts and Archaeology, Wilmington, Delaware.

NEUDECKER, REINHARD
1992 Art.: Mensch III. Judentum, in: TRE Bd. 22, Gerhard Müller u. a. (Hg.); Berlin/ New York, 474-481.
NEUGEBAUER, FRITZ
1957/58 Das Paulinische ›in Christo‹, in: NTS, 124-138:
1959 Die hermeneutischen Voraussetzungen Rudolf Bultmanns in ihrem Verhältnis zur paulinischen Theologie, in: Kerygma und Dogma 5, 289-305.
1961 In Christus. Eine Untersuchung zum paulinischen Glaubensverständnis, Göttingen.
NICKELSBURG, GEORGE W. E.
1972 Resurrection, Immortality, and Eternal Life in Intertestamental Judaism, Cambridge/London.
NORDEN, EDUARD
1956 Agnostos Theos. Untersuchungen zur Formengeschichte religiöser Rede (1912), Nachdruck Darmstadt.
1958 Die antike Kunstprosa Bd. 2. Vom VI. Jahrhundert v. Chr. bis in die Zeit der Renaissance, 5 Aufl. Darmstadt.
NORTON, ANNE
1997 Zeit und Begehren, in: Die Wiederentdeckung der Zeit: Reflexionen – Analysen – Konzepte, Antje Gimmler u. a. (Hg.), Darmstadt, 162-177.
OEGEMA, GERBERN S.
1999 Für Israel und die Völker. Studien zum alttestamentlich-jüdischen Hintergrund der paulinischen Theologie, NT.S 95, Leiden u. a.
ORR, WILLIAM F./WALTHER, JAMES ARTHUR
1976 1. Corinthians. A New Translation. Introduction with a Study of the Life of Paul, Notes and Commentary, The Anchor Bible, New York.
ORTKEMPER, FRANZ-JOSEF
1993 1. Korintherbrief, Stuttgarter Kleiner Kommentar N.F. Bd. 7, Stuttgart.
OSTEN-SACKEN, PETER VON DER
1975 Römer 8 als Beispiel paulinischer Soteriologie, FRLANT 112, Göttingen.
1987 Evangelium und Tora. Aufsätze zu Paulus, TB 77, München.
1987a »Ich elender Mensch ...« Tod und Leben als Zentrum paulinischer Theologie, in: Evangelium und Tora. Aufsätze zu Paulus, TB 77, München, 80-102.
1987b Geist im Buchstaben. Vom Glanz des Mose und des Paulus (1981), in: Evangelium und Tora. Aufsätze zu Paulus, TB 77, München, 150-155.
1989 Die Heiligkeit der Tora. Studien zum Gesetz bei Paulus, München.
PERDUE, LEO G.
1994 Wisdom and Creation. The Theology of Wisdom Literature, Nashville.
PESCH, RUDOLF
1980a Das Markusevangelium 1. Teil, HNT Bd. II,1, Freiburg u. a.
1980b Das Markusevangelium 2. Teil, HNT Bd. II,2, Freiburg u. a.
PETZOLD, HILARION
1982 Leibzeit, in: Die Wiederkehr des Körpers, Dietmar Kamper/Christoph Wulf (Hg.), Frankfurt a. M., 68-81.
PLASKOW, JUDITH
1992 Und wieder stehen wir am Sinai. Eine jüdisch-feministische Theologie, Luzern.
PLONZ, SABINE
1995 Die herrenlosen Gewalten. Eine Relektüre Karl Barths in befreiungstheologischer Perspektive, Mainz.

PRAETORIUS, INA
1993   Anthropologie und Frauenbild in der deutschsprachigen protestantischen Ethik seit 1949, Gütersloh.
PREUSS, HORST-DIETRICH
1992   Der Israelit und seine Gottesbeziehung (Anthropologie), in: ders., Theologie des Alten Testaments Band 2: Israels Weg mit JHWH, Stuttgart, 105-198.
PRICE, JANET/SHILDRICK, MARGRIT (ed.)
1999   Feminist Theory and the Body. A Reader, New York.
PRIGOGINE, ILYA
1997   Zeit, Chaos und Naturgesetze, in: Die Wiederentdeckung der Zeit: Reflexionen – Analysen – Konzepte, Antje Gimmler u. a. (Hg.), Darmstadt, 78-94.
RAD, GERHARD VON
1935   Art.: δοκέω κτλ., C. בָּבוֹד im AT, in: ThWNT Bd. II; Gerhard Kittel (Hg.), Stuttgart, 240-245.
1935a   ζάω κτλ., B. Der Lebensbegriff des Alten Testaments, in: ThWNT Bd. II, Gerhard Kittel (Hg.), Stuttgart, 844-850.
1966   Theologie des Alten Testaments Bd. 1: Die Theologie der geschichtlichen Überlieferungen Israels, München.
1976   Das erste Buch Mose. Genesis, NTD Bd. 2,4, 10. Aufl. Göttingen.
RÄISÄNEN, HEIKKI
1987   Paul and the Law, WUNT 29, Tübingen 3. Aufl.
REICKE, BO
1965   Body and Soul in the New Testament, in: Studia Theologica 19, 200-212.
REINDL, JOSEPH
1970   Das Angesicht Gottes im Sprachgebrauch des Alten Testaments, Leipzig.
REITZENSTEIN, RICHARD
1927   Die hellenistischen Mysterienreligionen. Nach ihren Grundgedanken und Wirkungen, Leipzig/Berlin.
REMUS, MARTIN
1993   Menschenbildvorstellungen im Ijob-Buch. Ein Beitrag zur alttestamentlichen Anthropologie, BEAT 21, Frankfurt a. M. u. a.
RICHARD, PABLO
1996   Apokalypse. Das Buch von Hoffnung und Widerstand. Ein Kommentar, Luzern.
RICHTER, L.
1960   Art.: Mystik: III. Jüdische Mystik, in: RGG Bd. 4, Hans Frh. von Campenhausen u. a. (Hg.), 3. Aufl. Tübingen, 1237-1239.
RICOER, PAUL
1974   Stellung und Funktion der Metapher in der biblischen Sprache, in: ders./Eberhard Jüngel, Metapher. Zur Hermeneutik religiöser Sprache, EvTh Sonderheft München, 45-70.
1991   Die lebendige Metapher, Übergänge. Texte und Studien zu Handlung, Sprache und Lebenswelt Bd. 12, 2. Aufl. München.
RIESENFELD, H.
1961   Das Bildwort vom Weizenkorn bei Paulus (zu 1 Cor 15), in: Studien zum Neuen Testament und zur Patristik, FS für Erich Klostermann, Berlin, 43-55.
ROBERTSON, ARCHIBALD/PLUMMER, ALFRED
1955   A Critical and Exegetical Commentary on the First Epistle of St Paul to the Corinthians, Reprint der 2. Aufl. 1914, Edinburgh.

ROBINSON, JOHN A. T.
1957   The Body. A Study in Pauline Theology, 4. Aufl. London.
RÖHSER, GÜNTER
1987   Metaphorik und Personifikation der Sünde. Antike Sündenvorstellungen und paulinische Hamartia, WUNT 2. Reihe 25, Tübingen.
RUWE, ANDREAS
1999   »Heiligkeitsgesetz« und »Priesterschrift«: literaturgeschichtliche und rechtssystematische Untersuchungen zu Leviticus 17,1-26,2, FAT 26, Tübingen.
SAFRAI, SHMUEL/STERN, M. (Hg.)
1976   The Jewish People in the First Century. Historical, Political History, Social, Cultural and Religious Life and Institutions, Volume II, Compendium Rerum Iudaicarum ad Novum Testamentum, Assen/Amsterdam.
SAND, ALEXANDER
1967   Der Begriff »Fleisch« in den paulinischen Hauptbriefen, BU 2, Regensburg.
SANDBOTHE, MIKE
1997   Die Verzeitlichung der Zeit in der modernen Philosophie, in: Die Wiederentdeckung der Zeit: Reflexionen – Analysen – Konzepte, Antje Gimmler u. a. (Hg.), Darmstadt, 41-62.
SANDERS, ED P.
1985   Paulus und das palästinische Judentum. Ein Vergleich zweier Religionsstrukturen, StUNT Bd. 17, Göttingen (= Paul and Palestinian Judaism. A Comparison of Patterns of Religion, Philadelphia 1977).
1998   Judaism: Practice and Belief. 63 BCE – 66 CE, London/Philadelphia 5. Aufl.
SARASIN, PHILIPP
1999   Mapping the body. Körpergeschichte zwischen Konstruktivismus, Politik und »Erfahrung«, in: Historische Anthropologie 7. Jg. Heft 3, 437-451.
SAUTER, GERHARD
1995   Einführung in die Eschatologie, Darmstadt.
SCHADE, HANS-HEINRICH
1981   Apokalyptische Christologie bei Paulus: Studien zum Zusammenhang von Christologie und Eschatologie in den Paulusbriefen, GTA 18, Göttingen.
SCHMELLER, THOMAS
1987   Paulus und die »Diatribe«. Eine vergleichende Stilinterpretation, Münster.
SCHMID, LOTHAR
1938   Art.: κέντρον, in: ThWNT Bd. III, Gerhard Kittel (Hg.), Stuttgart, 662-668.
SCHMIDT, KARL LUDWIG
1982   Der Apostel Paulus und die antike Welt (1924/25), in: Das Paulusbild in der neueren deutschen Forschung, WdF Bd. 24, K. H. Rengstorf/U. Luck (Hg.), 3. Aufl. Darmstadt, 214-245.
SCHMIDT, UTA
2003   Als das Leben anfing ... Körperkonzepte in Gen 3, in: Körperkonzepte im Ersten Testament. Aspekte einer Feministischen Anthropologie, Hedwig-Jahnow-Forschungsprojekt, Stuttgart u. a., 44-63.
SCHNEIDER, SEBASTIAN
1996   1 Kor 15,51-52. Ein neuer Lösungsvorschlag zu einer alten Schwierigkeit, in: The Corinthian Correspondence, Reimund Bieringer (Hg.), Leuven 1996, 661-669.
2000   Vollendung des Auferstehens: eine exegetische Untersuchung von 1 Kor 15,51-52 und 1 Thess 4,13-18, fzb 97, Würzburg.

SCHNELLE, UDO
1983   Gerechtigkeit und Christusgegenwart: vorpaulinische und paulinische Tauftheologie, GTA 24, Göttingen.
1991   Neutestamentliche Anthropologie: Jesus – Paulus – Johannes, Biblisch-theologische Studien 18, Neukirchen-Vluyn.

SCHOEPS, HANS-JOACHIM
1959   Die Theologie des Apostels Paulus im Lichte der jüdischen Religionsgeschichte, Tübingen.

SCHOTTROFF, LUISE
1970   Der Glaubende und die feindliche Welt. Beobachtungen zum gnostischen Dualismus und seiner Bedeutung für Paulus und das Johannesevangelium, WMANT 37, Neukirchen.
1981   Art.: ζαῶ κτλ.; ζῳοποιέω, in: EWNT Bd. II, Horst Balz/Gerhard Schneider (Hg.), Stuttgart u. a., 261-274.
1988   Die befreite Eva. Schuld und Macht der Mächtigen und Ohnmächtigen nach dem Neuen Testament, in: Christine Schaumberger/Luise Schottroff, Schuld und Macht. Studien zu einer feministischen Befreiungstheologie, München 1988, 15-151.
1990   Befreiungserfahrungen. Studien zur Sozialgeschichte des Neuen Testaments, TB 82, München.
1990a   Die Schreckensherrschaft der Sünde und die Befreiung durch Christus nach dem Römerbrief des Paulus (1979), in: dies., Befreiungserfahrungen. Studien zur Sozialgeschichte des Neuen Testaments, München, 57-72.
1990b   Frauen in der Nachfolge Jesu in neutestamentlicher Zeit (1980), in: dies., Befreiungserfahrungen. Studien zur Sozialgeschichte des Neuen Testaments, München, 96-133.
1994   Lydias ungeduldige Schwestern. Feministische Sozialgeschichte des frühen Christentums, Gütersloh 1994.
1995   Auf dem Weg zu einer feministischen Rekonstruktion der Geschichte des frühen Christentums, in: Luise Schottroff/Silvia Schroer/Marie-Theres Wacker, Feministische Exegese. Forschungserträge zur Bibel aus der Perspektive von Frauen, Darmstadt, 175-248.
1996   »Gesetzesfreies Heidenchristentum« – und die Frauen? Feministische Analysen und Alternativen, in: Von der Wurzel getragen. Christlich-feministische Exegese in Auseinandersetzung mit Antijudaismus, Luise Schottroff/Marie-Theres Wacker (Hg.), Leiden/New York/Köln, 227-245.
1996a   Kreuz, Opfer und Auferstehung Christi. Geerdete Christologie im Neuen Testament und in feministischer Spiritualität, in: Ihr aber für wen haltet ihr mich? Auf dem Weg zu einer feministisch-befreiungstheologischen Revision von Christologie, Renate Jost/Eveline Valtink (Hg.), Gütersloh, 102-123.
1998   Der erste Brief an die Gemeinde in Korinth. Wie Befreiung entsteht, in: Kompendium Feministische Bibelauslegung, Luise Schottroff/Marie-Theres Wacker (Hg.), Gütersloh, 574-592.
1999a   Celebrating God's Future: Feminist Reflections on the Eschatology of Jesus, in: Time – Utopia – Eschatology. Jahrbuch der ESWTR, Charlotte Methuen (Hg.), Leuven, 7-15.
1999b   Feministische Hermeneutik des ersten Briefes an die korinthische Gemeinde, In: Hermeneutik – sozialgeschichtlich. Kontextualität in den Bibelwissenschaf-

ten aus der Sicht (latein)-amerikanischer und europäischer Exegetinnen und Exegeten, Münster, 149-155.
2001 Die Lieder und das Geschrei der Glaubenden. Rechtfertigung bei Paulus, in: Paulus: umstrittene Traditionen – lebendige Theologie. Eine feministische Lektüre; Claudia Janssen/Luise Schottroff/Beate Wehn (Hg.), Gütersloh, 44-66.
2001a Dem Tod nicht glauben. Markus 5,21-43, in: Exegetische Skizzen. Einführung in die Texte der Bibelarbeiten und Gottesdienste, Deutscher Evangelischer Kirchentag Frankfurt a.M. 2001 (Hg.), Bad Hersfeld, 52-61.
2002 Es gibt etwas, das uns nicht schlafen lässt. Die Kraft der Auferstehung verändert das Leben, in: Sich dem Leben in die Arme werfen. Auferstehungserfahrungen, Luzia Sutter Rehmann/Sabine Bieberstein/Ulrike Metternich (Hg.), Gütersloh, 16-29.

SCHOTTROFF LUISE/SCHOTTROFF, WILLY
1993 Gegen die Beliebigkeit, in: Junge Kirche 11, 596-600.

SCHOTTROFF, WILLY
1999 Thesen zur Aktualität und theologischen Bedeutung sozialgeschichtlicher Bibelauslegung im Kontext christlicher Sozialethik, in: ders.: Gerechtigkeit lernen. Beiträge zur biblischen Sozialgeschichte, Frank Crüsemann/Rainer Kessler (Hg.), Gütersloh, 1-4.

SCHRAGE, WOLFGANG
2001 Der erste Brief an die Korinther, 4. Teilbd. 1 Kor 15,1-16,24, EKK VII/4, Neukirchen-Vluyn.

SCHROER, SILVIA/STAUBLI, THOMAS
1998 Die Körpersymbolik der Bibel, Darmstadt.

SCHUBERT, KURT
1962 Die Entwicklung der Auferstehungslehre von der nachexilischen bis zur frührabbinischen Zeit, in: Bibl. Zeitschrift NF, 177-214.

SCHUNACK, GERD
1967 Das hermeneutische Problem des Todes. Im Horizont von Römer 5 untersucht, Dissertation Marburg.

SCHÜNGEL-STRAUMANN, HELEN
1992 Ruah bewegt die Welt. Gottes schöpferische Lebenskraft in der Krisenzeit des Exils, SBS 151, Stuttgart.

SCHÜSSLER FIORENZA, ELISABETH
1988 Zu ihrem Gedächtnis ... Eine feministisch-theologische Rekonstruktion der urchristlichen Ursprünge, übersetzt von Christine Schaumberger, München, Mainz.
1999 Gleichheit und Differenz. Gal 3,28 im Brennpunkt feministischer Hermeneutik, in: BThZ 16, 212-231.

SCHWANKL, OTTO
1987 Die Sadduzäerfrage (Mk 12,18-27 parr). Eine exegetisch-theologische Studie zur Auferstehungserwartung, Frankfurt a.M.

SCHWANTES, HEINZ
1963 Schöpfung der Endzeit. Ein Beitrag zum Verständnis der Auferweckung bei Paulus, AzTh 12, Stuttgart.

SCHWEITZER, ALBERT
1911 Geschichte der Paulinischen Forschung, Tübingen.
1981 Die Mystik des Apostels Paulus. Mit einer Einführung von Werner Kümmel, Nachdruck der 1. Aufl. von 1930, Tübingen.

1982   Geschichte der Paulinischen Forschung: Zusammenfassung und Problemstellung (1911), in: Das Paulusbild in der neueren deutschen Forschung, WdF Bd. 24, K. H. Rengstorf/U. Luck (Hg.), 3. Aufl. Darmstadt, 113-123.

SCHWEIZER, EDUARD

1964   Art. σάρξ κτλ. (A. Im Griechentum; C.IV. Apokryphen und Pseudepigraphen; E. Neues Testament), in: ThWNT Bd. VII, Gerhard Friedrich (Hg.), Stuttgart, 99-104.118-123.123-145:

1964a   Art. σῶμα κτλ., in: ThWNT Bd. 7, Gerhard Friedrich u. a. (Hg.), Stuttgart 1964, 1024-1091.

1967/68   Dying and Rising with Christ, in: NTS 14, 1-14.

1970b   Die »Mystik« des Sterbens und Auferstehens mit Christus bei Paulus (1966), in: ders., Beiträge zur Theologie des Neuen Testaments. Neutestamentliche Aufsätze (1955-1970), Zürich, 183-203.

1970a   Die Leiblichkeit des Menschen: Leben – Tod – Auferstehung (1969), in: ders., Beiträge zur Theologie des Neuen Testaments. Neutestamentliche Aufsätze (1955-1970), Zürich, 165-182.

SCROGGS, ROBIN

1963/64   Romans VI.7 ὁ γὰρ ἀποθανῶν δεδικαίωται ἀπὸ τῆς ἁμαρτίας, in: NTS 10, 104-108.

SEEBASS, H.

1973   Art.: אַחֲרִית, in: ThWAT Bd. 1, G. Johannes Botterweck/Helmer Ringgren (Hg.), Stuttgart u. a., 224-228.

SEIDEL, HANS

1987   Auf den Spuren der Beter. Einführung in die Psalmen, Berlin 2. Aufl.

SELLIN, GERHARD

1986   Der Streit um die Auferstehung der Toten: eine religionsgeschichtliche und exegetische Untersuchung von 1 Korinther 15, FRLANT 138, Göttingen.

1996   Die religionsgeschichtlichen Hintergründe der paulinischen »Christusmystik«, in: ThQS 176, 7-27.

SEYBOLD, KLAUS

1996   Die Psalmen, HAT Bd. I/15, Tübingen.

SIEGELE-WENSCHKEWITZ, LEONORE

1995   Die Rezeption und Diskussion der Genus-Kategorie in der theologischen Wissenschaft, in: Genus. Zur Geschlechterdifferenz in den Kulturwissenschaften, Hadumod Bußmann/Renate Hof (Hg.), Stuttgart, 60-112.

SIMIAN-YOFRE, H.

1989   Art.: פָּנִים, in: THWAT Bd. 4, Heinz Josef Fabry/Helmer Ringgren (Hg.), Stuttgart u. a., 629-659

SIMKINS, RONALD

1994   Creator and Creation: Nature in the Worldview of Ancient Israel, Peabody, Massachusetts.

SLIDER, RONALD J.

1974/75   The Pauline Conception of the Resurrection Body in 1 Corinthians XV. 35-54, in: NTS 21, 428-439.

SÖDING, THOMAS

1997   »Ihr aber seid der Leib Christi« (1 Kor 12,27). Exegetische Beobachtungen an einem zentralen Motiv paulinischer Eschatologie, in: ders.: Das Wort vom Kreuz: Studien zur paulinischen Theologie, WUNT 93, Tübingen, 272-299.

SÖLLE, DOROTHEE
1979 Der Mensch zwischen Geist und Materie. Warum und in welchem Sinne muß die Theologie materialistisch sein?, in: Der Gott der kleinen Leute: sozialgeschichtliche Bibelauslegungen, Willy Schottroff/Wolfgang Stegemann (Hg.), München – Gelnhausen, 15-36.
1999a Erinnert euch an den Regenbogen. Texte, die den Himmel auf Erden suchen, Bettina Hertel/Birte Petersen (Hg.), Freiburg u. a.
1999b Gegenwind. Erinnerungen, München.

SPÖRLEIN, BERNHARD
1971 Die Leugnung der Auferstehung. Eine historisch-kritische Untersuchung zu 1 Kor 15, Regensburg.

STANDHARTINGER, ANGELA
1995 Das Frauenbild im Judentum der hellenistischen Zeit. Ein Beitrag anhand von ›Joseph und Aseneth‹, AGJU 25, Leiden, New York, Köln.
1999 Studien zur Entstehungsgeschichte und Intention des Kolosserbriefs, NT.S 94, Leiden u. a.
2002 Weisheit in Joseph und Aseneth und den paulinischen Briefen, NT.S 47, 482-501.

STEGEMANN, EKKEHARD W./STEGEMANN, WOLFGANG
1995 Urchristliche Sozialgeschichte: die Anfänge im Judentum und die Christusgemeinden in der mediterranen Welt, Stuttgart u. a.

STEMBERGER, GÜNTER
1972 Der Leib der Auferstehung. Studien zur Anthropologie und Eschatologie des palästinensischen Judentums im neutestamentlichen Zeitalter (ca. 170 v. Chr.-100 n. Chr.), AnBib 56, Rom.
1990a Das Problem der Auferstehung im Alten Testament, in: ders., Studien zum rabbinischen Judentum, Stuttgart, 19-45.
1990b Zur Auferstehungslehre in der rabbinischen Literatur, in: ders., Studien zum rabbinischen Judentum, Stuttgart, 47-87.
1992 Einleitung in Talmud und Midrasch, 8. Aufl. München.

STENDAHL, KRISTER
1978 Der Jude Paulus und wir Heiden. Anfragen an das abendländische Christentum, München.
1996 Der Apostel Paulus und das »introspektive« Gewissen des Westens (1963), in: KuI Heft 1, 19-33.

STOPZYK, ANNEGRET
1998 Sophias Leib. Entfesselung der Weisheit. Ein philosophischer Aufbruch, Heidelberg.

STRECKER, CHRISTIAN
1996 Paulus aus einer »neuen Perspektive«. Der Paradigmenwechsel in der jüngeren Paulusforschung, in: KuI Heft 1, 3-18.
1999 Die liminale Theologie des Paulus: Zugänge zur paulinischen Theologie aus kulturanthropologischer Perspektive, FRLANT 185, Göttingen.

STREIBERT, CHRISTIAN
1993 Schöpfung bei Deuterojesaja und in der Priesterschrift. Eine vergleichende Untersuchung zu Inhalt und Funktion schöpfungstheologischer Aussagen in exilisch-nachexilischer Zeit, BEAT 8, Frankfurt a. M. u. a.

STROBEL, AUGUST
1989 Der erste Brief an die Korinther, Zürcher Bibelkommentar NT Bd. 6.1, Zürich.

STURMA, DIETER
1997   Die erweiterte Gegenwart. Kontingenz, Zeit und praktische Selbstverhältnisse im Leben von Personen, in: Die Wiederentdeckung der Zeit: Reflexionen – Analysen – Konzepte, Antje Gimmler u. a. (Hg.), Darmstadt, 63-78.

SUTTER REHMANN, LUZIA
1994   »Und ihr werdet ohne Sorge sein ...« Gedanken zum Phänomen der Ehefreiheit im frühen Christentum, in: Für Gerechtigkeit streiten. Theologie im Alltag einer bedrohten Welt, Dorothee Sölle (Hg.), Gütersloh, 88-95.
1995   Geh – frage die Gebärerin. Feministisch-befreiungstheologische Untersuchungen zum Gebärmotiv in der Apokalyptik, Gütersloh.
1998   Vom Mut, genau hinzusehen. Feministisch-befreiungstheologische Interpretationen zur Apokalyptik, Luzern.
1999   Kämpfen und lebendig werden: Apokalyptische Motive in 1 Kor 15,51 f., in: Wie Freiheit entsteht. Sozialgeschichtliche Bibelauslegungen, Claudia Janssen/ Beate Wehn (Hg.), Gütersloh, 93-101.
2002   Wenn die Toten sich ausruhen vom Totsein. Eine widerständige Spiritualität, in: Sich dem Leben in die Arme werfen. Auferstehungserfahrungen, Luzia Sutter Rehmann/Sabine Bieberstein/Ulrike Metternich (Hg.), Gütersloh, 74-88.
2002a   Konflikte zwischen ihm und ihr. Sozialgeschichtliche und exegetische Untersuchungen zur Nachfolgeproblematik von Ehepaaren, Gütersloh.

SUTTER REHMANN, LUZIA/BIEBERSTEIN, SABINE/METTERNICH, ULRIKE (Hg.)
2002   Sich dem Leben in die Arme werfen. Auferstehungserfahrungen, Gütersloh.

TAEGER, JENS-W.
1980   Paulus und Lukas über den Menschen, in: ZNW 71, 96-108.

TAMEZ, ELSA
1998a   Der Brief an die Gemeinde in Rom. Eine feministische Lektüre, in: Kompendium Feministische Bibelauslegung, Luise Schottroff/Marie-Theres Wacker (Hg.), Gütersloh, 557-573.
1998b   Gegen die Verurteilung zum Tod. Paulus oder die Rechtfertigung durch den Glauben aus der Perspektive der Unterdrückten und Ausgeschlossenen, Luzern.

TANNEHILL, ROBERT C.
1967   Dying and Rising with Christ. A Study in Pauline Theology, Berlin.

THEISSEN, GERD
1998   Auferstehungsbotschaft und Zeitgeschichte. Über einige politische Anspielungen im 1. Kapitel des Römerbriefs, in: Auferstehung hat einen Namen. Biblische Anstöße zum Christsein heute, FS für Hermann-Josef Venetz, Sabine Bieberstein/ Daniel Kosch (Hg.), Luzern, 59-68.

THEOBALD, MICHAEL
2000   Der Römerbrief, EdF 294, Darmstadt.

THRALL, MARGARET E.
1965   The First and Second Epistle of Paul to the Corinthians, Cambridge.

TIEDEMANN, HOLGER
1998   Die Erfahrungen des Fleisches. Paulus und die Last der Lust, Stuttgart.

TILLICH, PAUL
1962a   Kairos und Utopie (1959), in: ders., Auf der Grenze. Aus dem Lebenswerk Paul Tillichs, Stuttgart, 140-149.
1962b   Der Widerstreit von Zeit und Raum, in: ders., Auf der Grenze. Aus dem Lebenswerk Paul Tillichs, Stuttgart, 187-197.

Tomson, Peter J.
1990   Paul and the Jewish Law: Halakha in the Letters of the Apostle to the Gentiles, Assen/Mastricht/Minneapolis.
Townes, Emilie M.
1995   In a Blaze of Glory. Womanist Spirituality as Social Witness, Nashville.
Trepp, Leo
1992   Der jüdische Gottesdienst. Gestalt und Entwicklung, Stuttgart u. a.
Trible, Phyllis
1993   Gott und Sexualität im Alten Testament, Gütersloh.
Tuckett, Christopher M.
1996   The Corinthians Who Say »There is no resurrection of the dead« (1 Cor 15,12), in: The Corinthian Correspondence, Reimund Bieringer (Hg.), Leuven, 247-275.
Ulrichsen, Jarl Henning
1991   Die Grundschrift der Testamente der zwölf Patriarchen. Eine Untersuchung zu Umfang, Inhalt und Eigenart der ursprünglichen Schrift, Historia Religionum 10, Uppsala.
Umbach, Helmut
1999   In Christus getauft – von der Sünde befreit; die Gemeinde als sündenfreier Raum bei Paulus, FRLANT 181, Göttingen.
Verburg, Winfried
1996   Endzeit und Entschlafene. Syntaktisch-sigmatische, semantische und pragmatische Analyse von 1 Kor 15, fzb 78, Würzburg.
Vollenweider, Samuel
1996   Der Geist Gottes als Selbst der Glaubenden. Überlegungen zu einem ontologischen Problem in der paulinischen Anthropologie, in: ZThK 96, 163-197.
Wacker, Marie-Theres
1995   Geschichtliche, hermeneutische und methodologische Grundlagen, in: Luise Schottroff/Silvia Schroer/Marie-Theres Wacker, Feministische Exegese. Forschungserträge zur Bibel aus der Perspektive von Frauen, Darmstadt, 3-79.
Wagener, Ulrike
1994   Die Ordnung des »Hauses Gottes«: der Ort von Frauen in der Ekklesiologie und Ethik der Pastoralbriefe, WUNT Reihe 2 Bd. 65, Tübingen.
Walter, Matthias
2001   Gemeinde als Leib Christi. Untersuchungen zum Corpus Paulinum und zu den »Apostolischen Vätern«, NTOA 49, Freiburg, Schweiz/Göttingen.
Walter, Nikolaus
1998   Leibliche Auferstehung? Zur Frage der Hellenisierung der Auferweckungshoffnung bei Paulus, in: Paulus, Apostel Jesu Christi, FS Günter Klein, Michael Trowitzsch (Hg.), Tübingen, 109-127.
Wedderburn, A. J. M.
1987   Baptism and Resurrection: Studies in Pauline Theology against its Graeco-Roman Background, WUNT 44, Tübingen.
Wehn, Beate
2000   Gewalt im Kontext. Notwendige Erinnerungen an Kreuze in Gegenwart und Geschichte, in: Claudia Janssen/Benita Joswig (Hg.), Erinnern und aufstehen – antworten auf Kreuzestheologien, Mainz, 48-67.
2001   »Selig die Körper der Jungfräulichen« – Überlegungen zum Paulusbild der Thekla-Akten, in: Paulus: umstrittene Traditionen – lebendige Theologie. Eine fe-

ministische Lektüre; Claudia Janssen/Luise Schottroff/Beate Wehn (Hg.), Gütersloh, 182-198.

WEINFELD, M.
1984 Art.: כבוד, in: ThWAT Bd. IV, Johannes Botterweck u. a. (Hg.), Stuttgart, 23-40.

WEIPPERT, HELGA
1981 Schöpfer des Himmels und der Erde. Ein Beitrag zur Theologie des Jeremiabuches, SBS 102, Stuttgart.

WEISS, JOHANNES
1910 Der erste Korintherbrief, KEK 5, 9. Aufl. Göttingen.

WELKER, MICHAEL
1992 Gottes Geist: Theologie des Heiligen Geistes, Neukirchen-Vluyn.

WENDEL, SASKIA
1999 Leibliches Selbst – geschlechtliches Selbst?!, in: Kultur, Geschlecht, Körper, Genus – Münsteraner Arbeitskreis für Gender-Studies (Hg.), Münster, 77-100.

WENDLAND, HEINZ-DIETRICH
1978 Die Briefe an die Korinther, NTD Bd. 7, Göttingen (1936) 14. Aufl.

WENGST, KLAUS
1991 Ostern – ein wirkliches Gleichnis, eine wahre Geschichte, München.
1986 Pax Romana, Anspruch und Wirklichkeit: Erfahrungen und Wahrnehmungen des Friedens bei Jesus und im Urchristentum, München.

WESTERMANN, CLAUS
1968 Das Loben Gottes in den Psalmen (1954), 4. Aufl. Göttingen.
1977 Das Schöne im Alten Testament, in: Beiträge zur Alttestamentlichen Theologie, FS Walther Zimmerli zum 70. Geb., Herbert Donner/Robert Hanhart/Rudolf Smend (Hg.), Göttingen, 479-497.
1983 Schöpfung, erweiterte Studienausgabe, Stuttgart/Berlin.
1986 Am Anfang, 1. Mose (Genesis), Teil 1: Die Urgeschichte, Abraham, Neukirchen-Vluyn.
2000 Der Mensch im Alten Testament. Mit einer Einführung von Hans-Peter Müller, ATM 6, Münster.

WILCKENS, ULRICH
1980 Der Brief an die Römer, 2. Teilbd. Röm 6-11, EKK Bd. VI/2, Neukirchen-Vluyn.

WILLIAMS, DELORES S.
2002 Art.: Womanist, in: Wörterbuch der Feministischen Theologie, E. Gössmann u. a. (Hg.), 2. vollständig überarb. und erweiterte Aufl. Gütersloh, 577-578.

WILSON, JACK H.
1968 The Corinthians Who Say There is no Resurrection of the Death, in: ZNW 59, 90-107.

WIRE, ANTOINETTE CLARK
1994 1 Corinthians, in: Searching the Scriptures Vol. 2: A Feminist Commentary, Elisabeth Schüssler Fiorenza (Hg.), New York, 153-195.
1995 The Corinthian Women Prophets. A Reconstruction through Paul's Rhetoric, First paperback edition Minneapolis.
2001 Reconciled to Glory in Corinth? 2 Cor 2:14-7:4, in: Antiquity and humanity: essays on ancient religion and philosophy, FS für Hans Dieter Betz, Adela Yarbro Collins/ Margaret M. Mitchell (Hg.), Tübingen, 263-275.

Wolff, Christian
1982 Der erste Brief des Paulus an die Korinther, Zweiter Teil, ThHNT 7/II, 2. Aufl. Berlin.
1989 Der zweite Brief an die Korinther, ThHNT VIII, Berlin.

Wolff, Hans Walter
1977 Anthropologie des Alten Testaments, Nachdruck der 3. Aufl. München 1973, Leipzig.

Wollrad, Eske
1999 Wildniserfahrung. Womanistische Herausforderung und eine Antwort aus Weißer feministischer Perspektive, Gütersloh.
2002 Gott kommt zu uns auf den Schwingen des Gesangs. Von Spirituals und Auf(er)stehen, in: Sich dem Leben in die Arme werfen. Auferstehungserfahrungen, Luzia Sutter Rehmann/Sabine Bieberstein/Ulrike Metternich (Hg.), Gütersloh, 91-97.

Wolter, Michael
1978 Rechtfertigung und zukünftiges Heil. Untersuchungen zu Röm 5,1-11, Berlin/ New York.

Wyschogrod, Michael/Osten-Sacken, Peter von der
1997 Auferstehung Jesu im jüdisch-christlichen Dialog, in: EvTh 57. Jg., H. 3, 196-209.

Young, Robin Darling
1991 »The Woman with the soul of Abraham«: Traditions about the Mother of the Maccabean Martyrs, in: »Women like this«: New Perspectives on Jewish Women in the Graeco-Roman World, Amy-Jill Levine (ed.), Atlanta, Georgia, 67-81.

Zeller, Dieter
1997 Die Rede von Tod und Auferstehung Jesu im hellenistischen Kontext, in: BiKi 52, 19-24.

Zenger, Erich
1997 Die Nacht wird leuchten wie der Tag. Psalmenauslegungen, Freiburg u. a.

Zimmerli, Walther Ch.
1997 Zeit als Zukunft, in: Die Wiederentdeckung der Zeit: Reflexionen – Analysen – Konzepte, Antje Gimmler u. a. (Hg.), Darmstadt, 126-147.

Zimmermann, Ruben (Hg.)
2000 Bildersprache verstehen: zur Hermeneutik der Metapher und anderer bildlicher Sprachformen, München.

Zmijewski, Josef
1980 Art.: ἀσθενής κτλ., in: EWNT Bd. I, Horst Balz/Gerhard Schneider (Hg.), Stuttgart u. a., 408-413.

Namenregister

(Auswahl: aufgenommen wurden ausführlich behandelte oder zitierte Autor/inn/en)

Albertz, Rainer 157-158
Ammicht-Quinn, Regina 25, 26-28, 44

Barrett, C. K. 185, 186
Barth, Christoph 124, 308-309, 311
Barth, Gerhard 100
Barth, Karl 30-33, 38
Bauer, Karl-Adolf 38-39
Baumann, Gerlinde 81
Benjamin, Walter 302, 304
Berendt, Joachim Ernst 317
Berger, Klaus 100, 101
Bieberstein, Klaus 244
Bieberstein, Sabine 244, 312, 316
Boer, Martinus C. de 120, 121, 136, 146, 257
Böll, Heinrich 317
Bornkamm, Günther 239
Böttrich, Christfried 73
Boyarin, Daniel 54-55, 67-68, 82
Brandenburger, Egon 39
Braun, Herbert 118
Brodeur, Scott 113, 211, 219, 220, 227
Brooten, Bernadette J. 52-53
Brucker, Ralph 149-150
Bulembat, Jean-Bosco Matand 120, 122, 152, 207, 212, 254
Bultmann, Rudolf 30-33, 38, 43, 45, 66-67, 95, 104, 126, 127, 248-249, 257, 267, 280
Burchard, Christoph 98-99, 102
Butler Judith 21-23
Bynum, Caroline Walker 18, 22, 24

Chester, Andrew 234
Crüsemann, Marlene 53, 126, 135, 236, 246, 250

Duden, Barbara 18, 23
Dunn, James D. 14, 134

Ebach, Jürgen 92, 167, 243, 246, 248-249, 290, 294-295, 296, 299, 300, 302, 314
Ebner, Martin 127
Ellis, E. Earle 125
Erlemann, Kurt 284-285, 299, 301

Fee, Gordon D. 186, 211, 220

Gebara, Ivone 311, 313, 316
Geiger, Michaela 28, 60
Gemünden, Petra von 112
Gillmayr-Bucher, Susanne 63
Gundry, Robert H. 42-43
Gutmann, Hans-Martin 312-313

Haacker, Klaus 92, 134
Heckel, Ulrich 77, 198
Heine, Susanne 40-41, 43, 68
Hengel, Martin 249
Henten, Jan Willem van 142
Hoffmann, Paul 138, 251
Holleman, Joost 127, 132, 142
Hölscher, Lucian 289-290, 292, 300, 301
Horsley, Richard A. 90, 97-98, 103, 232, 241, 256

Isherwood, Lisa 60

Jankowski, Gerhard 133
Janowski, Bernd 158, 159
Jeremias, Joachim 228
Jewett, Robert 41

Kahl, Brigitte 53-54
Käsemann, Ernst 33-34, 66-67, 122, 124, 126, 129, 258, 260
Keel, Othmar 212
Kegler, Jürgen 61
Kellermann, Ulrich 142
Kirchhoff, Renate 56, 207
Korte, Anne-Marie 27-28
Kraus, Hans-Joachim 154, 242-243
Krauss, Samuel 117, 118
Krug, Johannes 197, 198
Krüger, Annette 165

Lebram, J. C. H. 139, 141
Lietzmann, Hans 229
Lindemann, Andreas 90, 155, 185, 186, 201, 211, 219, 260
Lindemann, Gesa 23
Lorenz, Maren 17, 19, 20, 26
Luther, Henning 208

Maier, Christl 63
Malina, Bruce J. 285-286
Marquardt, Friedrich-Wilhelm 123, 124, 128, 245, 290-293, 300, 303, 313-314, 320
Martin, Dale B. 51-52, 97-98, 202
Maturana, Humberto R. 288
Meier, Hans-Christoph 206, 287-288, 298
Mell, Ulrich 125
Metternich, Ulrike 316
Müller, Karlheinz 94, 99, 109, 110, 147, 171, 177, 224, 229, 251, 257

Norden, Eduard 150
Norton, Anne 297

Ortkemper, Franz-Josef 202
Osten-Sacken, Peter von der 46, 180

Perdue, Leo G. 166
Petzold, Hilarion 296-297, 305
Prigogine, Ilya 279

Rad, Gerhard von 218
Richard, Pablo 241, 247, 259, 295-296, 302, 303
Robinson, John A. T. 37-38, 43, 65, 199

Sand, Alexander 39
Sanders, Ed P. 46
Sarasin, Philipp 19, 23, 24
Schäfer-Bossert, Stefanie 28, 60
Schmid, Lothar 258
Schneider, Sebastian 221, 237, 240, 241
Schottroff Luise 46-48, 58, 68, 103, 111, 120, 121, 122, 129, 133, 145, 150, 202, 207, 252, 261-262, 276-278, 293, 296, 299, 300, 302, 308, 312, 315
Schrage, Wolfgang 89, 177, 186, 214, 216, 222, 229, 237, 257
Schroer, Silvia 60, 62, 212
Schwantes, Heinz 121
Schweitzer, Albert 35-37, 43, 44, 129

Schweizer, Eduard 39-40
Sellin, Gerhard 96, 186, 202, 219
Simkins, Ronald 167, 169
Sölle, Dorothee 298, 318, 321-322
Standhartinger, Angela 136
Staubli, Thomas 60, 62
Stemberger, Günter 116, 139, 141
Stendahl, Krister 45
Strecker, Christian 46, 285-286, 301
Streibert, Christian 164, 165
Stuart, Elizabeth 60
Sutter Rehmann, Luzia 57-58, 91, 102, 122, 191-192, 209, 247, 278, 311, 314, 316

Tamez, Elsa 49-50, 80, 315
Tannehill, Robert C. 135
Theobald, Michael 133, 136
Tillich, Paul 302
Townes, Emilie M. 316

Verburg, Winfried 94, 95, 115, 119, 122, 149, 186, 189, 190, 201, 203, 204, 212, 231, 233, 238, 258

Walter, Matthias 56-57, 74,2 75
Wedderburn, A. J. M. 131
Weinfeld, M. 179
Weippert, Helga 160
Weiß, Johannes 237-238
Wengst, Klaus 140, 142, 145
Westermann, Claus 173
Wire, Antoinette Clark 101
Wolff, Christian 186, 214, 229
Wolff, Hans Walter 61-62, 162
Wollrad, Eske 316
Wolter, Michael 136

Young, Robin Darling 140

Zenger, Erich 155, 162, 163, 174, 175, 180
Zimmerli, Walther Ch. 286-287